D1922509

Kohlhammer

Religionspädagogik innovativ

Herausgegeben von

Rita Burrichter
Bernhard Grümme
Hans Mendl
Manfred L. Pirner
Martin Rothgangel
Thomas Schlag

Band 42

Die Reihe „Religionspädagogik innovativ" umfasst sowohl Lehr-, Studien- und Arbeitsbücher als auch besonders qualifizierte Forschungsarbeiten. Sie versteht sich als Forum für die Vernetzung von religionspädagogischer Theorie und religionsunterrichtlicher Praxis, bezieht konfessions- und religionsübergreifende sowie internationale Perspektiven ein und berücksichtigt die unterschiedlichen Phasen der Lehrerbildung. „Religionspädagogik innovativ" greift zentrale Entwicklungen im gesellschaftlichen und bildungspolitischen Bereich sowie im wissenschaftstheoretischen Selbstverständnis der Religionspädagogik der jüngsten Zeit auf und setzt Akzente für eine zukunftsfähige religionspädagogische Forschung und Lehre.

Vera Uppenkamp

Kinderarmut und Religionsunterricht

Armutssensibilität als religionspädagogische Herausforderung

Verlag W. Kohlhammer

Die vorliegende Arbeit wurde von der Fakultät für Kulturwissenschaften der Universität Paderborn als Dissertation angenommen.

1. Auflage 2021

Gesamtherstellung: W. Kohlhammer GmbH, Stuttgart

Print:
ISBN 978-3-17-041060-2

E-Book-Format:
pdf: ISBN 978-3-17-041061-9

Inhaltsverzeichnis

Abbildungsverzeichnis

Vorwort

Die vorliegende Studie wurde im Sommer 2020 von der Fakultät für Kulturwissenschaften der Universität Paderborn als Dissertation angenommen und für die Veröffentlichung geringfügig überarbeitet und gekürzt. Die Literatur entspricht dem Stand von März 2020. Lediglich später veröffentlichte Texte, die mir zu dem Zeitpunkt bereits vorlagen, wurden für die Publikation aktualisiert.

Diese Arbeit wäre nicht ohne die Mitwirkung und Unterstützung vieler Menschen zustande gekommen, denen ich an dieser Stelle meinen Dank aussprechen möchte. Mein besonderer Dank gilt Prof. Dr. Katharina Kammeyer, die sich als Erstgutachterin und hervorragende Betreuerin unermüdlich für das Gelingen des Projekts eingesetzt hat. Prof. Dr. Thorsten Knauth danke ich für die Übernahme des Zweitgutachtens und für wertvolle Impulse, kritische Fragen und den durchweg sehr hilfreichen Austausch. Bei Prof. Dr. Martin Leutzsch bedanke ich mich für die inhaltlich und menschlich sehr wertvolle Unterstützung.

In zahlreichen Kolloquien hatte ich die Gelegenheit, mein Promotionsprojekt vorzustellen, zu diskutieren und weiterzuentwickeln. Allen Beteiligten danke ich für ihre konstruktiven Rückmeldungen und Gedanken. Ebenso danke ich allen Kolleg*innen für die Gespräche in Büros, auf Fluren und in der Bahn, die diese Arbeit geprägt haben, und den zahlreichen Korrekturleser*innen. Außerdem möchte ich mich ganz herzlich bei allen Interviewteilnehmer*innen bedanken, ohne deren Bereitschaft, Zeit und Engagement das Forschungsprojekt nicht ansatzweise vergleichbare Ergebnisse hätte hervorbringen können.

Prof. Dr. Rita Burrichter danke ich stellvertretend für die Herausgeber*innen für die Aufnahme der Arbeit in die Reihe „Religionspädagogik innovativ“ und Dr. Sebastian Weigert, Daniel Wünsch und Florian Specker vom Kohlhammer-Verlag für die gute Zusammenarbeit und Unterstützung.

Die Veröffentlichung wurde vom Lehrstuhl für Religionspädagogik am Institut für Ev. Theologie der Universität Duisburg-Essen (Prof. Dr. Thorsten Knauth), dem Lehrstuhl für die Didaktik der Ev. Religionslehre unter besonderer Berücksichtigung von Inklusion am Institut für Ev. Theologie der Universität Paderborn (Prof. Dr. Katharina Kammeyer) und der Evangelischen Kirche von Westfalen durch großzügige Druckkostenzuschüsse finanziell unterstützt.

Meinen Freund*innen und allen, die für mich Familie sind, bin ich zutiefst dafür dankbar, dass sie mich stets ermutigt und auf dem Weg begleitet haben. Dieser Dank gilt besonders den Menschen, die mich in der Schlussphase ausgehalten, mit Kuchen versorgt und regelmäßig vor die Tür geholt haben.

Dieses Buch widme ich Gabi und Detlev Hinz. Ihr seid die Besten!

Bochum, im April 2021 Vera Uppenkamp

1. Einleitung

In der vorliegenden Arbeit wird sich auf ein in der fachdidaktischen Diskussion zum Religionsunterricht bisher vernachlässigtes Themenfeld konzentriert: Kinderarmut im Kontext von Religionspädagogik mit dem Fokus auf den Religionsunterricht in der Grundschule. Bisherige religionspädagogische Ansätze berücksichtigen Bildungsbenachteiligungen aufgrund der sozialen Herkunft nicht ausreichend, wodurch der Bedarf einer konzeptionellen Arbeit zur Entwicklung von armutssensiblem Religionsunterricht begründet werden kann. Allerdings finden sich theologisch-anthropologische Prämissen und religionsdidaktische Impulse in der Religionspädagogik, die auf das Phänomen Kinderarmut und den Umgang im Religionsunterricht übertragen und angepasst werden können.

Armut bedeutet nicht nur geringe materielle Ausstattung, sondern ist zugleich ein gesellschaftliches, auch sozial konstruiertes Phänomen, das von bewussten und unbewussten Ab- und Ausgrenzungen gekennzeichnet ist und mit Vorstellungen und Zuschreibungen als soziale Kategorie Reifizierungsprozessen ausgesetzt ist. Kinderarmut zeigt sich als eine besondere Form von Armut, da sie zum einen in einem Abhängigkeitsverhältnis steht und zum anderen auf die Möglichkeiten kindlicher Entwicklung Einfluss nimmt. Es wird davon ausgegangen, dass Kinderarmut mit Bildungsbenachteiligungen verbunden ist, woraus sich eine Ungerechtigkeit in Bezug auf Bildungs- und Teilhabechancen im schulischen Kontext ergibt, die aus theologisch-anthropologischen sowie bildungstheoretischen Gründen nicht akzeptabel ist. Diese Ungerechtigkeit bildet sich auch im Religionsunterricht ab und erhält durch inhaltliche und fachdidaktische Spezifika ein eigenes Profil, das es zu untersuchen gilt. Außerdem wird ein Interesse an Armutssensibilität für inklusive Religionspädagogik vorausgesetzt und vermutet, dass diese besonders in einer inklusiven fachdidaktischen Ausrichtung des Religionsunterrichts ausgebildet werden kann und sich der Ansatz innerhalb inklusiver Kulturen und Strukturen auf einer inklusiv-anthropologischen Basis in der Praxis des Unterrichts etablieren kann.[1]

1.1 Relevanz der Arbeit

In der vorliegenden Arbeit wird dem Phänomen Kinderarmut im Religionsunterricht aus mehreren Perspektiven begegnet. Diese Begegnungen erfolgen, da sich auf mehreren Ebenen und in unterschiedlichen Bereichen auf verschiedene

---

[1] Vgl. Boban/Hinz: Index für Inklusion 2003, 14ff.

Arten Relevanzen zeigen. Zum einen wird an die bestehende, allgemeinpädagogische Diskussion über unterschiedliche Bildungschancen in Abhängigkeit von der sozialen Herkunft angeknüpft, um diese durch die fachdidaktische Perspektive zu erweitern. Zum anderen können durch normative theologische und inklusive Perspektiven anthropologische Relevanzen herausgestellt und entsprechende christlich-anthropologische und fachdidaktische Intentionen verfolgt werden.

Der Rechtsanspruch aller Kinder auf Bildung und gesellschaftliche Teilhabe, der in der UN-Konvention über die Rechte der Kinder in Artikel 28 und 29 formuliert ist, verpflichtet dazu, die strukturellen und inhaltlichen Rahmenbedingungen sowie Methoden in Schulen auf Barrieren zu untersuchen und diese abzubauen:[2] „Die Vertragsstaaten erkennen das Recht des Kindes auf Bildung an"[3] und formulieren das Ziel, die „Verwirklichung dieses Rechts auf der Grundlage der Chancengleichheit"[4] fortschreitend zu erreichen. Bildung wird in dieser Konvention als Entfaltung von Persönlichkeit, Begabung und Fähigkeiten verstanden.[5] Zwar wird durchaus unter dem Anspruch, gleiche Chancen für alle Kinder zu bieten, auf diesen Rechtanspruch reagiert, das führe allerdings in vielen Fällen zu einer Verstärkung von Benachteiligungen:

> „So werden unter der Maxime der Gleichberechtigung und Chancengleichheit zwar gleiche Ausgangsbedingungen im Bildungssystem zur Verfügung gestellt, diese führen aber häufig zur Reproduktion von Ungleichheit, weil aufgrund ihrer sozialen Herkunft und Zugehörigkeit Privilegierte von dem ‚gleichen Wettbewerb unter Ungleichen' profitieren; andere erfahren Nachteile in diesem System. Das heißt: Differenzunempfindlichkeit, auch jene, die einem egalitären Anspruch entspringt, trägt bei gegebenen Differenzen zu einer Ungleichbehandlung bei."[6]

Im schulischen Bereich gestalten sich Bildungsmöglichkeiten aktuell sehr unterschiedlich. Kinder mit bestimmten sozioökonomischen Merkmalen werden bezüglich der Teilhabemöglichkeiten an Bildungsprozessen und dadurch an der vollen Entfaltung der Persönlichkeit benachteiligt. Diese Benachteiligung manifestiert sich in formalen Bildungsabschlüssen und damit auch in der herkunftsbedingten persönlichen und beruflichen Chancenungleichheit.[7] Die fachdidaktische Frage nach einem armutssensiblen Religionsunterricht wird daher auch vor dem Hintergrund der Achtung der Menschenrechte, besonders der Rechte

---

2 Vgl. Kuhlmann: Bildungsarmut, 309.
3 UNICEF: Konvention über die Rechte des Kindes, Art. 28, Abs.1.
4 Ebd.
5 Vgl. Ebd., Art. 29, Abs.1.
6 Mecheril/Plößer: Differenz, 197.
7 Vgl. Bundesministerium für Arbeit und Soziales (Hg.): Lebenslagen in Deutschland. Der Vierte Armuts- und Reichtumsbericht der Bundesregierung (im Folgenden: Der Vierte Armuts- und Reichtumsbericht), 95.

der Kinder gestellt und beinhaltet den Aspekt der Verringerung von herkunftsbedingten Bildungsbenachteiligungen mit dem Ziel zu einer differenzbewussten Chancengleichheit beizutragen.

Die religionspädagogische Perspektive auf Kinderarmut und Religionsunterricht eröffnet einen weiteren Relevanzbereich bzw. spezifiziert das Recht des Kindes auf Bildung, indem das Recht des Kindes auf Religion und religiöse Bildung in den Blick genommen wird. Nach Schleiermacher ist Religion Bestandteil des Menschseins. Religion und Bildung sind wechselseitig aufeinander bezogen und angewiesen, wodurch der Rechtsanspruch eines jeden Kindes auf Bildung in ihrer religiösen Dimension zur Geltung kommt:[8] „Als *konstitutive Dimension von Menschsein* gehört Religion daher unauflöslich zur Bildung des Menschen dazu."[9] Religiöse Bildung aus christlicher Perspektive kann in ihrem Zweck und in ihrer Funktion demnach folgendermaßen verstanden werden:

> „Sie kann Kindern (und Heranwachsenden) bei deren Suche nach Lebenssinn helfen, indem sie sie auf das Menschen-, Welt- und Gottesverständnis sowie die Wirklichkeitssicht(en) der christlichen Religion aufmerksam macht, sie diese erproben und kritisch bedenken lässt. Das Evangelium und der christliche Glaube sind deswegen wichtig für unsere Bildung, weil sie Bilder liefern, die uns sowie unsere Sicht der Dinge und der Wirklichkeit ‚bilden'. Sie halten Vorstellungen, Perspektiven, Sichtweisen bereit, die uns zur Wirklichkeit verhelfen, also einen Wirklichkeits- und Bildungshorizont schaffen; darin sind sie für (Wirklichkeits-)Bildung unersetzbar und unverzichtbar."[10]

Aus diesem Verständnis von religiöser Bildung in Beziehung zum Menschen lässt sich religiöse Bildung als Aufgabe schulischer Bildung auf mehrfache Weise begründen. Neben kulturgeschichtlichen, religionskulturellen, wertebildenden und anthropologischen Argumenten ist mit Friedrich Schweitzer das subjektorientierte Argument für die religiöse Bildung von Kindern anhand von fünf großen Fragen hervorzuheben.[11] Demnach stellen sich Kinder Fragen nach sich selbst, nach dem Sinn von Leben und Sterben, nach Schutz und Geborgenheit, nach Gerechtigkeit und nach anderen Religionen bzw. der Religion des anderen.[12] Dadurch bekommen religiöse Bildung und das Recht auf diese eine individuelle und existenzielle Bedeutung für Kinder. Aus rechtlicher Perspektive ist in Bezug auf religiöse Bildung die grundgesetzlich verankerte Religionsfreiheit zu ergänzen, die von religionsmündigen Menschen sowohl positiv als auch negativ genutzt werden kann. Um diese Freiheit mündig ausüben zu können, bedarf es

8 Vgl. Schleiermacher: Über die Religion, 35ff. (in der Erstausgabe von 1799: 50ff.).

9 Ritter/Simojoki: Religion und das Recht des Kindes, 17.

10 Ebd., 18.

11 Vgl. ebd., 21f.

12 Vgl. Schweitzer: Das Recht des Kindes auf Religion, 27ff.

im Kindesalter Begegnungen und Erfahrungen mit Religion. Im Religionsunterricht sind solche Begegnungen sowie Erfahrungen möglich und sollten Schüler*innen unabhängig von ihrer Versorgungslage zugänglich sein.[13]

Die durch die Kinderrechte bereits deutlich formulierte Forderung nach der gleichberechtigten Ermöglichung von Bildungschancen für alle Kinder erhält im religionspädagogischen Kontext eine theologisch motivierte Zuspitzung. Die gesellschaftliche Relevanz des Einsatzes für gerechte Bildungschancen lässt sich aus Perspektive christlicher Sozialethik nach Heinrich Bedford-Strohm an den Grundsätzen von „Gottebenbildlichkeit, Menschenwürde und kommunikativer Freiheit“[14] ausmachen. Judith Könemann führt das theologische Motiv mit Bezug auf die Option für die Armen[15] aus und betont die Verantwortung zur Kritik:

> „Im Blick auf die Biblische Überlieferung sowohl des Alten als auch des Neuen Testamentes und das Kernmotiv der Option für die Armen sind alle Christinnen und Christen dazu aufgefordert, Verhältnisse zu kritisieren, in denen Menschen ein Leben in Würde und Freiheit verweigert wird, in denen ihnen ihre grundlegenden Rechte vorenthalten werden, und daran zu arbeiten, diese Verhältnisse zu überwinden. Verhältnisse, in denen Menschen beispielsweise ihr Recht auf Bildung vorenthalten oder der Zugang zu Bildungsprozessen aufgrund etwa sozialer Herkunft erschwert werden, sind somit auch und gerade aus christlicher Perspektive zu kritisieren.“[16]

Dieser Aussage ist zu entnehmen, dass die Auseinandersetzung mit Kinderarmut im Religionsunterricht eine politisch-theologische Relevanz religionspädagogischen Handelns aufweist. Das fachdidaktische Interesse zeigt sich somit als genuin theologisches Interesse, welches nicht nur in der Option für die Armen, sondern z. B. auch in der Gottebenbildlichkeit eines jeden Menschen begründet werden kann.[17] Die Forderung nach Bildungsgerechtigkeit nimmt den Religionsunterricht somit in eine fachspezifisch hervorzuhebende Verantwortung.

Wie Veröffentlichungen zu intersektionalen Perspektiven auf Benachteiligungen mit inklusiver Ausrichtung im religionspädagogischen Kontext[18] zeigen, wird zunehmend auch das Phänomen Kinderarmut in die Debatte zur inklusiven Religionspädagogik aufgenommen. Dominierte zunächst die Behinderungsperspektive den Inklusionsdiskurs, hat sich dieser in den vergangenen Jahren zunehmend für die Beschäftigung mit weiteren Diskriminierungs- und Marginalisierungsstrukturen geöffnet. Durch die Genese des religionspädagogischen In

---

13 Vgl. Schröder: Religionspädagogik, 301.

14 Bedford-Strohm: Bildung und Gerechtigkeit, 22.

15 Die Zuwendung Gottes zu armen Menschen erhält in der Formulierung eine normative ethische Ausrichtung. Siehe dazu Kapitel 6.

16 Könemann: Bildungsgerechtigkeit (k)ein Thema religiöser Bildung, 50f.

17 Vgl. Morawski: Bildung im Kontext von Distinktionsgeschehen, 35.

18 Zum Beispiel Knauth/Jochimsen (Hg.): Einschließungen und Ausgrenzungen. Zur Intersektionalität von Religion, Geschlecht und sozialem Status für religiöse Bildung.

klusionsdiskurses aus u. a. der Pädagogik der Vielfalt von Annedore Prengel[19] wurden die Gender-Perspektive aus der Tradition feministischer Theorien und Theologien und interkulturelle sowie interreligiöse Perspektiven bereits früh einbezogen.[20] Für die Armutsperspektive lässt sich ein vergleichbarer Einfluss nicht finden. Die sozioökonomische Dimension wurde lange Zeit vernachlässigt, wodurch eine nicht zu verachtende Forschungslücke entstanden ist. Die zunehmende Bedeutung intersektionaler Forschung für inklusive Religionspädagogik nimmt die sozioökonomische Dimension im Zusammenhang mit anderen Heterogenitätsmerkmalen in den Blick. Eine fachdidaktische Ausarbeitung zur Bedeutung dieser Dimension im Religionsunterricht liegt bisher allerdings noch nicht vor. Einen bemerkenswerten Beitrag zu einer solchen Ausarbeitung liefert Bernhard Grümme, der im Anschluss an seine Monographie zu Bildungsgerechtigkeit aus religionspädagogischer Perspektive[21] der sozioökonomischen Vielfalt von Lernenden unter dem Aspekt der Bildungsgerechtigkeit ein eigenes Kapitel in seiner konzeptionellen Arbeit zu Heterogenität in der Religionspädagogik[22] widmet. Die vorliegende Arbeit liefert somit einen Beitrag zur Weiterentwicklung inklusiver Religionspädagogik, der sich als anknüpfungsfähig an intersektionale Problem- und Fragestellungen erweisen kann, die hier weitestgehend unberücksichtigt bleiben müssen.

1.2 Zielsetzung, Ausrichtung und Inklusionsverständnis

Das Ziel des vorliegenden Forschungsprojekts besteht in der Herausarbeitung konzeptioneller Bestandteile zur Entwicklung von armutssensiblem Religionsunterricht. Dabei sollen auch Ressourcen des Fachs zur Förderung sozial benachteiligter, aus mehrdimensionaler Perspektive armer Grundschüler*innen herausgestellt werden. Neben der theoretischen Betrachtung der Situation von benachteiligten Kindern in Schule und Religionsunterricht wird durch die Auswertung von Expert*inneninterviews mit Lehrkräften das Bild eines solchen Religionsunterrichts geschärft. Anhand der Ergebnisse wird erarbeitet, wie armutssensibler Religionsunterricht gestaltet werden und den Inklusionsdiskurs in der Religionspädagogik durch Armutssensibilität bei der Gestaltung von Lehr-Lern-Prozessen bereichern kann.

19 Prengel: Pädagogik der Vielfalt.

20 Vgl. Knauth: Inklusive Religionspädagogik, 52f.

21 Grümme: Bildungsgerechtigkeit.

22 Grümme: Heterogenität in der Religionspädagogik, 245–283.

Folgende Forschungsfragen werden im Rahmen der vorliegenden Arbeit behandelt:

1. Was bedeutet Kinderarmut im Kontext des Religionsunterrichts in der Grundschule und wie wird das Phänomen in der aktuellen religionspädagogischen Diskussion berücksichtigt?
2. Wie lassen sich Dynamiken von Armut und Bildungsbenachteiligung im Religionsunterricht aus soziologischer und bildungstheoretischer Perspektive erklären?
3. Welche theologisch fundierten, normativen Imperative lassen sich zum religionspädagogischen Umgang mit Armut ausmachen?
4. Welche Erfahrungen mit Kinderarmut im Religionsunterricht äußern Lehrkräfte?
5. Welche fachdidaktischen Konsequenzen lassen sich aus den unterschiedlichen Perspektiven für die Entwicklung eines armutssensiblen Religionsunterrichts ableiten?

Die vorliegende Arbeit verfolgt ein fachdidaktisches Interesse und ist methodisch darauf ausgerichtet, Handlungsansätze für die Praxis des Religionsunterrichts zu entwickeln. Das politische Profil ergibt sich nicht nur aus der Thematik, sondern spiegelt sich auch in der Herangehensweise wider. Die argumentative Ausrichtung der Arbeit lässt sich mit dem Dreischritt von Sehen, Urteilen und Handeln beschreiben. Die politische, gesellschaftskritische Ausrichtung entspricht der theologischen Ausrichtung, die befreiungstheologischen Grundgedanken folgt und an einer theologisch-inklusiven Anthropologie reflektierte, diakonische Elemente aufweist.

Aufgrund der mehrperspektivischen Herangehensweise erfolgt eine ebenso mehrperspektivische wissenschaftstheoretische Verortung der Arbeit. Zum einen wird auf die sozialkonstruktivistische Wissenschaftstheorie und eine entsprechende Epistemologie zurückgegriffen, die in der Beschreibung und Erklärung des Phänomens Kinderarmut relevant ist, um dieses nicht aus rein empiristischer Perspektive zu definieren. Das Phänomen erscheint dadurch nicht ausschließlich als statistische Größe, sondern kann als dynamisches Konstrukt gesellschaftlicher Zuschreibungsprozesse in den Blick genommen werden. Zum anderen finden aus den in der Arbeit eingenommenen Perspektiven auch andere geistes- und sozialwissenschaftliche, erkenntnistheoretische Zugänge zu den Fragestellungen statt. Vor allem im Umgang mit der Habitustheorie Bourdieus und befreiungstheologischen sowie inklusiven Neuorientierungen werden Einflüsse der Kritischen Theorie erkennbar.[23] Die vorliegende Arbeit folgt einer methodischen Herangehensweise, die als pragmatische Interpretation Kritischer

23 Vgl. Bauer/Bittlingmayer: Pierre Bourdieu und die Frankfurter Schule, 286ff.

Theorie[24] verstanden werden kann, in der die Kritik an bestehenden Gesellschaftsstrukturen fachdidaktisch in ein Konzept für die Praxis umgesetzt wird. Die Bezeichnung als pragmatistisch würde zu weit gehen, allerdings sind Ähnlichkeiten besonders in Bezug auf das Wahrheitsverständnis vorhanden. Der pragmatistische Wahrheitsbegriff von Cheryl Misak zeichnet sich durch eine hohe Praxisorientierung und Inklusionsfähigkeit aus und wird in der vorliegenden Arbeit nicht nur erkenntnistheoretisch, sondern auch normativ interpretiert. [25]

In dieser Arbeit wird mit einem weiten Inklusionsbegriff gearbeitet, der an die Religionspädagogik der Vielfalt anknüpft, die in der Tradition der Pädagogik der Vielfalt von Annedore Prengel[26] steht. Die Pädagogik der Vielfalt hat sich entlang der Differenzlinien von Geschlecht, Kultur und Behinderung entwickelt, in denen Diskriminierungsstrukturen nachgezeichnet werden können. Die diskriminierungsbewusste inklusive Religionspädagogik, die hier abgebildet wird, verschließt sich nicht vor der Wahrnehmung von Exklusionen aufgrund bestimmter (Gruppen-)Merkmale, sondern nimmt diese zum Ausgangspunkt, von dem aus inklusive Alternativen entwickelt werden. Im Sinne einer egalitären Differenz werden Unterschiede nicht geleugnet, sondern besonders dann in den Blick genommen, wenn sie zur Ermächtigung und Unterdrückung genutzt werden.[27] So kann von Kinderarmut gesprochen werden und zugleich vermieden werden, dass der Begriff differenztheoretisch auf einer allein deskriptiven Ebene bleibt.

Die Verwendung der Begriffe Armut und Kinderarmut geschieht in dem Bewusstsein, durch das Aufzeigen von Benachteiligungen zumindest teilweise an der Reifizierung dieser sozialen Kategorien beteiligt zu sein.[28] Die Begriffsverwendung findet statt, um mit dem Ertrag der Arbeit zu einem sensiblen und diskriminierungspräventiven Arbeiten mit sozioökonomisch unterschiedlich privilegierten und benachteiligten Schüler*innen im Religionsunterricht beizutragen. Dazu ist zunächst die Praxis der „exkludierenden Inklusion“[29] nötig, wie sie in der vorliegenden Arbeit teilweise stattfindet. Es wird die Vorstellung einer Gruppe mit Sonderstatus in Form von armen Schüler*innen konstruiert, um spezifische Inklusionsschritte zu ermöglichen.[30] Die Möglichkeit der Reifizierungsbeteiligung wird in der vorliegenden Arbeit reflektiert und sprachlich berücksichtigt. Es soll dabei der Eindruck vermieden werden, dass über eine in sich homogene Gruppe „armer Kinder“ gesprochen wird. Ebenso wenig ist intendiert,

---

24 Am größten scheint die Passung zu Honneth und seiner Interpretation von Dewey zu sein (vgl. Särkelä: Kritische Theorie, 286).

25 Vgl. Serrano Zamora: Wahrheit, 64.

26 Prengel: Pädagogik der Vielfalt.

27 Vgl. ebd., 181ff.

28 Vgl. Ricken/Reh: Relative und radikale Differenz, 29ff.

29 Liedke/Wagner: Inklusionen: Sozialwissenschaftliche Grundlagen, 16.

30 Vgl. ebd., 16f.

dass das soziale Konstrukt des armen Kindes gefestigt wird, indem es für fachdidaktische Zwecke verdinglicht wird. Kinderarmut wird als Phänomen mit diversen Erscheinungsformen verstanden.

Die vorliegende Arbeit nimmt das Phänomen Kinderarmut im religionspädagogischen Kontext unter Rückgriff auf das trilemmatische Inklusionsmodell von Mai-Anh Boger in den Blick. Dieses Modell besteht aus drei Basissätzen, von denen sich jeweils zwei kombinieren lassen:

> „Inklusion bedeutet Empowerment (E).
> Inklusion bedeutet Normalisierung (N).
> Inklusion bedeutet Dekonstruktion (D).“[31]

Die drei Basissätze, auch als Knotenpunkte in einer rhizomatischen Struktur bezeichnet, beinhalten verschiedene und auch in sich unstimmige Begehrens- und Inklusionsformen und erscheinen dadurch jeweils als äußerst komplex und dissonant.[32] Zum Begriff der Dekonstruktion: *Dekonstruktion* wird in diesem Modell als Sammelbegriff „für alle Zugänge, die sich darauf konzentrieren, die Hervorbringung und die Störung der binären Ordnungen zu untersuchen, die Diskriminierungsprozessen zugrunde liegen“[33] verwendet und bezieht sich daher nicht auf eine feste Definition des Begriffs. Die Verwendung des Begriffs *Dekonstruktion* in der vorliegenden Arbeit folgt diesem weiten Dekonstruktionsverständnis.

Inklusion wird in diesem Modell als Synonym für „Differenzgerechtigkeit“[34] genutzt und kann damit als „Vereinigungszeichen sexismus-, rassismus-, ableismus-, klassismus- und anderer diskriminierungs-/macht-/herrschaftskritischer Zugänge“[35] verstanden werden. Die politischen Einsatzpunkte inklusiver Bestrebungen lassen sich anhand der drei Knotenpunkte beschreiben. Bogers Modell ist deskriptiv zu verstehen, denn es „kartographiert nur und plädiert für nichts.“[36] Das Trilemma stellt eine Karte von Begehren und Strategien in Inklusionsdiskursen dar, die eine normative Ausrichtung von Inklusionsbemühungen sichtbar machen kann in dem Aufzeigen einer Richtung, die als Knotenpunkt markiert ist oder in der Verbindung zweier Knotenpunkte. Durch die Kombination von zwei Knotenpunkten wird eine Linie gezogen, die eine politische Richtung nachzeichnet, in der der dritte Knotenpunkt ausgeschlossen ist. Aus der trilemmatischen Logik ergeben sich drei inklusionstheoretische Hauptsätze für Strategien zu einem gerechten Umgang mit Differenz:

---

[31] Boger: Theorien der Inklusion, 36.

[32] Vgl. ebd., 19ff.

[33] Boger: Theorien der Inklusion – eine Übersicht, 4.

[34] Boger: Theorien der Inklusion, 413.

[35] Ebd.

[36] Ebd., 46.

EN → non-D (auch als EN à non-D bezeichnet)

> „Wer sich als anders* versteht und somit als Andere_r* ein Begehren nach Teilhabe an einer Normalität* artikuliert, kann die Dichotomie normal*-anders* in diesem Moment nicht dekonstruieren. Das unterdrückte Begehren ist sodann jenes danach, nicht als anders* wahrgenommen und adressiert zu werden (EN → non-D)."[37]

ND → non-E (auch als ND à non-E bezeichnet)

> „Wer sich nicht als anders* versteht, weil er nicht an Normalität* glaubt, sondern diese Dichotomie dekonstruiert, kann in diesem Moment nicht die andere* Stimme erheben. Das unterdrückte Begehren ist sodann jenes nach Anerkennung der Andersheit* (ND → non-E)."[38]

DE → non-N (auch als DE à non-N bezeichnet)

> „Wer sich als fundamental anders* versteht und gegen die Entwertung dieser Andersheit* kämpft, emanzipiert sich von Normalvorstellungen. Das unterdrückte Begehren ist sodann jenes nach Normalisierung (DE → non-N)."[39]

Demnach lassen sich Inklusionsstrategien als Kombination von Normalisierung und Empowerment, Normalisierung und Dekonstruktion sowie als Kombination von Empowerment und Dekonstruktion beschreiben.

In der vorliegenden Arbeit wird nach einem Inklusionsverständnis aus der Kombination von Dekonstruktion und Empowerment argumentiert, das sich aufgrund des Differenzbewusstseins als anknüpfungsfähig an den Inklusionsbegriff einer Religionspädagogik der Vielfalt erweist.

---

37 Boger: ebd., 7. Das Sternchen (*) verweist auf das Verständnis der Begriffe als Produkte sozialer Konstruktionen bzw. Positionierungen (vgl. Boger: Zur (De-)Thematisierung des Arbeiterkinds, 105).

38 Boger: Theorien der Inklusion, 7.

39 Ebd., 8.

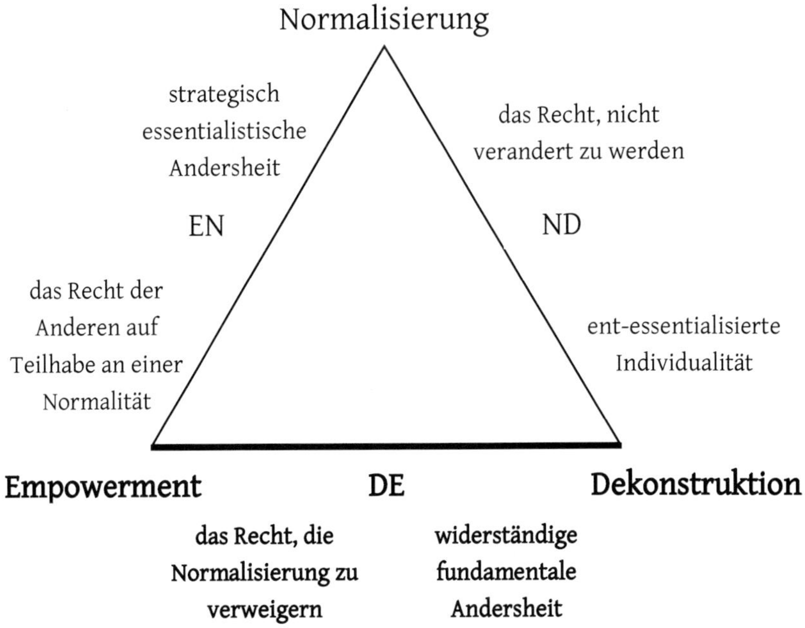

Abbildung 1: Trilemmatisches Inklusionsmodell nach Mai-Anh Boger (DE à non-N)[40]

Die Dekonstruktion wird aus theologischer Perspektive durch die inklusive Interpretation des Diakonieverständnisses nach Ulf Liedke angestoßen. Das Selbstverständnis befreiungstheologischer Anthropologie sowie die Bedeutung von Armut und der befreiungstheologische Umgang mit ihr liefern Anknüpfungspunkte für die fachdidaktische Implementierung des Empowerment-Prinzips. Dadurch werden die beiden fokussierten Dimensionen des trilemmatischen Inklusionsmodells nicht nur inklusionstheoretisch, sondern auch religionspädagogisch in den Ansatz armutssensiblen Religionsunterrichts eingeflochten. Die Einflechtung beider Ansätze erfolgt nicht spannungsfrei, da das Prinzip der Entdiakonisierung des diakonischen Blicks mit der Auflösung der Dichotomie von Helfenden und Hilfsbedürftigen eine normalisierend-dekonstruierende Tendenz aufweist bzw. Strategien in diese Richtung ermöglicht. In befreiungstheologischen Ansätzen lässt sich eher eine dekonstruierend-empowernde Strategie nachzeichnen, indem diese auf ein Neu-Denken von Theologie und die Neu-Schaffung der Welt durch Befreiung abzielen. Dadurch entsteht ein Spannungsverhältnis zwischen Empowerment und Normalisierung am Knotenpunkt der Dekonstruktion.

Das Anliegen, welches zur Auswahl der beiden Basissätze Empowerment und Dekonstruktion führt, ist die Vermeidung der Reproduktion symbolischer

[40] Boger: Theorien der Inklusion, 39 (leichte Anpassungen und Hervorhebungen d. d. V.).

Machtverhältnisse und Ordnungen im bildungsbürgerlich dominierten Feld der schulischen Religionspädagogik.[41] Die vorliegende Arbeit zielt gerade nicht darauf ab, bildungsbenachteiligten Schüler*innen zu ermöglichen, in einem System zu agieren, zu welchem ihnen bisher der Zugang erschwert wird. Vielmehr soll es darum gehen, Bildung auch im Plural denkbar zu machen und um die „Anerkennung der Gleichrangigkeit dieser verschiedenen Bildungen."[42] Das Ausblenden der Normalisierung verfolgt hier den Zweck, privilegierte und hegemoniale Bildungsteilhabe nicht als Normalitätsvorstellung zu festigen.[43] Ebenso soll dadurch eine zynische Deutung der Wertschätzung von Vielfalt als Normalfall oder gar Bereicherung im Armutskontext vermieden werden.[44]

1.3 *Aufbau der Arbeit*

Zur Konkretisierung der Problematik und Identifikation des bisher Erarbeiteten wird zu Beginn geklärt, was in Deutschland unter Armut verstanden wird und welche Spezifika das Phänomen Kinderarmut aufweist (Kapitel 2). Auf die Darstellung der Situation von Schüler*innen im deutschen Schulsystem, die in Familien aufwachsen, die als arm bezeichnet werden, folgt eine ausführliche Bestandsaufnahme religionspädagogischer Entwürfe zum Umgang mit Kinderarmut (Kapitel 3). Bei dieser werden aufgrund des geringen Forschungsstandes auch Befunde angeführt, die keinen expliziten Armutsbezug aufweisen.

Die Analyse der Ursachen für armutsbedingte Bildungsbenachteiligung im Religionsunterricht erfolgt durch den Einbezug der sozialwissenschaftlichen Perspektiven. Zur Erläuterung des Zusammenhangs von Kinderarmut und Bildungsbenachteiligung im Religionsunterricht werden die Theorien Pierre Bourdieus zu Kapital, Habitus und sozialem Raum ausgeführt (Kapitel 4) und durch das Hinzuziehen von Milieustudien für die aktuelle Situation modifiziert sowie erweitert (Kapitel 5). Insbesondere die Befunde zu Haltungen und Wertvorstellungen im Zusammenhang mit Religion und Kirche ermöglichen die Analyse unterschiedlicher individueller und struktureller Bedingungen, unter denen Religionsunterricht stattfindet, auch unter Einbezug theologischer Implikationen.

Anschließend erfolgt die Identifikation der theologischen Potenziale zur Überwindung benachteiligender Strukturen bzw. zur Neugestaltung von Religionsunterricht (Kapitel 6). Die theologische Dimension von Armut wird anhand

---

41 Vgl. Boger: Zur (De-)Thematisierung des Arbeiterkinds, 118.
42 Ebd., 118.
43 Vgl. ebd., 112ff.
44 Vgl. Ahrbeck: Inklusion. Eine Kritik, 34ff. sowie Möller: Armutssensible Inklusionspädagogik, 111f.

moderner diakonischer Ansätze erarbeitet und unter Rückgriff auf befreiungstheologische Deutungsmuster präzisiert. Aus dieser Perspektive erfolgt auch die gesellschaftspolitische Diskussion zum Umgang mit Armut unter Berücksichtigung exemplarischer Bibelstellen zum Umgang mit armen Menschen in der Antike sowie theologischer Deutungen und Interpretationen aus mehreren Perspektiven, die auf ihre Aussagekraft für die heutige Zeit überprüft werden. Die Verknüpfung von milieusensibler und inklusiver Diakonieverständnisse ermöglicht einen dekonstruierenden Umgang mit dichotomen diakonischen Armutsverständnissen und differenzierte Formulierungen armutssensibler diakonischer Selbstverständnisse auf der Grundlage einer inklusiven Anthropologie. Die gesellschaftliche Dimension theologischer Deutungsmuster von Armut gewinnt durch die befreiungstheologische Profilierung ihre Bedeutung für die schulische Religionspädagogik, durch die Akteur*innen innerhalb dieses Kontextes in eine christlich fundierte Verantwortung genommen werden. Die normativen Implikationen bilden ein Fundament für die konzeptionellen Konkretisierungen eines armutssensiblen Religionsunterrichts.

Die Perspektiven von Lehrkräften werden durch die Auswertung einer empirischen Untersuchung eingespielt, bei der Religionslehrkräfte zu ihren Erfahrungen im Religionsunterricht mit sozial benachteiligten Schüler*innen befragt wurden (Kapitel 7). Die Analyse der Daten aus den Expert*inneninterviews anhand der qualitativen Inhaltsanalyse nach Mayring stellt heraus, welche Elemente des Religionsunterrichts als Ressourcen zur Förderung sozial benachteiligter Schüler*innen identifiziert werden. Diese Perspektive ermöglicht den Einbezug des Praxiswissens. Spannungen im Unterricht mit als arm wahrgenommenen Schüler*innen können aus der Analyse des Praxiswissens und den Deutungen der Lehrkräfte auch im Zusammenhang mit der Thematisierung von Armut im Religionsunterricht herausgestellt werden.

Die Ergebnisse der theoretischen Erarbeitung und empirischen Untersuchung werden aus den verschiedenen Perspektiven gebündelt und diskutiert, um konzeptionelle Überlegungen und konkrete Ansätze für einen armutssensiblen Religionsunterricht zu formulieren (Kapitel 8). Dabei werden die jeweils unterschiedlichen Zugänge aus den Perspektiven berücksichtigt und anschließend Spannungen sowie Bedingungsgefüge und Ansätze zum Umgang mit den Spannungen herausgestellt (Kapitel 9). Abschließend werden die zentralen Ergebnisse zusammengefasst und Desiderate formuliert, die sich aus der mehrperspektivischen Forschungsarbeit ergeben (Kapitel 10).

2. Armut im Kontext von Kindheit und Bildung

In diesem Kapitel wird das in der vorliegenden Arbeit verwendete Verständnis von relativer Armut dargestellt. Anschließend werden Spezifika von Kinderarmut herausgestellt, um anhand von ausgewählten Studien aus der Kinderarmutsforschung Bedingungen des Aufwachsens von Kindern in Armutslagen aufzuzeigen. Die Lernbedingungen armer Schüler*innen in Deutschland werden vor dem Hintergrund mehrdimensionaler Benachteiligungen anhand der Ergebnisse aus internationalen Schulleistungsstudien dargelegt.

2.1 Armut - Begriffsklärung und Kontextualisierung

Der in dieser Arbeit verwendete Armutsbegriff orientiert sich an dem für Industrienationen gängigen Konzept der relativen Armut. Als arm wird dabei ein Haushalt bezeichnet, in dem das bedarfsgewichtete Nettoeinkommen (Nettoäquivalenzeinkommen) unterhalb der Grenze von 60% des Medianwertes des durchschnittlichen Haushaltsnettoeinkommens in dem jeweiligen Land liegt.[1] Neben der Einkommensarmut sollen weitere Lebensbereiche in den Blick genommen werden, da Armut ein mehrdimensionales und reziprokes Phänomen ist. Eine Mangelsituation in einem Lebensbereich kann zu Mängeln in weiteren Bereichen führen oder die Mangelsituation begünstigen. Nach von zur Gathen und Liebert „ist und bleibt [Einkommen] das zentrale Mittel für Teilhabe und Verwirklichungschancen"[2], da sie in der Gesellschaft kaum mehr Möglichkeiten sehen, einkommensunabhängig Handlungsspielräume zu gestalten.

Bereits Thomas von Aquin erkannte, dass ein eindimensionales Armutsverständnis zu kurz greift, wenn auch seine Kriterien teilweise als überholt eingestuft werden können:

> „Arm sind die Menschen, die immer oder zeitweise in einem Zustand der Schwäche, der Bedürftigkeit, des Mangels leben, wobei es nicht nur um das Fehlen physischer Kraft und materieller Güter [...] geht, sondern insgesamt um einen Mangel an sozialer Stärke, die ein Ergebnis ist von sozialem Ansehen und Einfluss, Waffengewandtheit

---

1 Vgl. Bos et al.: Gibt es eine armutsbedingte Bildungsbenachteiligung, 193 sowie Zur Gathen/Liebert: Auswirkungen von Armut, 36. Zur Kritik an der Berechnung des Nettoäquivalenzeinkommens siehe Bidder: „Arme Familien wurden reicher gerechnet, als sie sind".

2 Zur Gathen/Liebert: Auswirkungen von Armut, 35.

> und Rechtspositionen, von Gesichertsein durch soziale Bindungen, aber auch von Wissen und politischer Macht."[3]

Ein heutzutage häufig genutztes, ebenfalls mehrdimensionales Armutsverständnis ist das mit dem Kapitalkonzept zusammenhängende Verständnis Pierre Bourdieus: „Armut und Reichtum kann nach Bourdieu in drei Dimensionen bestehen: dem Mangel oder Überfluss an materiellem, an kulturellem und an sozialem Kapital."[4]

Wenn von Armut gesprochen wird, ist es wichtig, den Faktor Zeit zu berücksichtigen. Ein kurzfristiges Leben in Armut oder in einer armutsgefährdeten Situation, beispielsweise das Ausbleiben des Einkommens durch den Verlust der Arbeit für einen kurzen Zeitraum, hat andere Folgen als das langfristige Leben und Aufwachsen in Armut. Dieser Aspekt wird besonders in der dynamischen Armutsforschung berücksichtigt, die sich gegen ein statisches, deterministisches Armutsverständnis ausspricht und stattdessen unter Verwendung von Längsschnittanalysen das Konzept des Lebenslaufs als Bezugsrahmen nutzt, auch um die Vielfalt diverser Armutslagen sichtbar zu machen.[5] Dadurch soll vermieden werden, dass Armut überdramatisiert wird, arme Menschen als handlungsunfähig dargestellt werden und das Label Armut genutzt wird, um eine Gruppe von Menschen undifferenziert zu beschreiben.[6] Im Vierten Armuts- und Reichtumsbericht der Bundesrepublik Deutschland wird der Faktor Zeit zur Beschreibung von Kinderarmut einbezogen. Daraus ergibt sich die Einteilung von Kindern und Jugendlichen in drei Gruppen: die *nie Einkommensarmen*, die innerhalb des Untersuchungszeitraums von zehn Jahren zu keinem Zeitpunkt relativ arm waren, die *Wechsler*, die mehrere Episoden mit relativ geringem Einkommen erlebten, und die *fortgesetzt Bedrohten* mit mehreren, längeren Phasen relativ geringen Einkommens.[7]

Weiterhin ist eine Unterscheidung von Armut im Erwachsenenalter und Kinderarmut sinnvoll, da diese unterschiedliche Ursachen, Ausprägungen und Folgen haben. Für die Betrachtung von Religionsunterricht unter Berücksichtigung der Lebens- und Lernbedingungen der Armut sind beide Formen von Bedeutung, da Kinderarmut in der Regel mit Armut im Erwachsenenalter zusammenhängt. Als häufigste Ursachen für Armut bei Erwachsenen bezeichnet Holz „(Langzeit-) Erwerbslosigkeit sowie Erwerbstätigkeit auf niedrigem Zeitniveau und mit Niedriglohn."[8] Bei Kinderarmut ist das Einkommen des Haushaltes, in dem das Kind aufwächst, ein entscheidendes Kriterium. Die Lebenssituation von

---

3 Aquin, zit. n. Kuhlmann: Bildungsarmut, 302.
4 Kuhlmann: Bildungsarmut, 306.
5 Vgl. Leisering: Dynamik von Armut, 129f.
6 Vgl. ebd., 119f. sowie 130.
7 Vgl. Bundesministerium für Arbeit und Soziales (Hg.): Der Vierte Armuts- und Reichtumsbericht, 116.
8 Holz: Armut verhindert Bildung, 72.

Kindern ist „in vielen Bereichen von der Lebenslage der Eltern direkt abhängig.“[9] Die Einkommensarmut der Eltern hat beispielsweise direkten Einfluss auf die Möglichkeiten des Kindes. Haben die Eltern kein Geld, um ihrem Kind Taschengeld zu geben, einen Arbeitsplatz für Hausaufgaben zur Verfügung zu stellen oder eine Klassenfahrt zu bezahlen, betrifft die Armut der Eltern das Kind unmittelbar. Wesentlich für die Phase des Aufwachsens und Lernens im deutschen Bildungssystem ist die Tatsache, dass Armut Teilhabe in verschiedenen Bereichen des Lebens erschwert oder gar verhindert.[10] Für Kinder und Jugendliche bedeutet Aufwachsen in Armut ein Aufwachsen in einer durch Grenzen bestimmten Welt.[11] Diese Grenzen lassen sich auf die Einkommenssituation der Eltern zurückführen.[12]

2.2 *Kinderarmut - ein mehrdimensionales Phänomen*

Um angemessen von Kinderarmut sprechen zu können, bedarf es einer eigenen Definition, die die Auswirkungen des Aufwachsens in Armut für Kinder einschließt, so wie sie im Rahmen der AWO-ISS-Studie zwischen 1999 und 2004 entwickelt wurde.[13] Eine mehrdimensionale und „kindzentrierte Sichtweise“[14] berücksichtigt neben dem monetären Aspekt auch den Einfluss auf die Entwicklungs- und Entfaltungsmöglichkeiten des Kindes. Auch kindspezifische Armutsmerkmale wie soziale und kulturelle Unterversorgung - ein im Hinblick auf Bildungschancen wesentlicher Punkt - werden benannt.[15] Dazu wurde eine Kombination aus Ressourcen- und Lebenslagenansatz genutzt.[16] Der Ressourcenansatz ermöglicht die Beschreibung von Armut anhand der familiären Situation und des verfügbaren Einkommens des Haushaltes, in dem das Kind aufwächst, sowie die sich daraus ergebenen Teilhabechancen.[17] Anhand des Lebenslagenansatzes mit drei Lebenslagetypen besteht die Möglichkeit, ergänzend zum Armutsverständnis gemäß OECD-Skala Aussagen zur allgemeinen Lebenslage des Kindes zu

---

9 Ebd.

10 Vgl. ebd., 71.

11 Für Deutschland kommt eine im OECD-Vergleich geringe soziale Mobilität zwischen den Generationen hinzu, die sich besonders auf die Bereiche Einkommen und Bildung auswirkt (vgl. OECD (Hg.): Ist der soziale Aufzug kaputt).

12 Vgl. Holz: Armut verhindert Bildung, 72.

13 Vgl. Holz/Hock: Infantilisierung von Armut, 78. Ähnlich: Chassé et al.: Meine Familie ist arm, 44ff.

14 Holz: Armut verhindert Bildung, 72.

15 Vgl. ebd., 74.

16 Vgl. Holz/Hock: Infantilisierung von Armut, 78.

17 Vgl. Zur Gathen/Liebert: Auswirkungen von Armut, 35 sowie Holz/Hock: Infantilisierung von Armut, 79.

machen. Die in der Studie verwendeten, kindbezogenen Lebenslagendimensionen sind die materielle Grundversorgung sowie die soziale, kulturelle und gesundheitliche Versorgung des Kindes.[18] Die Messung der (Unter-)Versorgung in den jeweiligen Bereichen anhand eines Indikatorensystems erlaubt eine Zuordnung des Kindes zu einem von drei Lebenslagetypen. Unterschieden wird zwischen den Typen *Wohlergehen*, *Benachteiligung* und *multipler Deprivation*.[19] Unter multipler Deprivation wird die Lebenslage von Kindern verstanden, die in mehreren, für die Entwicklung wesentlichen Lebensbereichen einen Mangel an Ressourcen aufweisen.[20] Im Gegensatz dazu spricht man von Benachteiligung, wenn „in einigen wenigen Bereichen aktuell Auffälligkeiten festzustellen sind."[21] Die Lebenslage Wohlergehen liegt dann vor, wenn keiner der Lebensbereiche von Mängeln betroffen ist.[22] Ein direkter Zusammenhang zwischen relativer Armut und Lebenslage ist nicht gegeben, was bedeutet, dass nicht alle armen Kinder multipel depriviert sind, genauso wenig wie alle nicht-armen Kinder dem Lebenslagentyp Wohlergehen zuzuordnen sind.[23] Ein anderes Verständnis von Armut findet sich in dem Konzept der sozialen Exklusion. Statt auf konkrete Bedarfe wie Freundschaften oder Kleidung einzugehen, wird Armut hier als Ausgrenzungserfahrung aus Teilbereichen der Gesellschaft betrachtet. Dieses Verständnis ist nicht statisch, da es auf unterschiedliche Gesellschaftsbereiche und soziale Gruppen anwendbar ist.[24]

Ausgehend von der finanziellen Situation der Eltern bzw. des Haushalts, in dem ein Kind aufwächst, lässt sich Kinderarmut beschreiben, da Kinder – insbesondere im Grundschulalter – in der Regel kein eigenes Einkommen haben. Der Lebenslagenansatz ermöglicht eine Konkretion von Kinderarmut, bei der, orientiert an den Spezifika von Kindheit, für das Kind und den Bildungsbereich relevante Dimensionen wie die kulturelle Versorgung einbezogen werden. Die Wechselwirkungen zwischen den einzelnen Dimensionen lassen sich – mit Ausnahme der Dimension Gesundheit[25] – unmittelbar mit dem Kapitalmodell Bourdieus darstellen.[26] Eine dynamische Perspektive auf Armut kommt einem inklusiven Grundverständnis entgegen, da durch den Einbezug des zeitlichen Aspekts

18 Vgl. Holz/Hock: Infantilisierung von Armut, 79.
19 Vgl. ebd., 79f.
20 Vgl. ebd., 80.
21 Ebd., 80.
22 Vgl. ebd., 79.
23 Vgl. ebd., 85f.
24 Vgl. Engels: Lebenslagen und soziale Exklusion, 109.
25 Kersten Reich ergänzt die drei Kapitalformen Bourdieus um zwei weitere Formen. Eine davon ist das Körperkapital, welches für die Analyse der Dimension Gesundheit genutzt werden kann (vgl. Reich: Chancengerechtigkeit und Kapitalformen, 267ff.) Ein Hinweis darauf, dass auch Bourdieu den Begriff Körperkapital nutzt, findet sich bei Dörthe Vieregge (vgl. Vieregge: Religiosität in der Lebenswelt, 53).
26 Siehe dazu Bourdieu: Ökonomisches Kapital sowie Kapitel 4.

Stigmatisierungen, die scheinbare Dichotomie von Arm und Nicht-arm als Ergebnis von Momentaufnahmen und vorschnelle Schlüsse auf sog. Armutskarrieren vermeidbar werden. Herausfordernd wird hier die Frage nach der Vereinbarkeit mit dem Kapital- und insbesondere Habitus-Konzept Bourdieus. Außerdem muss eine kritische Anfrage an die für ein dynamisches Armutsverständnis vorausgesetzte Handlungsfähigkeit des in Armut lebenden Menschen gestellt werden, wenn es um Kinderarmut geht: Wie handlungsfähig sind Kinder, die in Armut aufwachsen? Wie dynamisch lässt sich entsprechend Kinderarmut betrachten?

Die Frage nach der Autonomie von Kindern stellen sich Chassé et al. in ihrer Studie mit armen Kindern im Grundschulalter. Ihnen ist die finanzielle Abhängigkeit des Kindes von den Eltern bewusst, auch in Bezug auf die selbstbestimmte Persönlichkeitsentwicklung des Kindes. Zwar ist dabei das Kind handlungsfähiger Akteur, die finanziellen Möglichkeiten der Eltern sowie deren (durchaus damit zusammenhängenden) kulturellen und sozialen Ressourcen können diese Entwicklung jedoch begünstigen oder beeinträchtigen.[27] Weiterhin lässt sich die Frage nach der Handlungsfähigkeit von armen Kindern unter dem Stichwort der Bewältigungsstrategien (coping) behandeln.[28] Ausgehend davon, dass kurz- und längerfristige Armut zu Stress- bzw. Krisensituationen bei Kindern führen kann, sind diese insofern als handlungsfähig zu betrachten, dass sie eigene Bewältigungsstrategien entwickeln und anwenden können, um mit der Situation umzugehen. An der konkreten Armut können diese akut keine Änderungen bewirken, jedoch verhält sich das Kind aktiv dazu.[29] Langfristig können diese Strategien zu einer Änderung der Lebenslage beisteuern. Daher ist der Umgang des Kindes mit Armut als dynamisch zu betrachten. Allerdings ist die teilweise Abhängigkeit der Dynamik des Kindes von der Dynamik der verantwortlichen Erwachsenen – insbesondere der Einfluss auf die Ausgestaltung der Bewältigungsstrategien – bei der Einschätzung kindlicher Dynamik zu berücksichtigen.[30] Somit lässt sich Handlungsfähigkeit von Kindern, die von Armut betroffen sind, nicht nach den Maßstäben der Handlungsfähigkeit armer Erwachsener betrachten, sondern als kindliche Autonomie innerhalb eines durch das Kindsein abgesteckten Systems von Möglichkeiten und Grenzen. Für die Frage nach der Dynamik von Kinderarmut ergibt sich daraus, dass diese bedingt dynamisch ist, innerhalb der durch die familiäre finanzielle Situation und der Dynamik der Erwachsenen im Haushalt abgesteckten Grenzen.

---

27 Vgl. Chassé at al.: Meine Familie ist arm, 50f.

28 Siehe dazu Balz: Prekäre Lebenslagen und Krisen, 428ff.

29 Siehe dazu Zander: Kindliche Bewältigungsstrategien von Armut.

30 Vgl. Zander: Kindliche Bewältigungsstrategien von Armut, 131ff.

Armut als soziale Exklusion bietet, wenn Exklusion als prozesshaft und nicht dichotom betrachtet wird, Anknüpfungsmöglichkeiten an den Bildungsgerechtigkeitsdiskurs auf inklusionstheoretischer Ebene.[31] Außerdem lässt sich so möglicherweise Bourdieus Begriff der Distinktion in den Diskurs einfügen, da dieser eine Form der (teils bewussten) Exklusion Anderer beschreibt, um das eigene Verbleiben in einer sozialen Gruppe zu legitimieren und zu sichern. In der vorliegenden Arbeit wird Kinderarmut als ein mehrdimensionales, begrenzt dynamisches Phänomen betrachtet, welches sich auf diverse Lebensbereiche auswirkt. Besonderes Augenmerk wird dabei auf Exklusionsmechanismen und Abgrenzungsbestrebungen gelegt.

In Bezug zum Bereich der Bildung, speziell zur Frage nach Bildungsgerechtigkeit im deutschen Schulsystem am Beispiel der Grundschule, ist ein solch verstandener Armutsbegriff nützlich, um die wissenschaftlich für einige Bereiche der Bildung bereits belegten Zusammenhänge von sozialer Herkunft und Bildungserfolg darstellbar und nachvollziehbar zu machen.[32] Für den konkreten Bereich des Religionsunterrichts bietet dieses Armutsverständnis einerseits eine Abgrenzung zum in diesem oft genutzten absoluten Armutsbegriff (z. B. in der Grundschule im Zusammenhang mit diakonischem Lernen am Beispiel des Entwicklungsdienstes Brot für die Welt[33]) und andererseits eine Chance, strukturelle Benachteiligungen von armen Kindern sowie Chancen und insbesondere dem Unterrichtsfach eigene Ressourcen für diese innerhalb der Möglichkeiten der Unterrichtsgestaltung aufzudecken. Insbesondere das Verständnis von Kinderarmut als Lebenslage, in der das Kind aktiv handelndes Subjekt ist, ermöglicht die Untersuchung des Religionsunterrichts als potenzieller Kompensationsraum im Sinne der Förderung von Bewältigungsstrategien.

Für die Auswahl der Kinder, die in diesem Forschungsvorhaben im Mittelpunkt stehen sollen, bieten sich zwei Gruppierungen an, die jeweils als Ergebnis von Studien zu Kinderarmut definiert wurden. Zum einen geht es um den *Lebenslagetyp multiple Deprivation* (AWO-ISS-Studie), zum anderen um die *Gruppe der fortgesetzt Bedrohten* (Vierter Armuts- und Reichtumsbericht der Bundesregierung).[34]

---

31 Als wenig differenziert kritisiert Engels das Konzept der sozialen Exklusion (vgl. Engels: Lebenslagen und soziale Exklusion, 109). Das hierbei verwendete, ursprünglich aus der französischen Kultur stammende Exklusionsverständnis, welchem eine Vorstellung von Gesellschaft als Kollektiv zugrunde liegt, weist Parallelen zum Exklusionsverständnis des allgemeinen Inklusionsdiskurses auf. (vgl. ebd., 112f.)

32 Für mathematisch-naturwissenschaftliche Bereiche und schriftsprachliche Kompetenzen wurde dieser Zusammenhang insbesondere in den Schulleistungsstudien (TIMSS, PISA, IGLU) festgestellt. Siehe dazu Kapitel 2.4.

33 Brot für die Welt wird im Grundschullehrplan NRW explizit als Beispiel genannt (vgl. Ministerium für Schule und Weiterbildung des Landes Nordrhein-Westfalen (Hg.): Richtlinien und Lehrpläne für die Grundschule, 156).

34 Siehe dazu Kapitel 2.3. Die Gruppe „stark und mehrfach benachteiligte Kinder“ (Chassé et al.: Meine Familie ist arm) wird hier nicht berücksichtigt, da die Untersuchung mit 14

- Multiple Deprivation: „Von *multipler Deprivation* schließlich ist dann die Rede, wenn das Kind in mehreren zentralen Lebens- und Entwicklungsbereichen ‚auffällig' ist. Das Kind entbehrt in mehreren wichtigen Bereichen die notwendigen Ressourcen, die eine positive Entwicklung wahrscheinlich machen."[35]
- Fortgesetzt Bedrohte: „Die dritte Gruppe [fortgesetzt Bedrohte] hat ähnlich häufige Wechsel wie ‚Gruppe 2' [Wechsler], allerdings verbunden mit deutlich längeren Episoden unter der Einkommensschwelle – im Durchschnitt werden rund siebeneinhalb der hier beobachteten zehn Jahre mit relativ geringem Einkommen durchlebt. Diese dritte und kleinste Gruppe weist eine ähnliche Mobilitätsrate auf wie die zweite Gruppe, muss aber in langen Phasen mit einem relativ geringen Einkommen auskommen."[36]

Für die Verwendung des Lebenslagetyps spricht, dass dieser das Ergebnis einer Momentaufnahme ist. Das ist hilfreich, um konkret Schüler*innen für eine nähere Betrachtung ihrer Lernprozesse im Religionsunterricht auszuwählen, da möglicherweise Lehrkräfte Aussagen zu einzelnen Indikatoren wie beispielsweise die Versorgung mit passender Kleidung machen können. Die nachteilige Seite der Momentaufnahme ist allerdings, dass der Faktor Zeit nicht berücksichtigt wird. Das kann im Gegensatz dazu die Einordnung in die Gruppe der fortgesetzt Bedrohten leisten, wobei das in Anbetracht des geringen Lebensalters der Grundschüler*innen und ggf. fehlender Informationen schwierig wird. Außerdem wird hier Armut eindimensional beschrieben, indem sich nur auf Einkommensarmut bezogen wird. Ein weiteres, recht pragmatisches Auswahlkriterium ist die Bezugsmöglichkeit von Leistungen aus dem Bildungs- und Teilhabepaket. In der Regel wissen die Lehrkräfte, ob Kinder Anspruch auf diese Leistungen haben. Allerdings sagt der Anspruch am ehesten etwas über die finanzielle Lage des Haushalts aus und lässt nur bedingt Rückschlüsse auf andere Lebensbereiche wie die kulturelle Versorgung oder soziale Kontakte zu, z. B. dann, wenn kulturelle Angebote häufig oder sehr selten wahrgenommen werden.

Eine weitere Überlegung ist die, einen Armutsbegriff zu entwickeln, der sich an der Kombination von Systemtheorie und sozialer Inklusion orientiert, um kindspezifisch Armut zu beschreiben. Das wird durch das Herausarbeiten von Lebenslagedimensionen als für Kinder relevante Teilsysteme und Wechselwirkungen als strukturelle Kopplungen möglich. Dadurch lassen sich Zugangsvoraussetzungen zu diesen Teilsystemen erkennen und das Ausmaß an Exklusion bzw. Inklusion ermitteln.[37] Für die Lebenslage von Kindern ist der Zusam-

---

Kindern und die drei daraus entwickelten Typen ausschließlich exemplarischen Charakter haben können.

35 Holz: Armut verhindert Bildung, 74.

36 Bundesministerium für Arbeit und Soziales (Hg.): Der Vierte Armuts- und Reichtumsbericht, 116.

37 Vgl. Engels: Lebenslagen und soziale Exklusion, 115f.

menhang der finanziellen Situation der Eltern mit dem schulischen Erfolg relevant. Im Folgenden wird eine Kausalkette erstellt, die sich an den Kausalketten des Soziologen Dietrich Engels für Lebenslagen von Kindern mit Migrationshintergrund und von älteren Menschen orientiert.[38] Die Zugangsvoraussetzungen sind durch Pfeile dargestellt. Die verwendeten Lebenslagedimensionen sind dem Armutsverständnis der AWO-ISS-Studien entnommen.

Schulische Qualifikation ← kulturelle Versorgung ← gesundheitliche/soziale Versorgung ← materielle Grundversorgung

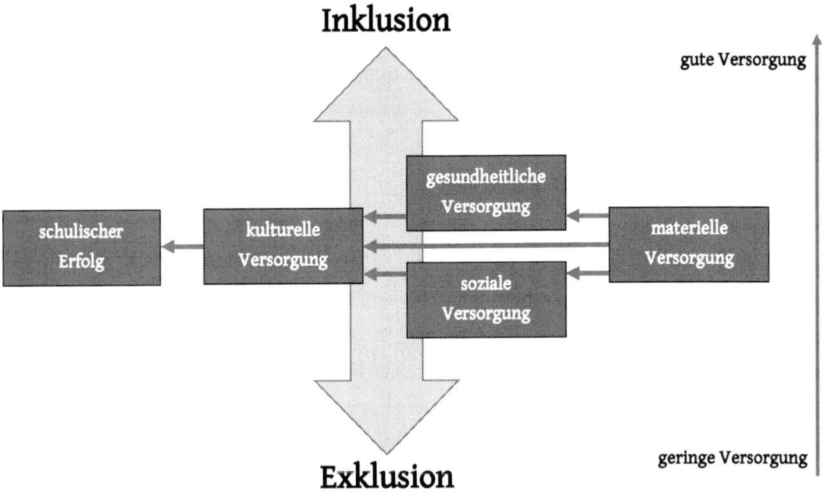

Abbildung 2: Lebenslagen und Inklusion von Kindern[39]

Durch eine solche Darstellung wird nicht nur ein mehrdimensionales Armutsverständnis möglich, sondern auch die Darstellung von Zusammenhängen einzelner Dimensionen und ihrer Auswirkungen auf die Inklusion beziehungsweise Exklusion in den einzelnen, für das Kind bedeutsamen Bereichen. Hierbei muss kritisch angemerkt werden, dass das Maß der Versorgung in dem Modell mit dem Grad der Inklusion gleichgesetzt wird. Inklusion wird als Grad der Einbeziehung in beispielsweise das Teilsystem der Kultur verstanden. Wichtig ist hier, den Inklusionsbegriff in dem Modell von dem pädagogischen oder christlichen Inklusionsverständnis abzugrenzen. Er dient in diesem Fall als deskriptiver Terminus zur Beschreibung gesellschaftlicher Ausgrenzungsstrukturen, nicht als Konzept, Ideal oder Vision.

---

[38] Vgl. ebd., 116.

[39] Die Grafik orientiert sich an den Beispielen bei Engels (vgl. ebd.).

2.3 Forschungsstand: Kinderarmut in Deutschland

In Deutschland wachsen ca. 2,7 Millionen Kinder in Armut auf.[40] Die Armutsrisikoquote von Kindern liegt zwischen 15 und 25 Prozent, wobei das Armutsrisiko von denen, die in Haushalten von Alleinerziehenden aufwachsen, auffallend höher ist.[41] In diesem Haushaltstyp liegt die Armutsschwelle aktuell bei 1225 Euro.[42] Die „Anzahl minderjähriger Empfänger von staatlichen Sozialleistungen steigt kontinuierlich an"[43], es wird von einer „Infantilisierung der Armut"[44] bzw. einer Verstetigung von Kinderarmut gesprochen. Dieser Befund ist für die verhältnismäßig reiche Industrienation Deutschland von Belang, da laut UN-Kinderrechtskonvention das Kind ein Recht auf angemessene Lebensbedingungen, also ein Aufwachsen in einem „seiner körperlichen, geistigen, seelischen, sittlichen und sozialen Entwicklung angemessenen Lebensstandard"[45] hat. Außerdem haben die Vertragsstaaten sich dazu verpflichtet, die Kinderrechte allen Kindern zu gewähren, „ohne jede Diskriminierung unabhängig von der [...] sozialen Herkunft, des Vermögens [...] oder des sonstigen Status des Kindes, seiner Eltern oder seines Vormunds."[46] Dies ist z. B. dann gegeben, wenn selbst mit staatlicher finanzieller Unterstützung eines Haushaltes statt eines angemessenen Lebensstandards lediglich ein Mindeststandard ermöglicht wird und einzelne Entwicklungsbereiche gesondert gefördert werden, beispielsweise durch Leistungen aus dem Bildungs- und Teilhabepaket der Bundesregierung (BuT).[47] Anders sieht es bei der Wohnsituation von armen Kindern aus. Bezahlbarer Wohnraum wird zunehmend knapp, die Qualität der auch von armen Familien bezahlbaren Wohnungen ist teilweise gesundheitsgefährdend niedrig und das Freizeit- und Lernverhalten von Kindern abhängig vom Wohnraum – in beengten Wohnverhältnissen kann Platz zum Spielen oder zum Lernen gering bemessen sein – und der direkten Umgebung.[48] Soziale Segregation begünstigt in der Regel die für das Kind benachteiligenden Lebensverhältnisse und negativen Sozialisationseffekte.[49] Ein Bereich, in dem Kinder in Armutslagen in besonderem Maße Dis-

---

40 Vgl. Zur Gathen/Liebert: Auswirkungen von Armut, 35.

41 Vgl. Hübenthal: Kinderarmut in Deutschland, 12.17. Ausführlich dazu: Asmus/Pabst: Armut Alleinerziehender.

42 Schneider et al.: Zur regionalen Entwicklung der Armut, 7. Dieser Wert gilt für Alleinerziehende mit einem Kind unter 14 Jahren.

43 Bos et al.: Gibt es eine armutsbedingte Bildungsbenachteiligung, 193.

44 Ebd.

45 UNICEF: Konvention über die Rechte des Kindes, Art. 27 Abs. 1.

46 Ebd., Art. 2 Abs. 1.

47 Vgl. Bundesministerium für Arbeit und Soziales (Hg.): Der Vierte Armuts- und Reichtumsbericht, 150.

48 Vgl. ebd., 134.

49 Vgl. Zur Gathen/Liebert: Auswirkungen von Armut, 38.

kriminierung erfahren ist der der Bildung. Dieser Befund wird in Kapitel 2.4 ausführlich dargestellt und in Kapitel 4 auf theoretischer Ebene unter Verwendung von Kapitalmodell und Habituskonzept nach Bourdieu analysiert.

Da Armut sich auf diverse Lebensbereiche eines Kindes auswirken kann und oftmals auch auswirkt, gilt sie „als größter Risikofaktor für die Entwicklung von Minderjährigen."[50] In allen für das Kind relevanten Lebensbereichen „zeichnet sich immer stärker eine strukturelle Schieflage ab und Betroffene erhalten keine wirklichen Zukunfts-, Teilhabe- und Zugangschancen mehr."[51] Besonders deutlich wird diese Entwicklung am Beispiel der Konsumausgaben für Kinder und die Verteilung dieser: Einkommensarme Familien geben nur etwa halb so viel Geld für die kindspezifischen Grundbedarfe aus wie der Durchschnitt. Außerdem steigen die Kosten für lebensnotwendigen Grundbedarfe wie Nahrung und Kleidung, wodurch besonders in armen Haushalten Ausgaben für die soziale Teilhabe der Kinder eingespart werden müssen. Einkommensreiche Familien geben zunehmend mehr Geld für ihre Kinder aus, wodurch im Vergleich zwischen arm und reich die Unterschiede zwischen den Ausgaben für Kinder größer werden.[52] Um die Auswirkungen von Armut auf diverse Lebensbereiche von Kindern darzustellen, werden zwei Forschungsprojekte zusammengefasst, die sich explizit mit Kinderarmut als mehrdimensionalem Phänomen beschäftigen. Ergänzend dazu werden zentrale Befunde des Fünften Armuts- und Reichtumsberichts der Bundesregierung zu Kinderarmut vorgestellt. Außerdem kommen die Ergebnisse einer Studie zu Armutsverläufen bei Kindern im Auftrag der Bertelsmann-Stiftung hinzu, um die Forschung zur zeitlichen Dimension von Kinderarmut zu berücksichtigen.

2.3.1 Lebenslagen von Kindern mit Armutserfahrungen

Für die Studien des Instituts für Sozialarbeit und Sozialpädagogik e.V. (ISS) im Auftrag der Arbeiterwohlfahrt (AWO) wurden im Zeitraum von 1999 bis 2012 in vier Zeiträumen Daten zu rund 1000 Kindern erhoben.[53] In der ersten Studie wurden Daten zu Vorschulkindern aus Erzieher*innensicht erhoben, was 2003/2004 mit den gleichen Kindern – mittlerweile am Ende ihrer Grundschulzeit – wiederholt wurde. Zusätzlich wurden ab der zweiten Erhebung Daten durch Elternbefragung gewonnen.[54] Ziel war neben den Momentaufnahmen zu

50 Holz: Armut verhindert Bildung, 89.
51 Ebd., 70.
52 Vgl. Aust et al.: Verschlossene Türen, 21.
53 Vgl. Holz et al.: Lebenslagen und Zukunftschancen, 2f.
54 Ebd., 13f.

den Lebenslagen auch eine Längsschnittanalyse, um Veränderungen in den Lebenslagen feststellbar zu machen.[55] Die Ergebnisse sind aufgrund der Zusammensetzung der Zielgruppe nicht repräsentativ, lassen aber Tendenzbeschreibungen zu.[56] Die Leitfrage „Was kommt (unter Armutsbedingungen) beim Kind an?“[57] wurde mithilfe eines in der ersten Studie entwickelten, mehrdimensionalen Armutsbegriffs behandelt. Zur Erfassung der Lebenslage der Kinder wurde mit einem Indikatorensystem gearbeitet, mit welchem anhand von Negativpunkten für Items wie „Das Kind kommt hungrig in die Einrichtung“[58] Auffälligkeiten in den Lebenslagedimensionen festgestellt wurden. Unter Verwendung der gewonnen Daten konnten drei Lebenslagetypen entwickelt werden: *Wohlergehen* (keine Auffälligkeiten), *Benachteiligung* (Auffälligkeiten in bis zu zwei Lebenslagedimensionen) und *multiple Deprivation* (Auffälligkeiten in mindestens drei Lebenslagedimensionen).[59]

Zentraler Befund der ersten Erhebung ist, dass „arme Vorschulkinder nur halb so oft im Wohlergehen aufwachsen wie nichtarme Kinder [...], dafür aber knapp dreimal häufiger in multipler Deprivation“[60]. Das lässt den Rückschluss zu, dass „Armut offenbar ein wichtiger aber nicht der alleinige Faktor ist, der die Lebenslage von Mädchen und Jungen schon in der frühen Kindheit beeinflusst.“[61] Die Befunde der Untersuchung mit Vorschulkindern konnten in der Erhebung für die Kinder im späten Grundschulalter bestätigt werden: „Je gefestigter die finanzielle Situation der Familie, desto sicherer sind die Lebens- und Entwicklungsbedingungen für die Kinder.“[62] Den Untersuchungsschwerpunkt bei dieser Erhebung stellte das Thema Schule dar. Der Einfluss von Armut auf die Bildungschancen der Kinder fiel bereits in der Untersuchung mit Vorschulkindern durch Rückstellungen bei der Einschulung und ähnlichen Phänomenen auf und wurde am Ende der Grundschulzeit durch auffallend schlechtere Schulnoten und die Übergänge in die weiterführenden Schulen bestätigt.[63] Der Faktor elterliche Bildung spielt dabei eine große Rolle: „Die Kinder aus bildungsnäheren Elternhäusern erhalten nicht nur im Durchschnitt bessere Noten, sondern wechseln - unabhängig von den Noten - auch auf die ‚besseren‘ Schulen.“[64] Als

---

55 Ursprünglich war keine Fortsetzung der Studie geplant. Somit kam das Ziel der Längsschnittanalyse erst bei der Wiederholungsstudie dazu. Vgl. ebd., 2.

56 Vgl. Holz/Hock: Infantilisierung von Armut, 80f.

57 Ebd., 78.

58 Ebd., 80.

59 Vgl. Holz et al.: Lebenslagen und Zukunftschancen, 7f.

60 Holz/Hock: Infantilisierung von Armut, 82.

61 Ebd. Mit Armut ist in den AWO-ISS-Studien relative Einkommensarmut gemeint.

62 Ebd., 83.

63 Vgl. ebd., 84.

64 Ebd., 84f. Die Verwendung des Begriffspaares „bildungsfern“ und „bildungsnah“ wird abgesehen von wörtlichen Zitaten in dieser Arbeit vermieden. Stattdessen werden z. B. „bildungsbenachteiligt“ und „nicht bildungsbenachteiligt“ oder „bildungsprivilegiert“ ge-

Schutzfaktoren werden besonders innerfamiliäre (z. B. ein kindzentrierter Alltag und eine stabile Eltern-Kind-Beziehung) und außerfamiliäre (z. B. schulische Förderung und Erholungsräume) Faktoren genannt. Aber auch individuelle Kompetenzen können positives Aufwachsen unter Armutsbedingungen fördern.[65] In der Längsschnittbetrachtung der Daten wird deutlich, dass die im Vorschulalter vorhandenen Ungleichheiten zwischen armen und nicht-armen Kindern am Ende der Grundschulzeit ebenso vorhanden sind und sich merklich vergrößert haben. Die Entwicklung der Lebenslagen verläuft entsprechend für die nicht-armen Kinder überwiegend positiv, für arme Kinder eher negativ.[66] Holz und Hock bewerten Armut daher als „extreme[n] Risikofaktor für die kindlichen Lebenschancen"[67] und sehen in „soziale[r] Förderung, Ausgleich und Umverteilung"[68] wirksame Mittel gegen die Auswirkungen von Armut auf die kindliche Entwicklung.

Die vierte Studie wurde von 2009 bis 2012 mit den gleichen Schüler*innen am Ende ihrer Schulzeit in der Sekundarstufe I durchgeführt. Es konnten 449 der befragten Kinder aus der ersten Studie für die Datenerhebung gewonnen werden.[69] Neben der Erfassung der aktuellen Lebenslage bestand das Forschungsinteresse auch im Entwicklungs- und Schulverlauf der Schüler*innen vom Vorschulalter bis zum Ende der Sekundarstufe I.[70] Der Einfluss von Armut auf das Leben der mittlerweile jugendlichen Schüler*innen ist insbesondere im materiellen und kulturellen Bereich zu sehen. Die Gesamtsituation hat sich dahingehend verändert, dass wesentlich mehr arme Jugendliche Auffälligkeiten in verschiedenen Bereichen aufweisen (multiple Deprivation) als dem Lebenslagetyp Wohlergehen zugeordnet werden können.[71] Fast die Hälfte (43%) der im Jahr 1999 von Armut betroffenen Familien ist zehn Jahre später nicht mehr arm.[72] Allerdings wurde bei den Kindern und Jugendlichen, die konstant in Armut aufgewachsen sind, eine Häufung von „Brüchen, Umwege[n] und Wiederholungen"[73] im Lebenslauf mit meist geringem Bildungsniveau am Ende der Schulzeit festgestellt.

nutzt, um gesellschaftliche Exklusions- und Benachteiligungsstrukturen sichtbar zu machen. Außerdem wird so der Eindruck vermieden, dass der Zugang zu Bildung und der Erwerb eines Bildungsabschlusses ausschließlich auf eigene Entscheidungen und Handlungen zurückzuführen sind, wie es durch den Ausdruck „bildungsfern" möglich ist.

65 Vgl. Holz et al.: Lebenslagen und Zukunftschancen, 16.

66 Holz/Hock: Infantilisierung von Armut, 85.

67 Ebd., 86.

68 Ebd., 86.

69 Vgl. Holz et al.: Lebenslagen und Zukunftschancen, 17.

70 Vgl. ebd.

71 Vgl. ebd., 18.

72 Vgl. ebd., 19.

73 Ebd.

Zusammenfassend lassen sich zwei Ergebnisse der Längsschnittbetrachtung herausstellen, die für diese Arbeit zentral sind: zum einen, „dass die ökonomische Lage und nicht der kulturelle Hinweis entscheidend für die kindliche Lebenslage und den Lebensverlauf"[74] ist, was als ein Plädoyer für eine differenzierte Sicht auf die Gruppe der armen Grundschüler*innen verstanden werden darf und soll, und zum anderen, dass sowohl die Dauer der Armutssituation als auch das Vorhandensein und die Nutzung von Schutzfaktoren die Bildungsbiographien von Kindern wesentlich beeinflussen.[75] Von den auf den Untersuchungsergebnissen beruhenden Handlungsempfehlungen sind für diese Arbeit drei als relevant herauszustellen: Es wird sich für eine ressourcenorientierte Sicht auf Kinder und deren Familien ausgesprochen (1), die Notwendigkeit einer verstärkten Armutssensibilisierung im Bildungsbereich betont (2) und die Forderung ausgesprochen, dass die bisher mittelschichtsorientierte Bildungsdebatte um den Themenkomplex Armut und soziale Benachteiligung erweitert wird (3).[76]

2.3.2 Kinderarmut als Begrenzung von Handlungsspielräumen

Die 2003 erstmals veröffentlichte Studie *Meine Familie ist arm* von Karl August Chassé, Margherita Zander und Konstanze Rasch beschäftigt sich mit Lebenslagen von Kinder und Eltern in Armut sowie deren Bewältigungsformen.[77] Dazu wurden wesentliche Elemente aus der neueren Kindheitsforschung (Aktualitätsbezug, die Perspektive auf Kinder als soziale, autonome Akteure, die an der Gesellschaft partizipieren) in den Bereich der Armutsforschung übernommen.[78] Weiterhin wurde das Spielräumekonzept aus der Armutsforschung auf die Lebenssituation von Kindern übertragen. Das Ergebnis dieser Übertragung besteht aus fünf kindspezifischen Spielräumen: der *Einkommens- und Versorgungsspielraum* (1), der in Abhängigkeit vom familiären Einkommen gestaltet wird und durch die Versorgung mit materiellen Grundbedürfnissen abgesteckt wird, der *Lern- und Erfahrungsspielraum* (2), in dem die „Qualität und Struktur von Lern-

74 Hier wird mit „kultureller Hinweis" auf den Befund angesprochen, dass, obwohl ein Migrationshintergrund in der Regel als Indiz für Bildungsbenachteiligung gesehen wird, in den AWO-ISS-Studien die armen Kinder mit eben diesem signifikant öfter im Wohlergehen aufwachsen und auch erfolgreicher in der Schule sind als die Kinder ohne Migrationshintergrund. Vgl. ebd., 18.

75 Vgl. ebd., 18f.

76 Vgl. ebd., 22.

77 Vgl. Zander: Kindliche Bewältigungsstrategien von Armut, 126.

78 Vgl. Chassé et al.: Meine Familie ist arm, 48ff.

und Aneignungsmöglichkeiten"[79] zentral sind, der *Kontakt- und Kooperationsspielraum* (3), hier stehen die sozialen Kontakte, Diskriminierungserfahrungen und die Frage nach dem Einfluss der materiellen Situation der Eltern im Fokus, der *Muße- und Regenerationsspielraum* (4), der Freizeit- und Erholungsmöglichkeiten sowie die Frage nach gemeinsam erlebter Freizeit in der Familie beinhaltet, und der *Entscheidungs- und Dispositionsspielraum* (5), der sich in Form von Einflussmöglichkeiten des Kindes in allen Lebensbereichen auf die anderen Spielräume auswirkt.[80]

Anhand von 14 Fallstudien mit Kindern im Alter von sieben bis zehn Jahren und deren Eltern (fast ausschließlich Mütter) in einer städtischen und einer ländlichen Region in Thüringen wurden deren Armutslagen und Bewältigungsstrategien erhoben. Die qualitative Untersuchung bestand aus einem Methodenmix von halboffenen Leitfadeninterviews, einem standardisierten Fragebogen und spielerischen sowie zeichnerischen Elementen. Ergänzend wurden quantitative Daten zum sozialräumlichen Wohnumfeld erhoben.[81] Als Ergebnis konnte das Forschungsteam drei Typen von kindlichen Armutslebenslagen entwickeln, die sowohl den Umgang der Eltern mit ihrer Armut als auch das Bewältigungshandeln der Kinder berücksichtigen. Die Typen werden im Folgenden stichpunktartig beschrieben.[82]

Typ 1: Elterliche Armut - Kindliche Kompensation

- materielle Armut in der Familie
- zahlreiche und vielfältige Kompensationsmöglichkeiten des Kindes im familiären und außerfamiliären Bereich
- großer Handlungsraum, gefestigte und vielseitige soziale Kontakte
- kaum Beeinträchtigungen der kindlichen Autonomie

Typ 2: Das Mittelfeld - kindliche Benachteiligungen in unterschiedlichen Kombinationen

- mindestens einer der Spielräume des Kindes insbesondere unter den Aspekten Anerkennung und Entwicklung beeinträchtigt
- geringe Anzahl an sozialen Kontakten, wenige Kontakte zu Gleichaltrigen
- Förderung durch die Eltern findet kaum statt

Typ 3: Stark und mehrfach benachteiligte Kinder

- starke Belastung der Eltern und weiterer Familienangehöriger

---

79 Ebd., 61.
80 Vgl. ebd., 60ff.
81 Vgl. ebd., 65ff.
82 Vgl. ebd., 261–302.

- starke Benachteiligung des Kindes in allen wichtigen Lebens- und Entwicklungsbereichen, insbesondere Mangel an Anerkennung
- fehlende Alltagsstruktur
- defizitäre Eltern-Kind-Beziehungen, insbesondere Mangel an Aufmerksamkeit und Strukturvorgaben
- sehr geringe Anzahl an Peer-Kontakten, freundschaftliche Bindung dabei selten
- auffällig starke Probleme im schulischen Bereich

Im Hinblick auf mögliche Ressourcen des Religionsunterrichts für Kinder in deprivierten Lebenslagen sind folgende Befunde der Studie von Interesse: Familiäre Armut verringert die Aneignungsmöglichkeiten des Kindes von kulturellem und sozialen Kapital. Nur selten sind kompensierende Ressourcen, z. B. in Form von verwandtschaftlichen Kontakten, Vereinsmitgliedschaften oder vielseitig ausgestalteten Kontakten zu Gleichaltrigen vorhanden und den Kindern verfügbar, sodass im Bildungsbereich ein Zusammenhang zwischen dem Erfolg in der Schule und der Lebenslage des Kindes vorhanden ist.[83] Die unterschiedlichen Ausgestaltungen der Lern- und Erfahrungsspielräume bringen verschiedene Lernbedingungen mit sich, die es in der Gestaltung von Unterricht zu berücksichtigen gilt. Die in familiären Armutslagen oftmals fehlende Alltagsstruktur wirkt sich ebenso auf den schulischen Bereich aus. Hier ist besonders das „Anregungs- und Förderungsspektrum innerhalb und außerhalb der Familie"[84] betroffen. Der Religionsunterricht bietet möglicherweise, zusätzlich zum generell schon strukturierten Grundschulalltag, durch Rituale wie Begrüßungslieder oder die Verabschiedung durch einen Segen eine Ressource zur Förderung von Alltagskompetenzen.

2.3.3 Soziale Mobilität, Bildung und Gesundheit armer Kinder in Deutschland

Der seit 2001 regelmäßig von der Bundesregierung vorgelegte Armuts- und Reichtumsbericht nimmt die Lebenssituation von armutsgefährdeten Haushalten differenziert in den Blick. Um insbesondere die Auswirkungen von Armut auf die Möglichkeiten der Lebensgestaltung zu untersuchen, wird sich seit dem zweiten Bericht neben dem Lebenslagenansatz an dem Verwirklichungsansatz (Amartya Sen) orientiert. Der Dynamik von Armut und gesellschaftlicher Teil-

---

83 Vgl. ebd., 320.
84 Ebd., 321.

habe wird durch die Untersuchung der sozialen Mobilität seit dem vierten Bericht Rechnung getragen.[85] Zur Erfassung subjektiver Armuts- und Reichtumswahrnehmungen wurden im Auftrag des Bundesministeriums für Arbeit und Soziales circa 2000 Telefoninterviews mit erwachsenen Bürger*innen geführt.[86] Die Armutsrisikoquote liegt bei 15,8 Prozent (neuester Wert von 2014, gemessen am SOEP), wobei Kinder und junge Erwachsene überdurchschnittlich stark betroffen sind: bei Minderjährigen liegt die Quote bei 21,1 Prozent.[87] Das bedeutet, dass etwa 2,7 der 12,9 Millionen Minderjährigen in Deutschland mit einem Armutsrisiko leben.[88] Dieser Wert ist im Vergleich zum Vierten Armuts- und Reichtumsbericht leicht angestiegen.[89] Im Gegensatz zur Wahrnehmung in der Bevölkerung gab es in den Jahren zwischen dem Vierten und den Fünften Armuts- und Reichtumsbericht keine stark gestiegene Armut. Die Armutsrisikoquote lag in den letzten Jahren bei ungefähr 15 Prozent und hat sich nur geringfügig verändert.[90]

Im Fünften Armuts- und Reichtumsbericht wird auf den UNICEF Report 2013 verwiesen, um die Auswirkungen der Armutsdauer auf die *soziale Mobilität* von Kindern und Jugendlichen zu benennen. Ein wichtiger Befund ist, „dass die große Mehrheit der Kinder (62,5 Prozent) nicht länger als ein Jahr lang in armen Verhältnissen lebt"[91] und nur ein geringer Anteil (8,6 Prozent) länger als sechs Jahre armutsgefährdet ist.[92] Beim Aufwachsen in andauernder Armut sind Einflüsse auf die Entwicklung von Kindern zu erwarten. Als kritischer Wert zählt laut UNICEF ein Drittel der Kindheit. Insbesondere das Selbstbild der Kinder kann sich durch das dauerhafte Gefühl der Benachteiligung negativ verändern.[93]

Zur *Bildungsbenachteiligung* durch den Einfluss des sozioökonomischen Status der Eltern werden in dem Bericht vier Befunde genannt, die für diese Arbeit eine hohe Relevanz aufweisen: 1. Ungleichheiten beim Schuleintritt, 2. Unterschiede beim Übergang nach der Grundschule, 3. der Einfluss von Armut auf das Wohlergehen und 4. Distinktion durch Eltern aus der Mittelschicht.

---

85 Vgl. Bundesministerium für Arbeit und Soziales (Hg.): Lebenslagen in Deutschland. Der Fünfte Armuts- und Reichtumsbericht der Bundesregierung (im Folgenden: Der Fünfte Armuts- und Reichtumsbericht), 98.

86 Vgl. ebd., 108.

87 Vgl. ebd., 548f.

88 Vgl. ebd., 248.

89 Vgl. Bundesministerium für Arbeit und Soziales (Hg.): Der Vierte Armuts- und Reichtumsbericht, 111.

90 Vgl. Bundesministerium für Arbeit und Soziales (Hg.): Der Fünfte Armuts- und Reichtumsbericht, 108.549.

91 ebd., 256.

92 Ebd. Dieser Befund ist im Hinblick auf die Lehrer*innenperspektiven zu Kinderarmut interessant. Für die Erhebung bedeutet dieser hohe Wert, dass nach dem zeitlichen Aspekt von Kinderarmut bewusst gefragt wird.

93 Vgl. ebd., 257.

1. Bereits im Vorschulalter können Entwicklungsunterschiede zwischen armutsgefährdeten und nicht armutsgefährdeten Kindern festgestellt werden. Insbesondere im Bereich der sprachlichen Entwicklung weisen Kinder aus der unteren Sozialschicht signifikant häufiger einen Förderbedarf auf.[94] Ausführlicher als im Fünften werden Befunde zu den Unterschieden beim Schuleintritt im Vierten Armuts- und Reichtumsbericht aus dem Jahr 2013 dargestellt. Neben den Unterschieden in der sprachlichen Entwicklung werden dort auch Benachteiligungen durch Unterschiede in der psychomotorischen und intellektuellen Entwicklung benannt.[95]
2. Der Übergang von der Grundschule auf die weiterführende Schule wird in Bezug auf die Schulwahl von dem sozioökonomischen Status der Eltern beeinflusst. Durch die geringe Durchlässigkeit des deutschen Schulsystems, insbesondere wenn es sich um einen Wechsel in eine Schulform handelt, die einen höheren Schulabschluss ermöglicht, gibt es nur geringe Aufstiegschancen.[96]
3. Die materielle Situation des Haushalts ist ein wichtiger Indikator für die Lebenslage eines Kindes. Sind materielle Ressourcen nur in geringem Maße vorhanden, wird diese Situation von den Eltern oftmals als belastend wahrgenommen. Die Belastungssituation der Eltern kann das Wohlergehen der Kinder beeinträchtigen.[97]
4. Die Bestrebungen in Richtung Bildungsgerechtigkeit, insbesondere die Verbesserung der Bildungschancen von sozial Benachteiligten werden von einem Teil der Mittelschicht kritisch betrachtet, die darauf in Form von Verteidigungshandlungen reagieren. Der Trend zu Privatschulen zeigt, dass trotz allgemeiner Befürwortung von Inklusion Schließungstendenzen zur Statussicherung erkennbar sind, wenn es um die Lernbedingungen des eigenen Kindes geht. Bildung kann hierbei als Mittel zur Distinktion gesehen werden, welches nur dann wirksam ist, wenn der Zugang dazu begrenzt ist beziehungsweise wird.[98]

Die sozialräumliche Segregation wirkt sich auch auf die *Gesundheit* armer Kinder aus. Der für armutsgefährdete Haushalte bezahlbare Wohnraum konzentriert sich oft auf einzelne Stadtquartiere, die vergleichbare Lebensbedingungen aufweisen. Straßenlärm, eine hohe Schadstoffbelastung der Luft und eine marode, teils feuchte Bausubstanz der Gebäude sorgen für eine hohe Gesundheitsbelastung.[99] Der allgemeine Gesundheitszustand von armen oder armutsgefährdeten

---

94 Vgl. ebd., 226.

95 Vgl. Bundesministerium für Arbeit und Soziales (Hg.): Der Vierte Armuts- und Reichtumsbericht, 91.

96 Vgl. Bundesministerium für Arbeit und Soziales (Hg.): Der Fünfte Armuts- und Reichtumsbericht, 226.

97 Vgl. ebd., 246.

98 Vgl. ebd., 115.

99 Vgl. ebd., 269.

Kindern wird häufiger von den Eltern als schlecht oder sehr schlecht beschrieben als bei nicht armutsgefährdeten Kindern.[100] Sozialstatusabhängige Differenzen lassen sich ebenfalls in Bezug auf das Risiko psychischer Erkrankungen feststellen: ein Drittel der Kinder und Jugendlichen mit einem geringen sozialen Status ist im Vergleich zu einem Fünftel (mittlerer Sozialstatus) beziehungsweise einem Zehntel (hoher Sozialstatus) der Risikogruppe für psychische Auffälligkeiten zuzuordnen.[101] In anderen Bereichen der Gesundheit zeigen sich weitere Ungleichheiten. Kinder aus der unteren Sozialschicht sind häufiger übergewichtig oder adipös und zeigen ein stärkeres Rauchverhalten. Auch die Passivrauchbelastung sowie das Rauchverhalten in der Schwangerschaft sind stärker ausgeprägt. Während beim Alkoholkonsum der Kinder und Jugendlichen keine statusbezogenen Unterschiede feststellbar sind, wird in den sozial höheren Schichten während der Schwangerschaft mehr Alkohol konsumiert als in der unteren Sozialschicht.[102] Die körperliche und psychische Gesundheit von Kindern aus armutsgefährdeten Haushalten wird im Vergleich zu nicht armutsgefährdeten Kindern häufiger durch Gewalterfahrungen gefährdet und beeinträchtigt. Neben der erfahrenen Gewalt wenden Kinder aus der unteren Sozialschicht auch vergleichsweise oft Gewalt gegen andere an.[103]

2.3.4 Armut als dauerhafte Erfahrung – Kindheiten in einer Gesellschaft mit geringer sozialer Mobilität

Eine aktuelle Studie im Auftrag der Bertelsmann-Stiftung untersucht Kinderarmut in einer Kombination aus Querschnitt- und Längsschnittbetrachtung. Dabei werden Kinderarmutstypen und Muster von Armutsverläufen ermittelt, durch welche Armutsbiographien rekonstruiert werden können. Wie bei den oben aufgeführten Studien wird auch hier Armut als mehrdimensionales Phänomen betrachtet, indem zur Einkommensarmut der Bezug von Leistungen aus den SGB II und Angaben zur materiellen Versorgung für die Ermittlung und Darstellung von Kinderarmut genutzt werden.[104] Diese Angaben werden aus dem Panel Arbeitsmarkt und soziale Sicherung (PASS) des Instituts für Arbeitsmarkt- und Berufsforschung mit insgesamt neun Befragungswellen gewonnen. Insgesamt

100 Vgl. ebd., 273.
101 Vgl. ebd., 275.
102 Ebd., 275f.
103 Vgl. ebd., 278.
104 Vgl. Tophoven et al.: Armutsmuster in Kindheit und Jugend, 15.

3.180 Kinder kommen für die Analyse in Frage.[105] Unter Aufnahme und Erweiterung bereits verwendeter Konzepte werden fünf Einkommenstypen der Haushalte, in denen die Kinder leben, herausgestellt. Neben der *abgesicherten Lage* (Nettoäquivalenzeinkommen von mindestens 75%) und der *Zwischenlage* (60 bis <75%) gibt es drei verschiedene Typen in nicht-gesicherter Einkommenslage. Unterschieden wird hier anhand der Einkommensarmut und dem Bezug von Leistungen aus dem SGB II (sog. Hartz IV). Der Typ *Einkommensarmut* beschreibt die Einkommenslage von Haushalten unter der Armutsgefährdungsgrenze von 60% ohne SGB-II-Leistungsbezug, während die Lage *SGB-II-Bezug* die umgekehrte Situation (keine Einkommensarmut, dafür SGB-II-Bezug) beschreibt. Der dritte Typ nicht-gesicherter Einkommenslagen ist *Einkommensarmut und SGB-II-Bezug*. Hier werden bei einem Nettoäquivalenzeinkommen von unter 60% Transferleistungen bezogen.[106] Um die materielle Versorgung der Kinder zu beurteilen, wird auf die im PASS erhobenen Daten zum materiellen Lebensstandard und das Verfahren zur Ermittlung der Deprivation zugegriffen. Dort finden sich Angaben zu 23 Gütern und Aktivitäten aus verschiedenen Lebensbereichen wie z. B. Wohnen und kulturelle Teilhabe. Die Auskunft, ob aus finanziellen Gründen auf einzelne Güter oder Aktivitäten verzichtet wird, stammt jeweils vom Haushaltsvorstand. Anhand der Summe der fehlenden Aspekte wird dann die materielle Unterversorgung ermittelt.[107] Zusätzlich zur Einkommenslage und zum materiellen Lebensstandard werden in dieser Studie weitere Merkmale berücksichtigt. Neben persönlichen Merkmalen wie z. B. dem Migrationshintergrund sind der Haushaltstyp und die Anzahl der Kinder unter 15 Jahren im Haushalt von großem Interesse.[108]

Zu allen untersuchten Zeitpunkten befinden sich etwa 25 Prozent der Kinder in einer nicht gesicherten Einkommenslage.[109] Oftmals verbleiben die Kinder über einen längeren Zeitraum in derselben Einkommenslage, wobei im Vergleich von vorletztem und letztem Befragungszeitpunkt auffallend viele Kinder (36,2 Prozent) aus der nicht gesicherten in eine gesicherte Einkommenslage wechseln. Tophoven et al. erklären diesen Wechsel mit dem gestiegenen Alter der Kinder und einer daraus resultierenden, veränderten Einkommenssituation der Mütter.[110] Mit Ausnahme dieser Auffälligkeit lässt sich „ein hohes Maß an

105 Vgl. ebd., 21. Als Kriterien für die Auswahl der Kinder werden die Teilnahme an mindestens fünf aufeinander folgenden Befragungen und das Alter von unter 15 Jahren zu einem der Erhebungszeitpunkte genannt.

106 Vgl. ebd., 22f.

107 Vgl. ebd., 25.

108 Vgl. ebd.

109 Vgl. ebd., 28.

110 Vgl. ebd., 32f.

Reproduktion der Einkommenslagen“[111] erkennen, besonders in der *abgesicherten Lage* und der Lage *Einkommensarmut und SGB-II-Bezug*.[112] Die Analyse der Längsschnittbetrachtung ermöglicht eine Systematisierung von Einkommenslagen über einen längeren Zeitraum hinweg. Individuelle Einkommensverläufe werden dabei in Clustern zusammengefasst. Bei der Einteilung in Cluster wird nach Ähnlichkeiten der Verläufe und dominierenden Einkommenslagen entschieden. Tophoven et al. können so fünf Cluster herausstellen: *Dauerhaft gesichert* (1), *Temporär nicht gesichert* (2), *Prekäre Einkommenslage* (3), *Dauerhafter Leistungsbezug* (4) und *Dauerhaft nicht gesichert* (5). Als Armutsmuster können die letzten vier Cluster bezeichnet werden. In diesen Einkommenslagemustern erfahren die Kinder dauerhaft und zeitweise Armut. Die Verteilung der Kinder auf diese Gruppen gestaltet sich wie folgt: 68,9 Prozent gehören zur Gruppe der dauerhaft Gesicherten, 9,9 Prozent zu den temporär nicht Gesicherten, 3,7 Prozent befinden sich in einer prekären Einkommenslage, 5,8 Prozent beziehen dauerhaft Leistungen und 11,6 Prozent gehören zur Gruppe der dauerhaft nicht Gesicherten.[113] Im Folgenden werden die wichtigsten Ergebnisse zu den drei langfristigen Armutsmustern vorgestellt.

Prekäre Einkommenslage

Die häufigsten Einkommenslagen bei diesem Muster sind die *Einkommensarmut* und die *Zwischenlage*, wobei sich im Durchschnitt Kinder, die diesem Muster zugeordnet werden können, am häufigsten in der *Einkommensarmut* (3,7 der 5 Zeitpunkte) befinden. Dieses Muster ist zum Großteil als statisch zu bezeichnen, da der typische Verlauf der Verbleib in der *Einkommensarmut* ist. Wenn sich die Lage verändert, dann häufig abwärts, also von der *Zwischenlage* zur *Einkommensarmut*.[114] Auffallend bei diesem Cluster sind die Arbeitssituation und der Bildungshintergrund der Eltern (Kombination aus Vollzeiterwerbstätigkeit und niedriger Qualifikation), die auf working-poor-Haushalte hinweisen.[115]

Dauerhafter Leistungsbezug

In diesem Cluster findet in der Regel ein langanhaltender SGB-II-Leistungsbezug statt. In dieser Gruppe ist die höchste Anzahl an Alleinerziehenden (62,7 Prozent) zu finden. Das Bildungsniveau in den Haushalten wir von Tophoven et al.

---

111 Ebd., 33.
112 Vgl. ebd.
113 Vgl. ebd., 35f.
114 Vgl. ebd., 42.
115 Vgl. ebd., 43.

als durchschnittlich „eher gering“[116] bezeichnet. 16,7 Prozent der Kinder in diesem Muster beziehen an allen fünf Erhebungszeitpunkten Leistungen aus dem SGB II, ohne sich dabei im Bereich der Einkommensarmut zu befinden.[117]

Dauerhaft nicht gesichert

In dieser Gruppe sind Verlaufsmuster vertreten, die hauptsächlich durch die Einkommenslagen *Einkommensarmut und SGB-II-Bezug* und *SGB-II-Bezug* geprägt sind. Auffällig ist, dass die Größte Gruppe hier die der Kinder ist, die dauerhaft Leistungen aus dem SGB II beziehen und trotzdem in einem einkommensarmen Haushalt leben (28,5 Prozent).[118] Tophoven et al. beschreiben dieses Cluster als „eine Gruppe von Kindern [...], die in einer verfestigten Armutslage mit SGB-II-Leistungsbezug verweilt“[119]. Betrachtet man die gesamte Haushaltssituation, fällt auf, dass in dieser Gruppe etwa die Hälfte der Haushalte von Alleinerziehenden geführt wird, häufig viele Kinder im Haushalt leben und etwa die Hälfte dieser Gruppe einen Migrationshintergrund hat. Das Bildungs- und Beschäftigungsniveau ist im Vergleich mit den anderen Gruppen sehr gering.[120]

In den drei dargestellten Verlaufsmustern ist die Gruppe der Alleinerziehenden stark vertreten. Kinder, die in einem Ein-Eltern-Haushalt aufwachsen sind demnach besonders gefährdet, in einer dauerhaft nicht-gesicherten Einkommenslage aufzuwachsen. In Alleinerziehenden-Haushalten ist häufig die Mutter der erziehende Elternteil. Geringfügige Beschäftigung, Teilzeitarbeit oder gering bezahlte Arbeit durch mangelnde Qualifikation stellen üblicherweise die Einkommenssituation der Mütter dar, was zu einer nicht-gesicherten Einkommenslage führt. Mehr als ein Geschwisterkind unter 15 Jahren, ein Migrationshintergrund und geringe Bildung der Eltern sind weitere Risikofaktoren.[121] Eine Aufwärtsmobilität ist für Kinder, die SGB-Leistungen beziehen und deren Haushalt einkommensarm ist, eher unwahrscheinlich. Stattdessen verbleiben diese häufig in den Armutslagen.[122]

Anhand der 23 erfassten Items zur materiellen Versorgung lassen sich Unterschiede innerhalb der in dieser Studie erstellten Cluster feststellen. Im Durchschnitt müssen Haushalte auf 2,5 der 23 Güter und Teilhabemöglichkeiten aus finanziellen Gründen verzichten. Zwischen den Clustern zeigen sich jedoch deutliche Unterschiede. Während die Gruppe der *Dauerhaft Gesicherten* auf durchschnittlich ein Gut bzw. eine Teilhabemöglichkeit verzichten, sind es bei

116 Ebd., 44.
117 Vgl. ebd., 43f.
118 Vgl. ebd., 44.
119 Ebd.
120 Vgl. ebd., 45.
121 Vgl. ebd., 49.
122 Vgl. ebd., 50.

dem Verlaufsmuster *Dauerhaft nicht gesichert* 7,3 Aspekte, die aus finanziellen Gründen fehlen.[123] Besonders betrachtet werden aus diesen 23 Gütern und Aktivitäten die acht Güter des sogenannten Grundbedarfs, welche von zwei Drittel der Befragten als unverzichtbar angegeben werden, und vier Items zur kulturellen Teilhabe.[124] Beim Grundbedarf zeigt sich ein signifikanter Unterschied: „Fehlt bei den Kindern, die dem typischen Einkommenslagenmuster ‚Dauerhaft gesichert' zugeordnet werden, durchschnittlich kein Aspekt des Grundbedarfs, sind es bei den Kindern in einer ‚Dauerhaft nicht gesicherten' durchschnittlich 0,5 Aspekte."[125] Im Bereich der kulturellen Teilhabe sind die Unterschiede ebenfalls groß. In der Gruppe der *Dauerhaft Gesicherten* wird auf durchschnittlich 0,7 der vier Aspekte verzichtet, bei den *Dauerhaft nicht Gesicherten* sind es stattdessen 2,7, also fast drei der vier kulturellen Teilhabemöglichkeiten.[126]

Diese Studie verdeutlicht, „dass eine Längsschnittbetrachtung notwendig ist, um differenziertere Aussagen zu Armut im Kindesalter treffen zu können"[127]. Denn bei dieser zeigen sich deutliche Unterschiede zwischen Kindern, die kurzzeitig von Armut betroffen sind, und denen, die über einen langen Zeitraum unter den Lebensbedingungen von Armut aufwachsen. Besonders groß sind diese Unterschiede in der materiellen Versorgung, der Deprivation im Bereich des Grundbedarfs (dazu zählen z. B. eine Innentoilette, trockene Wände im Wohnraum und eine warme Mahlzeit pro Tag) und bei den Möglichkeiten der kulturellen Teilhabe.[128]

2.4 *Forschungsstand: Bildungsbenachteiligung aufgrund der sozialen Herkunft*

Zentrale Befunde zur Bildungsbenachteiligung[129] durch die soziale Herkunft sind in den internationalen Schulleistungsstudien zu finden, deren Ergebnisse dazu im Folgenden vorgestellt werden. Dazu wird sich auf PISA und IGLU beschränkt, die aufgrund ihrer Analysen zum Zusammenhang von sozialer Herkunft und Lesekompetenzen für den Religionsunterricht aufschlussreich sind. Zu TIMSS

---

123 Vgl. ebd.
124 Ebd., 25.
125 Ebd., 51.
126 Vgl. ebd.
127 Ebd., 53.
128 Vgl. ebd., 25.53f.
129 Das in diesem Teilkapitel genutzte Bildungsverständnis, welches anhand der Begriffe durchscheint, die sich auf das Vokabular in den Schulleistungsstudien beziehen, entspricht nicht den Verständnissen von Bildung, die im Rahmen des vorliegenden Forschungsprojekts an anderen Stellen verwendet werden.

(Trends in International Mathematics and Science Study), die sich mit dem Zusammenhang von sozialen Disparitäten und mathematischen sowie naturwissenschaftlichen Kompetenzen befasst, wird an dieser Stelle lediglich darauf hingewiesen, dass die Befunde zur allgemeinen Forschungslage passen.[130]

Zur Erhebung der Daten, die Auskunft über die soziale Herkunft geben können, wird sich an dem Kapitalbegriff Pierre Bourdieus orientiert. Neben dem ökonomischen Kapital, das anhand der Berufe der Eltern und Angaben zum Besitz bestimmt wird, und dem kulturellen Kapital, welches durch die Angabe von objektiviertem Kulturkapital in Form von Büchern, und institutionalisiertem Kulturkapital in Form von Bildungsabschlüssen der Eltern sowie zum Teil Fragen zur kulturellen Freizeitgestaltung erfasst wird, findet auch die Erhebung von Daten zum Sozialkapital statt. Dafür werden Fragen zu Anzahl und Art sozialer Kontakte gestellt.[131] Zusätzlich zu der Information über die finanzielle Lage der Familie gibt die Angabe der Berufe der Eltern Hinweise zur gesellschaftlichen Position.[132]

2.4.1 Programme for International Student Assessment (PISA)

Die 2000 erstmals veröffentliche PISA-Studie der OECD (Organisation for Economic Co-operation and Development) ermöglicht einen internationalen Vergleich von Schüler*innenleistungen. In 32 teilnehmenden Staaten wurden insgesamt 250.000 Schüler*innen im Alter von 15 Jahren getestet, die zusätzlich einen Hintergrundfragebogen ausfüllten.[133] Im Fokus der Erhebung standen die Lesekompetenz und mathematisch-naturwissenschaftliche Kompetenzen.[134] Im Dreijahresrhythmus wird die Studie wiederholt.

Anhand der Daten zum Hintergrund der Schüler*innen ist die Analyse des Zusammenhangs von Schüler*innenleistungen und ihrem sozioökonomischen Hintergrund möglich. Dazu wurden Angaben zu den Berufen der Eltern erhoben, um den beruflichen Status zu ermitteln, der einen Hinweis auf die Position im sozialen Raum geben kann.[135] Zur Einordnung dient der ISEI (*International Socio-Economic Index of Occupational Status*) als Standard, wobei der HISEI (*Highest ISEI*),

---

130 Vgl. Bonsen et al.: Soziale Herkunft sowie Stubbe et al.: Soziale Disparitäten der Schülerleistungen 2012 und Stubbe et al.: Soziale Disparitäten der Schülerleistungen 2016.

131 Vgl. Bos et al.: Gibt es eine armutsbedingte Bildungsbenachteiligung, 170.

132 Vgl. Watermann/Baumert: Entwicklung eines Strukturmodells, 63.

133 Vgl. Kuhlmann: Bildungsarmut, 313 sowie Maaz et al.: Schüler als Informanten, 32.

134 Vgl. Kuhlmann: Bildungsarmut, 314.

135 Vgl. Baumert/Maaz: Das theoretische und methodische Konzept von PISA, 15.

also der statushöchste Beruf eines Elternteils ausschlaggebend für die Statusbestimmung ist.[136] Ergänzt durch die EGP-Klassifikation (*Erikson-Goldthorpe-Portocarero-Klassen*)[137] und den eigens für die PISA-Studien von der OECD entwickelten *Economic, Social and Cultural Status* (ESCS) wird ein mehrdimensionales Bild der sozialen Herkunft von Schüler*innen möglich.[138] Die Kopplung der sozialen Herkunft mit den gemessenen Kompetenzen wird anhand einer linearen Funktion, dem *sozialen Gradienten*[139] bestimmt, an dessen Steigung diese ablesbar ist.[140]

Für Deutschland zeigt die Analyse des Zusammenhangs von sozialer Herkunft und Schüler*innenleistung am Beispiel der Lesekompetenz ein deutliches Bild über mehrere Erhebungszeiträume hinweg:[141] Wie in allen Staaten, die an der PISA-Studie teilnehmen, hat der soziale Gradient eine positive Steigung. Somit ist ein Zusammenhang von sozialer Herkunft und Schüler*innenleistung nachweisbar. Deutschland lässt sich im OECD-Durchschnittsbereich verorten.[142] Die Steigung verringerte sich seit 2000 kontinuierlich, blieb aber im Vergleich mit anderen Teilnehmerstaaten immer noch hoch.[143] Eine Erklärung für die Abnahme des Zusammenhangs von sozialer Herkunft und Lesekompetenz bieten Ehmke und Jude an, die den Grund für diesen Trend in der Steigerung der Lesekompetenz von leistungsschwächeren Schüler*innen sehen.[144] Die Ergebnisse der PISA-Studie 2018 weisen eine Steigerung der Leistungsunterschiede im Zusammenhang mit der sozialen Herkunft auf und zeigen aber auch, dass ein kleiner Anteil von 10 Prozent (OECD-Durchschnitt: 11 Prozent) an sozioökonomisch benachteiligten Schüler*innen im oberen Leistungsbereich verortet werden kann, wodurch gezeigt werden könne, „dass sozioökonomische Benachteiligung nicht unüberwindbar"[145] sei. Im internationalen Vergleich wird erkennbar, dass die Staaten, die eine geringe Gradientensteigung aufweisen, insgesamt die besten Ergebnisse bei den Leistungstests hatten.[146]

---

136 Vgl. Ehmke/Jude: Soziale Herkunft und Kompetenzerwerb, 232f.

137 Die elf EGP-Klassen werden nach Art der Tätigkeit, Stellung, Weisungsbefugnis und Qualifikation bestimmt und für die Analysen in Deutschland zu insgesamt sechs Klassen zusammengefasst, wobei die statushöchste Gruppe die „Obere Dienstklasse" (EGP-Klasse I) und die niedrigste Gruppe „Un- und angelernte Arbeiter, Landarbeiter" (EGP-Klasse VII) sind. Die EGP-Klassen V und VI werden als eine Gruppe gezählt. Vgl. ebd., 233.243.

138 Vgl. ebd., 232f.

139 In anderen Texten wird nicht die Gerade, sondern ihre Steigung als sozialer Gradient bezeichnet. Vgl. Wendt et al.: Soziale Herkunft und Lesekompetenzen, 186.

140 Vgl. Ehmke/Jude: Soziale Herkunft und Kompetenzerwerb, 234ff.

141 Im mathematischen und naturwissenschaftlichen Bereich lässt sich ebenso ein Zusammenhang feststellen. Allerdings verändert sich dort die Steigung des sozialen Gradienten nicht so auffällig wie bei der Lesekompetenz. Vgl. ebd., 240f.

142 Vgl. ebd., 237.

143 Vgl. ebd., 241f.

144 Vgl. ebd., 240.

145 Mostafa/Schwabe: Ländernotiz, 5.

146 Vgl. Kuhlmann: Bildungsarmut, 314.

Der Vergleich von Kompetenzen und Bildungswegen in Abhängigkeit von der Zuordnung zu EGP-Klassen verdeutlicht die Kopplung von sozialer Herkunft und Kompetenzerwerb. „Sozialschichtspezifische Unterschiede in den Lebensbedingungen gehen [...] mit bedeutsamen unterschiedlichen häuslichen Lern- und Anregungsmilieus einher[.]“[147] Die Unterschiede zeigen sich beispielsweise bei dem Besuch des Kindergartens, der Anzahl der Kinder aus verschiedenen EGP-Klassen, die vorzeitig eingeschult werden, und derer, die in der Grundschule eine Klasse wiederholen. Besonders Kinder aus den oberen Klassen (EGP-Klassen I und II) besuchen sehr häufig und langfristig einen Kindergarten und werden öfter mit fünf Jahren eingeschult als der Durchschnitt. Im Gegensatz dazu sind Kinder aus den unteren Klassen wesentlich häufiger von Klassenwiederholungen betroffen.[148] Am deutlichsten erkennbar sind soziale Ungleichheiten im Bildungsbereich jedoch bei der Betrachtung der Zusammensetzung der Schüler*innen in den weiterführenden Schulen. Während Schüler*innen aus den oberen EGP-Klassen am häufigsten das Gymnasium besuchen, ist die Hauptschule die in den unteren Klassen am häufigsten besuchte Schulform.[149] Somit führt der Übergang in die weiterführende Schule zu einer Separation der Schüler*innen nach sozioökonomischem Status.[150] Die „Annahme von vollständig abgeschlossenen und homogenen Bildungsmilieus in den Sozialschichten“[151] ist allerdings trotz dieser Ergebnisse falsch. Es ist innerhalb der Gruppen mit vielfältigen Bildungsmilieus zu rechnen. In der Längsschnittbetrachtung zeigt sich, dass die Anzahl der Schüler*innen in den EGP-Klassen in etwa gleichgeblieben ist. Allerdings ist der Anteil derer, die das Gymnasium besuchen, im Laufe der Jahre gestiegen und die Schüler*innenzahl an der Hauptschule hat sich verringert.[152]

In einer Erweiterungsstudie aus dem Jahr 2003, die mit den Daten aus PISA 2000 arbeitet, wird ein Strukturmodell erarbeitet, um die Kopplung von sozialer Herkunft und Kompetenzen von Schüler*innen anhand der Analyse von familiären Struktur- und Prozessmerkmalen zu belegen. Der wichtigste Befund der Studie ist, dass „die Effekte der sozioökonomischen Stellung und des beruflichen Bildungsabschlusses primär über die kulturelle Praxis vermittelt waren.“[153] Die kulturelle Praxis wurde anhand von Angaben zu kulturellen Investitionen und Aktionen ermittelt.[154]

---

147 Ehmke/Jude: Soziale Herkunft und Kompetenzerwerb, 243.
148 Vgl. ebd., 243ff.
149 Vgl. ebd., 247f.
150 Vgl. Kuhlmann: Bildungsarmut, 314.
151 Ehmke/Jude: Soziale Herkunft und Kompetenzerwerb, 243.
152 Vgl. ebd., 247f.
153 Watermann/Baumert: Entwicklung eines Strukturmodells, 64.
154 Vgl. ebd., 70.

2.4.2 Internationale Grundschul-Lese-Untersuchung (IGLU)

IGLU wird alle fünf Jahre durchgeführt und befasst sich mit der Lesekompetenz und den Lernbedingungen von Grundschüler*innen in der vierten Klasse. International wird die Studie unter dem Namen PIRLS (Progress in International Reading Literacy Study) durchgeführt.[155] Zur Beschreibung der sozialen Herkunft der Schüler*innen werden Angaben zu Büchern im Haushalt sowie zum Beruf und Bildungsniveau der Eltern erhoben. Für Deutschland werden die international verwendeten Fragebögen erweitert, um eine größere Anzahl an Indikatoren für die soziale Herkunft zu erhalten.[156]

Wie bereits bei IGLU 2001 werden 2006, 2011 und 2016 fünf Kategorien zu Bestimmung der *Anzahl an Büchern* genutzt: 0–10 Bücher, 11–25 Bücher, 26–100 Bücher, 101–200 Bücher und über 200 Bücher, wobei bei der Auswertung in den meisten Fällen nur zwischen Haushalten mit mehr beziehungsweise weniger als 100 Büchern unterschieden wird.[157] In allen vier IGLU-Studien ist eine Differenz in der Lesekompetenz bei mehr beziehungsweise weniger als 100 Büchern im Haushalt feststellbar. Der Leistungsvorsprung der Schüler*innen mit mehr als 100 Büchern im Haushalt ist im Laufe der Jahre in etwa konstant geblieben (2001: 43 Punkte, 2006: 40 Punkte, 2011: 40 Punkte, 2016: 54 Punkte) und beträgt ungefähr ein Lernjahr. Auffällig für 2016 ist der Anstieg des Leistungsvorsprungs um mehr als zehn Punkte gegenüber 2011. Im internationalen Vergleich liegen die Leistungsunterschiede in der Lesekompetenz in Abhängigkeit von der Anzahl an Büchern in Deutschland im oberen Bereich.[158]

Zur Bestimmung der *Sozialschichtzugehörigkeit der Eltern* werden die EGP-Klassen und der ISEI verwendet.[159] Außerdem erfolgt eine Einteilung in ein dreischichtiges Modell, welches anhand einer an der Art der Tätigkeit orientierten Hierarchisierung von Berufen die drei Gruppen „manuelle Tätigkeit“[160], „Angestellte und kleinere Unternehmer“[161] und „Akademiker, Techniker und Führungskräfte“[162] voneinander unterscheidet. Auffallend ist, dass Deutschland im internationalen Vergleich einen geringen Anteil an Personen, die der dritten Gruppe zugeordnet werden, aufweisen kann.[163] Die Sozialschichtzugehörigkeit der Eltern hat, ebenso wie die Anzahl der Bücher im Haushalt, einen Einfluss auf

155 Vgl. Bos et al.: Gibt es eine armutsbedingte Bildungsbenachteiligung, 194f.
156 Vgl. Wendt et al.: Soziale Herkunft und Lesekompetenzen, 188.
157 Vgl. Bos et al.: Die Koppelung von sozialer Herkunft, 228f.
158 Vgl. Hußmann et al.: Soziale Herkunft und Lesekompetenzen, 202ff.
159 Vgl. Wendt et al.: Soziale Herkunft und Lesekompetenzen, 185f.
160 Bos et al.: Die Koppelung von sozialer Herkunft, 228.
161 Ebd.
162 Ebd.
163 Vgl. ebd., 230f.

die Lesekompetenz der Schüler*innen, der einen Leistungsvorsprung für Kinder von Eltern der dritten Schicht (Akademiker, Techniker und Führungskräfte) gegenüber den Kindern von Eltern der ersten Schicht (manuelle Tätigkeit) von mehr als einem Lernjahr mit sich bringt.[164] Im internationalen Vergleich zeigt sich, dass in „keinem der berücksichtigten Staaten [...] der Zusammenhang zwischen Sozialschicht und Lesekompetenz größer als in Deutschland [ist], in etwas mehr als der Hälfte der Staaten allerdings signifikant kleiner."[165] Im Jahr 2016 fällt die mittlere Lesekompetenz innerhalb aller EGP-Klassen im Vergleich zu den letzten Erhebungen ähnlich aus, die Differenzen zwischen den Klassen bleiben vergleichbar. Der Leistungsunterschied zwischen Schüler*innen mit mindestens einem Elternteil aus der oberen Dienstklasse und Schüler*innen mit Eltern aus der Klasse der un- und angelernten Arbeiter beträgt in etwa ein Lernjahr.[166] Auch zwischen dem HISEI der Eltern und der Lesekompetenz der Schüler*innen besteht ein Zusammenhang. Mit diesem lassen sich 2016 14,4 Prozent (2011: 14,7 Prozent) der Varianz der Lesekompetenz erklären, was etwas mehr ist als bei IGLU 2001 und 2006.[167]

Das *Bildungsniveau der Eltern*, welches als Indikator für das kulturelle Kapital aber auch für finanzielle Situation eines Haushalts genutzt werden kann, wird bei IGLU unter Verwendung der internationalen Bildungsskala der UNESCO, der ISCED (International Standard Classification of Education) erhoben. Die ISCED-97-Levels (IGLU 2001, 2006 und 2011) werden in vier Kategorien zusammengefasst. Die erste Kategorie beinhaltet die Personen, die keinen Schulabschluss haben, die vierte diejenigen, die mindestens ISCED-Level 5 (z. B. Hochschulabschluss) erreicht haben.[168] Bei IGLU 2016 wird eine dichotomisierte Einteilung des Bildungsniveaus auf Basis der ISCED-2011-Level vorgenommen und zwischen Kindern unterschieden, die kein bzw. mindestens ein Elternteil mit (Fach-) Hochschulabschluss haben.[169] Wie in allen Teilnehmerstaaten lässt sich auch für Deutschland ein Zusammenhang von Bildungsniveau der Eltern und Lesekompetenz der Viertklässler*innen feststellen. Gemessen wird dabei der Leistungsvorsprung von Schüler*innen mit mindestens einem Elternteil mit ISCED-Level 5 vor denen, deren Eltern nicht dieses Level erreicht haben bzw. bei IGLU 2016 nach der gleichen dichotomen Einteilung auf Basis der ISCED-2011-Level. Der internationale Mittelwert (2016: 46 Punkte, 2011: 49 Punkte) liegt dabei unter dem Wert von Deutschland (2016: 48 Punkte, 2011: 51 Punkte).[170] Bei IGLU 2006 war der Unterschied signifikant (Deutschland: 43 Punkte, International: 37

164 Vgl. ebd., 236.
165 Ebd.
166 Vgl. Hußmann et al.: Soziale Herkunft und Lesekompetenzen, 208f.
167 Vgl. ebd., 209.
168 Vgl. Bos et al.: Die Koppelung von sozialer Herkunft, 230.
169 Vgl. Hußmann et al.: Soziale Herkunft und Lesekompetenzen, 201.
170 Vgl. Wendt et al.: Soziale Herkunft und Lesekompetenzen, 178 sowie Hußmann et al.: Soziale Herkunft und Lesekompetenzen, 206.

Punkte).[171] Der gemessene Leistungsunterschied der Schüler*innen bei IGLU 2011 entspricht ungefähr einem Lernjahr.[172]

Bei der Auswertung der Daten von IGLU 2006 wurden die einzelnen Indikatoren zu einem gemeinsamen Faktor zusammengefasst, der die *soziale Herkunft* beschreibt.[173] Ergänzt wird der Faktor soziale Herkunft bei IGLU 2011 und IGLU 2016 um den Indikator Armutsgefährdung.[174] Schüler*innen aus nicht armutsgefährdeten Elternhäusern haben einen Leistungsvorsprung im Lesen von knapp einem Lernjahr gegenüber Kindern aus armutsgefährdeten Elternhäusern, wobei der Zusammenhang von Armutsgefährdung und Lesekompetenz mit steigender EGP-Klasse zunimmt.[175] Nach Wendt et al. ist dieser Befund erwartungsgemäß, da „in Familien mit einem hohen kulturellen Kapital der Mangel an ökonomischem Kapital stärker ins Gewicht fällt als in Familien mit geringem kulturellen Kapital“[176]. Bei IGLU 2016 entspricht der mittlere Leistungsunterschied zwischen Kindern aus armutsgefährdeten und nicht armutsgefährdeten Haushalten 52 Punkte, was ungefähr einem Lernjahr entspricht.[177] Im internationalen Vergleich stellt sich Deutschland als Staat dar, bei dem eine enge Koppelung von sozialer Herkunft und Lesekompetenzen erkennbar ist, auch wenn die durchschnittliche Leseleistung über dem internationalen Mittelwert liegt.[178] Zwischen 2001 und 2016 hat in Deutschland eine „signifikante Vergrößerung der sozialen Disparitäten stattgefunden“[179]. Die seit IGLU 2011 auf nationaler Ebene in der Analyse berücksichtigte Armutsgefährdung erweist sich als bedeutend für die Teilhabechancen der Kinder am Bildungssystem.[180]

2.4.3 Zusammenfassung

Der Zusammenhang von sozialer Herkunft und Kompetenzen ist in allen drei Studien (PISA, IGLU, TIMSS) über mehrere Erhebungszeiträume hinweg nachweisbar. Für Deutschland stellt die Befundlage eine im internationalen Vergleich sehr starke Koppelung von sozioökonomischem Status des Elternhauses und Schulerfolg heraus. Diese Kopplung bedeutet allerdings nicht, dass sozial

171 Vgl. Bos et al.: Die Koppelung von sozialer Herkunft, 239.

172 Vgl. Wendt et al.: Soziale Herkunft und Lesekompetenzen, 178.

173 Vgl. Bos et al.: Die Koppelung von sozialer Herkunft, 239.

174 Vgl. Wendt et al.: Soziale Herkunft und Lesekompetenzen, 186 sowie Hußmann et al.: Soziale Herkunft und Lesekompetenzen, 198f.

175 Vgl. Wendt et al.: Soziale Herkunft und Lesekompetenzen, 187.

176 Ebd.

177 Vgl. Hußmann et al.: Soziale Herkunft und Lesekompetenzen, 210f.

178 Vgl. Bos et al.: Die Koppelung von sozialer Herkunft, 245 sowie Wendt et al.: Soziale Herkunft und Lesekompetenzen, 184.

179 Hußmann et al.: Soziale Herkunft und Lesekompetenzen, 214.

180 Vgl. ebd.

benachteiligte Schüler*innen ein geringes Interesse an schulischen Leistungen haben. Ein auffälliges Ergebnis der Shell Jugendstudie 2019 ist die „schichtübergreifend hohe Leistungsethik“[181] mit Werten wie Fleiß und Ehrgeiz der Jugendlichen. Dieser Befund ist bemerkenswert, weil die befragten sozial benachteiligten Jugendlichen durchaus angeben, dass sie sich benachteiligt fühlen und andere bevorzugt werden:[182] „Die beschriebene Leistungsethik schützt also offenbar nicht davor, sich als unberechtigterweise benachteiligt oder sogar als abgehängt zu empfinden.“[183] Im Jugendalter scheint daher ein Bewusstsein für die Mechanismen herkunftsbedingter Bildungsbenachteiligung zu herrschen, welche nicht resignierend hingenommen werden, sondern eher zu Selbstbehauptungsbemühungen führen, die allerdings nicht nur positive Folgen haben, sondern auch dazu führen können, „den gesellschaftlichen Anschluss sogar noch weiter zu verlieren.“[184]

Die in der Grundschule festgestellten Disparitäten werden für die Schüler*innen der Sekundarstufe I bei PISA ebenfalls nachgewiesen. Zur Erklärung des Zusammenhangs von sozialer Herkunft und Schüler*innenleistung wird zwischen *primären* und *sekundären Herkunftseffekten* nach Boudon unterschieden.[185] Die ungleichen Startbedingungen (primäre Herkunftseffekte) führen zu Disparitäten, die sich im Laufe der Schulzeit durch Entscheidungen, die von den Eltern und/oder Lehrkräften getroffen werden (sekundäre Herkunftseffekte), oftmals vergrößern.[186] Für den Übergang auf die weiterführende Schule spielt das Bildungsniveau der Eltern eine entscheidende Rolle bei der Entscheidung der Schulform.[187] Dieser sekundäre Herkunftseffekt ist ein Beispiel für die Benachteiligung von Schüler*innen aus sozial benachteiligten Schichten. Neben diesem sind die Einschätzungen und entsprechenden Empfehlungen der Lehrkräfte, die je nach sozialer Herkunft der Schüler*innen begünstigend oder benachteiligend ausfallen, ebenso von Belang.[188] Aktuelle Zahlen aus der Shell Jugendstudie 2019 zum Besuch eines Gymnasiums zeigen deutliche herkunftsbe-

---

181 Albert et al.: Jugend 2019, 22. Dazu wurden Anfang 2019 2572 Jugendliche zwischen 12 und 25 Jahren in Interviews befragt (vgl. ebd., 33).

182 Das Benachteiligungsempfinden bezieht sich nicht nur auf schulische Leistungen, sondern auch auf den Aspekt der Selbstbestimmung (vgl. ebd., 22).

183 Ebd., 23.

184 Ebd.

185 Vgl. Bos et al.: Die Koppelung von sozialer Herkunft, 226.

186 Vgl. Wendt et al.: Soziale Herkunft und Lesekompetenzen, 175 sowie Bos et al.: Die Koppelung von sozialer Herkunft, 226.

187 Vgl. Bundesministerium für Arbeit und Soziales (Hg.): Der Vierte Armuts- und Reichtumsbericht, 96. Ein Aspekt der Auswahl der Schulform ist die Bildungsaspiration der Kinder. Diese ist in Abhängigkeit vom Bildungsniveau der Eltern und der sozialen Herkunft unterschiedlich. Siehe dazu World Vision: Zusammenfassung der 4. World Vision Kinderstudie, 4.

188 Vgl. Bos et al.: Die Koppelung von sozialer Herkunft, 227.

dingte Unterschiede zwischen den Schüler*innen: „Während unter Jugendlichen aus der unteren Schicht (13 %) es nur eine kleine Minderheit an das Gymnasium schafft, ist es bei Jugendlichen aus der oberen Schicht (71 %) die breite Mehrheit."[189]

Eine Studie aus dem Jahr 2018 zur Resilienz von Schüler*innen auf Basis der PISA-Daten zeigt, dass es zunehmend Schüler*innen in Deutschland gibt, die sozioökonomisch benachteiligt aufwachsen und gute schulische Leistungen erbringen. Als Erfolgsfaktoren für diese Schüler*innen werden besonders zwei Faktoren ausgemacht: „eine gute soziale Mischung an der Schule"[190] und „ein positives Schulklima"[191]. Neben außerschulischen Resilienzfaktoren wie der Alltagssprache im Elternhaus ist es auf schulischer Ebene besonders die soziale Herkunft der Mitschüler*innen, die sich auf die Resilienz von sozial benachteiligten Schüler*innen auswirkt. Als Erklärungsansätze für hohe Resilienz werden positive Einflüsse der Mitschüler*innen, die Ausstattung der Schulen und die Aufmerksamkeit der Lehrkräfte genannt.[192] Durch die Stärkung von Ganztagsschulen und stabile Kollegien mit geringer Fluktuation könne langfristig das Schulklima gefördert werden, welches als „Schlüsselfaktor für Resilienz"[193] identifiziert wird. Die Ergebnisse dieser Studie heben die Bedeutung von weit gefasster schulischer Inklusion für den Bildungserfolg bisher benachteiligter Schüler*innen hervor.

---

189 Albert et al.: Jugend 2019, 27.
190 Schäfer: Erfolgsfaktor Resilienz, 3.
191 Ebd.
192 Vgl. ebd., 8.
193 Ebd., 9.

3. Forschungsstand: Kinderarmut im Kontext schulischer Religionspädagogik

In diesem Kapitel wird herausgestellt, wie sich bisher mit dem Phänomen der Kinderarmut im religionspädagogischen Kontext befasst wurde. Die explizite Beschäftigung mit Armut im Religionsunterricht ist bisher kaum vorhanden. Daher werden auch Befunde zu angrenzenden Forschungsbereichen aufgenommen und zentrale Beobachtungen expliziert, um religionspädagogische Konsequenzen im Zusammenhang mit Kinderarmut und Forderungen für den Religionsunterricht zu formulieren. Aufgrund der überschaubaren Anzahl an Studien zum Verhältnis von Kinderarmut und Religionsunterricht werden unterschiedliche Formate in den Forschungsstand einbezogen. Zusätzlich zu empirischen Untersuchungen finden auch praxisorientierte Veröffentlichungen und konzeptionelle Arbeiten Berücksichtigung.

3.1 *Kinderarmut im Religionsunterricht – Wahrnehmung von Armut und Bildungsbenachteiligung in einem spezifischen Lern- und Erfahrungsraum*

Die Lebens- und Lernbedingungen armer Schüler*innen werden bisher nur in Ansätzen in der religionspädagogischen Forschung untersucht. Einzelne Studien zur Wahrnehmung von Kinderarmut im Fach Religion sowie zu armutsbedingter Bildungsbenachteiligung zeigen aber, dass diese als fachspezifische Herausforderungen verstanden werden.

3.1.1 Mehrdimensionale Armutswahrnehmung und fachspezifische Ressourcen

Bereits zu Beginn des 20. Jahrhunderts konnte festgestellt werden, dass die soziale Herkunft und die Lebensumstände Einfluss auf die Bildungschancen von Kindern im Religionsunterricht haben. Rudolf Emlein[1] betont in seinem Aufsatz aus

---

[1] Die Bestrebungen, Kinder aus den Arbeiter*innenfamilien in den Großstädten in den Fokus religiöser Bildung zu setzen, passen zu den Zielen der Stadtmission, die sich im 19.

dem Jahr 1911 zum Religionsunterricht bei Proletarierkindern die lernunfreundliche Umgebung in Arbeitervierteln von Großstädten und die emotionale Vernachlässigung der Schüler*innen durch die geringe Alltagspräsenz der arbeitenden Eltern, welche sich negativ auf die Lernmöglichkeiten der Kinder auswirken.[2] In seiner kapitalismuskritischen Argumentation betont er die Verantwortung der Herkunftsfamilie für den Bildungserfolg der Kinder sowie die Befürchtung, dass Kinder aus dem Proletariat aufgrund verankerter materialistischer Werte nicht offen für die im Religionsunterricht vermittelten Werte sind.[3] Materialistische Grundwerte sind auch heutzutage in einzelnen unteren sozialen Milieus vorhanden. Die vermutete Passungsschwierigkeit, die zu Bildungsbenachteiligungen im Religionsunterricht beitragen kann, lässt sich somit auch auf die aktuelle Situation übertragen, wenngleich diese Übertragung eine differenzierte Betrachtung der unteren Milieus in ihrer Vielfalt erfordert. Zwar steht im kompetenzorientierten Religionsunterricht nicht Wertebildung im Fokus, allerdings spielen christliche Werte inhaltlich eine Rolle und entsprechen stark den in bildungsbürgerlichen Milieus gelebten und vermittelten Werten, was Schüler*innen aus diesen Milieus einen Vorteil bringen kann.[4] Neben der materiellen Unterversorgung nimmt Emlein die emotionale und soziale Dimension von Kinderarmut wahr, die auch durch fehlende Zeit zur Ausbildung der Seele[5], von Werten und dem Sinn für das Religiöse geprägt ist.[6] Im Religionsunterricht sieht er eine besondere Ressource zur Kompensation der mangelhaften Versorgung, da in ihm die seelische Entwicklung der Kinder gefördert werden soll, was als Alleinstellungsmerkmal des Faches gesehen wird und daher den Raum für diesen Teil der (Persönlichkeits-)Bildung in der Schule bietet.[7]

Diese fachbezogene, mehrdimensionale Wahrnehmung von Kinderarmut findet sich auch in einer aktuelleren empirischen Untersuchung von Daniel Arnhold[8] wieder, bei der in den Jahren 2013 und 2014 insgesamt 14 Religionslehrkräfte interviewt und zu ihren Wahrnehmungen von Kinder- und Jugendarmut,

---

Jahrhundert aus den Folgen der Industrialisierung entwickelte und einen Arbeitsbereich der Inneren Mission (Wichern) darstellte (vgl. Kaiser: Art. Diakonie. I. Kirchengeschichtlich, in: RGG[4], 792f. sowie Zitt: Art. Stadtmission. I. Praktisch-theologisch, in: RGG[4], 1668f.). Daher lässt sich vermuten, dass Emlein der Inneren Mission bzw. zumindest einer Organisation mit stadtmissionarischem Arbeitsbereich zugeordnet werden kann.

2 Emlein: Religionsunterricht bei Proletarierkindern, 312f.

3 Vgl. ebd., 314.

4 Siehe dazu auch das Kapitel zur Milieuperspektive (Kapitel 5).

5 Vgl. Emlein: Religionsunterricht bei Proletarierkindern, 316. Mit der Seele des Kindes kann sowohl die psychische Verfassung gemeint sein, die sich z. B. in der Resilienz zeigt, oder das durch die Geschöpflichkeit des Kindes als Ebenbild Gottes besondere Einfühlungsvermögen, das Christoph Markschies als „Herzensbildung" (Markschies: Zur Freiheit befreit, 110) bezeichnet.

6 Vgl. Emlein: Religionsunterricht bei Proletarierkindern, 315.

7 Vgl. ebd., 312.

8 Arnhold: Armut im Religionsunterricht.

den Bewältigungsstrategien der Schüler*innen sowie der bisherigen und nach ihren Vorstellungen idealen Thematisierung von Armut im Religionsunterricht befragt wurden. Diese sehen in der Werteerziehung im Religionsunterricht die Chance, „Perspektiven aus der Armut heraus“[9] aufzuzeigen. Auch hier herrscht ein Bewusstsein dafür, dass die in den Herkunftsfamilien vermittelten Ziele und Werte stark von denen abweichen können, die im Religionsunterricht erarbeitet werden.[10] Fehlende eigene Armutserfahrungen bei den Lehrkräften führen nach Aussagen dieser zu Verunsicherungen bei der Wahrnehmung von Armut. Dieser Befund verdeutlicht die häufig große Distanz zwischen den Lebenswelten von armen Schüler*innen und denen ihrer Lehrkräfte.[11] Auch die Thematisierung von Armut im Unterricht verunsichere die befragten Lehrkräfte aufgrund der zugeschriebenen Sensibilität des Themas und dem Wunsch, die Grenzen der Schüler*innen nicht zu überschreiten, weshalb diese eher im Kontext von Lebensträumen und Zukunftsvorstellungen erfolgt, also sehr indirekt und negativ in dem Sinne, dass es bei den Träumen der Schüler*innen eben nicht um Vorstellungen von Armut geht.[12]

Die Studie von Arnhold markiert einen Forschungsbedarf zur Thematisierung von Armut im Religionsunterricht, an dem Schüler*innen mit Armutserfahrungen teilnehmen. Den Einschätzungen der Lehrkräfte nach seien besonders jüngere Schüler*innen mit Armutserfahrungen „sehr sensibel und aufgeschlossen für gerechtigkeitsbezogene Themen und hätten einen ausgeprägten Gerechtigkeitssinn“[13]. Dieser Befund liefert einen wertvollen Hinweis auf mögliche Ressourcen von armen Schüler*innen: Werden Gerechtigkeitsthemen im Religionsunterricht angesprochen, so könnten arme Schüler*innen bessere Lernvoraussetzungen mitbringen als bei anderen Themen. Die von den Lehrkräften bemängelte, geringe Auswahl an Unterrichtsmaterialien und Methoden zur inhaltlichen Thematisierung von Armut im Religionsunterricht spiegelt sich in der Engführung als ethisches Thema wider. Es wird auf die Vergleichsmöglichkeit der eigenen Situation mit der Lebenswelt absolut armer Menschen zurückgegriffen und auf die Ausbildung der „Solidaritätsfähigkeit mit *anderen* Armen“[14] gesetzt. Der Einbezug von Armutserfahrungen der Schüler*innen finde eher selten statt, was im Gegensatz zu dem Lebensweltbezug steht, der in vielen aktuellen religionsdidaktischen Ansätzen zentral ist. Neben den auf Solidarität zielenden Geschichten wie der von Sankt Martin nennen die interviewten Lehrkräfte die UN-Kinderrechtskonvention und Geschichten über Jesus als Möglichkeiten, im Religionsunterricht Armut zu thematisieren. Jesus diene durch sein

[9] Ebd., 92.
[10] Vgl. ebd., 92f.
[11] Vgl. ebd., 91f.
[12] Vgl. ebd., 93.
[13] Ebd.
[14] Ebd., 94.

Leben in Armut als Identifikationsfigur und biete durch seinen Einsatz für Gerechtigkeit Anknüpfungsmöglichkeiten an das Gerechtigkeitsinteresse von Kindern mit Armutserfahrungen.[15]

Fragen nach Ressourcen des Religionsunterrichts wurden bereits in den 1990er Jahren von der Religionslehrerin Inger Hermann für die Situation an Förderschulen behandelt. Im Gegensatz zu den grenzwahrenden Lehrkräften bei Arnhold unternimmt Hermann in ihrem Ansatz eines *heilsamen Religionsunterrichts*[16] Grenzüberschreitungen, indem sie persönliche, vor allem brüchige Erfahrungen von Schüler*innen in den Mittelpunk ihres Unterrichts stellt. Zu den Erfahrungen der Schüler*innen gehört auch das Aufwachsen in Armut, das an einigen Stellen benannt wird, z. B. indem die Arbeitslosigkeit der Eltern oder die fehlende Finanzierungsmöglichkeit einer Ferienfreizeit thematisiert werden.[17] Hermann ordnet ihren Ansatz konzeptionell als problem- und beziehungsorientiert ein und sieht in dem fließenden Übergang zur Seelsorge eine Chance dieser Ausrichtung. Die Inhalte des Religionsunterrichts erhalten demnach ihre Relevanz in der Anknüpfung an die Erfahrungen der Schüler*innen und sollen neue, heilsame Erfahrungen ermöglichen. Die Praxis eines solchen Religionsunterrichts ist ein gemeinsames Fragen und Suchen, wobei auch zugelassen werden muss, dass es auf manche Fragen keine Antworten gibt und die Lehrkraft ihre Antwortlosigkeit offen kommuniziert.[18] Die damit verbundene Offenheit für die Deutungen und Antworten der Schüler*innen entspricht dem kindertheologischen Prinzip, das sich besonders im Theologisieren *mit* Kindern zeigt.[19] Dieses ermöglicht eine Authentizität, die besonders aufgrund der großen lebensweltlichen Distanz notwendig ist, um die als Hierarchie wahrnehmbare Entfernung zwischen Lehrkraft und Schüler*innen in den Momenten des gemeinsamen Suchens zu überwinden.[20] Die Fremdheit der Lebenswelten aus bürgerlicher Perspektive taucht als Leitmotiv ihrer Reflexionen an mehreren Stellen auf und wird explizit benannt.[21] Aus den Reflexionen Hermanns lässt sich der Impuls herausfiltern, die Fremdheit der eigenen Lebenswelt gegenüber den Lebenswelten der Schüler*innen mit ihren eigenen, für Lehrkräfte oft ungewohnten Ausdrucksformen, die in sich ebenfalls sehr unterschiedlich sein können, bewusst wahrzunehmen und die eigenen Lebens- und Lernbedingungen bzw. die Bedingungen im eigenen sozialen Umfeld nicht als Norm zu setzen. Neben biblischen

15 Vgl. ebd., 94f.

16 Vgl. Hermann: Halt's Maul, jetzt kommt der Segen, 13ff.

17 Vgl. ebd., 74.

18 Vgl. ebd., 14f.

19 Vgl. Büttner: Theologisieren mit Kindern, 22f.

20 Dabei ist es wichtig, sich der Kontextualität der eigenen Deutungen bewusst zu sein, um andere Deutungen auch im Zusammenhang mit anderen Zugängen wahrnehmen und wertschätzen zu können. Vgl. Zimmermann: Die Gnade der Kindertheologie, 357f.

21 Vgl. Hermann: Halt's Maul, jetzt kommt der Segen, 149.

Geschichten[22] und Psalmen[23], anhand derer Schüler*innen ihre biografischen Erlebnisse und Gefühle in biblischen Ausdruckformen von Leid, Angst und Gewalt wiederfinden und dadurch selbst zum Ausdruck bringen können, versteht Hermann Rituale als Ressource zur Armutsbewältigung besonders für jüngere Kinder, da die Schule durch diese „ein wohltuender Ort von Zuwendung und festen Regeln“[24] ist, auf den sie sich nach dem Wochenende oder den Ferien freuen. Entsprechend der bei Chassé et al. beschriebene Gruppe der *stark und mehrfach benachteiligten Kinder* ist neben materieller Armut besonders der Mangel an Strukturen und Anerkennungserfahrungen sowie Bewältigungsstrategien kennzeichnend.[25] Für Schüler*innen mit spezifischen Armutserfahrungen ermöglichen Rituale Orientierung, Struktur und Geborgenheit. Nach Hermann nehmen diese Kinder die Rituale auffällig stark an, um statt Haltlosigkeit Orientierung stiftende, feste Regeln und Regelmäßigkeit zu erleben.[26]

Der aufgrund seiner konzeptionell verankerten Grenzüberschreitungen kritisierte[27] Ansatz Hermanns birgt dennoch Potenziale für armutssensiblen Religionsunterricht, die sich besonders in der kindertheologischen Ausrichtung zeigen. Gottes Zuwendung zu den Schwachen und Ausgestoßenen ist bei Hermann eine konzeptionstragende Säule.[28] In ihrem Ansatz zeigt sich eine Art kontextueller Kindertheologie, die inhaltlich ganz anders gestaltet sein kann als andere kontextuelle Theologien wie z. B. Befreiungstheologien und die, dem Geleitwort von Jörg Thierfelder zufolge, sowohl ein „hohes Reflexionsniveau“[29] als auch eine „existentielle Tiefe“[30] aufweist. Diese Theologie geht nicht von der Fähigkeit aus, die eigene Situation im Verhältnis zur Gesellschaft zu analysieren, sondern kann mehr als Frage-, Such- und Klageraum gedacht werden. Grundlegend erscheint dazu die Offenheit, von ganz individuellen Erfahrungen auszugehen und weniger von strukturell bedingten kollektiven Erfahrungen. In der Annahme, dass es möglich ist, einen grenzwahrenden, erfahrungsorientierten Sprachraum für Schüler*innen mit Armutserfahrungen anzubieten, ließe sich an einzelne Aspekte des heilsamen Religionsunterrichts anknüpfen, um bil-

22 Vgl. ebd., 31ff. So wie Anton A. Bucher, der sich gegen eine Bibeldidaktik ausspricht, die durch eine rücksichtsvoll gemeinte Auswahl an gewaltfreien und somit kindgerechten Texten „eine heile Sonderwelt“ (Bucher: Ein zu lieber Gott, 103) schaffe, „die mit der faktischen kindlichen Lebenswelt allenfalls partiell übereinstimmt“ (ebd.) sieht auch Inger Hermann in biblischen Gewaltgeschichten einen bibeldidaktischen Zugang zu spezifischen Erfahrungen von Schüler*innen.

23 Vgl. Hermann: Halt's Maul, jetzt kommt der Segen, 127ff.

24 Ebd., 113.

25 Vgl. Chassé et al.: Meine Familie ist arm, 276ff.

26 Vgl. Hermann: Halt's Maul, jetzt kommt der Segen, 112f.

27 Vgl. Wertgen: Religionsunterricht an Förderschulen, 21ff.

28 Vgl. Hermann: Halt's Maul, jetzt kommt der Segen, 147.

29 Ebd., 11.

30 Ebd., 11.

dungsbenachteiligten Schüler*innen kontextbewusst Bildungschancen zu geben und Seelsorge anzubieten. Das Kontextbewusstsein bezieht sich sowohl auf die Lernbedingungen und Erfahrungsräume der Kinder als auch auf den spannungsvollen Rahmen, in dem Religionsunterricht erfahrungs- und leistungsorientiert stattfindet.

3.1.2 Bildungsbenachteiligung im Religionsunterricht – Kapital und Habitus als Einflussfaktoren

Zur Erklärung von Bildungsbenachteiligungen im Religionsunterricht wird an vielen Stellen auf die Sozialraumtheorie von Pierre Bourdieu zurückgegriffen, wodurch sich eine vertiefende Analyse des Zusammenhangs von Kinderarmut und Bildungsbenachteiligung im Religionsunterricht im vorliegenden Forschungsprojekt anhand dieser und unter Rückgriff auf die vorhandenen religionspädagogischen Befunde anbietet. Als wesentliche Einflussfaktoren im Kontext religiöser Bildung können das kulturelle Kapital, der Habitus und damit verbundene Distinktionen ausgemacht werden.

Die Relevanz des kulturellen Kapitals nach Bourdieu für die aktive Mitarbeit im Religionsunterricht konnte in einer quantitativen Untersuchung des katholischen Religionspädagogen Alexander Unser aus dem Jahr 2016 mit 952 Schüler*innen der Sekundarstufe I herausgestellt werden.[31] Diskussionswürdig ist neben dem signifikanten Einfluss des kulturellen Kapitals auf die Unterrichtsbeteiligung auch der Befund, dass das Gottesbild Einfluss auf die Beteiligung am Religionsunterricht hat. Je stärker das Gottesbild der jüdisch-christlichen Tradition entspricht, desto aktiver ist die Mitarbeit.[32] Diese Art der Privilegierung muss vor dem Hintergrund des Religionsunterrichts als ordentlichem, für alle Schüler*innen unabhängig ihrer Gottesvorstellungen zugänglichem Schulfach kritisch betrachtet werden. Eine Begründung für die Privilegierung kann Unser in der Untersuchung nicht liefern. Er entnimmt dem Befund aber einen Forschungsbedarf zur Bedeutung von religiösem Kapital, verstanden als „eine Verinnerlichung bestimmter religiöser Vorstellungen, Sprachspiele, Traditionselemente“[33], für die aktive Mitarbeit von Schüler*innen.[34] Eine weitere Überlegung hinsichtlich der Verringerung von Bildungsungerechtigkeit durch die soziale Herkunft stellt Unser in Anknüpfung an Bourdieus Idee einer „rationale[n] Pädagogik“[35] an. Ein Religionsunterricht, der sich sozialer Ungleichheiten bewusst

---

31 Vgl. Unser: Soziale Ungleichheiten im Religionsunterricht, 89f.

32 Vgl. ebd.

33 Ebd.

34 Vgl. ebd., 92f.

35 Ebd., 93. Zur rationalen Pädagogik vgl. Kapitel 4.

ist und diesen „konstruktiv begegnet“[36], kann einen Beitrag zur Bildungsgerechtigkeit leisten, indem dieser Schüler*innen „fördernd unterstützt, Anknüpfungsmöglichkeiten schafft und Bewertungsmaßstäbe anpasst“[37]. Wie diese Unterstützungs- und Anpassungsleistung genau aussehen kann, wird nicht ausgeführt.

Frank M. Lütze sieht in religiösen Bildungsangeboten vorwiegend Schüler*innen mit einem bildungsbürgerlichen Habitus adressiert und verdeutlicht diese Adressierung an enggeführten Gottesbildern und einer gängigen Interpretation der Rechtfertigungslehre, die für brüchige Lebenserfahrungen bildungsbenachteiligter Schüler*innen geringe Anknüpfungsmöglichkeiten anbiete.[38] Die von Marcin Morawski hervorgehobene symbolische Wirkung kulturellen Kapitals für religiöse Bildung verweist auf die Verwobenheit von Religion, Macht und Distinktion im Selbstverständnis religiöser Bildungsangebote, die es im Rahmen des vorliegenden Forschungsprojekts auszuführen gilt.[39]

In der Identitätsbildung als Aufgabe des Religionsunterrichts sei nach Viera Pirker der Matthäuseffekt wirksam, da Identitätsprozesse von ressourcenstarken Schüler*innen in größerer Freiheit und erfolgreicher gestaltet werden können und somit Identität zu einer starken Ressource des Kindes wird.[40] Beim Phänomen der Kinderarmut werden die Auswirkungen geringer Ressourcen auf die Identitätsbildung besonders deutlich. Unter Bezugnahme auf die Kapitaltheorie Bourdieus, die Forschungsergebnisse der AWO-ISS-Studien und der Kinderarmutsforschung von Chassé et al. mit dem Fokus auf Handlungsspielräume verdeutlicht Pirker die Wechselwirkungen zwischen geringen Ressourcen in den unterschiedlichen Lebenslagen und kindlichen Handlungsspielräumen in ihrem Einfluss auf die Bildungschancen armer Kinder.[41] Pirker stellt diese Ressourcenunterschiede und ihre Konsequenzen für Bildungsprozesse im Religionsunterricht in den Fokus einer politisch bewussten Religionspädagogik, die sich ihrer gesellschaftlichen Mitverantwortung für identitätsfördernde Bildung und Erziehung bewusst ist. Eine bedeutende Aufgabe der Lehrkräfte bestehe darin, selbstreflexiv und im Bewusstsein über gesellschaftliche Exklusionsprozesse die Umstände der Schüler*innen wahrzunehmen und deren Identitätskonstruktionsprozesse aktiv unterstützend zu begleiten. Innerhalb einer kritischen Religionspädagogik in befreiungspädagogischer und befreiungstheologischer Tradition

---

36 Ebd.

37 Ebd.

38 Vgl. Lütze: Redet die Religion, 105ff.

39 Vgl. Morawski: Bildung im Kontext von Distinktionsgeschehen.

40 Vgl. Pirker: Wer hat, dem wird gegeben, 79.

41 Vgl. ebd., 80. Zu den genannten Studien zu Kinderarmut siehe Kapitel 2.3.

könne den Schüler*innen ermöglicht werden, gesellschaftliche Machtverhältnisse zu erkennen und Handlungsoptionen zu entwickeln.[42] Die hier angesprochene politische Dimension religiöser Bildung, die den Religionsunterricht in die Verantwortung für Bildungsgerechtigkeit nimmt, wird im Folgenden ausgeführt. Dabei werden fachspezifische Begründungen für armutssensiblen Religionsunterricht herausgestellt.

3.2 *Politisch-theologische Verantwortung für Bildungsgerechtigkeit im Religionsunterricht und religionspädagogische Impulse*

Ein Blick in die Geschichte der Religionspädagogik zeigt: „Fragen nach sozialer Ungerechtigkeit, nach Armut, nach Verantwortung in der Weltgesellschaft waren in den siebziger und achtziger Jahren noch expliziter Gegenstand der Religionspädagogik."[43] Nach der Thematisierung sozialer Differenzen in den 1980er Jahren verringerte sich die Beschäftigung mit Armut und Fragen nach Gerechtigkeit innerhalb der Religionspädagogik.[44] Aktuell erlebt die politische Dimension religiöser Bildung eine Renaissance. Die fachspezifische Verantwortung für Bildungsgerechtigkeit wird an diversen Stellen in der in den letzten Jahren wieder stärker geführten religionspädagogischen Debatte um ungleiche Bildungschancen hervorgehoben. Neben dem EKD-Tagungsband zum Schwerpunkt Bildung und Teilhabe von 2010[45] sind vor allem die Sammelwerke zu Bildungsgerechtigkeit aus religionspädagogischer Perspektive, herausgegeben von Judith Könemann und Norbert Mette (2013)[46] sowie von Bernhard Grümme und Thomas Schlag (2016)[47] zu nennen. Als zentrales Motiv ist die christliche Verantwortung für einen gerechten Zugang zu religiöser Bildung zu nennen, die vor allem mit der Gottebenbildlichkeit des Menschen und der vorrangigen Option für die Armen begründet wird.

---

42 Vgl. ebd., 81ff. Dieser Impuls wird im konzeptuellen Kapitel unter Punkt 8.1 und 8.5 aufgenommen.

43 Knauth: Einschließungen und Ausgrenzungen, 22.

44 Vgl. ebd., 21.

45 EKD/Comenius-Institut (Hg.): Niemand darf verloren gehen.

46 Könemann/Mette (Hg.): Bildung und Gerechtigkeit.

47 Grümme/Schlag (Hg.): Gerechter Religionsunterricht.

3.2.1 Öffentliche Religionspädagogik und ihre Verantwortung für Bildungsgerechtigkeit

Eine aktuelle, theologisch-anthropologische und bildungstheoretische Auseinandersetzung ist bei Bernhard Grümme zu finden, der in seinem umfassenden Werk zu Bildungsgerechtigkeit als religionspädagogischer Herausforderung (2014)[48] verschiedene Gerechtigkeitsansätze aus Philosophie und Theologie religionspädagogisch reflektiert und erarbeitet, welche Chancen und Grenzen sich aus den gerechtigkeitstheoretischen Perspektiven in Bezug auf Bildungsgerechtigkeit ergeben.

Um Bildungsgerechtigkeit bildungstheoretisch zu erfassen, betont Grümme die politische Dimension religionspädagogischer Bildungstheorie, die seinem Ansatz einer *Öffentlichen Religionspädagogik*[49] zugrunde liegt. Eine solche Bildungstheorie müsse „die Kontexte und realen Situationen von Bildungsgerechtigkeit und Bildungsungerechtigkeit wahrnehmen, [...] analysieren und zu ihrem ureigenen Thema machen."[50] Mit einem weiten Politikbegriff und der Aufnahme der politischen Dimension gemäß dieses Begriffsverständnisses ließe sich nach Grümme mit einem „integrativen religiösen Bildungsbegriff"[51] Religionsunterricht „bildungstheoretisch fundiert und schulpädagogisch wirkmächtig"[52] gestalten. Im Zusammenwirken kulturhermeneutischer und gesellschaftskritischer Aspekte könne „eine religionspädagogisch ausgerichtete Verbindung des Diskurses über kulturelle Differenzen mit dem Gerechtigkeitsdiskurs aus einer Option für die Armen, für die Exkludierten und für die Anderen heraus"[53] ermöglicht werden. Aus dieser diskursiven Ausrichtung am Anderen lässt sich die alteritätstheoretische Verankerung von Bildungsgerechtigkeit bei Grümme erklären, die sich in intersubjektiver Anerkennung innerhalb von Bildungsprozessen verwirklichen ließe.[54]

---

48 Grümme: Bildungsgerechtigkeit.

49 Diesen Ansatz entwickelt Grümme weiter und bezieht ihn auf plurale Lebenswelten. Vgl. Grümme: Öffentliche Religionspädagogik.

50 Grümme: Bildungsgerechtigkeit, 161. Diese Schlussfolgerung formuliert er im Anschluss an die theologische Bildungstheorie von Christoph Markschies (Markschies: Zur Freiheit befreit), die nach Grümme zwar eine „binnentheologische Begründung von Bildungsgerechtigkeit" (Grümme: Bildungsgerechtigkeit, 160) liefere, gesellschaftlichen und ökonomischen Faktoren aber zu wenig Beachtung schenke.

51 Grümme: Bildungsgerechtigkeit, 166.

52 Ebd.

53 Ebd., 167. Grümme übernimmt diesen Gedanken von Knauth, der die *„Option für die Armen und die Anderen"* (Knauth: Problemorientierter Religionsunterricht, 352) in der Interdependenz von Gerechtigkeits- und Anerkennungsdiskurs religionspädagogisch weiterentwickelt (vgl. Knauth: Problemorientierter Religionsunterricht, 331ff.).

54 Vgl. ebd., 167ff.

Bildung innerhalb einer *Öffentlichen Religionspädagogik* wird von Grümme anhand von acht Merkmalen beschrieben, von denen das erste Merkmal, die *Parteilichkeit* für das Anliegen eines armutssensiblen Religionsunterrichts als wesentlich bezeichnet werden kann und in der Lage ist, das theologisch-religionspädagogische Profil eines solchen Ansatzes zu schärfen. Eine so verstandene parteiische religiöse Bildung „artikuliert sich als eine diakonische Bildung, die advokatorisch sich zum Anwalt der Ausgeschlossenen macht und zugleich einen Beitrag zur Teilhabe der Exkludierten zu leisten versucht."[55] Durch auf die gesellschaftliche Ebene bezogene Merkmale wie *Wahrnehmungsorientierung* und *Kritik*, besonders als Befähigung zur Kritik verstanden, wird die politische Dimension religiöser Bildung geschärft, die als *emanzipatorische* und *transformatorische* Bildung ihrem befreienden und solidarischen Potenzial sowie ihrem öffentlich-theologischen Selbstverständnis Gestalt verleiht.[56] Eng verbunden mit der politischen Dimension geschieht religiöse Bildung in diesem Ansatz nach dem Prinzip der *Subjektorientierung*, um als „Sprachschule der Freiheit"[57] unter Berücksichtigung der lebensweltlichen Kontexte zur Subjektwerdung der Schüler*innen beizutragen. Als *anamnetisch-temporale* Bildung, die in der Erinnerung der Auferstehung „gegenwärtige Praxis mit einem normativen, befreienden Anspruch"[58] gestaltet und die Erfahrung von Leid, Unterdrückung und Ausgrenzung zum Ausgangspunkt für Veränderungen macht, besitzt sie in dem produktiven Verhältnis von Partikularität und Universalität und auf dem Fundament der Alterität *Pluralitätsfähigkeit*. In der Anbahnung kritisch-reflexiver Kompetenzen geht es darum, „Differenzen zu erkennen, auszuhalten und kritisch zu reflektieren, ohne diese aufzuheben."[59]

Von den im Anschluss an seine bildungstheoretischen Ausführungen getätigten didaktischen Überlegungen sind besonders diejenigen zu einer *kritischen marginalitätssensiblen Kindertheologie* im Anschluss an Johnsen und Schweitzer[60] für das vorliegende Projekt interessant, da sie sich mit den Herausforderungen beschäftigen, vor die Kindertheologie gestellt wird, wenn Schüler*innen mit Armutserfahrungen an theologischen Gesprächen teilnehmen.[61] Das Konzept der *Öffentlichen Religionspädagogik* lässt Grümme für seinen Ansatz einer heterogenitätsfähigen Religionspädagogik[62] auf der Grundlage einer *Auf-*

---

55 Ebd., 171.

56 Vgl. ebd., 172ff.

57 Ebd., 174.

58 Ebd., 175.

59 Ebd.

60 Johnsen/Schweitzer: Was ist kritische Kindertheologie.

61 Vgl. Grümme: Bildungsgerechtigkeit, 205–219 und sehr ähnlich Grümme: Öffentliche Religionspädagogik, 241–251. Vgl. dazu auch den im selben Jahr erschienenen Sammelband Kammeyer/Zonne/Pithan (Hg.): Inklusion und Kindertheologie.

62 Grümme: Heterogenität in der Religionspädagogik.

geklärten Heterogenität fruchtbar werden. Der Ansatz einer kritischen marginalitätssensiblen Kindertheologie und das Potenzial der Religionspädagogik von Grümme für das Anliegen der vorliegenden Arbeit werden in den konzeptionellen Überlegungen zu armutssensiblem Religionsunterricht in Kapitel 8 aufgenommen.

3.2.2 Teilhabegerechtigkeit für marginalisierte und benachteiligte Schüler*innen

Die Konsequenzen einer theologisch begründeten Verantwortung für Bildungsgerechtigkeit im Religionsunterricht zeigen insbesondere befreiungstheologisch argumentierte Ansätze auf, wie an der auch für die Entwicklung inklusiver Religionspädagogik bedeutenden Arbeit von Anita Müller-Friese deutlich wird, die Teilhabegerechtigkeit einfordert und diese theologisch damit begründet, dass „alle Menschen zur Entfaltung ihrer von Gott gegebenen Möglichkeiten"[63] zu befähigen sind.

Die bei Hermann und Arnhold ebenfalls betonte lebensweltliche Distanz zwischen Schüler*innen und Lehrkräften wird von Müller-Friese in der Aufforderung zum Perspektivwechsel unter der Voraussetzung der Reflexion der eigenen Position im sozialen Raum aufgegriffen, mit der eine diversitätsbewusste und dialogische Bibeldidaktik möglich sei.[64] Ähnliche Ansätze gibt es z. B. in Form von dis/ability-orientierter Hermeneutik mitsamt religionspädagogischer Konsequenzen, in welcher die Perspektiven derer einbezogen sind, die gesellschaftliche Behinderungserfahrungen mitbringen.[65] In diesem Bereich hat Müller-Friese ihren Ansatz des wechselseitigen Lernens anhand unterschiedlicher Zugänge zu und Lesarten von Bibeltexten ausgearbeitet. Dabei greift sie auf befreiungstheologische Begründungen und Perspektiven zurück und bezieht sich dafür auf die wegweisende Arbeit der Theologin Nancy Eiesland.[66] Müller-Frieses sonderpädagogische Expertise wird auch in dem Impuls deutlich, arme, also gesellschaftlich ausgegrenzte und benachteiligte Menschen nicht nur aus diakonischer Sicht für religionspädagogisches Handeln in den Blick zu nehmen, sondern sie vor allem als ebenbürtiges Gegenüber zu sehen, von denen Lehrkräfte und andere Menschen im Bewusstsein des Aufeinander-Angewiesenseins lernen können.[67] Diese Forderung besteht schon seit Längerem von Seiten behinderter Theolog*innen und wurde von Ulrich Bach deutlich in der Idee des von Christus

---

63 Müller-Friese: Kirche für Kellerkinder, 1.

64 Vgl. ebd., 8f.

65 Vgl. Schiefer Ferrari: (Un)gestörte Lektüre, 43ff. sowie für den Religionsunterricht: Bahr: Störende Ansprache.

66 Vgl. Müller-Friese: Verstehst du auch, was du liest.

67 Vgl. Müller-Friese: Kirche für Kellerkinder, 8.

her kommenden Diakonie-Auftrags aller Gläubigen formuliert.[68] Diese theologischen Gedanken sind auch in den konzeptionellen Überlegungen zu inklusiver Religionspädagogik bei Thorsten Knauth zu finden, der unter Bezugnahme auf Bach[69] religionspädagogisches Potenzial darin sieht, dass am angewiesenen Gegenüber auch die eigene Angewiesenheit erkannt werden kann. Das Unterstützen im Rahmen einer „Ethik intersubjektiver Kreativität"[70] nach Helmut Peukert würde dadurch „eine Handlung, die zu einer Gemeinschaft des Gebens und Nehmens beiträgt, die auf einer wechselseitigen Anerkennung von Abhängigkeit beruht"[71].

In einer dialogischen Unterrichtsgestaltung können sich die Schüler*innen als ernstgenommene Subjekte eines kooperativen Lernprozesses wahrnehmen und dadurch in ihrer Persönlichkeitsentwicklung gestärkt werden. Der Religionsunterricht könne dadurch nach Müller-Friese „Beheimatung bieten und so zu einem Ort werden, an dem Leben und Veränderung exemplarisch erprobt werden"[72] können. Die neu gesammelten, mitgestalteten Erfahrungen bieten Alternativen zu bereits gemachten, oft negativen Erfahrungen. Müller-Friese sieht als pädagogisches Ziel des Religionsunterrichts für die von ihr als *Kellerkinder* bezeichneten, benachteiligten Schüler*innen, „sie mittels flankierender Maßnahmen in ihrer brüchigen Identität zu unterstützen und zu kompetenten, handlungsfähigen Individuen zu bilden"[73], statt sie darauf vorzubereiten, im Erwachsenenalter ein Selbstverständnis als mangelhafte Exemplare bürgerlicher Ideale auszubilden. Aus dieser Forderung lässt sich die pädagogische Aufgabe des Empowerments ableiten, die als Inklusionsstrategie in den Religionsunterricht implementiert werden kann. Die Richtung des Empowerments kann sowohl normalisierende Tendenzen aufweisen, um die von Müller-Friese als brüchig bezeichneten Identitäten mittels Kompetenz- und Resilienzförderung für ein Leben in der Gesellschaft zu stärken, als auch dekonstruierende Tendenzen, um die bürgerlichen Ideale kritisch anfragen und alternative Ideale ausbilden zu können, in denen diese Identitäten nicht als mangelhaft wahrgenommen werden.[74] Für einen armutssensiblen Religionsunterricht lässt sich diesem Ansatz das Wahr- und Ernstnehmen menschlicher Vielfalt in dem Bewusstsein unterschiedlicher Erfahrungen und gesellschaftlicher Ausgrenzungsstrukturen im Sinne einer politischen Religionspädagogik entnehmen, die zur Parteinahme mit marginalisierten und benachteiligten Schüler*innen verpflichtet ist.[75] Diese

---

68 Vgl. Bach: Der behinderte Mensch, 94ff.

69 Bach: Boden unter den Füßen hat keiner.

70 Peukert: Reflexionen über die Zukunft von Bildung, 520.

71 Knauth: Inklusive Religionspädagogik, 67.

72 Müller-Friese: Kirche für Kellerkinder, 8.

73 Ebd., 9.

74 Siehe dazu Kapitel 8.2, zu den Inklusionsstrategien besonders 8.2.2.

75 Einen solchen Ansatz hat Müller-Friese für Schüler*innen mit Förderbedarf im Bereich Lernen entwickelt: Müller-Friese: Vom Rand in die Mitte.

Herangehensweise ist z. B. bei Ingrid Wiedenroth-Gabler zu finden, die als Lehrkraft die „kompromisslose Parteilichkeit der Bibel für die Armen“[76] im Zusammenspiel mit den Erfahrungen und Bedürfnissen von sozial benachteiligten Schüler*innen zum Ausgangspunkt ihrer didaktischen Überlegungen zur Thematisierung von Armut im Religionsunterricht macht.[77] Als eine Herausforderung im Umgang mit befreiungstheologischen Angeboten stellen Zimmermann und Kok in ihrer kindertheologischen Untersuchung zum Gleichnis vom reichen Mann und armen Lazarus die fehlende Passung heraus, die sich darin zeige, dass arme Kinder sich nicht mit Lazarus identifizierten.[78] Zimmermann und Kok vermuten zwar, dass die ausbleibende Identifikation möglicherweise mit bisher fehlenden Berührungspunkten der Kinder mit Befreiungstheologie zusammenhängen könnte, stellen im Anschluss aber auch die grundsätzliche Relevanz des Rezeptionskontexts biblischer Geschichten in Frage.[79]

Die Förderung von Teilhabegerechtigkeit für bildungsbenachteiligte Kinder verlangt demnach eine erfahrungsorientierte und politische Religionsdidaktik, die befreiungstheologische Aspekte aufnimmt, ohne dabei von einer direkten Übertragbarkeit der Befreiungstheologien zugrundeliegenden Armutserfahrungen auf arme Kinder im Religionsunterricht auszugehen. Wichtig erscheint dazu der Blick auf die Lernbedingungen armer Schüler*innen, die bislang nur wenig erforscht sind.

3.3 *Andersheit anerkennen und vielfältige Lernwege eröffnen – didaktische Prinzipien inklusiver Religionspädagogik im Zusammenhang mit Kinderarmut*

Im Folgenden werden die religionsdidaktischen Vorarbeiten für armutssensiblen Religionsunterricht vorgestellt, die sich aus erfahrungsorientierten und kindertheologischen Ansätzen ableiten lassen und vor allem im Kontext inklusiver Religionspädagogik weiterentwickelt werden.

---

76 Wiedenroth-Gabler: Armut als Thema des Religionsunterrichts, 31.

77 Vgl. ebd.

78 Vgl. Zimmermann/Kok: Arm und reich sind immer die Anderen, 129. Eine ähnliche Beobachtung macht auch Dörthe Vieregge in ihrer Studie zur Religiosität in der Lebenswelt sozial benachteiligter Jugendlicher. Die interviewten Jugendlichen in überwiegend prekären Lebenslagen grenzen sich von Armut und sozialen Gruppen, die sie mit Armut verbinden, wie z. B. Obdachlosen, u. a. durch Selbstzuschreibungen von Sauberkeit, Stärke und Anständigkeit ab (vgl. Vieregge: Religiosität in der Lebenswelt, 113f.).

79 Vgl. Zimmermann/Kok: Arm und reich sind immer die Anderen, 129.

3.3.1 Berücksichtigung armutsgeprägter Erfahrungsräume im Religionsunterricht

An dem Beispiel der Studie von Zimmermann und Kok wird erkennbar, wie wenig die Lernbedingungen von Schüler*innen mit Armutserfahrungen bisher religionsdidaktisch erforscht sind. Aus der kindertheologischen Forschung ist bekannt, dass armutsgeprägte Erfahrungsräume spezifische Rezeptions-, Deutungs- und Ausdrucksformen mit sich bringen, was nicht nur in den konzeptionellen Überlegungen bei Hermann und Müller-Friese, sondern auch in den Untersuchungen von Johannes Schimming[80] und Barbara Strumann[81] in dem Band zum Theologisieren mit Kindern aus „bildungs- und religionsfernen" Milieus des Jahrbuchs für Kindertheologie (JaBuKi 13)[82] herausgestellt wird. In der Studie von Schimming wird der popkulturelle, mediale Einfluss auf religiöse Sprache hervorgehoben, der sich darin zeige, dass der gekreuzigte und auferstandene Jesus von Kindern aus Armutslagen mitunter als „Halbgott"[83], „Zombie"[84] und „Frankenstein"[85] theologisch zwar sehr gehaltvoll, sprachlich aber befremdlich bezeichnet wird.[86] Auf die brüchigen Erfahrungen, die Kinder und Jugendliche unter herausfordernden Sozialisationsbedingungen machen, reagiert Strumann religionsdidaktisch, indem sie Schüler*innen mit Unterstützungsbedarf in der emotionalen und sozialen Entwicklung eigene Klagepsalmen formulieren lässt. In diesen nutzen sie „persönlich relevante, kontextuell und lebensweltlich verankerte theologische Ausdrucksformen"[87] für ihre Erfahrungen und lernen „die Psalmtexte als produktive Handlungsmöglichkeit gegen Angst, Wut und Aggressionen"[88] kennen.

Um die theologischen Deutungen und Ausdrücke, die sich aufgrund von spezifischen Erfahrungen und geprägt durch „milieubedingte Semantik"[89] von bildungsbürgerlichen Erfahrungen und Ausdrucksformen unterscheiden, in ihrem kindertheologischen Gehalt wahrzunehmen und anzuerkennen, spricht sich Katharina Kammeyer für eine *inklusive Kindertheologie* aus, in der neben vielfältigen sprachlichen Ausdrucksformen auch nonverbale Beteiligungs- und Ausdrucksmöglichkeiten angeboten, genutzt und wertgeschätzt werden.[90] Die Bedeutung

80 Schimming: Der ist ausgebrochen.
81 Strumann: He! Ich habe viel Stress! Ich hasse alles.
82 Büttner/Kraft (Hg.): He! Ich habe viel Stress! Ich hasse alles.
83 Schimming: Der ist ausgebrochen, 92.
84 Ebd.
85 Ebd.
86 Vgl. ebd., 92f.
87 Strumann: He! Ich habe viel Stress! Ich hasse alles, 98.
88 Ebd., 99.
89 Schimming. Der ist ausgebrochen, 94.
90 Vgl. Kammeyer: Inklusives Theologisieren.

nonverbaler Beteiligungsformen ist im Kontext Kinderarmut groß, da die sprachliche Entwicklung und Förderung an die sozioökonomische Situation von Kindern gekoppelt ist. Sozial benachteiligte Schüler*innen können daher aufgrund möglicher Benachteiligungen im Spracherwerb die nonverbalen Ausdrucksformen als Ressourcen nutzen. Neben der kompensatorischen Funktion bei geringem Wortschatz von Kindern kommt der Ausdrucksvielfalt eine weitere, anerkennungsbezogene Bedeutung hinzu, die besonders in der Tradition von Verbalsprachklassifizierungen und -bewertungen[91] und Distinktionsmechanismen im Bildungsbereich zum Abbau von Benachteiligungen beitragen kann: Wird die Annahme der sprachlichen Überlegenheit von Lehrkräften oder Schüler*innen mit hohem sozioökonomischen Status überwunden und sich auf ein offenes, gleichberechtigtes Kommunikationsverhältnis eingelassen, in welchem „Kommunikation als Dialog zur Erfahrungsbereicherung"[92] konsequent für alle verbalen und/oder nonverbalen Situationen verstanden wird, können vielfältige Lernprozesse bei allen Beteiligten stattfinden.[93] Den Ausgangspunkt von Kammeyers Überlegungen zum inklusiven Theologisieren bilden ein weites Inklusionsverständnis und sich aus diesem ergebende didaktische Grundgedanken, die von den individuellen Fähigkeiten der Lernenden ausgehen. Das Theologisieren erweist sich laut Kammeyer aufgrund des hohen Grads an Subjektorientierung sowie individuellen und kooperativen Elementen als passendes Konzept für inklusiven Religionsunterricht.[94] Für den Ansatz entscheidend ist die Unterscheidung von Kindern und Erwachsenen, weshalb es folgerichtig ist, die Konstruktion von Kindheit im Ansatz zu reflektieren und in der Empirie die Beteiligung verschiedener Kinder und Jugendlicher zu erhöhen.[95]

Aus der kindertheologischen Forschung zu Kindern und Jugendlichen mit armutsbezogenen und armutsrelevanten Sozialisationsbedingungen erscheinen Subjekt- und Erfahrungsorientierung als wesentliche didaktische Prinzipien, mit denen vielfältige Erfahrungen und Ausdrucksformen aufgegriffen werden können. Diese sind daher in die Überlegungen zu einem armutssensiblen Religionsunterricht aufzunehmen. Außerdem zeigt sich Kindertheologie als ertragreicher Ansatz, um im inklusiven Unterricht vielfältige Lernprozesse zu ermöglichen, die auch Lebens- und Lernbedingungen armer Kinder berücksichtigen. Dass diese nicht bei allen Schüler*innen mit Armutserfahrungen gleich sind, wird nicht nur durch die verschiedenen Handlungsspielräume und Armutslagen aus der mehrdimensionalen Kinderarmutsforschung deutlich, sondern auch inner-

91 Am bekanntesten ist die Unterscheidung von elaborierten und restringierten Codes in den soziolinguistischen Studien von Basil Bernstein, z. B. in Bernstein: Studien zur sprachlichen Sozialisation.

92 Kammeyer: Inklusives Theologisieren, 39.

93 Vgl. ebd., 38ff.

94 Vgl. ebd., 25ff.

95 Vgl. Kammeyer: Kindheitsforschung und Kindertheologie.

halb des Diskurses zu inklusiver Religionspädagogik, indem durch intersektionale Perspektiven Wechselwirkungen von Armut mit weiteren Heterogenitätsdimensionen herausgestellt werden.

3.3.2 Intersektionale Perspektiven auf Armut als Heterogenitätsdimension innerhalb inklusiver Religionspädagogik

Die Vielfalt an Erscheinungsformen von Kinderarmut findet aktuell überwiegend in Verbindung mit anderen Heterogenitätsdimensionen religionspädagogische Beachtung und wird durch intersektional orientierte Ansätze inklusiver Religionspädagogik in Grundzügen didaktisch berücksichtigt, allerdings bisher stärker auf theoretischer als auf praktischer Ebene. Kinderarmut spielt in der Wahrnehmung von Lehrkräften in der empirischen Forschung zu Inklusion im Religionsunterricht bislang eine geringe Rolle, wie in der Studie mit Religionslehrkräften zum inklusiven Lernen von David Käbisch[96] und auch im Projekt *Religion in inklusiven Schulen*[97] des Comenius-Instituts herausgestellt wird. Der Fokus liegt überwiegend auf den unterschiedlichen Lernvoraussetzungen und Lernwegen, die entlang der Differenzkategorie Dis/Ability, besonders anhand diagnostizierter sonderpädagogischer Förderbedarfe ausgemacht werden. Zusammen mit der für die vorliegende Arbeit bedeutsamen ersten Studie zur Wahrnehmung von Kinderarmut durch Religionslehrkräfte von Arnhold ergibt sich das Bild eines bislang empirisch kaum erforschten Felds, in dem der Bedarf an weiteren Untersuchungen deutlich wird, die sich neben der Wahrnehmung von Lernbedingungen auch mit Möglichkeiten armutssensibler Fachdidaktik im inklusiven Religionsunterricht befassen.

In der konzeptionellen Arbeit zu inklusiver Religionspädagogik wird vor allem mittels des Intersektionalitätsansatzes von Gabriele Winker und Nina Degele[98] aufgezeigt, wie anhand der Differenzmerkmale Religion, Kultur, Geschlecht, sozialer Status und Körper der soziale Raum konstruiert wird und inwiefern insbesondere Wechselwirkungen und Kombinationen an der Positionierung von Menschen mit unterschiedlichen Merkmalskombinationen und an der Machtverteilung innerhalb des sozialen Raums beteiligt sind.[99] In der Argumentation ähnelt der Ansatz der Kapitaltheorie von Bourdieu. Nur sind es hier nicht die Kapitalarten, sondern die unterschiedlichen Merkmale von Menschen in ei-

96 Käbisch: Die Deutungsmacht der eigenen Erfahrung.
97 Vgl. Möller et al.: Religion in inklusiven Schulen, 221ff.
98 Winker/Degele: Intersektionalität.
99 Vgl. Knauth: Einschließungen und Ausgrenzungen.

nem gesellschaftlichen Wertesystem, die in ihrer Zusammenstellung über Privilegien und Handlungsspielräume entscheiden. Die Nähe zu Bourdieu wird auch daran deutlich, dass in dem Modell von *kulturellen Repräsentationen* gesprochen wird. Damit sind „normative Vorstellungen vom Körper, (Vor)Urteile über bestimmte Religionen (symbolische Repräsentationen) [und] Leitbilder guten Lebens“[100] gemeint, die in ihrer Komposition dem Konzept von Lebensstil und Habitus bei Bourdieu ähneln. Die in dem Intersektionalitätsansatz relevanten Merkmale gelten als kontextgebundene soziale Konstruktionen mit normativem Charakter, die zur Beschreibung aber auch Identifikation von Individuen und Gruppen und somit auch für Exklusion und Inklusion genutzt werden können.[101]

In der Religionspädagogik gibt es Ansätze, die einzelne Merkmale in den Fokus rücken, z. B. Ansätze interreligiösen und gendergerechten Religionsunterrichts.[102] Zum Differenzmerkmal sozialer Status hebt Thorsten Knauth den Aspekt der sozialen Separation an dem Beispiel hervor, dass viele arme Kinder Förderschulen besuchen. Besonders hoch ist der Anteil armer Schüler*innen an Förderschulen mit den Schwerpunkten Lernen und soziale und emotionale Entwicklung. Die bisherigen pädagogischen Ansätze, die nach Knauth vor allem auf ein „*Leben am Rande*“[103] vorbereiten, wurden auf religionspädagogischer Seite um die seelsorgerliche Dimension erweitert. In den vergangenen Jahren wurden besonders Förderschulen mit den Schwerpunkten Lernen und emotionale und soziale Entwicklung geschlossen und die Schüler*innen unter dem Deckmantel der schulischen Inklusion in das Regelschulsystem integriert.[104] Bei aller berechtigten Kritik an diesem Vorgehen liegt darin möglicherweise ein Mittel zur Verringerung von Bildungsbenachteiligung, da soziale Ausgrenzung als eine Dimension von Kinderarmut zumindest auf der schulorganisatorischen Ebene Veränderungen erfährt. Für konzeptionelle Entwicklungen zu inklusiver Religionspädagogik stellt Knauth das Desiderat heraus, „mit Blick auf das Thema soziale Benachteiligung in milieusensiblen Ansätzen ihre seelsorgerliche Kompetenz zu stärken [...], ohne aber die politische Dimension zu vernachlässigen.“[105] Die Stärkung der politischen Dimension religiöser Bildung ist ein Anliegen der vorliegenden Arbeit, das sich auch in dem gewählten Inklusionsverständnis entlang der Verbindungslinie von Empowerment und Dekonstruktion sowie in der Aufnahme befreiungstheologischer Ansätze zeigt.

In ihren intersektionalen Verknüpfungen und Interdependenzen sind es besonders die Differenzlinien Gender, Religion und sozialer Status, die in aktuellen

100 Knauth: Inklusive Religionspädagogik, 54.
101 Vgl. ebd., 54f.
102 Vgl. ebd., 58ff.
103 Ebd., 57.
104 Vgl. Statistisches Bundesamt (Destatis) (Hg.): Schulen auf einen Blick, 22.
105 Knauth: Inklusive Religionspädagogik, 58.

Diskussionen zu inklusiver Religionspädagogik Aufmerksamkeit erfahren.[106] Am religionspädagogisch relevanten und medial komplexitätsreduzierend dargestellten „Arme-Jungen-Diskurs“[107] zeigt sich die Bedeutung der Interdependenz von sozialer Herkunft und Geschlecht, wodurch Armut als eine Einflussgröße auf Bildungschancen erkannt und anerkannt werden kann, die aber im Zusammenhang mit weiteren Dimensionen zu betrachten ist.[108] Einen wichtigen Beitrag zur intersektional geprägten inklusiven Religionspädagogik leistet die empirische Studie von Dörthe Vieregge zur Religiosität in der Lebenswelt sozial benachteiligter Jugendlicher aus dem Jahr 2013.[109] Ein zentraler Befund der Untersuchung ist, dass die Dimensionen Religion, Kultur, Geschlecht und soziale Herkunft aufeinander einwirken und von den Jugendlichen sowohl zum Ausdruck von Perspektiven und Hoffnungen als auch zur Abgrenzung von anderen genutzt werden. Insgesamt zeigt sich ein Spannungsfeld von Anpassung und Distinktion in diversen Bereichen der Lebenswelten.[110] Distinktionsbemühungen im Bereich der Religion seien z. B. dazu da, die eigene Positionierung in der Mitte der Gesellschaft zu stärken, da Religion eine Vertröstung für schwache, ausgegrenzte Menschen wie Arme und Kranke sei, die nicht dem Selbstbild der meisten der interviewten Jugendlichen entsprechen.[111] Im Verhältnis zu erlebter Religion in der Sozialisation und zur eigenen Religiosität spiegeln sich die teilweise brüchigen (Beziehungs-)Erfahrungen der Jugendlichen wider, so z. B. in der Aufnahme von Elementen magischer und populärer Religion.[112] Als herausfordernd werden von einigen Jugendlichen mit Anschluss an eine religiöse Gemeinde die unterschiedlichen Wertorientierungen in der Gemeinde und im restlichen sozialen Umfeld wahrgenommen, da diese als dichotom und ambig erscheinen und Passungsarbeit erfordern.[113] Religiöse Praxis wie z. B. die Konfirmation wird von vielen Jugendlichen als anerkannte, legitime gesellschaftliche Teilhabe verstanden und bietet als kulturelles Kapital eine Chance auf gesellschaftlichen Aufstieg.[114] Auch der Gottesglaube kann nach Vieregge als „eine mögliche Bewältigungsstrategie für armutsbedingte Belastungen“[115] verstanden werden. Insge-

106 Zum Beispiel Knauth/Jochimsen (Hg.): Einschließungen und Ausgrenzungen. Der im Vergleich mit interreligiöser und genderbezogener Forschung geringe Forschungsstand zum sozialen Status, der sich in der inhaltliche Schwerpunktsetzung der meisten Beiträge in dem Sammelband widerspiegelt, wird auch von den Herausgeber*innen angemerkt (vgl. Knauth/Jochimsen: Vorwort, 7).

107 Knauth: Einschließungen und Ausgrenzungen, 25.

108 Vgl. ebd., 25ff.

109 Vieregge: Religiosität in der Lebenswelt.

110 Vgl. ebd., 232.

111 Vgl. ebd., 145f.

112 Vgl. ebd., 208f.

113 Vgl. ebd., 167ff.

114 Vgl. ebd., 247ff.

115 Ebd., 253.

samt erscheinen Religion und Religiosität in dem nach Zugehörigkeit, Anerkennung, Normalität und Abgrenzung strebenden Alltag der Jugendlichen als äußerst komplex, vielseitig und multifunktional. Für die vorliegende Arbeit bedeuten die Befunde aus der Studie von Vieregge, dass Religion und Religiosität für Schüler*innen in Armutslagen verschiedene, teils gegensätzliche Funktionen einnehmen können. Zum einen kann Religion als Ressource gelten, wodurch der Religionsunterricht einen besonderen Stellenwert erhalten könnte. Hier stellt sich die Frage, wie Angebote religiöser Bildung für Schüler*innen aus den unteren Milieus gestaltet werden können, die deren Verhältnisse zu Religion und Formen von Religiosität aufgreifen. Zum anderen zeigt sich in der Orientierung der Jugendlichen an Werten, die aus ihrer Sicht respektablen, insbesondere bürgerlichen Milieus entnommen werden, und den Bestrebungen zum gesellschaftlichen Aufstieg u. a. durch Distinktion und durch den Einsatz religiösen Kapitals, dass Religionsunterricht hinsichtlich des Potenzials zur Reproduktion gesellschaftlicher Strukturen kritisch zu befragen ist.[116] Intendiert Religionsunterricht die Orientierung der Schüler*innen an bildungsbürgerlichen Formen von Religiosität? Inwiefern werden dadurch Ungleichheitsstrukturen und Benachteiligungen gefestigt? Welche Alternativen an Orientierungsformen religiöser Praxis können im Unterricht aufgezeigt werden? Welche Bewertungen von verschiedenen Formen religiöser Praxis und von Religiosität werden implizit vorgenommen? Diesen Fragen und Impulsen wird in der vorliegenden Arbeit in Kapitel 4 bis 7 analytisch nachgegangen, um im konzeptionellen Kapitel Handlungsansätze für den Religionsunterricht zu erarbeiten.

3.3.3 Armutsspezifische Herausforderungen für inklusive Religionspädagogik

Knauth formuliert 2015 drei Aufgaben zur konzeptionellen Entwicklung einer inklusiven Religionspädagogik der Vielfalt:[117] Neben der Rekonstruktion sonderpädagogischer Diskurse in der Religionspädagogik sind „Erfahrungen und didaktische Ansätze zu rekonstruieren“[118], wobei es neben den Ansätzen zum geschlechtergerechten und interreligiösen Lernen auch um „soziale Differenz in Ansätzen der Arbeit mit sozial Benachteiligten“[119] geht. Auf diese Schritte folgt,

---

116 Vgl. ebd., 254ff.

117 Mitte 2020 wurde eine konzeptionelle Arbeit zu inklusiver Religionspädagogik veröffentlicht, die allerdings in der vorliegenden Arbeit nicht mehr berücksichtigt werden konnte: Knauth et al. (Hg.): Inklusive Religionspädagogik der Vielfalt.

118 Knauth: Inklusive Religionspädagogik, 52.

119 Ebd.

„notwendige Elemente und Anregungspotenziale aus diesen Ansätzen zu rekonstruieren“[120]. Eine so gestaltete Religionspädagogik der Vielfalt ist nach Knauth „ein Konzept religiösen Lernens, das soziale, religiöse, geschlechtsbezogene *Gemeinsamkeiten und Differenzen* als bedeutsam für *Voraussetzungen, Strukturen, Arbeitsformen und Themen* von religiösen Bildungsprozessen erachtet.“[121] Diesem Konzept liegt ein weites Inklusionsverständnisses zugrunde, nach dem „die Verschiedenheit jedes Einzelnen als selbstverständliche Geschäftsgrundlage pädagogisch-didaktischen Handelns“[122] zu verstehen ist. Dieses Verständnis hat zur Folge, dass von unterschiedlichen Lernvoraussetzungen ausgegangen wird und jedes Kind in seiner Individualität wahrgenommen und gefördert werden soll.[123] Besonders im Zusammenhang mit dem Phänomen Kinderarmut ist allerdings darauf zu achten, dass diese inklusive Norm nicht als Euphemismus genutzt wird, durch den Vielfalt als gegeben oder auch als Chance erscheint und nicht als Resultat benachteiligender Strukturen und Diskriminierungen.[124] Entsprechend kritisch ist auch der erste Grundsatz für inklusiven Religionsunterricht der Projektgruppe Inklusive Religionslehrerbildung des Comenius-Instituts zu betrachten, nach dem Vielfalt als Bereicherung zu verstehen sei.[125] Am Phänomen Kinderarmut wird die inklusionspädagogische Herausforderung deutlich, die Boger in ihrem Modell auf der Linie von Normalisierung und Dekonstruktion als „Risiko der Nivellierung“[126] markiert: Vielfalt als Normalfall erschwert es, systematische Benachteiligungen greifbar zu machen, da sich eine benachteiligte Gruppe wie arme Kinder nicht inklusionsstrategisch nutzen lässt, wenn alle Schüler*innen als einzigartige Wesen in einer nicht durch Kategorien abgrenzbaren Vielfalt angesehen werden.

Eine solche Einzigartigkeit setzt eine konstitutive Angewiesenheit auf Anerkennung durch andere voraus. Die Grundidee der Anerkennung der anderen und auch die der Anerkennung der eigenen Abhängigkeit klingen im Kontext inklusiver Religionspädagogik, wie Knauth sie darstellt, schlüssig. Die Abhängigkeit wird als „Kontinuum des eigenen Lebens“[127] verstanden, die „in Krisen, Einschränkungen und Schicksalsschlägen“[128] erfahrbar wird. Im Zusammenhang mit Kinderarmut stellt sich an dieser Stelle die Frage, wie mit dem Ungleichge-

---

120 Ebd.
121 Ebd., 53.
122 Ebd., 51.
123 Vgl. ebd., 51f.
124 Vgl. Möller: Armutssensible Inklusionspädagogik, 111 sowie Ahrbeck: Inklusion. Eine Kritik, 34ff.
125 Vgl. Projektgruppe Inklusive Religionslehrerbildung (inreb): Zehn Grundsätze für inklusiven Religionsunterricht.
126 Boger: Theorien der Inklusion, 420.
127 Knauth: Inklusive Religionspädagogik, 67.
128 Ebd.

wicht umzugehen ist, das sich aus der unterschiedlichen Häufigkeit und Intensität dieser Abhängigkeit ergibt. Krisen- und Einschränkungserfahrungen ereignen sich für arme Kinder in der Regel sehr häufig. Sie erleben Angewiesenheit z. B. auf die korrekte und pünktliche Zahlung von Sozialleistungen in einem teilweise belastenden Ausmaß. Gefühle von Angewiesenheit durch fehlende Handlungsspielräume und Unvollkommenheit, die sich besonders in der Instabilität von sozialen Beziehungen[129] und der Angewiesenheit auf Zuwendung z. B. durch Lehrkräfte zeigt, zählen häufig zu den Erfahrungen von Kindern, die langfristig unter den Bedingungen von Armut aufwachsen. Wie kann verhindert werden, dass diese Angewiesenheit im Religionsunterricht instrumentalisiert und zum Lerngegenstand privilegierter Schüler*innen wird? Wenn doch am angewiesenen Gegenüber die eigene Angewiesenheit erkannt werden soll, so dienen besonders oft angewiesene Schüler*innen als Projektionsfläche zur Reflexion für andere. Dadurch ist auch Stigmatisierung statt Anerkennung möglich, was im Rahmen von inklusivem Religionsunterricht zu vermeiden ist. Die von Knauth skizzierte Idee von Anerkennung schaffe „ein soziales Band, von dem Gemeinschaften leben“[130]. Diese Gemeinschaften haben eine non-egalitäre Gerechtigkeitsbasis, die sich auch auf die Religionspädagogik übertragen lässt: „Im Konzept einer großzügigen und buchstäblich nicht-berechnenden Gerechtigkeit wird die Grammatik einer inklusiven Gemeinschaft sichtbar, die in Kontexten von Religionsunterricht zu etablieren ein Ziel wäre.“[131], so das Plädoyer von Knauth, welchem für die Ausbildung von Lehrkräften die Forderung nach der Entwicklung einer Haltung folgt, „die sensibel gegenüber Ausgrenzungsprozessen ist und wertschätzend gegenüber allen Versuchen der Lernenden, sich die Welt zu erschließen“[132]. Diese Formulierung impliziert, dass es unterschiedliche Bildungsziele und vor allem Lernwege geben muss, um der Vielfalt der Welterschließungen gerecht zu werden.[133] Deutlich wird jedoch, dass sich durch die Anerkennung vielfältiger Welterschließungsversuche gegen die Anpassung an den *kulturellen Mainstream* und seine Techniken ausgesprochen wird, wodurch inklusive Religionspädagogik durch den Aspekt der Anerkennung ihr dekonstruierendes und empowerndes Selbstverständnis entfalten kann.

Die Anerkennung vielfältiger Welterschließungszugänge und -formen erfordert eine milieudifferenzierte Perspektive auf Kinderarmut, die im Rahmen der vorliegenden Arbeit eingenommen wird. Diese Schwerpunktsetzung verfolgt das Ziel, die Vielfalt in der Vielfalt im Sinne einer „super-diversity“[134] der

[129] Vgl. Laubstein et al.: Armutsfolgen für Kinder und Jugendliche, 49ff.
[130] Knauth: Inklusive Religionspädagogik, 67.
[131] Ebd., 68.
[132] Ebd.
[133] Wie großzügig diese Gerechtigkeit z. B. im Kontext von Leistungsbeurteilung sein darf, ist an anderer Stelle zu klären.
[134] Knauth: Einschließungen und Ausgrenzungen, 17. Knauth übernimmt vom amerikanischen Ethnologen Steven Vertovec den Begriff *super-diversity*, der die Vervielfältigung

Lebens- und Lernbedingungen von Schüler*innen mit einem Fokus auf dem Phänomen Armut in seiner Komplexität und Mehrdimensionalität zu erfassen. Die vielfältigen Kombinationsmöglichkeiten von sich gegenseitig beeinflussenden Merkmalen und Faktoren ergeben eine Vielzahl an Zugehörigkeiten und Zugehörigkeitsoptionen, woraus für inklusive Religionspädagogik die Herausforderung des Umgangs mit intersektional verknüpften Kategorien resultiert, die bisher oftmals einzeln in den Blick religionspädagogischer Überlegungen und Ansätze genommen wurden. Daraus stellen sich neue Aufgaben, beispielsweise die Verknüpfung interreligiöser Ansätze mit denen gendergerechter Religionspädagogik.[135] Für armutssensible Ansätze bedeutet die Arbeit auf Basis eines super-diversity-Verständnisses ebenfalls binnendifferenzierte Perspektiven einzunehmen, z. B. unter Einbezug der Gender- und Dis/ability-Diskurse, was im Rahmen der vorliegenden Arbeit nur in Ansätzen verfolgt werden kann. Durch die Konzentration auf verschiedene Milieus im sozioökonomisch unteren Bereich des Sozialraums und auf die innerhalb der Milieus vorzufindende Vielfalt lassen sich intersektionale Perspektiven zumindest ansatzweise in eine mehrdimensionale Armutswahrnehmung aufnehmen.

3.4 *Der Umgang mit Kinderarmut als religionspädagogische Herausforderung*

Kinder mit Armutserfahrungen werden laut Forschungsstand als besondere Adressat*innengruppe religiöser Bildungsangebote wahrgenommen und der Religionsunterricht erscheint angesichts seiner spezifischen Inhalte als besonderes Fach. Die insgesamt wenig vorhandene, spezielle Forschung zu Kinderarmut und Religionsunterricht zeigt allerdings, dass es sich, bezogen auf den allgemeinen religionspädagogischen Diskurs, bisher um ein Randthema handelt. Eine Ausnahme stellen aktuell intersektionale und inklusive religionspädagogische Ansätze dar.

Kinderarmut zeigt sich in unterschiedlichen Lernausgangslagen und Lernbedingungen von Schüler*innen im Religionsunterricht, die Religionslehrkräften bewusst sein sollten. Eine kritisch-reflektierende und konstruktive Begegnung mit diesen Unterschieden kann zur Verringerung des Matthäuseffekts beitragen, der sich nach Pirker im Religionsunterricht besonders in der Identitätsbildung zeigt, die daher näher zu betrachten ist. Anhand der Sozialraumtheorie

---

von Vielfalt beschreibt, also in sich vielfältige gesellschaftliche Gruppen, deren Mitglieder weiteren Gruppen angehören und sich nach mehreren Faktoren voneinander unterscheiden können.

135 Vgl. ebd., 16f.

von Pierre Bourdieu kann in Anknüpfung an die bisherige Forschung zu Bildungsbenachteiligung im Religionsunterricht und unter der Voraussetzung eines mehrdimensionalen Armutsverständnisses eine Analyse der fachspezifischen Benachteiligungen armer Schüler*innen erfolgen. Für armutssensiblen Religionsunterricht stellt sich allerdings auch die Aufgabe, die in der religionspädagogischen Forschung angedeuteten Ressourcen des Fachs herauszustellen, die den Religionsunterricht zu einem Ort machen können, der Kinder in Armutslagen stärken und befähigen kann. Hierzu ist ein Bedarf an empirischer Forschung festzustellen, dem das vorliegende Forschungsprojekt durch eine qualitative Untersuchung nachkommt, in der gezielt nach stärkenden Erfahrungen im Religionsunterricht mit sozial benachteiligten Schüler*innen gefragt wird. Außerdem wird mit der Studie auf den ebenso geringen Forschungsstand zur Wahrnehmung von Armut durch Religionslehrkräfte sowie die Thematisierung von Armut im Religionsunterricht reagiert.

In der Auseinandersetzung mit Arbeiten zur politischen Dimension religiöser Bildung wird deutlich, dass armutssensibler Religionsunterricht ein theologisches Profil benötigt, aus welchem sich religionspädagogische Konsequenzen ableiten lassen. Eine politisch bewusste Religionspädagogik, so wie Grümme sie in seinem Ansatz einer Öffentlichen Religionspädagogik ausführt, verankert machtkritische Elemente im Religionsunterricht und impliziert die theologisch und bildungstheoretisch begründbare Verantwortung des Religionsunterrichts für den Einsatz gegen Bildungsungerechtigkeit.[136] Der in einer so verstandenen, politischen Religionspädagogik implementierte Einsatz für Ausgegrenzte, Marginalisierte und Unterdrückte im befreiungstheologischen Sinne ermöglicht das Wahr- und Ernstnehmen menschlicher Vielfalt in dem Bewusstsein unterschiedlicher Erfahrungen und gesellschaftlicher Ausgrenzungsstrukturen. Armutssensibler Religionsunterricht gestaltet sich demnach parteiisch und soll daher möglichst bildungsgerechter Religionsunterricht sein. Als Voraussetzungen können mit Grümme und Müller-Friese die Reflexionsfähigkeit der Lehrkräfte und der alteritätstheoretisch begründete Dialog auf Augenhöhe als didaktisches Prinzip benannt werden.

Als eine Konsequenz aus der Betonung der politischen Dimension von Religionsunterricht im Zusammenhang mit Kinderarmut und Bildungsbenachteiligung lässt sich die Herausforderung einer kontextuellen und kritischen Thematisierung von Armut formulieren. Als Alternative zu der Thematisierung von Armut anhand der Kontrastierung von relativer Armut und absoluter Armut in Ländern des globalen Südens können z. B. kontextuelle Deutungen biblischer Texte zu Armut die Schüler*innen zur Gesellschaftskritik ermutigen und befähigen. Allerdings ist nach Zimmermann und Kok die fehlende Passung aufgrund

136 Vgl. Grümme: Bildungsgerechtigkeit, 159–175.

der ausbleibenden Identifikation von Schüler*innen mit Armen zu berücksichtigen.[137] Die Bedeutung des Rezeptionskontextes gilt es daher im Zusammenhang mit befreiungstheologischen Angeboten im Religionsunterricht zu beachten. Durch eine befreiungstheologische Ausrichtung lässt sich zwar gemeinsam mit den Schüler*innen an einer Vorstellung von einer gerechten Welt arbeiten, in der die Wahrung von Menschen- und besonders Kinderrechten vor Ungerechtigkeiten schützt. Schüler*innen mit Armutserfahrungen haben nach Arnhold einen Zugang zu Gerechtigkeitsthemen, wodurch diese bei einer solchen Ausrichtung gut adressiert werden können und Jesus, der sich den Ausgegrenzten zuwendet, als Identifikationsfigur für einige Kinder geeignet sein kann. Allerdings ist auch der Zugehörigkeitswunsch von armen Kindern zur aktuellen Gesellschaft, zu einer Art Normalität zu berücksichtigen, die in einem solchen Ansatz aber kritisiert wird.

Aus Ansätzen intersektionaler und inklusiver Religionspädagogik lässt sich für Religionsunterricht im Zusammenhang mit dem Phänomen Kinderarmut mitnehmen, auf Gemeinsamkeiten und Differenzen von Schüler*innen in Bezug auf ihre Lernbedingungen und Lernwege zu achten. Als didaktisches Prinzip lässt sich die Erfahrungsorientierung aufnehmen, die an den jeweiligen Lebenssituationen ansetzt. Um Exklusionen im Unterricht zu vermeiden, können Lehrkräfte im Bewusstsein über soziale Ausgrenzungsprozesse das eigene Handeln und eigene Privilegien reflektieren. In Bezug auf die Lebens- und Lernbedingungen armer Schüler*innen sind Befunde der Kinderarmutsforschung auch aus intersektionaler Perspektive zu berücksichtigen, um Handlungsspielräume zu entdecken und auszugestalten. Fachspezifische Chancen bestehen in der Stärkung der seelsorgerlichen Komponente von Religionsunterricht und dem Umgang mit dem Bewusstsein für die Angewiesenheit von allen Menschen, der sich im dialogischen Prinzip des Unterrichts verwirklichen lässt. Hierbei ist darauf zu achten, dass die Angewiesenheit von anderen nicht zugunsten privilegierter Schüler*innen didaktisch instrumentalisiert wird. Das Risiko der Reproduktion sozialer Strukturen im Religionsunterricht ist reifizierungskritisch und in Bezug auf Distinktionsstrategien sowie den Matthäuseffekt in den Blick zu nehmen. Intersektionale Wechselwirkungen von Armut mit weiteren sozialen Kategorien zeigen sich nicht nur im Unterricht in verschiedenen Abwertungserfahrungen und unterschiedlichem Distinktionsverhalten. Ein armutssensibler Religionsunterricht kann diesen Aspekt unter dem Leitgedanken von Gerechtigkeit und Anerkennung machtkritisch aufnehmen und in befreiungstheologischer Hermeneutik bibeldidaktisch entfalten. Zentral kann dabei die Frage sein, wie arme Menschen und Gruppen in biblischen Geschichten dargestellt werden und wie kritisch mit der Rezeptionsgeschichte umgegangen werden kann.

Die herausgestellten armutsspezifischen Herausforderungen für die Entwicklung inklusiver Religionspädagogik erfordern eine vertiefende Analyse des

[137] Vgl. Zimmermann/Kok: Arm und reich sind immer die Anderen.

inklusionstheoretischen Fundaments, auf dem Armutssensibilität für inklusiven Religionsunterricht entfaltet werden kann. Mit Blick auf den Forschungsstand wird deutlich, dass auf verschiedenen Ebenen unterschiedliche Ansätze zum religionspädagogischen Umgang mit Kinderarmut vorhanden sind, die bisher aber kaum miteinander in Beziehung gesetzt bzw. systematisch auf armutssensiblen Religionsunterricht ausgerichtet wurden. Zur Systematisierung ist eine Definition von Armutssensibilität erforderlich, die dem Forschungsstand nicht entnommen werden kann und daher entwickelt werden muss. Die im Forschungsstand bereits durchscheinenden theologischen, inklusiven und religionsdidaktischen Spannungen sind anschließend aufzugreifen und auszuführen.

4. Sozialwissenschaftliche Perspektive auf Kinderarmut und Bildung im religionspädagogischen Kontext

In diesem Kapitel werden die Theorien Pierre Bourdieus zum Kapital und seiner Bedeutung für die Gestaltung des sozialen Raums ausführlich behandelt. Um Kinderarmut als Phänomen im Bildungskontext zu verstehen und die Wechselwirkungen von materieller, kultureller, sozialer und gesundheitlicher Versorgung mit Bildungschancen in bestehenden gesellschaftlichen Verhältnissen aufzuzeigen, wird sich auf die Forschungsergebnisse von Bourdieu bezogen, die das Nachzeichnen von ungerechten Strukturen und stabilisierenden Faktoren ermöglichen.

Um in einem weiteren Schritt Optionen zur Überwindung gesellschaftlicher Ungleichheitsverhältnisse zu aufzuzeigen, erfolgt in diesem Kapitel zunächst das Aufzeigen und Erklären von Handlungsmechanismen, die nach Bourdieu zur Stabilisierung und Reproduktion dieser Ungleichheitsverhältnisse beitragen.[1] Dieser Analyseschritt befähigt zur Dekonstruktion gesellschaftlicher Verhältnisse innerhalb des Bildungskontexts und ermöglicht inklusive, empowernde Gegenentwürfe auf kultureller, struktureller und praktischer Ebene von Religionsunterricht. Die in diesem Kapitel eingenommene Perspektive geht der ersten von zwei Forderungen nach, die Mai-Anh Boger zufolge an eine Sozialwissenschaft gestellt werden können, die Inklusion als Empowerment versteht:

> „Eine engagierte Sozialwissenschaft solle also erstens zeigen, was die Mechanismen der Diskriminierung sind und was das Ausmaß dieser ist. Es müsse anerkannt werden, dass Diskriminierung der kapitalistischen Ordnung immanent ist. Zweitens solle eine engagierte Sozialwissenschaft den Betroffenen Gehör verschaffen, ihren Perspektiven Raum geben und ihre Forderungen unterstützen, indem sie diese publik machen helfen.“[2]

Die zweite Forderung wird vor allem durch die Einnahme der befreiungstheologischen Perspektive in Kapitel 6 berücksichtigt.

---

1 Vgl. Bauer/Bittlingmayer: Pierre Bourdieu und die Frankfurter Schule, 287.

2 Boger: Theorien der Inklusion – eine Übersicht, 2.

4.1 Kapitalarten nach Pierre Bourdieu

Pierre Bourdieu (1930–2002) gilt als einer der bedeutendsten Soziologen und Sozialphilosophen des 20. Jahrhunderts. Große Bekanntheit erlangte er durch seine Studien zur *Illusion der Chancengleichheit*[3] und zu den *feinen Unterschieden*[4] und das aus diesen und weiteren Untersuchungen erarbeitete Kapitalmodell sowie seine Theorie zum Habitus, die bereits während seiner Forschung in Algerien in den 1950er und 1960er Jahren entwickelt wurde.[5]

In dieser Arbeit wird der Kapitalbegriff nach Bourdieu verwendet und auf das Habituskonzept Bourdieus zurückgegriffen. Auch in der Armuts- und Bildungsforschung erfreuen sich diese Ansätze großer Beliebtheit, insbesondere um Zusammenhänge zwischen sozialer Herkunft und Bildungschancen darzustellen und zu erklären. Die Vererbung von Kapital und die Aneignung des Habitus in der primären Sozialisation spielen dabei eine große Rolle. Durch diese lassen sich ungleiche Startbedingungen in der Grundschule und Effekte der Verstärkung der Ungleichheiten im Verlauf der Grundschulzeit erklären.

Das Kapitalmodell dient dem Zweck gesellschaftliche Strukturen und Mechanismen zu verstehen, indem nicht nur die wirtschaftliche Verteilungsstruktur von Arbeit, Geld und Gütern in den Blick genommen wird, sondern in allen Lebensbereichen das Auftreten und die Verteilung von Kapital in verschiedenen Formen betrachtet werden.[6] Auch wenn es den Begriff des Humankapitals, welcher den Kapitalbegriff um Fertigkeiten und Qualifikationen erweitert, seit den 1960er Jahren gibt, bezieht sich Bourdieu selten auf diesen bereits bestehenden Ansatz, da er seines Erachtens zu kurz greift und gesellschaftliche Strukturen unbeachtet lässt. Diese Strukturen nimmt er in seinem Ansatz auf und räumt ihnen eine zentrale Stellung ein.[7]

Die drei grundlegenden Kapitalarten sind *ökonomisches Kapital*, *kulturelles Kapital* und *soziales Kapital*, wobei Bourdieu das kulturelle Kapital differenziert beschreibt und anhand von Erwerbsart und Form unterteilt in *inkorporiertes*, *objektiviertes* und *institutionalisiertes kulturelles Kapital*. Als Kapital bezeichnet Bourdieu „akkumulierte Arbeit, entweder in Form von Materie oder in verinnerlichter, ‚inkorporierter' Form."[8] Eine weitere Kapitalart, die häufig genannt wird, ist das *symbolische Kapital*, welches streng genommen kein eigenes Kapital ist, son-

3 Bourdieu/Passeron: Die Illusion der Chancengleichheit.

4 1979 veröffentlicht und mittlerweile bereits in der 26. Auflage der 1987 erschienenen deutschen Übersetzung: Bourdieu: Die feinen Unterschiede.

5 Vgl. Fuchs-Heinritz/König: Pierre Bourdieu.

6 Vgl. Bourdieu: Ökonomisches Kapital, 183f.

7 Vgl. Fuchs-Heinritz/König: Pierre Bourdieu, 161.

8 Bourdieu: Ökonomisches Kapital, 183.

dern die Wirksamkeit und Gültigkeit einer Kapitalart kontextgebunden darstellt.[9] Neben diesen Grundformen gibt es weitere Bezeichnungen für Kapital im Anschluss an Bourdieu wie z. B. Lernkapital[10], Körperkapital[11] und religiöses Kapital[12], wobei diese Kapitalarten häufig spezifische Zusammensetzungen aus den drei Grundarten darstellen beziehungsweise sich auf diese zurückführen lassen. Auch Bourdieu selbst verwendet weitere Kapitalbezeichnungen neben den drei Grundarten, z. B. wissenschaftliches, staatliches, juristisches und politisches Kapital, wobei diese teilweise als Unterformen der anderen Kapitalarten gelten und eine theoretische Einordnung zum Teil ungenau erfolgt.[13]

Allen Kapitalarten ist eigen, dass sie erworben, vermehrt (akkumuliert), weitergegeben (reproduziert) und in andere Kapitalarten umgewandelt (konvertiert/transformiert) werden können; die meisten sind auch vererbbar. Der Aufwand für diese Aktionen ist teilweise sehr unterschiedlich, ebenso die Dauer.[14] Durch die Möglichkeit der Vererbung sind Menschen von Geburt an unterschiedlich mit Kapital ausgestattet.[15] Außerdem kann die Zusammensetzung und Menge des Kapitals unterschiedliche Voraussetzungen zur Aneignung weiteren Kapitals mit sich bringen, was verschiedene Handlungsmöglichkeiten einzelner Personen beziehungsweise von Personengruppen mit ähnlichen Kapitalzusammensetzungen zur Folge hat.[16] Die Summe des Kapitals in seinen unterschiedlichen Erscheinungsformen ermöglicht die Verortung einer Person im sozialen Raum.[17] Die Position im sozialen Raum verweist auf die für die Person gültigen Spielregeln und Zugänge zu Kapitalarten sowie deren Wirkungsbereiche. Grundlage für die Funktionsweise sind die Ungleichverteilung der unterschiedlichen Kapitalarten in der gesamten Gesellschaft und ungleiche Zugangsmöglichkeiten zu diesen.[18]

Armut und Reichtum lassen sich nach dem Kapitalmodell Bourdieus sowohl differenziert als auch mehrdimensional als Mangel oder Überfluss an Kapital einer Art oder verschiedener Arten messen und bezeichnen.[19] Als weiterer Armuts- beziehungsweise Reichtumsindikator kann der Zugang zu Kapitalarten

9 Vgl. Fuchs-Heinritz/König: Pierre Bourdieu, 171.

10 Siehe dazu Kapitel 6 in Reich: Chancengerechtigkeit und Kapitalformen, 297ff.

11 Siehe dazu Kapitel 5 in Reich: Chancengerechtigkeit und Kapitalformen, 253ff. sowie Vieregge: Religiosität in der Lebenswelt, 239.

12 Siehe dazu Vieregge: Religiosität in der Lebenswelt, 240ff.

13 Fuchs-Heinritz/König: Pierre Bourdieu, 163.

14 Ökonomisches Kapital, z. B. Geld in objektiviertes kulturelles Kapital wie z. B ein Kunstwerk zu transformieren dauert nicht so lange wie das Umwandeln in institutionalisiertes kulturelles Kapital in Form von Bildungsabschlüssen durch die Finanzierung eines Studiums.

15 Vgl. Bos et al.: Gibt es eine armutsbedingte Bildungsbenachteiligung, 167.

16 Vgl. Fuchs-Heinritz/König: Pierre Bourdieu, 159.

17 Vgl. Bos et al.: Gibt es eine armutsbedingte Bildungsbenachteiligung, 166.

18 Vgl. Bourdieu: Ökonomisches Kapital, 188.

19 Vgl. Kuhlmann: Bildungsarmut, 306.

betrachtet werden, wobei dieser in der Regel mit dem vorhandenen Kapital zusammenhängt.

4.1.1 Ökonomisches, kulturelles und soziales Kapital

„Zum *ökonomischen Kapital* zählen alle Formen des materiellen Besitzes, die in Gesellschaften mit einem entwickelten Markt in und mittels Geld getauscht werden können."[20] Ökonomisches Kapital kann durch Zinsen und Wertsteigerungen vermehrt werden. Insbesondere durch die Vererbungsmöglichkeit ökonomischen Kapitals spielt dieses eine wichtige Rolle in Bezug auf ungleiche Bildungschancen und Startbedingungen von Grundschüler*innen, da diese von Geburt an unterschiedlich materiell ausgestattet sind. Diese unterschiedliche Ausstattung zeigt sich z. B. in der Möglichkeit der Familie Unterrichtsmaterialien zu kaufen, bei Bedarf Nachhilfe zu finanzieren und auch darin, durch die Wahl des Wohnraums und der Nahrungsmittel für die Gesundheit zu sorgen.

Das *kulturelle Kapital* wird von Bourdieu in drei Arten unterteilt, das *inkorporierte*, mit welchem verinnerlichte Formen der Kultur, z. B. Sprachen und Wissen zu Sachverhalten, Hintergründen, Funktionsweisen und Gebrauch von Theorien und Maschinen gemeint sind, das *objektivierte*, welches die „materiellen Träger"[21] kulturellen Kapitals wie Bücher, Musikinstrumente und Kunstwerke, aber auch Werkzeuge beinhaltet und das *institutionalisierte kulturelle Kapital*, zu dem Nachweise über institutionalisierte Bildungserfahrungen wie z. B. Zeugnisse und Zertifikate gehören.[22] Kulturelles Kapital in objektivierter Form ist das einzige direkt vererbbare Kulturkapital, die inkorporierte Form des Kapitals, welches zur Nutzung der Kulturobjekte benötigt wird, muss nach Bourdieu eigenständig angeeignet werden.[23] Die Aneignung inkorporierten kulturellen Kapitals kann nicht delegiert werden.[24] Jedoch sieht Kuhlmann einen förderlichen Faktor für den Erwerb inkorporierten kulturellen Kapitals durch das „Aufwachsen in einem Milieu, das reich an objektiviertem Kulturkapital ist"[25]. Nachweisbar ist das kulturelle Kapital vor allem über die Zertifizierung, also die institutionelle Objektivierung in Form von Bildungstiteln oder über die objektivierte Form, allerdings ist die Passgenauigkeit gering.[26] Nach Bourdieu ist es besonders „die Dauer der für seinen Erwerb aufgewendeten Zeit"[27], die zuverlässige Hinweise

20 Fuchs-Heinritz/König: Pierre Bourdieu, 163.
21 Bourdieu: Ökonomisches Kapital, 188.
22 Vgl. ebd., 185.
23 Vgl. Bos et al.: Gibt es eine armutsbedingte Bildungsbenachteiligung, 168.
24 Vgl. Bourdieu: Ökonomisches Kapital, 186.
25 Kuhlmann: Bildungsarmut, 307.
26 Vgl. ebd., 306.
27 Bourdieu: Ökonomisches Kapital, 197.

auf die Menge an kulturellem Kapital einer Person gibt. Am Beispiel der Prüfungsform *concours*, bei der durch eine vorab festgelegte Grenze nur ein bestimmter Anteil an Prüflingen bestehen kann, verdeutlicht Bourdieu die Macht, die durch die Institutionalisierung von kulturellem Kapital genutzt werden kann. Eine vorher bestimmte Anzahl an Prüflingen erhält einen Nachweis darüber, zu der Menge an Personen zu gehören, die in der konkreten Prüfungssituation am besten bewertet werden. Dadurch wird nach Bourdieu die „schöpferische Magie"[28] der „*institutionalisierten Macht*"[29] sichtbar, da in diesem Moment das kulturelle Kapital ausgewählter Personen anerkannt wird. Bei schulischen Prüfungen besteht ein typischer Fehler in der Leistungsbeurteilung darin, dass innerhalb einer Lerngruppe von einer der gesamtgesellschaftlichen Verteilung entsprechenden Leistungsverteilung ausgegangen wird und der sozialen Bezugsnorm bei der Leistungsbewertung entsprechend hohes Gewicht zukommt.[30] Vergleichbar mit dem Beispiel Bourdieus lässt sich auch hier von Machtausübung sprechen: In der Annahme, dass ein Teil der Schüler*innen schlechte Leistungen erbringt, wird ein Teil der Prüflinge entsprechend bewertet. Häufig trifft es die Schüler*innen, von denen eine geringe Leistung erwartet wird, wodurch ein schulischer Erfolg erschwert wird.

Für Bourdieu ist das kulturelle Kapital ein hypothetisches Messinstrument zum Vergleich schulischer Leistungen in Bezug auf Ungleichheiten zwischen den unterschiedlich ausgestatteten Familien von Kindern, die aus verschiedenen Klassen stammen.[31] Er sieht einen Zusammenhang zwischen dem Ertrag schulischen Handelns eines Kindes und der Investition kulturellen Kapitals durch die Familie in Bezug auf das Kind.[32] Das institutionalisierte kulturelle Kapital wird auch in aktuellen Schulleistungsstudien als Indikator für inkorporiertes Kulturkapital und als Instrument zur Ermittlung der Position im sozialen Raum genutzt. Um das Verhältnis von Schulerfolg und sozialer Herkunft zu ermitteln, werden in den Studien die höchsten Bildungsabschlüsse und Berufe der Eltern abgefragt. Dadurch wird kulturelles Kapital operationalisiert.[33] Das, was im schulischen Kontext als Fähigkeit oder Begabung betitelt wird, ist nach Bourdieu auch auf die „Investition von Zeit und kulturellem Kapital"[34] zurückzuführen. Diese beiden häufig zur Legitimation unterschiedlicher Bildungsverläufe genutzten Begriffe können, wenn sie als Kapitalakkumulation bzw. Bedingung

---

28 Ebd., 190.

29 Ebd.

30 Vgl. Breidenstein et al.: Das Projekt Leistungsbewertung in der Schulklasse, 18.

31 Vgl. Bourdieu: Ökonomisches Kapital, 185. Zu Bourdieus Klassenbegriff siehe Kapitel 4.2.2.

32 Vgl. Bourdieu: Ökonomisches Kapital, 186. Das soziale Kapital der Familie kann gleichermaßen zur Steigerung des Schulerfolgs des Kindes und des sozialen Ertrags des Bildungstitels investiert werden.

33 Vgl. Bos et al.: Gibt es eine armutsbedingte Bildungsbenachteiligung, 174ff.

34 Bourdieu: Ökonomisches Kapital, 186.

dieser verstanden werden, ihre Verschleierungsfunktion im Sinne einer Begabungsideologie verlieren. An der zur Akkumulation kulturellen Kapitals nötigen Zeit lässt sich die Bedeutung der Familie, in der ein Kind aufwächst, für den Bildungsweg verdeutlichen: Es kommt nicht nur auf die dem Kind zur Verfügung stehende Zeit zur Kapitalakkumulation an, sondern auch auf die das Kind umgebenden Personen. Haben diese Zeit, um ihr Kulturkapital in inkorporierter Form durch das Schaffen von Bildungssituationen[35] an die Kinder weiterzugeben, ihnen also eine Verinnerlichung zu ermöglichen, ist diese Form der bewussten Weitergabe innerhalb der Familie überhaupt erst möglich.[36] Auch die Frage nach dem Zeitpunkt des Eintritts in den Arbeitsmarkt ist von der Menge des Kulturkapitals im familiären Umfeld und der verfügbaren Zeit zur Akkumulation beeinflusst.[37] Um eigenes Geld zu verdienen, wählen Kinder aus armen Familien häufiger einen Ausbildungsberuf anstelle eines Studiums.

Wird Bildung als inkorporiertes kulturelles Kapital verstanden,[38] so ist diese Kapitalart für das Verstehen von ungleichen Bildungsbiografien wesentlich.[39] Insbesondere die Vererbungsmöglichkeiten und der Faktor Zeit sind für Fragen der Bildungsgerechtigkeit in den Blick zu nehmen. Je näher die Erziehung in der Familie an den Anforderungen der Schule ist, desto stärker ist die Passung zu Beginn der Schulzeit. Bei großer Distanz steht das Kind vor der Herausforderung, sich den schulischen Anforderungen zu nähern, was denjenigen Kindern erspart bleibt, denen diese bereits aus der Primärsozialisation und Erziehung bekannt sind. Bourdieu verweist an diesem Punkt ebenfalls auf die Bedeutung des Faktors Zeit und verwendet zur Beschreibung dieser unterschiedlichen Ausgangslagen die Begriffe *Vorsprung* als Zeitgewinn und *Korrektur* als zeitaufwändige Passungsarbeit.[40] Während institutionalisiertes kulturelles Kapital an Zertifikaten etc. und objektiviertes kulturelles Kapital an den Objekten erkennbar ist, wird kulturelles Kapital durch die Inkorporierung zu einem persönlichen Besitztum, das durch die Verinnerlichung „zu einem festen Bestandteil der ‚Person',

---

35 Hier wird der Bildungsbegriff verwendet, da ihn auch Bourdieu in Bezug auf inkorporiertes kulturelles Kapital nutzt: „Wer am Erwerb von Bildung arbeitet, arbeitet an sich selbst, er ‚bildet sich'." (ebd.) Zur Beschreibung der Kulturakkumulation im inkorporierten Zustand nennt er die dafür verwendeten Begriffe „culture" (französisch), „cultivation" (englisch) und „Bildung" (deutsch) (ebd.). Zu Bourdieus eigenem Bildungsverständnis sind an der Stelle keine Hinweise zu entnehmen.

36 Vgl. ebd., 197. Eine unbewusste, ungeplante Inkorporierung ist ebenfalls möglich, dadurch aber nicht greif- oder verfügbar (vgl. ebd., 187).

37 Vgl. ebd., 197.

38 Das an Bourdieu anknüpfende Verständnis von Bildung als akkumuliertes inkorporiertes Kulturkapital wird in der vorliegenden Arbeit deskriptiv und nicht normativ verwendet. Zu den bildungstheoretischen Überlegungen für armutssensiblen Religionsunterricht siehe Kapitel 8.8.

39 Vgl. Bos et al.: Gibt es eine armutsbedingte Bildungsbenachteiligung, 167.

40 Vgl. Bourdieu: Ökonomisches Kapital, 186f.

zum Habitus"[41] wird. Bourdieu formuliert pointiert: „aus ‚Haben' ist ‚Sein' geworden."[42] Der Habitusbegriff ist bei Bourdieu wesentlich umfassender als akkumuliertes, inkorporiertes Kulturkapital. An dieser Stelle sei aber betont, dass das in der Kindheit akkumulierte Kapital dieser Art, welches bedingt durch die Kapitalausstattung in der Familie unterschiedlich ausgestaltet ist, den gesamten Lebenslauf beeinflussen kann, z. B. in der Sicherheit bzw. Unsicherheit im Auftreten in verschiedenen gesellschaftlichen Situationen.[43] Kulturkapital in inkorporierter Form muss eigenständig erworben werden. Die Ausgestaltung und Menge dieses Kapitals hängt allerdings von der Kapitalausstattung in der Familie ab, da von dieser ausgehend die Akkumulation im Rahmen der verfügbaren Inhalte sowie der Menge des Kapitals stattfindet. Diese Art der „sozialen Vererbung"[44] findet nach Bourdieu „immer im Verborgenen"[45] statt und bleibt „häufig ganz unsichtbar"[46]. Die im Laufe der Primärsozialisation für Akkumulationsprozesse verfügbare Zeit des Individuums und der Familie spielt hierbei eine wesentliche Rolle. Diese familiären Faktoren für den Erwerb kulturellen Kapitals sorgen dafür, dass Bourdieu die Übertragung kulturellen Kapitals in der Familie als die „zweifellos [...] am besten verschleierte Form erblicher Übertragung von Kapital"[47] bezeichnet.

Aus religionspädagogischer Perspektive gilt es in diesem Zusammenhang das, was allgemein als religiöse Sozialisation benannt wird, als Zusammenstellung verschiedener Formen des religiösen kulturellen Kapitals zu betrachten. Die ungleiche Ausstattung mit dieser Form kulturellen Kapitals zu Beginn der Grundschulzeit zeigt sich bezüglich der Theorie eines armutssensiblen Religionsunterrichts als relevant. Außerdem sind auch andere Formen kulturellen Kapitals im Religionsunterricht von Bedeutung, wie z. B. inkorporiertes Kulturkapital in Form von Lesekompetenz oder ästhetischem Wissen.

Eine besondere Form des kulturellen Kapitals stellt das *Bildungskapital* dar, welches die schul- und hochschulrelevanten und in Institutionen anerkennbaren Anteile des Kulturkapitals bezeichnet.[48] Auch hier finden sich unterschiedliche Zusammensetzungen. Einige Schüler*innen bringen große Anteile des Bildungskapitals bereit zum Schuleintritt mit, da sie dieses in ihrer Herkunftsfamilie erworben haben. Andere haben zwar kulturelles Kapital in ihrer frühen Kindheit akkumuliert, dieses wird aber nicht in der Schule verlangt oder durch Zeugnisse institutionalisiert. Somit wird es auch nicht zu Bildungskapital. Für Bour-

41 Ebd., 187.
42 Ebd.
43 Vgl. Fuchs-Heinritz/König: Pierre Bourdieu, 165.
44 Bourdieu: Ökonomisches Kapital, 187.
45 Ebd.
46 Ebd.
47 Ebd., 188.
48 Vgl. Fuchs-Heinritz/König: Pierre Bourdieu, 167.

dieu trägt die curriculare Auswahl der zu Bildungskapital transformierbaren Anteile des kulturellen Kapitals zur Verschleierung der Kapitalvererbung bei. Im Gegensatz zu dieser Übertragungsform ist die Weitergabe ökonomischen Kapitals wesentlich sichtbarer. Allerdings hat die Bedeutung kulturellen Kapitals für Reproduktionsstrategien der sog. *herrschenden Bevölkerungsgruppen* durch die Entwicklung des Arbeitsmarktes hin zu Professionalisierung und arbeitsteiliger Organisation zugenommen, wodurch die Kapitalweitergabe innerhalb von Familien unauffälliger gestaltet wird.[49]

„Das *soziale Kapital* besteht aus Möglichkeiten, andere um Hilfe, Rat oder Information zu bitten sowie aus den mit Gruppenzugehörigkeiten verbundenen Chancen, sich durchzusetzen."[50] Diese Kapitalart besteht aus Beziehungen und Zugehörigkeiten. Diese können laut Bourdieu nur durch Tauschbeziehungen existieren und aufrechterhalten werden, wobei der Tauschwert materiell oder symbolisch sein kann.[51] Wichtig ist, dass den Beteiligten der Zusammenhang zwischen den Handlungen, den Investitionen und dem Ertrag bewusst ist.[52] Das Besondere am sozialen Kapital ist der Einfluss auf die anderen Kapitalarten. Soziales Kapital hat die Funktion, sich positiv auf den Erwerb und Erhalt von kulturellem und ökonomischem Kapital auszuwirken.[53] Mit den richtigen Zugehörigkeiten erhöhen sich der Zugang zu kulturellen Gütern und die Möglichkeit, bestimmtes kulturelles Kapital zu inkorporieren. Durch ständige Tauschaktionen lässt sich Sozialkapital reproduzieren, sobald das Gegenüber als Tauschpartner*in und der Tauschwert als angemessen anerkannt werden.[54] Zur Operationalisierung von sozialem Kapital eignet sich z. B. der Ressourcengenerator, der in Schulleistungsstudien zur Ermittlung der sozialen Lage der Schüler*innen und ihrer Familien eingesetzt wird. Zum Ressourcengenerator gehört ein Fragebogen mit Fragen zu bestehenden sozialen Ressourcen wie beispielsweise „Kennen Sie jemanden, der ein Instrument spielen kann?" stellt.[55]

Für Kinder und ihren Schulerfolg spielt soziales Kapital eine wesentliche Rolle. Damit ist auch das soziale Kapital der Mitglieder der Herkunftsfamilie gemeint. Kennen die Eltern eine Person, die bei den Hausaufgaben unterstützen kann, z. B. ein Großelternteil, so muss kein Geld für Nachhilfe ausgegeben werden. Das ist insbesondere bei einer geringen materiellen und finanziellen Ausstattung der Familie von Bedeutung. Auch der Kontakt des Kindes zu Personen, die Bücher und Kunstwerke besitzen oder mit dem Kind in Museen oder Ausstellungen gehen, stellt schulerfolgsrelevantes Sozialkapital dar, da hier eine direkte Verknüpfung dieser Kapitalart zum kulturellen Kapital sowie Chancen zur

49 Vgl. ebd.
50 Ebd., 168.
51 Vgl. Bourdieu: Ökonomisches Kapital, 191.
52 Ebd.
53 Vgl. Fuchs-Heinritz/König: Pierre Bourdieu, 169.
54 Vgl. Bourdieu: Ökonomisches Kapital, 193.
55 Vgl. Bos et al.: Gibt es eine armutsbedingte Bildungsbenachteiligung, 173f.

Inkorporierung bestehen. Bezogen auf den Religionsunterricht ist das soziale Kapital im Bereich der religiösen Sozialisation bedeutend. Zum Beispiel bringt die Anbindung an eine Kirchengemeinde oder Freundschaften zu Menschen, in deren Alltag Religion eine Rolle spielt, eine Nähe zu Inhalten des Religionsunterrichts mit sich. Für die empirische Untersuchung stellt das Sozialkapital ein relevantes Konzept dar, um Aussagen der Lehrkräfte zu ihrer Wahrnehmung von Kinderarmut anhand dieses Begriffes einzuordnen, die nicht direkt mit monetärer Armut verbunden sind.

4.1.2 Symbolisches Kapital

Bourdieu bezeichnet das *symbolische Kapital* als „eine beliebige Eigenschaft (eine beliebige Kapitalsorte, physisches, ökonomisches, kulturelles, soziales Kapital), wenn sie von sozialen Akteuren wahrgenommen wird, deren Wahrnehmungskategorien so beschaffen sind, daß sie sie zu erkennen (wahrzunehmen) und anzuerkennen ihr Wert beizulegen, imstande sind."[56] Damit ist gemeint, dass symbolisches Kapital nicht an sich existiert, sondern im Verbund mit beziehungsweise als Kombination von Kapitalarten, denen durch symbolische Kraft Legitimation und Anerkennung verliehen werden. Dieser Kapitalart gehören Chancen an, „soziale Anerkennung und soziales Prestige zu gewinnen und zu erhalten"[57]. Hier zeigt sich eine für diese Forschungsarbeit wichtige Besonderheit des symbolischen Kapitals: Es erhält erst einen Wert durch Anerkennung. An dieser Stelle muss die Frage auftauchen, wer diese Anerkennung geben kann beziehungsweise darf. Auch muss die Frage gestellt werden, nach welchen Kriterien entschieden wird, was anerkannt wird und wer bzw. wessen Kapital diese Anerkennung bekommt. Das symbolische Kapital zeigt sich hier als ein Instrument zur Machtausübung.[58] Die Möglichkeit zur Machtausübung zeigt sich im schulischen Bereich in den Unterschieden bei der Bewertung der Ausstattung des kulturellen Kapitals der Schüler*innen. Während gemeinsam mit den Eltern gelesene Bücher in Form von Lesekompetenz im schulischen Kontext anerkannt werden, haben die inkorporierten Inhalte einer gemeinsam mit den Eltern geschauten Fernsehsendung auf einem Privatsender häufig nicht die Chance auf eine gleichwertige Anerkennung, da Passungsprobleme auftreten.

Insgesamt bieten sich im schulischen Kontext viele Möglichkeiten für Anerkennung durch die symbolische Kraft von Kapital und Ressourcen bzw. die Verweigerung dieser Anerkennung. Bildung als symbolisches Kapital innerhalb des

56 Bourdieu: Praktische Vernunft, 108. Warum Bourdieu hier neben den drei Grundarten auch das physische Kapital nennt und dieses an erster Stelle der Aufzählung platziert, wird an der Stelle nicht geklärt.

57 Fuchs-Heinritz/König: Pierre Bourdieu, 171.

58 Vgl. Bourdieu: Praktische Vernunft, 113ff.

Schulsystems erlaubt die Ausübung von Macht in Bezug auf die Lebensgestaltungsmöglichkeiten beispielsweise durch die Chancen und Grenzen bei der Wahl eines Studien- und Ausbildungsplatzes, welche durch Abschlusszeugnisse bestimmt werden.

4.1.3 Religiöses Kapital

Neben den drei Grundformen (ökonomisches, kulturelles und soziales Kapital) und dem symbolischen Kapital verwendet Bourdieu weitere Kapitalbegriffe, die häufig aus der Zusammensetzung der Grundformen in ihrem legitimierten Zustand, also als symbolisches Kapital, und einem bestimmten Bereich bestehen, in dem dieses anerkannt wird, wie z. B. das wissenschaftliche Kapital im Bereich der Wissenschaft.[59] Diese zusätzlichen, kontextbezogenen Kapitalarten und weitere Kapital(unter)arten finden sich in Weiterführung von Bourdieus Ansatz auch in anderen Ansätzen wieder, z. B. das Lernkapital in der Pädagogik von Kersten Reich.[60]

Für den Bereich der Religion gibt es entsprechend das *religiöse Kapital*, welches bei Bourdieu als symbolisches Kapital im Feld der Religion verstanden wird.[61] Besonders als symbolische Macht über die Verwaltung der Heilsgüter, also z. B. über die Frage, wer wem in welchem Rahmen Sünden vergeben kann, komme das religiöse Kapital in Institutionen wie den Kirchen zur Geltung.[62] Das Religionsverständnis und die zur Herausbildung verschiedener Formen religiöser Machtausübung und religiösen Kapitals genutzten Akteur*innen sind eng an den Religionsbegriff Max Webers angeknüpft. Bourdieu interpretiert das Webersche Religionsverständnis und fügt dieses in seine Theorie des sozialen Raums ein.[63] Die Ausführungen zum Religionsbegriff werden hier beschränkt auf das, was für das Verständnis des religiösen Kapitals nach Bourdieu notwendig ist.

Bourdieu scheint bei der Kirche bzw. dem Feld der Religion besonders die römisch-katholische Kirche und ihre hierarchische Struktur im Blick zu haben.[64] Daher ist es auch nicht verwunderlich, dass seine Ausführungen, neben den Einfügungen anderer Soziologen, die weitere eher hierarchisch strukturierte Glaubensgemeinschaften untersucht haben, ein sehr eng gefasstes Religionsverständnis aufweisen. Er stellt den Religionsbegriff besonders als Struktur- und

---

59 Vgl. Bourdieu: Vom Gebrauch der Wissenschaft, 16ff.

60 Vgl. Reich: Chancengerechtigkeit und Kapitalformen, 297ff.

61 Vgl. Bourdieu: Genese und Struktur des religiösen Feldes, 62ff.

62 Vgl. ebd., 62.

63 Bourdieu: Eine Interpretation der Religion.

64 Der Papst und weitere Ämter aus der Organisation der katholischen Kirche sowie die Struktur einer Messe, in der dem Priester eine besondere Stellung und Funktion zukommen, tauchen immer wieder als Beispiele auf, um die Machtausübung im Feld der Religion aufzuzeigen. Vgl. Bourdieu: Genese und Struktur des religiösen Feldes, 80f.

Strukturierungsbegriff heraus. Das Transzendente bleibt außen vor. Religion wird bei Bourdieu als Tauschgeschehen im Rahmen der Machtstrukturen innerhalb des Marktes des religiösen Feldes verstanden. Verschiedene Akteur*innen verfügen über verschiedene Formen und Mengen an religiösem Kapital und können dieses zur Bedienung der religiösen Nachfrage tauschen. Die Tauschwaren sind, dabei bezieht er sich auf die Struktur der Religion nach Weber, religiöse Dienstleistungen, die von der Priesterschaft[65] erbracht werden, und Macht, das Zahlungsmittel der Laien[66].

Die religiöse Nachfrage entspringt dabei *religiösen Interessen*, die „die Erwartung einer systematischen Botschaft"[67] widerspiegeln, „die dem Leben einen *einheitlichen Sinn* zu verleihen vermag"[68]. Der einheitliche Sinn kann durch eine in Form von Religion vermittelte Weltsicht und Ontologie Ausdruck finden und dient gleichermaßen dazu, den Menschen die *„Rechtfertigung für ihre Existenz* in ihrer besonderen Form, also in einer *bestimmten sozialen Position"*[69] zu liefern. Dadurch besitzt Religion eine gesellschaftliche, strukturierende Funktion. Webers Beobachtungen zu religiös wirksamen Begriffen der Religionen folgend, die jeweils einen Hauptprotagonisten aus den unteren Gesellschaftsschichten haben, gestalten sich die Heilsbotschaften der Religionen in Abhängigkeit von der nachgefragten Botschaft durch die sog. herrschenden Gesellschaftsgruppen, die im Kontext der jeweils aktuellen politischen Lage ihre eigene Position im Sozialraum gerechtfertigt haben wollen.[70]

In seinen Ausführungen zum Religionsbegriff nimmt Bourdieu die Vergleiche zwischen Stadt und Land auf, die Weber zur historischen Beschreibung der Genese religiöser Strukturen nutzt. An dieser Unterteilung macht Bourdieu z. B. die Bedeutung des Magischen für die von Naturereignissen betroffenen Landwirt*innen deutlich und zeigt daran das höhere *magische Interesse* der Unterschichten auf.[71] Aufgrund der veränderten Arbeitsbereiche in der heutigen Zeit wird dieser Befund nicht direkt auf das aktuelle Verhältnis von *religiösen* und *magischen Interessen* der Gesellschaft und deren Verteilung in den verschiedenen Statusgruppen möglich sein. Allerdings finden sich Hinweise auf bildungsniveaudifferierende und somit auch milieubezogene Spezifika in der Religiosität

---

65 Der Begriff der Priesterschaft ist dem Religionsverständnisses Webers entnommen und bezeichnet die legitimen Vertreter*innen einer (institutionalisierten) Religionsgemeinschaft, die ihre Legitimation zur Ausübung religiöser Arbeit durch die Lai*innen erhält. Vgl. Bourdieu: Eine Interpretation der Religion, 17ff.

66 Der Laienbegriff stammt ebenfalls aus dem Konzept Webers und bezeichnet die Konsument*innen religiöser Arbeit wie Predigt und Seelsorge. Vgl. ebd., 11f.

67 Ebd., 14.

68 Ebd.

69 Ebd.

70 Vgl. ebd., 15f.

71 Vgl. ebd., 11f.

auch in aktuellen Untersuchungen.[72] Das Magische kommt auch vor und hat z. B. bei den von Dörthe Vieregge befragten, sozial benachteiligten Jugendlichen eine problembewältigende Funktion und bietet durch magische Praktiken Möglichkeiten zur Einflussnahme auf die Welt, um ihr nicht gänzlich ausgeliefert zu sein.[73] Magische und religiöse Interessen unterscheiden sich auch hinsichtlich ihres Legitimationsgrades. Eine als Religion anerkannte Weltsicht in institutionalisierter Struktur besitzt und verteidigt ihr Monopol auf die legitime Ausübung religiöser Macht.[74] Dazu nutzt sie den von ihr ausgestalteten *religiösen Habitus*, den sie den Lai*innen „aufzwingt und einprägt"[75]. Durch die so stattfindende Reproduktion des religiösen Kapitals sichert die Religionsgemeinschaft ihre Position im Feld der Religion und dadurch auch ihre Möglichkeit religiöser Machtausübung. Als Monopolinhaberin kann z. B. die Kirche bestimmen, was öffentlich als religiös gilt und anerkannt wird, und dadurch Magisches und Religiöses, Zauberei und Religion voneinander unterscheiden. Das von Bourdieu als *religiöse Legitimität* bezeichnete Kräfteverhältnis stellt eine Form der symbolischen Wirksamkeit religiösen Kapitals dar.[76]

Vieregge zählt Rituale und Symbolhandlungen zum religiösen Kapital. In ihrer Studie zur Religiosität sozial benachteiligter Jugendlicher stellt sie das religiöse Kapital als wertvolle Ressource zur Bewältigung von Problemen und Strukturierung des oftmals unstrukturierten Alltags der Jugendlichen heraus. Außerdem kann religiöses soziales Kapital in Form der Anbindung an eine Religionsgemeinschaft auch zum sozialen Aufstieg dienen, da Religionsgemeinschaften von den befragten Jugendlichen in der Mittelschicht verortet werden. Populäre Formen von Religiosität, z. B. Gläserrücken, werden ebenfalls als soziales Kapital gesehen, da sie eine kostengünstige Vergemeinschaftung unter Peers ermöglichen. Die eigene Religion wird in Abgrenzung zu anderen Religionen von den Jugendlichen zur Aufwertung ihrer eigenen Position genutzt. Dadurch bekommt das religiöse Kapital auch eine symbolische Kraft zugeschrieben.[77] Auch wenn die befragten christlichen Jugendlichen häufig kaum an die Kirche gebunden sind, äußern sie den Wunsch nach religiösem Kapital in Form von kirchlichen Vollzügen wie der Konfirmation und der kirchlichen Trauung als Mittel zur gesellschaftlichen Teilhabe.[78] Marcin Morawski betont die Milieugebundenheit des Geschmacks und identifiziert daher den religiösen Geschmack als symbolisches

72 Zum Beispiel in den Gottesvorstellungen, die sich in Bezug auf den Machtaspekt unterscheiden. Siehe dazu Lütze: Religionsunterricht im Hauptschulbildungsgang, 160.
73 Vgl. Vieregge: Religiosität in der Lebenswelt, 208f.
74 Vgl. Bourdieu: Eine Interpretation der Religion, 17.
75 Ebd. Zum Habitusbegriff siehe Kapitel 4.2.2.
76 Vgl. Bourdieu: Eine Interpretation der Religion, 19ff.
77 Vgl. Vieregge: Religiosität in der Lebenswelt, 240ff.
78 Vgl. ebd., 247ff.

Kapital und Mittel zur Distinktion.[79] Die symbolische Wirksamkeit religiösen Geschmacks und seiner anerkannten Ausdrucksformen zeigt sich in diesen Bemühungen um Zugehörigkeit bzw. sozialen Aufstieg der von Vieregge interviewten Jugendlichen.

Schüler*innen können religiöses Kapital im Religionsunterricht nutzen und entwickeln, vor allem in der Form des kulturellen Kapitals. Wissen über die eigene Religion, andere Religionen und vor allem die im Unterricht thematisierte Religion, die auch die eigene sein kann, wird als Vorwissen von Schüler*innen in unterschiedlichem Ausmaß mit in den Unterricht gebracht. Auch die Zugehörigkeit zu einer Glaubensgemeinschaft kann hier in Form von symbolischem, also von der Lehrkraft anerkanntem, sozialem Kapital Beachtung finden. Das kulturelle religiöse Kapital kommt auch in Form von Erfahrungen mit religiösen Institutionen, Ritualen und anderen Erscheinungsformen von Religion zur Geltung.[80]

4.1.4 Kapitaltransformation und Kapitalreproduktion

Unter *Kapitaltransformationen* werden die Vorgänge verstanden, bei denen Kapital von einer Art in eine andere umgewandelt wird. Dazu muss *Transformationsarbeit* geleistet werden, die unterschiedliche Formen haben kann. Um z. B. aus ökonomischem Kapital in Form von Geld objektiviertes kulturelles Kapital zu machen, kann ein Buch oder Kunstwerk gekauft werden. Soziales Kapital kann durch hohen Aufwand in Beziehungsaufbau und -pflege in kulturelles Kapital transformiert werden, indem durch persönliche Kontakte Zugänge zu kulturellen Orten ermöglicht werden. Bei diesen Transformationsprozessen herrscht eine Kontextgebundenheit, in der die jeweils mächtige(n) Kapitalart(en) das Ausmaß der Transformationsarbeit bestimmt bzw. bestimmen.[81] Grundsätzlich lässt sich jede Kapitalart in eine andere konvertieren, wobei es Unterschiede in dem dafür zu leistenden Umfang gibt. Besonders die Transformation in inkorporiertes kulturelles Kapital benötigt in der Regel viel Zeit. Bourdieu benennt zwar, dass „das ökonomische Kapital einerseits allen anderen Kapitalarten zugrundeliegt“[82], merkt aber im Zusammenhang mit Kapitaltransformationen an, dass „andererseits die transformierten und travestierten Erscheinungsformen des

---

79 Vgl. Morawski: Bildung im Kontext von Distinktionsgeschehen, 35.

80 Anhand dieser Aufzählung wird anschaulich, wie umfangreich das religiöse Kapital im Religionsunterricht einsetzbar ist. Durch die aufgezählten Beispiele werden z. B. bereits vier der fünf Dimensionen von Religion nach Charles Glock abgedeckt (vgl. Könemann: Art. Religion, in: WiReLex, 2).

81 Vgl. Bourdieu: Ökonomisches Kapital,195.

82 Ebd., 196.

ökonomischen Kapitals niemals ganz auf dieses zurückzuführen sind"[83] und begründet diese Annahme mit der Wirkung der Verschleierung im Zuge der Transformation, durch die dieser Mechanismus intransparent gehalten wird. Je weniger das Kapital im transformierten Zustand auf seine ökonomische Herkunft zurückzuführen ist, desto wirksamer kann es für Distinktions- und Reproduktionsstrategien sein. Für den Bildungsbereich sind Kapitaltransformationen essenziell. Neben der Akkumulation von Kulturkapital kann dieses auch mithilfe von Transformationsarbeit z. B. in Form des Erwerbs von Büchern oder Instrumenten und der Bezahlung von Nachhilfestunden erhöht werden.

Laut Bourdieu finden die Transformation von Kulturkapital in andere Kapitalarten und die Übertragung auf andere Personen im Vergleich zum ökonomischen Kapital verschleierter und risikoreicher statt, was er mit der unbewussten Übertragung innerhalb der Familie begründet. Hierdurch wird den Beteiligten die Kontrolle über diese Prozesse entzogen.[84] Im Schulsystem kann besonders das hohe Maß an Verschleierung zur Reproduktion herrschender Strukturen führen. Dort, wo mit ökonomischem Kapital nicht alles gekauft werden kann, was z. B. bei schulischen Abschlüssen der Fall ist, kann durch „die geheime Zirkulation von Kapital in Gestalt der verschiedenen Formen des Kulturkapitals die Reproduktion der gesellschaftlichen Struktur"[85] gesichert werden, da über dieses bereits in der Schule in unterschiedlichem Maße verfügt wird. Das funktioniert auch deshalb so gut, weil kulturelles Kapital in der aktuellen Gesellschaft einen hohen Stellenwert genießt und durch die Zeit, die zur Inkorporierung benötigt wird, im Gegensatz zum ökonomischen Kapital noch besser zur Abgrenzung und Positionierung im sozialen Raum geeignet ist.

In den Transformationsprozessen zeigt sich die Arbitrarität in Bezug auf die Kapitalaneignung. Am Beispiel der Vererbung von Kapital wird diese besonders deutlich, da sie unabhängig von den Eigenschaften einer Person, mit Ausnahme der Zugehörigkeit zu einer Erbfolge funktioniert. In der Kapitalvererbung wird auch erkennbar, dass Kapitalreproduktion sowie die Übertragung von Kapital häufig in exklusiven Kontexten stattfinden und durch ihre Exklusivität legitimiert und für Andere unantastbar werden. Diese Reproduktionsstrategien sind durch ihr exklusives Selbstverständnis anfällig für subversive Kritik, welche in der Lage ist, die verschleierten Prozesse der Reproduktion und Aneignung aufzudecken.[86] Ist man um das Aufbrechen dieser Reproduktions- und Transformationsprozesse bemüht, so besteht ein erster Schritt in der Sichtbarmachung dieser sich in ihrer Unsichtbarkeit aufrechterhaltenden Prozesse. Ebenso kann ein Aufdecken der Arbitrarität dazu führen, erste Gedanken in Richtung eines Umgangs mit diesem Verteil- und Ordnungssystem des Kapitals zu entwerfen.

---

83 Ebd.

84 Vgl. ebd., 197f.

85 Ebd., 198.

86 Vgl. ebd., 198.

4.2 *Der soziale Raum als strukturierte und strukturierende Struktur*

Der *soziale Raum*, auch *Feld* genannt[87], ist ein von Bourdieu genutzter Begriff, der das Soziale als grundsätzlich relationales Wirken beschreibt, das innerhalb des Raumes durch Bedingungen Individuen Möglichkeiten des Handelns gibt und ihnen Grenzen setzt.[88] Innerhalb der Gesamtgesellschaft, dem gesamten sozialen Raum, von Bourdieu *Makrokosmos* genannt, existieren unterschiedliche Felder, die jeweils einen *Mikrokosmos* darstellen.[89]

4.2.1 Das Feld-Konzept Bourdieus im Bildungsbereich

Das Feld ist „ein vermittelndes Universum, ein Transformator"[90], das Bourdieu jeweils mit der Zuordnung zu einem Gegenstandsbereich z. B. als *„literarisches, künstlerisches, juristisches oder wissenschaftliches Feld"*[91] bezeichnet. Das Feld verbindet die beiden Pole der direkten Anwendung und der Wissenschaft zu dieser miteinander und schafft dadurch den von ihm als Mikrokosmos bezeichneten Raum als eine soziale Welt mit unterschiedlich spezifischen Spielregeln.[92] Diese werden von der im jeweiligen Feld herrschenden Gruppe bestimmt. Die Entstehung und Ausgestaltung eines Feldes finden im gesellschaftlichen und historischen Kontext statt. Zum Beispiel konnte das Feld der Bildung durch die zunehmende Schriftlichkeit und die Institutionalisierung von Bildungsprozessen entstehen und sich etablieren.[93]

Je etablierter und autonomer ein Feld ist, desto deutlicher zeigen sich die Konturen, die dieses von der Gesamtgesellschaft abgrenzen.[94] Durch eine klare Abgrenzung und strenge Spielregeln ist der Eintritt in ein Feld für Außenstehende sehr schwer. Diejenigen, die in dem Feld handlungsfähig und wirkmächtig sind, sind an der Aufrechterhaltung des Feldes durch Abgrenzung und dem Beibehalten der gültigen Spielregeln interessiert.[95] Durch Institutionalisierung und die Verschärfung der Spielregeln, z. B. durch Bedingungen zum Eintritt in das

87 Laut Fuchs-Heinritz und König trennt Bourdieu die Begriffe nicht präzise voneinander ab. Sie werden gelegentlich synonym genutzt. Vgl. Fuchs-Heinritz/König: Pierre Bourdieu, 139f.

88 Vgl. ebd., 140.

89 Vgl. Bourdieu: Vom Gebrauch der Wissenschaft, 18.

90 Ebd.

91 Ebd.

92 Vgl. ebd., 18.

93 Vgl. Fuchs-Heinritz/König: Pierre Bourdieu, 150ff.

94 Vgl. ebd., 143.

95 Vgl. Bourdieu: Vom Gebrauch der Wissenschaft, 26.

Feld, kann die Feldgrenze abgesichert werden und eine sogenannte *soziale Schließung* als Ausschluss bestimmter Gruppen erfolgen.[96] Die sich im Feld befindlichen Individuen und Institutionen sind in Abhängigkeit von ihrer Stellung in der „*Struktur der objektiven Beziehungen* zwischen den Akteuren"[97] unterschiedlich machtvoll handlungsfähig. Die Struktur und die jeweilige Stellung in dieser ergeben sich durch die Verteilung des innerhalb des Feldes wirksamen symbolischen Kapitals, welches als eine neue Kapitalform in diesem Feld entsteht.[98] Im Feld der Bildung ist dieses das Bildungskapital, im Feld der Religion das religiöse Kapital.

Am Beispiel des nach oben nur gering bzw. mit hohem Aufwand der betroffenen Individuen durchlässigen dreigliedrigen Schulsystems in Deutschland werden die Mechanismen innerhalb des Feldes der Bildung besonders deutlich und in ihrer Wirksamkeit bestätigt. Auch wenn aktuell die Entwicklung dahin geht, dass der Anteil an Schüler*innen am Gymnasium steigt, gibt es herkunftsbedingte Unterschiede bei der Wahl der weiterführenden Schule.[99] Welche Schulform von einem Kind besucht wird, hängt nicht allein von einer operationalisierten Leistungsmessung ab, sondern auch davon, welche Position im sozialen Raum dieses Kind hat und zu welchen Feldern Zugang besteht. Außerdem ist die Schule als Ort der Bildung häufig auch Gegenstand und Ort politischer Debatten. Hier wird die Abhängigkeit des Bildungsfelds von anderen Feldern wie dem ökonomischen und dem politischen deutlich sichtbar. Der Religionsunterricht als *res mixta* stellt eine besondere Form der Vermischung zweier Felder dar, die jeweils eigene Spielregeln haben und sich als die sozialen Gebilde Staat und Kirche „durch ständige und vielfältige Formen des Kampfes, der Konkurrenz, des Austauschs, des Sprechens und Handelns im Namen eines solchen Gebildes am Leben erhalten"[100].

Ein Umbruch im Bildungsfeld könnte durch eine konsequent gedachte, kultivierte und angewandte Inklusion möglich sein. Inklusion verstanden als Paradigmenwechsel[101] ermöglicht die Verwerfung bestehender Spielregeln und die Schaffung neuer Regeln und Strukturen im Feld der Bildung. Hierzu bedarf es allerdings wirkmächtiger Akteure innerhalb des Feldes, die zu diesem Zweck aktiv werden.

96 Vgl. Fuchs-Heinritz/König: Pierre Bourdieu, 148.

97 Bourdieu: Vom Gebrauch der Wissenschaft, 20.

98 Vgl. ebd., 21f.

99 Siehe dazu den Forschungsstand zur Bildungsbenachteiligung aufgrund der sozialen Herkunft (Kapitel 2.4).

100 Fuchs-Heinritz/König: Pierre Bourdieu, 141.

101 Vgl. Bourdieu: Vom Gebrauch der Wissenschaft, 22.

4.2.2 Sozialer Raum, Habitus und Klassen in ihrer Bedeutung für Bildung

Der *Habitus* ist mit dem sozialen Raum durch die soziale Praxis verbunden, die für beide der Ort der Wirkung ist und zwischen ihnen vermittelt.[102] Die Akteure im Feld agieren nicht nur abhängig von ihrer in diesem Feld verfügbaren Kapitalmenge, sondern auch in Abhängigkeit zu ihrem Habitus, womit „die Haltung des Individuums in der sozialen Welt, seine Einstellungen und seine Wertvorstellungen gemeint"[103] sind. Der Habitus ist als Ergebnis von soziologischen Forschungen Bourdieus ein Konzept, mit dem sich die soziologische Bedeutung des Handelns erfassen und auf das Denken und Wahrnehmen des Individuums als Bestandteil der Gesellschaft in seinem Verhältnis zu dieser zurückführen lässt.[104] Die als Habitus verstandenen „präformierte[n] Denk- und Handlungsdispositionen"[105] ermöglichen dem Menschen Partizipation an der sozialen Praxis. Zu dieser Partizipation gehört auch die Fähigkeit, in sozialen Räumen die im Habitus verinnerlichten Denk-, Ordnungs- und Bewertungsmuster anzuwenden.[106] Diese Muster sind unterschiedlich, jedoch bei zwei Menschen umso ähnlicher, je näher sie sich im sozialen Raum stehen und je stärker sich ihre Kapitalzusammensetzungen ähneln.[107] Die erfolgreiche Partizipation an der sozialen Praxis innerhalb des Feldes gelingt am einfachsten, wenn diese Muster mit den Spielregeln des jeweiligen Feldes möglichst übereinstimmen. Erfolgreiche Partizipation bedeutet hier Kapitalakkumulation mit geringem Aufwand und geringer Transformationsarbeit durch eine gute Passung von Habitus und Feld.[108] Ist diese Passung vorhanden, kann sich das Individuum angemessen, also ohne gegen die Spielregeln zu verstoßen, im Feld bewegen, ohne bewusst das eigene Handeln und Sich-Bewegen reflektieren zu müssen.[109] Im Gegensatz dazu muss die bei Abweichungen zwischen Habitus und Feld nötige Passungsarbeit bewusst stattfinden.

Für Grundschüler*innen gestaltet sich die Passungsarbeit im Feld der Bildung aufgrund der noch nicht oder nur gering ausgebildeten Reflexionsfähigkeit besonders schwer. Sie vergleichen auf konkreter Ebene. Sie können die Kontexte und ihre eigenen Rechte oft nicht ohne Hilfe reflektieren. Allerdings ist die Passung gerade in der Grundschule wichtig, da einige Kinder beim Schuleintritt dieses Feld erstmals betreten und Abweichungen in Form von schlechter Passung

---

102 Vgl. Fuchs-Heinritz/König: Pierre Bourdieu, 141.
103 Ebd., 112.
104 Vgl. ebd.
105 Ebd., 113.
106 Vgl. ebd.
107 Vgl. Bourdieu: Die feinen Unterschiede, 277f.
108 Vgl. Fuchs-Heinritz/König: Pierre Bourdieu, 156.
109 Vgl. ebd., 119.

nach relativ kurzer Zeit, im Schnitt nach vier Jahren, durch den Bildungsverlauf entscheidende Schulnoten sanktionieren.

Nach Fuchs-Heinritz und König bleibt das Verhältnis von Habitus und Feld bei Bourdieu teilweise ungeklärt: „Einerseits können Menschen einen passenden oder unpassenden Habitus ins Feld mitbringen, der Habitus existiert also in gewisser Weise unabhängig von dem Feld, in dem sein Träger sich bewegt; andererseits wird der Habitus immer in Bezug auf ein bestimmtes Feld erworben, entsteht also im und durch ein Feld“[110].

4.2.2.1 *Habitus und Klasse im sozialen Raum*

„Der Habitus ist das in den Körper eingegangene Soziale.“[111] Das Soziale im Körper eines Individuums findet unterschiedliche Formen des Ausdrucks. Eine alltagsbezogene Aufzählung der Ausdrucksformen des Habitus findet sich bei der Erziehungswissenschaftlerin Carola Kuhlmann:

> „Wohin man in Urlaub fährt, was und wie man isst und trinkt, welche Musik man hört, ja sogar welche Frisur wir tragen, welchen Sport wir lieben und welche Politiker wir wählen: das alles ist jeweils typisch für die soziale Schicht, der wir angehören und wird durch das Herkunftsmilieu bestimmt und weitergegeben.“[112]

Mit Herkunftsmilieu ist die vererbte Position im gesellschaftlichen Raum gemeint, die sich aus der Zusammensetzung und Menge des Kapitals ergibt. Die Bildung des Habitus findet unbewusst in diesem Raum und durch diesen statt.[113] Die eigene Position ist dabei umgeben von Grenzen, womit auch Geschmacksgrenzen gemeint sind. Was jemand gut finden darf, ist vom kollektiven Geschmack innerhalb der Raumumgebung mitbestimmt, der in den Habitus übergeht und durch die Sozialisation einverleibt wird.[114] Zu dieser Umgebung zählen auch das Mobiliar, die Ausstattung des primären Sozialisationsortes, die körperlichen und ästhetischen Erfahrungen in der Kindheit. Diese „prägen sich ein und formen das körperliche Sein in der Welt, die sinnlichen Neigungen und Abneigungen, das Wohlgefühl und den Ekel.“[115] Bei Kindern kann man sehr früh erkennen, dass sie das Verhalten ihrer erwachsenen Bezugspersonen imitieren und dabei besonders auf Gestik und Mimik sowie den sprachlichen Ausdruck achten.[116] Diese Nachahmungen der Erwachsenen prägen sich ebenso ein wie die Körperhaltung, die Art und Weise Besteck zu benutzten und fremden Menschen

---

110 Ebd., 157.

111 Ebd., 119.

112 Kuhlmann: Bildungsarmut, 305.

113 Die Einverleibung des Habitus ist allerdings nicht hinreichend empirisch erforscht. Vgl. Fuchs-Heinritz/König: Pierre Bourdieu, 138.

114 Vgl. Kuhlmann: Bildungsarmut, 307.

115 Fuchs-Heinritz/König: Pierre Bourdieu, 119f.

116 Vgl. ebd., 135.

zu begegnen und werden als Ausdruck des Habitus sichtbar und teilweise auch vermittelt. Hinter diesen Ausdrucksformen steckt nicht nur die Vorstellung eines guten Benehmens oder eines angemessenen Auftretens, sondern auch eine Wertvorstellung, die sich auch in politischen oder ethischen Fragen zeigt und bereits in der Kindheit als Habitus einverleibt wird.[117]

Durch die Begrenzung auf den Nahbereich des sozialen Raums, in dem der Habitus inkorporiert wird, ist er „von vornherein Ausdruck und Ergebnis der Konstellation der Großgruppen im Raum der sozialen Ungleichheit"[118] und trägt zum Erhalt dieser bei. Diese Begrenzung auf das soziale Umfeld und die Reproduktion von Ungleichheitsstrukturen verleihen dem Habituskonzept seine soziologische Bedeutung. Die Ausstattung mit ökonomischem, kulturellem und sozialen Kapital von Geburt an sorgt für die Vererbung der Position im sozialen Raum und somit auch für die Begrenzung der möglichen Habitusausgestaltung, da die Sozialisation ortsgebunden stattfindet.[119] Der Habitus ist „insgesamt ziemlich stabil"[120], was Modifikationen und Anpassungen an neue Situationen erschwert. Besonders deutlich kann diese fehlende Flexibilität im Bereich der Sprache und des sprachlichen sowie körperlichen Ausdrucks werden.[121] In Situationen, in denen die Passung groß ist, fällt der Habitus gar nicht auf. Nur dort, wo es Irritationen zwischen Habitus und Feld gibt, macht er sich bemerkbar in dem Maße, wie eine Anpassung aufgrund der Trägheit und Fremdheit nicht gelingt.[122]

Bewegt man sich in überwiegend passenden Feldern und Umgebungen, kann durch wenig Aufwand viel Erfolg erlangt werden. Dadurch bleibt aber auch die Notwendigkeit erspart, sich über die Gegebenheiten und Ordnungssysteme Gedanken zu machen, in denen man sich bewegt, und diese in Frage zu stellen oder Alternativen zu entwickeln.[123] Insbesondere für Lernprozesse kann das Konsequenzen haben: Nimmt man die Welt so wie sie ist, ohne die eigene Position in dieser und die Genese von Strukturen zu hinterfragen, vergibt man Lernchancen. Für schulische Bildungsprozesse in Lehr-Lern-Situationen ergibt sich zusätzlich die Frage nach der Deutungsmacht. Was Allgemeingültigkeit hat oder erreichen kann, ist abhängig von der Passung im Feld der Bildung.

Durch Bourdieus Studie *Die feinen Unterschiede* ist es ihm gelungen, ein differenziertes Klassenmodell zu erstellen, welches neben der vertikalen Einstufung nach ökonomischem Kapital auch die anderen Grundkapitalarten (kulturelles

---

117 Vgl. ebd., 135f.
118 Ebd., 113.
119 Vgl. ebd., 120.
120 Ebd., 121.
121 Vgl. ebd., 120.
122 Vgl. ebd., 121f.
123 Vgl. ebd., 124.

und soziales Kapital) durch die Verortung im mehrdimensional gedachten sozialen Raum berücksichtigt.[124] Die *Klassen* „unterscheiden sich erkennbar deutlich nicht nur durch ihr Einkommen und ihren Berufsabschluss, sondern vor allem auch in ihren Lebensstilen."[125] An der Definition der Klassen ist neben der Kapitalzusammensetzung auch die „*Struktur der Beziehungen zwischen allen relevanten Merkmalen*"[126] beteiligt.

Zu diesen relevanten Merkmalen zählen z. B. Alter, Herkunft, Wohnort und Geschlecht, die in der Studie erhoben wurden.[127] Anhand dieser Merkmale lassen sich die Klassen voneinander abgrenzen und beschreiben. Dabei stellen die in der Theorie entwickelten Klassen einen „Wahrscheinlichkeitsraum"[128] dar, „innerhalb dessen sich die wirklichen Klassen vermutlich bilden werden"[129], da dort Individuen in ähnlichen Lebensumständen vorzufinden sind. Die Gemeinsamkeiten innerhalb einer Klasse führen zu gleichen Handlungs- und Wirkmöglichkeiten in bestimmten Feldern, die ihre Spielregeln nach der Kapitalzusammensetzung bestimmen. Diese Zusammensetzungen finden sich in mehr oder weniger großer Übereinstimmung in den Klassen wieder. Somit gibt es Klassen, die in bestimmten Feldern mit wenig Passungsarbeit handlungsfähig und mächtig sind. Und es gibt Felder, die Klassen ansprechen und ihnen Spielregeln, insbesondere in Bezug auf die Wirkung von Kapital verschiedener Arten, Kapital in symbolischer Form und Transformationsmöglichkeiten sowie -aufwand setzen. Hier zeigt sich deutlich die Macht des Feldes über die Akteure im Feld.[130]

Das Feld der Bildung setzt durch die symbolische Macht des kulturellen Kapitals einen Rahmen, der z. B. in der Schule Grenzen des Legitimen setzt. Innerhalb dieser Grenzen gilt es, sich erfolgreich zu bewegen und anerkanntes Kapital zu akkumulieren. Die unterschiedlichen Ausstattungen mit diesem Kapital durch die Herkunftsfamilie und auch der jeweilige Habitus sind bei den Schüler*innen sehr unterschiedlich. Daher haben diese unterschiedlich hohe Passungs- und Transformationsarbeit in der Schule zu leisten.

4.2.2.2 Lebensstile als Repräsentationen sozialer Ungleichheit

Der sichtbare Ausdruck sozialer Ungleichheit geschieht nach Bourdieu in der unterschiedlichen Ausgestaltung der *Lebensstile*. Diese korrespondieren mit der Klassenzugehörigkeit und den dadurch markierten Grenzen. Als Merkmale des

124 Vgl. Bos et al.: Gibt es eine armutsbedingte Bildungsbenachteiligung, 181.

125 Kuhlmann: Bildungsarmut, 305. Die unterschiedlichen Lebensstile werden in neueren Milieumodellen noch weitaus differenzierter abgebildet. Siehe dazu Kapitel 5.

126 Bourdieu: Die feinen Unterschiede, 182.

127 Vgl. ebd.

128 Fuchs-Heinritz/König: Pierre Bourdieu, 182.

129 Ebd.

130 Bourdieu: Die feinen Unterschiede, 193ff.

Lebensstils gelten z. B. Vorlieben in Bezug auf die Freizeitgestaltung, ästhetisches Empfinden, Art und Weise des Konsums sowie des Handelns, Werte und weitere Strukturen der Lebensgestaltung.[131] Bourdieu benennt den Habitus als das zentrale „Erzeugungsmuster"[132] der Praxisformen, die als verschiedene Lebensstile wahrnehmbar werden. Dadurch wird deutlich, in welchem Zusammenhang Klassen- und Lebensstilstruktur stehen: Der Habitus eines Individuums als „strukturierte und strukturierende Struktur"[133], die sich in den Praktiken der Lebensstile ausgestaltet, ist gebunden an die Klassenzugehörigkeit.[134] Der Habitus als so verstandenes System von Grenzen erzeugt unterschiedliche Schemata der Wahrnehmung und Bewertung, die von Bourdieu unter dem Begriff *Geschmack* zusammengefasst werden.[135]

Der legitime „Luxusgeschmack"[136] und der populäre „Notwendigkeitsgeschmack"[137] unterscheiden sich besonders in ihrem Verhältnis zum Notwendigen. Während die Wahrnehmung des Ästhetischen z. B. in der Kunst beim legitimen Geschmack deutlich eine Distanz zum sozialen Leben und seinen Notwendigkeiten herstellt, drückt sich das ästhetische Empfinden im populären Geschmack vor allem durch einen starken Bezug zur Wirklichkeit aus, indem Kunstwerke hinsichtlich ihrer moralischen Aussagekraft, der Gefühle, die es auslöst und ihrer Nähe zur erlebten Welt betrachtet werden.[138]

Die Einschätzung, dass der Geschmack der Unterklasse ein Notwendigkeitsgeschmack ist, der durch das Erleben von Begrenzungen und Mangel geprägt ist, gilt es allerdings für die heutige Situation zu überprüfen.[139] Wie beispielsweise in der Studie von Dörthe Vieregge aufgezeigt wird, identifizieren sich Jugendliche, die dieser Klasse zugeordnet werden können, nicht ausschließlich mit dem Erleben von Not und Mangel. Vielmehr sind sie darum bemüht, als Teil der Mitte der Gesellschaft wahrgenommen zu werden.[140] In der Befragung von Lehrkräften durch Daniel Arnhold wird dieser Eindruck bestätigt, da u. a. der Besitz von Markenkleidung und Smartphones als Armutsindikator genannt wird.[141] Hier zeigen sich die Bemühungen um Zugehörigkeit zur Mittelschicht und auch das klassenspezifische, auf kurzfristigen Erfolg ausgelegte Konsumverhalten.

Mit dem Modell der Lebensstile wird die Theorie Bourdieus zur sozialen Positionierung von Individuen und zur Beschreibung sozialer Ungleichheiten um

---

131 Vgl. Fuchs-Heinritz/König: Pierre Bourdieu, 184f.
132 Bourdieu: Die feinen Unterschiede, 278.
133 Ebd., 280.
134 Vgl. Fuchs-Heinritz/König: Pierre Bourdieu, 185.
135 Vgl. Bourdieu: Die feinen Unterschiede, 280.
136 Ebd., 285.
137 Ebd.
138 Vgl. Fuchs-Heinritz/König: Pierre Bourdieu, 188.
139 Vgl. ebd., 192f.
140 Vgl. Vieregge: Religiosität in der Lebenswelt, 101ff.
141 Vgl. Arnhold: Armut im Religionsunterricht, 91.

eine dritte Dimension ergänzt. Neben der (1) Kapitalsumme und -struktur und dem aus dieser Zusammensetzung im sozialen Raum strukturierten (2) Habitus, stellt der aus dem Habitus erzeugte (3) Lebensstil das sichtbare Element seiner Theorie dar.[142]

4.2.2.3 *Aktualität der Theorie Bourdieus*

Wie am Beispiel des populären Geschmacks bereits angedeutet, muss die Theorie Bourdieus kritisch angefragt werden: Ist sie auch für die aktuellen gesellschaftlichen Bedingungen gültig? Entsprechen die von ihm identifizierten Klassen und Lebensstile der heutigen Zusammensetzung der Gesellschaft? Bereits in den 80er Jahren des 20. Jahrhunderts stellte Ulrich Beck mit dem Individualisierungstheorem die Veränderungen der Gesellschaft durch gestiegenen Wohlstand und mehr Wahlmöglichkeiten dar.[143] Allerdings ist Bourdieu der Überzeugung, „dass es in allen modernen Gesellschaften systematische Beziehungen zwischen Klassenstruktur und Lebensstilen gibt“[144]. Diese Überzeugung muss nicht im Widerspruch zur Theorie der Individualisierung der Gesellschaft stehen. Es können durchaus Klassen und entsprechende Lebensstile in der heutigen Gesellschaft existieren. Diese sind dann in sich vielfältiger und deren Akteur*innen stärker am Prinzip der Individualisierung orientiert als zur Zeit der Studie von Pierre Bourdieu.[145] Am Beispiel der Ausführungen von Beck zur *Risikogesellschaft* lassen sich diese Veränderungen skizzieren. Die von Bourdieu in der Logik der Reichtumsproduktion der Industriegesellschaft identifizierten Klassen unterscheiden sich nicht nur hinsichtlich ihres materiellen Wohlstandes. Nach Beck seien es besonders die latenten Modernisierungsrisiken, die zur gesellschaftlichen Strukturierung beitragen. Klassenunterschiede zeigten sich hier beispielsweise in dem Risikobewusstsein und der Betroffenheit von Risiken, die aufgrund der Komplexität der Risikodefinition und der Definitionsmacht bei den Wissenschaften von dem Zugang zu Informationen abhängen, die das Alltagswissen übersteigen.[146]Diese Pluralität verdeutlicht die Bedeutung und Macht des Symbolischen, da es nicht mehr einzig die materiellen Möglichkeiten sind, die gesellschaftliche Strukturen prägen und verändern.[147] Habitus und Lebensstil kommen als Systeme von Grenzen zur Geltung, die Zugangsbeschränkungen und -möglichkeiten eines Individuums zu beispielsweise kulturellen Angeboten regulieren, die nur scheinbar frei gewählt werden können.[148]

---

142 Vgl. Fuchs-Heinritz/König: Pierre Bourdieu, 190.
143 Vgl. ebd., 192.
144 Ebd., 193.
145 Vgl. ebd.
146 Vgl. Volkmann: Das schwierige Leben in der Zweiten Moderne, 26ff.
147 Vgl. Fuchs-Heinritz/König: Pierre Bourdieu, 193.
148 Vgl. ebd., 193f.

Bei dem Versuch der Übertragung der Theorie auf die aktuelle Gesellschaft muss bedacht werden, dass sich die Situation der Unterklasse in Deutschland geändert hat. Insgesamt hat sich die finanzielle und materielle Situation verbessert, was den Schluss zulässt, dass die von Bourdieu beschriebene Erfahrung des Lebens in Not und Mangel nicht gänzlich auf heutige Lebensbedingungen übertragbar ist. Es kann auch eine ausdifferenzierte Unterklasse angenommen werden, in der sich unterschiedliche Lebensstile ausgebildet haben.[149] Ein Faktor zur Ausgestaltung von Lebensstilen kann hier gewiss die Erwerbstätigkeit und das Ausmaß dieser sein. Es gibt Menschen, die trotz mehrerer Anstellungen im Niedriglohnsektor über ein sehr geringes Maß an ökonomischem Kapital verfügen. Auch wenn die Kapitalmenge mit der einer Person, die nicht erwerbstätig ist, vergleichbar sein wird, kann von unterschiedlichen Lebensstilen ausgegangen werden. Möglicherweise gibt es Ähnlichkeiten im Geschmack, aber wesentliche Unterschiede im Bereich der Praktiken.

Der Kritikpunkt, dass Bourdieus Theorie nicht auf moderne Gesellschaften mit einem hohen Maß an Veränderung und Wandel angewendet werden kann, ist nicht neu.[150] Daraus lässt sich der Impuls ableiten, heutige Gesellschaften als in sich vielfältiger wahrzunehmen und vor allem auf Unterschiede, Dynamiken und Entwicklungen innerhalb einer Statusgruppe zu achten. Die vorliegende Studie zielt darauf, den Blick auf die Vielfalt innerhalb der Gruppe der sozial benachteiligten Grundschüler*innen im Religionsunterricht zu schärfen. Neben der Position im sozialen Raum wird auch der Kontext des Religionsunterrichts einbezogen. Im Zusammenhang mit der Entwicklung einer inklusiven Religionspädagogik gilt es vor allem, der *Homogenitätsannahme*, die Bourdieus Theorie entspricht, einen differenzierten *Gegenentwurf* zu liefern, der Menschen innerhalb einer Gesellschaft unter der Annahme der Vielfältigkeit in Bezug auf diverse Merkmale begegnet.[151]

Auch wenn Bourdieu mitunter vorgeworfen wird, dass er „das Soziale im Grunde als permanenten Kampf versteht“[152], kann dieses Gesellschaftsverständnis insbesondere für die Fragen nach Bildungs- und Chancengerechtigkeit aufschlussreich sein. Innerhalb des Felds der Bildung finden Bourdieu zufolge Kämpfe statt, um Ungleichheiten zu belassen und diese als quasi-natürliche Ordnungen Gesellschaftsstrukturen reproduzieren zu lassen.[153] In diesem Feld ist der Wahrnehmung Bourdieus zuzustimmen. Internationale Schulleistungsstu-

149 Vgl. ebd., 194f.
150 Vgl. ebd., 126.
151 Vgl. ebd., 129.
152 Ebd., 127.
153 Die Wahrnehmungen der herrschenden Strukturen als natürlich fasst Bourdieu unter dem Begriff *Doxa* zusammen.

dien bestätigen Reproduktionsstrategien und fehlende Solidarität im Bildungswesen besonders in Deutschland regelmäßig, wo der Bildungserfolg signifikant mit der sozialen Herkunft zusammenhängt.[154]

Mit Blick auf ein mögliches Konzept von inklusivem und somit bildungsgerechtem Religionsunterricht verhilft die Theorie Bourdieus zur Aufdeckung von (symbolischer) Macht und Gewalt und den zugrundeliegenden Gesellschaftsstrukturen. Diese Strukturen werden im Folgenden unter den Begriffen der *Distinktion* und der *symbolischen Gewalt* herausgearbeitet.

4.2.3 Werden und verteidigen, was man ist: Distinktion und soziale Laufbahn

Eine Wirkung der klassenspezifisch ausgestalteten Lebensstile besteht in der Unterscheidbarkeit der Lebensstile voneinander. Diese Unterscheidbarkeit kann auch im Sinne einer Auf- und Abwertung von Lebensstilen genutzt werden. Menschen aus verschiedenen Klassen unterscheiden sich hinsichtlich ihres Habitus, also vor allem ihres Auftretens, ihrer Freizeitgestaltung, ihrer Sprache und ihres Geschmacks. Für die verschiedenen Formen der Unterscheidung, die Bourdieu zufolge auch immer Abgrenzungen sind, hat er den Begriff *Distinktion* geprägt. Damit meint er aber mehr als die intentionale Abgrenzung der Individuen von anderen Lebensstilen. Distinktion findet vor allem unbewusst und häufig unbeabsichtigt statt und zeigt sich in der Ausgestaltung der unterschiedlichen Lebensstile, die sich sichtbar voneinander unterscheiden und auch unterscheiden lassen sollen.[155] Somit trägt Distinktion zur Strukturierung von Gesellschaft bei, indem sich die von Bourdieu als herrschend bezeichneten Klassen von anderen abgrenzen und durch dieses Abgrenzungsverhalten gleichzeitig sowohl soziale Ungleichheit generell als auch ihre Lebensstile und Geschmäcker auf eine wenig anstrengende, weil dem Habitus entsprechende Art legitimieren. Diejenigen, deren Lebensstile durch die Distinktion der Herrschenden abgegrenzt und abgewertet werden, haben auch mit viel Passungsarbeit Schwierigkeiten, dem legitimen Geschmack entsprechend zu agieren.[156] Eine Folge distinguierter Praktiken ist die sog. *Homogamie*, also das Unter-sich-Bleiben innerhalb der verschiedenen Klassen.[157]

---

154 Vgl. Forschungsstand zur Bildungsbenachteiligung in Kapitel 2.4.

155 Vgl. Fuchs-Heinritz/König: Pierre Bourdieu, 195.

156 Vgl. ebd., 195f.

157 Vgl. Bourdieu: Die feinen Unterschiede, 105f.

Der Behauptung Bourdieus, Distinktionsgeschehen sei kein Phänomen der unteren Klassen, ist für die heutige Gesellschaft zu widersprechen.[158] Dies kann womöglich auch auf den generell gestiegenen Wohlstand zurückgeführt werden. Distinktionspraktiken lassen sich beispielsweise bei sozial benachteiligten Jugendlichen auf diversen Ebenen beobachten. Auch Religion und Zugehörigkeit zu einer religiösen Gemeinschaft werden zur Abgrenzung und eigenen Aufwertung genutzt. Vieregge stellt in ihrer Studie besonders die Distinktionsfunktion der Religionszugehörigkeit bei muslimischen Jugendlichen fest, wobei sie Unterschiede zwischen männlichen und weiblichen Jugendlichen ausmacht.[159] Dieser Befund bringt eine weitere Besonderheit moderner Gesellschaften zutage, für die Bourdieus Theorie der Gesellschaft nicht ausreichend differenziert ist: Kulturelle und religiöse Vielfalt und intersektionale Zusammenhänge, z. B. durch die Berücksichtigung des Merkmals Geschlecht, müssen in einer zeitgemäßen Betrachtung gesellschaftlicher Strukturen mitgesehen und mitgedacht werden. Hilfreich kann hier die Beschäftigung mit symbolischen Exklusionen sein, die als Machtausübung durch Anerkennungspraktiken orientiert an intersektional geknüpften Klassifikationsmatrizen Gruppenzugehörigkeiten stärken und gruppenbezogene Ausschlusserfahrungen produzieren und legitimieren.[160] Auf symbolische Macht, Gewalt und Exklusion wird in den folgenden Teilkapiteln 4.2.4 und 4.2.5 näher eingegangen.

Mit dem Konzept der *sozialen Laufbahn* lassen sich nach Bourdieu nicht direkt von der Herkunftsfamilie stammende Einflüsse auf die Lebensweggestaltung beschreiben, die innerhalb von Klassen durch gemeinsame Erfahrungen bestimmte Möglichkeiten und Wahrscheinlichkeiten in Form von *kollektiven, typischen Laufbahnen* mit sich bringen. [161] Mit z. B. ähnlichen Bildungsabschlüssen ist eine spätere Berufstätigkeit innerhalb eines bestimmten Qualifikations- und Lohnspektrums wahrscheinlich.[162] In einem Zusammenhang mit der klassenspezifischen Rahmung, von Bourdieu *„Möglichkeitsfeld“*[163] genannt, die einer Person innerhalb der jeweiligen Klasse gesetzt wird, unterscheiden sich auch die Zukunftsperspektiven und Einstellungen zur Zukunft von Personen durch die entsprechend erwartbare eigene Laufbahn, die der kollektiven ähnelt.[164] Veränderungen des Möglichkeitsfeldes sind gebunden an die Klassenstrukturen und

158 Distinktionsbemühungen knüpft Bourdieu an den „kleinbürgerlichen Ästhetizismus“ (ebd., 108) als Mindestvoraussetzung, der sich vor allem gegen den Kunstgeschmack der unteren Klassen richtet.

159 Vgl. Vieregge: Religiosität in der Lebenswelt, 187ff.

160 Vgl. Wagner: Reale und symbolische Exklusion, 44f.

161 Vgl. Fuchs-Heinritz/König: Pierre Bourdieu, 197ff.

162 Bourdieu: Die feinen Unterschiede, 188f.

163 Ebd., 188.

164 Vgl. Fuchs-Heinritz/König: Pierre Bourdieu, 199. Die Unterschiede in den Zukunftsperspektiven zeichnen sich in neueren Studien besonders durch milieuspezifische Prägungen aus, die unterschiedliche Einschätzungen möglicher Zukunftsvorstellungen mit sich bringen. Siehe dazu exemplarisch die Befunde aus den Sinus-Studien in Kapitel 5.1.

auch an äußere Einflüsse wie z. B. Kriege. Üblicherweise verbleiben die Entscheidungen von Personen innerhalb der klassenspezifisch abgesteckten Grenzen. Daher ist der *soziale Lebenslauf* zu verstehen als „ein sich kumulierender Vorgang der Anpassung ans Mögliche“[165]. Bourdieu drückt diese Anpassungstaktik für die Diskussion um Bildungsbenachteiligung auf noch drastischere Weise aus und verbindet diese mit dem Begriff des *sozialen Alterns* in einer vorstrukturierten Gesellschaft:

> „*Soziales Altern* stellt nichts anderes dar als diese langwährende Trauerarbeit, oder, wenn man mag, die (gesellschaftlich unterstützte und ermutigte) *Verzichtleistung*, welche die Individuen dazu bringt, ihre Wünsche und Erwartungen den jeweils objektiven Chancen anzugleichen und sich in ihre Lage zu fügen: *zu werden, was sie sind, sich mit dem zu bescheiden*, was sie haben, und wäre es auch nur dadurch, daß sie (in stillem Einverständnis mit dem Kollektiv) hart daran arbeiten müßten, um sich selbst darüber zu täuschen, was sie sind und was sie haben, um all die nach und nach zurückgelassenen sonstigen Möglichkeiten und alle als nicht realisierbar hingenommenen, weil unrealisiert gebliebenen Hoffnungen *zu begraben*.“[166]

Sich mit dem zu bescheiden, was man hat, klingt im Kontext von Kinderarmut und Bildungschancen wie eine Legitimation sozialer Ungleichheiten und daraus resultierender, ungerecht verschiedener Bildungsverläufe.[167]

Auch wenn diese Vorstellung von klassengebundenen Lebensläufen fast wie vorherbestimmt und festgelegt wirkt, gibt es laut Bourdieu drei Einflussgrößen, die Abweichungen der erreichten Position von den Erwartungen des Lebenslaufs aufgrund der Startposition ermöglichen und erklärbar machen: Zum einen kann die Persönlichkeit während der Primärsozialisation geprägt werden und zum anderen können eigene Anstrengungen diese Abweichungen ermöglichen. Außerdem können die Lebensläufe der Eltern als Vorbild für Mobilitätsbemühungen im sozialen Raum dienen.[168] Außerdem gilt es vor allem die an Bildungsprozessen Beteiligten darauf aufmerksam zu machen, dass das Bedienen der Erwartungen durch die Ausbildung des Lebenslaufes im Rahmen des Möglichen des kollektiven Lebenslaufes in der Regel unbemerkt bleibt und lediglich die Abweichungen sichtbar und auch vom Individuum erkannt werden können.[169]

Insgesamt zeigt sich Bourdieus Konzept des sozialen Lebenslaufs als eine Annahme eher statischer und von Trägheit und Willen des Erhalts getriebener,

---

165 Fuchs-Heinritz/König: Pierre Bourdieu, 199.

166 Bourdieu: Die feinen Unterschiede, 189f.

167 Ähnlich kritisiert Thorsten Knauth klassische pädagogische Ansätze zum Umgang mit Armut, die durch die religionspädagogische Perspektive um die seelsorgerliche Dimension erweitert wurden (vgl. Knauth: Inklusive Religionspädagogik, 57).

168 Vgl. Fuchs-Heinritz/König: Pierre Bourdieu, 200. Auf Hinweise zu diesen Einflussgrößen wird daher in der Analyse des empirischen Materials geachtet. Welche Rolle den Familien zukommt, wenn es um die Verringerung von Bildungsbenachteiligung geht, und wie sehr die Persönlichkeitsbildung des Kindes als Ressource gesehen und genutzt werden kann, gilt es anhand der Erfahrungsschilderungen der Lehrkräfte herauszustellen.

169 Vgl. ebd., 202.

strukturierter Lebensgestaltung innerhalb einer klassenspezifischen Rahmung. Lediglich bei den unteren Klassen und dem sog. Kleinbürgertum bestehe das Bestreben einer Aufwärtsmobilität, die allerdings insbesondere bei der Aneignung von kulturellem Kapital „*innerhalb eines gesellschaftlich hierarchisierten geographischen Raums*"[170] Grenzen gesetzt bekommt.[171] Wesentlich für die Gestaltung der Laufbahn ist die *Homogamie*, die sich durch die Wahl des Umgangs zeigt: Wo man mit wem was tut, hängt von der eigenen Position im sozialen Raum und dem Habitus ab, der auf Erhalt angelegt ist und sich deshalb eine möglichst ähnliche Umwelt schafft. Als Beispiele dafür lassen sich Situationen benennen, in denen das Individuum als Gegenüber eher Personen wählt, die der eigenen Haltung oder Meinung entsprechen, z. B. in Diskussionen über Politik, Kunst oder Musik.[172] Spannend ist hier die Frage, inwiefern sich der Habitus des Bildungsbürgertums im Kontext des Religionsunterrichts beispielsweise bei der Auswahl und Interpretation von Unterrichtsinhalten zeigt: Wird im Religionsunterricht eine fruchtbare, sichere Umgebung für den Habitus der Lehrkraft und der bildungsbevorteilten Schüler*innen erzeugt und aufrechterhalten?[173] Es mag im Zusammenhang mit dieser Frage nicht sonderlich tröstend sein, dass die Strategien zu Herstellung und Erhalt von Homogamie selten bewusst angewendet werden.[174] Für Lehrkräfte kann dieser Hypothese jedoch der Impuls zur Bewusstwerdung und Reflexion der eigenen Strategien entnommen werden.

4.2.4 Distinktion durch Kultur und Religion im Bildungsbereich und Alternativen kultureller Bildung

Es ist davon auszugehen, dass Schule und Unterricht Orte des Distinktionsgeschehens sind. Die stärkste Wirkung hat hier sicherlich der Einsatz kulturellen Kapitals, da dieses im Feld der Bildung erworben und genutzt wird. Welche Art von Kultur und welcher Umgang mit dieser erwünscht sind, hängt von davon ab, wie sehr diese Kapitalart und die Erscheinungsformen dieser als symbolisches Kapital zur Geltung kommen. Dass kulturelles Kapital in unterschiedlichen Ausprägungen nicht gleichwertig ist, ermöglicht es, dieses und die Art des Ge-

---

170 Bourdieu: Die feinen Unterschiede, 206.

171 Vgl. ebd., 206f.

172 Vgl. Fuchs-Heinritz/König: Pierre Bourdieu, 203.

173 Ähnlich fragt auch Frank M. Lütze den Religionsunterricht an und unterstellt ihm eine bildungsbürgerliche Standortgebundenheit. Siehe dazu Lütze: Redet die Religion.

174 Vgl. Fuchs-Heinritz/König: Pierre Bourdieu, 203.

brauchs als Indikator für die soziale Herkunft der Eigentümer*innen zu nutzen.[175] Dabei geht es um Fragen des Kunstgeschmacks, des Umgangs mit den als legitim geltenden Kulturgütern, wozu nicht alle Bücher, Kunstwerke, Musikstücke etc. zählen, sondern eben nur diejenigen, die im Feld der Bildung einen symbolischen Wert von den Inhaber*innen symbolischen Kapitals und entsprechender Macht zugesprochen bekommen.[176]

Da Bildungseinrichtungen Orte des Erwerbs kulturellen Kapitals darstellen, lohnt sich eine Auseinandersetzung mit *kultureller Bildung* und *kultureller Kompetenz*[177] als Formen der Kulturkapitalakkumulation und auch -nutzung. Bourdieu stellt heraus, dass kulturelles Kapital, welches in kulturellen Bildungsprozessen angeeignet wird, oftmals hinsichtlich der Verwertbarkeit in Kontexten symbolischer Bedeutungszuschreibungen bemessen wird. Um dieser Grundlage distinktiver Praktiken entgegenzuwirken, kann kulturelles Kapital auch mit seinem kulturellen Eigenwert gesehen werden. Außerdem kann so vermieden werden, dass Kinder und Jugendliche in Bildungseinrichtungen überwiegend lernen, sich den Geschmack der sog. oberen Klassen anzueignen, um sich diesen anzupassen bzw. nach dem Aufstieg in diese zu streben.[178]

In dieser Option finden sich deutliche Impulse für eine distinktionseingrenzende, gerechte und inklusive Idee von institutioneller Bildung: Marcin Morawski spricht sich in Anlehnung an Adorno und Kant dafür aus, in Prozessen kultureller Bildung „kulturelle Gegenstände von ihren soziosymbolischen und distinktiven Vereinnahmungen zu entkleiden, um ihrem *Wert an sich* näher zu kommen“[179]. Aus religionsdidaktischer Perspektive können für diese Zwecke religiöse Kulturgüter wie beispielsweise biblische Texte und ihre Wirkungsgeschichte in den Blick genommen werden. Im Anschluss an eine distinktionskritische Analyse dieser Güter lassen sich Impulse zu einer bildungsgerechten Bibeldidaktik ableiten. Dazu lassen sich auch befreiungstheologische Elemente aufnehmen, da in der Praxis der Theologie der Befreiung die Analyse der ökonomischen, kulturellen und gesellschaftlichen Strukturen im Kontext symbolischer Machtausübung den Ausgangsschritt der sozialanalytischen Vermittlung bilden.[180]

---

175 Vgl. Morawski: Bildung im Kontext von Distinktionsgeschehen, 32.

176 Vgl. ebd.

177 Unter kultureller Kompetenz kann der Umgang mit Kultur und die sachverständige Bewertung kultureller Güter verstanden werden. Vgl. Morawski: Bildung im Kontext von Distinktionsgeschehen, 32.

178 Vgl. ebd., 32f.

179 Ebd., 33.

180 Vgl. Kern: Theologie der Befreiung 54ff. Zur Befreiungstheologie siehe Kapitel 6.2.

4.2.4.1 *Distinktion durch Religion*

Auch religiöses Kapital kann im Bildungsbereich zur Distinktion genutzt werden, gerade weil es dort häufig in Form von Kulturkapital, besonders in objektivierter und inkorporierter Form, in Erscheinung tritt. Außerdem kann ein spezifischer *religiöser Geschmack* einen hohen symbolischen Wert haben und somit als Kapital und Teil des Lebensstils zur Distinktion genutzt werden.[181] Im Feld der Religion ist religiöses Kapital hinsichtlich seines Distinktionsnutzens vor allem in der von Bourdieu fokussierten Form als symbolisches Kapital zu betrachten. Das religiöse Feld zeichnet sich laut Bourdieu besonders durch die Konkurrenz um das *„Monopol der legitimen Ausübung der Macht [...], dauerhaft und tiefgreifend Einfluss auf die Praxis und Weltsicht der Laien zu nehmen"*[182], also durch den Kampf um die symbolische Macht des eigenen religiösen Kapitals aus.[183]

Die religionspädagogische Theorieentwicklung seit den 1970er Jahren zeigt hingegen ausgeprägte Integrationstendenzen auf mehreren Ebenen, die sich gegen die von Bourdieu kritisierten Monopolisierungsbemühungen stellen.[184] Mit Blick auf die aktuelle Situation des Religionsunterrichts zeigt sich, dass der Kampf um das von Bourdieu genannte Monopol der legitimen Machtausübung im religiösen Feld in der Form nicht mehr stattfindet. Konfessionell-kooperative, interreligiöse und inklusive Ansätze des Religionsunterrichts setzen egalitäre sowie dialogische Akzente und ermöglichen individuelle Aneignungen religiösen Kapitals in unterschiedlichen Formen und inhaltlichen Ausprägungen.

Im Religionsunterricht findet nach der Logik Bourdieus eine Vermischung der beiden Felder und somit auch der Wirkweisen des religiösen Kapitals statt: Über die Bildung kommt es als kulturelles Kapital zum Einsatz und über die Religion besonders als symbolisches. Während es auf der Bildungsebene primär zur Akkumulation kulturellen Kapitals und dadurch auch sekundär zur Distinktion dient, entfaltet religiöses Kapital im Feld der Religion seine symbolische Macht, die umso strukturierender auf bestehende Ordnungssysteme wirken kann, je größer sie ist. In der Strukturierungsfunktion zeigt sich die stärkste distinktive Kraft religiösen Kapitals im konfessionellen Religionsunterricht. Hier kann es vor allem zur Legitimation bestimmter, also christlicher bzw. evangelischer Denk-, Handlungs- und Wahrnehmungsmuster genutzt werden, durch die eine

[181] Vgl. Morawski: Bildung im Kontext von Distinktionsgeschehen, 35.

[182] Bourdieu: Eine Interpretation der Religion, 17.

[183] Bourdieu stellt unter Verwendung der Aufteilung der Akteur*innen im Bereich der Religion nach Weber sehr detailliert die Machtkämpfe und Konkurrenzbeziehungen zwischen Priesterschaft, Propheten und Magiern dar. Diese werden hier nicht ausgeführt, da die Ausbildung des religiösen Habitus und die Ordnungsfunktion der Monopolinhaberin Kirche im Fokus stehen.

[184] Vgl. Schröder: Religionspädagogik, 153ff.

einheitliche Weltwahrnehmung und -deutung auf diese Art sicherzustellen versucht wird, die als *religiöser Habitus* den Schüler*innen begegnet.[185]

Nach dieser Logik scheint der Religionsunterricht unter dem Generalverdacht der doppelten, unreflektierten Machtausübung zu stehen. Diesem Vorwurf kann sich gestellt werden, indem das didaktische Profil heutigen Religionsunterrichts herausgestellt wird. Unter der didaktischen Grundorientierung der Anerkennung von Vielfalt sowie der Verpflichtung zur Achtung des Überwältigungsverbots[186] zeigt sich der Religionsunterricht nicht als Teil einer machtausübenden Institutionskombination von Kirche und Staat, sondern vielmehr als Raum zur Ausübung von Machtkritik, zum Erlernen kritischer Perspektiven sowie zum Umgang mit verschiedenen Formen von Religionskritik.

4.2.4.2 *Bildung und Religion im Religionsunterricht*

Bildung, also akkumuliertes inkorporiertes Kulturkapital, und Religion, also symbolisch wirksames religiöses Kapital, weisen jeweils herkunftsabhängige Besonderheiten auf. Während bereits ausführlich in diesem Kapitel herausgearbeitet wurde, inwiefern die soziale Herkunft (in Form der spezifischen Kapitalzusammensetzung, Möglichkeit zur Kapitalakkumulation und Position im sozialen Raum) und Bildung miteinander verknüpft sind, soll im Folgenden auf den von Bourdieu dargestellten Zusammenhang von sozialer Herkunft und Religion eingegangen werden, um im Anschluss das Zusammenwirken beider Mechanismen im Religionsunterricht zu skizzieren. Daraus lassen sich relevante Merkmale des Religionsunterrichts im Kontext einer Diskussion um Bildungsgerechtigkeit extrahieren.

Die Tauschbeziehungen innerhalb des Feldes der Religion gestalten sich als Wechselspiel von *religiöser Nachfrage* und *religiösem Angebot*. Für diese Beziehungen konstituierende Größen sind dabei die Bedeutsamkeit und der Inhalt der Nachfrage, Ausdruck des spezifischen *religiösen Interesses*, die sich Bourdieu zufolge an der Position im sozialen Raum derjenigen, die die Nachfrage äußern, ausmachen. Wer zur sog. herrschenden Klasse gehört, sucht in der Religion die Legitimation für die eigene Position und mit dieser einhergehende Privilegien. Die durch die Sozialraumstruktur Beherrschten hingegen erhoffen nach Bourdieu Erlösung durch die Religion.[187] In dieser Unterscheidung pointiert Bourdieu: „Theodizeen sind immer auch Soziodizeen."[188] Er kommt zu dieser Schlussfolgerung, indem er die Grundfragen nach dem Sinn menschlicher Existenz an

[185] Vgl. Bourdieu: Eine Interpretation der Religion, 17 sowie Bourdieu: Genese und Struktur des religiösen Feldes, 38.

[186] Vgl. Zimmermann/Lenhard: Praxissemester Religion, 100f. Das Überwältigungsverbot ist hier sowohl in dem ursprünglich sozialwissenschaftlichen Sinne als auch in der religiösen Adaption gemeint.

[187] Vgl. Bourdieu: Eine Interpretation der Religion, 12.

[188] Bourdieu: Genese und Struktur des religiösen Feldes, 57.

die Zugehörigkeit zu den privilegierten, herrschenden Klassen bindet, da diese Fragen von einer individuellen Religiosität ausgehen, die erst dann entstehen kann, wenn materielle Rahmenbedingungen und eine an dem persönlichen Wirken orientierte Weltwahrnehmung diese persönliche Bezogenheit ermöglichen.[189]

Welche religiöse Nachfrage prägt das Angebot? Zu dieser Frage lohnt die Betrachtung der Vermengung religiöser und politischer Macht. Die Kirche als Inhaberin des Monopols religiöser Machtausübung ist in der Lage, in bestimmten Grenzen gesellschaftliche Ordnungen zu erhalten und zu gestalten.[190] Der religiöse Habitus hat dementsprechend eine gute Passung zu den gesellschaftlichen und politischen Strukturen. Die bestehende Ordnung wird durch die Kirche bestätigt.[191] In einem kapitalistischen Sozialstaat werden Bourdieu zufolge die kirchlichen Grundsätze, Handlungsimperative und Werte sehr nah an den Prinzipien der Leistungsgerechtigkeit und Solidarität sein. Durch dieses Zusammenwirken entsteht eine Form der Legitimierung symbolischer Ordnungen, die zum einen verschleiert ist und zum anderen ein sehr hohes Maß als Legitimität aufweist. Diese Kombination nennt er „Naturalisierung“[192].

Um diese Ordnung aufrecht zu erhalten, kann nicht nur eine Nachfrage bedient werden. Vielmehr müssen Angebote für die Herrschenden und die Beherrschten gemacht werden. Daher gibt es nicht die eine, bestimmende religiöse Nachfrage. Wovon allerdings auszugehen ist: Im Religionsunterricht ist die Anerkennung der Nachfrage nach religiösen Angeboten mit der Funktion der Legitimation der eigenen gesellschaftlichen Position höher als die der Nachfrage nach Angeboten zur Erlösung. Diese Vermutung stützt sich auf die im Feld der Bildung anerkannten Protagonist*innen, welche durch ihre Kapitalzusammensetzung eine hohe Position im sozialen Raum aufweisen. Ihnen wird die symbolische Macht im Feld der Bildung zugesprochen. Das bedeutet, sie können bestimmen, welche Fragen zur Welt legitime Fragen sind.

Auch wenn das, was Bourdieu unter Machtausübung im religiösen Feld versteht, am ehesten den Strukturen hierarchisch organisierter Religionsgemeinschaften zuzuordnen ist, und daher nicht davon ausgegangen werden kann, dass die Evangelische Kirche als Akteurin und Mitverantwortliche für die Gestaltung des Religionsunterrichts nach denselben Mechanismen strebt und vergleichbare Machtstrukturen aufweist, so lässt sich ebenso ein Machtfeld beschreiben. Die gesellschaftliche Ordnungsfunktion hat sie vor allem durch eine anerkannte,

189 Vgl. ebd., 57f. Einen Gegenentwurf zu dieser Theorie individualisierter Religiosität bieten befreiungstheologische Ansätze als Theologien „von unten“, die sich allerdings nicht überall durchsetzen konnten.

190 Zwar hat sich in den letzten Jahrzehnten in Deutschland eine multireligiöse Gesellschaft entwickelt, allerdings erhalten nicht alle Religionen in gleichem Maße Anerkennung, sodass den christlichen Kirchen nach wie vor eine Sonderstellung zukommt.

191 Vgl. Bourdieu: Genese und Struktur des religiösen Feldes, 79f.

192 Ebd., 79. Die Naturalisierung ist mit der Doxa (siehe unten) vergleichbar.

christliche Ethik, die durch die Monopolstellung, gemeinsam mit der römisch-katholischen Kirche, zu einer solchen werden konnte.[193] Diese Ethik ist allerdings nur temporär gültig, solange sie der gesellschaftlichen Ordnung entspricht und die Kirche die Macht hat, diese aufrechtzuhalten.[194] Außerdem, so Bourdieu, gibt es auch im Bereich der Ethik klassenspezifische Unterschiede, die dazu führen, dass es nicht eine allgemeingültige Ethik gibt und ethische Normen in verschiedenen Gesellschaftsgruppen unterschiedlich verstanden werden und teilweise andere Funktionen haben.[195]

Zwei bedeutsame Bestandteile der Gesellschaft, Bildung und Religion, treffen im Religionsunterricht mit je ihren eigenen Distinktions- und Benachteiligungsmerkmalen zusammen und befördern sich gegenseitig. Diese Reziprozität muss in einer Theorie von armutssensiblem Religionsunterricht berücksichtigt werden und wird dazu in Kapitel 8.1 näher betrachtet.

Marcin Morawski stellt eine Besonderheit des Christentums im Kontext von Religion und Distinktion heraus: Jesu Handeln sei beispielhaft für das Aufdecken von distinktiven Praktiken und ermöglicht somit Irritationen, die zum Aufbrechen und Überwinden dieser beitragen können.[196] Jesus kann als „Anerkennungspraktiker"[197] verstanden und sein Verhalten religionspädagogisch auf seine Bedeutung für eine gerechte Religions- und auch Bibeldidaktik reflektiert werden, die entsprechende Fokussierungen vornimmt und Dekonstruktionen gesellschaftlicher Verhältnisse auf verschiedenen Ebenen provoziert. Zur Konturierung einer solchen Didaktik bedarf es einer detaillierten Auseinandersetzung mit dem Anerkennungsbegriff und dem daran anknüpfenden Verständnis von Gerechtigkeit.[198] Diese wird in Kapitel 8.9 vorgenommen. An der Stelle wird auch im Anschluss an die Überlegungen von Morawski gefragt, wie eine christliche Anerkennungsgerechtigkeit begründet werden und aussehen kann.[199]

4.2.4.3 *Doxa: Die Schwierigkeit der Aufdeckung distinktiver Praktiken*

Distinktion als Phänomen wahrzunehmen und distinktive Praktiken zu erkennen und aufzudecken, gestaltet sich schwierig, da sich diese in einer sozialen

---

193 Vgl. ebd., 53f.

194 Zahlreiche Beispiele aus den letzten Jahren wie die Frage nach der Anerkennung gleichgeschlechtlicher Partnerschaften oder die Diskussion um Schwangerschaftsabbrüche zeigen, dass sich die von den Kirchen bzw. einzelnen Akteur*innen der Kirchen vermittelten Ethiken verändern, wenn der gesellschaftliche Druck wächst und die Anerkennung der Religionsgemeinschaft durch die Bevölkerung gefährdet ist.

195 Vgl. ebd., 60f.

196 Vgl. Morawski: Bildung im Kontext von Distinktionsgeschehen, 37f.

197 Ebd., 37.

198 Siehe dazu Honneth: Kampf um Anerkennung.

199 Siehe dazu auch die Ausführungen von Kammeyer: Anerkennung erfahren und geben lernen sowie die Überlegungen zu einer Theologie der Anerkennung in Kapitel 8.1.4, die sich auf die Argumentation von Kammeyer stützen.

Ordnung abspielen, die soziale Unterschiede als natürliche Gegebenheiten der Gesellschaft erscheinen lässt.[200] Dabei wird diese Ordnung „als derart selbstverständlich erlebt, dass sie eigene Legitimationen kaum braucht“[201]. Diese gesellschaftliche Ordnung mit ihrer Selbstverständlichkeit bezeichnet Bourdieu als *Doxa*, deren Strukturen und Spezifika erst durch das Aufbrechen ihrer scheinbar natürlichen Geltung aufgedeckt werden.[202] Die doxische Macht des Staates zeige sich besonders im Bildungssystem, in welchem Denkweisen, Weltsichten und Perspektiven auf den Staat selbst produziert und durch Lernprozesse Individuen zugänglich gemacht werden können.[203] Ob es Alternativen zu diesen gibt und wie sie im Feld der Bildung mit symbolischem Kapital ausgestatten werden, entscheidet über die doxische Stärke der staatlich präferierten Varianten und die reellen Chancen auf Diskurse. Laut Bourdieu kam die Funktion der sozialen Ordnung früher der Religion zu, welche durch die Bildung abgelöst wurde.[204]

Die Wirkung dieser Machtausübung lässt sich damit erklären, dass es das *kulturelle Unbewusste* gibt, das alles umfasst, „was unbeachtet und unproblematisiert die Erfahrung der Wirklichkeit strukturiert“[205] und somit als Basis der *Doxa* fungiert. Auf den Bildungsbereich bezogen sind damit in erster Linie die Wahrnehmungen und Deutungen gemeint, die beispielsweise das Interessante vom Uninteressanten trennen und die Diskussionen und Meinungen Bedeutung zumessen. Üblicherweise sind diese Strukturen des *kulturell Unbewussten* bei denjenigen vorhanden und ausgeprägt, die erfolgreich im Bildungssystem sind, da sie diese im Laufe ihrer Bildungsbiografie durch Lehr- und Lernformen sowie Prüfungsformen und -inhalte verinnerlichen.[206]

In dem skizzierten historischen Zusammenhang kommt die Frage auf, was das funktionale Erbe der Religion und die aktuelle Form institutionalisierter Bildung für religiöse Bildung bedeuten. Ist religiöse Bildung dadurch anfällig für Machtausübung unterschiedlicher Art durch die Institutionen Kirche und Staat, die als *res mixta* gemeinsam für Struktur und Inhalte des schulischen Religionsunterrichts zuständig sind? Welche Folgen können sich aus der Möglichkeit der Machtausübung ergeben? Werden den jeweiligen Institutionen Interessen der jeweils anderen aufgezwungen oder kann sich im Gegenteil eine gemeinsame Verantwortung aus der Situation herausbilden, dass beiden Institutionen an der

---

[200] Vgl. Fuchs-Heinritz/König: Pierre Bourdieu, 204.

[201] Ebd., 205.

[202] Vgl. ebd.

[203] Vgl. Bourdieu: Unterrichtssysteme und Denksysteme, 93ff.

[204] Vgl. ebd., 86. Zwar vergleicht er hier primitive Gesellschaften mit modernen, allerdings ist m. E. die Ordnungsfunktion der Religion durch den Bedeutungsgewinn und die Institutionalisierung von Bildung auch in modernen Gesellschaften nicht aufgehoben. Nach wie vor werden Denkschemata auch von Religionen vermittelt und verleihen Religionsgemeinschaften dadurch doxische Macht.

[205] Fuchs-Heinritz/König: Pierre Bourdieu, 209.

[206] Vgl. Bourdieu: Unterrichtssysteme und Denksysteme, 90f.

Gestaltung von Religionsunterricht beteiligt sind? Für die Bedeutung der *Doxa* im schulischen Bereich lassen sich folgende Fragen stellen: Sind Meritokratie und Mittelschicht als soziale Ordnung zu verstehen, die als *Doxa* unsichtbar gelten? Lassen sich die (unausgesprochenen) Regeln innerhalb des Bildungssystems als unhinterfragte meritokratische Ordnungen verstehen? Kann Inklusion als Infragestellung der meritokratischen Doxa fungieren und stellt dadurch als gesellschaftliche Krise einen Weg aus der doxischen Beziehung zur sozialen Welt her?[207] Führt das *kulturelle Unbewusste* als Basis der *Doxa* zu einer Verstärkung des Matthäuseffekts und sollte daher möglichst früh mit Blick auf individuelle Bildungsverläufe transparent gemacht werden? Könnten dadurch Benachteiligungen verringert werden? Helfen Zugänge zum und Aneignungsmöglichkeiten des *kulturellen Unbewussten* für alle Schüler*innen beim Streben nach Bildungsgerechtigkeit oder führen diese eher zur Verstärkung von Ungerechtigkeit? Kann die von Bourdieu als Machtausübung des Staates beschriebene Reproduktionsmöglichkeit der eigenen Strukturen innerhalb des Bildungsbereichs auch positiv gedeutet werden, z. B. in dem Sinne, dass sie als Verantwortung verstanden wird, die aktuell demokratische Struktur des Staates in Form von Demokratiebildung in Schulen wirksam werden zu lassen? Wie müsste sich zu dieser positiven Deutung der Macht als Verantwortung im Kontext von Veränderungen der Staatsstruktur verhalten werden, z. B. wenn der Staat sich nicht mehr an demokratischen Prinzipien orientiert?

4.2.5 Symbolische Gewalt als Strukturierungsmerkmal moderner Gesellschaften

Die Ausbildung des *kulturellen Unbewussten* in der Schule ist Bourdieu zufolge ein Beispiel für *symbolische Gewalt*. Das „kollektive Erbe“[208] einer Gesellschaft wird durch institutionalisierte Bildung in ein „*individuelles und gemeinsames* Unbewusstes“[209] transformiert, um „Individuen zu produzieren, die mit jenem System unbewusster (oder zutiefst verborgener) Muster ausgestattet sind“[210]. Im Monopol staatlicher schulischer Bildung (es gibt zwar Privatschulen, diese orientieren sich aber überwiegend an den Voraussetzungen für staatliche Schulen, um anerkannte Abschlüsse zu ermöglichen) ergibt sich eine Macht über die Bestimmung der Bildungsinhalte bzw. eine Verantwortung zur Bestimmung dieser.

---

207 Vgl. Fuchs-Heinritz/König: Pierre Bourdieu, 207.

208 Bourdieu: Unterrichtssysteme und Denksysteme, 92.

209 Ebd.

210 Ebd. Bourdieu schließt an Beobachtungen Erwin Panofskys an, der die Übertragung dieser Muster am Beispiel der scholastischen Einflüsse in der gotischen Architektur verdeutlicht. Er stellt diese besonders in den unsichtbaren Denkschemata, die zu einer allgemeinen Gewohnheit werden, heraus.

Auch wenn in Deutschland Bildung in der Verantwortung der Länder steht, gibt es gemeinsame Standards, die länderspezifisch in den Lehrplänen ausgestaltet sind. Was also zum *kulturell Unbewussten* werden kann, was in Form der *Doxa* anerkannt und zum Erwerb legitimen Kulturkapitals genutzt werden kann, liegt in der Verantwortung und auch Gewalt des Staates.[211] Allgemein lässt sich unter *symbolischer Gewalt* oder auch *symbolischer Macht* „das Potenzial Bedeutungen durchzusetzen und ihre Anerkennung zu erreichen“[212] verstehen. Für den Bereich der Pädagogik sehen Pierre Bourdieu und Jean-Claude Passeron in jeder pädagogischen Handlung „*symbolische Gewalt, insofern sie mittels einer willkürlichen Gewalt eine kulturelle Willkür durchsetzt.*“[213] In den Ausführungen zu der These stellen sie auch die Reproduktion gesellschaftlicher Ordnungen durch diese Art der Machtausübung heraus, welche wiederum der kulturellen Willkür und ihrem doxischen Wirken Macht verleiht.[214]

Besonders die Aspekte der Anerkennung und Grenzziehung sind im schulischen Kontext wirkmächtig. Was als erwünschte Antwort auf eine Frage gilt, wird durch die Lehrkraft bestimmt, die wiederum im Bildungssystem nach den ihr bekannten Regeln agiert. Hierbei geht es nicht nur um den Inhalt der Antwort, sondern auch z. B. um die sprachliche Gestaltung und den Grad der Abstraktion bzw. die Reichweite der Gültigkeit dieser. Dass das Potenzial zur Bedeutungsdurchsetzung in einem auf Anerkennung und Sanktionen basierenden Bildungssystem hoch ist, liegt auf der Hand. In diesem Raum zur Machtausübung können sich Geltungsräume ohne große Gegenwehr etablieren. Besonders in der Schule, in der Kinder und Jugendliche sich mit der Wahrnehmung der Welt als Lernprozess beschäftigen, tun sie dies in ihrem Maß an Reflexionsfähigkeit, welche es noch auszubilden und auszuprägen gilt.[215] Sie sind sich daher gar nicht oder nur bedingt ihrer Wahrnehmungsaktionen überhaupt bewusst. Deswegen sind von ihnen keine Kritiken an der dargestellten Wirklichkeit durch die Lehrkraft zu erwarten. Vielmehr werden die Schüler*innen versuchen, die vorgestellte Wirklichkeit als solche anzunehmen und sich so zu ihr zu verhalten, dass sie in ihren Leistungen des Umgangs mit dieser anerkannt werden durch die

---

211 Bourdieu äußert sich ausführlich zum Verhältnis von Staat und Bildungssystem in einem Beitrag zur Autonomie des Bildungswesens (Bourdieu: Abhängigkeit in der Unabhängigkeit). Hier kann nur angedeutet werden, welche Ebenen und Zusammenhänge herausgearbeitet werden können. Neben den Wissensbeständen sind das vor allem Habitusanteile, also Denk-, Urteils- und Geschmacksschemata, die im Bildungswesen symbolische Macht zugesprochen bekommen.

212 Fuchs-Heinritz/König: Pierre Bourdieu, 210.

213 Bourdieu/Passeron: Grundlagen einer Theorie der symbolischen Gewalt, 13.

214 Vgl. ebd., 19f.

215 Im Zusammenhang mit der Beschäftigung mit den Theorien Bourdieus schließt sich die Frage an, ob die Förderung der Reflexionsfähigkeit als echtes Ziel in Bildungssystemen gilt oder lediglich der Eindruck vermittelt werden soll, dieses Ziel zu verfolgen, um mit dem Wissen über die noch nicht ausgebildete Reflexionsfähigkeit der Schüler*innen die Fähigkeit zur Reflexion eingeschränkt und systemsichernd zu fördern.

Person, die ihnen in ihrer Funktion als Lehrkraft diese Wirklichkeit präsentiert.[216] Unterricht in der Schule stellt sich so als sehr geeigneter Ort zur Ausbildung des *kulturell Unbewussten* dar, welches sich selbst in Form der *Doxa* den Rahmen dafür gibt und sich durch das Wirken als etwas Natürliches nur schwer der Kritik zugänglich macht, insbesondere innerhalb der Hierarchie des Unterrichts, die diesen zum Ort institutionalisierter Machtausübung macht.[217]

Nimmt man an, dass Bildungssysteme diese Dynamiken symbolischer Gewalt innehaben, gibt es mehrere Wege, damit umzugehen. Will man mit der Perspektive auf Bildungsgerechtigkeit Veränderungen in Richtung Inklusion anstoßen, ist ein erster Schritt, die Mechanismen der machtvollen Bedeutungszuschreibungen aufzudecken. Wenn verständlich wird, welche Zusammenhänge zur Reproduktion sozialer Ordnungen führen, kann man überhaupt erst Veränderungen vornehmen. Ganz im Sinne Bourdieus könnte man die Relationen zwischen dem Bildungssystem und der Sozialordnung herausstellen, um die *„doppelte Wahrheit“*[218] des Bildungssystems zu erfassen, welches als *„äußerliche Funktion“*[219] den Erhalt der sozialen Ordnung hat und gleichermaßen eine *„innere Logik“*[220], mit der es funktioniert. Die innere Logik ist bei all ihrem Anspruch auf Unabhängigkeit von beispielsweise wirtschaftlichen Interessen nicht von der äußerlichen Funktion abzutrennen, da sich beide beeinflussen. Bourdieu nennt dieses Verhältnis des Bildungssystems zur Gesellschaft *relative Autonomie.* Was als wertvolles Bildungsgut gilt, ist häufig Abbild herrschender gesellschaftlicher Strukturen, die einem stetigen Wandel unterzogen sind und dabei Bezug auf bisherige Strukturen nehmen.[221]

4.2.6 Religionspädagogische Anschlussmöglichkeiten

Besonders auf der sprachlichen Ebene kann mit der exkludierenden Wirkung symbolischer Macht umgegangen werden. Einen inklusionsorientierten Vorschlag dazu liefert der Theologe und Soziologe Harald Wagner. In seinem Aufsatz zu realer und symbolischer Exklusion stellt er die Zusammenhänge zwischen den *realen* Praktiken und den *symbolischen*, vor allem sprachlichen Praktiken der Exklusion her und zeigt auf, wie durch symbolisches Handeln inklusive Alternativen ermöglicht werden können.[222] In Anknüpfung an die Theorien Bourdieus

---

216 Vgl. Fuchs-Heinritz/König: Pierre Bourdieu, 213f.

217 Vgl. ebd., 214. Im Rahmen institutionalisierter Bildung stellt sich generell die Frage nach der Möglichkeit von Machtkritik und Gewaltfreiheit in pädagogischem Handeln, da sich Bildung zur Freiheit grundsätzlich im Zwang dieses Systems vollzieht.

218 Bourdieu: Abhängigkeit in der Unabhängigkeit, 301.

219 Ebd.

220 Ebd.

221 Vgl. ebd., 301f.

222 Wagner: Reale und symbolische Exklusion.

zum sozialen Raum und zur symbolischen Gewalt entwickelt er Leitfragen zur Aufdeckung symbolischer Exklusionspraktiken mit dem Ziel, Handlungsalternativen auffindbar zu machen. In diesen Leitfragen geht es um die Identifikation der Symbole, die Untersuchung der Bedeutungsgehalte und Verwendungsabsichten, die Kategorisierungen und Bewertungen, die anhand des Symbols vorgenommen werden und die Effekte symbolischer Grenzziehungen.[223]

Eine weitere Möglichkeit, die auch die Spezifika des religiösen Feldes aufnimmt, ist eine machtkritische Religionspädagogik, die sich besonders mit den Machtstrukturen in dem Zusammenspiel von Religion und Schule beschäftigt. In einer solchen Religionspädagogik ginge es darum, das Aufdecken dieser Strukturen zum Lerngegenstand und auch Lernziel zu machen. Impulse zur Gestaltung einer solchen Religionspädagogik liefert Godwin Lämmermann in seiner konstruktiv-kritischen Religionsdidaktik.[224]

Zentrale Fragen einer solchen Religionspädagogik beschäftigen sich mit dem Zusammenwirken der symbolischen Macht der Religion als strukturierendes Feld, welches Denk,- Handlungs- und Wahrnehmungsmuster aus diesem in andere Bereiche der Gesellschaft übertragen kann. Im Kontext des Religionsunterrichts geschieht dieser Strukturierungsvorgang ganz explizit und muss daher auf seine Wirksamkeit und Struktur der Strukturierung beleuchtet werden. Welche Muster werden möglicherweise unflektiert auf das Feld der Bildung übertragen und dadurch im Religionsunterricht verstärkt, vielleicht sogar potenziert? Welche Mechanismen der Weltdeutung finden im Religionsunterricht als symbolische Macht Ausdruck? Wie lassen sich diese schüler*innengerecht aufdecken und kommunizieren? Welche Alternativen gibt es zur bestehenden Vermischung und auch Reziprozität der beiden Felder? Was bedeutet es für Schüler*innen, wenn sie keinen oder einen erschwerten Zugang zu dem im Religionsunterricht anerkannten spezifischen Feld der Bildung haben? Das dürfte besonders im konfessionellen Religionsunterricht der Fall sein. Diese Fragen werden in Kapitel 4.3 vertieft und in Kapitel 8.1 in den konzeptionellen Überlegungen aufgegriffen.

4.3 Die Wirkungen des sozialen Raumes im Kontext der Grundschule

Im Folgenden wird unter Bezugnahme auf die Sozialraumtheorie Pierre Bourdieus und Befunde der dazugehörigen zentralen Studien aufgezeigt, wie sich unterschiedliche Kapitalverteilungen und Positionen im sozialen Raum zu Beginn

223 Vgl. ebd., 52f.

224 Lämmermann: Religionsdidaktik.

der Schulzeit auf die Bildungschancen auswirken können. Die Bedeutung von Kinderarmut im Grundschulalter zeigt sich dadurch im sozialen Kontext der Institution Schule und in Wechselwirkung mit dieser.

4.3.1 Unterschiedliche Startbedingungen und verborgene Mechanismen

Auch wenn die Theorien Bourdieus mittlerweile ein halbes Jahrhundert alt sind, werden diese und auch das Vokabular zur Beschreibung und Analyse heutiger Gesellschaftsmechanismen genutzt. Das geschieht besonders in der Auseinandersetzung mit Schulleistungsstudien und Fragen der Bildungs- und Chancengerechtigkeit. Die Kapitalarten, das Konzept des sozialen Raums und der Habitus sind gängige Begriffe zum Umgang mit Befunden aus Studien wie PISA und IGLU. Besonders Kapitaltransformationen und die Vererbung von Kapital werden zur Erklärung der „Reproduktion sozialer Ungleichheiten in einer Gesellschaft"[225] genutzt. Neben dem ökonomischen Kapital ist es vor allem das kulturelle Kapital in den unterschiedlichen Erscheinungsformen, welches demnach zu herkunftsbedingten Chancenungleichheiten beiträgt.[226]

Ein deutlicher Hinweis auf die nach Bourdieu *verborgenen Mechanismen der Macht*[227] ist in den Daten zum Übergang von der Grundschule auf die weiterführenden Schulen zu finden: Bei der Wahl der weiterführenden Schule ist die schulische Leistung des Kindes nur ein Aspekt von mehreren. Auffallend ist: „Kinder aus den oberen sozialen Lagen wechseln deutlich häufiger auf ein Gymnasium als ihre Mitschülerinnen und Mitschüler aus den unteren sozialen Lagen."[228] Die Entscheidungen, die zum Übergang auf eine der weiterführenden Schulformen getroffen werden, sind typische Beispiele für die sekundären Herkunftseffekte, die Bildungsbenachteiligungen im Verlauf der Schulzeit verstärken.[229] Das Aufwachsen in Armut über einen längeren Zeitraum kann außerdem zu Beeinträchtigungen in der Gesundheit und kognitiven Entwicklung von Kindern führen.[230] Da eine geringe Schulbildung der Eltern als Armutsindikator gilt, passt dieser Befund auch dazu, dass Schüler*innen gering gebildeter Eltern häufiger einen Unterstützungsbedarf im Bereich der Sprache, des Lernens oder der emo-

225 Bos et al.: Gibt es eine armutsbedingte Bildungsbenachteiligung, 170.
226 Vgl. ebd., 168.
227 Das Verborgene der symbolischen Macht zeigt sich in der Doxa begründet.
228 Ebd., 199.
229 Zu primären und sekundären Herkunftseffekten siehe Kapitel 2.4.3.
230 Vgl. Bos et al.: Gibt es eine armutsbedingte Bildungsbenachteiligung, 193.

tionalen und sozialen Entwicklung aufweisen und eine entsprechende Förderschule besuchen als Kinder aus nicht armutsgefährdeten Familien.[231] Je höher die Bildung im Elternhaus ist, desto größer ist der negative Einfluss von Armutsgefährdung auf die Schulleistung. Das bedeutet, dass auch diejenigen, die gut mit kulturellem Kapital ausgestattet sind, armutsbedingte Bildungsbenachteiligung erfahren und es nicht nur auf die Kapitalausstattung zu Beginn der Schulzeit ankommt, welche Bildungschancen Schüler*innen haben.

Die durch die *Doxa* scheinbar natürliche Vorstellung des durch Begabung erklärbar mühelosen Umgangs mit Sprache und Inhalten des Unterrichts unterstützt die Reproduktion herkunftsbedingter Chancenunterschiede. Diese *Begabungsideologie* wird nach Bourdieu zur Erklärung von Leistungsunterschieden auch da herangezogen, wo benachteiligende Strukturen wie ungleiche Startbedingungen wirksam sind.[232] Die sog. Begabungsideologie gilt es zu überwinden. Bourdieu schlägt dafür eine rationale Pädagogik vor, wie sie als Modell in den Studien zur Illusion der Chancengleichheit genutzt wurde, in welcher die ungleichen Startbedingungen bewusst wahrgenommen werden.[233] Ein zentraler Befund der Studien ist, dass die Wahrscheinlichkeit des Besuchs einer Hochschule eng gekoppelt an die soziale Herkunft ist und diese Koppelung u. a. mit der Einstellung der Herkunftsfamilie zur Bildung erklärt werden kann.[234] Der Vorteil Studierender aus oberen Klassen durch ihr familiäres Erbe müsse demnach von Studierenden aus unteren Klassen durch eine Akkulturationsleistung ausgeglichen werden.[235] Die Forderungen Bourdieus können für heutige Umstände übernommen werden. Das Bewusstsein für ungleiche Startbedingungen ist bedeutsam, um bereits in der Grundschule zu intervenieren. Der Einfluss herkunftsbedingter Disparitäten auf Bildungschancen kann durch das Bewusstsein über primäre und sekundäre Herkunftseffekte wahrgenommen werden, um gezielte Strategien zu entwickeln und wirksame Maßnahmen zu ergreifen.

4.3.2 Auf die Feinheiten kommt es an – Distinktion im Bildungsbereich

Die von Bourdieu und Passeron in den 1960er Jahren herausgestellte *Illusion der Chancengleichheit* bildet sich demnach bereits in der Grundschule ab und hat nach wie vor Bestand. Zwar haben sich einige Kriterien für den Zugang zu Bil-

231 Vgl. Bundesministerium für Arbeit und Soziales (Hg.): Der Vierte Armuts- und Reichtumsbericht, 95.
232 Vgl. Kuhlmann: Bildungsarmut, 308.
233 Vgl. ebd., 309.
234 Vgl. Fuchs-Heinritz/König: Pierre Bourdieu, 35.
235 Vgl. ebd., 36.

dung und auch die Beschreibungsmöglichkeiten der Gesellschaftsgruppen geändert, die Mechanismen, die zu ungleichen Bildungschancen führen, sind jedoch gleichbleibend. Heutzutage sind es anstelle der Unterklasse die unteren Milieus. Selbstexklusionsstrategien sind in diesen Milieus anhand der Distinktionsstrategien erkennbar und werden teilweise auch deutlich artikuliert, wenn sich z. B. explizit von „den Gymnasiasten"[236] distanziert wird. Diese Distanzierung mag durchaus das Resultat eigener Exklusionserfahrungen im Bildungskontext sein, wird jedoch auch an die nachfolgende Generation innerhalb des Milieus weitergegeben.[237]

Die Behauptung der Chancengleichheit durch ein öffentliches Schulsystem verschleiert laut Bourdieu den Einfluss des Elternhauses auf den Schulerfolg und ermöglicht eine Verstetigung exklusiver Strukturen durch die Legitimation kultureller Privilegien.[238] Der Vorsprung im Besitz inkorporierten kulturellen Kapitals, welches in der Primärsozialisation erworben wird, ist in der Schule häufig nicht gänzlich aufholbar. Die von Bourdieu als Konsequenz gestellte Forderung, in Schulen und Universitäten die Kulturtechniken des Lernens und wissenschaftlichen Arbeitens zu lehren und damit denjenigen zugänglich zu machen, die diese in ihren Familien nicht gelernt haben, wird mittlerweile überwiegend erfüllt.[239] Lerntechniken und Einführungen in das wissenschaftliche Arbeiten sind heutzutage in der Regel fest in die schulische bzw. universitäre Ausbildung integriert.

Auch wenn die Techniken zum Erwerb kulturellen Kapitals und zum Umgang mit diesem zunehmend an Exklusivität verlieren, sind herkunftsbedingte Disparitäten in Bezug auf Bildungschancen nach wie vor nachweisbar. Die weiteren Faktoren der Chancenungleichheit gilt es daher differenziert und auch in ihren Zusammenhängen zu betrachten. Die unterschiedliche materielle und kulturelle Versorgung erklärt einen Teil des Ausmaßes der Benachteiligung armer Schüler*innen. Ein weiterer wesentlicher Aspekt ist die in den Sinus-Milieus anschaulich dargestellte Verschiedenheit der Werte und Grundorientierungen, welche Bourdieu als habituelle Differenz in geringerer Feinheit und in Abhängigkeit von der vertikalen Position im sozialen Raum in seiner Studie *Die feinen Unterschiede* bereits in den 1970er Jahren herausstellen konnte.

In der 1982 erstmals auf Deutsch veröffentlichten Studie *Die feinen Unterschiede* von Bourdieu wird empirisch „Fragen nach Geschmack und alltagsästhetischen Einstellungen"[240] nachgegangen. Dabei ging es um die Untersuchung des Zusammenhangs von der Position im sozialen Raum und dem Lebensstil. Die Daten wurden durch Interviews, Fragebogen und ethnografische Beobachtungen

---

236 Vgl. die materialistischen Hedonisten aus der Sinus-Studie *Wie ticken Jugendliche?* in Kapitel 5.

237 Vgl. Fuchs-Heinritz/König: Pierre Bourdieu, 35.

238 Vgl. ebd., 41f.

239 Vgl. ebd., 44.

240 Ebd., 45.

in den 1960er Jahren erhoben.[241] Ziel der Studie war, dem bisher als individuell verstandenen Geschmack eine Klassenspezifik nachzuweisen, die in kulturellen Praktiken, Vergemeinschaftungen und Abgrenzungen Ausdruck findet.[242] Die Abgrenzungen finden nach Bourdieu vor allem in Form der Ablehnung der Lebensstile unterer Gesellschaftsgruppen statt und führen zur Legitimation der eigenen kulturellen Praktiken sowie zur Reproduktion bestehender Verhältnisse.

Der als legitim anerkannte Geschmack der bildungsbürgerlichen Mitte scheint als gesellschaftlicher Konsens auch in Bildungseinrichtungen der vorherrschende zu sein.[243] Die Auswahl von Bildern z. B., die im Unterricht besprochen werden, entspricht häufig dem als allgemein geltenden Geschmack. Bourdieus Aufteilung in herrschende Klasse, Kleinbürgertum und beherrschte Klasse entspricht nicht mehr der aktuellen Situation. Durch den Bedeutungszuwachs der Bildung und die zunehmende Differenzierung in Milieus lassen sich die Befunde der Studie nicht gänzlich auf die heutige Gesellschaft übertragen. Passungsunterschiede bezüglich des eigenen und des in Bildungsinstitutionen gezeigten und erwarteten Geschmacks sind allerdings nach wie vor auszumachen.[244] Für den Religionsunterricht in der Grundschule bedeutet diese Verknüpfung von Geschmack und sozialer Herkunft, aufmerksam zu sein für die Passungsdifferenzen. Einige Kinder werden zu Bildern, die im Unterricht verwendet werden, einen leichteren Zugang haben und diese auch eher schön finden als andere Kinder. Für rezeptionsästhetische Ansätze ergibt sich daraus die Aufgabe, die geschmacks- und somit auch herkunftsbedingten Unterschiede zu berücksichtigen. Dieses Anliegen kann unter Umständen in einem Spannungsverhältnis zur Auswahl von z. B. Kinderbibeln mit Bildern nach Kriterien für „gute" Kinderbibeln stehen.[245]

In Anlehnung an die von Bourdieu nachgewiesene Klassenspezifik des Geschmacks lässt sich für die heutige Gesellschaft fragen, ob es eine Ästhetik der unteren Milieus gibt, welche sich stark von der in der Schule anerkannten Ästhetik unterscheidet. Die Befunde der Sinus-Studien lassen eine solche Ästhetik vermuten, die sich allerdings in einem wesentlichen Aspekt von dem bei Bourdieu herausgestellten Geschmack der unteren Klassen unterscheidet: Nicht mehr das Funktionale bestimme den Konsum unter der Prämisse, sich auf das Nötigste zu beschränken, sondern der Konsum selbst ist zu einer eigenen Ausdrucksform des Geschmacks geworden, in dem das Materielle den Maßstab bildet.[246] In der Grundschule werden die unterschiedlichen Geschmäcker der Her-

---

241 Vgl. Fuchs-Heinritz/König: Pierre Bourdieu, 47f.

242 Vgl. ebd., 45ff.

243 Vgl. ebd., 58.

244 Vgl. die Befunde zu den Sinus-Milieus in Kapitel 5.

245 Vgl. Adam: Lernen mit Kinderbibeln, 546f. sowie Fricke: Art. Kinder- und Jugendbibeln, in: WiReLex, 2.3.

246 Vgl. Fuchs-Heinritz/König: Pierre Bourdieu, 69f. sowie Kapitel 5.

kunftsmilieus z. B. an der Auswahl der Kleidung sichtbar, die häufig von den Eltern gekauft oder besorgt wird. Die Lebensstile der Schüler*innen können sich im Verlauf der Kindheit und Jugend verändern, allerdings sind in den Lebensstilen der Sinus-Studie Parallelen zu den Milieus der Erwachsenen erkennbar. Dadurch kann vermutet werden, dass bereits in der Kindheit eine Orientierung an den Milieus der Erwachsenen aus dem nahen Umfeld stattfindet.

Die Zunahme der Bedeutung von Bildung wirkt sich nicht nur auf die Bildungschancen sozial benachteiligter Schüler*innen aus, sondern verändert auch das Verhalten von Kindern und Eltern aus materiell gut ausgestatteten Familien. Zur Sicherung der eigenen Position im sozialen Raum wird besonders viel Wert auf gute Bildungsabschlüsse gelegt, was Bourdieu bereits in seinen Untersuchungen feststellen konnte.[247] Diese Distinktionsbemühungen erschweren die Durchsetzung von Bildungsgerechtigkeit, da sie das meritokratische Grundprinzip im Bildungsbereich aufrechterhalten. Armen Schüler*innen mit geringer Kapitalausstattung wird der Erwerb von Bildung dadurch nicht grundsätzlich erschwert, allerdings müssen sie mehr als die besser ausgestatteten Kinder leisten, um gleichwertige Bildungsabschlüsse zu erreichen und sich ggf. den Eltern widersetzen, die nicht unbedingt den Aufstiegswillen des Kindes befürworten. Die erbrachte Mehrleistung wird am Ende der Schulzeit allerdings auf den Abschlusszeugnissen nicht sichtbar. Nur diejenigen, die den sozialen Hintergrund der Schüler*innen kennen, können diese zusätzliche Leistung erkennen. Die Unsichtbarkeit dieser herkunftsbedingten Disparitäten führt dazu, dass bei gleichem Aufwand unterschiedlicher Schulerfolg erlangt wird, wodurch die Begabungsideologie gestärkt wird. Die Differenz im Schulerfolg wird der Ideologie entsprechend auf Begabungsunterschiede statt auf unterschiedliche Startbedingungen zurückgeführt. Gibt es besonders erfolgreiche Schüler*innen aus sozial benachteiligten Herkunftsfamilien, kann deren Erfolg durch individuelle Begabung und Fleiß erklärt werden, um die Doxa aufrecht zu erhalten.

Die von Bourdieu beschriebenen Mechanismen der Ausgestaltung eines Habitus und der Weitergabe der dem inhärenten Geschmacks-, Deutungs- und Handlungsmuster an die nachfolgenden Generationen benötigen vor allem Zeit. Die Dauer des Aufenthaltes in einer sozialen Gruppe bestimmt die Wirksamkeit dieser Prozesse, wodurch insbesondere die Kinder, die langfristig unter den Bedingungen von Armut, also in den unteren Milieus aufwachsen, habituelle Spezifika dieser Milieus internalisieren. Nach Bourdieu ist der Habitus sehr träge, sodass dieser nur über einen langen Zeitraum verändert werden kann, was die Verringerung der Passungsunterschiede in der Grundschulzeit erschwert. Daher sind es besonders die langfristig in Armut aufwachsenden Schüler*innen, die habituell bedingte Bildungsbenachteiligungen in hohem Maß erfahren. Die Lernbedingungen dieser Schüler*innen werden im folgenden Teilkapitel unter Einbezug der bisherigen Befunde und Theorien gebündelt.

---

[247] Vgl. Fuchs-Heinritz/König: Pierre Bourdieu, 177.

4.3.3 Kinderarmut und Bildungsbenachteiligung im Grundschulalter

Der Faktor der Dauer von Armutserfahrungen wird regelmäßig empirisch als bedeutsam bestätigt.[248] Besonders die dauerhaft eingeschränkten Handlungsmöglichkeiten wirken sich auf die Gestaltung von Kindheit und Teilhabe an Bildung aus. Holz beschreibt das Aufwachsen in Armut als „Teufelskreislauf der sozialen Ausgrenzung“[249]. In allen Lebenslagedimensionen erleben arme Kinder Einschränkungen, die zu Ausgrenzungserfahren und Selbstexklusionen führen.[250] Diese Wahrnehmung deckt sich nicht damit, wie Kinder und Jugendliche, die den unteren Gesellschaftsschichten zugeordnet werden, ihre Situation wahrnehmen. In der aktuellen Shell Jugendstudie 2019 wird aufgezeigt, dass 45 Prozent der Jugendlichen aus der unteren Gesellschaftsschicht positiv in die Zukunft blicken (2015: 32 Prozent). Auffällig ist, dass bei höherer sozialer Herkunft die positive Sicht auf die Zukunft zunimmt. Der Anteil an Jugendlichen mit positiven Zukunftsperspektiven ist mit 63 Prozent in der oberen Schicht am höchsten (2015: 76 Prozent). Im Vergleich zu den Befunden der Shell Jugendstudie 2015 nähern sich diese beiden Gruppen an: Der Unterschied von 44 Prozentpunkten hat sich auf 18 Prozentpunkte verringert.[251]

Die im Spielräumekonzept differenziert herausgestellten, kindlichen Handlungsspielräume[252] spielen auch in Bezug auf Bildungschancen in der Grundschule eine Rolle. Der Einkommens- und Versorgungsspielraum hat direkte Auswirkungen auf die materielle Ausstattung der Kinder zu Beginn der Schulzeit und im Verlauf der Grundschulzeit. Gegen Ende der Grundschulzeit werden auch Entscheidungen in Abhängigkeit von der Versorgung getroffen: Die Entscheidung für eine weiterführende Schule beinhaltet auch finanzielle Argumente wie z. B. die Frage, ob ggf. benötigte Nachhilfestunden bezahlt werden können. Während der Grundschule ist es die Versorgung mit Nahrung, Schulmaterial und Kleidung, die bei langfristig armen Schüler*innen oft unzureichend ist. Hinzu kommt neben der Menge an Nahrungsmitteln, Materialien und Kleidung auch die Auswahl dieser, die sich herkunftsbedingt unterscheidet, was z. B. zu gesundheitlichen Einschränkungen führt, welche sich auf die Lern- und Leistungsfähigkeit der Kinder auswirken. Der sog. Lern- und Erfahrungsspielraum ist auch von weiteren Faktoren wie der verfügbaren Zeit der Familienmitglieder und der räumlichen Beschaffenheit der Wohnung abhängig. Armutserfahrung über einen langen Zeitraum geht häufig mit sozialräumlicher Segregation einher, die nachweislich die Entwicklungsmöglichkeiten von Kindern im Vorschul- und

---

[248] Vgl. Tophoven et al.: Armutsmuster in Kindheit und Jugend.
[249] Holz: Armut verhindert Bildung, 78.
[250] Vgl. ebd., 78f.
[251] Vgl. Albert et al.: Jugend 2019, 183.
[252] Siehe dazu Chassé et al.: Meine Familie ist arm.

Grundschulalter beeinträchtigt. Dazu lassen sich verschiedene Wirkmechanismen ausmachen: Neben der Verhaltenshomogenität im sozialen Umfeld, die von Bourdieu als Teil des Habitus beschrieben wird, sind es die häufig mangelhafte Infrastruktur und Ausstattung innerhalb von Quartieren mit hoher Armutskonzentration und Diskriminierungsstrukturen, die besonders Einflüsse auf die Arbeitsmarktchancen der Eltern haben können.[253] Durch beengte Wohnverhältnisse steht armen Kindern häufig kein eigener Arbeitsplatz zur Verfügung. Dieser muss nicht zwangsläufig in einem eigenen Zimmer sein, wird aber von Kindern als wichtiger Bedarf gesehen.[254] Die sozialen Kontakte (nach Bourdieu das soziale Kapital) gestalten sich ebenfalls abweichend von denen nicht armer Kinder. Die Anzahl ist oftmals geringer und auch die Unterstützungsmöglichkeiten bei z. B. Hausaufgaben sind häufig nicht gegeben, was sich durch die Ausgestaltung des kulturellen Kapitals erklären lässt. Zu erfolgreichem Lernen gehören auch Pausen und Phasen der Erholung, die unter Armutsbedingungen aus zum Teil bereits genannten Gründen nur eingeschränkt stattfinden. Gerade im Muße- und Regenerationsspielraum zeigen sich die Auswirkungen von Armut auf Bildungschancen außerhalb des Unterrichts. Die Entscheidungsspielräume von armen Kindern unterscheiden sich hinsichtlich der Freiheiten über die Gestaltung des Tagesablaufs signifikant von denen nicht armer Kinder: Wann sie zu Bett gehen, ob und wann sie ihre Hausaufgaben erledigen oder wann sie was essen liegt überdurchschnittlich oft in ihrer eigenen Verantwortung. Die Autonomie über diese Entscheidungen ist mitunter überfordernd und die Entscheidungen, die getroffen werden, sind dadurch nicht rational und dem eigenen Wohlergehen zuträglich. Zu langes Aufbleiben, ungesunde Ernährung und nicht gemachte Hausaufgaben wirken sich negativ auf den Schulerfolg aus.[255]

Die unterschiedlichen Beeinträchtigungen in den Lebenslagen und Handlungsspielräumen nehmen bei dauerhaft armen Kindern im Verlauf der Grundschulzeit eher zu. Holz beschreibt diese Dynamik mit dem Bild eines Fahrstuhls: „die Tendenz ist eindeutig und bildlich gesprochen, geht der Fahrstuhl für arme Kinder eher nach unten oder bleibt auf der untersten Etage stehen“[256]. Außerdem werden die vor allem in den unteren und traditionsorientierten Milieus vorherrschenden, klassischen Geschlechterrollen in der Grundschulzeit weitergegeben, was geschlechtsspezifische Armutsrisiken erhöht, wie z. B. die Wahl eines Berufes im Sorgebereich, in dem überwiegend geringqualifizierte Frauen tätig sind.[257]

---

253 Vgl. Groos/Jehles: Der Einfluss von Armut auf die Entwicklung von Kindern, 17f.

254 Vgl. Andresen et al.: Children's Worlds+, 48.

255 Vgl. Holz: Armut verhindert Bildung, 83.

256 Ebd., 80.

257 Vgl. ebd., 84.

Die AWO-ISS-Studien zeigen, dass sich armutsbedingte Benachteiligungen bereits in der Grundschulzeit verfestigen, „sodass im Grunde der weitere Lebensweg schon bei 10-Jährigen festgelegt ist"[258]. Nach der Grundschulzeit besuchen Kinder mit und ohne Armutserfahrungen unterschiedlich oft das Gymnasium: „Die größte Gruppe der Kinder mit Armutserfahrung erreicht maximal die Realschule, während mit großem Abstand [...] die niemals armen Kinder auf das Gymnasium wechseln."[259]

Trotz dieser Tendenzen gibt es Kinder mit Armutserfahrungen, die in der Grundschule erfolgreich sind. Holz schlussfolgert, dass die Grundschule „für diese Kinder eine kulturelle und soziale Ressource im Sinne von Schutzfaktoren"[260] darstellt und daher „ganz besonders Grundschulen für arme Kinder mehr sind und sein müssen als Institutionen der formalen Bildung"[261]. Die Funktionen, die sie der Grundschule dabei zuspricht, sind Schutz, Kompensation und Förderung.[262] Zur Ausbildung von persönlichen Schutzfaktoren (Resilienz) können ein positives Schulklima, das sich vor allem durch ein stabiles Kollegium entwickeln kann, und Ganztagsangebote beitragen.[263]

Um Grundschulen diese Funktionen zu geben, schlägt Holz armutspräventive Arbeitsansätze vor, u. a. die Wahrnehmung von Armut als gesellschaftlichem Phänomen, zusätzliche Lern- und Erfahrungsräume gestalten und eine konsequente Verantwortungsübernahme für alle Kinder.[264] Diese Vorschläge unterstützen die Forderung Bourdieus, benachteiligende Strukturen sichtbar zu machen und der Intransparenz bei der Reproduktion sozialer Ungleichheiten entgegenzuwirken. Die in aktuellen empirischen Studien festgestellten herkunftsbedingten Disparitäten lassen sich anhand der oben dargestellten Theorie Bourdieus erklären. Insbesondere der Aufrechterhaltung und Reproduktion von benachteiligenden Strukturen gilt es im grundschulpädagogischen Kontext Aufmerksamkeit zu widmen. Grundschüler*innen agieren innerhalb eines für sie nicht auflösbaren Gesellschaftssystems auf Basis unterschiedlicher Ausgangsbedingungen.

Die Wahrnehmung unterschiedlicher Lernbedingungen innerhalb eines Systems, welches sich durch überwiegend intransparente Reproduktionsmechanismen aufrechterhält und Chancenungleichheit produziert, gilt es auch aus fachdidaktischer Perspektive in den Blick zu nehmen. Der Religionsunterricht beinhaltet, wie bereits am religiösen Kapital gezeigt wurde, dem Fach eigene, z. T. mit allgemeinen verwobene Benachteiligungsstrukturen.

---

258 Ebd.
259 Ebd., 86.
260 Ebd., 87.
261 Ebd.
262 Vgl. ebd., 88.
263 Vgl. Schäfer: Erfolgsfaktor Resilienz, 9ff.
264 Vgl. Holz: Armut verhindert Bildung, 91.

5. Milieudifferenzierte Perspektive auf Kinderarmut

Eine differenzierte Darstellung der modernen Gesellschaftsstrukturen erfolgt in verschiedenen Modellen sozialer Milieus. Diese haben gegenüber dem Modell von Pierre Bourdieu den Vorteil, dass sie auf aktuellen empirischen Daten basieren und auf der horizontalen Ebene verschiedene Milieus unterscheiden. Die maßgebliche Datenbasis bieten gegenwärtig die Sinus-Milieus der Sinus Markt- und Sozialforschung GmbH. Die für das vorliegende Forschungsprojekt relevanten Befunde ausgewählter Sinus-Studien werden im Folgenden vorgestellt. Zusätzlich werden die Ergebnisse mit den soziallagespezifischen Ausprägungen im Wertemodell der empirischen Dogmatik des Jugendalters von Carsten Gennerich verbunden, um fachdidaktische Konkretisierungen für den Religionsunterricht anzubahnen. Da es ein vergleichbares Modell für das Grundschulalter nicht gibt, wird an der Stelle auf direkte Schlussfolgerungen verzichtet. Die Bündelung zentraler Befunde aus den genannten Studien soll einen aktuellen und differenzierten Überblick über Werte, Haltungen und Lebensumstände von sozial benachteiligten Schüler*innen bieten, der für die Frage nach konkreten religionspädagogischen Handlungsmöglichkeiten herangezogen werden kann.

5.1 *Grundorientierungen und Lebensstile in unteren sozialen Milieus*

Im Folgenden werden drei relevante Sinus-Milieu-Studien vorgestellt. Zuerst erfolgt die Darstellung wesentlicher Ergebnisse der Sinus-Studie *Evangelisch in Baden und Württemberg* aus dem Jahr 2012. Anschließend werden ergänzend dazu milieuspezifische Zugänge zu und Umgangsweisen mit Religion anhand des *MDG-Milieuhandbuchs* herausgestellt. Im Anschluss folgt die Sinus-Jugendstudie *Wie ticken Jugendliche 2016?*, die sich speziell mit den unterschiedlichen Lebenswelten Heranwachsender beschäftigt. Im Fokus stehen dabei die Milieus und Lebenswelten im unteren Bereich der vertikalen Achse, d. h. die Milieus, in denen eine geringe Kapitalausstattung vorzufinden ist. Es wird sich auf die Sinus-Milieu-Studien beschränkt, da das Sinus-Milieumodell unterschiedliche soziale Lagen auf der vertikalen Achse berücksichtigt. Für die vorliegende Arbeit sind neben den Milieus auch die Lebensstile der Sinus-Jugendstudie wesentlich, da diese anhand des Bildungsgrades erstellt wurden, welcher durch die vertikale Achse abgebildet ist.

5.1.1 Sinus-Milieu-Studien

Im Laufe der letzten Jahrzehnte hat sich die Gesellschaft stark verändert und ausdifferenziert. Neben der Bedeutungsabnahme der Schichtzugehörigkeit befinden sich auch die Werte der Menschen im Wandel. Während in den 1950er Jahren durch den Wiederaufbau nach dem Zweiten Weltkrieg traditionelle Werte wie Pflicht und Ordnung geprägt wurden, fand in den zwei Jahrzehnten darauf durch den wirtschaftlichen Aufschwung eine Veränderung in Richtung Individualisierung und Selbstverwirklichung statt. Nach dieser Modernisierung fand ab den 1980er Jahren eine Neuorientierung durch gestiegene Mobilität und multimediale Kommunikationsmöglichkeiten statt, die Werte wie Selbstmanagement und Experimentierfreude hervorhob. Diese unterschiedlichen Werte und Grundorientierungen bestehen als Folge des soziokulturellen Wandels in der aktuellen Gesellschaft, wenn auch häufig auf verschiedene Generationen verteilt, und erfordern eine detaillierte sozialwissenschaftliche Analyse, deren zentrale Befunde durch die Sinus-Milieus dargestellt werden.[1] An diesem knappen historischen Überblick wird auch deutlich, warum die im vorangegangenen Kapitel ausführlich dargestellte Theorie Bourdieus für heutige Gesellschaften modifiziert werden muss, um sie weiterhin zu nutzen. Die meisten der von Bourdieu untersuchten Personen und Gruppen werden nach traditionellen Werten sozialisiert und erzogen worden sein, was heute nur auf einen sehr geringen Anteil an jungen Menschen zutrifft.[2]

Die Sinus-Milieus sind das Resultat mehrjähriger Forschung und werden regelmäßig aktualisiert, da sich die Gesellschaft stetig verändert. Zur Lebensweltanalyse, auf Basis derer die Milieus bestimmt werden, werden die grundlegenden Wertorientierungen, Alltageinstellungen und ästhetischen Präferenzen einbezogen. Ziel der Forschung ist ein Zielgruppenmodell mit möglichst detaillierter Beschreibung der Milieus, das von verschiedenen Kund*innen genutzt werden kann.[3]

Das Modell der Sinus-Milieus ordnet verschiedene Milieus zweidimensional an, wobei sich die Milieus teilweise überschneiden. Auf der vertikalen Achse werden auf drei Ebenen aufsteigend unterschiedliche soziale Lagen als Schichten voneinander unterschieden. Die horizontale Achse ist die Werteachse, auf der drei verschiedene Grundorientierungen von traditionell bis postmodern die Abschnitte markieren, denen die Milieus zugeordnet werden. Die Zuordnung

1 Vgl. Wippermann/Magalhaes: MDG-Milieuhandbuch, 5f.

2 Vgl. ebd., 153.

3 Vgl. ebd., 6. Besonders wegen dieses kommerziellen Interesses stehen die Sinus-Milieus in der Kritik (vgl. Gennerich: Art. Milieu und Religion, in: WiReLex, 6.2). Als Kommunikationsmodell verstanden kann das Sinus-Milieu-Modell allerdings als geeignetes Werkzeug zur Kommunikation des Evangeliums genutzt werden (vgl. Hempelmann et al.: Auf dem Weg zu einer milieusensiblen Kirche, 100f.).

zeigt, dass ein Milieu in der Regel über mehrere Abschnitte verteilt ist, sich innerhalb eines Milieus also mehrere soziale Lagen und Grundorientierungen finden.[4]

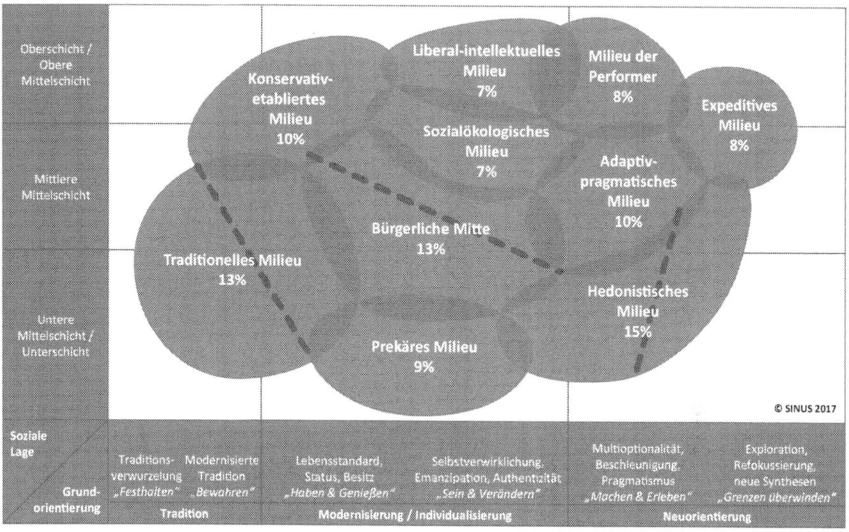

Abbildung 3: Sinus-Milieus in Deutschland 2017[5]

Die Komplexität und Dynamik moderner Gesellschaften lassen sich durch sozialwissenschaftliche Paradigmen verstehen, die scheinbare Paradoxien verständlich machen: Die Milieus sind durch spezifische Grundorientierungen und jeweils eigene ästhetische Vorstellungen identifizierbar und können voneinander abgegrenzt werden, jedoch sind die Grenzen im Gegensatz zu sozialen Schichten fließend: „Es gibt graduelle Übergänge und subkulturelle Kohärenz zwischen den Milieus"[6], die ein reales Bild von der individualisierten und pluralisierten Gesellschaft darstellen. Gleichzeitig ist jedes Milieu eine semantisch eigenständige Welt mit ihrer Binnenperspektive und einem hohen Ausmaß an in ihr getätigter, diese Semiantik und Logik des Milieusystems reproduzierender Kommunikation nach eigenen Codes.[7] Auch wenn diese Sicht auf die Milieus der Theorie sozialer Systeme Luhmanns entnommen ist, finden sich hier Parallelen zu Bourdieus Sozialraumtheorie: die dem Milieu eigenen Wahrnehmungskategorien und Logiken, die eine Verständigung innerhalb des Milieus ermöglichen,

---

4 Vgl. Wippermann/Magalhaes: MDG-Milieuhandbuch, 7.

5 Flaig/Barth: Hoher Nutzwert und vielfältige Anwendung, 11. Abdruck mit freundlicher Genehmigung der Sinus Markt- und Sozialforschung GmbH.

6 Wippermann/Magalhaes: MDG-Milieuhandbuch, 8.

7 Vgl. ebd.

und die den Milieus zugrundeliegenden Werte, ästhetischen Vorstellungen und Lebensstile ähneln in ihrer Entstehung und Weitergabe den Konzepten von Habitus und Lebensstil bei Bourdieu. Daher ist eine Anknüpfung an seine Theorie durch die Sinus-Milieus bzw. eine Verknüpfung dieser beiden Modelle möglich. Diese Verbindung von Bourdieu und Sinus-Milieus hat in der Vergangenheit bereits dazu geführt, dass die Distinktionsstrategien, die von Bourdieu beobachtet wurden, auch in modernen Gesellschaften nachgewiesen werden konnten. Außerdem wurden weitere Abgrenzungsstrategien sowohl zwischen den sozialen Lagen als auch den Grundorientierungen identifiziert, die soziale Mobilität erschweren und soziale Ungleichheiten aufrechterhalten.[8]

5.1.2 Milieus in der evangelischen Kirche

Die aktuelle der alle zehn Jahre deutschlandweit stattfindenden Kirchenmitgliedschaftsuntersuchung (KMU) aus dem Jahr 2012 liefert einige Befunde, die für die vorliegende Arbeit von Interesse sind. Deutlich wird bei der fünften KMU allerdings auch, dass es einer milieuspezifischen Differenzierung bedarf, die im Rahmen der Studie nicht stattgefunden hat, im Folgenden aber skizziert wird.

Zur Gruppe der Jugendlichen gibt es einen zentralen Befunde in Bezug auf die Kirchenmitgliedschaft: „Unter den jugendlichen Kirchenmitgliedern, eine Gruppe, welche nach repräsentativen Umfragestudien und Statistiken eine kontinuierlich sinkende Größe darstellt, besteht eine *steigende Distanz* gegenüber der evangelischen Kirche."[9] Religiosität findet zunehmend in nicht-institutioneller Form statt, auch indem Elemente verschiedener Religionen miteinander verknüpft werden.[10] Insgesamt verliert Religion stetig an Bedeutung bzw. wird zunehmend als Privatangelegenheit wahrgenommen. Diese Entwicklung fasst Gert Pickel unter dem Phänomen *religiöse Indifferenz* zusammen. Der über mehrere Generationen steigende Bedeutungsverlust wird nach Pickel häufig durch *Wertewandel* und *Individualisierung* erklärt, die als Bestandteile einer gesamtgesellschaftlichen Entwicklung im Kontext steigenden materiellen Wohlstandes und zunehmender Bildung gelten.[11] Diesen Befund gilt es besonders in Bezug auf den Wohlstand und die Bildungsexpansion milieudifferenziert anzufragen: Inwiefern gilt der Befund auch für diejenigen, die weder von zunehmender Bildung noch von steigendem Wohlstand profitieren, sondern eher als Verlierer*innen dieser Entwicklung gelten?

---

8 Vgl. Bos et al.: Gibt es eine armutsbedingte Bildungsbenachteiligung, 181ff.
9 Pickel: Jugendliche und junge Erwachsene, 61.
10 Ebd., 63.
11 Vgl. ebd., 65f.

Die Bedeutung von Religion und religiöses Wissen werden besonders durch die Sozialisation im Elternhaus tradiert. „Das Elternhaus ist nicht die einzige Sozialisationsinstanz, spielt aber in der primären Sozialisation des Religiösen eine Schlüsselrolle. Hinzu treten noch die Sozialisationsinstanzen der Freundesgruppen und der Schule – und möglicherweise auch die Massenmedien."[12] Die vier genannten Sozialisationsinstanzen, Familie, Freundeskreis, Schule und Medien haben in den unterschiedlichen Milieus verschiedene Stellenwerte, wie vor allem in der Sinus-Jugendstudie[13] gezeigt wird. Das bedeutet, dass diese Instanzen unterschiedlich starken Einfluss auf Kinder und Jugendliche haben, auch in Bezug auf das Verhältnis zu Religion und Kirche. Ebenfalls wichtig sind inhaltliche Unterschiede in der Sozialisation. Die weitergegebenen Werte und Überzeugungen in den verschiedenen Milieus und Sozialisationsinstanzen unterscheiden sich hinsichtlich ihrer Nähe zu durch Religion vermittelten Werten. Eine geringe religiöse Sozialisation und wenig religiöses Wissen sind für Pickel ein Erklärungsansatz für die bei vielen Jugendlichen festgestellte, zunehmende religiöse Indifferenz.[14] Zur Entstehung und Entwicklung der eigenen Religiosität zählt auch der Umgang mit religiösen Fragen. Eltern zählen zu den „ersten Ansprechpartnern in religiösen Fragen"[15]. Die Bedeutung der Sozialisationsinstanz Familie für Bildungschancen im Religionsunterricht wird dann deutlich, wenn man sich die Unterschiede in der Ansprechbarkeit und auch in den möglichen Antworten vorstellt. Sind Eltern nicht oder kaum bei religiösen Fragen ansprechbar bzw. auskunfts- und sprachfähig, so können große Unterschiede im Vorwissen zwischen Kindern entstehen. Besonders die Kinder aus den kirchennahen, also den eher traditionellen und bürgerlichen Milieus sind diesbezüglich im Vorteil. Die Kinder aus den prekären und hedonistischen Milieus erfahren nicht nur eine allgemeine Bildungsbenachteiligung, sondern im Religionsunterricht auch eine herkunftsbedingte *religiöse Bildungsbenachteiligung.*[16]

Statt wie in der vierten KMU (2002) Lebensstiltypen der Kirchenmitglieder zu berechnen, wird in der fünften KMU mit Merkmalspolaritäten, sog. *Dimensionen* gearbeitet. Begründet wird diese Veränderung mit der größeren Stabilität gegenüber den als dynamisch wahrgenommenen Lebensstilen.[17] Innerhalb eines Lebensstils können sich diese durchaus stark voneinander unterscheiden. Als relevant für das Verhältnis zur Kirche erweisen sich die drei Dimensionen *Traditionsorientierung*, *Bildungsaffinität* und *Interesse an Geselligkeit.*[18] Am Beispiel der dritten Dimension zeigt sich, dass dieses Merkmal in verschiedenen Milieus auftritt, allerdings unterschiedlich stark vertreten sein kann: Die Mehrheit der

---

12 Ebd., 66.
13 Siehe unten sowie Calmbach et al.: Wie ticken Jugendliche.
14 Vgl. Pickel: Jugendliche und junge Erwachsene, 68.
15 Ebd., 69.
16 Vgl. ebd.
17 Schulz et al.: Dimensionen des Lebensstils, 77.
18 Vgl. ebd.

evangelischen Menschen in Deutschland ist gesellig, besonders diejenigen mit höheren Bildungsabschlüssen. Die Kirchenmitgliedschaft wird häufig auch durch das Geselligkeitsbedürfnis erklärt und die gesellschaftliche Bedeutung der Kirche durch z. B. diakonisches Handeln von den an Geselligkeit interessierten Mitgliedern wertgeschätzt.[19] Für die fünfte KMU sind die Lebensstiltypen bzw. Milieus jedoch nach Aussagen von Schulz et al. nachrangig. Vielmehr interessiert „worin Abstoßungs- und Anziehungseffekte im Verhältnis zu Ausdrucksgestalten von Kirche begründet sind“[20], was durch die Analyse der Merkmalspolaritäten möglich ist.

Die Ergebnisse der fünften Kirchenmitgliedschaftsstudie der EKD geben Hinweise auf Veränderungsmöglichkeiten, um bisher wenig erreichte und gering gebundene Menschen an die Kirche zu binden und passende Angebote für diese zu machen. Zwei der im abschließenden Beitrag von Thies Gundlach genannten Handlungsoptionen sind für den Kontext Kinderarmut und Religionsunterricht nennenswert: Zum einen sieht er eine „situations- und klientelbezogene Flexibilisierung der Gemeinde- und Beteiligungsformen“[21] als eine Chance und Herausforderung für die Zukunft der evangelischen Kirche. Dazu gehört auch die Sensibilität für Unterschiede zwischen Milieus und Dimensionen innerhalb verschiedener Lebensstile und die Berücksichtigung dieser. Gelingt dies, können Kinder aus unterschiedlichen Milieus einen leichteren Zugang zu Religion erhalten, was sich auch auf die Lern- und Beteiligungschancen im Religionsunterricht auswirkt. Solange das nicht der Fall ist, kommt dem Religionsunterricht besonders in der Grundschule eine kompensatorische Aufgabe zu und Religionslehrkräften die Aufgabe, die unterschiedlichen Lernausgangslagen zu berücksichtigen. Gleiches gilt für die von Gundlach genannte Aufgabe, die Vielfalt kindlicher Lebenswelten wahrzunehmen, um Exklusionen zu vermeiden, die er allerdings auf die Vielfalt von Familienformen bezieht. Übertragen auf die Vielfalt der Milieus, in denen Kinder aufwachsen, ergibt sich für Kirche und Religionsunterricht die Aufgabe, diese wahrzunehmen und konsequent zu berücksichtigen, da auch eine Milieuengführung in beiden Handlungsfeldern Exklusionen mit sich bringt.[22]

Milieudifferenzierte Aussagen zur Kirchenmitgliedschaft gibt es bisher nur für die Landeskirchen in Baden und Württemberg. Die im Jahr 2012 durchgeführt Sinus-Studie *Evangelisch in Baden und Württemberg* liefert detaillierte Milieubeschreibungen zu Einstellungen gegenüber Kirche und Religion. Zwar ist die Studie auf Volljährige und die beiden Landeskirchen beschränkt, dennoch lassen sich zumindest Hinweise und Impulse aus den Ergebnissen für Überle-

19 Vgl. ebd., 78.
20 Ebd., 79.
21 Gundlach: Handlungsherausforderungen, 131.
22 Vgl. ebd., 131f.

gungen zu einem armutssensiblen und somit auch milieusensiblen Religionsunterricht entnehmen, wobei besonders die Befunde zu Milieus in den unteren sozialen Lagen von Interesse sind.

5.1.2.1 *Sinus-Studie „Evangelisch in Baden und Württemberg" 2012*

Die von den beiden Landeskirchen in Auftrag gegebene Milieustudie wurde in zwei Phasen durchgeführt. Zu Beginn wurden 100 explorative Interviews geführt, in der zweiten Phase fand die quantitative Erhebung durch 2024 Telefoninterviews statt. Eine Besonderheit ist, dass an der qualitativen Erhebung auch Nichtkirchenmitglieder teilgenommen haben, um einen möglichst umfassenden Eindruck von den Milieus zu erhalten.[23]

Zu den zehn Sinus-Milieus konnten neben Informationen zu Anteilen an der Bevölkerung, die evangelisch und in dem Milieu vertreten sind, auch milieuspezifische Lebensweltlogiken ermittelt werden. Die Lebensweltlogiken, die für die Interpretation der Daten insbesondere hinsichtlich fachdidaktischer Potenziale für den Religionsunterricht von Bedeutung sind, werden im Folgenden für die drei Milieus vorgestellt, die in der unteren Soziallage verortet sind. Diese Lebensweltlogiken sind Verallgemeinerungen und treffen daher nicht auf alle Menschen innerhalb der Milieus zu. Sie sind lediglich als Groborientierungen zu verstehen, aus denen sich Impulse ableiten lassen.[24]

a) das Traditionelle Milieu
Die Lebensweltlogik der Traditionellen ist mit dem Buchstaben V betitelt und enthält die Elemente Verlustempfinden, Vergangenheitsorientierung und Verstimmung. Insgesamt entspricht diese Logik einem auf Beständigkeit und Retrospektive ausgerichteten Denken.[25]

b) das Prekäre Milieu
Die Lebensweltlogik der Prekären mit dem Kennbuchstaben B wird zusammengefasst als benachteiligt, bemüht, beunruhigt und besorgt. Zukunftsängste und Anschlussbemühungen in einer gesellschaftlich benachteiligten Situation prägen das Denken und stehen dabei in einem Gegensatz zu einer weiteren Milieueigenschaft: „Das Milieu empfindet sich ‚eigentlich' als stark und attraktiv."[26] Diese Ambivalenz äußert sich besonders in Abgrenzungsbemühungen gegenüber den oberen Milieus bzw. Intellektuellen.[27]

---

23 Vgl. Hempelmann et al.: Auf dem Weg zu einer milieusensiblen Kirche, 180ff.
24 Vgl. ebd., 108.
25 Vgl. ebd., 110.
26 Ebd., 114.
27 Vgl. ebd.

c) das Hedonistische Milieu

Dem Hedonistischen Milieu ist die Lebensweltlogik Sp zugeordnet: Spontaneität, Spaß und Spannung sind handlungsleitende Denkmuster. Eine starke Gegenwartorientierung ist für dieses Milieu zusammen mit Abgrenzung von allem als konservativ und spießig wahrgenommenen kennzeichnend.[28]

In dem Bewusstsein, dass Akteur*innen, die sich mit Veränderungen von kirchlichen Angeboten beschäftigen, selbst aus ihren Milieus heraus agieren und bewerten, die in der Regel nah beieinander liegen, geben die Lebensweltlogiken Hinweise auf Barrieren, die Menschen aus verschiedenen Milieus den Zugang zu kirchlichen Angeboten erschwert bzw. verdeutlicht, warum diese sich von den Angeboten nicht angesprochen fühlen. Die überrepräsentierten Milieus zeigen dabei die Milieugrenzen der Kirche auf.[29] Kirchliche Angebote und Selbstverständnisse abseits der bürgerlichen Milieus fallen auf und können Christ*innen aus dominanten Milieus zeigen, was oft übersehen wird: „dass ihre soziokulturelle Erschließung des christlichen Glaubens nur eine mögliche unter vielen anderen möglichen ist."[30] Ein eindrückliches Beispiel für eine milieuabweichende Gemeinde ist das House for All Sinners and Saints, welches von der amerikanischen Pastorin Nadia Bolz-Weber gegründet wurde.[31] Passend zu den Ergebnissen der Sinus-Studie für Baden-Württemberg formuliert sie in einem Interview zum Deutschen Evangelischen Kirchentag 2015 in Stuttgart: „Es sollte mehr Pastoren geben, die die Vielfalt der Menschen widerspiegeln. Wir brauchen nicht mehr tätowierte Pfarrerinnen. Wir brauchen welche, die Leute repräsentieren, die in der Kirche fehlen."[32] Für den Religionsunterricht ergibt sich aus der Beschäftigung mit der Milieugebundenheit der Kirche und dazugehörigen Milieubarrieren der Impuls zur Reflexion der eigenen Milieugebundenheit. Das gilt besonders für Lehrkräfte, aber auch für alle in anderer Form am Religionsunterricht beteiligte Personen, z. B. Autor*innen von Unterrichtsmaterialien und Schulbüchern.

In der Studie werden anhand der Lebensweltlogiken die unterschiedlichen Haltungen zur Kirche deutlich, die kritisch bis ablehnend, aber auch stark befürwortend bis familiär sind.[33] Für Kirche und Gemeindeentwicklung ergeben sich daraus teils sehr unterschiedliche und auch gegensätzliche Handlungsoptionen. Während die Traditionellen sich z. B. gegen Veränderungen aussprechen, sind diese für das hedonistische Milieu besonders wichtig. Für die Gestaltung und Entwicklung von Religionsunterricht ist daher ein Blick auf die Altersstruktur in

---

28 Vgl. ebd., 115.

29 Vgl. ebd., 160f.

30 Ebd., 161.

31 Bolz-Weber: Ich finde Gott in den Dingen, die mich wütend machen.

32 Leitlein: Kirche muss seltsam sein.

33 Vgl. Hempelmann et al.: Auf dem Weg zu einer milieusensiblen Kirche, 110ff.

den Milieus hilfreich. Die postmodernen Milieus sind durchschnittlich die jüngsten Milieus und wachsen stetig, wohingegen das traditionelle Milieu die ältesten Mitglieder und rückläufige Zahlen hat.[34] Die Sinus-Lebenswelten von Jugendlichen zeigen einen ähnlichen Trend: eine traditionelle Ausrichtung ist seltener zu finden als moderne und postmoderne Grundorientierungen.[35] Bei Schüler*innen im Religionsunterricht ist daher häufiger mit einer (post-)modernen Grundorientierung in ihren Lebenswelten zu rechnen, was jedoch nicht zu einer einseitigen Konzentration auf diese veranlassen sollte. Relevant sind die Wahrnehmung und Akzeptanz der verschiedenen Lebensweltlogiken.[36]

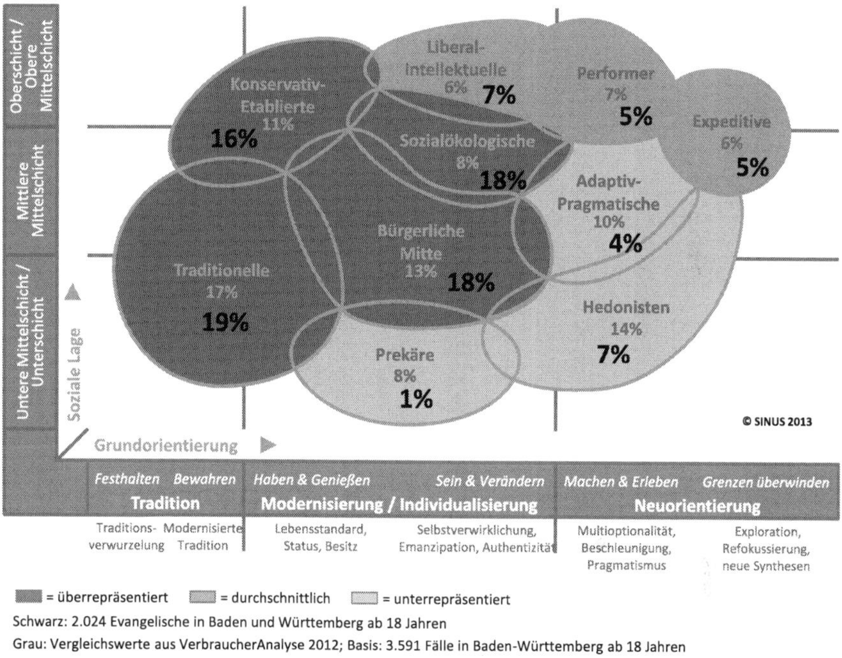

Abbildung 4: Milieustruktur der Evangelischen in Baden-Württemberg[37]

Die Abbildung zur Kirchenmitgliedschaft in Baden-Württemberg im Jahr 2012 zeigt, dass zwei der drei unteren Milieus deutlich unterrepräsentiert sind. Eine moderne bzw. postmoderne Grundorientierung und die Zugehörigkeit zur unteren Mittelschicht oder Unterschicht erscheinen als kirchendistanzierte Kombination. Auch wenn Christ*innen in diesen Milieus nur gering vertreten sind, gibt

---

34 Vgl. ebd., 50.

35 Vgl. ebd., 52. Zur Sinus-Jugendstudie siehe unten.

36 Vgl. ebd., 160.

37 SINUS Markt- und Sozialforschung GmbH: SINUS-Studie Evangelisch in Baden und Württemberg. Abschlussbericht, 33. Abdruck mit freundlicher Genehmigung der Sinus Markt- und Sozialforschung GmbH.

es sie dort, was Heinzpeter Hempelmann zur titelgebenden Aussage seines Aufsatzes bewegt: „*Es gibt Christen in allen Milieus: Kirche ist anders*“[38]. Dazu ist ihm wichtig, besonders bei den postmodernen Milieus zu fragen, aus welchen Gründen die Menschen der Kirche angehören, vor allem vor dem Hintergrund, dass klassische Formen des Gemeindelebens wie der wöchentliche Gottesdienstbesuch nicht ihrer Lebensweltlogik entsprechen.[39]

Die vier quantitativ am stärksten vertretenen Milieus, Konservativ-Etablierte, Sozialökologische, Traditionelle und die Bürgerliche Mitte, haben laut Hempelmann auch qualitativ einen großen Einfluss auf die Kirchen, wodurch die sechs anderen Milieus, von denen vor allem die postmodernen wachsen werden, weniger angesprochen werden.[40] Mit Hempelmann lassen sich zwei für die vorliegende Arbeit relevante Konsequenzen aus den Daten der Mitgliedschaftsstudie ziehen. Zum einen müsse eine Kirche, die sich als Volkskirche versteht, versuchen, für Kirchenmitglieder aus allen Milieus passende Angebote zu machen. Das könne durch Veranstaltungsformate gelingen, die sich an den jeweils milieueigenen Lebensweltlogiken orientieren. Zum anderen könne ein Perspektivwechsel im Sinne einer kopernikanischen Wende ermöglichen, von den zu erreichenden Menschen aus gedacht Fragen an die Gemeindeentwicklung zu stellen, z. B. danach, wie Kirchen ihre starke Milieugebundenheit überwinden können und welche Barrieren es für Menschen aus den gering repräsentierten Milieus gibt.[41]

Zu den beiden unterrepräsentierten Milieus der unteren Mittelschicht und Unterschicht nennt Hempelmann konkrete Vorschläge für die evangelische Kirche: Das Milieu der Prekären „fremdelt mit Kirche, als Bildungsinstitution, als bürgerlicher Lebensraum, zu dem ‚ich nicht passe‘, und selbst die Zuwendungsdiakonie ist ein Problem.“[42] Diese Kirchendistanz könne verringert werden, indem Partizipationsformen entwickelt werden, die sich an den Lebensweltlogiken des Milieus orientieren und „anders aussehen als die Annahme von barmherzig zugewendeten Leistungen“[43]. Um das hedonistische Milieu zu erreichen, sei aufsuchende Arbeit nötig, da die Menschen aus diesem Milieu nicht von alleine auf die Kirche zugehen. Herausfordernd wird dabei sein, dass die wenigsten, die sich aktuell in der Kirche engagieren, eine Nähe bzw. einen Zugang zum hedonistischen Milieu aufweisen und daher eine Sensibilisierung für dieses Milieu erforderlich ist.[44]

---

38 Hempelmann: Kirche ist anders, 8. Teile des Aufsatzes entsprechen z.T. wortwörtlich der Darstellung des ersten der zentralen Ergebnisse in dem Sammelband zur Studie (Hempelmann et al.: Auf dem Weg zu einer milieusensiblen Kirche) auf den Seiten 194 bis 204.

39 Vgl. Hempelmann: Kirche ist anders, 8.

40 Vgl. ebd., 8f.

41 Vgl. ebd., 10.

42 Ebd.

43 Ebd.

44 Vgl. ebd.

Für den Religionsunterricht können diese Konsequenzen Impulse sein, die bereits etablierte Subjektorientierung und besonders im inklusiven Religionsunterricht fokussierte Individualisierung auf der Milieuebene auszubauen. Für die Kinder aus prekären Milieus kann es z. B. hilfreich sein, wenn neben Barmherzigkeit auch ermutigende Botschaften des Christentums im Religionsunterricht sichtbar werden. Wenn diakonisches Lernen stattfindet, kann es außerdem hilfreich sein, verschiedene Diakonie-Verständnisse anzubieten.[45] Für Schüler*innen aus dem hedonistischen Milieu gilt, dieses mit seinen Grundorientierungen wahrzunehmen und zu wissen, dass es eine geringe Passung zu in der Kirche vermittelten Werten und zur Tradition des Christentums geben kann und es daher für die Schüler*innen aufgrund der Differenz zu einem Mehraufwand im Religionsunterricht kommen kann.

5.1.2.2 *Herausforderungen für die Arbeit mit Menschen aus den unteren Milieus*

Der ehem. Landesjugendpfarrer Thomas Schalla sieht in der Milieuforschung eine Chance zur Vermeidung von Diskriminierungen und Beschämungen von Kindern und Jugendlichen in der kirchlichen Arbeit, die aufgrund ihrer Milieuzugehörigkeit bereits Diskriminierungserfahrungen gemacht haben. Ein Bewusstsein über die Lebensstile von Kindern und Jugendlichen ermögliche das Anbieten differenzierter Angebote, die nicht nur den Praktiken und Ausdrucksformen der oberen Milieus entsprechen.[46]

Im diakonischen Bereich stellt das Milieu der Prekären eine besondere Herausforderung dar. Die Menschen aus diesem Milieu werden als hilfsbedürftig wahrgenommen, nehmen aber die sozialen Angebote der Kirche nicht wahr, „weil sie das Gefühl haben, als Hilfsbedürftige oder Bittsteller auftreten zu müssen."[47] Dieser Umstand wird als Herausforderung wahrgenommen, da die Option für die Armen als Bestandteil der theologischen Identität der Kirche verstanden wird, konkrete Vorschläge zum Umgang damit werden aber nicht genannt.[48] Die Distanz zwischen kirchlich-diakonischem Angeboten und realer Nachfrage gibt Hinweise darauf, dass das Milieu der Prekären durch den diakonischen Ansatz nicht angesprochen, sondern verfehlt bzw. abgeschreckt wird. Passend zu der milieueigenen Wahrnehmung als stark wird das helfende Angebot einer Institution abgelehnt, mit der man sich nicht identifiziert und zu der man sich nicht zugehörig fühlt. Bestehende Distanz und als herabschauend wahrgenommene

45 Dazu ist besonders der kritische Umgang mit einem dichotomen Diakonieverständnis, in dem die Gruppen der Helfenden und der Bedürftigen konstruiert werden, hilfreich. Vgl. dazu Bach: Der behinderte Mensch.

46 Vgl. Schalla: Die Bedeutung der Milieuforschung, 290.

47 Lienhard: Zur Sinus-Studie, 329.

48 Vgl. ebd.

Zuwendung ergeben eine herausfordernde Barriere, die sich teilweise auch auf den schulischen Religionsunterricht übertragen lässt, zumindest in fragender, selbstkritischer Form: Welche Bilder von Armut und Bedürftigkeit werden auf welche Art im Religionsunterricht gefestigt? Welche Alternativen dazu gibt es? Aus welcher Perspektive wird über Armut gesprochen? Setzen hierbei die Lebensweltlogiken der oberen Milieus den Perspektiv- und Deutungsstandard? Wie kann Armut, auch in biblischen Erzählungen, mit den Denkschemata unterschiedlicher Lebensweltlogiken betrachtet werden? Die Beschäftigung mit diesen und weiteren Fragen kann dazu beitragen, eine Begegnung verschiedener Lebensweltlogiken zu ermöglichen, die zur Verringerung der Distanz zwischen den im Religionsunterricht dominanten Milieus und den Milieus mit wenig Deutungsmacht und Geltung beitragen bzw. diesen Milieus inhaltliche Geltung verschaffen. In dieser Dynamik wird Angehörigen bisher dominanter Milieus, damit sind Lehrkräfte und Schüler*innen gemeint, auch ermöglicht, die eigene Position zu reflektieren und weitere Deutungen und Logiken kennenzulernen.

5.1.3 Religiöse und kirchliche Orientierungen in den Sinus-Milieus 2005 und 2013

Eine Institution, die ebenfalls nicht alle Zielgruppen erreicht, ist die katholische Kirche, die daher eine Zielgruppenanalyse zu religiösen und kirchlichen Einstellungen und Vorstellungen veranlasst hat. Die Datengrundlage für die im Auftrag der MDG für die Deutsche Bischofskonferenz erstellte Zielgruppenuntersuchung stellen 70 Einzelexplorationen mit mehreren Erhebungsmethoden und zehn Gruppenerhebungen dar. Die Personen für die Einzelerhebungen und die Gruppen wurden nach der Zugehörigkeit zu den verschiedenen Sinus-Milieus ausgewählt und zusammengestellt. Durch die milieudifferenzierte und umfassende Befragung der Personen sind die Befunde als qualitativ repräsentativ zu verstehen.[49] Die „qualitative Grundlagenstudie zu religiösen und kirchlichen Einstellungen in Deutschland"[50] verfolgt das Ziel, „die milieuspezifischen Perspektiven und Zugänge zu Religion und Kirche"[51] herauszustellen. Für die Nachfolgestudie aus dem Jahr 2013 (Datenerhebung 2012) wurden 100 Einzelexplorationen mit jeweils zehn Fällen pro Milieu durchgeführt.[52] Auch wenn hier nur katholische Christ*innen im Fokus der Analyse stehen, lassen sich Aspekte für nicht explizit katholische, religionspädagogische Handlungsfelder identifizieren bzw. grundlegende Einsichten allgemein übertragen. Die erste, ausführlichere und für das vorliegende Forschungsprojekt informativere Studie aus dem Jahr 2005 wird im

49 Vgl. Wippermann/Magalhaes: MDG-Milieuhandbuch, 9f.
50 Ebd., 9.
51 Ebd.
52 Vgl. Calmbach et al.: MDG-Milieuhandbuch 2013, 6.

Folgenden vorgestellt und durch Befunde der zweiten Studie ergänzt, insbesondere dort, wo Unterschiede festgestellt werden.

Dazu werden die zentralen Ergebnisse der Zielgruppenanalyse dargestellt, die für die Forschungsfragen dieser Arbeit relevant sind. Dabei wird sich auf die Darstellung von je drei der zehn Milieus beschränkt, die aufgrund der vertikalen Position im Milieumodell ausgewählt wurden: Die *Traditionsverwurzelten* bzw. *Traditionellen* und *Hedonisten* befinden sich überwiegend auf der Ebene der unteren Mittelschicht und Unterschicht, die *Konsum-Materialisten* bzw. *Prekären* sogar vollständig.[53]

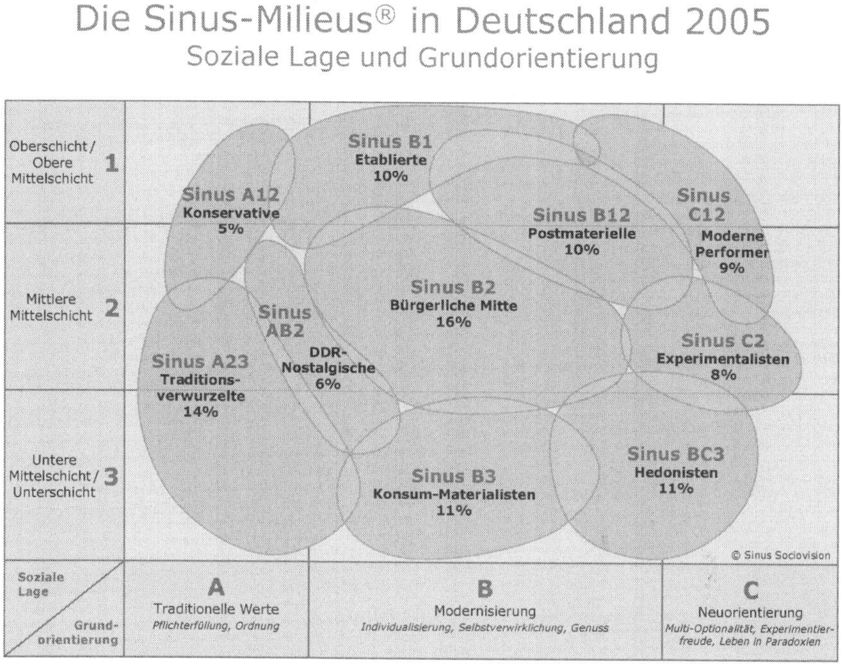

Abbildung 5: Sinus-Milieus 2005[54]

53 Vgl. Wippermann/Magalhaes: MDG-Milieuhandbuch, 7 sowie Calmbach et al.: MDG-Milieuhandbuch 2013, 56.

54 Wippermann/Magalhaes: MDG-Milieuhandbuch, 7. Datenbasis für das MDG-Milieuhandbuch 2005. Abdruck mit freundlicher Genehmigung der Sinus Markt- und Sozialforschung GmbH.

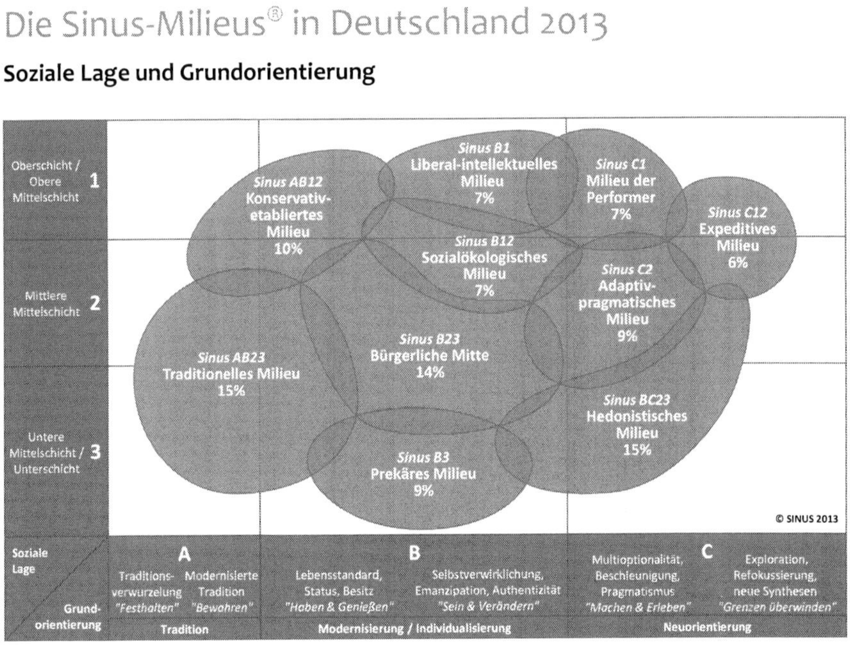

Abbildung 6: Sinus-Milieus 2013[55]

Traditionsverwurzelte bzw. Traditionelle

Die *Traditionsverwurzelten* bzw. *Traditionellen* sind überwiegend alte Menschen um die 70 Jahre, die als Nachkriegsgeneration mit den Werten der Bescheidenheit und Anpassung ihr Leben gestalten. Ohne hochgesteckte Ziele sind sie darum bemüht, ihren Lebensstandard zu halten und ein ordentliches Leben in Anstand, Disziplin und Sparsamkeit bei oft geringem Einkommen zu führen. Die Anerkennung durch das Umfeld sowie die eigene Familie sind den Milieuangehörigen wichtig.[56] Dieses Milieu kommt in der Sozialisation von Grundschüler*innen überwiegend in Form der Großeltern vor. Es kann davon ausgegangen werden, dass viele sozial benachteiligte Schüler*innen ihre Großeltern in diesem Milieu haben. Diese Annahme geht in Anknüpfung an Bourdieu aus der geringen Mobilität zwischen den Generationen auf der Achse der sozialen Lage hervor. Ein wesentliches Merkmal dieser Gruppe ist das zurückhaltende Kon-

---

55 Calmbach et al.: MDG-Milieuhandbuch 2013, 51. Datenbasis für das MDG-Milieuhandbuch 2013. Abdruck mit freundlicher Genehmigung der Sinus Markt- und Sozialforschung GmbH.

56 Vgl. Wippermann/Magalhaes: MDG-Milieuhandbuch, 151ff. sowie Calmbach et al.: MDG-Milieuhandbuch 2013, 56.

sumverhalten, wobei in Bezug auf die Kinder und Enkelkinder Ausnahmen gemacht werden. Generell sind den Traditionsverwurzelten die Sorge um und die Verantwortung für die eigene Familie wichtig, was z. B. durch die Betreuung von Enkelkindern oder die Freude über die Geburt eines Enkels zum Ausdruck gebracht wird.[57] Großeltern aus diesem Milieu können durch die praktische Versorgung der Enkelkinder im Alltag und die emotionale Fürsorge Ressourcen für die Entwicklung von Kindern sein. Auch wenn die eher einfache Sprache der Großeltern nicht zur Anhäufung des schulrelevanten Kulturkapitals dienen mag, so ist das Gewolltsein durch diese eine Chance für die Ausbildung eines positiven Selbstkonzepts.

Sind die Angehörigen dieses Milieus in die religiöse Sozialisation von Kindern eingebunden, wird ihnen ein persönliches und an die Bibel gebundenes Gottesbild vom „gütigen und tröstenden Gott während des Lebens, aber auch dem (ver)urteilenden Gott am jüngsten Tag“[58] vermittelt. Der Plan Gottes bestimmt dabei das Leben und ihm wird eine lenkende Funktion zugesprochen, für die ihm durch religiöse Taten gedankt wird.[59] Zwischen Religion und Kirche wird bei den Traditionsverwurzelten häufig nicht getrennt, was den Glaubenssätzen der Kirche eine große Bedeutung und somit auch Macht gibt.[60] Das überdurchschnittliche Engagement in Kirchengemeinden sowie die hohe Bindung an diese können Faktoren für die religiöse Sozialisation der Enkelkinder sein.[61] Ebenso können biblische Geschichten als Sozialisationsressourcen gelten, die vielen Traditionsverwurzelten bekannt sind. Diese können an die nächsten Generationen weitergegeben werden, wobei das überwiegend wortwörtlich geschieht und nicht in Form von Gesprächen über unterschiedliche Auslegungen dieser.[62]

Hedonisten

Das Milieu der *Hedonisten* ist durch eine Orientierung an Spaß und Zwanglosigkeit gekennzeichnet. Auch wenn sich aufgrund von sozialen Ängsten nach einem geordneten Leben gesehnt wird, ist das Ausbrechen aus dem Alltag und bürgerlichen Strukturen im Hier und Jetzt handlungsleitend. Dieses Milieu weist Abgrenzungsstrategien in mehrere Richtungen und einen demonstrativ unangepassten Lebensstil auf. Als Mittel zu Abgrenzung wird u. a. das Körperkapital genutzt. Über ein Viertel der Milieuangehörigen hat ein geringes oder kein eigenes Einkommen, was auch am hohen Anteil an jungen Menschen in der Ausbildung

57 Vgl. Wippermann/Magalhaes: MDG-Milieuhandbuch, 154ff.
58 Ebd., 165.
59 Vgl. ebd.
60 Vgl. ebd., 166. Hier ist die katholische Kirche gemeint, die dogmatisch sehr wirksam ist. Für die evangelische Kirche lässt sich zumindest eine starke Anerkennung und Identifikation durch die Traditionsverwurzelten vermuten.
61 Vgl. ebd., 167 sowie Calmbach et al.: MDG-Milieuhandbuch 2013, 361ff.
62 Vgl. Wippermann/Magalhaes: MDG-Milieuhandbuch, 170.

und im Studium liegt. Zu den Hedonisten gehören aber auch Alleinerziehende, die Eltern von Grundschüler*innen sein können, sowie Mehrpersonenhaushalte, weshalb dieses Milieu näher betrachtet wird.[63]

Im Gegensatz zu den in der Schule und am Arbeitsplatz präsenten Verhaltensregeln und Leistungsanforderungen bietet die Freizeit den Hedonisten einen Raum zur eigenen Gestaltung, weshalb die Freizeit „als eigentlicher Lebensraum“[64] wahrgenommen wird. Ein für Bildungsbiografien bedeutsames Spezifikum dieses Milieus ist eine gegenwartsbezogene Grundhaltung: Die Befriedigung spontaner Bedürfnisse hat hohe Priorität. Anstrengungen für zukünftige Erfolge genießen dadurch keinen Vorrang und werden, ebenso wie aktuelle Notwendigkeiten wie Schule oder Arbeit, als „Mittel zum Zweck“[65] verstanden. Ebenfalls für den Bildungsbereich relevant sind sprachliche Differenzen zu anderen Milieus und vor allem zur Unterrichtssprache: Zwar sind Hedonisten auf der Mitteilungsebene eher aktiv, allerdings erfolgen die konkreten Mitteilungen häufig nach eigenen subkulturellen Sprachcodes, die zum Teil stark von der Unterrichtssprache und von Kommunikationsregeln in der Schule abweichen.[66] Kinder, die im hedonistischen Milieu sozialisiert werden, erleben daher wahrscheinlich in der Schule große Passungsschwierigkeiten.

Zu Religionen haben Hedonisten ein eher distanziertes Verhältnis und das christliche Gottesbild wird anhand von Theodizee-Fragen und aufgrund der durch die Kirche vorgefertigten Vorstellung von Gott kritisiert.[67] Durch diese Distanz erfolgt keine oder eine geringe, eher kritische religiöse Sozialisation der Kinder, bietet aber auch religionspädagogische Anknüpfungspunkte: Beispielsweise kann die Theodizee-Thematik im Unterricht aufgegriffen werden oder, was bereits mit jüngeren Schüler*innen möglich ist, Raum für eigene Gotteskonzepte gegeben.[68] Die Bibel ist für die meisten Hedonisten ein Relikt vergangener Zeiten, die wegen der unverständlichen und alten Sprache und des großen Umfangs schwer zugänglich erscheint. Auch sind die biblischen Geschichten aus hedonistischer Perspektive nicht mehr zeitgemäß und weisen eine sehr starke Moral auf, was dem eigenen Streben nach Freiheit entgegensteht.[69] Der Umgang mit biblischen Geschichten besteht in Spontanreaktionen und der inhaltlichen sowie sprachlichen Übertragung in die eigene Lebenswelt, wobei versucht wird, „der Geschichte etwas Positives abzugewinnen“[70]. Für Schüler*innen aus dem

63 Vgl. ebd., 288ff. sowie Calmbach et al.: MDG-Milieuhandbuch 2013, 408ff.

64 Wippermann/Magalhaes: MDG-Milieuhandbuch, 293.

65 Ebd., 301.

66 Vgl. ebd., 299.

67 Vgl. ebd., 306.

68 Die Rostocker Langzeitstudie zeigt, dass auch mit nicht oder gering religiös sozialisierten Kindern die Arbeit mit eigenen Gotteskonzepten möglich ist. Siehe dazu Szagun: Dem Sprachlosen Sprache verleihen.

69 Vgl. Wippermann/Magalhaes: MDG-Milieuhandbuch, 311.

70 Ebd.

hedonistischen Milieu bzw. mit hedonistischer Sozialisation können daher durch subjektorientierte bibeldidaktische Ansätze und (Kinder-)Bibeltexte in moderner Sprache passende Zugänge zur Bibel im Religionsunterricht ermöglicht werden.

Konsum-Materialisten bzw. Prekäre

Unter den *Konsum-Materialisten* bzw. *Prekären* ist der überwiegende Anteil an Eltern sozial benachteiligter Grundschüler*innen zu finden. Alleinerziehende, Arbeitslose und Geringqualifizierte sind als Armutsrisikogruppen besonders stark in diesem Milieu vertreten.[71] Die Grundorientierung ist, wie es die ältere Milieubezeichnung verdeutlicht, ein ausgeprägter Konsum-Materialismus mit dem Ziel, den Standards der Mittelschicht zu entsprechen. Der Wunsch der Zugehörigkeit zu dieser Gruppe zeigt sich nicht nur im Konsumverhalten, sondern auch in „Abgrenzungsbemühungen gegenüber Randgruppen und Ausländern (‚die noch tiefer stehen')"[72]. Der Lebensstil der Konsum-Materialisten bzw. Prekären beinhaltet auch Träume vom plötzlichen Aufstieg und einem Leben in Luxus, welche aus der prekären Lage heraus entstehen. Der Konsumstil ist geprägt von dem Wunsch nach der Mittelschichtszugehörigkeit, übersteigt häufig die finanziellen Möglichkeiten und ist nicht auf langfristige Absicherung ausgerichtet.[73] Zwischen den Prekären (2013) und den Konsum-Materialisten (2005) ist eine Entwicklung auffällig: Die Bedeutung des Konsums als Mittel zur Anpassung an die Mittelschicht hat abgenommen und die Tendenz zur Bescheidenheit mitsamt Rückgriff auf andere Werte wie Zusammenhalt in der Familie hat zugenommen.[74]

Die soziale Identität ist von einem kapitalistisch-hierarchischen Weltbild geprägt: Statussymbole sichern Anerkennung und suggerieren soziale Akzeptanz.[75] Innerhalb des Milieus gelingt den Milieuzugehörigen überwiegend ein selbstsicheres Auftreten, „auf fremdem Terrain"[76] bewegen sie sich aber eher unsicher und provozierend. Ein solches fremdes Terrain können Bildungsorte und Institutionen formaler Bildung sein. Da eine „Ablehnung von intellektueller Besserwisserei und distinguiertem Habitus"[77] zu den Abgrenzungsstrategien der untersten Milieus gehört, sind Passungsschwierigkeiten in der Schule, besonders im Bereich der Elternarbeit möglich.

Als Ressource für Kinder aus diesem Milieu kann die Freizeitgestaltung nicht generell verstanden werden. Allerdings wird sich bei dieser an der bürgerlichen

71 Vgl. ebd., 228 sowie Calmbach et al.: MDG-Milieuhandbuch 2013, 373.
72 Wippermann/Magalhaes: MDG-Milieuhandbuch, 226.
73 Vgl. ebd., 229.
74 Vgl. Calmbach et al.: MDG-Milieuhandbuch 2013, 382.
75 Vgl. Wippermann/Magalhaes: MDG-Milieuhandbuch, 230.
76 Ebd.
77 Ebd.

Norm orientiert, sodass Familienausflüge und gemeinsame Unternehmungen von Eltern mit ihren Kindern zur Wochenendgestaltung zählen. Die gemeinsam verbrachte Freizeit beinhaltet z. B. sportliche Aktivitäten wie Radfahren oder Schwimmen, also gesundheitsförderliche Tätigkeiten.[78] Weniger förderlich für den schulischen Erfolg von Kindern aus diesem Milieu ist die Art der Kommunikation und des sprachlichen Ausdrucks. Eine eher einfache, grammatikalisch unkorrekte Sprache, die im Milieu so akzeptiert wird, entspricht nicht der Unterrichtssprache, in der auf grammatikalische Korrektheit und zunehmenden Wortschatz geachtet wird. Außerhalb des Milieus findet im Bewusstsein um die unterschiedliche Ausdrucksweise ein eher zurückhaltender Ausdruck statt.[79] Dass das auch für die Beteiligung an Unterrichtsgesprächen in der Grundschule gilt, lässt sich an dieser Stelle nur vermuten.

Als zentrale Befunde zum Lebenssinn in diesem Milieu werden Alltagsbewältigung, das Vermeiden von sozialem Abstieg und kleine Ziele als Ausdruck einer bescheidenen Haltung genannt. Als Schutzstrategien gegen Benachteiligungen sind Desinteresse und Gleichgültigkeit durch soziale Abschottung aufgeführt, die das Distinktionsverhalten erklären.[80] Das Aufwachsen im konsum-materialistischen bzw. prekären Milieu führt daher vermutlich eher zu einer stagnierenden Haltung und einer Orientierung an der aktuellen Situation, statt an langfristigen Zielen, was sich u. a. in der Wahl der weiterführenden Schule und generellen Bildungsbemühungen durch die Eltern auf die Bildungschancen der Kinder auswirken kann. Die Bereitschaft „zurückzustecken, damit es der Familie gut geht und die Kinder es einmal besser haben“[81], steht in einem Spannungsverhältnis zur Haltung gegenüber Bildungsanstrengungen. Die „Gleichgültigkeit in Bezug auf fast alles, was Bildungsanstrengungen erfordert und bei den konkreten Alltagsproblemen keine praktische Hilfe ist“[82], stellt bei gleichzeitiger Fokussierung auf die Sorge um die Kinder eine große Barriere für deren Bildungsmöglichkeiten dar.

In Bezug auf Religion und Kirche erscheint dieser Lebenssinn in Form von Unsicherheit und Distanz: „‘Religionen‘ gelten als ‚intellektuelles Bildungswissen‘, zu dem man keinen Zugang hat.“[83] Diese Wahrnehmung unterstützt die Thesen Frank Lützes, der dem Religionsunterricht eine Milieuverengung und dadurch Bildungsbenachteiligung unterstellt.[84] Abstrakte religiöse Begriffe sind für die Milieuzugehörigen oft nicht oder nur schwer verständlich. Trotzdem besteht das Bedürfnis nach elementarer, religiöser Bildung, um durch Wissen über

78 Vgl. ebd., 231.
79 Vgl. ebd., 237.
80 Vgl. ebd., 239.
81 Calmbach et al.: MDG-Milieuhandbuch 2013, 382.
82 Wippermann/Magalhaes: MDG-Milieuhandbuch, 243.
83 Ebd., 242.
84 Vgl. Lütze: Redet die Religion, 96.

verschiedene Religionen ein anerkannter Teil der Gesellschaft zu sein. Das Zugehörigkeitsgefühl stellt hier die Motivation für die Auseinandersetzung mit Religion dar.[85] Für religionspädagogische Überlegungen sind zwei Aspekte herauszustellen: Zum einen gilt es, einen milieusensiblen Religionsunterricht zu gestalten, um auch die Schüler*innen zu erreichen, die in ihrer Sozialisation Religion als schwer zugänglich erfahren. Zum anderen können Überlegungen dazu angestellt werden, wie stark der religionskundliche Anteil im Unterricht ausgeprägt sein soll. Dabei sollten, um dieses Milieu zu erreichen, möglichst viele Religionen und auch esoterische Richtungen behandelt werden.

Insgesamt erscheinen Religion und Kirche den Befragten dieses Milieus als eine Art von Luxus, den man sich leisten können muss: „Das ist was für Leute, die Zeit haben (zum Bibellesen, Beten, Meditieren, Kirchgang), die Geld haben (das sie spenden können) und die keine Alltagssorgen haben"[86]. All das schreiben sie sich selbst nicht zu. Hier zeigt sich neben der Bedeutung der Kapitalmenge auch die mit dieser zusammenhängende, verfügbare Zeit als wichtiger Faktor, ebenso wie Bourdieu es bereits für die Bildung herausgestellt hat. Entsprechend der fehlenden Ressourcen wird sich mit Religion nur marginal und eher oberflächlich beschäftigt.[87] Das prekäre Milieu aus der Studie von 2013 zeigt in Bezug auf Religion zwei Tendenzen: Zum einen gibt es Prekäre, die in der Religion Halt und Hoffnung auf ein besseres Leben finden, wodurch dieser eine Bewältigungsfunktion zukommt. Zum anderen gibt es Milieuangehörige, die sich als Reaktion auf Enttäuschungen im Leben von Kirche und Religion abwenden.[88] Eher oberflächlich findet die Auseinandersetzung mit biblischen Geschichten statt. Die Bibel ist zwar in vielen Haushalten vorhanden, wird aber kaum genutzt, da sie als unverständliches Fachbuch mit zu vielen Seiten wahrgenommen wird. Biblische Geschichten sind eher aus Spielfilmen bekannt und beeindrucken nach anderen Kriterien als bei Menschen, die anderen Milieus zugeordnet werden. Assoziative Bezüge zu eigenen Erfahrungen und Parallelen zu anderen Filmen sind hier zu nennen.[89] Der Zugang zur Religion über popkulturelle Phänomene und rezeptionsästhetische bibeldidaktische Ansätze sowie die Nutzung handlungsorientierter Methoden können konkrete religionspädagogische Anknüpfungspunkte zur Adressierung von Schüler*innen aus diesem Milieu sein.

Ebenso wichtig ist ein Religionsunterricht, der sich „als Gemeinschaft von Menschen mit Stärken und Schwächen, Ecken und Kanten, Fehlern und Problemen"[90] präsentiert, um die Schüler*innen mit Ausgrenzungs- und Bevormundungserfahrungen durch die gesellschaftlichen Hierarchien zu erreichen, die in dem Milieu der Konsum-Materialisten vertreten sind. Die Ausgestaltung eines

85 Vgl. Wippermann/Magalhaes: MDG-Milieuhandbuch, 242.
86 Ebd., 244.
87 Vgl. ebd.
88 Vgl. Calmbach et al.: MDG-Milieuhandbuch 2013, 387.
89 Vgl. Wippermann/Magalhaes: MDG-Milieuhandbuch, 246.
90 Ebd., 253.

inklusiven Religionsunterrichts ist daher für dieses Milieu aufgrund von Exklusionserfahrungen von großer Bedeutung. Die Gemeinschaft von Gläubigen spielt in dem prekären Milieu eine wichtige Rolle zur Kompensation fehlender Anerkennungserfahrungen, wodurch dem Religionsunterricht kompensatorisches Potenzial zukommt.[91] Dieses kann er nutzen, wenn eine passende Gottesvorstellung kommuniziert wird: Den glaubenszuwandten Prekären ist ein Gottesbild wichtig, in dem „Gott sie so akzeptiert, wie sie sind. Ihm können Sie gegenübertreten ohne Erfolgs- oder Leistungsdruck. Sie betonen: vor Gott sind alle gleich."[92]

5.1.4 „Wie ticken Jugendliche 2016?" – Sinus-Studie zu Lebenswelten Jugendlicher zwischen 14 und 17 Jahren

Diese qualitative Studie wird genutzt, da die befragte Gruppe eine altersbezogene Nähe zu Grundschüler*innen aufweist und sozial benachteiligte Grundschüler*innen in der Regel länger in Armut verweilen. Die unteren Milieus der 14 bis 17-Jährigen bilden somit die bildungsbenachteiligten Grundschüler*innen der letzten Jahre ab. Neben 72, teilweise von Jugendlichen geführten, narrativen Interviews wurden schriftlich Daten erhoben und die Wohnwelt der Jugendlichen fotografisch dokumentiert.[93] In der Studie wurden u. a. Forschungsfragen zu Zukunftsperspektiven, Freizeitgestaltung und Abgrenzungs- bzw. Vergemeinschaftungsmerkmalen behandelt.[94] Diese Fragen bieten Anknüpfungsmöglichkeiten an die Forschungsbefunde zu Kinderarmut und Bildungsbenachteiligung. Die Freizeitgestaltung liefert beispielsweise Aufschlüsse über die Handlungsspielräume der Jugendlichen[95] und die habituellen Spezifika innerhalb der Milieus. Außerdem wurden Fragen zum Bereich Glaube und Religion gestellt, die sich auf die individuelle Religiosität, die Wahrnehmung von religiös motivierten Konflikten und die Bedeutung von Religion im Freundeskreis beziehen.[96] Auf Basis der analysierten Daten wurden sieben Jugend-Lebenswelten entwickelt, die den Sinus-Milieus ähneln, und ebenso drei Grundorientierungen aufweisen: „traditionell, modern und postmodern"[97]. Auffallend ist, dass bei Jugendlichen

---

91 Vgl. Calmbach et al.: MDG-Milieuhandbuch 2013, 389.
92 Ebd.
93 Vgl. Calmbach et al.: Wie ticken Jugendliche, 22ff.
94 Vgl. ebd., 18.
95 Vgl. Chassé et al.: Meine Familie ist arm, 60ff.
96 Vgl. Calmbach et al.: Wie ticken Jugendliche, 20.
97 Ebd., 30.

Wertvorstellungen gemeinsam auftreten, die inhaltlich teilweise widersprüchlich erscheinen.[98] Die Darstellung der Lebenswelten erfolgt anhand der Grundorientierung auf der horizontalen Achse von traditionell bis postmodern und dem Bildungsgrad auf der vertikalen Achse von niedriger bis gehobener Bildung.[99]

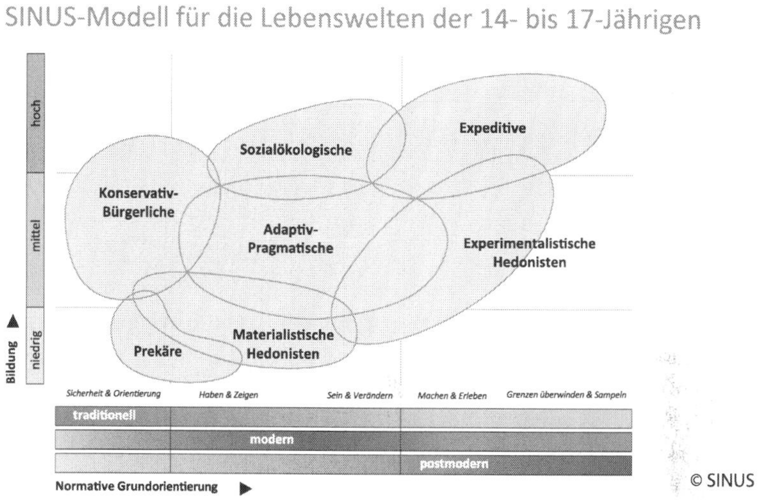

Abbildung 7: Sinus-Modell für die Lebenswelten der 14–17-Jährigen[100]

Im Folgenden werden die beiden Lebenswelten mit dem geringsten Bildungsgrad vorgestellt: die Prekären, die überwiegend traditionelle und teilweise moderne Grundorientierungen mitbringen, und die häufig modernen materialistischen Hedonisten.

Prekäre

Jugendliche in der prekären Lebenswelt bemühen sich um gesellschaftliche Teilhabe und bringen die vergleichsweise schwierigsten Voraussetzungen zur Lebensgestaltung mit. Viele der Prekären machen während ihrer Kindheit und Ju-

---

98 Vgl. ebd.

99 Vgl. ebd., 32. Die Grundorientierungen werden anhand eines Wertemodells entwickelt, das strukturell und inhaltlich stark dem allgemeinen Wertemodell von Shalom Schwartz ähnelt, welches von Carsten Gennerich bevorzugt wird, der die Sinus-Milieus aus verschiedenen Gründen kritisiert. Diese Nähe fällt auch Gennerich selbst auf, weshalb das alternative Modell an dieser Stelle nur erwähnt und nicht ausführlich vorgestellt wird (vgl. Gennerich: Art. Milieu und Religion, in: WiReLex, 3f.).

100 Calmbach et al.: Wie ticken Jugendliche, 33. Abdruck mit freundlicher Genehmigung der Sinus Markt- und Sozialforschung GmbH.

gend die Erfahrung vom Leben in Armut, was ihnen bewusst ist und zu Zukunftsängsten führt, insbesondere in Bezug auf die Teilhabemöglichkeiten am gesellschaftlichen Leben. Die Vorstellungen von der beruflichen Zukunft sind zum Teil von der Einstellung geprägt, dass sich Arbeit nicht lohnt. Darin spiegelt sich die Wahrnehmung der begrenzten Aufstiegsmöglichkeiten. Eher unrealistische Träume von einer Zukunft als Sport- oder Musikstar werden geäußert, wobei soziale Aufsteiger*innen oft als Vorbilder dienen. Der familiäre Zusammenhalt ist für die Jugendlichen besonders wichtig und zeigt sich in den Zukunftsträumen von einer eigenen, harmonischen und abgesicherten Familie.[101]

Besonders die Armutserfahrung in der Familie wirkt sich auf die Lebensgestaltungsmöglichkeiten aus. Ebenso wie die Eltern machen die Jugendlichen oft die Erfahrung, dass sie überflüssig und nutzlos sind, was sich negativ auf die Ausbildung von Selbstvertrauen und Selbstwirksamkeit auswirkt. Aus dieser Ausgangslage entwickeln einige der Prekären eine aktive Haltung, in der die eigene Verantwortung für die Zukunft prägend ist. Diese zeigt sich in dem Versuch, mit Fleiß und Verlässlichkeit die wahrgenommenen Benachteiligungen zu kompensieren.[102] Viele Jugendliche aus der prekären Lebenswelt wissen um den Zusammenhang von Bildung und sozialem Aufstieg, sehen aber in ihrem Umfeld häufig, dass schulische Anstrengungen nicht immer zum Aufstieg führen.[103]

Kulturelle Interessen bestehen überwiegend im popkulturellen Bereich. Klassische kulturelle Angebote wie das Theater werden gemieden und als langweilig und befremdlich wahrgenommen. Stattdessen werden Angebote des Privatfernsehens wahrgenommen, in denen alltägliche Probleme behandelt werden und es den Protagonist*innen teilweise noch schlechter geht als den jugendlichen Zuschauer*innen.[104] Laut Calmbach et al. spielt die „mangelnde Verfügbarkeit von Büchern im heimischen Umfeld [...] eine nicht unwesentliche Rolle für die Selbstattribution von ‚Lesefaulheit' in dieser Lebenswelt."[105] Insgesamt wird Bildung auf den Bereich Schule konzentriert wahrgenommen. In der Freizeit wird sich nicht mit Bildungsangeboten beschäftigt oder einem aus der Schule interessant wirkenden Thema nachgegangen. Bildungsanstrengungen in der Freizeit werden hingegen als Zeitverschwendung betrachtet, da eine direkte Belohnung nicht erkennbar sei.[106]

Aufgrund der sozialen Herkunft der Eltern wachsen prekäre Jugendliche häufig in sog. sozialen Brennpunkten auf. In diesen finden Gemeinschaftserfahrungen unter Peers oftmals im öffentlichen Raum, z. B. in Jugendzentren und auf Spielplätzen statt. Die Bedeutung der Peergroup ist in der prekären Lebenswelt groß, da die Jugendlichen in der Regel Ausgrenzungserfahrungen mitbringen

---

101 Vgl. Calmbach et al.: Wie ticken Jugendliche, 75ff.
102 Vgl. ebd., 81.
103 Vgl. ebd., 82.
104 Vgl. ebd., 84f.
105 Ebd., 85.
106 Vgl. ebd., 87.

und daher auf Anerkennungs- und Zugehörigkeitserfahrungen durch die Peergroup angewiesen sind. Sie erfahren Ausgrenzung bzw. Ablehnung nicht nur innerhalb der Familie, sondern auch in der Öffentlichkeit und in Institutionen wie z. B. der Schule.[107]

Materialistische Hedonisten

Die Gruppe der materialistischen Hedonisten wird als konsumorientiert beschrieben. Die Grundorientierung ist überwiegend modern, zum Teil traditionell. Der repräsentative Zweck des Konsums erklärt die Konzentration auf kurzfristige Konsumziele und die Abgrenzung von schlecht gekleideten und ungepflegt erscheinenden Jugendlichen. Diese Form der Distinktion im Bereich der unteren Milieus findet besonders durch Markenkleidung und die Anerkennung innerhalb der Peergroup Ausdruck.[108]

Ein großer Teil der Jugendlichen aus dieser Lebenswelt macht Abschlüsse im Bereich der niedrigen formalen Bildung, z. B. an Hauptschulen. Auch wenn die Einstellung zur Bildung eher distanziert und zweckmäßig ist, leiden sie unter der geringen Wertschätzung ihrer (angestrebten) Bildungsabschlüsse. Zur Kompensation des geringen schulischen Engagements wird Fleiß in der späteren Berufstätigkeit genannt.[109] Als wichtigster Bezugspunkt wird die Familie genannt, in der häufig traditionelle Vorbilder zu finden sind. Im Kontrast zur Geborgenheit durch die Familie steht der Freundeskreis für eine an Spaß und Erleben orientierte Freizeitgestaltung, die teilweise auch illegale und gewalttätige Elemente aufweist. Das Verhältnis zu allgemeinen Regeln ist distanziert. Diese werden stark als begrenzend wahrgenommen und daher regelmäßig übertreten.[110] Ebenso wie bei den Prekären gibt es überwiegend Vorbilder, die in den Bereichen Film, Musik und Sport erfolgreich sind und schwierige Startbedingungen hatten.[111] Die Zukunftsvorstellungen der materialistischen Hedonisten beinhalten bürgerliche Elemente wie Ehe und Familie, Beruf und Wohneigentum. Vor dem Hintergrund der eigenen Erfahrung von problematischer Kindheit und Jugend wird für die eigenen Kinder eine Verbesserung der Bedingungen des Aufwachsens angestrebt. Diese soll durch einen guten Beruf und den dadurch möglichen sozialen Aufstieg realisiert werden. Dazu gehört eine möglichst schnelle finanzielle Unabhängigkeit durch eine gute und sichere Ausbildung. Allerdings stellen viele Jugendliche aus dieser Lebenswelt fest, dass sie lediglich realistische Chancen auf Berufe mit geringer Bezahlung und wenig gesellschaftlicher Anerkennung haben. Neben den von vielen als Traum verstandenen Traumberufen

107 Vgl. ebd., 88f.
108 Vgl. ebd., 91f.
109 Vgl. ebd., 94.
110 Vgl. ebd., 95.
111 Vgl. ebd., 96.

wie Fußball- oder Popstar, die als unerreichbar eingeschätzt werden, gibt es daher in der Regel realistische Alternativen.[112] Insgesamt beinhalten die Zukunftsperspektiven der Jugendlichen viele Unsicherheiten und Ängste. Neben der Angst vor fremden Herausforderungen durch den Beginn einer Ausbildung gibt es auch die Sorge, keinen Ausbildungsplatz zu erhalten oder mit dem (angestrebten) Schulabschluss langfristig nicht viel erreichen zu können. Diese Sorgen führen nicht dazu, lebenslanges formales Lernen anzustreben.[113]

Noch stärker als bei den Prekären dient die Peergroup als Orientierung, wenn es um Fragen des (kulturellen) Geschmacks geht. Daher genießen kulturelle Angebote jenseits des Mainstreams keine Anerkennung. Sport ist hingegen etwas, in das Jugendliche Zeit und Engagement investieren, u. a. um Körperkapital auszubilden und Erfolgserlebnisse zu haben, die in der Schule häufig ausbleiben.[114] Entsprechend wird die Freizeit eher selten für Bildung oder das Lesen von Büchern genutzt. Auch ist die Vorstellung davon, von den Peers als „Streber" bezeichnet zu werden, für materialistische Hedonisten abschreckend.[115] Neben dem durch Sport erwerbbaren Körperkapital spielen soziale Kontakte eine große Rolle. Der Freundeskreis bietet Sicherheit und Anerkennung. Außerdem dient er zur Abgrenzung von den unbeliebten Gruppen im direkten Umfeld der eigenen Lebenswelt. Sowohl die sozioökonomisch Bessergestellten als auch die unteren Milieus werden als „Bonzen" und „Gymnasiasten" bzw. als „Sozialschmarotzer" und „Asoziale" abgelehnt.[116] Begründet wird die Ablehnung anhand des Verhältnisses von Aufwand und Ertrag: Diese Gruppen besitzen etwas, ohne in den Augen der hedonistischen Materialisten etwas dafür zu tun. Auf der einen Seite liefert der Staat das Geld und auf der anderen Seite die wohlhabenden Eltern.

5.2 Soziale Milieus im Religionsunterricht

Im Folgenden werden die zentralen Gemeinsamkeiten und Unterschiede zwischen den Lebenswelten der Jugendlichen und Milieus der Erwachsenen aufgezeigt und zentrale Impulse für den Religionsunterricht hervorgehoben.

In den ausgewählten Sinus-Studien werden spezifische Wertvorstellungen von Jugendlichen und Erwachsenen aus den unteren Einkommens- bzw. Bildungsmilieus erkennbar. Gemeinsam ist den vorgestellten Milieus und Lebens-

---

112 Vgl. ebd., 98ff.
113 Vgl. ebd., 100.
114 Vgl. ebd., 103.
115 Vgl. ebd., 106.
116 Vgl. ebd., 110.

welten eine eher auf den Moment ausgerichtete Denk- und Handlungsorientierung. Ein Spezifikum der Jugendlichen ist, dass innerhalb einer Person verschiedene, teilweise gegensätzliche Wertvorstellungen Ausdruck finden. Zum Umgang mit der Ambiguität in den Wertvorstellungen bieten sich binnendifferenzierte Lernwege im Religionsunterricht an, die auch auf intrapersonaler Ebene Spannungen aushaltbar und durch verschiedene Zugangs- und Ausdrucksformen kommunikabel machen. Dadurch lässt sich auch auf interpersonaler Ebene Ambiguitätstoleranz erwerben.[117]

Anerkennung durch das nahe Umfeld, also die Familie und die Peergroup, oder die auf der vertikalen Achse über dem eigenen Milieu verorteten Personen ist handlungs- und vor allem konsumleitend. Das Bemühen um Anerkennung außerhalb des eigenen Milieus bzw. der eigenen Lebenswelt ist im Vergleich der vorgestellten Gruppen ein Spezifikum der Konsum-Materialisten und führt u. a. zu Allgemeinbildungsbemühungen. Für didaktische Überlegungen schließt sich die Frage an, ob auch Lehrkräfte solche Orientierungs- und Anerkennungspersonen sein können. Dem Konsum kommt neben dem Ziel der Anerkennung auch eine distinktive Funktion zu. Insbesondere gilt es, sich von den Menschen abzugrenzen, die man unter der eigenen Position verortet, um der gesellschaftlichen Mitte anzugehören. Allerdings gibt es auch Abgrenzungsstrategien gegenüber denjenigen, die mehr gesellschaftliche Anerkennung bekommen und, vor allem bei den materialistischen Hedonisten unter den Jugendlichen, Abgrenzung von denjenigen, die formal höher gebildet sind. Distinktion erfolgt anhand verschiedener Strategien und Kapitalarten: Neben dem Körperkapital wird vor allem die soziale Zugehörigkeit zu einer bestimmten Gruppe zur Abgrenzung genutzt und z. B. durch einen bestimmten Sprachstil oder sprachliche Codes ausgedrückt. Die prekären Jugendlichen bringen zudem häufig Ausgrenzungserfahrungen mit. Eine Ausnahme bilden im Vergleich der unteren Milieus die Traditionsverwurzelten, denen Anpassung an die gesellschaftlichen Verhältnisse und das Bewahren des eigenen Lebensstandards wichtiger sind als die Abgrenzung von anderen Milieus.

Im Vergleich der verschiedenen unteren Milieus wird deutlich, dass Distinktionsstrategien auch im Bereich der Religion vorhanden sind und diese den Grundorientierungen der Milieus entsprechen. In Ablehnung einer abstrakten Auseinandersetzung mit Religion werden konkrete Zugänge gewählt. Neben einem traditionellen, personalen und biblischen Gottesbild, das vielen Traditionsverwurzelten vertraut ist, dominiert in den anderen unteren Milieus vor allem die Distanz zu christlichen Gottesbildern. Die Gründe dafür unterscheiden sich: Während die Hedonisten die Vorgaben zu Gottesvorstellungen seitens der

[117] Vgl. Kammeyer: Inklusive Wege des Umgangs mit Heterogenität, 224f.

(kath.) Kirche[118] kritisieren, ist es bei den Konsum-Materialisten die Intellektualität, die sie mit Gottesvorstellungen verbinden. Ähnlich verhält es sich mit der Einstellung zur Kirche: Bei den Traditionsverwurzelten wird diese nicht von Religion unterschieden, bei den Hedonisten wird sie als machtausübende Institution kritisch und distanziert betrachtet und den Konsum-Materialisten ist sie zu intellektuell und wird lediglich als Mittel zum Zweck genutzt, wenn z. B. durch den Kirchenbesuch die Zugehörigkeit zur Mitte der Gesellschaft erhöht werden kann. Im Umgang mit der Bibel setzt sich dieses Muster fort. Das wörtliche Verständnis der häufig bekannten biblischen Geschichten ist milieuspezifisch für die Traditionsverwurzelten. Sowohl die Hedonisten als auch die Konsum-Materialisten haben ein distanziertes Verhältnis zur Bibel, zum einen aufgrund der Wahrnehmung von fehlenden Anschlussmöglichkeiten an die heutige Zeit, zum anderen aufgrund der Unverständlichkeit und popkulturellen, alternativen Zugängen zu den Geschichten. Die in den Milieus erkennbare Verschiedenheit der Zugänge und der Nähe bzw. Distanz zur Bibel wird auch von Ulrich Riegel aufgegriffen, der diese mit einem Modell moderner Religiosität nach David Wulff zusammenführt. Für die unteren Lebenswelten der Jugendlichen ergeben sich daraus zwei grundlegend unterschiedliche Zugänge zu biblischen Geschichten, die in der Gestaltung von Religionsunterricht berücksichtigt werden können. Die traditionellen Jugendlichen, also besonders die aus der Gruppe der Prekären, können in ihrem wörtlichen Bibelverständnis einen Transzendenzbezug haben, während bei den eher modern orientierten, materialistischen Hedonisten ein religionskritisches Bibelverständnis ohne Transzendenzbezug vermutet werden kann.[119]

Religion wird überwiegend abgelehnt, wodurch Abgrenzungen stattfinden. Die Beurteilung von Religion, Kirche und Theologie als intellektuelle Angelegenheiten dient auch zur Distinktion und findet z. T. wertend statt. Als Zugehörigkeitsmittel wird Religion vor allem von den Traditionsverwurzelten genutzt, teilweise auch von den Konsum-Materialisten, besonders durch die gesellschaftlich sichtbaren Elemente.

Insgesamt kann in den unteren Milieus mit Ausnahme derer, die sich an traditionellen Werten oder der Anpassung an bürgerliche Strukturen orientieren, von einer distanzierten bis ablehnenden und abgrenzenden Haltung gegenüber Religion und abstrakten, theologischen Herangehensweisen an biblische Geschichten ausgegangen werden, die sich auch auf die Kinder übertragen kann, die zum nahen Umfeld der Milieuangehörigen gehören. Dadurch wird neben den bisher aufgeführten Passungsschwierigkeiten ein zusätzlicher milieubedingter

118 Matthias Sellmann sieht in den etablierten Gottesbildern Hinweise auf eine Milieuverengung. Die römisch-katholische Kirche sei aufgefordert, ihre eigenen Klischees zu hinterfragen, die zu milieuverengter Gottesrede führten (vgl. Sellmann: Milieuverengung als Gottesverengung, 288f.).

119 Vgl. Riegel: Bibelverständnis und soziales Milieu, 675ff.

Unterschied in den Lernvoraussetzungen sozial benachteiligter Grundschüler*innen erkennbar, mit dem in einem armutssensiblen Religionsunterricht umgegangen werden muss. Ein weiterer relevanter Aspekt ist die in den Milieus erkennbare Gegenwartsorientierung. In Anbetracht dieses Befundes ist zu fragen, ob arme Grundschüler*innen überhaupt einen Zugang zu „Sinn und Geschmack für das Unendliche"[120] haben und wie dieser ggf. gefördert werden kann. Im Anschluss an diese Frage kann auch die bildungsbürgerliche Vorstellung von Religion hinsichtlich ihrer Exklusivität angefragt werden. Eine auf das Transzendente enggeführte Vorstellung von religiöser Bildung bediene, so eine mögliche These, in erster Linie diejenigen, die einen Transzendenzbezug im Rahmen ihrer Primärsozialisation erfahren, wodurch besonders die materialistisch orientierten Schüler*innen Nachteile erfahren würden.

Außerdem wird in der Unterscheidung der Milieus deutlich, dass sozial benachteiligte Kinder sich in ihren Zugängen zu den Inhalten und Methoden des Religionsunterrichts unterscheiden. Die Kinder, die Religion als Tradition und Zugehörigkeitsinstrument erfahren, bringen wahrscheinlich eine größere Nähe zu den Inhalten des Religionsunterrichts mit und zeigen eine höhere Affinität zu religiöser Bildung. Für den Umgang mit der Milieuvielfalt lassen sich Hinweise aus dem Bereich der kirchlichen Milieustudien entnehmen, die sich auf kirchliche Bildungsangebote beziehen. „*Milieusensible Kommunikation und milieudifferenzierter Medieneinsatz*"[121] sind laut Hempelmann wichtige Instrumente für erfolgreiche Bildungsangebote. Wie die Ausführungen besonders zu den Sinus-Lebenswelten der Jugendlichen zeigen, werden unterschiedliche Medien in unterschiedlichem Ausmaß zu diversen Zwecken genutzt. Für den Religionsunterricht bedeutet das, von unterschiedlichen Medien- und Kommunikationserfahrungen ausgehend, müssen vielfältige Medien und Kommunikationsformen angeboten werden, um Schüler*innen aus möglichst vielen Milieus zu erreichen. Als weiteres Instrument, welches gleichermaßen als Ziel gelten kann, nennt Hempelmann die „*Milieuüberschreitung*"[122], welche mehrere Schritte erforderlich macht. Neben der Aufklärung über die gesellschaftlichen und religiösen Zusammenhänge (Milieuaufklärung) bedarf es u. a. einer eigenen Positionierung (Milieuverortung), der Identifikation von Zielgruppen (Milieufokussierung) und des Einbezugs bisher nicht erreichter Milieus (Milieuerschließung) und der Voraussetzung einer reflektierten und wertfreien Begegnung (Milieutoleranz).[123] Diese für Einwicklungen innerhalb von Kirchengemeinden formulierten Schritte lassen sich aufgrund ähnlicher Milieuverengungen auf den schulischen Religionsunterricht übertragen.

---

[120] Schleiermacher: Über die Religion, 36 (in der Erstausgabe von 1799: 53).
[121] Hempelmann: Gott im Milieu, 104.
[122] Ebd., 103.
[123] Vgl. ebd., 103f.

Insgesamt zeigen sich deutliche soziallagebezogene Tendenzen in Grundorientierungen und Zugängen zu Elementen religiöser Bildung in den Befunden der Sinus-Studien. Diese Unterschiede lassen sich auch im Wertefeld erkennen, welches Carsten Gennerich in seiner empirischen Dogmatik des Jugendalters verwendet.[124] Für das Grundschulalter und die Kombination religiös relevanter Daten mit Indikatoren für die sozioökonomische Lage besteht an dieser Stelle ein Forschungsbedarf, der jedoch im Rahmen dieser Arbeit nicht verfolgt werden kann. Daher wird auf vorhandene Ergebnisse zurückgegriffen, die auf den Religionsunterricht in der Grundschule bedingt übertragbar sind. Die in den Sinus-Studien aufgefallenen Unterschiede in Lebensweltlogiken, Werten und Grundorientierungen können anhand der Arbeit von Gennerich aus religionsdidaktischer Perspektive differenziert in den Kontext des Religionsunterrichts eingebettet werden, um auf inhaltlicher Ebene Impulse für eine armutssensible Unterrichtsgestaltung zu ermitteln. Die genannte Differenz zwischen Transzendenzbezug und materialistischer Orientierung lässt sich durch das Modell besonders hervorheben.

5.2.1 Vielfältige Werte und plurale Erfahrungskontexte von Schüler*innen aus den unteren Milieus

Im Folgenden wird das Wertefeldmodell vorgestellt, welches Carsten Gennerich zur Erstellung der empirischen Dogmatik des Jugendalters verwendet hat. Anschließend werden für die vorliegende Arbeit bedeutende Befunde herausgestellt und mit den Ergebnissen der Sinus-Milieu-Studien in Verbindung gebracht, um religionspädagogische Impulse abzuleiten bzw. die von Gennerich entwickelten religionsdidaktischen Vorschläge vor dem Hintergrund sozioökonomischer Vielfalt zu betrachten.

Die Auseinandersetzung mit Werten ist aus religionspädagogischer Perspektive besonders zu diagnostischen Zwecken von Bedeutung: „Werte sind für die Religionsdidaktik wichtig, weil sie Aufschluss über die Erfahrungswelt der SchülerInnen geben und auf ihre Reaktionsdispositionen hinweisen, die bei der Gestaltung didaktischer Arrangements zu berücksichtigen sind."[125] Das von Gennerich verwendete Wertefeldmodell basiert auf dem symboldidaktischen Erfahrungsmodell von Peter Biehl und dem Wertemodell von Shalom H. Schwartz. Biehl ordnet menschliche Grunderfahrungen in ein dimensionales System mit zwei Achsen ein. Die horizontale Achse hat die Pole *Progression* und *Regression*, die vertikale Achse die Pole *Partizipation / Modus des Seins* (Seins-Orientierung) und *Autonomie / Modus des Habens* (Haben-Orientierung), wobei Autonomie hier

[124] Vgl. Gennerich: Empirische Dogmatik des Jugendalters, 55ff.

[125] Ebd., 30.

als Selbstermächtigung verstanden wird. Theologisch deutet Biehl die vertikalen Pole als Rechtfertigung (Partizipation) und Sünde (Autonomie). Shalom H. Schwartz hat 1987 zusammen mit Wolfgang Bilsky eine Verhältnisbestimmung von insgesamt 56 Einzelwerten vorgenommen, die eine zweidimensionale Darstellung mit den Polen *Offenheit für Wandel* (links) und *Bewahrung* (rechts) auf der horizontalen Achse und *Selbst-Transzendenz* (oben) und *Selbst-Steigerung* (unten) auf der vertikalen Achse als Ergebnis hat.[126] Diese Achsen und Pole übernimmt Gennerich für seine empirische Dogmatik. Anhand zahlreicher Daten von über 30.000 Jugendlichen aus verschiedenen Datensätzen führt Gennerich eine eigene theoriegeleitete Analyse durch und erstellt Wertefelder zu Situationen von Schüler*innen und theologischen Einstellungen. Ein Ziel seiner Arbeit ist das Aufzeigen der Pluralität von Schüler*innen im Religionsunterricht anhand unterschiedlicher Rezeptionsaffinitäten, die durch das Modell identifiziert und differenziert werden können.[127] Zu den untersuchten Lebenssituationen der Jugendlichen gehören u. a. die Schulbildung und das Haushaltseinkommen. Die Ergebnisse dazu sind im Kontext von Kinderarmut relevant und werden daher im Folgenden vorgestellt.

In der Annahme, dass je nach Schulform unterschiedliche „Lebensaussichten, soziale Bezugsgruppen, Kommunikationsstile etc."[128] bei den Schüler*innen vorhanden sind, analysiert Gennerich die Datensätze entsprechend und erstellt schulformdifferenzierte Wertefelder. Die Daten aus verschiedenen Studien zeigen „einen klaren Bildungszusammenhang zu den Werthaltungen auf der Achse von unten/rechts nach oben/links"[129]. Bei den verwendeten Datensätzen zeigt sich in allen Fällen, dass Schüler*innen auf dem Gymnasium zwischen den Polen *Offenheit für Wandel* und *Selbst-Transzendenz* verortet sind und Hauptschüler*innen quasi im Gegensatz dazu zwischen den Polen *Bewahrung* und *Selbst-Steigerung* stehen. Zur Erklärung verweist Gennerich auf mehrere Faktoren, z. B. den Einfluss des Herkunftsmilieus auf die Bildungschancen und somit auch die Schulformzugehörigkeit und den möglichen Einfluss der Zugehörigkeit zu einer Schulform auf die Wertehaltungen.[130] Die Einkommenssituation der Familien zeigt sich ebenso wie die Schulform in unterschiedlichen Werten. Die Tendenz ist dabei vergleichbar: Je höher das Einkommen im Elternhaus ist, desto weiter oben/links lassen sich die Werte der Jugendlichen verorten. Ein geringes Familieneinkommen spiegelt sich in der Wertepositionierung unten / rechts, also an Bewahrung und Selbst-Steigerung orientiert wider. Gennerich nennt diesen Be-

126 Vgl. ebd., 31.
127 Vgl. ebd., 45ff.
128 Ebd. 55.
129 Ebd., 56f.
130 Vgl. ebd., 55ff.

fund mit Blick auf die Schüler*innen ein Beispiel für „nicht kontrollierbare Kontextfaktoren für ihre Werthaltungen“[131]. Anhand des Zusammenhangs von Einkommen und Werthaltung verdeutlicht er das Anliegen seiner Studie, diagnostische Präzision zu verbessern:

> „Denn wenn die SchülerInnen sich aufgrund ihrer Einbettung in unterschiedliche Lebenssituationen gar nicht beliebig zu den Deutungsangeboten der LehrerInnen im Unterricht hinbewegen können, dann wird es wichtig, dass die SchülerInnen die Möglichkeit bekommen, begleitet von der theologischen Kompetenz ihrer LehrerInnen, ihre eigenen Lebensdeutungen entwickeln.“[132]

Als weiteren, von den Schüler*innen nicht kontrollierbaren Kontextfaktor für die Werthaltungen nennt Gennerich den Bildungsstand der Mutter, der dem oben geschilderten Trend entspricht. Abschließend weist er auf ein religionsdidaktisches Risiko hin: In der Bemühung, lebensweltorientiert soziallagenspezifische Angebote im Religionsunterricht zu machen, kann die Zielgruppe verfehlt werden. Am Beispiel der Befreiungstheologie, die auf die Gruppe unten/rechts zielt, von dieser aber häufig nicht als passendes Angebot wahrgenommen wird, verdeutlicht er dieses Risiko.[133] Am Beispiel des theologischen Begriffs Sünde lässt sich diese fehlende Passung verdeutlichen: Mehrere Sündenverständnisse sind wie in der theologischen Literatur auch bei den Jugendlichen zu finden. Gerechtigkeitsbezogene Sündenverständnisse, wie sie z. B. in befreiungstheologischen Ansätzen zu finden sind, die Sünde als Vorhandensein ungerechter Strukturen verstehen, haben aufgrund ihrer auf Partizipation ausgerichteten Gegenstrategien zur Sünde eine große Distanz zu den sozial benachteiligten Schüler*innen im Wertefeld (oben/links vs. unten/rechts).[134] Diese Distanz gilt es, im religionspädagogischen Kontext wahrzunehmen. Es kann nicht vorausgesetzt werden, dass Schüler*innen, die Benachteiligte durch ungerechte Strukturen sind, eine Offenheit für universal gedachte, auf gesellschaftliche Veränderungen ausgerichtete, befreiungstheologische Ansätze mitbringen. Es ist eher vom Gegenteil, einer distanzierten bis ablehnenden Haltung auszugehen. Dazu passt auch, dass Jugendliche im oberen Teil des Wertefelds Gott eher als Gott für Arme wahrnehmen und Jugendliche aus dem unteren Teil tendenziell ein Gottesbild haben, in welchem sich dieser den Reichen zuwendet.[135] Auch in Bezug auf die Haltung gegenüber den Ländern des globalen Südens und der Frage nach der Verantwortung für globale Ungerechtigkeit wird erkennbar, warum befreiungstheologische Ansätze eher privilegierte als benachteiligte Schüler*innen ansprechen: Jugendliche im Wertefeld unten/rechts sehen die Verantwortung für Armut in den Ländern des globalen Südens bei den Ländern selbst, während

131 Ebd., 59.
132 Ebd.
133 Vgl. ebd., 59f.
134 Vgl. ebd., 71ff.
135 Vgl. ebd., 189f.

Jugendliche im Bereich oben/links das eigene Konsumverhalten dafür verantwortlich machen und daraus einen Handlungsimperativ ableiten.[136]

An einigen Beispielen wird im Folgenden aufgezeigt, welche religionsdidaktischen Herausforderungen sich durch die Wertevielfalt und ihre soziallagebezogenen Ausprägungen im Zusammenhang mit theologischen Topoi im Religionsunterricht ergeben können. Dabei werden ausgewählte Ergebnisse der Studie von Carsten Gennerich mit den Befunden der Sinus-Milieu-Studien in Verbindung gebracht.

Materialismus mit dem Ziel der Selbsterhöhung kann theologisch als Sünde gedeutet werden. Schüler*innen aus den Milieus der Konsum-Materialisten (Sinus-Milieus) bzw. der materialistischen Hedonisten (Sinus-Lebenswelten Jugendlicher) entsprechen mit ihren Grundorientierungen häufig der Wertefeldposition unten/links bzw. dem an Selbst-Steigerung orientierten, unteren Wertefeldbereich und haben somit tendenziell eine entgegengesetzte Haltung zum verantwortlichen, christlich-traditionellen Umgang mit dem Materiellen. Hier wird eine weitere Distanz zwischen den Lebenswelten und ihren immanenten Logiken vieler sozial benachteiligter Schüler*innen zu im Religionsunterricht vermittelten Werten sichtbar. Gennerich sieht das Potenzial in der beschriebenen Distanz darin, dass die Schüler*innen „gerade von neuen Lebensperspektiven, die durch unbedingte Anerkennung begründet sind, profitieren können"[137], was durch die Annahme der religionspädagogischen Herausforderung möglichst differenzierter und präziser Diagnostik mit daran anschließend passgenauen Angeboten zur aktiven Auseinandersetzung der Schüler*innen mit Deutungsangeboten im Unterricht gelingen kann.[138] Als Voraussetzung dafür sind die verschiedenen Sündenvorstellungen der Schüler*innen anzuerkennen. Wenn Schüler*innen Sünde eher auf einer konkreten Ebene, also als schädliche Handlungen anderen Menschen gegenüber, verstehen und die eigenen Werte im Bereich der Selbst-Steigerung und des Haben-Modus nicht als sündhaft wahrgenommen werden, diese aber als Sünde im Religionsunterricht begegnen, kann diese Begegnung zu einer ablehnenden und sich weiter distanzierenden Reaktion führen. Außerdem kann durch die grundsätzlich hierarchische Struktur von Unterricht dieser Effekt noch verstärkt werden, wenn sich die Schüler*innen von oben herab belehrt und mit ihrer eigenen Sündhaftigkeit nach selbsterkenntnisorientierter theologischer Interpretation konfrontiert werden, da diese Art der Begegnung und Behandlung häufig zu den negativen Grunderfahrungen in den unteren Milieus gehört.

136 Vgl. ebd., 236.
137 Ebd., 99.
138 Vgl. ebd., 95ff.

Ähnlich verhält es sich mit dem Glaubensbegriff: die gängigen christlich-theologischen Deutungen des Glaubens verstehen ihn als ein dem Menschen unverfügbares, vertrauensvolles Beziehungsgeschehen, das von Gott ausgeht, in dem der Mensch in einer zuversichtlichen Haltung das Angebot der Zuwendung Gottes annehmen kann.[139] Diese starke Orientierung an Selbst-Transzendenz ergibt wiederum eine große Distanz zu den auf Selbst-Steigerung bezogenen Werten vieler Schüler*innen aus den unteren, eher modernisierungsorientierten Milieus. Im Wertefeld sind es entsprechend die Einstellungen zum Glauben im unteren Bereich des Feldes, die einen starken Bezug auf den eigenen Anteil und Nutzen des Glaubens, wie z. B. mehr Kraft, aufweisen.[140] Zum didaktischen Umgang mit dieser Distanz stellt Gennerich fest, dass es bisher wenige überzeugende Entwürfe gibt und es daher in diesem Bereich einen Forschungsbedarf gibt. Ein Ansatz zur Ansprache von Schüler*innen aus dem unteren Bereich des Wertefeldes lässt sich seiner Zusammenfassung der wenigen vorhandenen Entwürfe entnehmen: Ein biografischer Zugang zur Thematik des Glaubens und Vertrauens über materielle Heiligtümer der Schüler*innen kann einen Zugang zur Reflexion der symbolischen Bedeutung dieser ermöglichen und dadurch lebensbedeutsame Erfahrungen, Beziehung und Fähigkeiten (sog. *Life-Skills*) als Ressourcen sichtbar werden lassen.[141]

Demut als Bereitschaft zum Positionswechsel und Statusverzicht, verstanden als christliches Ideal, trifft ebenfalls auf unterschiedliche Resonanz bei Jugendlichen, die sich auch im Wertefeld ausmachen lässt.[142] Als für Positionswechsel offene Gruppe kann dabei die Gruppe im Feld oben/links ausgemacht werden, da diese die Tendenz zum universalistischen Denken und Handeln aufweist. Erneut ist es die Gruppe unten/rechts, die einen erschwerten Zugang zu diesem theologischen Thema hat. Insbesondere biografische Erfahrungen von Statusunsicherheit ergeben, dass die Bereitschaft zum Statusverzicht gering ist.[143] Diese Haltung entspricht auch den Lebensweltlogiken der unteren Milieus, in denen Distinktionsstrategien z. B. über Körperkapital eine entscheidende Rolle bei der Statussicherung spielen. Die Abgrenzungsbemühungen gegenüber anderen Milieus geben einen weiteren Hinweis auf die geringe Bereitschaft zum Perspektiv- und Positionswechsel. Am Beispiel eines Unterrichtsversuchs, bei dem ein konkret-handelnder Zugang[144] zu Joh 13 gewählt wurde, indem die Lehr-

139 Vgl. ebd., 132ff.

140 Vgl. ebd., 155f.

141 Vgl. ebd., 171ff.

142 Vgl. ebd., 351ff.

143 Vgl. ebd., 367ff.

144 Vgl. Schweiker: Basisband. Einführung, Grundlagen und Methoden, 41ff. Im Gegensatz dazu sind abstrakte, exegetisch-hermeneutische Zugänge weniger erfolgreich bei Schüler*innen aus diesem Wertefeldbereich (vgl. Gennerich: Empirische Dogmatik des Jugendalters, 383).

kraft einem Schüler die Füße gewaschen hat, zeigt Gennerich auf, wie eine erfahrungsorientierte Begegnung für Schüler*innen aus dem Bereich unten/rechts des Wertefelds mit der Thematik gelingen kann.[145]

5.2.2 Zum Umgang mit Werte- und Erfahrungspluralität – Religionspädagogische Impulse

An den genannten Beispielen wird erkennbar, dass sozial benachteiligte Schüler*innen aufgrund ihrer durch die Lebenswelt beeinflussten Wertehaltungen in einem Religionsunterricht, der theologische Inhalte aus christlich-traditioneller Perspektive vermittelt, neben den fächerübergreifenden Bildungsbenachteiligungen auch auf inhaltlicher Ebene benachteiligt sind, da durch die aufgezeigte Distanz zu den gängigen Deutungen Rezeptionsschwierigkeiten auftreten können. Gennerich schlägt zur Schaffung von religiösen Deutungsangeboten in heterogenen Lerngruppen experimentelle Ansätze der Religionsdidaktik vor, die narrative, performative und auch abstrakte Zugänge enthalten.[146] Inwiefern diese auch Schüler*innen aus dem Wertefeldbereich unten/rechts ansprechen, wird lediglich durch die Betonung der Erfahrungsorientierung und der Möglichkeit des Experimentierens auf allgemeiner Ebene angedeutet.

Zielführender erscheint der Impuls, die *elementaren Wahrheiten*[147] im Religionsunterricht theologisch plural zu denken und Raum für vielfältige Wahrheiten zu geben. Dazu verdeutlicht Gennerich zuerst sein am semiotischen Ansatz von Dressler, Klie und Meyer-Blanck orientiertes Wahrheitsverständnis, welches er auch im Tübinger Elementarisierungsansatz wiederfindet, und grenzt sich dadurch von Biehls Symboldidaktik ab.[148] Um vielfältige Deutungsangebote im Religionsunterricht anzubieten und somit die theologische Pluralität der Schüler*innen zu berücksichtigen, sieht er das Wertefeld als hilfreiches diagnostisches Mittel. Wesentlich zur Analyse der Anknüpfungsmöglichkeiten an theologische Themen ist nach Gennerich die Wahrnehmung der unterschiedlichen Kontexte, aus denen heraus Schüler*innen den Deutungsangeboten begegnen. Zu dem für den Umgang mit dem Phänomen Kinderarmut relevanten Wertefeldbereich unten/rechts stellt er heraus, dass Jugendliche in diesem häufig in einem Kontext von „schwerwiegenden Orientierungsproblemen und Zukunftsbelastungen“[149] aufwachsen, was sich auch mit den Forschungsergebnissen zu Kinderarmut deckt, und stellt dazu folgende Vermutung auf: „In einem solchen

145 Vgl. Gennerich: Empirische Dogmatik des Jugendalters, 383.
146 Vgl. ebd., 407ff.
147 Siehe dazu Schweitzer: Elementarisierung – ein religionsdidaktischer Ansatz.
148 Vgl. Gennerich: Empirische Dogmatik des Jugendalters, 411.
149 Ebd., 412.

Kontext mag die Vorstellung, zumindest in Glaubensdingen einen Einfluss auf das eigene Schicksal zu haben, mit Freiheitserfahrungen einhergehen."[150] Durch diese Kontextwahrnehmung ließen sich theologische Deutungen der Jugendlichen, die sich stark an Regeln orientieren, besser verstehen und anerkennen, statt diese als defizitär zu bewerten.[151]

Wie mehrere Studien zeigen, sind Religionslehrkräfte überwiegend im Wertefeldbereich oben/rechts positioniert und damit weit entfernt von vielen Schüler*innen, besonders von denen mit einem materialistisch-hedonistischen Lebensstil. Diese Wertehomogenität und Distanz machen einen an pluralen Kontexten orientierten Religionsunterricht nicht unmöglich, erfordern aber die Bereitschaft und Fähigkeit von den Lehrkräften zum Perspektivwechsel. Dieser Perspektivwechsel könne bereits im Studium eingeübt werden und den angehenden Lehrkräften einen Zugang zu vielfältigen theologischen Deutungen im Zusammenhang mit der Wahrnehmung der verschiedenen Sozialisationskontexte bieten.[152] Mit Gennerich lässt sich nicht nur die Herausforderung von pluralen theologischen Deutungen im Umgang mit der Wertevielfalt der Schüler*innen feststellen, sondern auch die theologische und religionspädagogische Aufgabe, kontextbezogene Theologieverständnisse bzw. Theorien der Theologie zu berücksichtigen, da Schüler*innen auch zur Frage nach Nutzen und Geltung theologischer Grundsätze unterschiedliche Erfahrungen und Verstehensvoraussetzungen mitbringen.[153] Durch den Rückgriff auf Schleiermachers *verstehende Dogmatik* lässt sich nach Gennerich die Anerkennung vielfältiger theologischer Denk- und Deutungsmuster im Religionsunterricht aus christlich-theologischer Perspektive religionspädagogisch legitimieren.[154]

Für den Religionsunterricht in der Grundschule sind die didaktischen Impulse aus der empirischen Studie von Carsten Gennerich übertragbar, da sie einen grundsätzlichen, nicht altersspezifischen Differenzierungsbedarf in Bezug auf die Werteheterogenität von Schüler*innen bedienen. Theologische Offenheit ist auch für Kinder relevant, da diese ebenso wie Jugendliche in unterschiedlichen Kontexten aufwachsen und daher verschiedene Denkschemata in ihrer Sozialisation vermittelt bekommen.[155] Im Altersvergleich liegen die Kinder im Grundschulalter im Wertefeld weiter rechts als die älteren Kinder und Jugendlichen, sind also eher an Bewahrung statt an Wandel orientiert. Im beginnenden Jugendalter findet eine starke Veränderung der Werte in Richtung Selbst-Steigerung statt.[156] Für die vorliegende Arbeit bedeuten diese altersspezifischen Ausprägungen, dass die oben vorgestellten Befunde als Entwicklungen bis zum

---

150 Ebd.
151 Vgl. ebd., 411f.
152 Vgl. ebd., 413ff.
153 Vgl. ebd., 416ff.
154 Vgl. ebd., 15ff.
155 Siehe dazu auch die verschiedenen Lebensweltlogiken in den Sinus-Milieus.
156 Vgl. Gennerich: Empirische Dogmatik des Jugendalters, 55.

Jugendalter interpretiert werden können. Im Grundschulalter sind die Tendenzen zu den Wertefeldpositionen aufgrund der bis dahin bereits gemachten Sozialisationserfahrungen wahrscheinlich vorhanden, insgesamt ist bei jüngeren Schüler*innen aber mit einer Positionierung etwas weiter rechts und etwas weiter oben zu rechnen.

6. Theologische Perspektiven auf Armut

Der Umgang mit Armut ist aus diakonischer Perspektive schon lange ein zentrales Thema. Fragen zu einem christlichen Umgang mit Armut beschäftigen nicht nur Personen im kirchlichen Dienst, sondern bieten auch religionspädagogische Anknüpfungspunkte und Reflexionsmöglichkeiten. Im Zusammenhang mit theologischen Diskussionen zu Inklusion findet eine Neuformulierung des Diakonieverständnisses statt, die im ersten Teil dieses Kapitels auf Armut bezogen wird. Unterschiedliche biblische Motive zum diakonischen Handeln werden im Zusammenhang mit milieudifferenzierten Sichtweisen auf Hilfsbedürftigkeit und Helfen diskutiert. Anschließend wird die Theologie der Befreiung, die sich auf Jesu Option für die Armen gründet, in ihren Grundsätzen sowie ihrer historischen Entwicklung dargestellt und auf Anschlussmöglichkeiten im Religionsunterricht in der sogenannten Ersten Welt untersucht. Abschließend erfolgen die Interpretationen biblischer Darstellungen und Deutungen von Armut sowie deren Auslegungsmöglichkeiten aus verschiedenen Perspektiven, die an einem Beispiel aus dem Lukas-Evangelium veranschaulicht werden und die Erarbeitung theologischer und ethischer Schlussfolgerungen.

6.1 *Armut aus diakonischer Perspektive*

Für Gerhard K. Schäfer, Theologe mit Forschungsschwerpunkt Diakoniewissenschaften, bilden der Umgang mit Armut, das Eintreten für arme Menschen und das Bestreben zur Überwindung von Armutsverhältnissen den Kern kirchlicher sozialer Arbeit. Das Eintreten für Benachteiligte findet als diakonisches Lernen auch im Rahmen religiöser Bildung in der Schule Berücksichtigung. Den Grundstein für die heutige Form der Diakonie legte Johann Hinrich Wichern im 19. Jahrhundert durch die Gründung der Inneren Mission. Er deutete Armut aus theologischer Perspektive und schrieb dem armen Individuum Glaubenslosigkeit zu.[1] Die individuelle Schuld war für Wichern aber nicht der einzige Erklärungsansatz:

> „Er sah allerdings keineswegs nur individuelle Not, sondern zugleich überindividuelle Schuld und strukturell verursachte Missstände. ‚Arme habt ihr immer bei euch' (Mt 26,11) – dieser Satz Jesu lässt nach Wichern die Armen nicht als ‚Last und Gegenstand der Furcht', sondern als ‚Gegenstand der Liebe' sehen."[2]

---

1 Vgl. Schäfer: Arme habt ihr immer bei euch, 352.

2 Ebd., 352f.

In der Weimarer Republik veränderte sich die diakonische Arbeit mit Armen von der traditionellen Armenhilfe hin zu einer strukturierten und an individuellen Bedarfen orientierten sozialen Fürsorge innerhalb eines gesetzlich geregelten Wohlfahrtspflegesystems.[3] Im Zuge dieser Institutionalisierung wurde auch Kritik aus den Reihen der Inneren Mission am Wohlfahrtssystem der Weimarer Republik geäußert: „Die Fokussierung auf strukturell bedingte Armut und kollektive Verantwortung habe das Ethos persönlicher Verantwortung verkümmern lassen und den Menschen in seinem Personenzentrum nicht erfasst."[4] Dahinter steckte die Befürchtung, die Unterstützung von armen Menschen würde durch die Organisation innerhalb eines staatlichen Systems die christliche Basis von persönlicher Zuwendung verlieren. In der Zeit nach dem zweiten Weltkrieg fanden weitere Institutionalisierungsprozesse in unterschiedlichen Formen statt, wie z. B. die Gründung des Hilfswerks der Evangelischen Kirchen in Deutschland im Jahre 1945, welches sich 1975 mit der Inneren Mission zum Diakonischen Werk der Evangelischen Kirche in Deutschland zusammenschloss.[5] Mit der Verabschiedung des Bundessozialhilfegesetzes im Jahr 1961 schritt die Institutionalisierung diakonischer Arbeit voran. Das Neue an dem Gesetz war der Rechtsanspruch auf Hilfeleistungen, der auch von der Diakonie befürwortet wurde, die wie die Caritas in die Erarbeitung der Sozialgesetze einbezogen war. Der Gesetzgebung „wurde ein dezidiert humaner Ansatz attestiert, insofern sie dem Grundsatz der Würde des Menschen Rechnung trage."[6] Diakonisches Handeln auf globaler Ebene bekam 1959 durch die Aktion „Brot für die Welt" ein ausdrucksvolles Zeichen. Die Bekämpfung absoluter Armut vor dem Hintergrund der eigenen Kolonialgeschichte der christlichen Kirchen hatte den Charakter der Umkehr und sollte „zum Umdenken in der eigenen Wohlstandsgesellschaft anregen"[7]. Die Unterstützung sollte vorrangig den besonders von Armut betroffenen Personengruppen zukommen: „Kindern, Frauen, Menschen mit Behinderungen und Angehörigen ethnischer Minderheiten"[8]. Das Projekt „Brot für die Welt" bekam in den 1960er und 1970er Jahren ein zunehmend politisches Profil, als es sich in Fragen nach sozialer und politischer Gerechtigkeit positionierte. Aus dieser Positionierung ergab sich die Vorstellung von einer gesellschaftlichen Veränderung, in der nach den Prinzipien der Eigenständigkeit, sozialen Gerechtigkeit, Partizipation und Befreiung gehandelt wird, welche sich auch im Selbstverständnis der diakonischen Arbeit abzeichnete: „Die Armen wurden als Subjekte gesehen und in ihrer Kreativität wahrgenommen. Unter dem Leitgesichtspunkt gesellschaftlicher Teilhabe veränderte sich das Verständnis von Armut."[9]

---

3 Vgl. ebd., 354.
4 Ebd., 355.
5 Vgl. ebd., 355ff.
6 Ebd., 358.
7 Ebd., 357.
8 Ebd.
9 Ebd.

In einer Studie der Caritas aus dem Jahr 1993, die unter dem Titel „Arme unter uns" veröffentlicht wurde, konnte das Phänomen der verdeckten Armut aufgezeigt werden. Außerdem wurden die auch heute bekannten Armutsrisikogruppen identifiziert, zu denen beispielsweise Einelternfamilien und Familien mit vielen Kindern zählen. Während die Caritas durch eine Rückbesinnung auf die Option für die Armen[10] auf die Studienergebnisse reagierte, ging die Diakonie zurückhaltender mit den Befunden um. Sie führten nicht in einem vergleichbaren Ausmaß zu einer Diskussion über das Selbstverständnis der eigenen Arbeit. Die diakonische Arbeit im Zusammenhang mit dem Phänomen Armut wurde in den 1990er Jahren als ein Arbeitsbereich von mehreren gesehen und vornehmlich durch konkrete, praktische Unterstützung gestaltet, was sich in einer barmherzigen Ausrichtung der EKD-Denkschrift zur Diakonie von 1998[11] zeigte.[12] Gerhard Schäfer bewertet diese Entwicklung kritisch:

> „Die Gefahr, dass solche Initiativen entgegen ihrer Intention instrumentalisiert werden können, um strukturelle Maßnahmen zu ersetzen, wird allerdings noch kaum reflektiert. Die Denkschrift dokumentiert – zugespitzt formuliert – keine armutsorientierte, sondern eine auch Armenhilfe leistende Diakonie, deren Initiativen nicht hinreichend ins Verhältnis gesetzt erscheinen zur staatlichen Strukturverantwortung."[13]

Diese Gefahr zeigt sich auch in den diakonischen Handlungsfeldern innerhalb der Strukturen eines Sozialmarktes, der sich durch die Ökonomisierung der sozialen Arbeit und die Veränderungen des Sozialstaats herausgebildet hat und zu unterschiedlichen Ressourcen- und Interessenverhältnissen im Spannungsfeld von Barmherzigkeit und dem Einsatz für soziale Gerechtigkeit auf institutioneller und gesellschaftlicher Ebene führt.[14]

Schäfer macht neben der Ökonomisierung diakonischer Arbeit vor allem den Umgang mit Kinderarmut und den Einsatz für Bildungsgerechtigkeit als aktuelle Arbeitsschwerpunkte der Diakonie aus, die sich besonders in den Ganztagsbetreuungsangeboten in kirchlicher Trägerschaft widerspiegeln. Diese Einrichtungen „kommen als Bildungsräume in Betracht, in denen Gottes Vorliebe für die Armen ihren Ausdruck zu finden hat."[15] In der konzeptionellen Verankerung der Förderung von Resilienz und der Unterstützung von Eltern sieht Schäfer eine Form dieses Ausdrucks.

Der knappe historische Überblick zeigt, dass sich Diakonie als christlich fundiertes helfendes Handeln gegenüber Hilfebedürftigen institutionell etablieren

---

10 Die Zuwendung Gottes zu armen Menschen erhält in der Formulierung eine normative ethische Ausrichtung.

11 Kirchenamt der EKD (Hg.): Herz und Mund und Tat und Leben.

12 Vgl. Schäfer: Arme habt ihr immer bei euch, 359f.

13 Ebd., 360.

14 Vgl. ebd., 361.

15 Ebd.

konnte. Die Wahrnehmung von Hilfebedürftigkeit hat sich verändert. Zur individuellen Ebene konnte die Berücksichtigung struktureller Bedingungen sowohl auf der deutend-erklärenden Ebene als auch auf der Ebene der praktischen Unterstützung hinzugefügt werden. Die dichotome Hierarchie von Helfenden und Bedürftigen wurde im Zuge der Institutionalisierung diakonischer Arbeit kaum reflektiert und durch die barmherzig ausgerichtete Denkschrift der EKD am Ende des 20. Jahrhunderts eher noch verstärkt. Eine Ausnahme stellt sicherlich die theologische Deutung des Diakonieauftrags dar, die Ulrich Bach vor dem Hintergrund seiner Erfahrungen als Theologe mit Behinderung macht. Er forderte bereits 1984 in Analogie zum Priestertum aller Gläubigen den Diakonieauftrag aller Gläubigen wahrzunehmen und dementsprechend die Aufhebung einer gespaltenen Anthropologie im diakonischen Kontext.[16]

Das Problem einer dominant diakonischen Wahrnehmung von marginalisierten Personengruppen wie z. B. Armen ist jedoch in aktuellen Diskursen zur Diakonie weiterhin präsent. Ausgehend von dem historisch gewachsenen diakonischen Selbstverständnis entsteht das Bedürfnis der Neuformulierung von Diakonie vor dem Hintergrund von Inklusion. Im Zuge der Etablierung inklusiver Diakonieverständnisse wird eine Form der *Entdiakonisierung*[17] als Aufgabe inklusiver Kirchengemeinden angestrebt. Entdiakonisierung meint in diesem Zusammenhang die Auflösung einer diakonisch-dichotomen Wahrnehmung von Hilfebedürftigen und Helfenden. In den modernen diakonischen Ansätzen ist diese Entwicklung an einem Heterogenitätsbewusstsein sowie an der Berücksichtigung der unterschiedlichen Kontexte erkennbar, aus und in denen diakonisch gedacht und gewirkt wird. Daher werden in diesem Teilkapitel inklusive und milieusensible diakonische Ansätze in den Fokus genommen, aus welchen sich Impulse zu einem modernen diakonischen Verhältnis zu Armut entnehmen lassen.

6.1.1 Entdiakonisierung als Aufgabe inklusiver Diakonie

Ein Blick auf die Geschichte diakonischer Arbeit zeigt, dass innerhalb der letzten 150 Jahre das Anliegen, Menschen mit Marginalisierungserfahrungen bestmögliche Teilhabe zu ermöglichen, stetig vorangetrieben wurde. Von der völligen Exklusion vom gesellschaftlichen Leben beispielsweise von Menschen mit Behinderung, die in der ersten Hälfte des 20. Jahrhunderts noch entwürdigenden Praktiken wie der Ausstellung auf Jahrmärkten ausgesetzt wurden, fand eine Entwicklung der Wahrnehmung und Deutung von Behinderung statt, die dazu führte, dass im diakonischen Bereich zunehmend Unterstützungs- und Integra-

16 Vgl. Bach: Der behinderte Mensch.
17 Vgl. Liedke: Anerkannte Vielfalt, 29.

tionsstrukturen etabliert werden konnten. Die Enttabuisierung und Entdämonisierung von unterschiedlichen Formen von Behinderung haben wesentlich zu dieser Entwicklung beigetragen und es Menschen mit Behinderung ermöglicht, am öffentlichen Leben teilzuhaben. Allerdings findet diese Teilhabe häufig noch in Parallelstrukturen statt, z. B. in Wohnstätten und Werkstätten für Menschen mit Behinderung. Das Engagement im diakonischen Bereich hat dadurch zu der „Entwicklung einer Sonderwelt durch die Schaffung besonderer Einrichtungen, zu denen nur Angehörige und beruflich oder ehrenamtlich Engagierte Zugang hatten“[18] beigetragen. Dieser Prozess beschränkt sich nicht nur auf den Bereich der Arbeit mit Menschen mit Behinderung. Die Beobachtung paralleler Strukturen im Wahrnehmungsgefälle von Helfenden und Hilfebedürftigen ist auch in weiteren Bereichen der Diakonie möglich. Zum Beispiel lassen sich milieuspezifische Ausprägungen im ehrenamtlichen Engagement nachweisen. Die langfristige Anbindung an Kirchengemeinden und ehrenamtliches Engagement in diesen sind vor allem in den sozioökonomisch privilegierten Milieus zu finden.[19] Menschen mit Armutserfahrungen hingegen kommen eher als Empfänger*innen von Hilfeleistungen vor. Diese Schieflagen beobachtet auch Ulf Liedke, der sich in seinen Ausführungen zu Gestaltungsmöglichkeiten einer *inklusiven Kirche* um die Aufhebung einer „Wahrnehmung von Menschen mit Marginalisierungserfahrungen in einer dominant *diakonischen* Perspektive“[20] bemüht. Liedke nutzt für diese einseitige Wahrnehmung einen Begriff von Henning Luther:

> „Henning Luther hat diese Wahrnehmungsweise den ‚seelsorgerlich-diakonischen Blick‘ genannt. Er ist damit verbunden, andere Menschen vorrangig als Hilfeempfänger und damit im Lichte von Mängeln und Defiziten wahrzunehmen. Eigene Schwächen geraten dabei leicht aus dem Blickfeld.“[21]

Die Wahrnehmung von Menschen als defizitäre Empfänger*innen der diakonisch erbrachten Unterstützungen führt auch bei guter Absicht zur Erniedrigung anderer und zur Erhöhung der eigenen Person. Wer von sich behauptet, helfen zu können und nicht auf Hilfe angewiesen zu sein, konstruiert damit eine

---

18 Hofmann: Vom entdiakonisierten diakonischen Blick, 245.

19 In der EKD-Studie zum freiwilligen Engagement in der Diakonie von 2012 waren die Unterschiede im Engagement zwischen den Menschen mit hohen und niedrigen Bildungsabschlüssen bzw. mit hohem und geringem Einkommen nicht auffällig. Der hohe Altersdurchschnitt und der hohe Anteil von über 50 Prozent an Ehrenamtlichen, die im Ruhestand sind, hingegen schon (vgl. Diakonisches Werk der Evangelischen Kirche in Deutschland e.V. (Hg.): Freiwilliges Engagement, 40ff.). Die Ergebnisse der Sonderauswertung des Freiwilligensurveys 2017 für die evangelische Kirche zeigen allerdings einen Trend auf: „Engagierte sind häufiger höher gebildet, erwerbstätig und haben ein höheres Einkommen als nicht Engagierte.“ (Sinnemann: Engagement mit Potenzial, 14) Dieser Trend gilt nicht ausschließlich für das Engagement im diakonischen Bereich, sondern für diverse Bereiche, in denen Menschen ehrenamtlich tätig sind.

20 Liedke: Anerkannte Vielfalt, 28.

21 Ebd.

Distanz zu den Personen, die als hilfebedürftig wahrgenommen werden. Die Empfangenden werden somit zu Objekten der guten Taten der Helfenden, ohne dass ihnen die Möglichkeit zugesprochen wird, selber helfend tätig zu sein.[22] Um diese Wahrnehmung zu überwinden, stellt Liedke das Inklusionsparadigma gegenüber, in welchem er Parallelen zum ursprünglichen Diakonieverständnis sieht:

> „Der Leib Christi ist eine Anerkennungsgemeinschaft, in der die Glaubenden einander nicht über ihren Unterstützungsbedarf [sic!] sondern von Angesicht zu Angesicht wahrnehmen. Genau diese Pointe ergibt sich auch in der Perspektive des Inklusionsparadigmas."[23]

Beate Hofmann, die an das Anliegen von Liedke anknüpft, sieht ebenfalls eine Parallele zwischen Inklusion und Diakonie: „Die Fragen, die im Kontext von Inklusion diskutiert werden, berühren den Kern aller diakonischen Arbeit, nämlich den Umgang mit dem Anderssein von Anderen."[24] Als Reaktion auf die Ratifizierung der UN-BRK hat sich in Deutschland das Selbstverständnis diakonischer Arbeit verändert. Im Fokus soll nun das Individuum mit Fähigkeiten und Unterstützungsbedarfen liegen, an denen sich diakonisches Handeln orientiert. Diese Entwicklung bewirkt nach Hofmann eine *Umprofessionalisierung* von der barmherzigen Hilfe zur befähigenden Assistenz.[25]

6.1.1.1 *Inklusive Kirche als Ort der Entdiakonisierung*

Den theologischen Ausgangspunkt inklusiver Kirche sieht Liedke im Gottesdienst, in dem „Inklusion durch die Re-Inklusion in die Gemeinschaft mit Gott, den Mitmenschen, der ökologischen Umwelt und sich selbst verwirklicht"[26] dadurch stattfindet, dass sich diese Gemeinschaft mit Gott im Gottesdienst aktualisiert. Er fordert für eine inklusive Kirche „die konsequente *Entdiakonisierung* der Wahrnehmung von Menschen mit Behinderungs-, Armuts-, Migrationserfahrung usw."[27] Liedke meint damit nicht die Aufgabe diakonischer Arbeit, sondern die Erweiterung der diakonischen Perspektive: „Menschen mit unterschiedlichen Marginalisierungserfahrungen sollen nicht über ihren Unterstützungsbedarf wahrgenommen oder gar mit ihm identifiziert werden. Sie sind Glieder und nicht Klienten der Gemeinde."[28]

---

22 In dieser Wahrnehmung ist eine Parallele zur kritischen Lektüre von Lk 14 bei Venetz und auch bei Schiefer Ferrari erkennbar (vgl. Venetz: Und du wirst selig sein sowie Schiefer Ferrari: (Un)gestörte Lektüre).

23 Liedke: Anerkannte Vielfalt, 29.

24 Hofmann: Vom entdiakonisierten diakonischen Blick, 243.

25 Vgl. ebd., 246.

26 Liedke: Anerkannte Vielfalt, 28.

27 Ebd., 29.

28 Ebd.

Die Erweiterung der diakonischen Perspektive im Zuge der Entwicklung inklusiver Kirche bringt nach Liedke sieben Aufgaben mit sich. (1) Der Gottesdienst, im welchem sich die Gemeinschaft Gottes konstituiere, solle als „*Fest anerkannter Vielfalt*“[29] gefeiert werden und (2) für die Arbeit in der Kirchengemeinde gelte der Grundsatz, einer *inklusiven Praxis*. Demnach seien alle Aufgaben der Kirche inklusiv zu denken und zu gestalten, so auch diakonisches Engagement. Liedke betont, dass „alle Sonderangebote auf den Prüfstand“[30] gehören, auf welchem die Frage gestellt werden solle, ob diese Maßnahmen „unmittelbare Zugehörigkeit eher befördern oder erschweren.“[31] Eine weitere, besonders im Zusammenhang mit Kinderarmut relevante Aufgabe sieht Liedke in der (3) *Entwicklung von Milieusensibilität und dem Überschreiten von Milieugrenzen*. Kirchliche Angebote werden überwiegend von bestimmten Milieus wahrgenommen.[32] Liedke sieht darin mit Bezug auf Sellmann[33] eine *Milieuverengung*: „Die ‚vorrangige Option für die Armen und Exkludierten‘ kann aber nur schwer in einer Kirche Gestalt gewinnen, die wenig Zugang zu den Menschen selbst hat, denen die Option gilt.“[34] Als Aufgabe für die Kirche sieht er demnach die Annäherung an bisher nur wenig erreichte Milieus. Inklusive Kirche verwirkliche sich nach Liedke auch in der (4) *Öffnung von Sprach- und Gesprächsräumen*. In diesen Räumen könnten „sich die Erzählungen von der göttlichen Befreiung mit den individuellen biographischen Erzählungen verschränken und daraus lebensgeschichtliche Befreiungs- und Gemeinschaftserfahrungen erwachsen.“[35] Hierbei gilt es darauf zu achten, dass plurale Narrative wahr- und aufgenommen werden und es Begegnungsräume für den Austausch unterschiedlicher Erfahrungen gibt. Liedke betont daher die Bedeutung der Überschreitung von Gruppen- und Milieugrenzen in diesem Zusammenhang.[36] Aus dieser Aufgabe lassen sich zudem Impulse für armutssensiblen Religionsunterricht entnehmen. Die Vielfalt an (Befreiungs-)Erfahrungen von Schüler*innen drückt sich möglicherweise auch in armutsspezifischen Narrativen aus, die im Religionsunterricht wahrgenommen und in ihrer Gestalt gewürdigt werden können. Als weitere Aufgaben der Gemeindeentwicklung im Prozess zur inklusiven Kirche nennt Liedke den Aspekt (5) *Nachbarschaft fördern und Netzwerke stärken* – Nachbarschaft und Netzwerke können sich gegenseitig unterstützen. Die Nachbarschaft ist besonders für mobilitätseingeschränkte Menschen, beispielsweise arme Menschen ohne die Möglichkeit, Geld für ein Auto oder Fahrkarten auszugeben, wichtig. Räumliche Nähe

29 Ebd.
30 Ebd., 31.
31 Ebd.
32 Siehe dazu Kapitel 5.1.
33 Sellmann: Milieuverengung als Gottesverengung.
34 Liedke: Anerkannte Vielfalt, 33.
35 Ebd., 34.
36 Vgl. ebd.

sei allerdings kein Garant für soziale Beziehungen, da unterschiedliche Zugangsmöglichkeiten in den Planungen zu berücksichtigen sind.[37] Außerdem sollen Kirchen nach Liedke (6) *Assistenz und Engagement* dort ermöglichen und unterstützen, wo diese fehlen. Kirchen verfügen oft über personelle, materielle und räumliche Ressourcen und könnten diese für bedarfsgerechte Unterstützung einsetzen. Den Schlüssel sieht er hierbei in Wahrnehmung und Anerkennung bereits vorhandener Strukturen und Unterstützung bei der Etablierung neuer Strukturen wie beispielsweise Kooperationen.[38] Als letzte und für das Phänomen Kinderarmut im Zusammenhang mit religiöser Bildung besonders relevante Aufgabe beschreibt Liedke die (7) *Parteinahme der Kirche*. Die politische Dimension kirchlichen Handelns tritt dort in den Fokus, wo Partei für Marginalisierte und Gruppen ohne große Lobby ergriffen wird:

> „Vor diesem Hintergrund ist es wichtig, dass die Gemeinschaft der Verschiedenen auch ein solidarisches Netzwerk bildet, das sich advokatorisch für eine unverkürzte Inklusion einsetzt. Deshalb darf sich eine inklusive Kirche nicht nur auf den kirchlichen Binnenbereich begrenzen, sondern muss zugleich auch gesellschaftlich initiativ werden."[39]

Die gesellschaftliche Initiative kann sich z. B. im Einsatz für Bildungsgerechtigkeit ausdrücken, verlangt aber ebenfalls die Reflexion der eigenen Praxis und des eigenen Selbstverständnisses religiöser Bildung.

6.1.1.2 Armutssensibles Handeln – ein Beispiel aus der Praxis

Der Diözesan-Caritasverband für das Erzbistum Köln e.V. hat im Jahr 2015 eine Handreichung zum armutssensiblen Handeln für Mitarbeitende der Caritas herausgegeben, in der neben Informationen zu Armut in Deutschland eine Positionierung mittels der katholischen Sozialethik erfolgt. Die dort genannten Kriterien, die zur Überprüfung des eigenen Handelns dienen sollen, sind *Menschenwürde, Gerechtigkeit, Teilhabe, Freiheit, Befähigung, Solidarität, Verantwortung* und *Nachhaltigkeit*.[40] Anhand dieser Maßstäbe wurde ein Fragenkatalog zur Überprüfung und Entwicklung von Armutssensibilität auf individueller und struktureller Ebene erstellt, der neben der Bedeutung der eigenen Haltung zu Armut und sozialer Ausgrenzung auch auf mögliche Zugangsbarrieren in Institutionen hinweist und Impulse zu Veränderungen gibt.[41] In dieser Handreichung wird sich

---

37 Vgl. ebd., 35f. Zu den unterschiedlichen Partizipationsmöglichkeiten siehe die Ausführungen zum Sozialkapital nach Bourdieu in Kapitel 4 sowie die Befunde zu Milieus in der evangelischen Kirche (Kapitel 5.1.2).

38 Vgl. Liedke: Anerkannte Vielfalt, 36.

39 Ebd., 39.

40 Vgl. Diözesan-Caritasverband für das Erzbistum Köln e.V.: Schluss mit der Ausgrenzung, 8f.

41 Vgl. ebd., 10f.

für eine Begegnung auf Augenhöhe mit Menschen in Armutslagen in der caritativen Arbeit und die Förderung ihrer Handlungsfähigkeit ausgesprochen. Die genannten Kriterien und das Prinzip der Begegnung auf Augenhöhe decken sich mit den Forderungen Liedkes zur Etablierung einer inklusiven Diakonie.

6.1.2 Biblische Perspektiven auf Armut im diakonischen Kontext

Wie man Armut deutet, welche theologischen Interpretationen und biblischen Bezüge man für die eigene Sicht auf Armut nutzt und wie man sich selbst im Zusammenhang mit dem Phänomen verortet, nimmt Einfluss auf die Frage nach dem Umgang mit Armut im diakonischen Kontext. Daher werden im Folgenden unterschiedliche biblische Perspektiven auf Armut und deren Konsequenzen für diakonisches Handeln vorgestellt, die den Kategorien von Claudia Schulz entsprechen, nach denen sie kirchlich-soziales Engagement im Zusammenhang mit Armut unterteilt.[42]

Das Motiv der Nächstenliebe

> „Brich dem Hungrigen dein Brot, und die im Elend ohne Obdach sind, führe ins Haus! Wenn du einen nackt siehst, so kleide ihn, und entzieh dich nicht deinem Fleisch und Blut!" (Jes 58,7)[43]

Das Motiv der Nächstenliebe bringt das Gebot zum Teilen mit sich. Die Absicht etwas mit Menschen zu teilen lässt sich nicht nur christlich begründen, sondern kann auch Ergebnis der Reflexion sozialer Umstände oder eines nicht religiös motivierten Mitgefühls sein. Dieses Motiv ist für die meisten Menschen nachvollziehbar, auch wenn sich das persönliche Verhältnis zum Teilen aus Nächstenliebe unterschiedlich gestaltet: „Die einen betrachten es als selbstverständlichen Teil des Lebens, für andere muss die Notwendigkeit des eigenen Engagements zuerst gut begründet sein."[44] Im diakonischen Bereich ist die Reichweite des Motivs mit einer weiten Auslegung der Nächsten verbunden, wodurch das im Vers genannte „Fleisch und Blut" allgemein als Mitmenschen verstanden werden kann.

---

42 Vgl. Schulz: Was soll ich reden mit dem armen Lazarus, 255ff.

43 Dieses und die folgenden Bibelzitate entstammen der revidierten Lutherübersetzung von 1984.

44 Schulz: Was soll ich reden mit dem armen Lazarus, 256.

> „Ich bin der Herr, dein Gott, der ich dich aus Ägyptenland, aus der Knechtschaft, geführt habe." (Ex 20,2)

Ein sozialpolitisch motiviertes Engagement zur Verbesserung der Lebenssituationen von Menschen in Armut folgt einer parteiischen Perspektive. Die „normative Vorstellung von *Recht und Gerechtigkeit*, nach der Gott ohne Zweifel auf der Seite der Armen und Ausgegrenzten steht"[45], gründet sich in der Vorstellung der Parteilichkeit Gottes. Die besondere Verbundenheit Gottes mit dem Volk Israel macht die Nähe Gottes zu den Armen deutlich. Zum Verhältnis von Armut und Israel finden sich bereits in vorexilischen Texten der Prophetie deutliche Aussagen zur gesellschaftlichen Verantwortung für wirtschaftliche Verhältnisse und die Bekämpfung ungerechter Strukturen. Mit der Begründung, dass Israels Volk das Volk Gottes ist, sei Armut kein dauerhaft akzeptabler Zustand.[46] Vielmehr sei Armut Ausdruck ungerechter Verhältnisse und verlange eine Positionierung, die sich auch in diakonischem Engagement ausdrücken kann. Aus der Unrechtswahrnehmung ergibt sich die Verantwortung für das Engagement gegenüber Armen und Benachteiligten.[47] Aus dieser Perspektive gewinnt der bereits genannte Vers Jes 58,7 eine weitere Bedeutung. Das Teilen stellt sich als Beitrag zur Gerechtigkeit dar. Die soteriologische Dimension erschließt sich in der Hinzunahme des Folgeverses, in dem die Gerechtigkeit gegenüber Armen in ein Verhältnis zu Gott gesetzt wird:[48]

> „Dann wird dein Licht hervorbrechen wie die Morgenröte, und deine Heilung wird schnell voranschreiten, und deine Gerechtigkeit wird vor dir hergehen, und die Herrlichkeit des Herrn wird deinen Zug beschließen." (Jes 58, 8)

Die Orientierung an den Schutzrechten für Arme

> „Wenn du Geld verleihst an einen aus meinem Volk, an einen Armen neben dir, so sollst du an ihm nicht wie ein Wucherer handeln; du sollst keinerlei Zinsen von ihm nehmen." (Ex 22,24)

An die Verbundenheit Gottes mit Armen lässt sich anknüpfen, indem auf die Schutzrechte für Arme Bezug genommen wird, aus denen sich wiederum die Forderung zur Teilhabegerechtigkeit ableiten lässt. Unter dem Motiv tritt diakonisches Handeln als Hilfe zur Selbsthilfe auf. Diese Perspektive ist nach Schulz nicht sehr niedrigschwellig, da ihr die sozialpolitische Kritik an den gesellschaftlichen Verhältnissen vorausgeht: Diakonisches Engagement gemäß dieser Hal-

[45] Ebd.
[46] Vgl. Seitz: Art. Armut, in: Calwer Bibellexikon, 117.
[47] Vgl. Schulz: Was soll ich reden mit dem armen Lazarus, 256.
[48] Vgl. EKD: Gerechte Teilhabe, 46 (Absatz 66).

tung erfordert eine Einschätzung ungerechter Strukturen und die zum Teil komplexe Erarbeitung sowie Kommunikation von gerechtigkeitsfördernden Angeboten nach dem empowernden Prinzip der Hilfe zur Selbsthilfe.[49] Als Grundrechte der Armen werden in den Gesetzestexten „gerechte Rechtsprechung, haftungslose und zinslose Darlehen [und] humane Pfandnahme“[50] genannt. In der Regel wird der Arme im Singular genannt. Dies ist daraus abzuleiten, dass die Fürsorge und Verantwortung gegenüber Armen zu der Zeit als familiäre Aufgaben gesehen wurden. Somit ist mit dem Armen im Pentateuch der nahestehende Arme gemeint. Er wird in den Gesetzestexten neben anderen, meist in Kombination mit „Schwachen“ genannt, was zeigt, dass Armut kein spezielles Einzelthema ist. Dass das Phänomen Armut in den Gesetzestexten Berücksichtigung findet, liegt nach Schwantes an der Armutserfahrung des Volkes Israel zur Zeit der Sklaverei in Ägypten und an dem Anspruch einer gerechten Verteilung des Landes im von Gott erwählten Volk.[51]

Unabhängig von der Frage danach, wie Menschen in die Situation der Armut gelangt sind, wird sich auch an anderen Stellen, z. B. in Spr 22,16 gegen die Ausbeutung armer Menschen ausgesprochen. Insgesamt wird in den Sprüchen ein positiver Umgang mit Armen gefordert, der teilweise deutlich im Zusammenhang mit dem eigenen Ergehen begründet wird (z. B. in Spr 21,13 und 14,21).[52] Ingrid Wiedenroth-Gabler nennt Bibelstellen aus dem 2. Buch Mose (Ex 21,2–22; 22,24; 23,6.10f.) als Beispiele für Forderungen nach Solidarität, Schutz und Gerechtigkeit gegenüber Armen und folgt damit befreiungstheologisch orientierten Auslegungen alttestamentlicher Erzählungen.[53] Diese Ausrichtung wird deutlich in ihrer Einordnung der prophetischen Schriften als „Sozialkritik“[54] und der Argumentation „aus der Perspektive der Armen, denen die Solidarität Gottes zugesprochen wird (Am 2,6; Am 5,11; Jes 5,8; Hos 5,1–7)“[55].

Das Motiv der Ebenbildlichkeit

> „Und Gott schuf den Menschen zu seinem Bilde, zum Bilde Gottes schuf er ihn; und schuf sie als Mann und Frau.“ (Gen 1,27)

Eine weitere Motivation, die mit dem Anliegen der Entdiakonisierung des diakonischen Blicks übereinstimmt, ist das Handeln aus dem Verständnis der Eben-

49 Vgl. Schulz: Was soll ich reden mit dem armen Lazarus, 256f.

50 Schwantes: Das Recht der Armen, 81. Als Beispiele werden Ex 22,24 (zinslose Darlehen); Dtn 24,10–13 (humane Pfandnahme) und Ex 23,3.6 (gerechte Rechtsprechung) genannt.

51 Vgl. Schwantes: Das Recht der Armen, 81ff. sowie Ebach: Art. Armut. II. Altes Testament, in: RGG[4], 779.

52 Vgl. Schwantes: Das Recht der Armen, 263.

53 Vgl. Wiedenroth-Gabler: Armut als Thema des Religionsunterrichts, 30.

54 Ebd.

55 Ebd.

bildlichkeit heraus. Diakonisches Handeln zeige sich dann als Hilfe zur Selbsthilfe in einer Begegnung auf Augenhöhe. Dem Gegenüber wird begegnet, indem sich nicht an der materiellen Situation, sondern an den Fähigkeiten und Spielräumen orientiert wird. „Der Gedanke der Gerechtigkeit geht aus dieser Perspektive von einer grundlegenden Ebenbürtigkeit der Beteiligten aus und denkt soziales Hilfehandeln als Befähigung."[56] Das hier durchscheinende, im diakonischen Kontext paradigmatische Motiv des Statuswechsels findet sich in neutestamentlichen Geschichten wieder, in denen Jesus mit Ausgegrenzten in Kontakt tritt und diese eine wichtige Funktion im Heilsgeschehen einnehmen.[57]

Das Gleichnis vom großen Gastmahl

> „Als aber einer das hörte, der mit zu Tisch saß, sprach er zu Jesus: Selig ist, der das Brot ißt im Reich Gottes!" (Lk 14,15)

In der Gemeinschaft an einem Tisch sitzen, das Brot teilen, ist ein Motiv diakonischer Arbeit, das laut Schulz auf Ebenbürtigkeit zielt. Diese Perspektive verdeutlicht, dass wie im Gleichnis „alle an den Tisch Gottes eingeladen"[58] sind. Allerdings erfordert die Perspektive grundsätzlich, dass sich alle Angesprochenen zu dieser Gemeinschaft bereit erklären. Das gilt insbesondere für die Menschen mit Armutserfahrungen, die auch Erfahrungen mit sozialer Exklusion machen und daher eine solche Tischgemeinschaft als fremd wahrnehmen können. Der Aufforderung zur Gemeinschaft nachzukommen verlangt einerseits das Interesse daran und andererseits, so Schulz, für einige die Überwindung einer Grenze:

> „Sie müssen einwilligen in die Grundannahme der Ebenbürtigkeit, die ihnen da angeboten wird, müssen sich von ihren momentanen Lebensumständen innerlich frei machen und Interesse an wenig vertrauten Welten zeigen."[59]

In Anknüpfung an die Kritik von Hermann-Josef Venetz, der in der Geschichte vom großen Gastmahl eine Instrumentalisierung und auch Nötigung von Exkludierten sieht, die letztlich eher den Gastgebenden diene, lässt sich kritisch anfragen: Ist es die Grundannahme der Ebenbürtigkeit oder das eigene Interesse der Gastgebenden, das sich in einem so verstandenen diakonischen Handeln zeigt?[60]

---

56 Schulz: Was soll ich reden mit dem armen Lazarus, 257.

57 Vgl. ebd.

58 Ebd., 258.

59 Ebd.

60 Vgl. Venetz: Und du wirst selig sein.

Die Speisung der Fünftausend

„Und sie aßen alle und wurden satt." (Mk 6, 42)

Wenn alle teilen, ist genug für alle da. Diese Motivation diakonischen Handelns, die sich als gemeinschaftliches Handeln vor dem Angesicht Gottes z. B. in den neutestamentlichen Speisungswundern ausdrückt, rückt helfendes Handeln in den Kontext des gemeinsamen Lebens vor Gott. Ähnlich des Prinzips der Ebenbildlichkeit trägt die Perspektive zur Aufhebung der Unterscheidung von Helfenden und Bedürftigen bei, da das gemeinschaftliche Teilen nicht einseitig stattfinden kann, sondern auf dem Prinzip der Gegenseitigkeit basiert.[61] Die Vision des geteilten und teilenden Lebens im Miteinander stellt daher eine weitere inklusive Interpretation diakonischen Handelns dar.

Die von Claudia Schulz kategorisierten Sichtweisen auf Armut und helfendes Handeln im diakonischen Kontext bieten Anknüpfungsmöglichkeiten für armutssensiblen Religionsunterricht. Die Pluralität an Motiven zum Umgang mit Armut wird daher in den konzeptionellen Überlegungen in Kapitel 8.3 aufgenommen.

6.1.3 Milieusensible Diakonie

In einem einleitenden Text zum zweiten Band zu Milieus im Handlungsfeld Kirche und Diakonie wird anhand des Fallbeispiels eines schwangeren vierzehnjährigen Mädchens durch Modifikationen der Lebensumstände und der sozialräumlichen Umgebung veranschaulicht, wie Milieuunterschiede diakonisches Handeln beeinflussen. Besonders die materiellen und sozialen Ressourcen unterscheiden sich in den Modifikationen und ergeben verschiedene Unterstützungsbedarfe. Während das eine Mädchen nicht auf familiäre Ressourcen zurückgreifen kann, wird das andere Mädchen besonders von den Eltern darin unterstützt, sich über Handlungsmöglichkeiten zu informieren. In dem einen Fall wird die Situation als Belastung wahrgenommen, in dem anderen als Herausforderung. Für diakonisches Handeln bedeuten diese unterschiedlichen Deutungen, dass es diverse Problemwahrnehmungen, Lösungsansätze und Handlungsmöglichkeiten geben kann, um jeweils individuell und dabei mit Blick auf die Milieubedingungen Lösungen für ein Problem bzw. Umgangsweisen mit der Situation zu entwickeln und dadurch nicht am Bedarf vorbei zu agieren.[62]

61 Vgl. Schulz: Was soll ich reden mit dem armen Lazarus, 258f.
62 Vgl. Schulz et al.: Milieuperspektive auf das helfende Handeln der Kirche, 12ff.

6.1.3.1 *Belastung oder Herausforderung? – Milieuspezifische Rahmenbedingungen diakonischen Handelns*

Die im diakonischen Kontext handelnden Menschen tun dies aus ihren Milieus heraus, wodurch sie ihre Milieuperspektive mit entsprechenden Deutungen einbringen. Diese Mischung findet sich ebenso in dem Verständnis von *milieubewusstem diakonischem Handeln* der Herausgeber*innen des Bandes *Milieus praktisch II*[63]:

> „Das diakonische Handeln ist nicht ein Handeln an anderen, an den Menschen in unterschiedlichen Milieus, sondern mit anderen, und das heißt für uns: ein Handeln, das *die jeweilige milieubedingte Perspektive auf beiden Seiten* mitbeachtet. Die, denen geholfen wird, und die, die helfen, treten in ein wechselseitiges Handeln aneinander ein."[64]

In den Konkretionen für die Praxis des milieubewussten Umgangs mit Arbeitsbereichen der Diakonie wird sich auf die sechs idealtypischen Milieus bezogen, die im ersten Band auf der Basis der Milieutypologie der vierten EKD-Mitgliedschaftsstudie[65] herausgearbeitet wurden. Die Milieus unterschieden sich von den in Kapitel 5 dargestellten Sinus-Milieus und werden daher im Folgenden skizziert.

Die überwiegend älteren, gebildeten und wohlhabenden *Hochkulturellen (1)*, für die Religion einen kulturellen, ästhetischen und geistreichen Wert hat und Kirche niveauvoll sowie kulturpflegend sein soll, haben ein hierarchisches Bild von der Gesellschaft, in der sie sich aufgrund von Fleiß und Bildung im oberen Teil verorten. Sie halten einen gesellschaftlichen Aufstieg durch tugendhaftes Verhalten auch für andere für möglich und engagieren sich pflichtbewusst für Benachteiligte. Die ebenfalls älteren, aber häufig wenig gebildeten und sparsamen *Bodenständigen (2)* lassen im wörtlichen Sinne die Kirche im Dorf. Die Gemeinschaft in der Kirchengemeinde und kirchliche Feste werden wertgeschätzt, neumodische Gottesdienstformen eher abgelehnt. Das Milieu der *Mobilen (3)* ist durch ein junges Durchschnittsalter, eine distanzierte Haltung zur Kirche und dem Fokus auf die eigene Gestaltungsfreiheit des Lebens gekennzeichnet. Trotzdem hat Kirche für einen Teil der Mobilen insbesondere durch die Rituale, die Struktur und Halt geben, eine Bedeutung. Das diakonische Angebot und ehrenamtliches Engagement in der Kirche werden von den Milieuangehörigen anerkannt, obwohl sie selbst selten auf diese sozialen Dienste zurückgreifen. Die überdurchschnittlich gut gebildeten, kritischen und modernen *Kritischen (4)* sind überwiegend im urbanen Raum zu verorten. Gemeinsame Interessen haben ei-

[63] Schulz et al. (Hg.): Milieus praktisch II. Konkretionen für helfendes Handeln in Kirche und Diakonie.

[64] Schulz et al.: Milieuperspektive auf das helfende Handeln der Kirche, 21.

[65] Huber et al. (Hg.): Kirche in der Vielfalt der Lebensbezüge.

nen höheren Stellenwert als lokale Geselligkeit. Der Bildung wird ein Selbstzweck zugeschrieben und sie hat auch in der Freizeit der Kritischen eine große Bedeutung. Ehrenamtliches Engagement und gesellschaftspolitische Themen sind die Bereiche, in denen Menschen aus dem Milieu einen Zugang zur Kirche finden. Für das Milieu der *Geselligen (5)* stellt die Kirche primär einen Ort der Begegnung und des Miteinanders dar. Sie leistet einen Beitrag zur Stabilisierung des eigenen Lebens, wozu auch ein Hausbau oder die Familiengründung sowie beruflicher Aufstieg beitragen können. Bildung wird überwiegend zweckgebunden verstanden, wodurch lebenspraktische Bildungsangebote der Kirche dankend angenommen werden. Ebenso sind Gruppenangebote und kirchliche Feste passende Orte für Menschen aus dem Milieu der Geselligen, da sie Sicherheit und Eingebundenheit ermöglichen, aber ebenso beispielsweise durch einen Adventsbasar die Gelegenheit zur punktuellen Unterstützung sozial Benachteiligter anbieten. Das Milieu der *Zurückgezogenen (6)* hat Angehörige aus mehreren Altersschichten mit durchschnittlich geringer Bildung, die oftmals zurückgezogen leben und sich vielen Aspekten des gesellschaftlichen Lebens nicht zugehörig fühlen. Die aktive Kirchengemeinde, das politische Leben, die regionalen und überregionalen kulturellen Angebote erscheinen Menschen aus diesem Milieu häufig als fremde Welten.[66]

6.1.3.2 *Milieusensible Perspektiven auf Armut in der Diakonie*

Welchen Nutzen hat der Einbezug der oben skizzierten Typologie von Milieus im Zusammenhang mit dem Thema Armut aus diakonischer Perspektive? Das Potenzial einer milieusensiblen Diakonie wird von Claudia Schulz am Beispiel der Armutsthematik hervorgehoben und weist dadurch auf die Notwendigkeit einer differenzierten Analyse der Lebensweltlogiken von Hilfesuchenden und Engagierten im diakonischen Bereich hin:

> „Die Aufmerksamkeit für Dimensionen einer Milieutypologie befördert an die Oberfläche, was in den Diskussionen über die Armutsproblematik selten bedacht wird: die Macht lebensweltlicher, stilistischer Differenzen, die starken Auswirkungen von unterschiedlichen Einstellungen, Weltsichten und Kommunikationsvorlieben bei Betroffenen und denen, die sich für sie engagieren."[67]

Eine materielle Notlage kann unterschiedlich wahrgenommen werden. Ob sie als problematisch empfunden wird und einen Handlungsbedarf mit sich bringt, hängt von u. a. milieuspezifischen Welt- und Situationsdeutungen ab. Auch die Interventions- und Unterstützungsmöglichkeiten gestalten sich plural. Für einige steht die Unterstützung bei der eigenen Bewältigung einer Notlage im Vordergrund, für andere sind ganz konkrete Hilfeleistungen entscheidender. Anhand von vier Gegenüberstellungen, die unterschiedliche Wahrnehmungen von

---

66 Vgl. Schulz et al.: Milieus praktisch, 50–86.

67 Schulz: Was soll ich reden mit dem armen Lazarus, 241f.

und Umgangsweisen mit der eigenen Hilfsbedürftigkeit milieusensibel differenzieren, stellt Claudia Schulz an Beispielen wie häusliche Gewalterfahrungen heraus, was diese Unterschiede in der Problemverortung für diakonisches Handeln bedeuten können.

1. Der Zugang zu Bildung, Diskursen und Sachverhalten (einfach vs. komplex)

Wer Sachverhalte (gerne) komplex wahrnimmt und hinterfragt, geht anders mit belastenden Situationen wie Gewalterfahrungen um als eine Person, die Gewalt in erster Linie als unrechtes Verhalten ihr gegenüber wahrnimmt. Während ein Mensch aus dem Milieu der Kritischen die erfahrene Gewalt z. B. in einer Beziehung in ein System von Dilemmata einsortiert oder als einen Bestandteil eines umfassenderen Dilemmas sieht und eher Unterstützung in Form von Informationen zur Problemlösung benötigt, kann es für einen Menschen aus dem Milieu der Geselligen eine bessere Unterstützung sein, wenn praktische Hilfe angeboten und Gruppenangebote zur Freizeitgestaltung vermittelt werden. Auch die Einstellung zur Wahrnehmung von Hilfsangeboten unterscheidet sich. Für die einen ist es etwas Hilfreiches, wobei sie sich als aktiv und selbstbewusst erleben, für die anderen stellt das Aufsuchen von Hilfsangeboten eine Überwindung und zunächst zusätzliche Belastung dar, die sich dann in konkreten Nutzen wandelt.[68]

In materiellen Notlagen ist daher auch von unterschiedlichen Wahrnehmungen dieser sowie unterschiedlichen Bedarfen an Unterstützung auszugehen. Für einen Teil der Hilfesuchenden, die beispielsweise dem Milieu der Kritischen zugeordnet werden können, scheint die Überwindung der Notlage mit eigenem Antrieb möglich zu sein. Hilfe wird dann z. B. in der Informationsbeschaffung zu rechtlichen Rahmenbedingungen benötigt. Andere Menschen, beispielsweise aus dem Milieu der Geselligen, befürchten sozialen Ausschluss durch die Notlage und erwarten konkrete, teilweise materielle Hilfe, um den sozialen Anschluss nicht zu verlieren. Auch die Unterstützungserfahrung, in der Situation nicht alleine zu sein, kann als hilfreich wahrgenommen werden. Die Wahrnehmung und Erklärung der materiellen Notlage als einen Aspekt einer komplexen Situation, z. B. durch die Einordnung in die Wettbewerbslogik der freien Marktwirtschaft oder den Zusammenhang von Chancen im Bildungsbereich sowie Arbeitsmarkt mit der geografischen und sozialen Herkunft oder geschlechtsbezogene Differenzen in der Bezahlung, mag hingegen nicht als hilfreich angesehen werden. Ebenso kann sich der Hilfebedarf auf emotionaler Ebene unterscheiden, was an dem Kontrast von Trost und Empowerment skizziert werden kann.

68 Vgl. Schulz: Jedes Milieu hat sein Problem, 35ff.

2. Das Bedürfnis nach Geselligkeit und Gemeinschaft (gering vs. hoch)

Für Gesellige ist die Frage nach der sozialen Eingebundenheit eine andere als für Menschen aus dem Milieu der Zurückgezogenen. Soziale Armut wird daher von einigen Menschen womöglich weniger als Problemlage wahrgenommen als von anderen. Allerdings kann es den Zurückgezogenen aufgrund von sozialen Ressourcen schwerer fallen, in (materiellen) Notlagen auf die soziale Umgebung zurückzugreifen oder sich Unterstützung zu holen, besonders an einem oftmals als gesellig wahrgenommenen Ort wie der Kirche. Während Angehörige mancher Milieus ihre Hilfsbedürftigkeit kommunizieren können und es ihnen leichtfällt, aktiv an der Problemlösung mitzuwirken, kann es für andere Milieus, besonders die Zurückgezogenen, eher eine Herausforderung darstellen, aktiv zu werden. Die Erwartung der Problemlösung durch andere mag bei Menschen aus diesem Milieu daher möglicherweise dominieren. Diese Logik kann darin erklärt werden, dass der eigene Beitrag in dem aktiven Aufsuchen einer Anlaufstelle wie der Diakonie nach milieuspezifischen Lebensweltlogiken bereits geleistet ist und daher die Helfenden in die Verantwortung zur Problemlösung genommen werden.[69]

3. Die Einstellung zu Veränderungen (offen vs. gebunden)

Besonders im Milieu der Bodenständigen ist eine starke Gebundenheit an die nahe Umgebung und die Einbindung in das gesellschaftliche Leben vor Ort sowie in der Kirchengemeinde zu finden. Die Lebensgestaltung orientiert sich an Bescheidenheit und dem Erhalt der aktuellen Situation. Tritt dann doch eine Veränderung z. B. in Form eines finanziellen Engpasses ein, wird sich auf die Hilfsbereitschaft im sozialen Umfeld verlassen. Krisensituationen werden als Resultat der Abweichung von den bewährten Ordnungen verstanden, wodurch Anstrengung als legitime Strategie zur Überwindung von Krisen gilt. Auf eine materielle Notlage bezogen bedeutet das, dass diese durch mehr Mühe beispielsweise bei der Suche nach einem neuen Arbeitsplatz oder durch konsequente Bescheidenheit im Lebensstil und Konsumverhalten überwunden werden kann. Die Verantwortung für die Notlage kann dadurch auch einseitig der betroffenen Person zugeschrieben werden. Für Menschen, die sich innerhalb von Milieus mit einer starken Traditionsbindung und bodenständigen Werten bewegen, kann das bedeuten, dass sie sich allein Verantwortung für bzw. Schuld an der Armutssituation zuschreiben. Diese Logik kann mitunter davon abhalten, staatliche Hilfeleistungen in Anspruch zu nehmen, was durch die Orientierung an Bescheidenheit noch verstärkt werden kann. Menschen, die eher offen gegenüber Veränderungen sind, haben einen leichteren Zugang zu Beratungs- und Unterstüt-

69 Vgl. ebd., 41ff.

zungsangeboten, weil sie weniger anfällig für Tabuisierungen sind als traditionsorientierte Menschen. Materielle Armut ist in vielen Zusammenhängen mit Scham und der Vorstellung davon verbunden, dass im besten Fall niemand von einer finanziellen Notlage erfährt. Die Hürde zu überwinden, sich mit einem schambesetzten Thema an eine Beratungsstelle zu wenden, gestaltet sich milieuabhängig mitunter sehr verschieden.[70]

4. Orientierung an Autoritäten (stark vs. gering)

Die vom Bildungsstand und Durchschnittsalter ähnlichen Milieus (Hochkulturelle und Bodenständige sowie Kritische und Gesellige als mögliche Gegenüberstellungen) unterscheiden sich hinsichtlich ihrer Autoritätsgebundenheit und der Bedeutung des Individuums. In Krisensituationen sind diese Differenzen relevant, da sie zu verschiedenen Einschätzungen der Situation und besonders zu einem anderen Umgang mit dieser beitragen. Bezogen auf eine materielle Notlage kann eine starke Orientierung an den Gegebenheiten und Normen dazu beitragen, dass viel Energie benötigt wird, die Veränderung der eigenen Situation in Angriff zu nehmen. Indessen ist es für Menschen, die der eigenen Person einen hohen Stellenwert geben, ein logischer Schritt, sich um die eigene Situation zu kümmern und sich um Unterstützung zu bemühen.[71] Geht die starke Autoritätsbindung einher mit weiteren erschwerenden Dimensionen, wird die Bewältigung einer Notlage umso schwerer. Schulz bündelt die Kombination von Risiko-Ausprägungen für den Bereich der diakonischen Arbeit anhand der kontrastierten Orientierungen:

> „Wo eine geringe Bildung und damit verbunden oft eine Distanz gegenüber der Auseinandersetzung mit komplexen Sachverhalten auf eine starke Orientierung an Autoritäten und Gegebenheiten trifft und die Ressourcen einer sozialen Gemeinschaft nicht zur Bewältigung genutzt werden können, wirken sich soziale Belastungen stärker aus. Ein helfendes Handeln muss dann all diese Dispositionen als grundlegende Herausforderung für die Arbeit mit berücksichtigen und den Betroffenen auf vielen Ebenen Hilfestellung geben."[72]

6.1.3.3 *Milieuzugehörigkeit als Armuts-Risikofaktor*

An den Milieudifferenzierungen, die Unterschiede in der eigenen Problemeinschätzung sichtbar machen sowie verschiedene Arten der benötigten Hilfestellungen und Unterschiede im Zugang zu diesen aufzeigen, wird deutlich, dass mit Armutssituationen äußerst divers umgegangen wird. In den verschiedenen Erfahrungen mit individuellen Handlungs- und Teilhabespielräumen zum Um-

70 Vgl. ebd., 45ff.
71 Vgl. ebd., 49ff.
72 Ebd., 52.

gang mit materiellen Notlagen in den Milieus, „lässt sich dann eine Milieuzugehörigkeit als Armuts-Risikofaktor verstehen, indem die typischen Orientierungen eines Milieus die Problematik der Armut verstärken oder den Zugang zu Auswegen erschweren“[73].

Wer sich konkrete Hilfe erhofft und stattdessen lediglich Hilfe zur Selbsthilfe erhält, aber keine Vorstellung davon hat, wie diese aussehen kann, wird die Erfahrung der Ohnmacht und Hilflosigkeit aus der Notsituation sogar noch verstärkt erleben. Bodenständige und zurückgezogene Menschen mit geringer Bildung werden in Armutssituationen vor einige Herausforderungen gestellt. Sie können zwar, z. B. durch staatliche Transferleistungen Unterstützung erfahren, müssen sich aber selbst um die mitunter als kompliziert wahrgenommene Antragstellung kümmern. Um sich dabei Unterstützung zu suchen, gilt es teilweise soziale Grenzen zu überwinden und die eigene Hilfsbedürftigkeit zu artikulieren, was eine Herausforderung darstellen kann. Zuvor müsse allerdings nach dem Erkennen der Notlage noch der Schritt erfolgen, in dem man sich über das Vorhandensein von Hilfsangeboten bewusst wird und aktiv nach Angeboten recherchiert. Die eigenen Handlungsspielräume in einer Notlage zu erkennen, fällt möglicherweise denjenigen leichter, die sich bereits in problemhaften Situationen als handlungsfähig erlebt haben. So kann es passieren, dass die eigene Milieuzugehörigkeit von der Inanspruchnahme der Unterstützung abhält.

6.1.3.4 *Milieuspezifische Vorlieben und Abneigungen und ihre Auswirkungen auf Angebote zur gesellschaftlichen Teilhabe*

Am Beispiel der Idee, Kund*innen der gemeinnützigen Tafel mit anderen Menschen aus der Kirchengemeinde an einen gemeinsamen Tisch zu bringen und zusammen zu essen, zeigen sich milieutypische Schwierigkeiten. Das Angebot wird von den Tafel-Kund*innen nicht wahrgenommen, was der Initiator des Treffens dadurch erklärt, dass die Gemeinschaft und das Miteinander in Gesprächen nicht gewünscht sind. Der soziale Aspekt des Angebots der Tafel stünde nicht im Vordergrund, sondern die konkrete Versorgung mit günstigen Lebensmitteln. Ein Raum zum Erfahrungsaustausch sei von vielen nicht gewünscht. Geselligkeit wird milieutypisch unterschiedlich bewertet. Für die einen genießt sie einen hohen Stellenwert, für die anderen hat sie eine geringe bis keine Bedeutung. Außerdem kann sie als fremd und verunsichernd wahrgenommen werden, weil das soziale Miteinander mitunter als wenig vertraut gilt. Für engagierte, häufig gesellige Menschen in der Kirchengemeinde ergibt sich aus dieser Verschiedenheit die Herausforderung, diese nicht zu bewerten und fehlendes Interesse an Geselligkeit nicht als auszugleichendes Defizit zu verstehen. Häufig sei

---

73 Schulz: Was soll ich reden mit dem armen Lazarus, 247f.

die Abneigung gegenüber geselligen Formaten das Resultat armutsbedingter sozialer Exklusion, die nicht durch ein kirchliches Angebot zum gemeinsamen Essen verändert werden kann.[74]

6.1.3.5 *Milieubesonderheiten im Hilfeverständnis*

Nicht nur bei den Adressat*innen diakonischer Angebote gibt es milieuspezifische Ausprägungen in der Situationsbeurteilung und in den Bedarfen, sondern auch bei den diakonisch Engagierten lassen sich unterschiedliche Dimensionen der Motivation und der Vorstellungen von Hilfeleistungen ausmachen.

Das Konkrete und das große Ganze

Je größer die Vorliebe für komplexe Zusammenhänge und die Fähigkeit zur Analyse dieser, desto stärker wird das eigene helfende Handeln in einen Gesamtzusammenhang von Persönlichkeit und gelingendem Leben in gesellschaftlichen Zusammenhängen gesetzt. Die starke Ausprägung dieser Sichtweise ist laut Claudia Schulz besonders bei den Kritischen und Hochkulturellen zu finden. Außerdem wird der Umgang mit Notsituationen in diesen Milieus überwiegend in einen strukturellen Zusammenhang gesetzt. Unterstützung in Armutslagen zeigt sich dann zwar in konkreter Hilfe für einzelne Personen oder Familien, die Armutslage wird im Kontext des Helfens aber auch als gesellschaftliches Phänomen sozialer Ungleichheit betrachtet. Im Gegensatz zur konkreten, z. B. materiellen Hilfeleistung durch Menschen aus anderen Milieus stellen sich Kritische und Hochkulturelle ihre Möglichkeit der Hilfe eher als partnerschaftliche Unterstützung zur eigenständigen Bewältigung der Notlage vor, wodurch es zu einer fehlenden Passung von diakonischem Angebot und Hilfebedarf komm kann.[75]

Gemeinschaft und Geselligkeit

Ein starkes Motiv für ehrenamtliches diakonisches Engagement liegt in der Gemeinschaft, die sich dadurch bildet, und auch in der Gemeinschaft, die durch das Engagement für andere ermöglicht wird. Das helfende Handeln hat in den Augen der an Gemeinschaft orientierten Engagierten dann Erfolg, wenn Menschen neue Kontakte aufbauen und sich trauen, mit Fremden in Kontakt zu treten. Die Hilfeangebote gestalten sich entsprechend gruppenorientiert, z. B. in Form von Koch- oder Gesellschaftsspielegruppen. Die Annahme solcher Angebote setzt das Interesse an Geselligkeit voraus, wodurch nach Schulz besonders die Personen nicht erreicht werden, die bereits in anderen gesellschaftlichen und kirchlichen

---

[74] Vgl. ebd., 253ff.

[75] Vgl. Schulz: Jedes Milieu hat sein Problem, 54ff.

Zusammenhängen Ausgrenzungserfahrungen machen oder als unsichtbar gelten. Exemplarisch nennt sie Menschen in Armutslagen, mit Gewalterfahrungen oder psychischen Belastungen. Für Menschen, die diese mit Tabus besetzten Belastungen erfahren, erscheint es oftmals nicht hilfreich, diese öffentlich zu machen und mit anderen zu teilen oder sich in geselligen Spielegruppen davon abzulenken.[76] Daher kann ein an dem Motiv der Geselligkeit orientiertes diakonisches Angebot eine Zugangsbarriere für diejenigen darstellen, die mit dem Angebot erreicht werden sollen.

6.2 *Armut aus befreiungstheologischer Perspektive*

Die befreiungstheologische Perspektive wird einbezogen, da sich diese Ansätze explizit auf Armut beziehen, aus der Situation der wirtschaftlichen und kulturellen Unterdrückung entstanden sind und in der religionspädagogischen Diskussion zu Armut und Bildungsgerechtigkeit einen hohen Stellenwert aufweisen. Der Einsatz für bessere Bildungschancen wird im religionspädagogischen Kontext vor allem mit dem befreiungstheologischen Motiv der Option für die Armen begründet.

Armut stellt in diesem Ansatz sowohl Ausgangslage als auch den theologischen Standort dar. Befreiung findet nach befreiungstheologischem Verständnis auf weltlicher und transzendenter Ebene in einem Wechselspiel statt, wodurch die Unterdrückungssituation und das befreiende Handeln in einem Zusammenhang mit einem kollektiven Sündenverständnis stehen. In diesem Teilkapitel wird Befreiung nicht nur theologisch gedeutet, sondern ebenfalls als Bildungsprozess aus theologischer Perspektive interpretiert, wodurch sich neue Anknüpfungsmöglichkeiten befreiungstheologischer Ansätze an religionspädagogisches Handeln ergeben.

In den folgenden Ausführungen wird häufig auf die Bezeichnung „die Armen" zurückgegriffen. Das geschieht zum einen zur Würdigung der aus der kollektiven Erfahrung und im kollektiven Bewusstsein der Unterdrückung entstandenen Theologie und zum anderen, um inhaltliche Kohärenz zu gewährleisten.

6.2.1 Befreiungstheologie – Geschichte einer Armenbewegung

Die meisten befreiungstheologischen Ansätze gehen auf die ersten Entwicklungen einer Theologie der Befreiung in den späten 60er und frühen 70er Jahre des

76 Vgl. ebd., 59ff.

20. Jahrhunderts zurück. Die Bischofskonferenz 1968 in Medellín (Kolumbien) wird häufig als Beginn dieser Bewegung genannt und Gustavo Gutiérrez gilt mit seiner 1971 veröffentlichten Schrift zur Theologie der Befreiung[77] als bedeutendster Vertreter. Ausgangslage war eine von wirtschaftlicher und politischer Ungleichheit sowie Unterdrückung und Abhängigkeit geprägte Gesellschaft in vielen Ländern Lateinamerikas. Die Abhängigkeit besonders der armen Bevölkerung bestand auf lokaler und globaler Ebene und war eingebettet in den Entstehungsprozess zahlreicher Militärdiktaturen, die international militärische und wirtschaftliche Unterstützung erfuhren.[78]

Aus der Erfahrung der Unterdrückung entstand ein Befreiungsprozess, in dem sich überwiegend katholische Christ*innen engagierten, die in Gruppen und Initiativen organisiert waren. In den weiteren christlichen Gemeinden und kirchlichen Institutionen waren sowohl Unterstützer*innen als auch Kritiker*innen dieser Bewegung zu finden. Auf der Seite der Unterstützer*innen waren anfangs viele Wohlhabende, die in solidarischer Absicht „von oben nach unten“[79] handelten und zu dem Befreiungsprozess auf der Ebene der gesellschaftlich Benachteiligten beitrugen. Auf Basis der Kritik an der zu der Zeit bestehenden katholischen Soziallehre entstand eine Theologie aus der Praxis des Protestes und den revolutionären Bestrebungen zur Überwindung des Kapitalismus durch sozialistische Alternativen.[80] Das Spezifische an dieser Theologie ist, dass sie der Praxis und der konkreten gesellschaftlichen Situation entstammt und die Reflexionen der befreiungstheologischen Praxis in der Praxis selbst erfolgen. Daraus ergibt sich, dass diese Theologie kein akademisches und neutrales Selbstverständnis hat, sondern sich als parteiisch versteht.[81] Der Blick auf den Entstehungskontext verdeutlicht das Besondere der Befreiungstheologie im Zusammenhang mit Armut: Diese Form der Theologie ist keine, die für die Armen entwickelt wurde, sondern eine *Theologie der Armen*, die aus der Armuts- und Unterdrückungserfahrung entstanden ist.

Befreiungstheologische Bewegungen und Diskurse haben sich im Laufe der Zeit im globalen Süden etabliert. Neben ähnlichen Bewegungen in asiatischen und afrikanischen Ländern haben sich weitere kontextuelle Theologien auf der Basis lateinamerikanischer Befreiungstheologie bzw. der Erfahrung von Unterdrückung und Marginalisierung entwickelt, wie z. B. Schwarze und feministische Theologien[82] sowie Befreiungstheologien im Kontext von Behinderung[83].

---

77 Gutiérrez: Theologie der Befreiung.
78 Vgl. Bettscheider: Vom europäischen Monolog zum Dialog der Teilkirchen, 20.
79 Kern: Theologie der Befreiung, 20.
80 Vgl. ebd., 19f.
81 Vgl. Bettscheider: Vom europäischen Monolog zum Dialog der Teilkirchen, 20f.
82 Siehe hierzu: Sölle: Gott denken, 95–105 sowie 129–136.
83 Zum Beispiel: Eiesland: Der behinderte Gott. Für den deutschsprachigen Raum kann besonders Ulrich Bach durch seine theologischen Auseinandersetzungen mit Behinderung

6.2.1.1 *Theologie unter dem Primat der Praxis*

Christian Modehn hebt die Bedeutung der Praxisorientierung bzw. der Praxis als Grundlage der Befreiungstheologie hervor, indem er den Beitrag der *kontemplativen Erfahrung* herausstellt. Diese Christuserfahrung lässt sich nach Modehn als „notwendiger Ermöglichungsgrund von Befreiungspraxis/theologie“[84] bezeichnen. Die hier fast synonym gebrauchten Begriffe Praxis und Theologie weisen erneut auf die enge Verzahnung dieser beiden Bestandteile der Befreiung hin. Die „kontemplative Verwurzelung der Befreiungstheologie“[85] ist im Vergleich mit europäischen Theologien eine Besonderheit, die es gerade in der europäischen Tradition der überwiegenden Trennung von Theologie und Spiritualität anzuerkennen gilt. Juan Carlos Scannone konkretisiert diese kontemplative Erfahrung als Ruf vom Armen her, als das „herausfordernde Wort (das für den Glauben nichts anderes ist als die Menschwerdung des Wortes Gottes)“[86], welches „vom unterdrückten Volk und seinen ausgebeuteten Klassen her“[87] begegnet.

Aus dem *Ruf der Armen* als das „im Glauben gehörte Wort“[88] ergibt sich die Praxis des christlichen Einsatzes für die Befreiung aus Armut und Unterdrückung. Das Wort Gottes zeigt sich im Ruf der Armen als Ruf Jesu Christi, der „als Auferstandener und insofern Universaler [...] – im Heiligen Geist – im Menschen begegnen“[89] kann. Die Begründung auf dieser sehr konkreten Gotteserfahrung ist das, was der Befreiungstheologie eine theologische Radikalität und Stärke verleiht sowie gleichermaßen praktische Konsequenzen mit sich bringt. Die aus der kontemplativen Erfahrung ableitbare Bedeutung Jesu für die Befreiung des Menschen lässt nach Horst Rzepkowski Charakteristika einer lateinamerikanischen Christologie erkennbar werden, die er zusammenfasst als *„fünf Prioritätssetzungen:* Das Menschliche steht vor dem ekklesiologischen Element, das Utopische hat den Vorrang vor dem Wirklichen, die Kritik hat den Vorzug vor dem Dogmatischen, das Soziale hat den Primat vor dem Personalen und die Orthopraxie steht über der Orthodoxie.“[90] Jesus Christus kommt in dieser Verhältnisbestimmung die Funktion des Vorbildes als „Urtypus des Menschen“[91] zu. Für

---

und Kirche „als ein Befreiungstheologe des 20. Jahrhunderts“ (Schweiker: Prinzip Inklusion, 297) bezeichnet werden. Deutlich wird seine befreiungstheologische Perspektive in der Frage nach dem Diakonieverständnis, siehe dazu Bach: Der behinderte Mensch. Außerdem bezeichnet Bach seine Theologie nach Hadamar selbst als Befreiungstheologie (vgl. Bach: Theologie nach Hadamar, 115).

84 Modehn: Die kontemplative Erfahrung und der politische Kampf, 29.

85 Ebd., 30.

86 Scannone: Theologie der Befreiung in Lateinamerika, 3.

87 Ebd.

88 Ebd.

89 Modehn: Die kontemplative Erfahrung und der politische Kampf, 33.

90 Rzepkowski: Jesus Christus, der Befreier, 47.

91 Ebd., 46.

Christ*innen folge daraus: „Man muß so wie Christus handeln, weil er der authentische Mensch war: vorurteilslos, unkonventionell, menschlich und vernünftig."[92] In diesem Grundverständnis wird auch Kritik an den zur Entstehungszeit der Befreiungstheologie vorfindbaren gesellschaftlichen Verhältnisse und Positionierungen einiger kirchlicher Institutionen deutlich, die sich nicht oder nur geringfügig für die Überwindung unterdrückender Strukturen eingesetzt haben.[93]

6.2.1.2 *Befreiungstheologische Praxis: Sehen – Urteilen – Handeln*

Die befreiungstheologische Praxis als Dreischritt von sozialanalytischer, hermeneutischer und praktisch-pastoraler Vermittlung (Sehen, Urteilen, Handeln) knüpft an die Theologie Karl Rahners an, nach der die Welt- und Heilsgeschichte dadurch miteinander verbunden sind, dass Gott sich in konkreten historischen Situationen offenbart und sein Heilgeschehen somit in der geschaffenen Welt einen Ort hat.[94] Diese Grundannahme misst der profanen Welt eine essenzielle Bedeutung im Heilsgeschehen zu, sodass diese folgerichtig als Ausgangspunkt befreiungstheologischer Praxis angenommen werden kann. Die Welt wird nicht als statisch, sondern historisch und dynamisch, also als geworden und im Wandel betrachtet. Die theologische Relevanz der Weltlichkeit erschließt sich auf Basis dieser Annahme jedoch nur in der historischen Perspektive auf die sozioökonomischen Bedingungen der Akteur*innen innerhalb dieser weltlichen Wirklichkeit, die durch reflektierte Sozialanalyse erfolgen kann.[95] Dieser methodische Schritt erlaubt die Wahrnehmung und Bestimmung des gesellschaftlichen Standortes, von dem aus Theologie betrieben wird, und ermöglicht eine Positionierung gegenüber den ausgemachten gesellschaftlichen Verhältnissen.

Der zweite Bestandteil des methodischen Grundgerüsts besteht in der befreiungstheologischen Hermeneutik auf Basis der „Erfahrung einer gemeinsamen Geschichte, der von Gott gewirkten Befreiungsgeschichte damals und heute"[96], die als Grundlage zum Verständnis biblischer Texte dient. Auf dieser Basis können nach Kern gegenwärtige Befreiungserfahrungen einen den biblischen Texten immanenten Sinnüberschuss freilegen.[97] Deutlich wird an dieser hermeneutischen Grundhaltung die Perspektivgebundenheit befreiungstheologischer Ansätze und eine Zuspitzung auf den Aspekt der Befreiung, die sich am ehesten aus Situationen der Unterdrückung nachvollziehen lässt. Das Lesen der

---

92 Ebd., 47.
93 Vgl. ebd., 47f.
94 Vgl. Kern: Theologie der Befreiung, 31f.
95 Vgl. ebd., 32f.
96 Ebd., 34.
97 Vgl. ebd.

Bibel erfolgt demnach nicht aus einer neutralen Perspektive, sondern im Zusammenhang mit Gerechtigkeits- und Befreiungsbestrebungen. Im Fokus steht, das Wort Gottes jeweils aktuell in der konkreten, gegenwärtigen Situation wahrzunehmen.[98]

Die praktisch-pastorale Vermittlung findet im Zusammenspiel mit den beiden anderen Schritten statt, folglich der Analyse der gesellschaftlichen Bedingungen und Situation sowie der theologischen Reflexion auf Grundlage einer Hermeneutik der Befreiung. Deutlich ist, dass die in diesem Schritt intendierten praktischen Konsequenzen ebenso wie die anderen methodischen Schritte vor dem Hintergrund der gesellschaftlichen Situation und im Bewusstsein der Aktualität der Offenbarung stattfinden, somit einen klaren Weltbezug aufweisen. Entsprechend handelt es sich um gesamtgesellschaftliche Veränderungen, die auf den Abbau von Unterdrückung und die Neugestaltung im Sinne einer umfassenden Befreiung abzielen.[99]

6.2.2 Theologische Grundlagen und Deutungen der Befreiung

Die eng mit der Praxis verwobene Theologie der Befreiung wird im Folgenden skizziert, um anhand der theologischen Deutungen von Befreiung die Basis für ein befreiungstheologisches Bildungsverständnis zu erarbeiten. Zu Beginn erfolgt eine Differenzierung des Befreiungsbegriffs. Nach Juan Carlos Scannone beinhaltet dieser im befreiungstheologischen Kontext drei Bedeutungsebenen: (1) Auf der politischen Ebene meint Befreiung die Überwindung von kapitalistischer Ausbeutung, Bevormundung und Unterdrückung. (2) Befreiung philosophisch verstanden bezeichnet eine Neuinterpretation der menschlichen Geschichte aus einer veränderten Perspektive. (3) Die theologische Dimension der Befreiung zeigt sich in der Erlösung von der Sünde und ihrer Konsequenzen in allen gesellschaftlichen Bereichen wie z. B. dem sozialen, kulturellen und ökonomischen Sektor.[100] Daraus ergibt sich, dass Befreiungstheologie nicht als rein theologische Tätigkeit verstanden werden kann, wenn es so etwas überhaupt gibt, sondern zugleich immer politisches und philosophisches Handeln impliziert.

6.2.2.1 Gott, Mensch und Befreiung

Dass, wer von Gott redet, nicht anders kann als von Gott in Beziehung zum Menschen zu reden, wird in diesem theologischen Ansatz nicht nur sichtbar, sondern

---

98 Vgl. ebd., 66f.

99 Vgl. ebd., 34f.

100 Vgl. Scannone: Theologie der Befreiung in Lateinamerika, 3.

auch in der politischen Konsequenz erfahrbar. Die weltliche Wirklichkeit als Ort, an dem Gottes Wort durch den Menschen wirksam wird, kommt als Ort der Befreiung wesentlich zur Geltung. Dem Menschen kommt in der Welt und somit auch in der sozialen Welt, der Gesellschaft, eine gestalterische Funktion zu. Indem sich das Wort Gottes durch den Menschen im Verhältnis zu seiner Umwelt Ausdruck verleiht, steht das menschliche Subjekt in einer vermittelnden, wirkenden Funktion in der Welt. Einem relationalen Ebenbildlichkeitsverständnis folgend zeigt sich in dem menschlichen Wirken in der Welt, welches sich auf die Mitmenschen und auch die anderen Bestandteile von Gottes Schöpfung bezieht, das Antworten auf die Zuwendung Gottes zum Menschen.[101] In diesem Verhältnis treten Sünde und Erlösung als Beziehungsbegriffe in Erscheinung: Sünde beschreibt den Anteil persönlicher Entscheidung an der Entfremdung des Menschen von Gott.[102] Erlösung hingegen stellt die bejahende Antwort auf das Beziehungsangebot Gottes dar und äußert sich als „umgreifende Neugestaltung der Welt“[103], in der der Mensch als Ebenbild Gottes beteiligt ist. Die Entfremdung des Menschen von Gott erhält durch die Entfremdung des Menschen vom Anderen einen weltlichen Ausdruck, was Enrique Dussel als Sünde folgendermaßen deutet: „Das Nein zum Andern ist die einzige mögliche Sünde; es ist die ‚Sünde der Welt‘, die Ursünde.“[104] Nach diesem Sündenverständnis seien ausbeutende und totalitäre Systeme Ausdruck der Sünde und das Nein zum anderen die Bedingung für die Unterdrückung. Diese radikale Deutung der menschlichen Verantwortung den Mitmenschen gegenüber spiegelt sich in dem Erlösungsverständnis wider: Erlösung wird als Befreiung von diesem Nein zum anderen verstanden, als „Antisünde“[105] oder „Verneinung der Verneinung des Andern“[106] oder positiv formuliert als „entschiedenes Ja zum Andern als dem Andern“[107]. Die Ausführungen Dussels zu einer Ekklesiologie erlösender Befreiung haben ein stark katholisches Profil, sodass hier nur kurz erwähnt sei, dass Dussel im Bewusstsein der Unterdrückungsgeschichte der römisch-katholischen Kirche dafür plädiert, die Kirche solle sich, seinen vorangegangenen Ausführungen zu Sünde und Befreiung entsprechend, mit den Unterdrückten identifizieren, „um die Mauern der durch die Sünde, die Ungerechtigkeit [...] totalisierten Systeme niederzureissen.“[108]

---

101 Vgl. Joest/Lüpke: Dogmatik II: Der Weg Gottes mit dem Menschen, 36ff.

102 Vgl. Tillich: Systematische Theologie II, 52ff. An dieser Stelle wird in der Aufnahme von Tillichs Sündenverständnis der Interpretation von Dorothee Sölle gefolgt, die diesem „einen Hinweis auf einen Übergang zur Befreiungstheologie“ (Sölle: Gott denken, 86) entnimmt.

103 Rzepkowski: Der Gott, der befreit, 61.

104 Dussel: Herrschaft – Befreiung, 27.

105 Ebd., 29.

106 Ebd.

107 Ebd. Die positive Formulierung als Ja zum Anderen bezieht Dussel auf biblische Symbolik, wie sie z. B. im Gleichnis vom barmherzigen Samariter vorkommt.

108 Ebd., 32f.

6.2.2.2 *Sünde und Befreiung*

Auch wenn Befreiungstheologien in katholischer Tradition stehen, lassen sie sich aus evangelischer Perspektive denken und interpretieren. Was aus evangelischer Sicht sofort am Sünden- und Befreiungsverständnis Dussels auffällt, ist die Funktion, die der Mensch in diesem Geschehen einnimmt. Im Kontrast zu den meisten protestantischen Deutungen der passiven Beteiligung des Menschen an der Erlösung durch die Rechtfertigung ist aus befreiungstheologischer Perspektive „die Mitwirkung der zu Befreienden unerläßlich"[109]. Dorothee Sölle versteht diese partizipative Grundorientierung der Befreiungstheologie als „antiprotestantische Spitze"[110] und deutet diese Reziprozität im Erlösungshandeln als machtkritische Gottesvorstellung:

> „Gott will uns an Gottes Wirken beteiligen, was mehr ist als Gnade bloß zu verteilen. Beteiligen heißt partizipieren lassen, und Gott wäre immer noch als autokratischer Machthaber gedacht, wenn er seine Macht für sich behielte."[111]

Sölle thematisiert in ihrer Auseinandersetzung mit der Theologie Rudolf Bultmanns die unterschiedlichen Sichten auf die Sünde und den Menschen als erlösungsbedürftige*n Sünder*in. Kritiker*innen der Befreiungstheologien bzw. politischer Theologien generell verstehen die Sündenverständnisse in Kontexten von Befreiung durch Vorstellung der menschlichen Mitwirkung am Erlösungsgeschehen mitunter als „grenzenlose Selbstüberschätzung"[112]. Sölle entgegnet diesem Vorwurf folgendermaßen: „in Wirklichkeit scheint mit ein anderer Ernst und eine andere weltliche Tiefe des Sündenverständnisses dort vorzuliegen, wo allerdings die Hoffnung herrscht, daß durch bestimmte Veränderungen gesellschaftlicher Strukturen die Anzahl der Zwänge, die uns heute zu sündigen nötigen, verringert werden könnte."[113] Mit den Zwängen meint sie die Handlungszwänge, die innerhalb der jeweils gültigen Gesellschaftsstrukturen als sachlich begründbar gelten. Unter anderem am Beispiel der Unterstützung von steigenden Mietpreisen durch die Akzeptanz einer Mieterhöhung, um weiterhin in einer Wohnung leben zu können, die dazu beträgt, dass sich Menschen mit wenig Geld keinen Wohnraum leisten können, verdeutlicht sie diese „Sachzwänge der industrialisierten Welt"[114]. Zwänge werden demnach von Sölle mit der Sünde in Verbindung gebracht, weshalb sie nach dem Zusammenhang von Sachzwängen und biblischem Sündenbegriff fragt. Dazu kritisiert sie zunächst das vorherrschende „entpolitisierte Sündenverständnis"[115] in der klassischen Theologie,

---

109 Sölle: Gott denken, 116.
110 Ebd., 117.
111 Ebd., 116.
112 Sölle: Politische Theologie, 87f.
113 Ebd., 88.
114 Ebd.
115 Ebd., 89.

welches Sünde auf einer individuellen und ahistorischen Ebene versteht und die gesellschaftlichen Kollektive in konkreten Situationen ausspart. Dadurch würde dem Menschen eine Ohnmachtsvorstellung vorgehalten, nach welcher dieser nicht nur ohnmächtig in Bezug auf sein Heil sei, sondern es würde auch vermittelt werden, die gesellschaftliche Wirklichkeit sei als gegeben zu betrachten und der Mensch sei lediglich in dem privaten Bereich der wahrgenommenen Wirklichkeit handlungsfähig, nicht jedoch in der Lage, gesellschaftliche Missstände als kollektiv verursacht zu verstehen und Gesellschaftsstrukturen zu verändern.[116]

Sölle sieht daher die Notwendigkeit, das Verständnis von Sünde um die kollektive Dimension zu erweitern und Sünde in der historischen Bedingtheit, in der von ihr gesprochen wird, zu verstehen. Am Beispiel der Kontrastierung kapitalistischer Gesellschaften mit der Idee von anders funktionierenden Gesellschaftsmodellen, skizziert sie dieses Anliegen:

> „Es sind Gesellschaften denkbar, in denen die Zwänge, sich durchzusetzen, verringert sind. Dieses Faktum nimmt aber nicht, sondern verschärft eher unser Schuldgefühl, weil wir nicht mehr nur unseren individuellen Anteil an der Sache, also am Profit, der auf der Ausbeutung der Schwächeren beruht, verstehen, sondern weil wir auch die kollektive Unfähigkeit, die dies nicht ändert, nicht mehr als unabwendbares Schicksal begreifen, sondern als die von uns gewählte Gesellschaftsordnung in der von uns hergestellten sozialen Welt ansehen müssen."[117]

Der Einbezug der historischen gesellschaftlichen Situation zeigt nach Sölle das Potenzial ethnologischer und soziologischer Forschung auf, da diese Disziplinen dazu verhelfen können, „genauer zu erkennen, inwiefern wir Sünder sind."[118] Zur Erkenntnis der eigenen Existenz als Sünder*in sei allerdings die Voraussetzung zu erfüllen, „daß die kollektive Vergangenheit verantwortet und die ererbte als die eigene Geschichte übernommen wird in einer Identifikation mit der Welt, in der wir leben."[119] Die kollektive Sünde wird hier auch von Sölle in ein enges Verhältnis des Transzendenten zum Immanenten gesetzt. Diese Sünde ist demnach nicht ohne die weltliche Wirklichkeit denkbar. Wenn nun Sünde nicht ohne Weltbezug gedacht werden kann, schließt sich die Überlegung an, dass die Befreiung von der so verstandenen Sünde ebenso im Weltbezug stattzufinden hat.

Dieses Sündenverständnis beinhaltet nach Sölle sowohl Zwang als auch Freiheit. Den Zwang erklärt sie durch das Menschsein in einer Welt, die man sich nicht ausgesucht hat, die Freiheit sieht sie in der Schuldfähigkeit des Menschen. In dieser Dialektik von Freiheit und Zwang deutet sie Sünde als Kollaboration: „Ich kollaboriere mit dem, was mir vorgegeben ist, aber es ist ein Ich da, das

116 Vgl. ebd., 89f.
117 Ebd., 91.
118 Ebd.
119 Ebd., 91f.

handelnd oder zulassend agiert und das tendenziell gedacht verschiedene Möglichkeiten des Verhaltens hat."[120] Das Sündenverständnis, das in der Anpassung an die vorgefundene Welt, also auch an die vorgefundenen gesellschaftlichen Strukturen Sünde sieht, zeigt die kollektive und umfassende Erlösungsbedürftigkeit des Menschen auf.[121] Aus Freiheit und Zwang ergebe sich nicht nur die Kollaboration mit ungerechten Strukturen als Sünde, sondern auch die Apathie, das ausbleibende Handeln gegen diese Strukturen. In dieser Deutung des sündigen Menschen nimmt Sölle ihn in die Verantwortung, Verhaltensalternativen zu ergreifen. In diesem Schritt kritisiert sie besonders „das protestantische Sündenbewußtsein in seiner pauschalen Allgemeinheit, die nicht theoretisch, aber de facto die Sünde zu einem allgemein-menschlichen Schicksal macht"[122]. Jegliche Form der Kritik sei auf Basis dieses weltlosen Verständnisses nicht zu betreiben. Entsprechend führt sie ihre Argumentation anhand der Vorstellung einer gemeinsamen Verantwortung der Menschen in ihren gesellschaftlichen Zusammenhängen fort, die sich als Sünder*innen ihrer Handlungsmöglichkeiten bewusst werden können. Sie unterscheidet zwischen relationaler Individualität, in der Spontaneität und Kreativität durchaus unverfügbar, geistgewirkt sein können, und konkreter Individualität, in der das Unverfügte nicht nur geistgewirkt sein kann, sondern die vom Menschen als Sachzwänge verstandenen Wahrnehmungen der begrenzten weltlichen Handlungsoptionen durch ein Ohnmachtserleben ebenfalls als unverfügbar erlebt werden können.[123]

Um „das Sündenbewußtsein nicht durch ein Ohnmachtsgefühl ersetzt zu sehen"[124], schlägt Sölle eine politische Interpretation der Bibel vor, die am alttestamentlichen Sündenverständnis ansetzt. Eine solche Interpretation ermögliche, sündiges Verhalten im Sinne von Handeln gegen Gott und sündiges Verhalten im Sinne von gesellschaftlichen und politischen Verfehlungen zusammen zu denken. Für den Menschen als Sünder*in gilt dann entsprechend:

> „Gott kann nur im Menschen gehaßt und beleidigt werden. Sünde läßt sich nicht im spezialistisch-religiösen Sinn verstehen, als Mangel an Gottesliebe oder als Auflehnung gegen einen Herren, sondern sie muß weltlich-politisch gedacht werden. Nicht der entweihte Tempel oder die leergewordenen Kirchen klagen uns an, sondern der Zustand unserer Welt."[125]

Durch das Ansetzen am alttestamentlichen Begriffsverständnis solle das neutestamentliche Verständnis von Sünde auf individueller Ebene nicht abgelegt werden. Sölle spricht sich allerdings dafür aus, der Entpolitisierung des Sündenbegriffs entgegenzuwirken, die sie im paulinischen Sündenverständnis ausmacht,

120 Ebd., 92.
121 Vgl. ebd., 92f.
122 Ebd., 93.
123 Vgl. ebd., 94.
124 Ebd., 94f.
125 Ebd., 95.

„das Sünde im Sich-Sichern, Leisten und Rühmen so sehr auf Gott bezieht, daß die irdischen Konkreta dahinter leicht verschwinden."[126] In dieser Konsequenz kann Sünde nach dem Verständnis politischer Theologie nicht nur individuell gedacht werden, sondern wird auch als entfremdete Gott-Mensch-Beziehung in der weltlichen Wirklichkeit und in dieser im Zusammenhang mit dem den Menschen umgebenden sozialen Gefüge und gesamtgesellschaftlichen globalen Verhältnissen verstanden. Aus diesem Verständnis ergibt sich die Verantwortung des Menschen für seine Umwelt als Bestandteil der Erlösung.

6.2.2.3 *Rechtfertigung, Erlösung und Befreiung im Spannungsverhältnis*

In diesem spannungsvollen Zusammenhang ist es wichtig, drei zentrale Begriffe voneinander zu unterscheiden bzw. miteinander in Beziehung zu setzen: *Rechtfertigung, Erlösung* und *Befreiung*. In welchem Verhältnis stehen diese zueinander und welche Rolle spielt der Mensch in der Erlösung, Rechtfertigung bzw. Befreiung? Zu dieser Frage kommt erneut das Gott-Mensch-Verhältnis als Beziehungsgeschehen von Gott ausgehend zur Geltung, das sich in der Ebenbildlichkeit des Menschen ausdrückt. Befreiungstheologisch gedeutet ergibt sich daraus jedoch nicht allein die *Annahme der Rechtfertigungsbotschaft*, die „Veränderung des Herzens"[127] durch die Gnade, sondern immer auch die „realen Lebensveränderungen"[128], da die Gnade Gottes gedacht wird „als eine Befreiung, die sich innerhalb des soziokulturellen und soziopolitischen Kontexts vollzieht."[129] Die Gottebenbildlichkeit des Menschen erhält durch dieses Gnadenverständnis eine kontextuelle Erweiterung. Es ist nicht nur das relationale Beziehungsverständnis zwischen Gott und Mensch, sondern diese Beziehung wird stets kontextuell gedacht, wodurch auch die *Erlösung an den Kontext gebunden* ist. Statt eines Gott-Mensch-Verhältnisses ließe sich wohl am ehesten von einem Gott-Mensch-Welt-Verhältnis sprechen, wenn die Gottebenbildlichkeit des Menschen befreiungstheologisch gedacht wird. Wird Erlösung kontextuell gedacht, so wirkt sich diese auch auf den Kontext als Befreiung aus, womit die Erlösung des Menschen Veränderungen in der weltlichen Wirklichkeit mit sich bringt. Somit erscheint die *Befreiung als vom Menschen mitgestaltete Erlösung* in der Welt. Die Befreiungs- und Erlösungsgeschichte des Menschen sind nach diesem Verständnis identisch.[130] Der Mensch „nimmt am Befreiungskampf teil und trägt so zur Schaffung des ‚neuen Menschen' bei."[131]

126 Ebd.
127 Sölle: Gott denken, 118.
128 Ebd.
129 Ebd.
130 Vgl. Rzepkowski: Der Gott, der befreit, 60.
131 Ebd., 61.

Der gesellschaftliche Kontext und das Verständnis des Menschen als geschichtliches Wesen sind in den Ausführungen von Dorothee Sölle zu Sünde und Vergebung im Verständnis politischer Theologie zentral. Sie fragt dabei die protestantische Tradition zu ihrem auf das Individuum bezogenen Sünden- und Vergebungsverständnis an und verurteilt dieses: Durch die „Subjektivierung des einzelnen und die Privatisierung des Heils"[132] sei Vergebung weniger „Befreiung zu neuem Leben als Erlösung aus alter Schuld, und so notwendig dieses Moment ist, so ist es doch – isoliert von der Geschichte der Menschen von ihrer möglichen Zukunft – falsch und zerstörerisch."[133] Im Gegenzug zu dieser Heilsvorstellung erachtet sie die Umkehr als geeignete Formulierung für den Neuanfang durch Sündenvergebung und betont, dass diese befreiende Umkehr nur in Gemeinschaft möglich ist: „Befreiung ist nur als Befreiung aller möglich."[134] Den Neuanfang denkt sie daher nicht individuell, sondern nur als gemeinschaftliche Möglichkeit mit konkreten Auswirkungen in der Welt.

Was nach der Verhältnisbestimmung von Rechtfertigung, Erlösung und Befreiung im befreiungstheologischen Kontext aus evangelischer Perspektive bleibt, ist das Spannungsverhältnis zwischen Rechtfertigung und Erlösung. Protestantische Rechtfertigungslehre und befreiungstheologische Erlösung erscheinen in einem dichotomen Verhältnis: Entweder ist der Mensch passiver Empfänger der Gnade Gottes oder Mitwirkender an der Erlösung von der Sünde. Statt von einer Dichotomie auszugehen, ließe sich das Verhältnis auch als Komposition denken, in welcher von den gleichen Prämissen ausgehend unterschiedliche Akzentuierungen gesetzt werden. Der Versuch einer Gleichsetzung von Rechtfertigung und Befreiung auf Basis der gleichen Grundannahmen von der Gottebenbildlichkeit des Menschen und Versöhnung durch die Gnade Gottes scheitert, da durch die Gleichsetzung ein Wesensmerkmal der Befreiung negiert würde: Der Kampf unterscheidet Befreiung und Rechtfertigung wesentlich voneinander und nimmt den Menschen mit in die Verantwortung. Aus der Perspektive der lateinamerikanischen Befreiungstheologie kommt dem Kampf als Befreiung aus der Unterdrückung eine große Bedeutung zu. Dieser steht bei Gutiérrez in einem direkten Verhältnis zur Erlösung, da Befreiung neben der Schöpfung als ein Bestandteil der Erlösung gedacht wird.[135]

Das Spannungsverhältnis von befreiungstheologischem Erlösungsverständnis und protestantischem Rechtfertigungsverständnis kann im Rahmen dieses Forschungsprojekts nicht ausführlich behandelt werden. Der Umgang mit dieser Spannung im Rahmen der Frage, ob und wie befreiungstheologische Perspektiven im Religionsunterricht eingebunden werden können, erscheint im Rahmen

---

132 Sölle: Politische Theologie, 105.
133 Ebd.
134 Ebd., 106.
135 Vgl. Rzepkowski: Der Gott, der befreit, 60.

dieser Arbeit als relevant und wird daher in den konzeptionellen Überlegungen in Kapitel 8.5 thematisiert.

6.2.3 Das Potenzial befreiungstheologischer Praxis für den Religionsunterricht

Die Theologien, die unter dem Begriff Befreiungstheologien zusammengefasst werden, zeichnen sich durch ihre Kontextbezogenheit aus. Die Inhalte dieser Theologien entstehen in der kontextuellen Reflexion ihrer theologischen Praxis, nehmen durch ihre Umsetzung Einfluss auf gesellschaftliche Verhältnisse und zeigen sich somit in einer abhängigen Reziprozität mit der Gesellschaft.[136] Im Folgenden wird dieses wechselseitige Verhältnis skizziert, um das befreiungstheologische Potenzial der aktuellen Situation armer Schüler*innen im Religionsunterricht in Deutschland herauszuarbeiten, aus der heraus die Suche nach dem Heilsgeschehen im Hier und Jetzt aktuelle befreiungstheologische Inhalte ausmacht.

6.2.3.1 *Sehen: Die Erfahrung der Unterdrückung als Ausgangspunkt befreiungstheologischer Praxis*

Unterschiedlichste befreiungstheologische Ansätze haben die Erfahrung der gesellschaftlichen Unterdrückung und Diskriminierung gemeinsam. Aus diesen Situationen heraus hat sich ein theologisches Neu-Denken entwickelt, wodurch diese Theologien nicht ohne den gesellschaftlichen Kontext gedacht werden können. Die Kontextbezogenheit schützt vor jeglichen Universalitätsansprüchen und ermöglicht das Nachvollziehen der theologischen Grundsätze sowie der befreiungstheologischen Praxis. Außerdem wird die politische Dimension aus dieser Verknüpfung erkennbar, wie Juan José Tamayo an der lateinamerikanischen Situation aufzeigt:

> „Die Befreiungstheologie hat die zerstörerischen Auswirkungen der neoliberalen Globalisierung für die Ökonomie, die Politik, den sozialen Zusammenhalt und die Umwelt aufgedeckt. Sie hat dem Einheitsdenken Widerstand geleistet, indem sie seine trügerischen universalen Wahrheiten als Lügen entlarvt hat, und sie hat sich dem real existierenden Sozialismus gegenüber immer als kritisch gezeigt und sich für einen demokratischen Sozialismus eingesetzt."[137]

Die von Tamayo als neoliberal bezeichnete globale Gesellschaftsordnung ist auch aktuell in Deutschland vorzufinden, allerdings nicht mit vergleichbaren

---

[136] Vgl. Silber: Christus im Antlitz der Armen, 118f.
[137] Tamayo: Herausforderungen der lateinamerikanischen Theologie, 129.

Auswirkungen wie in der Vergangenheit und Gegenwart von Ländern des globalen Südens. Dennoch zeigen sich auch in diesem europäischen, wirtschaftlich dominanten Staat soziale Ungleichheiten und Benachteiligungen als Auswirkungen neoliberaler Strukturen in Wirtschaft, Kultur und Gesellschaft. Dementsprechend gibt es in Deutschland marginalisierte und unterdrückte Personengruppen, die oftmals als Gruppen mit geringen wirtschaftlichen Partizipations- und Erfolgschancen gesehen werden. Eine dieser Gruppen ist die Gruppe derer, die mit geringen Ressourcen verschiedener Art ausgestattet sind und aufgrund dieser Eigenschaft als arm oder armutsgefährdet bezeichnet werden.[138] Befreiungstheologische Ansätze sind zumindest unter dem Aspekt der gesellschaftlichen Struktur auch im aktuellen nationalen Kontext anknüpfungsfähig und erhalten z. B. im Befreiungstheologischen Netzwerk[139] eine konkrete Gestalt.

6.2.3.2 *Urteilen: Positionalität als Kennzeichen der Befreiungstheologie*

Die politische Dimension der Befreiungstheologie verlangt eine Positionierung, die nach Bettscheider durch das Verhältnis von Denken und Erfahrung erklärt werden kann: „Alles wirkliche Denken muß aus der Erfahrung stammen."[140] Das theologische Denken resultiere demnach aus situativen Glaubenserfahrungen in konkreten geschichtlichen Kontexten, woraus deutlich werde, dass dieses Denken nicht auf neutraler Basis erfolge.

Die Glaubenserfahrung in der Situation der Unterdrückung stellt nicht nur den Ausgangspunkt befreiungstheologischer Praxis dar, sondern dient gleichermaßen zur Lokalisierung der Perspektive, aus der das theologische Neu-Denken erfolgt: in der Erfahrungswelt von Armut.[141] Die Wirklichkeit, aus der heraus Befreiungstheologie betrieben wird, wird wahrgenommen als eine Welt „in der große Mehrheiten unterdrückt und ausgebeutet werden, in der wenige reich sind, während viele hungern, eine Welt, in der Menschen um des wirtschaftlichen Profits willen ermordet werden"[142], was nach Stefan Silber ein Hinweis darauf ist, „dass die Erlösung nur mangelhaft Realität geworden ist."[143] Silber verbindet hier in befreiungstheologischer Manier das weltliche Geschehen mit der Heilsgeschichte und deutet Ungerechtigkeit und Unterdrückung als Zeichen der Sündhaftigkeit der Menschen. Aus diesem Verhältnis lässt sich nach Silber die Notwendigkeit der Positionierung aus dem Glauben heraus erklären, die als

138 Siehe dazu Kapitel 2.

139 Siehe dazu http://www.befreiungstheologisches-netzwerk.de/ (zuletzt geprüft am 13.04.2021).

140 Bettscheider: Vom europäischen Monolog zum Dialog der Teilkirchen, 21.

141 Vgl. Silber: Christus im Antlitz der Armen, 117.

142 Ebd., 119.

143 Ebd.

„Option für die Armen“[144] bekannt ist. Er sieht die Notwendigkeit der Gemeinschaft der Glaubenden, sich dementsprechend dort zu positionieren, wo „wenige Menschen sich auf Kosten der Mehrheit bereichern und ihnen jede Form der Gewalt recht ist, um diese Situation nicht nur aufrechtzuerhalten, sondern zu verschärfen“[145]. Doch was bedeutet das für die aktuelle Situation in Deutschland? Angesichts subtiler Distinktionsmechanismen, die besonders im Bildungsbereich verankert und etabliert sind, lässt sich in Bezug auf den Umgang mit unterschiedlichen, von der Kapitalausstattung abhängigen Bildungschancen sowie Barrieren zum Zwecke der Distinktionen von symbolischer Gewalt[146] sprechen. Eine eindeutige Trennung zwischen einer unterdrückenden Mehrheit und einer unterdrückten Minderheit ist nicht möglich, die Mechanismen beinhalten jedoch gewaltvolle Unterdrückungselemente. Außerdem stellt sich in Anknüpfung an Bourdieu das Bildungssystem als Resultat strukturierender Strukturen dar, deren Regelwerk von privilegierten Gesellschaftsmitgliedern gesetzt wurde. Das Bildungssystem selbst lässt sich aus der Perspektive der Benachteiligung, die als Unterdrückung gedeutet werden kann, als Folge von Machtausübung und Gewalt bezeichnen. Theologisch gedeutet wird an dieser Struktur die kollektive Sündhaftigkeit der Menschen erkennbar, die eine befreiende Veränderung verlangt. Der Impuls zur Positionierung kann somit auch aus der aktuellen gesellschaftlichen Situation und in Bezug auf benachteiligende Mechanismen im Bildungsbereich heraus erfolgen.

6.2.3.3 *Handeln: Gemeinschaft als Gegenentwurf zum Individualismus*

Die Befreiung aus gesellschaftlicher Unterdrückung erfordert mitunter ein Neu-Denken von Gesellschaft. Die Kritik am Kapitalismus und die Orientierung am historischen Materialismus von Karl Marx sind kennzeichnend für die befreiungstheologischen Ansätze Lateinamerikas und deuten eine Richtung an, in die dieses Neu-Denken erfolgen kann.[147] Durch diese beiden Bezugspunkte wird auf politisch-gesellschaftlicher Ebene deutlich, dass Theologien der Befreiung auf die Veränderung gesellschaftlicher Bedingungen und mitunter die Neustrukturierung von Gesellschaft ausgelegt sind. Ausgehend von einem „unsolidarischen Individualismus“[148] innerhalb kapitalistischer Strukturen zeige die lateinamerikanische Befreiungstheologie „eine große Sensibilität für den kommunitären Charakter der menschlichen Existenz und die solidarische Dimension, die auf

[144] Ebd.
[145] Ebd.
[146] Siehe dazu Kapitel 4.2.5.
[147] Vgl. Kern: Theologie der Befreiung, 61f.
[148] Tamayo: Herausforderungen der lateinamerikanischen Theologie, 131.

geradem Wege vom christlichen Glauben ausgeht und deren lebendigster Ausdruck die *kirchlichen Basisgemeinden* sind“[149]. Dieser Charakter stelle den Menschen als Teil der Gemeinschaft in den Fokus, woraus eine solidarische Ethik des Miteinanders resultiere, die nach Tamayo „durch Merkmale wie Befreiung, Gerechtigkeit, Generosität, Alterität, Gastfreundschaft, Brüderlichkeit, Frieden, Leben und Inkompatibilität von Gott und Geld charakterisiert“[150] ist.

Nimmt man diese Merkmale konsequent ernst und unternimmt den Versuch, nach einer solchen Ethik Bildungsräume zu schaffen, sind diese im Wesentlichen inklusiv und gerecht zu gestalten. Inklusion ist in diesem Fall als Zugehörigkeit und gesellschaftliche Teilhabe sowie als Gegenentwurf zur Exklusion in Form von sozialer Ausgrenzung gedacht. Im Diskurs zur sozialen Ungleichheit ist Exklusion vor allem durch die Armutsform der fehlenden Zugehörigkeit und Anerkennung gekennzeichnet.[151] Die Anerkennung des Individuums und des Andersseins als Grundlage inklusiver Bildung ist in der Alterität als essenzielle Größe verankert. Die Kritik am Kapitalismus ist in dem Fall bezogen auf das aktuelle Bildungssystem in erster Linie Kritik an der Ökonomisierung von Bildung und an dem Konkurrenzprinzip, das besonders in den ökonomisch relevanten Bildungsabschlüssen deutlich wird. In der Praxis sind mit einer solchen solidarischen Ethik weitreichende Konsequenzen verbunden, die in erster Linie aus der Befreiung von machtbezogenen und individualistischen Strukturen bestehen und dadurch eine *Kultur geteilter Genügsamkeit* als Ergebnis einer *anthropologischen Revolution* nach Johann Baptist Metz ermöglichen. Neben der Befreiung von Herrschaft über andere nennt Tamayo auch die Befreiung von der Zusammenarbeit mit unterdrückenden Mächten und Strukturen sowie von exkludierenden Haltungen als Konsequenzen einer solidarischen Ethik.[152]

6.2.3.4 *Skizze befreiungstheologischer Praxis im Bildungskontext*

Findet im Sinne einer solidarischen Ethik die Befreiung von exkludierenden Haltungen statt, so ist in der exkludierenden Haltung der Ausgangspunkt der Befreiungsbewegung auszumachen. Der Zielpunkt ist dadurch noch nicht benannt, lässt sich aber als Gegenentwurf zur Exklusion denken, womit eine inklusive Haltung als solcher benannt werden kann. In Anknüpfung an die von Enrique Dussel dargestellte Befreiungsethik besteht Befreiung nicht nur aus diesen beiden Bezugspunkten, sondern auch aus der Bewegung selbst.[153] Das Umdenken bzw. Neu-Denken des Bildungsbereichs als Prozess stellt sich somit als befreiendes

149 Ebd.
150 Ebd.
151 Vgl. Liedke/Wagner: Inklusionen: Sozialwissenschaftliche Grundlagen, 14ff.
152 Vgl. Tamayo: Herausforderungen der lateinamerikanischen Theologie, 132f.
153 Vgl. Dussel: Befreiungsethik, 147ff.

Handeln und wichtiger Bestandteil der Befreiung dar. Das konstituierende Befreiungshandeln durch das Neu-Denken eines inklusiven Bildungssystems löst dabei Distinktion als leitendes Prinzip der Herrschaft ab und ermöglicht gerechte Teilhabe aller Individuen auf einer gemeinschaftlichen, solidarischen Basis. Dabei steht zwar das Individuum im Zentrum pädagogischen und didaktischen Handelns, dies aber als Individuum in einer Gemeinschaft auf Basis *komplexer Gleichheit*, durch die „Unterschiede dort, wo sie einen Unterschied machen, auch berücksichtigt (und nicht egalisiert) werden."[154] Inklusive Praxis im Religionsunterricht auf Grundlage dieser komplexen Gleichheit schützt bezogen auf das Phänomen Kinderarmut z. B. vor Benachteiligungen aufgrund verschiedener Ausstattung mit unterschiedlichen Ressourcen und schließt dabei durch die Anerkennung der Verschiedenheit Distinktionspraktiken aus.

In dieser Skizze befreiungstheologischer Praxis im Bildungskontext finden sich auch Ziele der mit befreiungstheologischen Ansätzen eng verwandten Befreiungspädagogik wieder, die besonders durch das Werk *Pädagogik der Unterdrückten*[155] von Paulo Freire bekannt ist. Freires Befreiungsverständnis enthält ebenso wie der Begriff Befreiung in den Theologien der Befreiung „eine theologische und eine anthropologische Dimension"[156]. Gemeinschaft, Solidarität und Dialog bilden die Grundpfeiler des Ansatzes einer problemformulierenden Bildung bei Freire.[157] Allerdings greift die vorliegende Interpretation befreiungstheologischer Impulse für die Praxis des Religionsunterrichts weiter, indem die aus dieser theologischen Richtung gezogenen Konsequenzen in den Kontext inklusiver Religionspädagogik eingeordnet werden. Von den drei Grundpfeilern Freires ist es besonders der Dialog, der auch in Ansätzen inklusiver Religionspädagogik als zentrales Prinzip wiederzufinden ist und sich auf einer vergleichbaren Anthropologie stützt.[158] Mit der Einordnung in eine inklusive Religionspädagogik ist der Befreiung aus der Situation der Unterdrückung in Form von struktureller Bildungsbenachteiligung und sozialer Exklusion durch ein umfassendes Neu-Denken ein konkretes Ziel gegeben: Die inklusive Kultur und Struktur, in der (religions-)pädagogisches Handeln eingebettet ist, ermöglicht ein Sich-Bilden in einem auf Anerkennung und Solidarität basierenden Rahmen. Die hier skizzierte Ausrichtung eines Religionsunterrichts, der das Phänomen Kinderarmut im Kontext sozialer Exklusion wahrnimmt und inklusive Gegenentwürfe zu einem sensiblen Umgang mit sozioökonomischer Vielfalt ermöglicht, wird an mehreren Stellen der vorliegenden Arbeit aus verschiedenen Perspektiven mit unterschiedlichen Schwerpunktsetzungen noch ausgeführt.

---

154 Liedke/Wagner: Inklusionen: Sozialwissenschaftliche Grundlagen, 31f.
155 Freire: Pädagogik der Unterdrückten.
156 Gerhardt: Befreiende Pädagogik, 21.
157 Vgl. Freire: Pädagogik der Unterdrückten, 91f.
158 Vgl. Knauth: Inklusive Religionspädagogik, 65.

6.2.4 Befreiung als Bildungsgeschehen

In diesem Teilkapitel wird aufgezeigt, welche Konsequenzen sich aus der Befreiungstheologie für die Gestaltung von Religionsunterricht ergeben, indem das aus theologischer Perspektive beschreibbare Befreiungsgeschehen aus religionspädagogischer Perspektive als Bildungsgeschehen interpretiert wird. Dadurch wird ein Bildungsverständnis skizziert, welches einem befreiungstheologisch geprägten Religionsunterricht zugrunde liegen kann.

Die Überwindung der Unterdrückung durch die Befreiung als Teil des Erlösungsgeschehens bewirkt ein neues Weltverhältnis des Menschen in Beziehung zu Gott. Dem voran geht die Analyse des alten Weltverhältnisses. In der Befreiung finden Veränderungen im Selbstverhältnis, welches durch die Gottebenbildlichkeit des Menschen als Gott-Mensch-Verhältnis gedacht wird, und im Weltverhältnis, wodurch die Befreiung unter Rückgriff auf das transformatorische Bildungsverständnis des Erziehungswissenschaftlers Hans-Christoph Koller als Bildungsprozess verstanden werden kann.[159] Das Besondere an der theologischen Sichtweise auf Bildungsprozesse ist, dass diese in Beziehung des Menschen zu Gott und Gottes Schöpfung geschehen. Befreiungstheologische Perspektiven auf Erlösung implizieren demnach die bildende Auseinandersetzung des Menschen mit seinem Selbst- und Weltverhältnis. Befreiungstheologie ist daher nicht als Theologie der Ungebildeten zu verstehen, was ihr aufgrund des Ausgangspunktes in der Praxis und der Unterschiede gegenüber überwiegend akademischen, westlichen Theologien vorgeworfen werden könnte. Sie ist vielmehr als bildende Theologie mit ihrer Praxis inhärenten Bildungsprozessen zu verstehen.

Im Folgenden werden die zentralen Aspekte von Kollers Bildungstheorie auf die befreiungstheologische Praxis bezogen. Dabei werden Unstimmigkeiten und Leerstellen herausgestellt und erarbeitet, welche Modifikationen im Sinne einer modernen Theorie befreiungstheologisch gedachter Bildung erfolgen können. Koller knüpft an das klassische Bildungsverständnis Humboldts an und entwickelt dieses hinsichtlich der Möglichkeit der empirischen Untersuchung von Bildungsprozessen und der Berücksichtigung der gesellschaftlichen Kontexte weiter, in denen sich Bildungsprozesse vollziehen. Durch die Weiterentwicklung des klassischen zu einem transformatorischen Bildungsbegriff werden vier Charakteristika von Kollers Theorie transformatorischer Bildungsprozesse hervorgehoben: (1) Bildungsanlässe ergeben sich in Problemsituationen, zu deren Be-

159 Vgl. Koller: Grundzüge einer Theorie transformatorischer Bildungsprozesse, 294ff. Dieses Bildungsverständnis greift z. B. auch Dörthe Vieregge im Zusammenhang mit religiöser Bildung und sozialer Exklusion auf, um Bildung abseits bürgerlicher Vorstellungen von Kultur und Anpassung zu denken (vgl. Vieregge: Wer bleibt außen vor, 147).

wältigung neue Strategien entwickelt werden müssen, von Koller als *Krisenerfahrungen* benannt. (2) Bildung wird als Prozess betrachtet, „der sich auf das Verhältnis von Subjekt und Welt bezieht“[160], wodurch Bildung als *Veränderung von Selbst- und Weltverhältnis* verstanden wird. (3) Bildungsprozesse können mit Methoden qualitativer Sozialforschung *empirisch untersucht* werden und (4) ein transformatorisches Bildungsverständnis berücksichtigt die *gesellschaftlichen Bedingungen*, unter denen Bildungsprozesse erfolgen. Die Veränderung von Selbst- und Weltverhältnis entspricht der Tradition Humboldts. Krisensituationen als Auslöser und die empirische Untersuchbarkeit von Bildungsprozessen benennt Koller als Neuerungen seiner Bildungstheorie.[161]

Im befreiungstheologischen Kontext stellt die *Unterdrückungssituation* die Krisenerfahrung dar, zu deren Bewältigung es neuer Strategien bedarf. Das Problembewusstsein entsteht aus der *Situationsanalyse* aus Perspektive der Unterdrückten, wodurch unter Berücksichtigung der gesellschaftlichen Bedingungen das Veränderungsbedürfnis ausgedrückt werden kann. Sich den unterdrückenden Strukturen zu fügen scheint keine ausreichende Bewältigungsstrategie zu sein. Durch die befreiungstheologische Hermeneutik biblischer Texte wird ein konkreter Gegenentwurf auf Basis der biblischen Befreiungsgeschichten entwickelt, der die Bewältigung der Unterdrückungssituation nicht nur in einen gesellschaftlichen, sondern auch einen eschatologischen Kontext einordnet. Diese Kontexte sind durch den Menschen als Geschöpf Gottes miteinander verbunden. Die in der *Befreiung* stattfindenden Transformationen in den miteinander verbundenen Kontexten lassen sich daher nicht isoliert voneinander verstehen, sondern nur in ihrer radikalen, weil konstitutiven Reziprozität. Diese Kontextreziprozität verleiht den so verstandenen Bildungsprozessen sowohl eine ontologische Dimension durch die Ebenbildlichkeit und durch den Anteil der Schöpfung an der Befreiung als „der erste Akt der Erlösung“[162] als auch eine soteriologische Dimension durch die Erneuerung des Menschen in Christus und damit eine eschatologische Dimension in der „Befreiung der Welt, die jetzt schon begonnen hat und im konkreten Leben auch die Veränderung des Lebens und der Situation meint.“[163] Die Veränderungen der Selbst- und Weltverhältnisse vollziehen sich im Zusammenspiel von immanenter und transzendenter Wirklichkeit, wodurch der Theorie transformatorischer Bildungsprozesse in der befreiungstheologischen Adaption ein theologisches Fundament und eine christologische Akzentuierung verliehen werden.

Ein Vorschlag zur Untersuchung transformatorischer Bildungsprozesse erfolgt bei Koller unter Bezug auf die Habitustheorie von Pierre Bourdieu, die in

---

[160] Koller: Grundzüge einer Theorie transformatorischer Bildungsprozesse, 289.
[161] Vgl. ebd., 288f.
[162] Rzepkowski: Der Gott, der befreit, 60.
[163] Rzepkowski: Jesus Christus, der Befreier, 48.

dem vorliegenden Forschungsprojekt ebenfalls zur Analyse der Ausgangsbedingungen von Bildungsprozessen und zur Erklärung hemmender und förderlicher Dynamiken innerhalb dieser hinzugezogen wird.[164] Mit Blick auf die Tradition befreiungstheologischer Praxis wird deutlich, dass diese auf einer weiteren Ebene empirisch erfasst werden kann: In der Befreiung aus unterdrückenden Strukturen und durch die Veränderung gesellschaftlicher Verhältnisse lassen sich Transformationsprozesse konkret nachweisen, sowohl auf individueller als auch auf kollektiver Ebene.

In der vorangegangenen Interpretation befreiungstheologischer Praxis als transformatorischer Bildung auf theologischem Fundament werden Parallelen zu bildungstheoretischen Überlegungen in der Religionspädagogik deutlich, die mit einem auf der Gottebenbildlichkeit des Menschen begründeten Bildungsbegriff arbeiten.[165] Auch in diesen kommt Jesus Christus eine fundamentale Bedeutung an der Bildsamkeit und der Bildung des Menschen zu. Ebenso stehen Bildung und Erlösung bzw. Rechtfertigung in einem engen Zusammenhang, nur dass in einer klassisch protestantischen Auslegung eine bedeutend andere Verhältnisbestimmung erfolgt: Aus der Rechtfertigung ergibt sich die Bildsamkeit des Menschen in gesellschaftlicher Verantwortung, aber nicht die Mitwirkung an Gottes Schöpfungswerk oder am Heilsgeschehen.[166] Eine klassisch evangelische Deutung steht auch in ihrer bildungstheoretischen Konsequenz im starken Gegensatz zur befreiungstheologischen Perspektive, aus der die Mitwirkung des Menschen am Heilsgeschehen in der Befreiung und somit auch an der Bildung klar hervorgeht. Die Kontextreziprozität befreiungstheologisch interpretierter transformatorischer Bildung begegnet in Bildungstheorien aus evangelischer Perspektive einem auf Unverfügbarkeit basierenden Gegenmodell, in dem göttliches Schöpfungswirken und menschliches Bildungshandeln klar voneinander getrennt sind. Hiernach hat der Mensch zwar Einfluss auf seine Bildung und kann durch diese gesellschaftliche Veränderungen bewirken, allerdings hat er dadurch und auch darin keinen Einfluss auf seine Heilsgeschichte. Bildung ist demnach zwar auch Veränderung des Menschen sowie seiner Umwelt und hat durch die ebenbildliche Grundierung soteriologische Bedeutung, allerdings geht diese ausschließlich von Gottes Gnadenhandeln aus. Das Spezifikum eines befreiungstheologisch fundierten, transformatorischen Bildungsverständnisses liegt demnach in der menschlichen Beteiligung an der im Bildungsprozess der Befreiung stattfindenden Erlösung.

---

164 Vgl. Koller: Grundzüge einer Theorie transformatorischer Bildungsprozesse, 291ff. Zur Habitustheorie siehe Kapitel 4.2.

165 Vgl. Biehl: Die Gottebenbildlichkeit des Menschen. Siehe dazu auch die Ausführungen in Kapitel 8.8.

166 Vgl. Biehl: Die Gottebenbildlichkeit des Menschen, 31ff.

6.2.5 Armut im befreiungstheologischen Kontext

In diesem Teilkapitel wird den Fragen nachgegangen, welche Funktionen Armut für die Befreiungstheologie einnimmt, welche Dimensionen von Armut durch die befreiungstheologische Praxis zur Geltung kommen, wie arme Menschen im befreiungstheologischen Kontext wahrgenommen werden sowie handeln und wie Armut auf der Metaebene behandelt wird. Abschließend wird der Ertrag der Befreiungstheologie für den Umgang mit Armut gebündelt und einer kritischen Analyse unterzogen.

6.2.5.1 *Armut als Ausgangslage und die Option für die Armen*

Die Ausgangslage der politischen und wirtschaftlichen Unterdrückung für die lateinamerikanische Befreiungstheologie äußert sich konkret in Armut. Armut ist daher essenzielles Element der Entwicklung und Denkweise dieser Theologie und im Laufe der Zeit Anknüpfungspunkt für weitere Befreiungstheologien geworden.

> „Das Leben der Armen konstituiert in dieser Theologie nicht nur den Ausgangspunkt, um die Realität der Welt, der Politik, der Wirtschaft und der Kultur zu charakterisieren. Die Perspektive der Armen wird darüber hinaus zum Angelpunkt, von dem aus auch der christliche Glaube neu in den Blick genommen wird, ‚die ewige Wahrheit des Evangeliums' wie Romero in einer traditionellen Sprache formuliert."[167]

Neben dem Primat der Praxis ist die *Option für die Armen* das markante Kennzeichen lateinamerikanischer Befreiungstheologie. Armut spielt daher keine Nebenrolle, sondern stellt ein zentrales theologisches Thema innerhalb dieser politischen Theologie dar.

In der Option für die Armen kommt Armut als „*erkenntnistheoretischer Ort*"[168] zur Geltung. Von diesem Ort lässt sich die unterdrückende Gesellschaft nach Kern überhaupt erst in dem für die Befreiung notwendigen Maß überblicken, der zur Erläuterung an die Theorie von Karl Marx zur Funktion des Proletariats anknüpft:

> „Der Standpunkt des Proletariats ist also gerade kein beschränkter Klassenstandpunkt, vielmehr garantiert eben diese Parteilichkeit erst Universalität. Analog dazu ist die Option für die Armen, für die also, die ausgeschlossen, die dem System gegenüber exterritorial, funktionslos, gleichsam nichts sind, der einzige Standort, von dem her das System als ganzes in den Blick kommen kann. Parteilichkeit und Allgemeingültigkeit, Universalität, sind also keine Widersprüche, sondern bedingen einander,

---

[167] Silber: Christus im Antlitz der Armen, 117.

[168] Kern: Theologie der Befreiung, 36.

sofern man den Standpunkt derer bezieht, die die Gesellschaft und Ökonomie systematisch ausgrenzen muss."[169]

In der theologischen Deutung dieser Verhältnisbestimmung von Parteilichkeit und Universalitätsanspruch ergibt sich aus der vorrangigen Option für die Armen keine soteriologische Engführung, sondern der universale Heilswille Gottes. Dieser muss sich allerdings „zuerst an denen bewähren, die faktisch von diesem Leben am weitesten entfernt sind."[170] Arme Menschen können somit als die ersten Adressat*innen des göttlichen Heilswillens verstanden werden, wodurch ihnen eine vorbildliche Abbildfunktion göttlichen Handelns zukommt, ob von ihnen beabsichtigt oder nicht. Nach diesem Verständnis ist durch diese Funktion der Armen die Begegnung mit dem Gott der Armen und somit Befreiungstheologie überhaupt erst möglich.

Kontemplatives und Politisches treffen in dieser Form der Theologie zusammen und ergeben eine fast schon als ganzheitlich deutbare Art, Theologie zu betreiben, in der sich Wechselwirkungen zwischen den unterschiedlichen Wahrnehmungs- und Ausdrucksformen ergeben, die laut Tamayo eine besondere Spiritualität ergeben:

> „Die Spiritualität der Befreiungstheologie ist die Begegnung mit dem Gott der Armen, die direkt zur Option für die Armen als radikaler Sinnerfahrung, spiritueller Haltung und ethischer Verpflichtung im Kampf gegen Armut und Ungerechtigkeit führt. Es ist die in der Welt der Marginalisierung lebendige Spiritualität, in der sich Dimensionen Gottes enthüllen, die sich an anderen Orten der Religion oder der menschlichen Existenz nicht finden lassen, wie Unentgeltlichkeit, Solidarität, das Teilen, Mitleid etc. Es ist eine antiimperiale Spiritualität, wie sie auch Jesus von Nazareth und Paulus vertraten. Es ist keine die etablierte Ordnung legitimierende Spiritualität, sondern eine bezüglich der besagten Ordnung subversive – eine Spiritualität des Friedens, aber nicht der Friedhöfe, auch nicht der bequemen Stabilisierung des Systems, sondern eine Spiritualität, die in Gerechtigkeit gründet."[171]

Diese Spiritualität fußt auf der Überzeugung, dass Gott sich armen Menschen in besonderer Weise offenbart und dass Menschen an diesen Offenbarungen teilhaben können, besonders in der Begegnung mit armen Menschen bzw. mit Menschen, die Marginalisierungserfahrungen in die Begegnungen mitbringen. Die Spiritualität des Friedens und der Gerechtigkeit gründet sich auf der Erfahrung der Unterdrückung und Ausgrenzung, die in der lateinamerikanischen Theologie der Befreiung vor allem im Zusammenhang mit Armut steht. Enrique Dussel beschreibt diese Offenbarung als Epiphanie durch die Begegnung mit konkreten, geschichtlichen Armen: „Die reale Epiphanie des Gotteswortes ist das Wort des Armen, der sagt: ‚Ich habe Hunger.' Nur wer auf das Wort des Armen [...] hört, kann in ihm das wirkliche Wort Gottes vernehmen."[172]

---

169 Ebd., 39.
170 Ebd.
171 Tamayo: Herausforderungen der lateinamerikanischen Theologie, 141.
172 Dussel: Herrschaft – Befreiung, 37.

Die Offenbarung des Gottes der Armen wird für die meisten lateinamerikanischen Befreiungstheolog*innen besonders in der Botschaft und Praxis Jesu deutlich, denn „dieser verkündet die Nähe des Reiches Gottes für die Armen und verlangt von den Reichen eine Bekehrung zu diesem Reich der Gerechtigkeit und der Solidarität."[173] Gott wird in Jesus Christus zum Menschen und lebt in Armut, unter Armen und setzt sich ein für arme und ausgegrenzte Menschen. In der kenotischen Deutung Leonardo Boffs wird die Radikalität der äußersten Selbstmitteilung Gottes noch betont, wodurch auch die eschatologische Bedeutung von Leben, Kreuzestod und Auferstehung Jesu Christi hervorgehoben wird und er somit nicht als einfaches Vorbild im Handeln verkannt wird.[174] Jesu Botschaft verdeutliche, was wesentlich für die Befreiung im Horizont des gegenwärtigen Reiches Gottes sei: die Parteinahme mit den Unterdrückten. In einer zugespitzten Formulierung von Stefan Silber wird die primäre Adressierung der Armen noch hervorgehoben: „Wer an diesem Reich Anteil erhalten will, muss sich auf die Seite derer stellen, für die es bestimmt ist: die Armen."[175]

Im Kontext der Befreiungstheologie treten „die Armen" nicht nur als Kollektiv der Adressat*innen der Heilsbotschaft in Erscheinung, sondern sind auf weitere Weisen in dieser Theologie verankert. Die politische Dimension befreiungstheologischer Ansätze wird z. B. erst dadurch brisant, dass arme und ausgegrenzte Menschen, die in der Regel von gesellschaftlichen Diskursen ausgeschlossen werden, als Subjekte ihrer politischen Theologie auch individuell in Erscheinung treten. Außerdem kommt armen Menschen in dieser Theologie die Funktion zu, für Frieden und Gerechtigkeit vorbildhaft einzutreten, um das göttliche Heilsgeschehen in weltlichem Befreiungsgeschehen wirksam werden zu lassen.

6.2.5.2 *Arme Menschen – Befreiungstheologische Deutungen*

Arme Menschen treten gemäß befreiungstheologischer Deutungen als Subjekte in Erscheinung. Das geschieht sowohl aus politischer als auch auf theologischer Ebene, die miteinander in Verbindung stehen. Außerdem sind sie als Verbündete und Vorbilder zentral für die Entwicklung befreiungstheologisch ausgerichteter Bewegungen.

Arme als Subjekte auf politischer und theologischer Ebene

Arme Menschen als Objekte von Diskursen oder Zuwendungen zu betrachten, als Empfänger*innen von Hilfeleistungen oder christlichen Botschaften anzusehen, scheint als der gewöhnliche Umgang mit Unterdrückten etabliert zu sein,

173 Silber: Christus im Antlitz der Armen, 121.
174 Vgl. Rzepkowski: Jesus Christus, der Befreier, 49.
175 Silber: Christus im Antlitz der Armen, 121.

denn Dorothee Sölle schrieb 1979, also vor verhältnismäßig kurzer Zeit: „Neu an der Theologie der Befreiung ist zunächst einmal die Frage nach den Subjekten, die Theologie treiben.“[176] Zuvor schienen arme Menschen für diese Tätigkeit nicht vorgesehen zu sein oder deren theologische Tätigkeit wurde nicht als solche anerkannt. Anschließend führt sie ihren Vorwurf an die westliche, bürgerliche Theologie aus, dass sie sich ihrer eigenen Kontextualität nicht bewusst ist. Die Frage nach den Subjekten müsse aber gestellt werden, um die Unterdrückung auf theologischer Ebene durch eine Hermeneutik mit Universalitätsanspruch zu erkennen:

> „Die unter dem Neokolonialismus Leidenden fragen: Wie können die Gringos uns Theologie lehren? Die Schwarzen fragen: Was soll uns ein Christus mit der Hautfarbe des Unterdrückers? Oder die Frauen: Wozu brauchen wir einen Gott, dessen wichtigste Qualität nichts als das männliche Ideal repräsentiert, nämlich Macht, gar Allmacht zu haben?“[177]

Die Bedeutung der Theologie treibenden Subjekte mit Armutserfahrungen besteht nach befreiungstheologischem Verständnis in ihrem universalen soteriologischen Potenzial als Akteur*innen der Befreiung. Dieses wird in der Neuordnung der Gesellschaft durch die Befreiung in christlicher Solidarität und Nächstenliebe konkret.[178] Auch für die Offenbarung Gottes nehmen sie eine bedeutende Funktion ein, wie oben bereits an der primären Adressierung skizziert wurde. Allerdings ist es auch ihre theologische und dadurch gleichsam politisch-gesellschaftliche Praxis, durch die die Perspektive der Armen eingespielt wird, „die uns die Wahrheit über die Welt und über Gottes Willen für die Welt offenbaren kann“[179].

Die aktuelle Wahrheit über die Welt verrät insbesondere mit Blick auf den globalen Süden, dass die Perspektive der Armen oftmals nicht berücksichtigt wird. Tamayo beklagt: „Vor allem in der Dritten Welt wird der *Widerspruch* zwischen den formalen Erklärungen der Menschenrechte und der realen Negation der Rechte der Armen immer auffälliger und größer.“[180] Er sieht den Handlungsbedarf in der Aufdeckung und Korrektur dieses Widerspruchs und die Möglich-

---

176 Sölle: Politische Theologie, 188. Das Zitat entstammt einem Aufsatz, den sie zuerst im Jahre 1979 veröffentlichte und 1982 in die Neuauflage ihres Buches zur politischen Theologie aufnahm (vgl. ebd., 222).

177 Ebd., 188. Diese Aufzählung von Menschen mit Unterdrückungserfahrungen kann nicht rein additiv verstanden werden. Die intersektionale Verknüpfung, z. B. in Form von Benachteiligungen armer Frauen auf sozioökonomischer und geschlechtsbezogener Ebene, wurde bereits in den 1970er Jahren in befreiungstheologischen Ansätzen, vor allem in der feministischen Theologie berücksichtigt (vgl. Knauth: Einschließungen und Ausgrenzungen, 19f.).

178 Vgl. Tamayo: Herausforderungen der lateinamerikanischen Theologie, 134f.

179 Silber: Christus im Antlitz der Armen, 122.

180 Tamayo: Herausforderungen der lateinamerikanischen Theologie, 133.

keit zur Veränderung in der Befreiungstheologie als „Anwältin der realen Verteidigung der Rechte der Armen"[181]. Die Akteur*innen der Befreiungstheologie treten dann teilweise als ihre eigenen Verteidiger*innen in Erscheinung.

Arme als Verbündete und Friedensvorbilder

Dorothee Sölle sieht in der Verbundenheit mit den Armen eine große Chance zur Veränderung. Sie sieht in den Befreiungsbewegungen und den damit verbundenen Impulsen zur Veränderung gesellschaftlicher Strukturen z. B. durch gerechte Verteilung von Gütern die „wichtigste Botschaft für Christen in der Ersten Welt"[182], anhand derer von den Armen gelernt werden kann, „Gott über alle Dinge zu lieben"[183].
Wie Befreiung im Sinne der Armen in Lateinamerika in Europa funktionieren kann, zeigt Sölle am Beispiel der Friedensbewegung zur Zeit des Kalten Krieges auf und konkretisiert dabei, was sie damit meint, Gott zu lieben: Sie sieht diese Liebe gegenüber Gott in der für das vergangene Jahrhundert neuen Bewegung einer großen Menschenmenge, die sich gegen die gehorchende Unterstützung von Gewaltherrschaften und für den Frieden einsetzen. Sie fasst das Erleben dieser Friedensbewegung als Handeln Gottes auf: „Da findet eine Konversion zum Leben statt, und zwar hier, vor unsern Augen. Gott handelt schon."[184] Diese Konversion deutet sie als Konsequenz der Verbundenheit mit den Armen, in der sich Gottes Botschaft vom Frieden offenbart.

6.2.5.3 *Armut und biblische Erzählungen – Adressat*innen und Lesarten*

Die Aufnahme befreiungstheologischer Perspektiven ergibt hermeneutische Konsequenzen in Bezug auf biblische Armutsbilder und Lesarten.

Kritik an der Rezeptionsgeschichte biblischer Armutsbilder aus befreiungstheologischer Perspektive

Die zentrale Kritik an der Rezeptionsgeschichte biblischer Armutsbilder ist sicherlich die, dass Armut in Deutungen biblischer Geschichten mit Hilflosigkeit und Passivität verbunden wird. Dadurch wird ein Bild gezeichnet, in dem die Aufrechterhaltung von Machtstrukturen ermöglicht wird, da in diesem die Gruppe der Gebenden und Fürsorgenden auf der einen Seite und die Gruppe der Empfangenden, Bedürftigen auf der anderen Seite steht und durch den Dualis-

---

181 Ebd., 134.
182 Sölle: Politische Theologie, 219.
183 Ebd.
184 Ebd.

mus von Geben und Nehmen bestärkt wird. Außerdem ist die Rezeptionsgeschichte geprägt von einer einseitigen Perspektive auf biblische Geschichten zu Armut, die von außen, also außerhalb einer Armutssituation die Geschichten interpretiert und versucht, für Nicht-Arme Botschaften herauszuziehen. Am Beispiel von Lk 14,12–14[185] zeigt Markus Schiefer Ferrari diese Rezeptionsgeschichte recht eindrücklich auf.[186]

Lk 14,12–14 (revidierte Lutherübersetzung 1984)
12 Er sprach aber auch zu dem, der ihn eingeladen hatte: Wenn du ein Mittags- oder Abendmahl machst, so lade weder deine Freunde noch deine Brüder noch deine Verwandten noch reiche Nachbarn ein, damit sie dich nicht etwa wieder einladen und dir vergolten wird.
13 Sondern wenn du ein Mahl machst, so lade Arme, Verkrüppelte, Lahme und Blinde ein,
14 dann wirst du selig sein, denn sie haben nichts, um es dir zu vergelten; es wird dir aber vergolten werden bei der Auferstehung der Gerechten.

In der Aufzählung der Gäste, die alternativ zu Freund*innen und Verwandten zu einem Mahl eingeladen werden sollen, werden neben Menschen mit verschiedenen körperlichen Beeinträchtigungen auch explizit Arme genannt. Schiefer Ferrari leitet seine Einführung zur Auseinandersetzung mit unterschiedlichen Lesarten der Bibelstelle mit einer Problemstellung ein, in der er die klassische Deutung nachzeichnet, in der diese Perikope als Provokation gelesen wird, die darin begründet ist, dass die aufgezählten Alternativgäste in der Regel keine attraktiven Gäste sind und deren Einladung daher eschatologisch begründet sein müsse. Er stellt damit die Problematik der einseitigen Perspektive heraus, aus der diese Perikope lediglich aus der Perspektive der Identifikation mit der gastgebenden Person gelesen wird.[187] Diese Perspektive ist auch in der Interpretation von Helga Kramer zu finden, die in der Aufforderung zur Einladung der genannten Personengruppen das Prinzip einer *inklusiven Reziprozität* durch die eschatologisch-stellvertretende Vergeltung vermittelt sieht.[188]

---

185 Siehe dazu auch Kapitel 6.3.3.

186 Der Aufsatz, auf den sich im Folgenden bezogen wird, nimmt eine kritische Analyse klassischer Deutungsstrategien von Behinderung am Beispiel der Bibelstelle vor. Durch die in Vers 13 benannte Personengruppe der Armen werden einige Deutungsstrategien auch auf Armut bezogen. Eine der klassischen Deutungsstrategien ist die Subsumierung, bei der Menschen mit Behinderung unter einer Gruppe zusammengefasst werden, oft auch mit anderen sozial benachteiligten Gruppen wie materiell Armen zusammen (vgl. Schiefer Ferrari: (Un)gestörte Lektüre, 21f.). Die Fokussierung auf die Rezeption dieser Bibelstelle im Armutskontext soll keinesfalls zur Subsumierung beitragen. Daher lassen sich die im Folgenden geschilderten Armutsbilder nicht einfach auf Darstellungen von Behinderungen übertragen.

187 Vgl. Schiefer Ferrari: (Un)gestörte Lektüre, 13.

188 Vgl. Kramer: Lukas als Ordner, 119.

Das Absprechen jeglicher Handlungsfähigkeit mit dem Resultat der generalisierten Hilflosigkeit und Passivität armer Menschen zeige sich in den Deutungen des Verhaltens des Gastgebers in der auf diese Verse folgenden Parabel vom Gastmahl. In dieser wird auf die in Vers 13 beschriebenen Personengruppen zurückgegriffen, die aus Frust als Ersatzgäste engagiert werden, da die ursprünglich Eingeladenen der Reihe nach absagen. Die Ersatzgäste werden allerdings eher genötigt als eingeladen und es wird nicht danach gefragt, ob sie die Einladung überhaupt annehmen. Arme Menschen treten hier also nicht als handelnde Subjekte in Erscheinung, sondern dienen als passive Objekte für die eigennützigen Taten der Wohlhabenden.[189]

*Arme als Adressat*innen der biblischen Botschaft*

Die oben genannte Stelle im Lukas-Evangelium (Lk 14,12–14) kann und muss aus befreiungstheologischer Perspektive kritisch betrachtet werden. Sie kann allerdings nicht pauschal als armutsfeindlich verurteilt werden. Die Adressat*innen dieser Bibelstelle sind primär diejenigen, die sich mit dem Gastgeber identifizieren können. Die Bibel als Gesamtwerk hat jedoch nach Sölle andere Adressat*innen im Fokus:

> „Fürchte dich nicht! Wem wir das zugerufen? Wem wird lebendiges Wasser versprochen? Die Adressaten der Bibel sind vor allem die, denen Unrecht geschieht, die aus ihrer Heimat vertrieben sind, die arm sind oder bedroht, verlassen oder verängstigt. [...] Es sind die, die Unrecht leiden, und nicht die, die vom Unrecht profitieren.“[190]

Wer sich demzufolge heutzutage öffnet für die Möglichkeit, dass die biblische Botschaft besonders an die Unterdrückten gerichtet ist, wird das befreiende Potenzial der Bibel entdecken und erfahren können. Wer sich dagegen verschließt, wird die biblischen Geschichten an ihrer befreienden Botschaft vorbei lesen. So gibt es z. B. den Verein Lukas 14 – Integration und Kultur für Menschen mit Behinderungen e.V., der sich in seinem Selbstverständnis ausdrücklich auf die Aussagen zur Gastmahlpraxis im namensgebenden Kapitel bezieht und die Mittelpunktstellung der Marginalisierten hervorhebt.[191] Aus dieser Interpretation lässt sich die Bedeutung befreiungstheologischer Lesarten biblischer Texte für alle Menschen in verschiedenen Situationen und historischen Kontexten herleiten. Daher wird im Folgenden Armut als hermeneutische Perspektive skizziert, wenn auch nicht in der Radikalität der Interpretation des oben angeführten Zitats von Dorothee Sölle, sondern als eine hermeneutische Perspektive von vielen.

---

189 Vgl. Schiefer Ferrari: (Un)gestörte Lektüre, 26f.

190 Sölle: Politische Theologie, 220.

191 Siehe dazu https://www.lukas14.de/verein/warum-lukas14, zuletzt geprüft am 13.04.2021.

Armut als hermeneutische Perspektive

Die befreiungstheologischen Lesarten biblischer Texte sind kontextverankert, kritisch, parteiisch und auf Befreiung ausgelegt. Die befreiungstheologische Hermeneutik unterscheidet sich daher von klassischen Lesarten insbesondere in dem Punkt, dass nicht von einer universalen Gültigkeit biblischer Botschaften ausgegangen wird. Adressat*innen entnehmen in ihren konkreten Situationen biblischen Geschichten jeweils ihre relevanten Botschaften. Die Relevanz ergibt sich dabei nicht nur aus subjektiven Bedürfnissen, sondern vor allem aus der gesellschaftlichen Situation, in der sich die Rezipient*innen befinden. Die im befreiungstheologischen Kontext maßgebliche Exoduserzählung enthält für Menschen in Unterdrückungssituationen eine befreiende Botschaft, die von Menschen ohne Erfahrungen von Unterdrückung und Marginalisierung nicht unmittelbar erfahren werden kann. Die Erfahrung von Armut kommt als spezifische hermeneutische Perspektive zur Geltung, wenn diese Perspektive wahr- und ernstgenommen wird. Sie ermöglicht die Identifikation mit biblischen Figuren, die in anderen Lesarten objektiviert werden und ebenso die gesamte biblische Geschichte als Befreiungsgeschichte zu deuten. Der im Alten Testament beschriebene Gott kommt als der Befreier Israels zur Geltung und die Erzählungen von Jesus im Neuen Testament können als Geschichten eines parteiischen Jesus gelesen werden, der sich auf die Seite der Unterdrückten und durch die Machthabenden von Teilen des gesellschaftlichen Lebens ausgeschlossenen Menschen stellt. Armut als hermeneutische Perspektive kann den Weg zum befreienden Verständnis der biblischen Geschichten und der diesem Verständnis impliziten eschatologischen Botschaft ermöglichen.

6.3 Gesellschaftspolitische und individuelle Optionen in der Antike: Zum Umgang mit Armut in biblischen Texten

Armut als Thema findet sich in der Bibel sowohl im Alten als auch im Neuen Testament, jedoch mit unterschiedlichen Begriffsverständnissen und Adressat*innen. Ethische Konsequenzen lassen sich aus beiden Büchern ziehen. Insbesondere im Lukas-Evangelium finden sich mehrere Stellen, in denen Gottes Zuwendung zu den Armen und die Botschaft der Option für die Armen an die frühen Christ*innen deutlich werden. Im Folgenden wird Armut als Thema in biblischen Texten, insbesondere bei Lukas dargestellt. Außerdem erfolgt die Skizzierung verschiedener Auslegungen biblischer Texte zu Armut. Zentral sind hierbei die Veranschaulichung der Situation der Menschen zur Zeit des Alten Testaments sowie zur Zeit Jesu und die Lesart aus heutigen Perspektiven. Die Adressat*innen spielen vor allem bei Lukas eine gewichtige Rolle. Am Beispiel von Lk 14,12–14 wird dies exemplarisch dargestellt und kritisch diskutiert, insbesondere mit Blick auf die sozioökonomische Diversität heutiger Rezipient*innen.

In der Bibel wird Armut nicht allein als materielle Mangelsituation verstanden. Die Fragen nach Macht, Recht und gesellschaftlicher Teilhabe sind fester Bestandteil biblischer Armuts- und Reichtumsverständnisse.[192] Außerdem gehören die Dynamik von Armut, verschiedene Ausprägungen und Ursachen dieser sowie die Möglichkeit der Freiwilligkeit zum biblischen Armutsbegriff.[193] Die Bezugnahme zu den Reichen und Mächtigen ist für das auf Relationalität basierende biblische Armutsverständnis auch in heutigen Rezeptionskontexten von Bedeutung. Die im Alten Testament verwendeten Begriffe weisen auf dieses relationale Armutsverständnis hin.[194] Eine biblische Besonderheit besteht in der metaphorischen Verwendung des Armutsbegriffs für die Beschreibung der Beziehung vom Menschen zu Gott. Das Bewusstsein über die völlige Angewiesenheit des Menschen auf Gott wird als *Armut vor Gott* bezeichnet.[195]

6.3.1 Armut in der Bibel und Armut heute – kein Vergleich

Armut wird in der Antike ebenso wie absolute Armut heute durch das Unterschreiten eines Existenzminimums definiert, welches anhand des Zugangs zu Nahrung, Kleidung und Unterkunft ausgemacht wird, die als die „elementaren physischen Bedürfnisse“[196] gelten. Die wirtschaftlichen Verhältnisse unterscheiden sich stark von kapitalistischen Prinzipien, wie sie heutzutage im globalen Norden überwiegend Anwendung finden. Statt arbeitsteiliger Produktions- und Handelsorganisation zur Gewinnmaximierung innerhalb von Konzernstrukturen kommt dem einzelnen Haus im überwiegend landwirtschaftlichen Produktionsbereich die wirtschaftliche Verantwortung zu, in der wirtschaftliches Handeln auf die eigene Versorgung konzentriert ist.[197] Die Lebensbedingungen und das Wirtschaftssystem unterscheiden sich grundsätzlich von den aktuellen Lebensbedingungen in Ländern des globalen Nordens. Auch die Gründe für Armut

---

192 Vgl. Klinger: Art. Armut. I. Begriffsbestimmung, in: RGG^4, 779.
193 Vgl. Seitz: Art. Armut, in: Calwer Bibellexikon, 117.
194 Vgl. Ebach: Art. Armut. II. Altes Testament, in: RGG^4, 779.
195 Vgl. Seitz: Art. Armut, in: Calwer Bibellexikon, 117.
196 Leutzsch: Liebe und Gerechtigkeit im Neuen Testament, 23.
197 Vgl. ebd., 23f.

in verschiedenen Formen sowie die Armutsfolgen und Möglichkeiten zum Umgang mit der eigenen Armutssituation haben sich verändert. Dementsprechend sind auch die Erfahrungen der Menschen mit Armut nicht unmittelbar vergleichbar. Das gilt insbesondere für den Kontrast zwischen aktueller relativer Armut und antiker absoluter Armut, die überwiegend in biblischen Texten gemeint ist, wenn von Armut die Rede ist.[198] Die folgende exemplarische Übersicht zu Armutsdarstellungen in biblischen Texten skizziert die antiken Armutsvorstellungen, zu denen Lebensbedingungen, aber auch Ursachen und theologische Deutungen von Armut gehören.

6.3.1.1 *Armutsdarstellungen und -deutungen im Alten Testament*

Armut ist als Phänomen im gesamten Verfassungszeitraum des Alten Testaments „soziale Realität“[199]. Unterscheidbar nach wenig Vermögenden, Menschen ohne materiellen Besitz aber mit möglichem Grundbesitz und völlig Mittel- und Obdachlosen, werden Arme in diversen alttestamentlichen Büchern erwähnt, wobei die Aufmerksamkeit hier mehr dem Umgang mit Armut und Armen gilt als auf Veränderungen gesellschaftlicher Strukturen gerichtet zu sein. Gemeinsam ist den unterschiedlichen Formen der Armut die Zuschreibung von Bedeutungslosigkeit, körperlicher und seelischer Schwäche.[200]

In den prophetischen Schriften werden Arme unterschiedlich dargestellt. Es gibt die gerechten Armen (z. B. Am 2,6), diejenigen, die aufgrund ihrer sozialen Situationen aus Unwissenheit Schuld tragen (Jer 5,4), unterdrückte Arme (Am 4,1) und diejenigen, die von Gott genutzt werden, um die, die sich selbst erhöhen, zu zerstören (Jes 26,5f.). Zudem wird bei den Propheten Armut als Resultat von Ausbeutung thematisiert (Am 5,11 sowie Jes 5,8–10).[201] Eine weitere Unterscheidung findet sich auf geographischer Ebene. Während auf dem Land Arme als Kleinbauern einen, wenn auch kleinen, finanziellen Spielraum haben oder als sogenannte Schuldsklaven über keinen Besitz verfügen, gibt es in den großen Städten ebenso mittellose Bevölkerungsanteile.[202] Bei den Propheten findet sich eine weitere, von dem materiellen Armutsbegriff weit entfernte Armut: Die Armut vor Gott, mit der die Demut vor Gott gemeint ist. Diese Art der Armut ist beispielsweise bei Jesaja (Jes 14,32 und Jes 29,19) und Zephania (Zeph 2,3) zu finden. Auch wenn sich die Armut vor Gott und die materielle Armut wesentlich unterscheiden, können diese gemeinsam auftreten (z. B. Jer 20,13).[203] In den

---

198 Vgl. Stegemann: Das Evangelium und die Armen, 49.
199 Ebach: Art. Armut. II. Altes Testament, in: RGG^4, 779.
200 Vgl. Seitz: Art. Armut, in: Calwer Bibellexikon, 117 sowie Ebach: Art. Armut. II. Altes Testament, in: RGG^4, 780.
201 Vgl. Schwantes: Das Recht der Armen, 119f. sowie 197.
202 Vgl. ebd., 201.
203 Vgl. ebd., 202.

Sprüchen haben Arme laut Schwantes überwiegend eine moralisierende Funktion als „abschreckendes Beispiel“[204]: „Der wegen seiner Faulheit oder verfehlten Aktivität für seine Not selber verantwortliche Arme kennt in den Sprüchen kein Erbarmen.“[205]

6.3.1.2 Armutsdarstellungen und -deutungen im Neuen Testament

In der griechischen Literatur zur Entstehungszeit des Neuen Testaments wird zwischen absoluter Armut (ptōchos) und relativer Armut (penēs) unterschieden. Während Bettelarme (ptōchos), also Wohnungslose, Menschen mit Behinderung, Schwerkranke etc. nicht einmal das Nötigste zum Leben besitzen, führen die wenig Besitzenden (penēs) ein von Entbehrungen geprägtes, einfaches Leben. Im Neuen Testament wird allerdings fast ausschließlich der Begriff ptōchos genutzt, was Stegemann mit der Lebenssituation der damit gemeinten Menschen erklärt. Es gehe um die Bettelarmen, die täglich um das eigene Überleben kämpften.[206] Die meisten derer, die als Bettelarme (ptōchos) bezeichnet werden, verfügen nicht über ausreichend Kleidung, sondern sind überwiegend mit Fetzen bekleidet. Außerdem fehlt es an Nahrung und Getränken, sie „vegetieren am Rande des Hungertodes“[207] und sind auf fremde Hilfe angewiesen.

Der Armutsbegriff begegnet im Neuen Testament auch im Zusammenhang mit Machtlosigkeit, Schwäche und Krankheit, so in Gal 4,9, und in Kontrastierung von Armut (ptōchos) und Reichtum (plousios) in Offb 3,17 sowie in 2 Kor 8,9, dort zur Beschreibung der Gnade Gottes in Jesus Christus. Die in Offb 3,17 vorgenommene Beschreibung „und weißt nicht, daß du elend und jämmerlich bist, arm blind und bloß“ sei nach Stegemann eine realistische Charakterisierung der Situation armer Menschen zur neutestamentlichen Zeit, auch wenn diese hier im übertragenen Sinne genutzt wird.[208] Besonders im Lukas-Evangelium wird Armut thematisiert, dort vor allem im Kontext von Gleichnissen (z. B. Lk 14,1–24) und Heilungswundern (z. B. Lk 5,12–16). Während bei Lk 14 die Armen direkt benannt werden (Vers 13 und 21), zeigt sich Armut in den Wundererzählungen in der Situation von Kranken und Behinderten, die vom gesellschaftlichen Leben ausgeschlossen sind. Bei Mk 10,46–52 wird diese Situation am Beispiel von Bartimäus besonders anschaulich.[209] Die Situation armer Menschen in den frühen christlichen Gemeinden Palästinas stand nicht in einem starken

---

[204] Ebd., 263.
[205] Ebd.
[206] Vgl. Stegemann: Das Evangelium und die Armen, 8.
[207] Ebd., 12.
[208] Vgl. ebd., 9.
[209] Vgl. ebd., 10.

Kontrast zu den anderen Gemeindegliedern, die mit Ausnahme einiger von Lukas angesprochener Menschen weder adelig noch wohlhabend oder einflussreich waren.[210]

6.3.1.3 *Jesu Umgang mit Armen*

Jesu Handeln gegenüber Armen erfährt durch eine befreiungstheologische Lesart eine theologische Zuspitzung in der untrennbaren Verbindung des Handelns mit der klaren Parteinahme für die Armen. Diese starke Gewichtung der Parteinahme ist ein befreiungstheologisches Spezifikum. Allerdings wird der Umgang Jesu mit armen Menschen auch in anderen Lesarten als auffallend und bedeutsam herausgestellt.

Jesus gilt als besonders verbunden mit den Armen und als jemand, der sich dadurch auszeichnet, für arme und benachteiligte Menschen Partei zu ergreifen. In vielen neutestamentlichen Erzählungen wird von Jesu Zuwendung zu den Armen und Ausgestoßenen berichtet. In vielen Erzählungen von Heilungswundern wird dieses Verhältnis veranschaulicht, da es sich in den meisten der geschilderten Fälle um Menschen handelt, die als bettelarm und gesellschaftlich ausgestoßen gelten. Jesus wendet sich ihnen zu und verhilft ihnen zu gesellschaftlicher Integration. Sozialgeschichtliche Auslegungen von Erzählungen über Heilungswunder beziehen die sozioökonomische Situation der Akteur*innen ein und ermöglichen es, diese Erzählungen als „Hoffnungsbilder der kleinen Leute“[211] zur Entstehungszeit zu verstehen, welche auch auf die Gegenwart bezogen werden können. Am Beispiel der Erzählung von der Heilung einer blutflüssigen Frau (Mk 5,25–34) zeigt Bernd Kollmann die Bedeutung der wirtschaftlichen Situation von Menschen im Falle einer Krankheit in der Antike auf. Die Frau hatte bereits all ihre finanziellen Ressourcen aufgebraucht und war nun als arme Person auf freiwillige Hilfe angewiesen.[212] Kollmann interpretiert diese Erzählung aus sozialgeschichtlicher Perspektive als Hoffnungsgeschichte mit ethischen Impulsen auch für den heutigen Umgang mit armen Menschen:

> „Die Wundergeschichte vermittelt die Hoffnung, in der Not von Jesus als dem umsonst heilenden Arzt der kleinen Leute nicht im Stich gelassen zu werden, und gibt damit zeitlos gültige Impulse für das christliche Handeln in der Welt.“[213]

Die Erzählung kann als exemplarisch betrachtet werden für eine „alternative soziale Praxis“[214], die anhand der Wunder Jesu als „Entwurf einer alternativen Lebenswelt, der nach Verwirklichung ruft“[215], angesehen werden. Das Handeln

---

[210] Vgl. ebd., 34.
[211] Kollmann: Neutestamentliche Wundergeschichten, 155.
[212] Vgl. ebd., 155f.
[213] Ebd., 156.
[214] Ebd., 157.
[215] Ebd.

Jesu gegenüber armen Menschen erfährt demnach durch die sozialgeschichtliche Exegese eine Gegenwartsbedeutung.

6.3.2 Der Umgang mit Armut auf gesellschaftlicher und individueller Ebene

Der verantwortliche Umgang mit Armut als ethische Aufgabe ist sowohl für die jüdische als auch für die frühchristliche Gemeinschaft ein gesellschaftliches Thema. Dass sich zu ökonomischen und sozialen Unterschieden verhalten werden soll, wird an zahlreichen Stellen im Alten und Neuen Testament deutlich. Von wesentlicher Bedeutung auch für die heutige Zeit sind die Fürsorge und die Anerkennung von Rechten, die armen Menschen zugesprochen werden.

6.3.2.1 *Arme als Opfer mit Rechten in den prophetischen Schriften*

In vorexilischer Zeit und in Bezug zu dieser ist mit unerwünschtem Verhalten und ungerechter Rechtsprechung gegenüber materiell Armen Unheil verbunden (z. B. Jer 22,16; Jes 10,2; Hab 3,14). Im Gegensatz dazu nehmen die nachexilischen Texte eine mahnende Funktion ein. Wer sich schützend und helfend Armen gegenüber verhält, wird Heil erlangen (Jes 58,7f.).[216] Das in den prophetischen Schriften den Armen verheißene Heil gilt überwiegend denen, die arm vor Gott sind und denen, die aufgrund von Hungersnöten, Unglücken und sonstigen äußeren Umständen in die Situation der Armut geraten sind. Die armen Kleinbauern und städtischen Armen sind nur bei Jesaja (Jes 11,4) und Zephania (Zeph 3,12) Adressaten der Heilsbotschaft.[217]

Arme spielen in der Prophetie vornehmlich zwei Rollen: Zum einen werden sie für Anklagen an ein System genutzt, in welchem durch wirtschaftlich und gesellschaftlich Mächtige bestimmte Benachteiligungen gesellschaftlicher Gruppen stattfinden. Sie dienen neben Anderen (Witwen, Kranken etc.) zur Veranschaulichung ungerechter Verhältnisse. Hierbei werden die Rechte der Armen besonders betont. Zum anderen treten sie, besonders in den nachexilischen Texten, als Adressaten der Heilsverheißung in Erscheinung.[218] Bei den Propheten sind verschiedene Begründungen für die Rechte der Armen erkennbar. Amos bezieht sich auf die Erfahrung Israels in seiner eigenen Schwachheit (Landgabe und – nicht explizit genannt – auch Exodus) und stellt diese Schwachheit dem gegenwärtigen Verhalten Israels zu den gesellschaftlich Schwachen gegenüber. Bei Jesaja steht die Gesamtheit des Volkes Gottes im Mittelpunkt. Da auch die

216 Vgl. Schwantes: Das Recht der Armen, 203.
217 Vgl. ebd., 204.
218 Vgl. ebd., 204ff.

Armen zu Jahwes Volk gehören, dürfen diese nicht ausgegrenzt beziehungsweise entrechtet werden. Jeremia begründet das Recht der Armen mit der inkludierenden, wahren Gotteserkenntnis.[219]

6.3.2.2 *Armenfrömmigkeit, Befreiung von Armut und kollektive Armutserfahrung im Alten Testament*

Eine weitere theologische Dimension der Armut findet sich in der Frage nach einer auf Armut gründenden Frömmigkeit. Die Frage danach, inwiefern die bereits erwähnte *Armut vor Gott* eine materielle Dimension beinhaltet, ist nicht leicht zu beantworten. Vor allem in den späteren Texten des Alten Testaments finden sich Hinweise auf eine Armenfrömmigkeit in der Tradition einer Exils-Theologie, die einen Zusammenhang zwischen Gottesnähe und Armut sieht.[220] Neben der für die Entwicklung einer Befreiungstheologie bedeutenden Exodus-Theologie, „die von der Befreiung unterdrückter Armer und ihrer Hineinführung in eine neue, keine Armut mehr kennende Gesellschaft sprach“[221], zeigt die Theologie aus der Exilserfahrung eine weitere armutsbezogene Perspektive auf das Verhältnis Gottes zum Menschen auf: Das Volk Israel gilt als das Volk der „Armen Jahwes“[222], das aufgrund der Erfahrung von Ausgrenzung und Verachtung durch die anderen Völker die „besondere Liebe Gottes“[223] zugesprochen bekommt. Diese Vorstellung von Zuwendung und Hilfe durch Gott fördert die Idealvorstellung eines armen Menschen als besonders frommen Menschen, der sich dieser Angewiesenheit bewusst ist.[224] Die kollektive Armutserfahrung Israels als Ausschluss und Ausgrenzung im Exil findet auch in einigen Psalmen Ausdruck, z. B. Ps 10, in dem die Armen dem Gottlosen gegenübergestellt sind, und Ps 37, in dem eine Bewertung der Qualität des Besitzes erfolgt: „Das Wenige, das ein Gerechter hat, ist besser als der Überfluß vieler Gottloser.“ (Ps 37,16).[225]

6.3.2.3 *Fürsorge gegenüber Bettelarmen statt Parteilichkeit mit Reichen in den frühchristlichen Gemeinden*

Stegemann beschreibt die Situation der christlichen penētes als *„soziale Zwischenstellung“*[226]. Sie gehören weder zur Gruppe der Bettelarmen, noch zur Gruppe der Reichen und Mächtigen. Im Jakobusbrief wird ausgehend von dieser

---

219 Vgl. ebd., 207.
220 Vgl. Lohfink: Lobgesänge der Armen, 9.
221 Ebd.
222 Ebd.
223 Ebd.
224 Vgl. Seitz: Art. Armut, in: Calwer Bibellexikon, 118.
225 Vgl. Ebach: Art. Armut. II. Altes Testament, in: RGG^4, 779.
226 Stegemann: Das Evangelium und die Armen, 36.

sozialen Verortung an die christlichen Adressat*innen appelliert, nicht parteiisch mit den Reichen zu sein, da dieses Verhalten eine Sünde darstellt. Stattdessen sollen die Christ*innen als Ausdruck der Nächstenliebe den von Gott erwählten Bettelarmen Gutes tun.[227]

Bezeichnend für die frühchristliche Gemeinden war eine „*innergemeindliche, innerchristliche* Liebestätigkeit, die in der Fürsorge für Witwen, Waisen, Kranke, Bedürftige, Gefangene und der gastfreundlichen Aufnahme durchreisender Glaubensgenossen“[228] auf der Basis der jüdischen Praxis als Vorbild. Die Wohltätigkeit gegenüber den Bettelarmen (ptōchoi) gehöre nach Stegemann nicht zur innerchristlichen Liebestätigkeit, da davon auszugehen sei, dass Bettelarme, mit Ausnahme der Jünger*innen, nicht zu den frühen Christ*innen gehört haben. Neben der – möglicherweise unbeabsichtigten – positiven Außenwirkung ist bei der Zuwendung und Fürsorge der frühen Christ*innen gegenüber den ptōchoi hervorzuheben, dass es ungewöhnlich war, diese Form der Barmherzigkeit mit den eigenen Moralvorstellungen zu begründen.[229] Stegemann erklärt dieses Phänomen mit der Entstehungsgeschichte des Christentums:

> „Darin kommt natürlich der religiöse Ursprung des christlichen Glaubens aus dem Judentum zum Tragen. Doch muß hier noch genauer differenziert werden, denn jene *spezifische jüdische* Tradition, die in der messianischen Jesus-Bewegung armer palästinischer Juden ihren historischen und theologischen Ursprung hat, hat gerade diese Wirkungsgeschichte möglich gemacht. Unter den besonderen Bedingungen der christlichen penētes außerhalb von Palästina wurde aus der Solidarität unter Armen die Solidarität mit ihnen.“[230]

6.3.2.4 *Herrschaftskritik in den Evangelien*

Am Beispiel von Mk 10,41–45 stellt Stegemann dar, wie in den Evangelien Herrschaftskritik geübt und eine christliche Alternative zu den bestehenden Herrschaftsverhältnissen aufgezeigt wird. Diese beziehe sich sowohl auf die staatliche Herrschaft als auch auf die Verhältnisse in einer antiken Hausgemeinschaft. Christologisch begründet wird hier eine Umkehr der bestehenden Verhältnisse angestrebt. Die nach dem klassischen Verständnis gesellschaftlich Höhergestellten sollen – ebenso wie die Niedriggestellten – den Menschen dienen. „Wer in der christlichen Gemeinschaft einen höheren bzw. den höchsten Rang (megas, meizōn, prōtos) einnehmen will oder innehat, der soll aller Diener (pantōn diakonos) oder aller Sklave (pantōn doulos) sein ([Mk] 10,43 f; 9,35)“[231]. Das Dienen habe hier auch die Funktion, auf eine besondere Form von Solidarität

[227] Vgl. ebd.
[228] Ebd., 41.
[229] Vgl. ebd., 42f.
[230] Ebd.
[231] Ebd., 39.

unter den Christ*innen hinzuweisen bzw. an der Ausbildung dieser mitzuwirken.[232]

6.3.2.5 *Armut, Reichtum und Rechtfertigung*

Auf individueller Ebene finden sich Armuts- und Reichtumsdeutungen im Zusammenhang mit der Gerechtigkeit vor Gott, z. B. wird in Sprüche 13 ein direkter Zusammenhang zwischen Gottesnähe, ausgedrückt im Gegensatz vom Gerechten und Gottlosen, und Wohlergehen auch auf materieller und Versorgungsebene formuliert: „Der Gerechte kann essen, bis er satt ist; der Gottlosen Bauch aber leidet Mangel." (Spr 13,25). Diese und ähnliche Aussagen ermöglichen eine erfolgstheologische Interpretation im Sinne eines Wohlstandsevangeliums, die zur orthodoxen Ideologisierung materiellen Reichtums beitragen kann und daher zu kritisieren ist.[233] Auch in neutestamentlichen Texten spielen die weltlichen Besitzverhältnisse sowie weitere Statusmerkmale eine Rolle, so z. B. in der Götzenkritik im Matthäusevangelium: „Ihr könnt nicht Gott dienen und dem Mammon." (Mt 6,24). Weltlicher Besitz gilt als belastend für das Leben nach dem Tod, da im Jenseits eine Verhältnisumkehr zu erwarten ist, die z. B. im Gleichnis vom reichen Mann und armen Lazarus (Lk 16,19–31) Ausdruck findet.[234] In Bezug auf Sünde und Rechtfertigung können materielle Unterschiede zu Spannungen führen: Stegemann warnt vor der Gleichsetzung armer und reicher Christen im Hinblick auf die Rechtfertigung. Wird die paulinische Rechtfertigungslehre so verstanden, dass Reiche und Arme gleich Sünder*innen sind, wird es aus einem Grund problematisch: „Diese Egalisierung der Reichen und Armen, Herren und Knechte in der Sünde ist selbst Sünde ‚coram deo', da ihr ‚coram mundo' eine teilweise grausame Wirklichkeit der Nicht-Egalität entspricht."[235]

---

232 Vgl. ebd., 36ff.

233 Vgl. Zimmerling: Charismatische Bewegungen, 174ff.

234 Ein Beispiel dafür, wie sich anhand dieses Gleichnisses an die Gnaden- und Gottesvorstellungen von Kindern anknüpfen lässt und konstruktiv mit Irritationen durch den von den Kindern anders erwarteten Verlauf der Geschichte umgehen lässt, findet sich in dem kindertheologischen Zugang mit kreativem Schreibauftrag und anschließender Diskussion. Theologische Argumentationen zu diesem herausfordernden Verhältnis von Armut und Reichtum und zu Fragen nach Gnade und Gerechtigkeit lassen sich auf anspruchsvollem Niveau mit Kindern führen, wie Mirjam Zimmermann an diesem Gleichnis exemplarisch aufzeigt (vgl. Zimmermann: Die Gnade der Kindertheologie).

235 Stegemann: Das Evangelium und die Armen, 56.

6.3.2.6 *Akteur*innen und Adressat*innen in biblischen Texten zu Armut*

Auffallend ist, dass in biblischen Texten zum Umgang mit Armut überwiegend aus der Perspektive derer gesprochen wird, die sich gegenüber Armen verhalten. Wesentlich ist dabei die Frage, wie ein solches Verhalten aussehen kann und welche Konsequenzen dieses für das eigene Leben hat. Diese Fokussierung legt eine Adressierung nicht armer Rezipient*innen nahe, die sich gegenüber materiell schlechter gestellten Personen auf eine gewisse Weise verhalten sollen. Die Adressierung erweist sich in der Rezeptionspraxis als erfolgreich. Die Perspektive armer Rezipient*innen der entsprechenden Bibelstellen bleibt mit Ausnahme befreiungstheologischer Lesarten unberücksichtigt. Besonders im Lukasevangelium scheint der Adressat*innenkreis aus überwiegend materiell Bessergestellten zu bestehen. Armut und Reichtum sind zentrale Themen bei Lukas, die im Folgenden in ihrer theologischen Relevanz in den Blick genommen werden und sich gerade unter Berücksichtigung der sozioökonomischen Vielfalt der Rezipient*innen als spannungsvoll erweisen.

6.3.3 Das soteriologische Verhältnis von Armut und Reichtum bei Lukas

Armut und Reichtum sind zwei zentrale Motive im Lukasevangelium, die soteriologisch gedeutet werden. Zur Entstehungszeit dieses Evangeliums, also im 1. Jahrhundert nach Christus waren der wirtschaftliche und der soziale Status einer Person eng miteinander verknüpft. Die Gesellschaft war als Zweiklassengesellschaft organisiert, die sich vornehmlich durch Landbesitz und weitere Besitztümer, darunter auch Sklav*innen unterschied. Der Anteil der Kleinbauern, die eigenes Land besaßen, nahm stetig ab, dafür stieg die Zahl der Großgrundbesitzer, die Land verpachteten, was mitunter zur Verschuldung kleiner landwirtschaftlicher Betriebe führte. Der Bevölkerungsanteil, der als Oberschicht bezeichnet werden konnte, betrug 1 bis 5 Prozent, die Mehrheit zählte zur Unterschicht. Dazu gehörten neben den absolut und relativ armen Menschen auch diejenigen mit geringem bzw. unsicherem Einkommen wie z. B. Handwerker*innen. Die Jünger*innen können ebenso zu dieser Gruppe gezählt werden, da sie als Fischer*innen nicht zu den bettelarmen Menschen gehörten. Die ökonomische und soziale Situation einer Person bestimmte über die gesellschaftliche Position, die in Form von erfahrener bzw. verwehrter Anerkennung, als Ehre bzw. Schande vermittelt wurde.[236] Neben der Versorgungs- und Anerkennungsdimension spielen Armut und Reichtum sowie der Umgang mit gesellschaftlich Ausgegrenzten auch in Bezug auf die Frage nach dem Heil eine Rolle,

236 Vgl. Kramer: Lukas als Ordner, 20ff.

was bei Lukas an diversen Stellen deutlich wird. Im lukanischen Doppelwerk wird das Almosengeben häufig thematisiert. Sowohl im Evangelium nach Lukas (z. B. Lk 11,41 und Lk 12,33) als auch in der Apostelgeschichte (z. B. Apg 3,1ff. und Apg 9,36ff.) ist die Botschaft an die Christ*innen deutlich erkennbar: Die Fürsorge für die Bettelarmen ist als soteriologisch bedeutsame Aufgabe von Christ*innen zu verstehen.[237]

Im Evangelium nach Lukas wird an zwei Geschichten deutlich, wie Lukas die Situation der Reichen in Bezug auf das Leben nach dem Tod einschätzt und welche Folgerungen bereits zu Lebzeiten daraus geschlossen werden können. Am Beispiel des reichen Jünglings (Lk 18,18–27) zeigt sich die Haltung des Lukas zum Reichtum, insbesondere an den Jesus-Worten in Vers 25: „Denn es ist leichter, daß ein Kamel durch ein Nadelöhr gehe, als daß ein Reicher in das Reich Gottes komme." In der Geschichte von Zachäus dem Zöllner (Lk 19,1–10) wird der Auftrag des Almosengebens an einem eindrücklichen Beispiel deutlich. Diese Praxis wird soteriologisch begründet, ähnlich wie in Lk 14,12–14.[238] An den genannten Beispielen wird erkennbar, dass die Adressat*innen eher zu den wohlhabenden Christ*innen gehört haben. Die Unterstützung der Bettelarmen sei aber nicht nur Aufgabe der Oberschicht, die nicht als einziger Adressat*innenkreis gelten kann, sondern gehöre auch zu den ethisch und soteriologisch begründeten Aufgaben der weniger wohlhabenden Bevölkerung.[239] Durch die wahrscheinlich wohlhabenden Adressat*innen wird eine Besonderheit des Lukasevangeliums deutlich: „Einzig unter den lukanischen Christen wird es auch Reiche gegeben haben. Nirgendwo sonst im Neuen Testament wird das Leben der Reichen in solcher Ausführlichkeit erwähnt und kritisiert."[240] Wie in Lk 18,18–27 erkennbar ist, geht es besonders um die eschatologische Umkehr der Reichen, die einen Baustein der „Theologie der Armen"[241] bei Lukas ausmacht. Stegemann nutzt diesen Begriff, da er die lukanische „Darstellung der Wirksamkeit Jesu und der Nachfolge der ersten Jünger"[242] als Schilderung der „Jesus-Bewegung als eine Bewegung von Armen"[243] versteht, was durch die freiwillige Armut der Jünger*innen und von Jesus hervorgehoben werden kann.

Die *Theologie der Armen im Lukasevangelium* ziele nicht auf ein Leben im völligen Besitzverzicht ab, sondern auf eine Veränderung der gesellschaftlichen Ungerechtigkeiten, die sich in den Polen von absoluter Armut und luxuriösem Überfluss zeigen. Die Reichen könnten auf einen Teil ihres Besitzes verzichten,

---

237 Vgl. Stegemann: Das Evangelium und die Armen, 43f.
238 Vgl. ebd., 44.
239 Vgl. ebd., 46.
240 Ebd., 33.
241 Ebd., 47.
242 Ebd.
243 Ebd.

der zum Ausgleich den in Armut lebenden zukommen kann, um eine ausgleichende Verteilungsgerechtigkeit zu ermöglichen.[244] Das Profil dieser Theologie wird durch das lukanische Sondergut deutlich. Die Geburt Jesu (Lk 2,1–20) ist nach Helga Kramer ein sehr eindrückliches Beispiel dafür: „Dass Gott seinen Sohn Mensch werden lässt und dies in extremer Armut, verweist auf die Solidarität Gottes mit den Armen"[245]. Lukas betont *„die Parteinahme Gottes für die Armen"*[246], will dadurch aber nicht gegen Reiche hetzen. Vielmehr sucht er scheinbar, so Helga Kramer, einen Weg, wie alle Gemeindemitglieder, also Arme und Reiche, Teil der christlichen Gemeinschaft werden können.[247] Die soteriologische Zuspitzung einer Verhältnisumkehr im Eschaton, bei der nach irdischem Ermessen Reiche nach dem Tod „leer ausgehen"[248], sei ein Spezifikum des lukanischen Sonderguts. Soziale Anerkennung, ökonomischer Wohlstand und Macht stellen demnach vergängliche Wert und sogar ein Risiko für Wohlhabende dar, wie im Magnificat deutlich wird:[249] „Er stößt die Gewaltigen vom Thron und erhebt die Niedrigen. Die Hungrigen füllt er mit Gütern und läßt die Reichen leer ausgehen." (Lk 1,52f.)

Ein besonderes theologisches Motiv des lukanischen Sonderguts wird im Folgenden näher betrachtet: Die Aufforderung an wohlhabende Menschen, Arme und Benachteiligte zu einem Mahl einzuladen, und statt materieller Gegenleistungen eschatologische Vergeltung erwarten zu können, erweist sich als diskussionswürdig.[250]

Lk 14,12–14 - Inklusive Reziprozität oder spirituelle Ausbeutung?

Lk 14,12–14 (revidierte Lutherübersetzung 1984)
12 Er sprach aber auch zu dem, der ihn eingeladen hatte: Wenn du ein Mittags- oder Abendmahl machst, so lade weder deine Freunde noch deine Brüder noch deine Verwandten noch reiche Nachbarn ein, damit sie dich nicht etwa wieder einladen und dir vergolten wird.
13 Sondern wenn du ein Mahl machst, so lade Arme, Verkrüppelte, Lahme und Blinde ein,
14 dann wirst du selig sein, denn sie haben nichts, um es dir zu vergelten; es wird dir aber vergolten werden bei der Auferstehung der Gerechten.

244 Vgl. ebd., 48.
245 Kramer: Lukas als Ordner, 316.
246 Ebd., 317.
247 Vgl. ebd.
248 Ebd.
249 Vgl. ebd., 317ff.
250 Vgl. ebd., 320.

Diese drei Verse aus dem Lukasevangelium werden im Folgenden unter der Fragestellung diskutiert, welche theologischen Deutungsoptionen aus verschiedenen Perspektiven erfolgen können. Ausgehend von dem oben beschriebenen soteriologisch interpretierbaren Verhältnis von Armut und Reichtum bei Lukas wird die Stelle zunächst aus der Perspektive der adressierten Wohlhabenden interpretiert. Anschließend wird die Perspektive der in Vers 13 genannten Personengruppen dargestellt, um eine alternative Deutung aufzuzeigen, die befreiungstheologische Aspekte beinhaltet. Zunächst erfolgt eine knappe Verortung der Verse innerhalb des Kapitels.

Die Verse 12 bis 14 stehen in der Mitte eines Abschnittes zur Praxis von Gastmahlen (Lk 14,1–24), dessen Bestandteile jeweils durch Überleitungssätze miteinander verbunden sind. Zu Beginn erfolgen Belehrungen zum Umgang mit dem Sabbat am Beispiel der Frage nach der Heilung eines wassersüchtigen Menschen, die Jesus am Sabbat an phärisäische Menschen richtet, bei denen er zu Gast ist (V. 2–6). Daran schließt ein Gleichnis an, welches mit dem Bild einer Hochzeit und der Frage danach, auf welchen Platz man sich als Gast setzt, arbeitet (V. 7–11). Die hier näher betrachteten drei Verse, die sich an die gastgebende Person richten (V. 12–14), stehen vor einem weiteren Gleichnis, dem Gleichnis vom großen Gastmahl (V. 15–24), das ebenso wie das vorangegangene Gleichnis von der Rangordnung und Auswahl der Gäste als Gleichnis für das Reich Gottes gedeutet werden kann.[251]

Inklusive Reziprozität – Lk 14,12–14 aus der Perspektive der adressierten Wohlhabenden

Die wohlhabenden direkten Adressat*innen dieser Verse sehen sich mit dem Vorwurf konfrontiert, ein exklusives und auf Gegenseitigkeit basierendes Gastgeber*innenverhalten aufzuweisen. Man lädt dabei nur das nahe Umfeld ein, das aus Verwandten, Bekannten und sozial Gleichrangigen besteht. Im Regelfall wird mit einer Einladung die Erwartung einer Gegeneinladung verbunden, was als Reziprozitätsprinzip gesellschaftlicher Konsens ist. Wenn man diesem Prinzip folgt, hat das den Effekt, dass materiell und sozial benachteiligte Menschen nicht an dieser Form des gesellschaftlichen Lebens teilhaben können.[252] Armut zeigt sich hier als verwehrte gesellschaftliche Teilhabe und Reichtum als Möglichkeit, gesellschaftliche Teilhabe zu gestalten. Ein Ausweg aus dem Teilhabeausschluss der Armen wird in den Versen 12–14 durch das Verlassen der innerweltlichen Reziprozität gezeigt. Dazu findet zunächst eine Gegenüberstellung von Reichen, die als Gastgebende in der Situation sind, eine Entscheidung über ihre Gästeauswahl zu treffen, und Armen, die als Gruppen von materiell und körperlich beeinträchtigten Personen aufgezählt, von den üblichen Gästen

---

[251] Vgl. Venetz: Und du wirst selig sein, 395f.

[252] Vgl. Kramer: Lukas als Ordner, 118.

unterschieden und als potenzielle Gäste ins Spiel gebracht werden, statt.[253] Die Forderung, gesellschaftlich nicht angesehene Menschen einzuladen, die zudem nicht in der Lage zu sein scheinen, eine materiell gleichwertige Gegeneinladung auszusprechen, mag zunächst irritieren und provozieren, wird aber damit begründet, dass die Vergeltung im Jenseits erfolgt. Nach Kramer erfolgt dadurch zwar keine direkte theologische Deutung von Armut und Reichtum, allerdings lasse sich eine Zuwendung Gottes zu den Armen erkennen, die sie „inklusive Reziprozität“[254] nennt. Die Abweichung von dem bekannten Reziprozitätsprinzip bestehe in diesem Abschnitt in der menschlichen Unverfügbarkeit der eschatologischen Vergeltung durch die Stellvertretung der Armen durch Gott und in dem Aufbrechen der Exklusivität. Durch diese Stellvertretung können auch die Armen an dem System der Reziprozität teilhaben und somit in die Gesellschaft eingegliedert werden.[255] Die Einladung von Angehörigen der in Vers 13 genannten Personengruppen könne somit zum einen dem eigenen Heilsgeschehen zuträglich sein und zum anderen als wohltätige Handlung gegenüber denjenigen gelten, die unter den gegebenen gesellschaftlichen Umständen nicht an großen Mahlfeiern teilnehmen können.

Spirituelle Ausbeutung – Lk 14,12–14 aus der Perspektive der in Vers 13 genannten Personengruppen

Welche Wirkung die drei Verse auf Menschen haben können, die einer der genannten Gruppen („Arme, Verkrüppelte, Lahme und Blinde“) zugeordnet werden oder sich selbst einer dieser Gruppen zugehörig fühlen, wird an einer Äußerung von Dorothee Wilhelm deutlich:

> „Lukas 14, 12–14 ist einer der schlimmsten Texte, vielleicht der behindertenfeindlichste – ich sage dazu ‚normalistischte‘ der Bibel. Auf Kosten meiner und meinesgleichen sollen die Gastgeber spirituelles Kapital ansammeln; es geht um unsere spirituelle Ausbeutung. Wenn so die ‚Auferstehung der Gerechten‘ aussieht, dann handelt es sich dabei um eine Veranstaltung, bei der ich nicht dabei sein möchte.“[256]

Diese spirituelle Ausbeutung kritisiert auch Hermann-Josef Venetz, der anmerkt, dass die in Vers 13 aufgezählten Personen nicht als Subjekte in Erscheinung treten, sondern als „Objekte, denen die Reichen durch ihren Besitzverzicht ihre Hilfe zukommen lassen“[257] und dafür sogar noch Vergeltung erfahren. Diese Instrumentalisierung gesellschaftlich marginalisierter und benachteiligter Gruppen stellt eine Form von doppelter Diskriminierung dar, die weit entfernt von einer unbedingten Option für die Armen erscheint:

---

253 Vgl. ebd., 117f.
254 Ebd., 119.
255 Vgl. ebd., 118f.
256 Wilhelm: Wer heilt hier wen, 11.
257 Venetz: Und du wirst selig sein, 404.

> „Nicht mehr die Option für die Armen steht im Vordergrund, sondern die Hoffnung bzw. Vertröstung der Reichen auf eine zukünftige Vergeltung. Die Armen und Krüppel sind nicht Subjekte einer Gemeinschaft von Gleichgestellten; sie sind Objekte, denen die Reichen Gutes tun; bei der Auferstehung der Gerechten werden die Reichen dafür entschädigt."[258]

Die Teilhabe der Armen an dem Prinzip der Reziprozität durch die Stellvertretung Gottes erweist sich aus der Perspektive als eine recht passive Teilhabe, die primär zum Nutzen Anderer von diesen ermöglicht wird. Die Ausweitung des Reziprozitätsprinzips auf den Bereich jenseits des Weltlichen erscheint als eine bequeme Variante, um grundlegende strukturelle Veränderungen wie z. B. die Aufhebung des Reziprozitätsprinzips zu vermeiden, um so stattdessen die exklusiven Strukturen und sozialen Barrieren beizubehalten.[259] Das Einladen von gesellschaftlich Ausgegrenzten erfolgt als eine selektive Auswahl von „Objekten" des Heils zu letztendlich eigennützigen Zwecken. Diese Form der Machtausübung festigt die bereits bestehenden weltlichen Unterdrückungsstrukturen und verstärkt diese durch die Einbindung der soteriologischen Ebene. Eine Alternative besteht in befreiungstheologischen Deutungen dieser Verse, durch die diese Machtstrukturen, in denen Teilhabe- und Handlungsmöglichkeiten eng mit dem sozialen Status verknüpft sind, aufgezeigt und grundlegende gesellschaftliche Veränderungen als einzig christliche Konsequenz dieser Problemlage ausgemacht werden können. Damit würde auch der Frage von Venetz nachgegangen, „ob für die Interpretation unserer Stelle [Lk 14,12–14] nicht auch die Erfahrungsautorität der Armen und Krüppel, der Blinden und Lahmen ins Spiel gebracht werden müsste"[260]. Dass „dadurch die Autorität der Schrift bzw. des Lukas in arge Bedrängnis gerät"[261], kann nicht nur als Risiko sondern auch als Chance verstanden werden, die Notwendigkeit einer mehrperspektivischen Lesart biblischer Texte herauszustellen. Außerdem wird dem strukturellen befreiungstheologischen Sündenverständnis dadurch Ausdruck verliehen und kollektive Befreiung ermöglicht. Eine dis/abilitykritische Hermeneutik, wie sie bei Venetz und Wilhelm erfolgt, kann dazu verhelfen, neben einer befreiungstheologischen kontextuellen Lektüre, die die Perspektive armer Menschen berücksichtigt, einen erweiterten Lektürezugang zu ermöglichen, der „mittels der hermeneutischen Leitkategorie ‚dis/ability' implizite Exklusions- und Normalisierungstendenzen aufzudecken sucht und die LeserInnen dazu provoziert, biblische Texte konsequent aus der Perspektive eines inklusiven Anspruchs zu bedenken und zu interpretieren."[262]

---

258 Ebd., 407.

259 Vgl. Neumann: Die Überwindung sozialer Grenzen, 155.

260 Venetz: Und du wirst selig sein, 409.

261 Ebd.

262 Ebd., 73.

6.4 *Aktuelle gesellschaftspolitische und individuelle Optionen: theologische und ethische Schlussfolgerungen*

Aus heutiger, europäischer Perspektive und aus der Perspektive diverser Industrienationen müssen die biblischen Geschichten des Neuen Testaments unter Berücksichtigung der sozialen Situation zur Zeit Jesu gelesen werden. Eine sozialgeschichtliche Exegese sei daher nach Stegemann nötig. Insbesondere die Christ*innen, die heutzutage in gefestigten Einkommensstrukturen, im allgemeinen Wohlstand leben, können die Botschaft dieser Geschichten nicht direkt erfahren. Den Unterschied zwischen Armen und Reichen auf dieser Welt gibt es zwar nach wie vor, die Bettelarmen sind jedoch in der Regel räumlich weit von den Wohlhabenden getrennt. Somit weisen die Geschichten nicht nur eine sachlich-historische Distanz, sondern auch eine inhaltliche zu den heutigen Lebensbedingungen auf. Die These, dass die christliche Botschaft in den Evangelien explizit in den Erfahrungen der Armen Ausdruck findet, zeigt das Evangelium Jesu Christi als ein Evangelium der Armen. Diese Verortung dürfe nach Stegemann nicht vernachlässigt werden und ist daher exegetisch zu berücksichtigen.[263]

Das auffallende Interesse an armen Menschen sowie die „besondere Bedeutung der Armen für das Evangelium von Jesus Christus“[264], welche in den synoptischen Evangelien an vielen Stellen deutlich werden, stehen in der jüdischen Tradition, aus der die Bewegung des Christentums entstanden ist. Die exemplarisch angeführten alttestamentlichen Stellen verdeutlichen, dass weder der verantwortliche Umgang mit armen Menschen noch ihre theologische Bedeutung eine Erfindung des Christentums darstellen. Das jüdische Erbe gilt es insbesondere zur Vorbeugung antijudaistischer Interpretationen alt- und neutestamentlicher Stellen zu Armut zu berücksichtigen.[265] Zwar kommt Jesus Christus vor allem in befreiungstheologischen Ansätzen eine große Bedeutung für theologische Reflexionen zu, eine Deutung im Sinne einer Überwindung alttestamentlicher Botschaften zugunsten einer als ablösend verstehbaren Christologie gilt es jedoch zu vermeiden, nicht nur aufgrund der Relevanz der Exoduserzählung für die Theologie der Befreiung.

263 Vgl. Stegemann: Das Evangelium und die Armen, 53ff.
264 Ebd., 12.
265 Vgl. Leutzsch: Biblisch-theologische Perspektiven auf Heterogenität, 64.

6.4.1 Einsatz für Benachteiligte und strukturelle Veränderungen

Stegemann zeigt am Beispiel von Lk 16,1–9 („Vom unehrlichen Verwalter") auf, dass Jesus anhand von Gleichnissen auf den verantwortungsvollen Umgang mit Geld hinweist. Dass man aus solch einem Umgang auch Positives für sich selbst zieht (hier ist es die Aussicht auf eine Unterkunft), sei nach Stegemann kein Dienst am Mammon. Im Vordergrund steht vielmehr der Einsatz für die Benachteiligten durch das Verwenden des Geldes, welches aus Ungerechtigkeitsverhältnissen ungleich verteilt ist. Auf die heutige Zeit bezogen nennt er unter Bezugnahme auf *Brot für die Welt* den bewussten Verzicht auf Geld zugunsten der Ärmsten. Dabei gehe es ihm „um einen Beitrag der reichen Nationen an die Armen, der an die Substanz unseres gewohnten Lebensstandards und damit auch an das wohl-ausbalancierte Geflecht gesellschaftlicher Interessen rührt"[266]. In diesem Zusammenhang äußert er auch den Appell an die Kirchen, verantwortungsvoll mit ihren Geldern umzugehen. Stegemann weiß aber auch, dass strukturelle Änderungen nötig sind, um langfristig die großen Unterschiede zwischen Arm und Reich auf der Welt zu beseitigen.[267] Ähnlich sieht der katholische Theologe und Sozialwissenschaftler Michael Schäfers den Handlungsbedarf der römisch-katholischen sowie der evangelischen Kirche und fordert konkret „eine Umverteilungsdebatte, die ausgehend von der Soziallehre der Kirche eine solidarischere und gerechtere Politik einfordert, welche die Ursachen der Armut wirksam bekämpft."[268] Er betont damit die politische Verantwortung der Kirchen, die angesichts weltweiter, unterschiedlich auftretender Armut als Folge kapitalistischen wirtschaftlichen Handelns nicht nur auf praktischer, sondern auch auf ethischer Ebene gefragt sei, und sich für die Verringerung und Vermeidung von Kinderarmut einzusetzen habe.[269]

6.4.2 Die Notwendigkeit mehrperspektivischer Lesarten

In Bezug auf globale Ungerechtigkeitsverhältnisse und das Auftreten absoluter Armut in vielen Teilen der Welt formuliert Stegemann einen christologisch motivierten Appell an sozioökonomisch privilegierte Christ*innen zur Aufnahme befreiungstheologischer Perspektiven:

---

266 Stegemann: Das Evangelium und die Armen, 58.
267 Vgl. ebd., 57ff.
268 Schäfers: Kinderarmut, 363.
269 Vgl. ebd., 363ff.

„Theologie der Armen bedeutet für uns reiche Christen: Daß wir unsere theologische Reflexion betreffen lassen von dem Skandal der weltweiten Armut und nicht länger so tun, als ob Gott die Reichen dieser Welt erwählt hat.“[270]

Diese Erweiterung des Deutungshorizonts biblischer Texte um die Perspektive der Armen kann anhand der kritischen Lektüre des Lukasevangeliums gelingen, da laut Kramer die ethischen Weisungen fast ausnahmslos an privilegierte Adressat*innen gerichtet sind, „also an Wohlhabende bzw. Menschen, die die Freiheit haben, darüber zu entscheiden, wie sie mit ihrem Besitz umgehen.“[271] Lukas kann sich daher als Evangelium für die heutige Mittelschicht eignen. Aus der Analyse der Thematisierung von Armut und Reichtum im Lukasevangelium wird erkennbar, dass die ethischen Impulse Gottes Zuwendung zu armen und benachteiligten Menschen widerspiegeln und konkrete Handlungsoptionen für die privilegierten Leser*innen bereitstellen. Kramer sieht ein Spezifikum des Lukasevangeliums darin, dass trotz der oben genannten Adressat*innen der Diskurs um Armut und Reichtum so gestaltet sei, „dass die Perspektive ‚von unten‘ zur entscheidenden wird und die gesamte Darstellung des Problems bestimmt.“[272] Am Beispiel der unterschiedlichen Lesarten von Lk 14,12–14 wird jedoch deutlich, dass das allein nicht ausreicht. Eine mehrperspektivische Lesart ist erforderlich, um auch die Perspektiven in die Deutungen einzubeziehen, die nicht der eigenen sozioökonomischen Situation entsprechen.

6.4.3 Die Option für die Armen als ethische Priorität

Für den Umgang mit Armut und armen Menschen ergibt sich aus der befreiungstheologischen Perspektive ein deutlicher Impuls: Arme Menschen gelten nicht als Bittstellende, sondern werden durch die Reflexion der gesellschaftlichen Bedingungen als Geschädigte innerhalb einer kapitalistischen Gesellschaftsstruktur sichtbar. Die christlich-ethische Konsequenz aus dieser Verhältnisbestimmung lautet demnach nicht, als Akt der Gnade durch Spenden Teilhabe für Menschen zu ermöglichen, sondern benachteiligte Menschen als Subjekte anzuerkennen, die theologisch kompetent aus ihrer Perspektive kirchliches und gesellschaftliches Handeln kritisch anfragen und mitgestalten können. Entsprechend besteht eine Aufgabe für privilegierte Akteur*innen in Kirche und Gesellschaft darin, die Rechte von Benachteiligten anzuerkennen und Teilen als solidarischen Akt zu verstehen.[273] Diese ethische Konsequenz muss aber auch aus befreiungstheologischer Sicht in ihrem Entstehungszusammenhang reflektiert werden, wie im Folgenden skizziert wird.

---

270 Stegemann: Das Evangelium und die Armen, 59.

271 Kramer: Lukas als Ordner, 355.

272 Ebd.

273 Vgl. Klinger: Art. Armut V. Ethisch, in: RGG[4], 784.

6.4.4 Befreiungstheologische Reflexion ethischer Normen

Ethische Grundsätze zum Umgang mit Armut erfordern nach Herbert Haslinger eine befreiungstheologische Reflexion ihrer Begründungen, unter denen sie formuliert werden. Zum Umgang mit Armut bedeutet das, dass die in Texten der Bibel formulierten Impulse nicht nur unter Berücksichtigung ihres historischen und lokalen Kontextes zu verstehen sind, sondern ebenso aus der Perspektive derer betrachten werden müssen, die als die Adressat*innen eines ethisch verantwortlichen Handelns anderer angesprochen sind. Allgemein lässt sich nach Haslinger für eine befreiungstheologische Reflexion ethischer Grundsatzbestimmungen folgende Aufgabe formulieren:

> „Die Option für die Armen verlangt eine kritische Überwindung der konventionellen, in Theologie und Lehramt der Kirche verbreiteten Form der Normenbegründung, in der von einem (vermeintlich) unabhängig von konkreten Kontexten definierten, über den jeweiligen Kontexten stehenden und folglich allgemeingültigen Normenkodex ausgegangen und von dieser kontextlosen, übergeordneten Instanz dann Normen für das Handeln in je konkreten Kontexten abgeleitet werden."[274]

Mit der kritischen Überwindung dieser als kontextübergreifend verstandenen, konventionellen Normenbegründung geht ein Perspektivwechsel einher, der die Kontextualität, aus der jede Norm gebildet wird, anerkennt und auch die normativen Implikationen einzelner Kontexte, innerhalb derer Normen entstehen und begründet werden, identifiziert und innerhalb der Normbildungsprozesse reflektiert.[275] Welche ethischen Konsequenzen zum Umgang mit Armut, daraus gezogen werden, ergebe sich aus der konsequenten Verortung der Normentwicklung „im Kontext der Notleidenden"[276], damit diese „im Prozeß der Normenfindung, Normendefinition und Normenbegründung ihre Erfahrungen zur Sprache bringen und die Normen so als *ihre* Normen begreifen können."[277] Aus dieser Verortung folge dann ein Bedingungsgefüge der Normenbildung auf Basis von Gleichberechtigung, Autonomie und Solidarität, statt aus einer mitunter ideologisch aufgeladenen „Behauptung der Autorität einer übergeordneten Instanz"[278]. Ethische Normen seien also aus einer konsequenten theologischen Ethik der Befreiung zu bilden.[279] Eine Folge des sich so vollziehenden Perspektivwechsels ist ein Solidaritätsverständnis nicht armer Menschen, das sich nicht als

---

274 Haslinger: Diakonie zwischen Mensch, Kirche und Gesellschaft, 816.
275 Vgl. ebd.
276 Ebd., 817.
277 Ebd.
278 Ebd.
279 Vgl. ebd., 816f.

Fürsorge versteht und sich dadurch gerade nicht in „paternalistisch-fürsorglichem Gehabe“[280] aus einer privilegierten Position zeigt. Vielmehr ist ein Positionswechsel erforderlich, um eine Solidarität zu ermöglichen, die diakonisches Handeln als strukturelle Veränderung der Gesellschaft versteht, durch die keine Angleichung armer Menschen an die Lebensbedingungen privilegierter Personen stattfindet, sondern in der Ungerechtigkeitsverhältnisse überwunden werden.[281] Die Überlegungen zur Entdiakonisierung im Rahmen einer inklusiven Diakonie[282] bieten einen Anknüpfungspunkt an diese Forderung, der sich als religionspädagogisch anschlussfähig erweist.

---

280 Ebd., 821.

281 Vgl. ebd., 821f.

282 Siehe dazu Kapitel 6.1.1.

7. Lehrer*innenperspektiven auf Armut und Religionsunterricht

Ergänzend zu den theoretischen Überlegungen liefert die Auswertung von empirischem Material einen Beitrag zur Entwicklung eines Ansatzes von armutssensiblem Religionsunterricht in der Grundschule. Lehrkräfte verfügen über einen eigenen, praxisbezogenen Zugang zu Wissen über Kinderarmut und Religionsunterricht. Der Einbezug dieses Praxiswissens, das sich neben dem theoretischen Wissen aus der universitären Ausbildung vor allem aus den Erfahrungen der Lehrkräfte und ihren Reflexionen zusammensetzt, stellt eine für fachdidaktische Fragestellungen relevante Komponente dar, die für das vorliegende Forschungsprojekt im Einbezug der Lehrer*innenperspektiven auf Kinderarmut und Religionsunterricht besteht.

7.1 *Beschreibung der Untersuchung*

Der im Bereich Lehrer*innenperspektiven und Fachdidaktik kaum vorhandene Forschungsstand zu Armutssensibilität macht ein exploratives Vorgehen in Ergänzung zu den vorangegangenen theoretischen Erörterungen notwendig, um vielschichtige und mehrperspektivische konzeptionelle Grundlagen zu erarbeiten. Mit Religionslehrkräften an Grundschulen im Ruhrgebiet wurden zu diesem Zwecke Expert*inneninterviews[1] geführt, die anhand der qualitativen Inhaltsanalyse nach Mayring[2] analysiert und interpretiert wurden.

7.1.1 Forschungsfragen und religionspädagogisches Interesse

Den bisherigen Befunden zu Kinderarmut und Bildungsbenachteiligung in der Grundschule fehlen religionsunterrichtsspezifische Erkenntnisse, insbesondere in Bezug auf die Wahrnehmungen und Erfahrungen der Lehrkräfte. Um diese zu erlangen, stehen folgende Forschungsfragen im Fokus der Untersuchung:

1. Wie nehmen die Lehrkräfte Kinderarmut wahr und was verstehen sie unter Kinderarmut?

---

1 Meuser/Nagel: Das Experteninterview.
2 Mayring: Qualitative Inhaltsanalyse.

2. Welche Elemente des Religionsunterrichts in der Grundschule werden von den Religionslehrkräften als Ressourcen für die Gestaltung eines armutssensiblen Religionsunterrichts genannt?

Zur Beantwortung der Forschungsfragen wird explorativ vorgegangen, um an das Deutungswissen und die Deutungsmuster der Lehrkräfte zu gelangen und aus dem Datenmaterial konzeptionelle Hinweise für armutssensibles Handeln und inhaltliche sowie methodische Schwerpunktsetzungen zu extrahieren. Im Anschluss werden die Befunde diskutiert und in die Überlegungen zur Entwicklung eines armutssensiblen Religionsunterrichts in der Grundschule eingebunden. Von religionspädagogischem Interesse ist diese Untersuchung, weil der Frage nachgegangen wird, wie Armut als Thema im Religionsunterricht behandelt werden kann, der eine sozioökonomisch heterogene Schüler*innenschaft aufweist. Die Wahrnehmungen und Wissensbestände der Lehrkräfte können die theoretischen Perspektiven ergänzen, wobei in der vorliegenden Untersuchung überwiegend die Wissensbestände aus dem Bereich des Deutungswissens von Interesse sind. Außerdem können Spannungen aufgezeigt werden, die sich aus der Perspektive der Lehrkräfte im Umgang mit Kinderarmut im Religionsunterricht ergeben.

7.1.2 Qualitative Inhaltsanalyse nach Mayring

Philipp Mayring reagiert u. a. auf methodologische Entwicklungen in kritischen sowie explorativen Forschungsansätzen der Sozialwissenschaften, indem er Auswertungsinstrumente für Daten aus offenen Erhebungen entwickelt. Mit seinem Instrumentarium zur Analyse qualitativer Daten verfolgt er das Ziel, „konkrete Techniken qualitativer Inhaltsanalyse auszuarbeiten und an Beispielen zu demonstrieren – Techniken, die systematisch, intersubjektiv überprüfbar, gleichzeitig aber der Komplexität, der Bedeutungsfülle, der ‚Interpretationsbedürftigkeit' sprachlichen Materials angemessen sind.“[3]

Da es unterschiedliche Verständnisse davon gibt, was eine sozialwissenschaftliche Inhaltsanalyse ist, bündelt Mayring die Charakteristika, die zentral für seinen Ansatz sind. Er fasst zusammen, dass bei der Inhaltsanalyse (1) der Gegenstand Kommunikation (2) in fixierter Form (3) systematisch, (4) regelgeleitet und (5) theoriegeleitet analysiert wird, (6) um „*Rückschlüsse auf bestimmte Aspekte der Kommunikation*“[4] ziehen zu können.[5] Für explorative Vorgehensweisen erweise sich laut Mayring die qualitative Inhaltsanalyse als nützlich hinsichtlich der Aufdeckung von einzelnen Aspekten eines Forschungsgegenstandes sowie der Herstellung von Zusammenhängen zur Hypothesenfindung und

[3] Mayring: Qualitative Inhaltsanalyse, 10.
[4] Ebd., 13.
[5] Vgl. ebd., 12f.

Theoriebildung. Auch zur Klassifizierung von Datenmaterial sowie zur Überprüfung von Hypothesen seien Methoden qualitativer Inhaltsanalyse geeignet.[6] Mayring erarbeitet acht Grundsätze[7] für seine Form der qualitativen Inhaltsanalyse, die im Folgenden skizziert, z. T. gebündelt und auf das vorliegende Forschungsprojekt bezogen werden.

1) *Einbettung des Materials in den Kommunikationszusammenhang*

Die kommunikationswissenschaftliche Verankerung der qualitativen Inhaltsanalyse berücksichtigt, dass das Material „auch auf seine Entstehung und Wirkung hin untersucht"[8] wird. Die Einbettung der vorliegenden empirischen Untersuchung in ein umfassenderes Forschungsprojekt zu konzeptionellen Überlegungen für armutssensiblen Religionsunterricht legt die pragmatische Intention der Untersuchung offen. Der Gegenstand liegt im Fokus der Untersuchung, was sich auch in der wissenssoziologischen Verortung der Erhebungsmethode widerspiegelt.

2) *Systematisches, regelgeleitetes Vorgehen und Gegenstandsbezug statt Technik*

Um als systematisch und regelgeleitet zu gelten, muss die Analyse der Daten einer vorab festgelegten Struktur folgen. Dabei ist darauf zu achten, dass diese „an den konkreten Gegenstand, das Material angepasst sein und auf die spezifische Fragestellung hin konstruiert"[9] werden sollte. Da in der vorliegenden Untersuchung Daten mittels Expert*inneninterview erhoben wurden, folgte die Analyse zum Teil dem von Meuser und Nagel vorgeschlagenen Schema für diese Form von Interview: „1. Themenorientierte Transkription, 2. Paraphrasierung, 3. Thematische Übersicht [...], 4. Thematischer Vergleich zwischen den Interviews, 5. Konzeptualisierung und Begriffsbildung und 6. Einbindung in theoretische Diskurse"[10]. Statt einer themenorientierten Transkription wurden die kompletten Interviews transkribiert. Aus dem transkribierten Interviewmaterial wurden die Stellen für die Analyse ausgewählt, in denen sich die Lehrkräfte explizit zu ihrem Religionsunterricht bzw. zu ihren Vorstellungen von armutssensiblem Religionsunterricht äußern. Die Paraphrasierung erfolgte im Anschluss an diese thematische Auswahl nach vorheriger Grobstrukturierung nach Wahrnehmungen von und Erfahrungen mit Kinderarmut, didaktische Ausrichtung und Methoden,

---

6 Vgl. ebd., 22ff.
7 Vgl. ebd., 48ff.
8 Ebd., 48.
9 Ebd., 49.
10 Meuser/Nagel: ExpertInneninterview, 378.

Themen, biblische Geschichten, Haltungen sowie Fachspezifika. Die Schritte 3 bis 5 wurden als zusammenfassende Inhaltsanalyse mit strukturierenden Elementen nach den Grundformen von Mayring (Zusammenfassung, Explikation und Strukturierung) durchgeführt.[11]

3) *Kategorien im Zentrum der Analyse*

Die Kategorien, in denen die Ziele der Analyse Ausdruck gewinnen, sind in dem überwiegend induktiven Vorgehen bei der vorliegenden Untersuchung anhand konkreter inhaltlicher Kriterien und durch die Festlegungen von Analyseeinheiten systematisiert worden.[12] Als Kodiereinheit wurden alle vollständigen Sätze und Nebensätze zu oben genannten Kategorien der Grobstruktur festgelegt. Zum Beispiel wurden für die Kategorisierung von didaktischen und methodischen Aspekten die Aussagen paraphrasiert, in denen die Lehrkräfte sich zu ihren Handlungen, Vorüberlegungen und Reflexionen bezüglich des Religionsunterrichts äußern. Die Zusammenstellung als Kategoriensystem erfolgte innerhalb der Grobstruktur der zusammenfassenden Inhaltsanalyse und unter Beachtung der Interpretationsregeln.[13]

4) *Überprüfung der spezifischen Instrumente durch Pilotstudien*

Die „intersubjektive Nachprüfbarkeit"[14] qualitativer Inhaltsanalyse erfolgt durch das Testen der entwickelten, gegenstandsbezogenen Analyseverfahren. Während der Kategorisierung innerhalb der zusammenfassenden Inhaltsanalyse wurden die Kategoriensysteme auf den verschiedenen Abstraktionsniveaus am Material überprüft und ggf. angepasst.[15]

5) *Theoriegeleitete Analyse*

Durch die umfassende theoretische Vorarbeit aus verschiedenen Perspektiven sowie die ausführliche Erarbeitung des Forschungsstandes zu Kinderarmut in Deutschland und im religionspädagogischen Diskurs konnte „der Stand der Forschung zum Gegenstand und vergleichbaren Gegenstandsbereichen systematisch bei allen Verfahrensentscheidungen herangezogen"[16] werden, um inhaltlichen Argumenten den Vorrang zu geben. Allerdings stellte diese ausführliche theoretische Basis für die induktive Vorgehensweise eine Herausforderung dar

---

11 Mayring: Qualitative Inhaltsanalyse, 65ff.
12 Vgl. ebd., 49.59.
13 Vgl. ebd., 67ff.
14 Ebd., 50.
15 Vgl. ebd., 68.
16 Ebd., 51.

und erforderte z. T. eine bewusste Distanzierung vom Forschungsstand, um Neues durch innovative, materialimmanente Kategorien zu entdecken.

6) *Einbezug quantitativer Analyseschritte und Beachtung der Gütekriterien*

Durch die geringe Anzahl an Interviews und den explorativen Charakter kam quantitativen Analyseschritten ein geringer Stellenwert zu, da keine Repräsentativität intendiert war.[17] Lediglich Auffälligkeiten wie Aussagen, die von allen Interviewten in ähnlicher Form oder nur von einer einzelnen Person vorgenommen wurden, wurden entsprechend gekennzeichnet. Zudem gab es einen Austausch mit Forscher*innen über das Material sowie die erstellte Analyse.[18]

7.1.3 Datenerhebung mittels Expert*inneninterviews

Zur Erhebung der Lehrer*innenperspektiven auf Armut und Bildungsgerechtigkeit wurden leitfadengestützte Expert*inneninterviews mit zehn evangelischen Religionslehrkräften an Grundschulen in Nordrhein-Westfalen geführt.

Der Leitfaden beinhaltet Fragen zur Berufsbiografie, zur Wahrnehmung von Kinderarmut und zu Erfahrungen im Unterricht mit armen Schüler*innen. Außerdem werden Auswirkungen bildungspolitischer Entwicklungen wie Inklusion und die Unterstützung von Familien durch Leistungen aus dem BuT-Paket (Bildung und Teilhabe) thematisiert. Armut wird als theologisches Thema und Inhalt im Religionsunterricht in den Leitfragen berücksichtigt. Der optionale Teil des Leitfragens besteht aus Fragen, anhand derer Lk 14,12–14 und unterschiedliche Deutungen der Bibelstelle diskutiert werden.[19]

Das Forschungsvorhaben wurde den Expert*innen so erklärt, dass diese Interesse an der Mitgestaltung durch Interviews bekommen.[20] Das ist z. B. durch den erwarteten Ertrag von Kriterien für Armutssensibilität im Religionsunterricht geschehen und dadurch, dass verdeutlicht wurde, dass dieses Thema ohne die Beiträge von Expert*innen aus der Praxis, in diesem Fall Lehrkräfte, nicht ausreichend behandelt werden kann.

Von besonderer Bedeutung war die Reflexion der Erwartungen und auch Vorannahmen, speziell der eigenen Vorurteile der Forscherin.[21] Insbesondere bei der Erstellung des Interviewleitfadens wurde auf die Vermeidung von Suggestivfragen geachtet. Außerdem durfte sich die eigene Erwartungshaltung dort

---

17 Vgl. ebd.

18 Vgl. ebd., 119f.

19 Der vollständige Interviewleitfaden ist im Anhang zu finden.

20 Vgl. Froschauer/Lueger: Interpretative Sozialforschung: Der Prozess, 88.

21 Vgl. ebd., 86.

nicht zu sehr wiederfinden. Gleiches galt für forschungsstandbedingte Vorannahmen, die bei der Konstruktion des Erhebungsinstrumentes ausgeblendet wurden. Von zentraler Bedeutung war der explorative Zugang zum Feld, durch den ergebnisoffen nach Begriffsverständnissen und Sichtweisen auf Unterrichtsstruktur, -material und -gestaltung gefragt wurde.

7.1.4 Wissenssoziologische Verortung der Expert*inneninterviews

Lehrkräfte sind in ihrem Bereich des Unterrichtens und in anderen schulischen Bereichen auf verschiedene Weisen Expert*innen. Als Fachlehrkräfte bringen sie z. B. fachliches und fachdidaktisches Wissen mit, das sie von ihren Kolleg*innen unterscheidet. Wer als Expert*in gilt und was als Expert*innenwissen bezeichnet werden kann, ist allerdings nicht eindeutig. Für diese Untersuchung bietet sich daher ein konstruktivistisch-wissenssoziologischer Expert*innenbegriff, der das Expert*in-Sein anhand des konkreten Forschungsinteresses, der gesellschaftlichen Wahrnehmung und der spezifischen Wissensstruktur und -relevanz ausmacht.[22] Expert*innenwissen als klassisches Sonderwissen in Abgrenzung zu Alltagswissen zu verstehen, greift für einen solchen Expert*innenbegriff zu kurz. In Hinblick auf die Forschungsfragen ist die Einteilung in drei Dimensionen nach Bogner und Menz sinnvoll: das „*'technische' Wissen*" (damit ist z. B. Wissen zu Produktionstechniken und Routinetätigkeiten gemeint), das „*Prozesswissen*" (damit wird Wissen über Abläufe und Strukturen bezeichnet) und das „*Deutungswissen*" (Deutungswissen umschließt subjektive Sichtweisen und Interpretationen, normative Prämissen und Sinnkonstruktionen).[23] Für die Fragestellungen dieser Arbeit ist der Aspekt der Wirksamkeit des Expert*innenwissens bedeutsam:

> „Das Wissen des Experten, seine Handlungsorientierungen, Relevanzen usw. weisen zudem – und das ist entscheidend – die Chance auf, in der Praxis in einem bestimmten organisationalen Funktionskontext hegemonial zu werden, d.h., der Experte besitzt die Möglichkeit zur (zumindest partiellen) Durchsetzung seiner Orientierungen. Indem das Wissen des Experten praxiswirksam wird, strukturiert es die Handlungsbedingungen anderer Akteure in seinem Aktionsfeld in relevanter Weise mit."[24]

Im Kontakt zu den Expert*innen ist es wichtig auf das besondere Verhältnis von Forscher*innen und interviewten Expert*innen hinzuweisen. Wesentlich ist hier die Frage, wie der*die Interviewer*in von der befragten Person wahrgenommen wird, da die Wahrnehmung mitsamt Kompetenzzuschreibungen Auswirkungen auf Art und Umfang des Wissens hat, welches der*die Expert*in im

---

22 Vgl. Bogner/Menz: Das theoriegenerierende Experteninterview, 40ff.
23 Ebd., 43f.
24 Ebd., 46.

Interview mitteilt bzw. preisgibt. Nach Bogner und Menz lassen sich sechs Wahrnehmungstypen der*des Interviewer*in durch den*die Expert*in unterscheiden, die jeweils unterschiedliche Folgen für das Interview und das Forschungsinteresse haben. Sie unterscheiden zwischen der Wahrnehmung als (1) Co-Expert*in, (2) Expert*in einer anderen Wissenskultur, (3) Lai*in, (4) Autorität, (5) Kompliz*in und (6) potenzielle*r Kritiker*in.[25]

Um explizite Aussagen zur Erfassung von Deutungswissen zu erlangen, musste eine Wahrnehmung der Interviewerin angestrebt werden, die Kompetenzzuschreibungen auf fachlicher Ebene (ohne vollständige Übereinstimmung des Fachwissens) beinhaltet, jedoch von anderem Strukturwissen ausgeht, damit „die praktischen Handlungsbedingungen [...] und ihre normativen Implikationen“[26] der Lehrkraft nicht als bekannt vorausgesetzt und somit möglicherweise nicht geäußert und begründet werden. Die unterschiedlichen Wahrnehmungstypen nach Bogner und Menz konnten bei der Erstellung des Leitfadens gezielt genutzt werden.[27] Je nach intendierter Wahrnehmung der*des Expert*in variierten die Formulierungen der Fragen. Da in den Interviews verschiedene Themenbereiche angesprochen wurden, zu denen jeweils unterschiedliche Erfahrungen und Vorkenntnisse der Expert*innen vermutet wurden und die jeweils unterschiedliche Teilfragen mit divergierendem Forschungs- und Analyseinteresse ansprechen, war es hier sinnvoll, innerhalb des Interviews wechselnde Wahrnehmungen zu provozieren.[28] Dazu wurde die thematische Gliederung des Leitfadens als Gliederung für verschiedene Typen von Fragen genutzt. Im Folgenden werden die jeweiligen Intentionen dargestellt und die Durchführung der Interviews hinsichtlich dieser Intentionen reflektiert.

Zum Thema Armut eignen sich aufgrund der intendierten Zuschreibung von Kompetenzen aus einer anderen Fachrichtung (*Interviewer*in als Expert*in einer anderen Wissenskultur*) Fragen, die konkret nach den Armutsdiskursen und Fachwissen aus der Schulpraxis fragen.[29] Außerdem kann ein Austausch über den Forschungsstand zu Kinderarmut und der im Schulalltag wahrgenommenen Armut angeregt werden. Die Konzentration auf die Armutswahrnehmungen der Lehrkräfte im konkreten schulischen Bereich war erfolgreich. Die Schilderungen erfolgten an konkreten Beispielen und ermöglichten dadurch einen Einblick in die alltäglichen Wahrnehmungen und Deutungen der Lehrkräfte bezogen auf die Versorgungssituationen und Handlungsmöglichkeiten ihrer Schüler*innen.

---

25 Vgl. ebd., 50–65.

26 Ebd., 50.

27 Vgl. ebd., 61.

28 Während eines Interviews kann sich die Wahrnehmung der*des Interviewer*in durch den*die Expert*in verändern. Außerdem sind Kombinationen der Typen möglich. Diese Wandelbarkeit kann auch bewusst genutzt werden. Vgl. ebd., 60f.

29 Vgl. ebd. 52f.

Die theologischen Fragen im Interview sollten durch die Annahme einer geteilten Wissensbasis der Gesprächspartner*innen (*Interviewer*in als Co-Expert*in*) auf einem fachlich hohen Niveau gestellt werden und zu Diskussionen animieren.[30] Im Anschluss an Fragen zu Kinderarmut können hier Elemente christlicher Anthropologie und biblische Armutsbegriffe sowie Bibelstellen, in denen der Umgang mit Armut thematisiert wird (z. B. Lk 14,12–14), als Diskussionsgrundlage genutzt werden. In diesem Moment vermischen sich die beabsichtigten Kompetenzzuschreibungen. Die Interviewerin tritt hier als Co-Expertin und als Expertin einer anderen Wissenskultur gleichzeitig auf. In den Interviews wurde die Interviewerin jedoch besonders bei Fragen zu theologischen Inhalten als Autorität wahrgenommen. Die zum Teil aufgetretenen Unsicherheiten der interviewten Lehrkräfte bei der Beantwortung der Fragen spiegelten sich in Nachfragen wider, ob die gegebene Antwort fachlich richtig sei.

Fragen zur konkreten Schulpraxis und Erfahrungen der Lehrkräfte dürfen „naiv-neugierig“ sein, da die Interviewerin nicht aus der Praxis kommt (*Interviewer*in als Lai*in*).[31] Hier ist es wichtig, den intendierten Status als Laiin beizubehalten, also möglichst auf eigene Einschätzungen zum Schulalltag zu verzichten. Die Intention war teilweise erfolgreich und mündete in ausführlichen Schilderungen von Beispielen aus dem Unterrichtsalltag, die teilweise auch wertend von der Lehrkraft kommentiert wurden.

Im Themenbereich der Bildungsgerechtigkeit ist von gemeinsamen Erfahrungen und Interessen sowie Werten auszugehen (*Interviewer*in als Kompliz*in*).[32] Die vermutete gemeinsame Kritik an bildungspolitischen Entscheidungen im deutschen Bildungssystem kann genutzt werden, um an wertvolles Hintergrundwissen zu gelangen. Entgegen der von Bogner und Menz geäußerten Vermutung, dass Handlungsprämissen und eigene Positionen durch die Annahme der gemeinsam geteilten Werte hier nicht expliziert werden, ist bei dem Thema Bildungspolitik davon auszugehen, dass die Interviewsituation, wenn die Vertrauensbasis erfolgreich aufgebaut werden kann, dazu animiert, neben der wertenden Kommunikation über aktuelle Zustände und Entscheidungen auch die dahinter liegenden Einstellungen zur Begründung der Wertung zu äußern, insbesondere wenn auf Fallbeispiele aus dem Schulalltag Bezug genommen wird. Die Erwartung gemeinsam geteilter Werte wurde in vielen Fällen nicht erfüllt. Die Annahme einer gemeinsamen Basis an Interessen und Erfahrungen war daher überwiegend eine Fehleinschätzung. Dennoch wurde teilweise die Kritik an den schulpolitischen Entscheidungen der letzten Jahre geteilt. Die Begründung für die Kritik erfolgte überwiegend an den konkreten praktischen Konsequenzen für die eigenen professionellen Handlungsmöglichkeiten ausgerichtet.

---

30 Vgl. ebd., 65.
31 Vgl. ebd., 54ff.
32 Vgl. ebd., 59f.

7.1.5 Beschreibung der Vorgehensweise

7.1.5.1 Das Untersuchungsfeld

Für die Untersuchung wurden evangelische Religionslehrkräfte und Lehramtsanwärter*innen mit dem Unterrichtsfach Religion an Grundschulen im Ruhrgebiet kontaktiert, die in Stadtteilen mit einem überdurchschnittlichen Anteil an Personen im SGB II-Bezug liegen, da der Bezug von Transferleistung ein Hinweis auf eine geringe materielle Ausstattung ist und somit ein hoher Anteil von Schüler*innen mit Armutserfahrungen wahrscheinlich ist. Die Auswahl der Schulen erfolgte anhand von kleinräumlichen Daten aus den Stadtstatistiken. In Städten, in denen Daten dazu vorhanden sind, wurde der SGB II-Bezug von Kindern als Auswahlkriterium verwendet. Für einige Städte im Ruhrgebiet gibt es auch ein Sozialstandortsystem, in welchem die Grundschulen einem Standorttyp von I bis V zugeordnet werden, der anhand der sozioökonomischen Gesamtsituation des Stadtteils ermittelt wird. Wo es diese Möglichkeit gibt, wurden Schulen mit dem Standorttyp V (sehr schlechter Standort) in die Auswahl aufgenommen. In der Regel gibt es Überschneidungen bei sehr schlechten Standorttypen und Stadtteilen mit hohem Anteil an Transferleistungsbezieher*innen, was dieses Vorgehen ermöglichte.

Zwischen den Ruhrgebietsstädten gibt es Unterschiede darin, was als überdurchschnittlicher SGB II-Bezug gilt. Auffällig ist, dass Stadtteile in den Städten, die Statistiken zum Leistungsbezug von Kindern führen, bei einem Anteil von ca. 30 Prozent in die Auswahl kommen und Stadtteile in Städten, in denen diese separate Statistik nicht geführt wird, zum Teil bereits mit 15 Prozent SGB II-Bezug aller (Erwachsene und Kinder) als überdurchschnittlich gelten. Kinderarmut zeigt sich somit auch in den statistischen Daten der Städte als auffälliges Phänomen.

7.1.5.2 Kontaktaufnahme

Die Kontaktaufnahme erfolgte über die Schulleitungen, anfangs anhand von postalischen Anschreiben, die aufgrund des nicht vorhandenen Rücklaufs nur in einer Stadt verwendet wurden. Im Anschluss daran wurden die Schulen einer weiteren Stadt telefonisch kontaktiert und bei Interesse per E-Mail mit Informationen zum Forschungsprojekt versorgt. Auch diese Vorgehensweise brachte keinen Erfolg, sodass die weiteren Schulen per E-Mail angeschrieben wurden. Der Rücklauf war auch bei dieser Vorgehensweise sehr gering. Im Gegensatz zur postalischen Kontaktaufnahme erfolgten auch Absagen mit Begründungen per Mail. Erfolgreich war das gezielte Ansprechen von persönlich bekannten Lehrkräften, die an passenden Schulen arbeiten. Außerdem erklärten sich die bereits interviewten Lehrkräfte dazu bereit, in ihrer Schule und auch in weiteren Schulen Kolleg*innen auf das Forschungsprojekt anzusprechen, was ebenfalls zu neuen Interviewkontakten führte. In jedem der Fälle wurde überprüft, ob die Schulen der Lehrkräfte den Auswahlkriterien entsprachen.[33]

7.1.5.3 Interviewzeitraum

Im Zeitraum von März 2018 bis Mai 2019 wurden insgesamt zehn Interviews mit Lehrkräften und Lehramtsanwärter*innen in sieben verschiedenen Städten im Ruhgebiet geführt. In der Regel wurden die Interviews in den Räumlichkeiten der Schule durchgeführt, zum Teil auch in privaten Räumlichkeiten. Die Interviews hatten eine Dauer von 35 bis 80 Minuten, im Durschnitt dauerten sie 57 Minuten. Bei neun der zehn Interviews wurde im Anschluss über die vorgelegte Bibelstelle (Lk 14,12–14) gesprochen, bei einem Interview war das aus Zeitgründen nicht möglich.

Sampletabelle

Nr.	Pseudonym, Berufserfahrung	Theologiestudium	Interviewzeitpunkt	Interviewort	Interviewlänge (hh:mm:ss)
1	Frau Paulsen 1 Jahr	Ja	03/2018	Schule	00:57:57
2	Frau Müller 22 Jahre	Nein	04/2018	Schule	00:35:31
3	Frau Schmidt 3 Jahre	Ja	04/2018	Schule	01:20:27
4	Frau Krüger 4 Jahre	Ja	11/2018	Privatwohnung	01:00:17
5	Frau Feldkamp 4 Jahre	Ja	11/2018	Privatwohnung	00:59:19
6	Frau Reichelt 3 Jahre	Ja	11/2018	Schule	01:00:56
7	Frau Hausmann 20 Jahre	Ja	02/2019	Schule	00:42:34
8	Herr Hofer 5 Jahre	Ja	02/2019	Schule	01:05:24
9	Frau Steiger 6 Jahre	Ja	03/2019	Schule	00:49:57
10	Frau Lauterbach 5 Jahre	Ja	05/2019	Privatwohnung	01:01:21

33 Vgl. Froschauer/Lueger: Interpretative Sozialforschung: Der Prozess, 90.

7.1.5.4 *Auswertung der Daten*

Die Analyse der Daten erfolgte anhand der qualitativen Inhaltsanalyse nach Mayring. Für Transkription und Analyse der Daten wurde das Programm MAXQDA genutzt. Die Transkription erfolgte wortwörtlich, längere Pausen wurden markiert. Für die Darstellung der Beispielzitate in den Ergebnissen wurden die Markierungen von Pausen sowie „ähm"-Aussagen entfernt.

Alle Namen wurden geändert, „Frau" und „Herr" vor den Nachnamen sind keine Zuschreibungen, sondern Selbstbezeichnungen, die mittels eines Erfassungsbogens von berufsbiografischen Informationen erhoben wurden.

7.1.5.5 *Datenschutz*

Neben dem Einverständnis der jeweiligen Schulleitungen haben die Interviewten im Voraus schriftlich erklärt, dass sie mit dem Interview und der Audioaufnahme einverstanden sind. Auch nach dem Interview bestand zu jedem Zeitpunkt die Möglichkeit, das Einverständnis zurückzuziehen, was in der Einverständniserklärung deutlich formuliert ist. Die personenbezogenen Daten (Vorname, Nachname, E-Mail-Adresse) wurden während des Projektzeitraums separat zu den codierten und somit anonymisierten Erfassungsbögen aufbewahrt, um aufgrund der Handschriften keine Hinweise auf die Identität der in den Erfassungsbögen näher beschriebenen Personen zu liefern. Sowohl die Erfassungsbögen als auch die Einverständniserklärungen wurden stets für Dritte unzugänglich aufbewahrt. Die Audiodateien werden während des gesamten Projektzeitraums und für die notwendige Aufbewahrungszeit im Anschluss ebenfalls für Dritte unzugänglich, passwortgeschützt und technisch abgesichert aufbewahrt.

Die interviewten Personen wurden im Voraus über die Aufbewahrung der personenbezogenen Daten informiert und haben zu jeder Zeit die Möglichkeit, Informationen darüber zu erhalten, welche Daten auf welche Weise aufbewahrt werden.

Die Wahrung der Anonymität wurde durch die von Beginn an codierte Verwendung der Daten und veränderte Namen der Interviewten gesichert. Außerdem wurden sämtliche Hinweise auf Namen und Standorte der Schulen bereits während der Transkription entfernt bzw. entfremdet, z. B. indem statt des Namens der Stadt ein Hinweis auf die geografische Lage erfolgte. Wurden in den Interviews Namen genannt, so wurden diese nicht transkribiert und durch einen Platzhalter (z. B. „eine Schülerin") ersetzt.

7.1.5.6 *Reichweite und Aussagekraft*

Durch die Konzentration auf den Bereich des von evangelischen Lehrkräften durchgeführten Religionsunterrichts in der Grundschule und die qualitative

Vorgehensweise sind allgemeingültige Aussagen z. B. zum Schulsystem nicht möglich. Die exemplarisch ermittelten Ressourcen und Spannungsfelder, können in die konzeptionellen Überlegungen zur Gestaltung von armutssensiblem Religionsunterricht aufgenommen werden. Eine Übertragung auf vergleichbare Situationen (z. B. andere Schulen oder Jahrgangsstufen) ist hierbei nicht ausgeschlossen. Dieser Teilbereich des Forschungsprojekts kann als explorativ verstanden werden, da das Feld des armutssensiblen Religionsunterrichts bisher kaum erforscht ist, und weitere Impulse sowie Forschungsfragen liefern.

7.2 Ergebnisse der Untersuchung

Vorgestellt werden zunächst, wie die Befragten Kinderarmut und Religionsunterricht wahrnehmen, unter welchen Bedingungen Religion unterrichtet wird und wie sie religionspädagogisch beim Umgang mit Armut ansetzen. Daraufhin wird analysiert, wie Armut im Religionsunterricht thematisiert wird und welche Motive und biblischen Geschichten mit Armut verbunden werden. Abschließend erfolgt das Herausstellen der methodischen Ausrichtung. Die Analyse zielt darauf, Spannungsverhältnisse des von den Lehrkräften beschriebenen bzw. gedeuteten Feldes herauszuarbeiten.

7.2.1 Wahrnehmungen von Kinderarmut

Im Folgenden werden die Wahrnehmungen von und Erfahrungen mit Kinderarmut der interviewten Lehrkräfte gebündelt. Die Lehrkräfte schildern ihre Wahrnehmungen von Kinderarmut unter dem Aspekt der Sichtbarkeit und im Zusammenhang mit den familiären Situationen ihrer Schüler*innen. Außerdem berichten sie von unterschiedlichen Formen des Umgangs mit Armutserfahrungen, die sie an den Kindern beobachten. Armut im Zusammenhang mit Migrations- und Fluchterfahrungen erscheint als spezielle Form von Kinderarmut im schulischen Kontext. Die Erfahrungen der Lehrkräfte mit den Möglichkeiten, am Lernort Schule mit dem Phänomen Kinderarmut unterstützend umzugehen, sowie die fachspezifischen Wahrnehmungen von Kinderarmut im Religionsunterricht werden ebenfalls aufgeführt.

7.2.1.1 Sichtbarkeit und Unsichtbarkeit von Armut

Kinderarmut wird von den interviewten Lehrkräften als vielschichtiges Phänomen wahrgenommen. Sie sei eine dauerhafte Erscheinung in der Schule, kurzfristige Armut lasse sich nicht wahrnehmen. Ein Aspekt von Kinderarmut auf dem Schulhof sei Gewalt, die in vergleichbarer Form an Schulen in anderen Einzugsgebieten nicht wahrnehmbar sei. Allerdings sei Kinderarmut nicht immer durch Lehrkräfte wahrnehmbar, da sich vieles außerhalb der Schule abspiele. Die materielle Situation von Kindern kann zwar auch eine Nebensache sein, wird aber durchaus von den Kindern selbst wahrgenommen, die Unterschiede z. B. anhand der Kleidung, des Frühstücks und der Spielzeuge ausmachen.

> *Frau Hausmann:* „Denn hier ist, ich sage mal so, Gewalt schon an der Tagesordnung, also was an der anderen Schule eher mal eine Ausnahme war."

> *Herr Hofer:* „Das spielt insofern eine Rolle, als dass Kinder relativ feinfühlig dafür sind, wer hat Geld, wer hat kein Geld oder wem geht es vielleicht besser als jemand anderem. Das fängt ja bei ganz einfachen Dingen an. Irgendwie meine Schuhe sind zu klein, ich kann jetzt nicht beim Sportunterricht mitmachen, Mama hat mir noch keine neuen gekauft. [...] Oder auch beim Frühstück, die Kinder sehen, der eine hat regelmäßig Obst und Gemüse dabei und immer ein ordentliches Butterbrot. [...] Da ist jetzt nicht jeden Tag nur Nutella drauf. Oder andere bringen halt Chipstüten mit als Frühstück."

Im Lehramtsstudium wird das Phänomen Kinderarmut nach Aussage der Lehrkräfte nur selten thematisiert. Lediglich zwei der interviewten Lehrkräfte äußern konkrete Erinnerungen an armutsbezogene Inhalte im Studium.

> *Frau Paulsen:* „Aber es war auf jeden Fall, das hab ich gelesen und auch gelernt, dass man diesen Kreislauf eigentlich total schlecht durchbrechen kann, den Armutskreislauf."

Kinderarmut wird als von den Kindern erlebter Mangel in verschiedenen Lebensbereichen wahrgenommen. Häufig werden geringe Fürsorge, Zuwendung und Unterstützung durch die Eltern angeführt. Das Fehlen von Bildung und Vorbildern ist ebenso ein starkes Armutsmerkmal für die interviewten Lehrkräfte. Insgesamt zeige sich dieser immaterielle Mangel dadurch, dass es den Kindern an Möglichkeiten fehlt, die eigenen Potenziale zu nutzen.

> *Frau Lauterbach:* „Dass Kinder nicht das haben, was sie brauchen, um ihr volles Potenzial auszuschöpfen."

Auf der materiellen Ebene sind fehlende Schulmaterialien und unpassende, kaputte oder nicht witterungsgemäße Kleidung Aspekte, an denen Armut ausgemacht wird. Die fehlende Fürsorge zeige sich auch in mangelhafter hygienischer Versorgung, die neben der Kleidung auch gesundheitliche Auswirkungen habe, z. B. durch ungeputzte Zähne.

> *Frau Steiger:* „Kinder, die immer in den gleichen Anziehsachen in der Schule herumlaufen, im Winter mit Sandalen in der Schule sind."

> *Frau Krüger:* „Die kamen mit dreckigen Klamotten, mit dreckigen Händen, waren ungewaschen. Wir hatten zum Teil Zahnbürsten da, damit die Kinder sich wenigstens die Zähne putzen konnten."

7.2.1.2 *Kinderarmut ist familiäre Armut*

Die familiäre Situation der Kinder, die als arm wahrgenommen werden, spielt für die Lehrkräfte eine große Rolle. Für die Kinder belastende Umstände werden häufig genannt. Von fast allen interviewten Lehrkräften werden instabile Beziehungen innerhalb der Familie und eine hohe Anzahl an Geschwistern angeführt, wobei zum Teil eine Tendenz zur Übertreibung vermutet werden kann.

> *Frau Feldkamp:* „Also man muss leider auch sagen, [...] die wechseln bei uns ja auch wirklich schnell die Partner, die Eltern. Sodass sich da halt/also wir haben ganz viele Kinder, bei denen die Elternsituation zu Hause schwierig ist. Wo die Eltern sich scheiden lassen, aber auch direkt dann neue Partner haben."

> *Frau Steiger:* „Es gibt auf jeden Fall Kinder, die dann auch ohne Hausaufgaben kommen, weil die ihre Hausaufgaben nicht richtig machen können. Weil die haben kein eigenes Zimmer, sind total abgelenkt, haben nur einen Raum, leben dort mit zwölf Geschwistern, geht irgendwie dann nicht."

Fehlende Strukturen, aus Sicht der Lehrkräfte ungewöhnliche Erziehungsmethoden, Gewalt, Alkoholmissbrauch und die zeitweise Unterbringung in Wohngruppen zählen laut den Lehrkräften ebenfalls zu Erfahrungen, die Kinder machen, die in armen Familien aufwachsen. Insgesamt wird die häusliche Umgebung als anregungsarm und ungesund beschrieben, was sich auch in der Ernährung widerspiegelt, die in den Frühstückspausen in der Schule für die Lehrkräfte wahrnehmbar ist.

> *Frau Hausmann:* „Dann die Ernährung ist bei vielen halt mega, mega ungesund. Dann, es sind wenige, die gar nichts mit haben, aber was die Kinder dann mit haben: Irgendwie so diese beim Discounter gekauften Milchbrötchen mit Schoko gefüllt oder so, ne, als Frühstück zum Beispiel."

> *Frau Paulsen:* „Und macht man die Schultasche auf, kommt einem der Rauch entgegen, also kalter Zigarettenrauch entgegen."

> *Frau Müller:* „Das haben wir auch häufiger, dass Papa oder Mama Alkohol trinkt. Ich rede jetzt nicht von nem Glas Bier oder von ner kleinen Flasche Bier, sondern wirklich, ne. Dass die Kinder erzählen, der Papa ist gestern von der Couch gefallen, gestern Abend, ne. Der hat Mama ganz doll angeschrien oder auch Mama gehauen."

Die direkte Umgebung der Kinder, also das Umfeld, in dem sie aufwachsen und zu Schule gehen, wird als abgegrenzt beschrieben, wodurch den Kindern ihre Situation nicht als besonders erscheint.

> *Frau Paulsen:* „Es kommt ja keiner von Außerhalb hier rein. Und wenn die Kinder auf der Straße spielen, dann [...] sehen die die Kinder auch. Und ich finde, [...] wenn ich in eine Klasse komme, und jetzt das einfach so anhand der Äußerlichkeiten beurteile, kann ich schon sagen: Oh der kommt eher aus nem gepflegten, einem reicheren Elternhaus und der wahrscheinlich eher aus einem einkommensschwachen Elternhaus. Aber ich glaube, den Kindern fällt das nicht richtig auf."

Insgesamt nehmen die Lehrkräfte wahr, dass das Familienleben der Kinder stark von der materiellen Situation beeinflusst ist. Das zeige sich in permanentem Geldmangel, Unsicherheit darüber, wann wieviel Geld zur Verfügung steht, tägliche Angst und Sorgen um die Zukunft sowie unangenehme Situationen, z. B. wenn Anträge ausgefüllt werden müssen oder Rechnungen nicht beglichen werden können. Durch diese permanente Belastung ließen sich andere Schwerpunktsetzungen nicht gutheißen, aber zumindest erklären, die zur Vernachlässigung der schulischen Perspektiven des Kindes beitragen, da Interessen und Aufmerksamkeiten woanders lägen.

> *Herr Hofer:* „Dass trotzdem eben Familien Interesse zeigen sollten an der Schullaufbahn ihres Kindes, auch wenn sie vielleicht andere alltägliche Probleme zu bewältigen haben. Im Vergleich zu Leuten, die vielleicht etwas besser situiert sind und vielleicht keine Geldsorgen haben und sich nicht unbedingt täglich um Arbeit bemühen müssen, darum kümmern müssen, ob sie zum Jobcenter müssen, um neue Anträge ausfüllen zu müssen."

7.2.1.3 Unterschiedlicher Umgang der Kinder mit Armut

Der Umgang der Kinder mit Armutserfahrungen wird unterschiedlich beschrieben. Einige Lehrkräfte heben hervor, dass das Teilen eine in der Schule positiv bewertete Fähigkeit ist, die durch Mangelerfahrungen und viele Geschwister erlernt wurde. Außerdem wird geäußert, dass viele Kinder ihre Situation akzeptieren und nicht als außergewöhnlich ansehen, was von Lehrkräften als irritierend wahrgenommen wird.

> *Frau Schmidt:* „Da meinte der, dass die gestern bei der Tafel waren und dass da ja überhaupt gar nicht, viel zu wenig gab, und nur ein bisschen was mitgebracht haben von der Tafel. Und dann ist dieses Kind aber genau das, wenn irgendein anderes Kind nichts zu essen hat, das immer irgendwas abgibt."

> *Frau Krüger:* „Dass die Kinder wirklich zum Teil in die Schule kamen, im tiefsten Winter, mit nem T-Shirt, weil die keine Jacke hatten beziehungsweise der Bruder dann die Jacke hatte und die hatten nur eine Jacke in der Größe. Das fand ich einfach so krass, einfach zu sehen, dass die Kinder das auch nicht als Problem gesehen haben, sondern hingenommen haben. Mein Bruder hat jetzt die Jacke, ich geh dann halt ohne Jacke in die Schule."

Als herausfordernd erscheinen die teilweise gleichzeitig auftretende Erwartung hoher Selbstständigkeit, oft im Zusammenhang mit der Betreuung von Geschwisterkindern, und die Erfahrung fehlenden Zutrauens in die Fähigkeiten der Kinder. Außerdem schildern Lehrkräfte Ausschlusserfahrungen, Diskriminierungen und Unwohlsein, was zum Rückzug von den Mitschüler*innen führen kann.

> *Frau Krüger:* „Häufig, zumindest ist das an meiner Schule so, waren das die Kinder, die viele Geschwisterkinder hatten und dann auch häufig den Erziehungsauftrag ein

bisschen aufgedrückt bekommen haben, auf ihre Geschwisterkinder aufpassen mussten, einkaufen gehen, putzen, im Haushalt helfen, kochen, wirklich Wahnsinn."

Frau Feldkamp: „Also, das ist natürlich für die Kinder, klar merken die das. Die sind oft dann, ziehen sich öfters mal zurück, das hab ich auch schon gesehen, trauen sich dann an andere Kinder auch nicht richtig heran. Solche Sachen kriegt man da mit. Also so richtig Mobbing hab ich jetzt noch nicht mitbekommen. Aber klar fallen mal hier und da dann Sprüche, ne."

7.2.1.4 Schulische Auswirkungen von Kinderarmut

In Bezug auf die Schule werden besonders die Beeinträchtigungen beim Lernen im Zusammenhang mit Kinderarmut genannt, die sich unterschiedlich zeigen und auch aus verschiedenen Gründen auftreten. Zum einen falle die Kooperation mit den Eltern in vielen Fällen schwer, zum anderen wirke sich die fehlende Fürsorge in Form von fehlendem Schulmaterial und ausbleibender Unterstützung beim Üben und den Hausaufgaben aus. Um diese Benachteiligungen zu kompensieren, sei eigene Anstrengung nötig, die auch von einigen Kindern erfolgreich eingesetzt werde.

Frau Hausmann: „Kleber und Schere hat man als Lehrer immer besser dabei, sonst kann man nicht basteln. [...] Man kann sich auch nicht auf sowas verlassen, dass man irgendwie sagt: Bringt nächste Woche mal das und das mit oder so. Klappt auch nur in den seltensten Fällen."

Frau Feldkamp: „Was halt auch ganz oft zusammenhängt, ist wirklich, dass von zu Hause auch einfach wenig, wenig kommt. Also es ist wenig Leseförderung zu Hause, generell Hilfe bei den Hausaufgaben."

Frau Steiger: „Also wir haben schon wenig Bildungselite, sage ich jetzt mal dabei. Das sind dann Kinder, die das aus eigener Kraft schaffen, die super fleißig sind und super wissbegierig sind."

Ein weiterer Aspekt für die eingeschränkte Leistungsfähigkeit, die bei einigen armen Kindern beobachtet wird, sei die Ausgangslage zu Beginn der Schulzeit und auch zu Beginn eines Schultages. Neben vergleichsweise geringen Fähigkeiten beim Schuleintritt fallen den Lehrkräften die täglichen Probleme auf, die Kinder mit zur Schule bringen und die vom konzentrierten Lernen abhalten.

Frau Hausmann: „Und dann ist irgendwie ganz klar, wenn die in die Schule kommen und nicht einmal Silben klatschen können und keinen Stift halten können und nicht still sitzen und zuhören können und eigentlich auch keine Lust haben, [...] ich rede nicht über alle Kinder, ne. Aber die sind so weit abgeschlagen eigentlich schon. Die haben noch gar nicht die Voraussetzungen, um das zu lernen, was sie ab dem ersten Schultag lernen sollten."

Frau Müller: „Aber da kommen Kinder morgens mit Riesenproblemen hier an. [...] Das Kind kommt und kann nicht lernen. Das muss es erst mal, es muss erst mal nen Raum haben, wo es all das loswerden kann."

7.2.1.5 *Migrations- und fluchtbedingte Armut und ihre Auswirkungen*

Besondere Formen von Armut begegnen den Lehrkräften durch Migrations- und Fluchterfahrungen. Am Beispiel von Menschen aus Bulgarien und Rumänien werden vermutete kulturelle Differenzen benannt, die sich als Versorgungsarmut zeigen.

> *Frau Krüger:* „Ja, ob das jetzt wirklich an der Armut liegt oder einfach an der Situation, dass es eine andere Kultur ist oder vielleicht eine andere Lebensweise, da wo die Kinder herkommen."

Viele der interviewten Lehrkräfte assoziieren Armut mit Flucht. Flüchtlingskinder erscheinen als auffällig arm, da sie nicht nur wenig Material, sondern gar kein Material für die Schule besitzen. Im Zusammenhang mit geflüchteten Familien und Eltern mit Migrationshintergrund werden fehlende Sprachkenntnisse genannt, die trotz großer Bemühungen der Eltern zu Bildungsbenachteiligungen führten. Im Schulalltag zeige sich die spezielle Armutssituation geflüchteter Kinder auch in fehlenden Strukturen und Regeln, die in der Schule vorausgesetzt werden. Durch die intersektionale Verknüpfung von Armut und Herkunft wird Kinderarmut auch als Integrationsthema von den Lehrkräften gedeutet.

> *Frau Paulsen:* „Und ich seh dann also zum Beispiel, gerade auch bei den geflüchteten Kindern sehe ich dann, ja die haben zum Beispiel kein Lineal, die haben nur einen Stift. Und man denkt so, wie soll das hier, also wie sollen die jemals so integriert werden?"

> *Herr Hofer:* „Die haben einen polnischen Migrationshintergrund und sie ist sehr, sehr fleißig und hat aber eben diese große sprachliche Hürde, weil zu Hause nur polnisch gesprochen wird. Und die Mutter macht mittlerweile auch einen Deutschkurs, hatte sie mir beim letzten Elternsprechtag mitgeteilt. Die wollen auch das Beste für ihr Kind, aber sie können es ihm einfach, glaube ich, nicht in allen Belangen geben, so wie sie es gerne würden."

> *Frau Reichelt:* „Was halt noch den Unterschied macht, [...] ist halt einfach der Unterschied zwischen den Kindern, die halt auch noch die Probleme haben mit der Sprache zusätzlich, weil es dadurch halt einfach auch schwierig wird, die Eltern zu unterstützen und die Eltern zu erreichen und zu kontaktieren einfach. Die kennen das System hier nicht, die wissen nicht, dass es nicht schlimm ist, wenn man sie kontaktiert, sondern dass man da halt einfach auch mal nur ein Gespräch sucht, um denen zu helfen."

7.2.1.6 *Schulische Unterstützungsmöglichkeiten: Ermöglichung von Teilhabe*

Den wahrgenommenen Einschränkungen der Teilhabemöglichkeiten armer Kinder an Bildungs- und Erfahrungsangeboten werden Unterstützungsmöglichkeiten der Schulen gegenübergestellt. Einige Kinder haben kaum Erfahrungen im Bereich außerschulischer Aktivitäten. Durch Maßnahmen aus dem Bildungs-

und Teilhabepaket können Kinder an Ausflügen und kulturellen Angeboten teilnehmen, die für sie teilweise ganz neue Erfahrungen bereithalten.

> *Frau Steiger:* „Wir haben letztens im Rahmen der Schulkinowochen einen Ausflug ins Kino gemacht und da gibt es einfach Kinder, die sagen: Da war ich noch nie. [...] Wir waren in der ersten und auch in der zweiten Klasse im Zoo und das war auch das erste Mal: Da waren wir noch nie. Wenn man mal so eine Frage stellt: Wer war schon einmal am Meer? Waren wir noch nie. Also es gibt schon, da merkt man schon, so gerade was außerschulische Freizeitaktivitäten angeht, passiert da schon sehr wenig."

Das Prinzip der Ganztagsschule wird ebenfalls als wichtiger schulischer Beitrag zur Verringerung von Benachteiligungen betrachtet, da insbesondere durch regelmäßige Mahlzeiten und feste Strukturen Mangelerfahrungen der Kinder ausgeglichen werden könnten. Die Nachmittagsbetreuung durch die Offene Ganztagsschule biete besonders den Kindern mit Migrationshintergrund eine Gelegenheit, die deutsche Sprache zu lernen und zu sprechen.

> *Frau Reichelt:* „Wir haben ganz viel auch versucht, die auch in die OGS halt auch reinzubringen, wo die Eltern halt auch arbeiten sind, damit die halt auch da den Kontakt haben und da die Kinder halt haben, mit denen lernen, üben, sprechen einfach auch, soziale Kontakte aufbauen und die Hausaufgaben auch zum Beispiel in der OGS-Betreuung machen. Dass sie da die Chance haben."

Aber auch der Einsatz einzelner Lehrkräfte kann etwas bewirken, wenn z. B. über fehlende Zahlungen hinweggesehen oder Ratenzahlung für außerordentliche Kosten angeboten wird. Das setzt allerdings eine individuelle Bereitschaft voraus und ergibt sich mitunter aus einer gewissen Alternativlosigkeit, weil sonst die Kinder darunter leiden würden.

> *Frau Lauterbach:* „Es gibt halt die Eltern, die sofort bezahlen können und es gibt die Eltern, für die auch ein Fünf-Euro-Schein echt mal knapp ist, wo ich dann auch denke, okay, dann sehe ich darüber hinweg, wenn es nicht bezahlt ist. Und denke, dann subventionieren die Einen einmal die Anderen mit, aber wie soll ich es auch anders machen."

> *Frau Müller:* „Es gibt aber immer auch das Angebot bei mir und auch bei anderen Kollegen, ne: Sie können alles in Raten zahlen."

7.2.1.7 *Wie sich Kinderarmut im Religionsunterricht zeigt*

Die folgenden Aspekte entstammen ausschließlich der Analyse von Äußerungen der Lehrkräfte zum Religionsunterricht und zeigen daher fachspezifische Armutswahrnehmungen auf.

Die als gering wahrgenommene Unterstützung durch die Eltern wird in Bezug auf den Religionsunterricht konkretisiert. Kinder aus armen Familien kennen demnach weniger Geschichten, wodurch sie weniger Anregungen und Fantasie bekommen, was sich auf die Fähigkeiten zum Umgang mit symbolischen Ebenen auswirke. Auch das gemeinsame Lesen findet nach Einschätzung der

Lehrkräfte häufig nicht statt, was sich auf die Lesekompetenzen der Schüler*innen auswirke.

> *Frau Reichelt:* „Ich glaub aber, dass halt sowas auch, wenn wir bei dem Thema Armut sind, eher weniger in den Familien passiert, dass da sich halt weniger Zeit für genommen wird, um mal Geschichten zu lesen oder sonstiges. Wodurch die Kinder ja mehr Fantasie oder Anregungen bekommen, um so etwas halt im Kopf zu leisten."

> *Frau Hausmann:* „Arme Kinder haben ja dann oft, ich will es nicht pauschalisieren, aber können zum Beispiel nicht so gut lesen, so flüssig, weil das oft zu Hause oft nicht die übliche Freizeitbeschäftigung ist."

Nicht nur durch die Eltern, sondern auch in der Schule erführen arme Kinder nicht die nötige Bestätigung, was sich negativ auf die Entwicklung der Identität auswirke. Die fehlende schulische Bestätigung wird anhand von geringer Leistung ausgemacht.

> *Frau Lauterbach:* „Weil ich glaube, dass diese Kinder das von zu Hause vielleicht nicht so mitkriegen oder nicht so bestätigt kriegen. Und weil diese Kinder in anderen Situationen ja häufig auch von schulischer Seite diese Bestätigung aus nicht bekommen."

Arme Schüler*innen bringen demnach weniger kulturelle Kenntnisse und Fähigkeit mit in den Religionsunterricht als Schüler*innen ohne Armutserfahrungen und erhalten weniger Anerkennung im privaten wie schulischen Bereich.

7.2.2 Religionsunterricht – ein besonderes Fach

Das Unterrichtsfach Religion wird von allen interviewten Lehrkräften als ein besonderes Fach bezeichnet, unabhängig davon, ob es in konfessionellen Kleingruppen oder im Klassenverband unterrichtet wird. Im Folgenden werden Aspekte aufgezeigt, die von den Lehrkräften als Spezifika des Fachs hervorgehoben werden.

7.2.2.1 Inhaltliche Freiheit und günstige Bedingungen, um viel zu reden

Von den Lehrkräften, die in konfessionsgetrennten Kleingruppen unterrichten, wird die geringe Gruppengröße als Faktor für guten Religionsunterricht genannt, auch im Zusammenhang mit der besonderen Stimmung, die einzigartig im Religionsunterricht sei. Außerdem werden die für Religionslehrkräfte besondere Nähe zu den Kindern und die größeren Freiheiten in der inhaltlichen Gestaltung durch Spielräume im Lehrplan genannt, die auf die Kompetenzorientierung zurückgeführt werden. Diese scheint in dem Fach mehr Flexibilität in der Auswahl konkreter Lerngegenstände zu ermöglichen als in anderen Unterrichtsfächern.

Auffällig oft wird betont, dass die Schüler*innen im Religionsunterricht die Möglichkeit bekommen, über persönliche Themen und Fragen zu reden und auch von ihren Problemen zu erzählen. Der Austausch von Gefühlen steche dabei als Besonderheit des Religionsunterrichts hervor. In anderen Fächern sei das nicht möglich. Auch die Chance, über „andere Themen" oder „soziale Themen" ins Gespräch zu kommen, wird als Charakteristikum des Fachs angesehen, wobei nicht konkretisiert wird, was sich hinter diesen Themen verbirgt.

> *Frau Paulsen:* „Und einfach dadurch, dass man im Religionsunterricht die Möglichkeit hat, mal über konkrete Sachen zu reden, die die Kinder interessieren, wo die auch Probleme haben, da ist ja gerade der Religionsunterricht halt super für geeignet."

> *Frau Schmidt:* „Also einmal ist das halt auch wirklich die Chance, dass man mal so darüber sprechen kann, dass die Kinder auch so ihr Herz dann ausschütten können. [...] Und dass man da halt wirklich auch mal ganz andere Themen hat, die sonst, die jetzt auch im Lehrplan sind, aber in den anderen Fächern ist das dann oft so alles getaktet."

7.2.2.2 Den Kindern einen Raum bieten und Möglichkeiten schaffen

Religionsunterricht wird als Raum mit eigenen Spielregeln verstanden, die bewusst von den Regeln in anderen Fächern abweichen. So wird betont, dass in den Religionsstunden eine geschützte Atmosphäre geschaffen wird, in der sich Schüler*innen ohne Angst öffnen können. Das Miteinander habe in diesem Raum eine große Bedeutung, wodurch nicht nur die Schüler*innen füreinander sorgten, sondern auch die Lehrkraft besondere Rücksicht auf die Bedürfnisse der Kinder nehme. In dieser Atmosphäre sei es auch möglich, über ein Thema wie Armut ins Gespräch zu kommen.

> *Frau Müller:* „Es gibt Muggelsteine, dunkle und helle. Man darf sich in der Runde morgens einen nehmen und darf den erst mal unkommentiert vor sich hinlegen. Dunkler, mir geht's nicht gut. Ein heller, okay, ich fühl mich heut gut. Wenn die Kinder möchten, dürfen sie auch erzählen, ne. Und das bleibt aber auch unkommentiert. Mit dem Angebot, wenn du Hilfe brauchst, kommst du in der Pause zu mir und dann reden wir nochmal."

> *Herr Hofer:* „Darum ist es mir auch wichtig, dieses Thema [Armut] im Religionsunterricht aufzufassen, weil ich denke, dass sich gerade dieses Fach da sehr gut für eignet und man da eben auch einfach mal diesen Raum einfach dafür hat."

Das Motiv des Ermöglichens zeigt sich an vielen Stellen, in denen die Besonderheiten des Fachs genannt werden. Die Kinder sollen sich in ihrer Persönlichkeit stärken können, indem ihnen Visionen und Erfahrungsräume angeboten werden. Durch die Möglichkeit, von sich zu erzählen, andere Perspektiven einzunehmen und in einer vertrauten Umgebung die eigene Meinung zu äußern, können Schüler*innen neue Erfahrungen in Bezug auf ihre eigenen Fähigkeiten und das Leben und Lernen in einer Gemeinschaft machen. Der Religionsunterricht wird als Zeit für die Kinder verstanden, die sie für sich nutzen können. Ein besonderer Aspekt, der jedoch nur von einer Lehrkraft explizit genannt wurde, ist der Transzendenzbezug, der in diesem Fach durch Inhalte und Lehrkraft ermöglicht werde.

> *Frau Lauterbach:* „Und ich glaube auch, dass Religionsunterricht auch nochmal eine andere Dimension entfaltet, die nochmal anders hinter die Dinge guckt oder die dann auch jenseits dieser Welt, das klingt so pathetisch, aber er eröffnet einfach nochmal eine andere Perspektive auf viele Fragen, die die Kinder beschäftigen, die aber sonst im Schulalltag gar nicht vorkommen."

7.2.2.3 *Eine andere Art von Unterricht mit einem schwierigen Stand*

Das Anderssein des Faches im Vergleich zu anderen Fächern wird an einigen Aspekten konkretisiert. Neben der besonderen Atmosphäre seien es vor allem die genutzten Methoden und der Verzicht auf schriftliche Leistungsbewertung, die dazu führen, dass Kinder gerne am Religionsunterricht teilnehmen. Die unterschiedliche Wahrnehmung der Leistungsanforderungen spiegelt sich auch in den Aussagen der Lehrkräfte zu ihren Verhältnissen zum Fach wider.

> *Frau Reichelt:* „Man hat ja nicht diesen extremen Leistungsdruck, dass man sagen muss, oh dieses Thema muss ich jetzt morgen fertig haben, weil wir müssen noch eine Arbeit schreiben. Und das ist halt das Schöne. Man kann sich Zeit nehmen."

Auch inhaltlich werden wesentliche Unterschiede zu anderen Fächern ausgemacht, die sich darauf beziehen, dass Religionsunterricht auf einer ethisch-normativen Basis anknüpft und durch gemeinsames Fragen und Suchen in Bezug auf theologische Fragestellungen die Lehrkraft als Verbündete aus der sonst häufig starren Hierarchie herausnimmt, die vor allem an der Kontrastierung mit dem Mathematikunterricht verdeutlicht wird.

> *Frau Krüger:* „Da kann jeder seine Meinung äußern. Das kann er sonst auch, aber das ist einfach, du hast da nicht drei plus drei ist sechs, da ist so, ja. Das haste in Mathe."

> *Frau Lauterbach:* „[...] weil man sich doch mit den Kindern zusammen auf die Suche macht und ich den Kindern auch immer sage: Ich bin total gespannt auf eure Antworten, weil ich jetzt auch für mich etwas lernen kann so. Beim Einmaleins in Mathe ist es irgendwie klar, aber so Kinderantworten sind ja manchmal, da kann man für sich selber einfach nochmal total viel mitnehmen."

Bei den Kindern und Eltern habe das Fach allerdings häufiger einen geringen Stellenwert, der durch den geringen Leistungsdruck erklärt wird. Somit bietet dieser zwar eine Chance für die Atmosphäre im Fach, erscheint allerdings dadurch auch als Grenze, durch die das Fach als anderes Fach auch in der Wahrnehmung der Schüler*innen und Eltern markiert wird.

> *Frau Feldkamp:* „Ich mein, klar, wir geben in [Klasse] 3, 4 ja auch Noten für den Religionsunterricht und das ist den Kindern total egal, was die in Religion kriegen. Aber

es ist auch den Eltern egal. Es würde sich auch, glaub ich, nie jemand darüber beschweren, wenn Religionsunterricht bei uns ständig ausfällt."

Die Rahmenbedingungen für das Fach, insbesondere die geringe Wochenstundenanzahl und die häufige Verteilung auf Randstunden werden als Gründe dafür genannt, dass öfter wenig Zeit für inhaltliche Vertiefung zur Verfügung steht.

Im Zusammenhang mit der Frage nach Chancen des Religionsunterrichts besonders für Schüler*innen mit Armutserfahrungen wird außerdem angemerkt, dass durch den christlichen Religionsunterricht nicht alle Kinder von den Vorteilen des Fachs profitieren können, da diese nicht am Religionsunterricht teilnehmen und stattdessen frei haben oder am Sprachförderunterricht teilnehmen.

> *Frau Steiger:* „Und ich finde das schon super wichtig, dass ja Kinder diesen Rahmen haben auch in der Schule. Und finde eigentlich auch schade, dass es nur den Kindern vorbehalten ist, die am Religionsunterricht teilnehmen. [...] Wir können nicht alle Kinder zum Religionsunterricht schicken, das funktioniert nicht. Ich weiß, dass es Schulen gibt in anderen Einzugsgebieten, wo die ganze Klasse Religionsunterricht hat. Das funktioniert hier einfach nicht, weil wir haben hier einfach, ich würde jetzt wie gesagt sagen, 95 Prozent Kinder, die sind muslimisch. Ich kann die ja nicht zum Reliunterricht zwingen."

7.2.2.4 *Kriterien für armutssensiblen Religionsunterricht*

Die Lehrkräfte wurden auch nach ihren Vorstellungen von einem armutssensiblen Religionsunterricht befragt. Durch die Bündelung ihrer Aussagen dazu lassen sich sechs Kriterien für diesen ausmachen. Er sollte *(1) an den Erfahrungen, Interessen und Fragen der Kinder anknüpfen* und *(2) die Akzeptanz von Vielfalt fördern.* Auf organisatorischer Ebene wird vor allem *(3) viel Zeit* gefordert und sich für eine *(4) Offenheit für alle Kinder* ausgesprochen, die sich in Form von unterschiedlichen Formaten zum Einbezug ethischer Anteile auch inhaltlich auswirkt, wozu es auch konkrete Vorschläge gibt. Für die Schüler*innen soll der Religionsunterricht *(5) Platz für Gefühle* bieten und *(6) die Kinder stärken,* was vor allem durch das Aufzeigen von Hilfsangeboten, die Förderung des Selbstbewusstseins, das Anbieten von Entfaltungsmöglichkeiten und die Stärkung von Selbstbild und sozialen Beziehungen erfolgen soll. Außerdem sollten grundsätzlich keine finanziellen Ressourcen bei den Schüler*innen vorausgesetzt werden.

> *Frau Paulsen:* „Religionsunterricht, der halt auf die Kinder zugeschnitten ist, der immer wieder an Vorerfahrungen und auch dem echten Interesse knüpft."

> *Frau Hausmann:* „Also, der muss sie stärken, finde ich. Das ist das A und O, das Selbstbewusstsein stärken, das positive Selbstbild entwickeln, soziale Beziehungen stärken, [...] oder aber auch dieses eben, sich der eigenen Stärken und Schwächen bewusst sein [...] Und halt jeder ist verschieden, aber man muss das halt akzeptieren (lachen)."

Frau Müller: „Ich würd gern auch ganz offenen, ökumenischen Unterricht haben. Wo wirklich auch, so wo wir, ja so ne Art Ethikunterricht wär das. [...] Erstmal würd ich mir mehr Stunden wünschen. Ne, ich würd jetzt sagen drei Stunden Religionsunterricht, wovon zwei vielleicht dann auch so im klassischen Sinne geführt werden. Ich würd mir mindestens eine Stunde wünschen, wo alle Kinder der Klasse, egal welcher Nationalität sie sind, teilnehmen, um wirklich ethische Punkte zu besprechen."

Frau Krüger: „Den Kindern muss [...] einfach die Möglichkeit gegeben werden, sich so ein bisschen zu entfalten, von sich auch ein bisschen was preiszugeben."

Frau Steiger: „Aber ich denke gerade so in Klasse 1 und 2, ich glaube dieser Begriff Ethikunterricht ist sehr verschrien, aber ja, irgendwie auch über so etwas wie Gefühle zu sprechen. Freundschaft, Familie, irgendwie Vertrauen und ja irgendwie mal so einen Rahmen zu haben, wo man irgendwie mal sagen kann: Boa wie fühlst du dich heute? Das finde ich schon wichtig und das finde ich schon schade, dass das nicht alle Kinder haben. Und das fände ich schon schön, wenn dafür auch mehr Platz wäre und nicht nur für diese ganzen Lerninhalte immer."

7.2.3 Religionspädagogischer Ansatz des Umgangs mit Armut

Der Umgang der Lehrkräfte mit Armut im Religionsunterricht zeigt sich weniger themenbezogen als vielmehr im Blick auf die didaktische Ausrichtung des Unterrichts, die christlichen Motive zum Umgang mit Armut und die Methoden.

Armut als Thema im Spannungsfeld von Dethematisierung und Externalisierung

Einige Lehrkräfte erzählen, dass Armut als Thema im Religionsunterricht nicht oder nicht explizit vorkommt. Die Begründungen für die ausbleibende Thematisierung sind unterschiedlich. Es wird geäußert, dass die Schüler*innen Armut nicht thematisieren bzw. Armut für sie keine Rolle spiele. Außerdem scheint es mit Ausnahme von biblischen Geschichten kein offensichtliches Thema für den Religionsunterricht zu sein, was auch daran verdeutlicht wird, dass Armut nicht ausdrücklich als Thema im schulinternen Lehrplan verankert ist. Eine weitere Erklärung lässt sich aus der fehlenden Erfahrung mit der Thematisierung von Armut ableiten, die auch davon abhält, diese auszuprobieren.

Frau Paulsen: „Dadurch, dass das hier in der Schule nicht so ein großartiges Thema ist, dass zumindest seitens der Schülerschaft oder halt auch im Umgang im Religionsunterricht es eigentlich keine Rolle spielt. Außer halt natürlich, wenn wieder die Bibeltexte thematisiert werden zum Beispiel halt."

Die Unsicherheit bei fehlender Erfahrung wird auch in Bezug auf möglichen Schaden genannt, der durch die Thematisierung entstehen könnte, wenn unklar ist, wozu man Armut im Religionsunterricht einbringt.

Frau Lauterbach: „Was bezwecke ich damit? Was ist das Ziel? Und wie helfe ich den Kindern dann? Helfe ich den Kindern, indem ich das Thema thematisiere und ihnen ihre Armut auch noch bewusst mache? Oder schicke ich sie dann eher mit einem schlechten Gefühl nach Hause? Hallo Mama, ich habe heute in der Schule gelernt, ich bin arm."

Was hingegen hervorgehoben wird, sind die existenziellen Fragen, die von den Schüler*innen im Religionsunterricht gestellt werden. Dabei geht es um Fragen nach dem Leben und Sterben sowie dem Leben nach dem Tod. Auch Leiderfahrungen und Ängste werden von den Kindern als persönliche Erfahrungen eingebracht, was für einige Lehrkräfte als herausfordernd geschildert wird, da sie die Kinder in ihrem Religionsunterricht als besonders offen wahrnehmen.

Frau Paulsen: „Und die meistgestellte Frage ist jetzt, was kommt nach dem Tod?"

Frau Krüger: „Es kamen zwischendurch Themen auf, die ein bisschen, die fand ich ein bisschen krass, [...] es ging um das Thema [...] Licht und Dunkelheit. Und die Kinder haben dann ihre Gefühle geäußert, in welcher Situation sie wirklich dieses, dieses Licht erfahren, was wirklich positive Momente sind. Und was halt nicht so schöne Momente sind. Und da damit umzugehen, das ist in manchen Situationen ein bisschen schwierig, auch gerade für andere Kinder, die das eben nicht kennen, und darauf dann auch einzugehen."

Auffällig ist, dass Armut im Religionsunterricht als Kontrastbegriff auftaucht. Ein häufiges Motiv ist der Kontrast von Armut und Reichtum anhand des Vergleichs vom afrikanischen Kontinent mit Deutschland. Absolute Armut wird auf einem Kontinent lokalisiert, um die vergleichsweise gute materielle Situation der meisten Menschen in Deutschland zu veranschaulichen oder um auf das Vorhandensein relativer Armut in Deutschland hinzuweisen.

Frau Schmidt: „Und auch die Kinder so mit den Bibelgeschichten oder so zu sensibilisieren für solche Sachen, sich in andere Menschen hineinversetzen. Weil, sag ich mal, ein reiches Kind, was überhaupt keine Erfahrungen damit gemacht hat, wenn das dann sich in ein, eine biblische Gestalt, ist ja egal was, in eine Geschichte hineinversetzt, wo ein Kind arm ist, dass das halt so den Erfahrungshorizont von diesem Kind dann auch erweitert. Und es ist halt nicht immer nur die Kinder, die in Afrika sind oder sonst wo, sondern dass das halt auch hier unter uns ist."

Im Zusammenhang mit der Theodizee-Thematik wird auch die Frage nach weltweiter Armut als mögliche Frage von Schüler*innen oder als denkbarer Impuls durch die Lehrkraft angeführt. Die möglichen Erträge oder Konsequenzen einer solchen Einbettung in die Theodizee werden nicht angesprochen.

Frau Feldkamp: „Ich hab's jetzt selber noch nicht behandelt, muss ich sagen. Aber ich könnte mir vorstellen, dass auch bei diesen Sachen, bei den Wundergeschichten da ein Anknüpfungspunkt ist für die Kinder, über Theodizee-Fragen nachzudenken. Warum hab ich denn das und andere haben das nicht? Warum hungern die Menschen in Afrika oder sonst wo und woanders nicht? Warum macht Gott da nichts? Also solche Sachen, ähm, könnt ich mir schon vorstellen, dass das da auch in Klasse 3, 4 kommt."

Raum für existenzielle Erfahrungen eröffnen

Religionsunterricht kann als ein Raum für existenzielle Erfahrungen und für die Stärkung der Identität von Kindern durch Anerkennungserfahrungen verstanden werden. Durch Ermutigungen, Zuspruch und die Erfahrung des Angenommenseins könne spezifischen Bedürfnissen armer Schüler*innen entsprochen werden.

> *Frau Feldkamp:* „Ich glaube, sie brauchen einfach einen Raum, in dem solche [existenziellen] Fragen behandelt werden können. In dem sie so angenommen sind, wie sie sind."

> *Frau Lauterbach:* „Ich glaube, die brauchen Ermutigungen und den Zuspruch, dass das Materielle sie nicht weniger wertvoll macht als das Immaterielle oder die immateriellen Gaben und Fähigkeiten, die sie so haben. Und eine ganz klare Stärkung der Identität, zu wissen: So wie ich bin, bin ich richtig."

7.2.3.1 *Christliche Motive im Umgang mit Kinderarmut im Religionsunterricht*

Die Vermittlung immaterieller Werte sowie das Aufzeigen von Hoffnungsperspektiven erscheinen als didaktische Aufnahme christlicher Motive, die die Schüler*innen in ihrem Umgang mit ihrer als prekär wahrgenommenen materiellen Situation unterstützen sollen.

Armut als materielles Problem mit immaterieller Lösung

Eine Kontrastierung im Zusammenhang mit Armut findet statt, indem materielle und immaterielle Werte gegenübergestellt werden. Die Thematisierung von Armut im Zusammenhang mit dem Aspekt der Individualität innerhalb einer Gruppe von Menschen diene dem Herausstellen des eigenen Wertes und der Betonung des Miteinanders der Verschiedenen.

> *Frau Müller:* Auf der anderen Seite sind natürlich auch dieses ‚Das bin ich' ganz im, also im ersten Schuljahr, ne, so bin ich. Jeder ist so, wie er ist. Wir sind verschieden. Wir sind trotzdem ein Team.

Der Wunsch von Kindern nach materiellem Wohlstand wird durchaus wahrgenommen und als alterstypisch und im Zusammenhang mit erlebtem Mangel gedeutet.

> *Frau Schmidt:* „Wenn es um Wünsche geht, dass viele Kinder dann erst mal so den wichtigsten Wunsch, ist ganz oft Geld. Weil dann kann ich mir ja alles kaufen. [...] Also das ist, ist aber wahrscheinlich auch erstmal so in dem Alter noch, auch so eine Alterssache. [...] Hat aber halt auch viel damit zu tun, was die dann vielleicht zuhause dann so. Weil sie haben das jetzt nicht und das wäre schöner, wenn sie es hätten."

Anhand christlicher Motive wie der Gottebenbildlichkeit werden Kinder angeleitet, ihre materiellen Wünsche und Vorstellungen vor dem Hintergrund ihres persönlichen Wertes zu reflektieren, der sich nicht an käuflichen oder körperlichen Aspekten messen lässt. Das Gemeinschaftsmotiv wird als christliche Inklusionsstrategie im Kontrast zu sozialen Exklusionsmechanismen angeführt.

> *Frau Feldkamp:* „Was macht einen Menschen eigentlich wertvoll? Und dann kommen natürlich so diese gesellschaftlichen Vorstellungen. Es macht einen Menschen wertvoll, wenn man schön ist, wenn man Geld hat, wenn man das und das alles hat, ne. Und dann, nach und nach überlegen wir dann, wie stehen denn dann eigentlich Menschen zueinander, die diese Sachen nicht haben, die vielleicht auch ne Behinderung haben und so weiter, zu anderen Menschen. [...] Und dann erkennen die Kinder auch schnell, oh, wir Menschen schließen uns schon oft gegenseitig aus. Jetzt nicht nur auf Armut bezogen, aber das ist natürlich auch immer ein Aspekt, der dann da mit reinfließt. Also den nennen die Kinder auch. Und dann gebe ich christliche Bilder rein. Und dann kommt/mach ich nämlich solche Sachen wie Ebenbildlichkeit Gottes, ein Leib, viele Glieder, so diese Sachen bring ich dann mit ein."

Hoffnung auf Veränderung, nicht auf Wunder

Als eine Möglichkeit zur Einbettung der Armutsthematik wird von mehreren Lehrkräften das Arbeiten mit Hoffnungsgeschichten genannt. Dabei werde an dem Phänomen Angst als Ausgangssituation angesetzt, die durch das Einbringen von Angsterfahrungen der Schüler*innen im Unterricht konkretisiert wird. Zur Veranschaulichung würden aber auch biblische Geschichten genutzt. Die Botschaft, die von den Lehrkräften vermittelt wird, ist die von einem begleitenden Gott, der nicht nur in den Geschichten bei den Menschen ist, sondern auch im Leben der Kinder.

> *Frau Schmidt:* „Bei Josef war halt einfach diese Verzweiflung, so ein bisschen, so dieses verzweifelt sein und dass Gott, dass da aber halt doch jemand ist, der irgendwie auf ihn aufpasst."

> *Frau Feldkamp:* „Aber ich hab da mit Psalmen gearbeitet und ich hab verschiedene Klagepsalmen reingegeben. Und die eben auch verschiedene Themen angesprochen haben. Einsamkeit, Mobbing auch solche Sachen, Verlust von geliebten Menschen, also so Tod, Ängste, also ganz verschiedene Angsterfahrungen."

Das Bild von Jesus, der sich den Armen und anderen Ausgestoßenen zuwendet, sei bei den Kindern sehr verankert. Im Zentrum der Behandlung von Geschichten, in denen Jesus so dargestellt wird, stehe die Botschaft, dass Jesus einem helfe, wobei auch angemerkt wird, dass eine direkte Übertragung der in den biblischen Geschichten geschilderten Erfahrungen auf die heutige Zeit riskant sei und bei den Kindern zu nicht intendierten Hoffnungsreaktionen führen könnte.

> *Frau Paulsen:* „Ja Jesus ist doch der, der sich den Armen zuwendet und der auch bei den Armen. Und das ist bei den Kindern sehr verankert."

> *Frau Lauterbach:* „Aber das stelle ich mir auch ein bisschen sarkastisch vor, dann zu sagen, Jesus hilft den Armen heute immer noch (lachen). Und dann betet das Kind abends. Lieber Gott, lass das Geld vom Himmel fallen. Also, finde ich, würde das dem Kind auch nicht helfen oder gerecht."

Auch wenn den Schüler*innen keine direkte Übertragbarkeit der Hoffnungsbilder vermittelt werden soll, sind es vor allem Wundergeschichten, die häufig zur Thematisierung von Armut genannt werden und durch die Geschichten von Bettlern und Blinden, die Jesus begegnen, Hoffnung auf Veränderung spenden sollen. Werden Wundererzählungen eingebracht, wird Armut nicht allein genannt, sondern in Verbindung mit anderen diskriminierungsrelevanten Differenzmerkmalen. Auffallend ist, dass es bei den Deutungen der Wundererzählungen als Hoffnungsgeschichten weniger um die Ermutigung der Kinder geht, selber etwas verändern zu können, sondern um die Hoffnung, dass sich die Umstände ändern.

> *Frau Reichelt:* „Ich finde einfach auch, wenn man über Jesus-Geschichten spricht, auch seine Wundergeschichten. Da ist ja auch viel mit den armen Leuten, denen er hilft oder den Kindern, denen er hilft oder Blinden, wie auch immer."

> *Frau Schmidt:* „Die Wundergeschichten auch, weil die vielleicht auch so hoffnungsspendend sind, eigentlich so, dass manchmal vielleicht auch sich was ändert."

7.2.3.2 Identifikation und Distanzierung – Wir und die anderen

Die Lehrkräfte nehmen die überwiegend prekären Versorgungssituationen ihrer Schüler*innen wahr und ernst. Im Religionsunterricht werden diese nicht direkt thematisiert, sondern indirekt durch Gespräche über das eigene Befinden und eigene Ängste. Die Armutsthematisierung im Religionsunterricht findet hingegen überwiegend anhand einer Distanzierung auf räumlicher, zeitlicher und dimensionaler Ebene statt. Die lokale und relative Armut in Deutschland ist selten Thema. Stattdessen wird Armut anhand globaler absoluter Armut oder biblischen Erzählungen behandelt. Die Position, aus der Armut thematisiert wird und dementsprechend auch die Perspektive, die eingenommen wird, befinden sich dadurch außerhalb des thematisierten Phänomens. Die Distanzierungsmöglichkeit durch die Verortung von Armut außerhalb der eigenen aktuellen Situation wird allerdings auch als wichtig erachtet, da durch diese ein Outing von Schüler*innen vermieden werden könne.

Dankbarkeit für das, was man hat

Um das Gefühl von Dankbarkeit zu erzeugen, wird der Vergleich mit anderen gezogen, die es nicht so gut haben, um aufzuzeigen, was man selbst hat. Am Beispiel des Erntedankfestes wird Gott als Adressat des Dankes eingespielt.

> *Frau Feldkamp:* „Auch gerade wenn man auch über andere Länder spricht und dass es in anderen Ländern eben nicht so ist wie in Deutschland. Und auch so ein bisschen auf die Schiene geht, wofür können wir eigentlich dankbar sein? Was haben wir hier eigentlich? [...] Also dass die Kinder auch wirklich mal lernen, das zu schätzen, was sie eigentlich haben. Und das ist bei vielen Kindern bei uns nämlich auch nicht der Fall. Was die halt wirklich alle haben, sind Tablets, PCs, Laptops und so weiter. [...] Aber das haben natürlich auch nicht alle Kinder."

Das Konzept der materiell gut aufgestellten Gruppe „hier" wird von Frau Feldkamp auch an weiteren Stellen eingespielt, in denen es um den ethischen Wert christlicher Perspektiven zum Umgang mit Armut geht. Armut wird außerhalb der adressierten Lerngruppe verortet, wodurch Nächstenliebe als geeignetes Prinzip zum Umgang mit ihr erscheint.

> *Frau Feldkamp:* „Also ich denke, das ist schon ein Raum auch, der Unterricht, um dieses Thema gut anzusprechen. Um eben auch christliche Perspektiven zu eröffnen. Auch gerade Nächstenliebe und so weiter."

Exklusionserfahrungen als Identifikationsangebote

Als besonders ergiebig werden Geschichten von Figuren eingeschätzt, mit denen sich die Schüler*innen identifizieren können. Das genannte Merkmal zur Identifikation ist die Exklusionserfahrung, wie sie z. B. in der Kindersegnung oder bei Zachäus geschildert wird. Die Thematisierung von Ausgrenzungserfahrungen findet nicht unbedingt im Zusammenhang mit Armut statt, wird aber von einigen Lehrkräften gerne eingebracht und auf die Frage nach geeigneten Inhalten für ihre Schüler*innen genannt.

> *Frau Schmidt:* „Zum Beispiel, es gibt ja auch die Kindersegnung, die mach ich halt auch immer total gerne, weil es dann wirklich auch nochmal um so Ausgeschlossenheit geht. Und dann, nee, es wird aber niemand ausgeschlossen. Da sagen die Jünger ja, ne, hier geht mal weg. Jesus will euch nicht haben, aber Jesus will alle haben, so."

Nicht-Identifikation durch Abgrenzung

Materielle Armut begegne den Lehrkräften in vielen biblischen Geschichten. Sogar Josef und seine Familie werden als Beispiele genannt, obwohl sie zu ihrer Zeit recht wohlhabend waren.

> *Frau Steiger:* „Gerade haben wir doch die Josefsgeschichte gemacht, die war ja auch nicht so super reich, die Familie vom Josef."

Am Beispiel von Josef und seiner Familie wird erkennbar, dass der Vergleich zwischen den Lebensbedingungen zur Entstehungszeit der biblischen Geschichten und heutigen Lebensbedingungen auch von Lehrkräften gezogen wird, die dann ihre Vorstellungen von heutiger Armut auf die biblischen Figuren übertragen und zur Einschätzung gelangen, dass die Menschen früher generell ärmer waren. Die unterschiedlichen Lebensbedingungen werden aus ihrem historischen

Kontext genommen und als Unterschiede zwischen Armut an einem anderen Ort zu einer anderen Zeit und Wohlstand in Deutschland zur aktuellen Zeit hervorgehoben.

> *Frau Reichelt:* „Ja, in Geschichten kommt das sowieso vor, dadurch dass zu den früheren Zeiten die Menschen einfach ganz anders gelebt haben. Da finde ich das halt ganz gut, da kommen die Kinder dann halt auch von alleine drauf, dass das ja anders ist. Oh, die hatten keinen Fernseher zum Beispiel und die haben nur zu Hause gesessen und mussten arbeiten, sowas halt, auch als Kind vielleicht zuhause helfen."

Die Geschichte von Rut und Noomi wird als armutsbedingte Flucht gedeutet. Diese Geschichte weise durch ihre Fluchtthematik einen Aktualitätsbezug auf und liefere einen Lebensweltbezug durch die Frage nach Hilfsmöglichkeiten. Schüler*innen könnten sich über die Identifikation mit den beiden Frauen in ihre Mitmenschen mit Fluchterfahrung hineinversetzen.

> *Frau Reichelt:* „Ich habe es ja schon einmal mit meinen Unterrichtsreihen verbunden und auch gehabt, dass durch die Flüchtlingskinder die anderen Kinder Eindrücke einfach bekommen und wissen, die haben nicht viel."

Die Perspektive, aus der der Lebensweltbezug erfolgt, ist die der Helfenden, die am Beispiel der Geflüchteten lernen. Als Adressaten der Botschaft, dass man helfen kann, werden die Kinder angesprochen, die nicht zu „den Flüchtlingen" zählen.

> *Frau Reichelt:* „Und bei Rut hatte ich es sehr ähnlich, [...] da hatten wir erstmal die Perspektive mit den Flüchtlingen und das auf die Lebenssituation der Kinder bezogen. Und am Ende habe ich es da so gemacht, dass wir überlegt haben, wie man denen denn dann helfen kann in der Schule und ja."

Rut und Noomi treten, als Flüchtlinge gedeutet, als Beispiel für viele andere Menschen mit Fluchterfahrung in Erscheinung, wodurch Flucht mit Armut gleichgesetzt werden kann, wenn keine differenzierte Auseinandersetzung mit dem Phänomen erfolgt. Wie im folgenden Beispiel deutlich wird, in dem die Geschichte als Migrationsgeschichte gedeutet wird, lässt sich ausgehend von dem Anknüpfungspunkt solch eine differenzierte Beschäftigung, hier mit dem Phänomen Migration, gestalten.

> *Frau Feldkamp:* „Was ich auch als Anknüpfungspunkt mache, was man auch machen könnte, ich mache das eher unter dem Thema Migration, ist Rut und Noomi, die ja dann ihren Mann verloren hat und dadurch auch kein Geld mehr hatte. Und wirklich ja auch aus Wirtschaftsarmut heraus dann wechseln musste, das ist sicherlich auch ein Punkt. Und darüber hab ich's auch, das mach ich auch in Klasse Zwei, [...] da hab ich den Schwerpunkt Migration und Gründe für Migration, und dann ist natürlich auch Armut einer der Gründe, warum sie dann ja auch ausgewandert ist."

Die armen Anderen verstehen lernen

Der Schwerpunkt der Thematisierung von Armut lässt sich auch auf die Gründe für Armut und die Zusammenhänge legen, in denen diese auf die Lebensbedingungen von Menschen einwirkt. Das Verstehen von Gründen und das Auflösen von Vorurteilen durch einen sachkompetenten Umgang mit dem Phänomen lassen sich als Zwecke der Armutsthematisierung bei einigen Lehrkräften identifizieren.

> *Herr Hofer:* „Wie geht es mir? Wie geht es anderen? Und wodurch ist das vielleicht auch bedingt, sozusagen, ne. Dass das eben auch wichtig ist, dass man schon versteht, das war jetzt nicht Zufall, dass es dem einen zu Hause so geht und dem anderen so, sondern das hat schon auch irgendwie vielleicht gewisse Gründe."

Als Kombination treten ethische und sachliche Lernziele in der Logik auf, dass zuerst Armut als Phänomen verstanden werden soll, wodurch Unterschiede zwischen Menschen und ihren Lebensbedingungen erkennbar werden. Daraus lassen sich, so die Intention, Hilfebedarfe ermitteln und das eigene Handeln kann auf Helfen ausgerichtet werden. Armut und Hilfsbedürftigkeit werden auch hier außerhalb der Lerngruppe lokalisiert.

> *Frau Reichelt:* „Ich kann es nicht voraussetzen und ich kann auch nicht sagen, du musst so handeln, aber denen diese Grundlage geben und diese Möglichkeit geben, dass sie wissen, okay, es gibt Leute, die haben Probleme und die brauchen Hilfe und nicht, dass es daran liegt, weil sie alle keine Lust haben zu arbeiten und deswegen kein Geld haben. Dass sie da einfach den Unterschied kennenlernen und die Möglichkeit haben, sich selbst daraus halt zu entwickeln und zu formen."

7.2.3.3 Biblische Geschichten mit Armutsbezug

Im Folgenden werden die Ergebnisse der Analyse von Aussagen dargestellt, die von den Lehrkräften zu biblischen Geschichten im Zusammenhang mit der Thematisierung von Armut im Religionsunterricht in der Grundschule getätigt wurden.

Jesu Geburt als Armutsgeschichte

Die Erzählung von Jesu Geburt in einer Futterkrippe wird als Armutsgeschichte gedeutet, was an verschiedenen Aspekten verdeutlicht wird. Zum einen ist es Jesus, der als Ärmster der Armen unter vergleichsweise bescheidenen Bedingungen geboren werde. Auch hier wird der Kontrast zu den Bedingungen einer Geburt im globalen Norden zur heutigen Zeit hergestellt.

> *Frau Steiger:* „Jesus lag in der Futterkrippe, also so, ich mein, der Ärmste der Armen."

> *Frau Reichelt:* „Und auch sich so vorzustellen, ein Kind in einer Krippe, in einem Stall bekommen muss und kein Krankenhaus da war."

Zum anderen werden die Hirten als Außenseiter mit Armut verbunden, die dadurch als soziale Armut und Exklusionserfahrung in Erscheinung tritt.

> *Frau Steiger:* „Gerade in Klasse 1 an Weihnachten, dass die Engel zuerst zu den Hirten kamen, die Ärmsten und aus der Gesellschaft Ausgestoßensten und am wenigsten angesehenen Personen."

> *Frau Reichelt:* „Da ist die Armut ja auch nochmal als Thema. Entweder halt bei den Hirten, um da drüber zu sprechen, dass das Leben für die Hirten ja auch gar nicht so einfach war und dass die ja mehr so Außenseiter waren damals."

Das Bild der armen und ausgestoßenen Hirten wird aufgenommen, um erneut durch einen Vergleich mit den heutigen Bedingungen von Kindheit das Bild von Armut, speziell Kinderarmut, in Abgrenzung zum implizit gegenübergestellten und bei den Schüler*innen vorausgesetzten Wohlstand zu schärfen.

> *Frau Steiger:* „Dass es ja etwas Besonderes war, dass die Engel zuerst zu den Hirten gekommen sind und haben da auch mal generell über das Leben eines Hirten und der Hirtenjunge, [...] der ja nicht zur Schule gehen konnte, weil die Eltern arm waren, und musste als Hirte da irgendwie auf dem Feld sein."

Jesus als helfendes Vorbild – Helfen als Form der Distanzierung

Zur Thematisierung von Armut werden biblische Geschichten von Jesus genutzt, der als Vorbild zum Umgang mit armen Menschen dargestellt wird. Seine Nähe zu armen und ausgestoßenen Menschen soll den Kindern als Orientierung für ihr eigenes Handeln gegenüber anderen Menschen dienen. Die Schüler*innen werden dadurch als Gegenüber der Armen und Ausgegrenzten angesprochen.

> *Frau Hausmann:* „Es geht halt ganz oft darum, wie Jesus gehandelt hat und dass wir eben auch wie Jesus handeln können: anderen zu helfen."

> *Frau Feldkamp:* „Genau, Jesus erst mal, also Jesus überhaupt, wie der auf die Menschen zugegangen ist. Und da kommen natürlich dann auch solche Sachen, dass er auch auf arme Menschen zugegangen ist, auf verletzte, hungrige Menschen und so weiter."

Diese Inszenierung vom helfenden Jesus könne laut Frau Paulsen ein Gegenbild zum strafenden, als böse wahrgenommenen Gott Israels schaffen, der den Kindern aus alttestamentlichen Erzählungen bekannt sei.[34] Sie berichtet von einer solchen Erfahrung und sieht außerdem die Chance, dass Schüler*innen ihre persönlichen Erfahrungen stärker einbringen, wenn ein solches Bild von Jesus im Religionsunterricht konkret mit der Armutsthematik verbunden würde.

---

[34] In dieser Kontrastierung besteht die Gefahr der Stärkung antijudaistischer Narrative. Bei der Thematisierung von Armut am Beispiel eines den Armen und Ausgegrenzten zugewandten Jesus kann eine intertextuelle Lesart, wie sie z. B. in der bibeltheologischen Didaktik nach Mirjam Schambeck (vgl. Schambeck: Bibeltheologische Didaktik, 82–117) vorgesehen ist, dazu beitragen, dass das Bild von einem strafenden, alttestamentlichen Gott vermieden wird, das der positiven Darstellung von einem helfenden Jesus gegenübergestellt wird und so antijudaistische Deutungen ermöglicht.

> *Frau Paulsen:* „Wir hatten ganz lange über Mose gesprochen und die Frage kam auf: Ist Gott böse? Weil die viel an den Gott in Israel gedacht haben und die haben halt sich mit dem Gott, der die Ägypter bestraft, sehr identifiziert. Und dann dachte ich, ich muss jetzt, ich brauch irgendein konkretes Beispiel dafür, dass wir eigentlich einen liebenden Gott haben."

> *Frau Paulsen:* „Wenn jetzt irgendwie Jesus bei den Armen thematisiert werden würde, glaub ich, dass gerade im Religionsunterricht auch viel mehr persönliche Erlebnisse kommen würden und auch mehr Fragen."

Die direkte Thematisierung von Armut geschieht anhand von Geschichten, in denen das Helfen durch Teilen im Vordergrund steht. Als exemplarische biblische Geschichte wird die vom barmherzigen Samariter genannt. Auch eine Person, die nicht der Bibel entnommen ist, wird in diesem Zusammenhang erwähnt: Sankt Martin, dessen Geschichte vom geteilten Mantel im Religionsunterricht als beispielhaftes Verhalten überliefert wird. Die Speisung der Fünftausend wird als Wundergeschichte aufgeführt, in der das Teilen von Essen im Fokus steht. Auch zum Theologisieren eigne sie sich, um mit Kindern nach Gründen für Armut und Reichtum zu fragen. Allerdings bereite die didaktische Umsetzung aufgrund fehlender Ideen und Erfahrungen Schwierigkeiten.

> *Frau Feldkamp:* „Und bei Speisung der Fünftausend fällt mir das persönlich einfach noch, fehlt mir noch so grade die richtige Idee, um das vernünftig umzusetzen."

Das Gleichnis vom verlorenen Sohn – der Sohn als Identifikationsmöglichkeit

Von einer Lehrkraft wird das Gleichnis vom verlorenen Sohn als armutsbezogene biblische Geschichte genannt. Wie bei anderen Gleichnissen sollten auch hier die Verstehensvoraussetzungen der Kinder bei der didaktischen Anlage der Erzählung im Unterricht beachtet werden. Um die Deutung des Gleichnisses auf den Aspekt der bedingungslosen väterlichen Liebe zu konzentrieren, müsse ggf. inhaltlich reduziert werden, z. B. indem die Rolle des anderen Sohnes lediglich erwähnt wird. Frau Paulsen berichtet von ihrer Erfahrung mit einer das Motiv des liebenden Vaters anbietenden Interpretation des Gleichnisses in ihrem Religionsunterricht und erzählt, dass sich ihre überwiegend armen Schüler*innen sehr gut mit dem verlorenen Sohn identifizieren konnten. Sie vermutet, dass die Identifikation durch die anschauliche Erzählung von der Situation gelungen ist, in der der Sohn bei Schweinen gelebt hat, hält aber auch eine Überinterpretation ihrerseits für möglich. Die gelungene Identifikation könne auch an dem Anknüpfungspunkt liegen, dass es dem Sohn schlecht geht und er kein Geld hat.

> *Frau Paulsen:* „Und ja, mit den Schweinen, das war sehr einprägsam für die Kinder, dass die da. (..) Ist vielleicht überinterpretiert, aber damit haben die sich, glaube ich, am allerbesten identifiziert. Wenn ich jetzt so überlege. Also ich fühle mich sehr schlecht. Ich bin total traurig, weil ich bei den Schweinen jetzt bin."

Frau Paulsen hält es auch für möglich, dass ein armes Kind sich mit dem anderen Sohn identifizieren kann, wenn man diese Figur stärker im Unterricht ausgestaltet und wenn es die eigenen Wünsche in der Figur entdeckt. Es bleibt unklar, ob damit der Wunsch nach Reichtum gemeint ist oder ob es sich um andere Wünsche handelt, die der Figur zugeschrieben werden.

> *Frau Paulsen:* „Und ein Kind, was ja in armen Verhältnissen aufgewachsen ist, kann sich vielleicht beim verlorenen Sohn total gut mit dem Sohn identifizieren [...]. Es hat aber Schwierigkeiten, sich mit dem Sohn gerade zu identifizieren, der total reich durch die Gegend läuft. Oder es kann das besonders gut, weil es die gleichen Wünsche hat."

Den Schüler*innen sei es gut gelungen, in dem liebenden Vater eine Beschreibung vom liebenden Gott zu erkennen. In diesem Fall dient das Gleichnis primär zur Thematisierung von Gottesvorstellungen und zunächst nicht als Gleichnis vom Reich Gottes, um über dieses in ein Gespräch zu kommen. Werden Vorstellungen vom Reich Gottes thematisiert, können Kinder ihre Ideen dazu äußern. Eine andere Lehrkraft schildert eine solche Situation, in der Schüler*innen ihre Vorstellungen äußern und sie sich dieses ohne Mangel, sondern mit Überschuss vorstellen.

> *Frau Hausmann:* „Und da kamen durchaus, da kamen Sätze von einem armen Kind. Alle haben genug zu essen, alle Menschen sind reich. Und ein anderes Kind hat ein Haus gemalt, weil sie sagte, es leben ja auch manche Menschen auf der Straße, aber im Reich Gottes hat jeder seine eigene Wohnung (lachen)."

Von der Lehrkraft wird nicht direkt ein Zusammenhang zwischen der Armut von Schüler*innen und ihren Vorstellungen vom Reich Gottes formuliert, die Einschätzung des Kindes als arm wird der Ausführung jedoch vorangestellt.

7.2.3.4 Methodische Ausrichtung des Religionsunterrichts

In den Aussagen zu den Erfahrungen der Lehrkräfte mit Religionsunterricht, an dem überdurchschnittlich viele Kinder mit Armutserfahrungen teilnehmen, lassen sich didaktische Grundsätze und methodische Aspekte identifizieren, die als geeignet und wirksam bzw. herausfordernd von den Lehrkräften bezeichnet werden.

*Schüler*innenorientierte Grundausrichtung*

Die interviewten Lehrkräfte beschreiben ihren Religionsunterricht als Unterricht, dessen Gestaltung sich an den Erfahrungen und dem Vorwissen der Schüler*innen orientiere. Dabei seien ein mehrperspektivischer Blick auf die Kinder sowie die Verknüpfung der unterschiedlichen Lebens- und Lernbedingungen und der Austausch über diese von Bedeutung. Methodisch bringe diese Orientierung die Notwendigkeit mit, Fragen der Kinder zu ermöglichen, diese anzuregen, ernst zu nehmen und gemeinsam in der Lerngruppe zu besprechen. Die Interessen der Schüler*innen können durch Nachfragen, das Hineinversetzen in die Perspektiven der Kinder und das Theologisieren mit ihnen erfahren werden. Der schüler*innenorientierte Lebensweltbezug gelinge durch häufige Gespräche in der vertrauten Atmosphäre des Religionsunterrichts, die bei kleinen Gruppengrößen eine intensive Thematisierung und Arbeit an einem Lerngegenstand ermögliche. Bilderbücher und Geschichten mit den Schüler*innen bekannten Situationen werden als geeignete Methoden zum Einstieg in ein Thema genannt.

> *Frau Paulsen:* „Aber wenn ich so, das mach ich immer vor meinen Reihen eigentlich, dass die religiösen Erfahrungen oder das Wissen vorher abfrage in so einer Art Standortbestimmung."

> *Frau Reichelt:* „Immer zur Ausgangslage der Kinder oder zur Lebenslage der Kinder, dass sie halt das auch verstehen und auf ihr Leben beziehen können. Weil manche Geschichten sind natürlich auch so weit von denen entfernt, dass sie einfach diese Verknüpfung gar nicht schaffen können. [...] Deswegen muss man da halt sagen, okay, wieder mit einem Bilderbuch."

Rituale bieten Struktur und Gelegenheit zum Erzählen

Als besonders geeignet für ihre Lerngruppen werden Rituale von den meisten der befragten Lehrkräfte genannt. Dabei wird betont, dass diese zu Beginn und Ende einer jeden Religionsunterrichtsstunde einen den Kindern bekannten und Sicherheit gebenden Rahmen schaffen. Auch in gemischten Gruppen mit Kindern aus verschiedenen Klassen seien Rituale im Religionsunterricht durchführbar. Feste Gegenstände wie Kerzen und wiederkehrende Handlungen bilden die Grundlage dafür, dass die Kinder Rituale als Halt und Struktur gebend erfahren. Von den Lehrkräften wird hervorgehoben, dass das Anfangsritual den Schüler*innen die Gelegenheit gibt, sich zur eigenen Stimmung zu äußern, was häufig gemacht wird. Die Mitschüler*innen bekommen dadurch die Möglichkeit zu erfahren, wie es den anderen aus der Lerngruppe geht und haben dadurch die Chance, mit den Stimmungen umzugehen und sich auf die Mitschüler*innen einzustellen. In klassenübergreifenden Religionsgruppen ist der Aufbau von Ritualen besonders dann möglich, wenn man die Lerngruppe von Beginn an, also ab dem 1. Schuljahr unterrichtet.

> *Frau Krüger:* „Weil ich hatte das am Anfang immer so gemacht, ich hab die Stunde so begonnen, dass ich ne kleine Schatzkiste hatte mit kleinen Steinchen in verschiedenen Farben und die funkelten. Und die Kinder durften sich dann einen Stein auswählen in der Farbe ihrer Wahl, die zu ihrer derzeitigen Stimmung passte. Und dann durften die Kinder in einem Satz sagen, wie sie sich fühlen und warum. Und das fanden die Kinder immer super, einfach kurz mal zu äußern, wie fühle ich mich, damit die anderen Kinder auch drauf, also sich ein bisschen drauf einstellen konnten."

Frau Lauterbach: „In der zweiten Klasse fangen wir immer gemeinsam im Sitzkreis an und die Kinder wissen, wenn ich die Kerze anzünde, dann ist der Mund zu und es geht los. Und dann sagen wir einen Spruch zusammen über die Bedeutung des Lichtes und der Lichtsymbolik und dann habe ich so eine kleine Klangkugel, die gebe ich einmal herum und danach machen wir eine Runde. Wie geht es mir heute? Und wir fangen jedes Mal so an und die Kinder genießen es total, dass sie in der Schule Raum haben, von sich zu erzählen."

Frau Steiger: „Man merkt ja, dass die sich das von der Seele reden müssen und nutzen dann die Gelegenheit, dass sie auch jemand mal fragt: Wie geht es dir eigentlich heute?"

Frau Müller: „Und dann kann man aber auch beobachten, dass dann, wenn die Stunde um ist, wir beenden das dann auch, pusten ne Kerze aus mit nem Wunsch für alle, dass dann auch das ein oder andere Kind zu dem Kind geht, das erzählt hat, mir geht's nicht gut, weil das und das, dass man dann den Arm wirklich drum legt."

Herr Hofer: „Die Rituale geben ihnen dann natürlich Sicherheit. Die kennen das jetzt von Anfang an, sie wissen, worauf sie sich einlassen, wenn sie zur Stunde kommen."

Anschauliches Material, Gespräche führen und motivierende, ganzheitliche Methoden

Anschauliches Material wird von den Lehrkräften als wichtig erachtet, um Religionsunterricht zu gestalten. In diesem Fach sei besonders Lernen mit allen Sinnen möglich, wenn entsprechendes Material dafür vorhanden ist. Offene Methoden sind zwar bei den Kindern beliebt, in der Durchführung allerdings anstrengend.

Frau Feldkamp: „Ich arbeite viel mit Legematerial, mit Standbildern, mit Gefühlsbildern und so weiter."

Frau Hausmann: „Methodisch ist halt auch immer alles anstrengend, was offen ist. Also ich habe eine Bibelwerkstatt gemacht Anfang des Schuljahres, das haben die Kinder geliebt, aber es war auch mega anstrengend, weil es dann total laut war und chaotisch (lachen)."

Das Führen von Gesprächen wird als wichtige Methode im Religionsunterricht häufig genannt. Gespräche brauchen Zeit und können auch mal eine ganze Unterrichtsstunde in Anspruch nehmen. Allerdings gehörten auch motivierende, handlungsorientierte Methoden zum Unterricht, die einen Umgang mit der als sehr gering wahrgenommenen Aufmerksamkeitspanne der Kinder darstellen, damit das Fach Religion von den Kindern nicht als „Laberfach" wahrgenommen wird.

Frau Reichelt: „Es ist auch ab und an eine ganze Stunde, wo wir eine ganze Stunde im Sitzkreis sitzen und einfach nur reden."

> *Frau Feldkamp:* „Und da muss man halt auch im Religionsunterricht wirklich auch drauf eingehen, dass man dann wirklich Methoden bietet, die ihnen, die sie dazu motivieren, auch sich mit solchen Themen auseinander zu setzen. Und dass es eben nicht nur für die Kinder son Laberfach ist und da machen wir doch eh nichts."

Die symbolische Ebene wird als schwierig bezeichnet. Insbesondere das Extrahieren von Bedeutungen und das Transferieren seien durch sprachliche Barrieren herausfordernd für die Schüler*innen. Das Vorhandensein eines Migrationshintergrunds wird bezogen auf die Sprachbarriere als Faktor genannt.

> *Frau Reichelt:* „Ja, was halt schwierig ist, sind dann so symbolische Ebenen, zum Beispiel diese Auslegung dann eher dieses Transferieren im Kopf, das ist dann halt noch schwieriger. Das kommt dann auch mit dem Migrationshintergrund, [...] wenn die Sprache da auch schon eine Barriere ist, dann noch umzudenken, wofür jetzt Dinge stehen könnten, das ist halt noch ganz schwierig."

Grundfragen behandeln und Gott als Hoffnung stiftendes Gegenüber kennenlernen

Zur Behandlung von Grundfragen menschlicher Existenz im Religionsunterricht werden das Ausdrücken in Sprache, Schrift und Bildern sowie das Diskutieren als Methoden genannt. Wichtig ist den Lehrkräften dabei, dass sie den Schüler*innen Hoffnungsperspektiven aufzeigen, was darauf schließen lässt, dass sie einen Hoffnungsbedarf und wenige eigene Hoffnungsperspektiven bei den Schüler*innen vermuten. Anhand biblischer Figuren können Anknüpfungspunkte für die Kinder geschaffen und Outings vermieden werden, da sich die Kinder nicht selbst als hoffnungsbedürftig einbringen müssen. Eigene Ängste können durch Psalmen ausgedrückt werden. Anhand der Gegenüberstellung von Klage- und Hoffnungspsalmen lassen sich durch die Lehrkraft Gegenwelten eröffnen.

> *Frau Feldkamp:* „Dass sie sich nicht selbst outen müssen sozusagen, sondern halt über die biblischen Figuren einfach Anknüpfungspunkte finden und eigene Lösungen oder Hoffnungsperspektiven daraus dann entwickeln können."

> *Frau Feldkamp:* „Die haben dann sich anhand der Klagepsalme erst mal mit eigenen Ängsten auseinander gesetzt. Dann hab ich Gegenwelten eröffnet. Erst mal, wer ist überhaupt bei mir in meinen Ängsten? Erst mal über den persönlichen Kreis. Mama ist bei mir, meine Elt/ also Papa vielleicht auch, Geschwister, was weiß ich. Und dann haben wir mal überlegt, also dann über Hoffnungspsalme, also Klagepsalme und Hoffnungspsalme gegenübergestellt."

Das gemeinsame Fragen und Suchen stelle einen methodischen Schwerpunkt im Religionsunterricht dar. Gemeinsam kann überlegt werden, was Gott als Gegenüber für einen selbst bedeuten und wie Gott als Gegenüber wirken kann. Gott tritt als helfendes Gegenüber in Erscheinung, das durch Hoffnungsworte beschrieben werden kann und eine Gegenperspektive zu den von den Lehrkräften implizit vorausgesetzten Erfahrungen der Kinder ermöglicht. Zur Veranschaulichung dienen helfende Menschen aus dem Umfeld der Kinder wie z. B. Eltern und Freund*innen.

> *Frau Lauterbach:* „Es ist ja gemeinsames Suchen da, gerade bei den großen Fragen oder bei Theodizee-Problematiken oder so, wenn das Haustier gestorben ist oder die Oma gestorben ist oder so. Da kann man sich immer total schön gemeinsam auf den Weg machen."

> *Frau Feldkamp:* „Wir eröffnen Gegenperspektiven durch ein Hoffnungswort, dass Gott auch der/ oder dass die Eltern erst mal da sind, dass Freunde da sind, dass Personen da sind, die einem auch helfen können in solchen Situationen. Und dann eben, dass es eben auch Gott letztendlich der sein kann, der für mich dann eben auch in dieser Situation, in der sie ja sich ja immer noch befinden, auch der ist, der dann für sie da sein kann."

Die Bibel kennenlernen und über Jesus sprechen

Im Umgang mit der Bibel im Religionsunterricht geschehen eine oftmals erste Annäherung an das Buch und das Kennenlernen des Aufbaus durch Kinderbibeln. Zur Vorbereitung auf die Arbeit mit einzelnen Bibelstellen sollen diese auf deren Gehalt für die Kinder überprüft werden. Als hilfreich gilt das Einbringen von konkreten Beispielen zu biblischen Motiven, die den Kindern eine Identifikation ermöglichen.

> *Frau Paulsen:* „Ja, und dann war es für die Kinder eigentlich relativ leicht den liebenden Vater zu identifizieren. Aber auch, weil ich vorher gesagt habe, stell dir nicht nur vor, dass es der Vater ist, sondern dass es auch eine Mutter sein könnte, weil nämlich auch ganz viele Kinder ja aus Scheidungsfamilien kommen."

Zur Behandlung von Jesus-Geschichten im Religionsunterricht wird das Erläutern der Umwelt und der Lebensbedingungen zur Zeit Jesu als wichtig eingeschätzt, was Schüler*innen in der 3. und 4. Klasse ermöglichen soll, einen Bogen in die heutige Zeit zu ziehen. Diese Transferarbeit wird für jüngere Schüler*innen zum Teil als zu schwer ermessen.

> *Frau Reichelt:* „Sonst auch sowieso die Umwelt zur Zeit Jesus, dass man da sagt, wie die damals gelebt haben und sich das dann halt vorstellt, wie man die Häuser und die Dörfer so aufbaut. [...] Das ist halt ganz schön, weil die Geschichten halt einfach zurückliegen und die Zeiten da anders waren, aber man es trotzdem noch ins Jetzt ziehen kann und sagen kann, ah ja!"

> *Frau Reichelt:* „Jetzt in Klasse 1 habe ich es zum Beispiel nicht gemacht, da war es erstmal wichtig, dass sie die Weihnachtsgeschichte zum Beispiel erstmal kennen oder die Geschichten erstmal kennenlernen und Jesus. Aber in den weiteren Klassen 3 und 4 machen wir es sehr oft, dass wir den Bogen ziehen."

7.3 *Zusammenfassung und Diskussion der Ergebnisse*

Religionsunterricht mit armen Schüler*innen erweist sich als vielschichtig, nicht nur in Bezug auf die Wahrnehmungen von Kinderarmut. Die Armut ihrer Schüler*innen wird von den Lehrkräften als mehrdimensional[35] und einschränkend in Bezug auf die Handlungsmöglichkeiten der Kinder in mehreren Lebensbereichen[36] wahrgenommen.

Neben entwicklungsförderlichen Ressourcen des Religionsunterrichts für arme Kinder lassen sich auch Spannungen ausmachen, die in Bezug auf die Gestaltung von armutssensiblem Religionsunterricht fachdidaktische Herausforderungen mit sich bringen. Diese werden aufgezeigt und in die Bündelung zentraler Ergebnisse der empirischen Untersuchung für die konzeptionelle Arbeit an armutssensiblem Religionsunterricht aufgenommen.

7.3.1 Ressourcen im Religionsunterricht

Die Analyse des Interviewmaterials ergibt, dass die interviewten Lehrkräfte ihren Religionsunterricht als wertvoll für die Schüler*innen erachten, die unter den Lebens- und Lernbedingungen von Armut aufwachsen. In den didaktischen Ausrichtungen sowie Lerngegenständen und Inhalten des Religionsunterrichts können in der Art, wie er als besonderer Unterricht gestaltet wird, Ressourcen identifiziert werden, die in diesem Teilkapitel gebündelt sind. Die im Zusammenhang mit den Ressourcen in diesem Teilkapitel skizzierten Spannungsfelder werden im darauffolgenden Teilkapitel behandelt.

*Schüler*innenorientierung im handlungsorientierten und anschaulichen Religionsunterricht*

Die Möglichkeit der schüler*innenorientierten didaktischen Ausrichtung des Unterrichts wird von den Lehrkräften als Ressource identifiziert, da anhand dieser auf die generell veränderten Bedingungen des Aufwachsens von Kindern und die in den konkreten Schulen auffallend schlechten Start- und Lernbedingungen vieler Schüler*innen reagiert werden könne. Durch handlungsorientierte Methoden und anschauliches Material können eine Fokussierung auf kognitive Aspekte vermieden und ganzheitliches Lernen gemäß des Prinzips „*Lernen mit allen Sinnen und Tätigkeitsformen*“[37] ermöglicht werden, wodurch die Lehrkräfte eine

---

35 Vgl. Forschungsstand zu mehrdimensionaler Kinderarmut in Kapitel 2.3.1.

36 Vgl. Forschungsstand zu Kinderarmut als Begrenzung von Handlungsspielräumen in Kapitel 2.3.2.

37 Schweiker: Basisband. Einführung, Grundlagen und Methoden, 41.

Möglichkeit sehen, mit der von ihnen wahrgenommene Bildungsarmut ihrer Schüler*innen kompensierend und fördernd umzugehen.

Die Wahrnehmung des Fachs durch die Lehrkräfte, Eltern und Schüler*innen als Fach mit inhaltlichen Freiheiten, wenig Leistungsdruck und geringer Bedeutung kann als Erklärung dafür dienen, warum diese didaktisch-methodische Ausrichtung als besonders realisierbar im Religionsunterricht angesehen wird.

Gemeinschaftserfahrungen und Struktur im Religionsunterricht

Die von den Lehrkräften wahrgenommene fehlende Fürsorge und Zuwendung gegenüber einigen Kindern, die als Aspekt von Armut genannt wird und durch auf verschiedene Weise herausfordernde familiäre Situationen erklärt wird, könne durch Gemeinschaftserfahrungen und Struktur schaffende Rituale im Religionsunterricht zumindest zum Teil kompensiert werden. Diese Komponenten des Fachs werden als fachspezifische Besonderheiten hervorgehoben, die es in anderen Unterrichtsfächern in der Form nicht gebe. Lediglich als Klassenlehrer*in habe man vergleichbare Handlungsmöglichkeiten zur Schaffung von Gemeinschaft und Struktur wie im Religionsunterricht. Dieses Unterrichtsfach könne demnach anhand dieses fachlichen Alleinstellungsmerkmals als Ressource für arme Schüler*innen betrachtet werden, um das Selbstkonzept auf sozialer Ebene zu stärken.

Ein Raum für die Kinder

Als weitere Ressource lässt sich der Raum identifizieren, der Schüler*innen für ihre eigenen Ängste, Probleme und Fragen im Religionsunterricht gegeben wird. Den existenziellen Fragen komme dabei eine besondere Bedeutung zu. In der Wahrnehmung der Lehrkräfte scheint es außerhalb des Religionsunterrichts wenig Raum für die Kommunikation darüber zu geben, was sich daran erklären lasse, dass Familien in prekären finanziellen Lagen mit vielen alltäglichen Problemen konfrontiert sind, die einen großen Raum einnehmen.

Außerdem stelle der Religionsunterricht einen Raum für existenzielle Erfahrungen und für die Stärkung der Identität von Kindern durch Anerkennungserfahrungen dar, was aufgrund der Annahme fehlender Erfahrungen in diesen Bereichen bei den Kindern ebenfalls als förderlicher Aspekt für Schüler*innen gilt.

Die im Religionsunterricht vermittelten Hoffnungsbilder erscheinen als fördernd in Bezug auf die Bewältigung von alltäglichen Problemen, Ängsten und Mangelerfahrungen, können aber auch zu Spannungen in Bezug auf die vorfindbaren Handlungsmöglichkeiten der Kinder führen, was den Lehrkräften auffällt.

Emotionales und soziales Lernen durch Identifikationsangebote und Distanzierungsmöglichkeiten

Als Zugang für emotionales Lernen und als Möglichkeit, einen respektvollen Umgang mit Menschen in ihrer Vielfalt zu lernen, biete der Religionsunterricht anhand von biblischen Geschichten und den Figuren, die ihnen diesen vorkommen, die Chance für Schüler*innen sich in Situationen, Gedanken und Gefühle anderer Menschen hineinzuversetzen. Dadurch können die Kinder lernen, die Empfindungen und Verhaltensweisen von anderen zu verstehen und auch ihre eigenen Gefühle zu verbalisieren. Dieses Identifikationsangebot kann als Ressource gezählt werden, da die Lehrkräfte bei ihren Schüler*innen fehlende Kompetenzen im Umgang miteinander und geringe Ausdrucksmöglichkeiten der eigenen Gefühle wahrnehmen.

Ein sehr ergiebiges Identifikationsangebot ermögliche sich in dem Einsatz biblischer Geschichten, in denen Menschen ähnliche Erfahrungen wie Schüler*innen machen. Die Gemeinsamkeit gesellschaftlicher Ausschlusserfahrungen erweise sich als besonders anschlussfähig für die Kinder.

Die Veranschaulichung von unterschiedlichen Lebenssituationen und damit verbundenen Emotionen durch biblische Figuren und Geschichten kann zu diesem Zwecke hilfreich sein, aber auch Spannungen mit sich bringen, da sehr anschauliche Bilder von Lebenslagen wie Armut auch zur Stärkung eines bestimmten Armutsbildes bei den Kindern beitragen können.

Durch Identifikationsangebote mit armen biblischen Figuren sei es den Schüler*innen auch möglich, ihre eigenen Erfahrungen und Lebenssituationen einzubringen und gleichzeitig eine Distanzierung über die Identifikation mit der Figur vorzunehmen, um die eigenen Grenzen zu wahren. Eine ähnliche Distanzierungsmöglichkeit bestünde in der Identifikation mit realen Menschen, die sich z. B. in akuten Armutssituationen befinden. Der Zugang über andere Menschen eröffne in Bezug auf die Thematisierung von Armut auch die Chance, über globale Unterschiede mit den Kindern in ein Gespräch zu kommen. Allerdings findet über einen solchen Zugang eine Distanzierung bei gleichzeitiger Identifikation statt, wenn die Reflexion aus der Außenperspektive erfolgt. Identifikation und Distanzierung stellen somit ein didaktisch herausforderndes Spannungsfeld dar, das hinsichtlich der Intentionen und Effekte reflektiert werden kann.

7.3.2 Armut im Religionsunterricht – Spannungsverhältnisse

Die im Zusammenhang mit der Identifikation von Ressourcen aufgefallenen Spannungen, die sich auf intentionaler, inhaltlicher und struktureller Ebene zeigen, werden im Folgenden ausgeführt, um konzeptionelle Hinweise für armutssensiblen Religionsunterricht zu ermitteln.

Spannungsfeld von Relevanz und Irrelevanz bzw. Konkurrenz

Armut erscheint als ein Thema von vielen im Religionsunterricht, dem neben anderen Themen eine Relevanz von den Lehrkräften zugesprochen wird. Die Kinder könnten unterschiedliche Kompetenzen durch die Thematisierung erwerben, allerdings erscheinen Empathie- und Solidaritätsfähigkeit als zentrale Ziele. Die bewusste Thematisierung werde zum Teil vermieden, was damit begründet wird, dass die Armutsthematik für die Schüler*innen, trotz ihrer zum Teil eigenen Betroffenheit von relativer Armut eine geringe oder keine Relevanz aufweist. Als weiterer Grund ist die Angst davor zu zählen, durch die Thematisierung den Kindern ihre eigene Armut aufzuzeigen, die sie so bisher noch nicht wahrgenommen hätten. Auch sollen Hoffnungsbilder vermieden werden, die eine scheinbar unrealistische Hoffnung auf Veränderungen durch eine höhere Macht vermitteln könnten. Die Thematisierung von Armut im Religionsunterricht mit armen Schüler*innen bringe demnach auch Risiken mit sich, welche zum Schutz der Kinder abzuwägen sind.

Für die Schüler*innen seien „andere Themen" wichtiger, allen voran die existenziellen Fragen und Erfahrungen wie Angst, Leid und Sterben. Besonders die Ängste und Leiderfahrungen der Kinder werden von den Lehrkräften im Zusammenhang mit Kinderarmut genannt. Unklar bleibt, ob die Lehrkräfte diese als Ausdrucks- und Erscheinungsform von Kinderarmut deuten oder sie diese einspielen, da sie als zentrale Themen der Kinder eine bedeutende Rolle in der Gestaltung des Religionsunterrichts einnehmen.

Herausforderungen im Spannungsfeld von Zuschreibung und Selbstdefinition

Einige Lehrkräfte führen an, dass ihre Schüler*innen von ihnen als arm wahrgenommen werden, diese ihre eigene Situationen aber nicht als prekär einschätzen. Als Begründung dafür wird das sozialräumlich segregierte Wohnumfeld genannt, das zugleich auch das Umfeld der Schule darstellt, wodurch die Kinder ihre Situation nicht als besonders wahrnehmen. Die fehlende Vergleichsmöglichkeit zeige sich auch darin, dass einige Kinder ihre mangelhafte Versorgungslage einfach hinnähmen. Eine Selbstdefinition als arm sei nicht gewöhnlich.

In der kritischen Reflexion von Identifikationsangeboten, hier am Beispiel von Frau Paulsen, kann ermittelt werden, dass die Zuschreibung von Armut durch die Lehrkraft nicht der Selbstdefinition der Schüler*innen entsprechen muss.

> *Frau Paulsen:* „Ist vielleicht überinterpretiert, aber damit haben die sich, glaube ich, am allerbesten identifiziert."

Das Spannungsfeld von Zuschreibung und Selbstdefinition zeigt sich auf eine andere Weise in dem Aspekt der Dankbarkeit, die im Religionsunterricht im Zusammenhang mit dem Vergleich von Lebensbedingungen im globalen Süden und im globalen Norden vermittelt wird. Die Kontrastierung von „wir" und „die anderen" führt teilweise zur Konstruktion eines kollektiven Wohlstandes. Diese Konstruktion kann eine Selbstdefinition als arm erschweren und auch die Möglichkeit nehmen, den ggf. empfundenen eigenen Leidensdruck auszudrücken. Es finden sich Hinweise darauf, dass die Konstruktion den Lehrkräften auffällt und als nicht haltbar erkannt wird, z. B. daran, dass Relativierungen erfolgen, indem ergänzt wird, dass einzelne Kinder aus der Lerngruppe nicht zu diesem materiell wohlhabenden Kollektiv gehörten.

Spannungsverhältnisse zwischen Veranschaulichung und Reifizierung

Die zur Thematisierung von Armut herangezogene Vergleichsmöglichkeit auf globaler Ebene erzeugt einen spannungsvollen Kontrast zwischen „hier" und „dort" sowie zwischen relativer und absoluter Armut.

Bei der Lokalisierung von absoluter Armut auf dem afrikanischen Kontinent wird nicht zwischen verschiedenen afrikanischen Ländern oder dort lebenden Bevölkerungsgruppen unterschieden. Auch wird kein Land als Beispiel genannt. Stattdessen wird der Kontrast verstärkt, indem lediglich von „Afrika oder sonst wo" im Vergleich zu „hier" gesprochen wird. Die lokale Armut wird neben der globalen Armut ebenfalls von Lehrkräften wahrgenommen und tritt in ein Spannungsverhältnis zu dieser. Wie an den Äußerungen der Lehrer*innen zu ihren Wahrnehmungen von Kinderarmut an ihren Schulen erkennbar wird, sind sie sich den mitunter belastenden Lebensbedingungen ihrer in Armut aufwachsenden Schüler*innen bewusst und bringen diese im Zusammenhang mit der Thematisierung von Armut im Unterricht mit ein, wie am Beispiel von Frau Schmidt deutlich wird:

> *Frau Schmidt:* „Und es ist halt nicht immer nur die Kinder, die in Afrika sind oder sonst wo, sondern dass das halt auch hier unter uns ist."

Es wird erkennbar, dass die Lehrkraft zur Veranschaulichung das Bild von armen Kindern in Afrika aufnimmt, sich gleichzeitig aber auch der Armut von Kindern in Deutschland bewusst ist und diese auch einbringen will. Allerdings scheint das Bild des armen Kindes in Afrika anschaulicher zu sein für die Kinder. Es ist möglich, dass ihr bewusst ist, dass damit ein solches Bild durch den Unterricht bei den Kindern gestärkt wird. Dadurch ließe sich auch erklären, weshalb sie die lokale Armut einspielt. Der Grund dafür kann aber auch der sein, dass sie an den Armutserfahrungen ihrer Schüler*innen anknüpfen will.

Das Spannungsverhältnis von Veranschaulichung und Reifizierung wird noch deutlicher in dem Moment sichtbar, in dem absolute Armut als einzige Bezugsgröße gesetzt wird. Dadurch wird die Konstruktion einer Dichotomie von arm und reich ermöglicht, die es erschweren kann, über Variationen von Lebensbedingungen auch auf lokaler Ebene zu sprechen.

> *Herr Hofer:* „Durchaus behandle ich auch das Thema Armut oder Armut in der Welt und wie geht es anderen Menschen und wie geht es uns."

Allerdings kann die Aufnahme globaler Armuts- und Wohlstandsverhältnisse in den Religionsunterricht auch einen Nutzen haben. Eine politische, befreiungstheologisch konzipierte Religionspädagogik, die Ungleichheitsverhältnisse in ihrer sozialanalytischen Vermittlung aufnimmt, kann dadurch Ungerechtigkeiten auf globaler Ebene thematisieren und damit das befreiende Potenzial einer Theologie der Armen entfalten, das gerade durch den Kontrast von kollektiver Armut zu kollektivem Wohlstand seine Aussagekraft erhält. Durch die befreiungstheologische Aufnahme des Vergleichs globaler Armuts- und Wohlstandsverhältnisse in den Religionsunterricht zeigt sich so ein spezifisch religionsdidaktisches Spannungsfeld zwischen befreiungstheologischer Intention sowie Botschaft und Reifizierung eines spezifischen Bildes von absoluter Armut.

Spannungsfeld von Identifizierung und Distanzierung

Als Anknüpfungspunkt für Erfahrungen von Armut im lokalen Kontext wird im Religionsunterricht die historisch und räumlich distanzierte Armut in biblischen Geschichten aufgeführt, die zum Einfühlen in Personen und Situationen beitragen sollen. Zur Veranschaulichung wird auf die Lebensumstände in der Antike hingewiesen. Hier sind Umgangsweisen mit biblischen Texten erkennbar, die Ähnlichkeiten zur sozialgeschichtlichen Exegese aufweisen. Die Identifikation mit den Figuren führt zu einer Abgrenzung von Armut. Durch die Kontrastierung wird erzielt, dass die Armut räumlich und zeitlich weit entfernt zu finden ist und den Schüler*innen stattdessen mitunter mitgeteilt wird, dass sie in einem vergleichsweise großen Wohlstand leben.

Die Geschichte von Rut und Noomi scheint bei den Lehrkräften und Schüler*innen sehr beliebt zu sein. Aktuell wird sie unter dem Schwerpunkt Flucht bzw. Migration thematisiert, wodurch die Notlage der beiden Frauen auch auf materieller Ebene angesprochen wird. Die Situationen von geflüchteten Kindern werden als anschaulich für die Kinder ohne Fluchterfahrung bezeichnet, wodurch hier nicht nur nach dem Kriterium Fluchterfahrung kontrastiert wird, sondern dieses auch gleichzeitig mit Armut verbunden wird und zur Konstruktion des *armen Flüchtlingskindes* im Gegensatz zu den *anderen Kindern* führt.

In Kombination mit dem Spannungsfeld von Zuschreibung und Selbstdefinition zeigt sich das Spannungsverhältnis von Identifikation und Distanzierung in dem Motiv des Helfens. Die Aufnahme dieses Motivs im Religionsunterricht kann zu spannungsvollen Identifikations- und Definitionsprozessen führen, wie in der Auseinandersetzung mit unterschiedlichen Diakonieverständnissen in Kapitel 6.1 bereits verdeutlicht wurde.

Spannungen zwischen materiellen und immateriellen Werten

In der Beschäftigung mit der Frage, was einen Menschen wertvoll macht, stehen die Lehrkräfte vor der Herausforderung, den Kindern Zugänge zu immateriellen Werten zu ermöglichen. Das gelingt anhand christlicher Motive wie der Gottebenbildlichkeit, durch die den Schüler*innen vermittelt werden kann, dass jeder Mensch einzigartig, gewollt und wertvoll ist. Die Fokussierung auf immaterielle Werte findet auch als Reaktion auf die Wahrnehmung der Lehrkräfte statt, dass die Kinder sich an materiellen Werten orientieren und die Erfahrung machen, dass Kinder unterschiedlich mit materiellen Gütern ausgestattet sind. Durch die christlich motivierte Wertvermittlung auf immaterieller Ebene entsteht dabei die religionspädagogische Herausforderung, diese nicht gegen materielle Werte auszuspielen. Das Risiko besteht dabei darin, den Schüler*innen ihre Erfahrungen mit materiellen Wertzuschreibungen abzusprechen.

Spannungsverhältnisse zwischen Hoffnungsperspektiven und Handlungsfähigkeit

Hoffnungsperspektiven aufzuzeigen tritt als eine fachspezifische didaktische Aufgabe zur Entwicklung von Bewältigungsstrategien in Erscheinung. Von den Lehrkräften wird eine positive Sicht auf die Zukunft intendiert, die sie den Schüler*innen anhand des christlichen Hoffnungsmotivs vermitteln wollen. Die Lehrkräfte nehmen allerdings ein besonderes Spannungsverhältnis zwischen dieser Intention und den realen Bedingungen des Aufwachsens bei den Kindern wahr. Bei der Vermittlung von Hoffnungsbildern sei darauf zu achten, dass diese keine unrealistischen Erwartungen mit sich bringen.

Unter Bezugnahme auf kindliche Handlungsspielräume in der Armutsforschung wird hier ein Bewusstsein von Lehrkräften auf die Einschränkung armer Kinder in ihrem Entscheidungs- und Dispositionsspielraum[38] erkennbar, das sich auch daran zeigt, dass weniger die Hoffnung darauf vermittelt wird, dass die Kinder später selber etwas verändern können, sondern darauf, dass sich etwas än-

---

38 Siehe dazu Kapitel 2.3.2.

dert. Die Ausgangsposition für Veränderungen innerhalb der Hoffnungsperspektiven liegt demnach außerhalb des Kindes und setzt nicht an dem eigenen Gestaltungspotenzial an.

Als spannungsvoll erscheint auch die Bezugnahme auf Eltern oder Menschen aus dem nahen Umfeld der Kinder, wenn es darum geht, den Schüler*innen Hoffnung darauf zu vermitteln, dass sie in schwierigen Situationen Beistand und Unterstützung erfahren. Die Eltern als Beispiel heranzuziehen erscheint naheliegend. Allerdings wird von den Lehrkräften die prekäre familiäre Situation, insbesondere die fehlende Fürsorge der Eltern als ein zentrales Merkmal von Kinderarmut genannt, wodurch sich die Wahrnehmung der Hoffnungsperspektive bei einigen Kindern anders als intendiert gestalten könnte.

Religionsunterricht – ein Fach zwischen Wertschätzung und Abwertung

Dem Religionsunterricht, so wie er von den Lehrkräften geschildert wird, kommt durch diese eine hohe Wertschätzung zu. Die als fachspezifisch wahrgenommenen Unterrichtsbedingungen, Gestaltungsmöglichkeiten, Methoden, Zugänge und auch Inhalte seien als Alleinstellungsmerkmale des Religionsunterrichts sehr wertvoll für die emotionale und soziale Entwicklung von Kindern. Auch die Schüler*innen nehmen den konkreten Unterricht nach Aussage der Lehrkräfte als wertvoll und bereichernd wahr, messen dem Fach selber aber mitunter kaum eine Bedeutung zu. Besonders bei den Eltern der Schüler*innen scheint das Fach Religion keine Beachtung zu finden. Da es nicht als schulleistungsrelevantes Unterrichtsfach angesehen wird, wird es zum Teil weder von den Eltern noch von den Schüler*innen ernstgenommen. Aber auch die Lehrkräfte betonen den geringen bis fehlenden Leistungsdruck in diesem Fach, wodurch es einen anderen Stellenwert als andere Unterrichtsfächer erhält.

Religionsunterricht im Spannungsfeld von Ermöglichung und schlechten Rahmenbedingungen

Der Religionsunterricht erscheint als der Raum in der Schule, an dem Kinder ihre Erfahrungen einbringen und neue Erfahrungen machen können, Ermutigung für ihr Leben erhalten und durch die Inhalte und Ziele des Fachs besonders ihr emotionales und soziales Selbstkonzept stärken können. Die Lehrkräfte intendieren die Befähigung der Schüler*innen zu einem selbstbewussten und verantwortlichen Leben in Gemeinschaft. Diese von den Lehrkräften als entwicklungsbedeutsam herausgestellten Aspekte des Religionsunterrichts stehen in einem Spannungsverhältnis mit den Rahmenbedingungen, unter denen das Fach unterrichtet wird. Mit ein bis zwei Stunden pro Woche, die teilweise ungünstig verteilt sind, z. B. als Randstunden oder mit großem zeitlichen Abstand, weist das Fach einen den Lehrkräften zu geringen Stundenumfang auf. Insgesamt erscheint Religion als Fach, das im Vergleich zu anderen Schulfächern nachrangig bedacht wird. Wie den Kriterien der Lehrkräfte für einen armutssensiblen Religionsunterricht entnommen werden kann, könnten die Kinder von einer höheren Stundenanzahl profitieren. Auch die Tatsache, dass unter den aktuellen Bedingungen viele Kinder nicht am Religionsunterricht teilnehmen (können), wird von den Lehrkräften kritisiert. Gerade die Schüler*innen, die besonders häufig Armutserfahrungen machen, nähmen oft nicht am Religionsunterricht teil und würden daher nicht von den Angeboten Gebrauch machen können, die in dem Fach zur Stärkung des Selbstkonzepts gemacht werden.

Erfahrungen und Gefühle der Kinder treffen auf die Grenzen der Lehrkraft

Die Erfahrungen und Gefühle ihrer Schüler*innen stellen einen wichtigen Zugang zu Inhalten des Religionsunterrichts für die Lehrkräfte dar. An diesen anknüpfen bedeutet auch, die Kinder von ihren Erfahrungen und Gefühlen erzählen zu lassen, was von einigen Lehrkräften als emotional herausfordernd geschildert wird. Die eigenen Grenzen und auch Handlungsmöglichkeiten im Umgang mit dem Geschilderten werden bewusst, wenn die Erfahrungen der Schüler*innen von Ängsten, Gewalt und Vernachlässigungen geprägt sind. Wie anspruchsvoll dieses religionsdidaktische Spannungsfeld sein kann, hat Inger Hermann bereits in den 1990er Jahren anschaulich dargestellt.[39] Der Umgang mit den eigenen professionellen und emotionalen Grenzen wird auch aktuell bei den interviewten Lehrkräften als Herausforderung für Religionslehrkräfte erkennbar, die einen erfahrungsorientierten Unterricht anbieten.

7.3.3 Bündelung der Ergebnisse

Zusammenfassend stellt sich die Wahrnehmung von Kinderarmut als sehr vielseitig und mehrdimensional dar. Die Lehrkräfte schildern unterschiedliche Wege des Umgangs mit den als herausfordernd wahrgenommenen Versorgungslagen der Schüler*innen. Die Analyse des Interviewmaterials ergibt, dass es verschiedene Varianten von Religionsunterricht für Kinder mit Armutserfahrungen gibt. Dies kann durchaus als Chance verstanden werden, denn es lassen sich aus den vielfältigen Erfahrungsberichten Aspekte ermitteln, die von den Lehrkräften als förderlich wahrgenommen werden. Ihre Gemeinsamkeit besteht in der Haltung, dass es darauf ankomme, fachdidaktisch angemessen auf die konkreten Schüler*innen mit ihren individuellen Erfahrungen zu reagieren.

---

39 Siehe dazu Kapitel 3.

Als Ressourcen des Religionsunterrichts im Zusammenhang mit der Wahrnehmung von armutsbedingten Lebens- und Lernbedingungen konnten die subjekt- und handlungsorientierte Ausrichtung des Unterrichts, die Ermöglichung von Gemeinschaftserfahrungen und das Anbieten fester Strukturen in einem sicheren Raum, der für die Erfahrungen und Fragen der Kinder gestaltet ist, sowie die Konzentration auf emotionales und soziales Lernen durch Identifikationsangebote und Distanzierungsmöglichkeiten ermittelt werden.

Die empirische Untersuchung zeigt exemplarisch auf, unter welchen Spannungen Religionsunterricht mit armen Schüler*innen stattfindet. Insbesondere bei der Thematisierung von Armut im Unterricht kommen diese zum Vorschein. Die Reflexion von Zuschreibung und Selbstdefinition erscheint für die Unterrichtsvorbereitung als elementar, ebenso die Reflexion der jeweiligen didaktischen Intention, die u. a. in den Spannungsfeldern von Identifizierung und Distanzierung sowie Veranschaulichung und Reifizierung konkret wird.

Für konzeptionelle Überlegungen zu armutssensiblem Religionsunterricht ergibt sich aus diesen Spannungsfeldern eine spezielle Aufmerksamkeit für die Einbringung differenzierter Armutsbilder, besonders im Zusammenhang mit biblischen Texten und Figuren, um vielseitige Identifikations- sowie Distanzierungsangebote zu schaffen, um mit Divergenzen in Zuschreibungen und Selbstdefinitionen umzugehen und um Subsumierungen zu vermeiden. Durch Elemente sozialgeschichtlicher Exegese sowie den Einbezug intertextueller Lesarten kann diesem Anliegen bibeldidaktisch nachgegangen werden.[40] Die Spannungen, die sich aus unterschiedlichen diakonischen Selbstverständnissen ergeben und am Motiv des Helfens zeigen, können in Überlegungen zu einem pluralitätsfähigen und inklusiven diakonischen Lernen aufgenommen werden.

Die besondere Rolle des Religionsunterrichts wird von allen interviewten Lehrkräften im Zusammenhang mit den als prekär wahrgenommenen Lebenslagen ihrer Schüler*innen hervorgehoben. Kindern mit unterschiedlichen Armutserfahrungen wird in diesem Unterrichtsfach ein spezieller Raum gegeben, der als nötig und wertvoll benannt wird, aber auch die Lehrkräfte gelegentlich an ihre Grenzen bringt, wenn Kinder ihre Erfahrungen und Ängste einbringen. Das Potenzial des Unterrichtsfachs Religion könne unter den aktuellen Rahmenbedingungen nicht voll ausgeschöpft werden. Mehr Zeit für Religionsunterricht und die Teilnahme aller Schüler*innen sind konkrete Forderungen der Lehrkräfte.

Inklusiver Umgang mit Kinderarmut – Inklusionsstrategien der Lehrkräfte

Bei allen zehn interviewten Lehrkräften wird eine parteiische Haltung für ihre Schüler*innen erkennbar. Keine Lehrkraft hält die wahrgenommenen Herausforderungen sozial benachteiligter Schüler*innen für gerecht oder hinnehmbar.

40 Vgl. Schambeck: Bibeltheologische Didaktik, 82–117.

Entsprechend sind Inklusionsmotive identifizierbar, die sich in den didaktischen Konzepten der Lehrkräfte widerspiegeln. Die Lehrkräfte verfolgen überwiegend die Absicht, die Schüler*innen zu stärken und ihnen Teilhabebarrieren zu nehmen, indem sie fehlende materielle Ausstattung ausgleichen, bei größeren finanziellen Aufwendungen aus eigener Initiative Ratenzahlung anbieten und sich für die Identitätsstärkung der Kinder einsetzen. Außerdem vermitteln sie ein positives Bild von Verschiedenheit und bieten den Schüler*innen im Religionsunterricht Hoffnungsbilder an. Diese dominante Inklusionsstrategie lässt sich nach Bogers Modell als Kombination von Empowerment und Normalisierung, somit als EN à non-D bezeichnen.[41] Empowerment und Normalisierung stehen dabei in einem dialektischen Verhältnis, das in der Pädagogik der Vielfalt nach Prengel anhand der egalitären Differenz auf Basis der Prinzipien von Gerechtigkeit und Anerkennung konzeptionell verankert ist.[42]

Durch Reifizierung sowie Externalisierung von Armut bei der Thematisierung dieser wird mitunter antiemanzipatorisch gehandelt, auch wenn das nicht beabsichtigt sein mag. Zwar wird globale Ungleichheit von den Lehrkräften im Religionsunterricht thematisiert, allerdings nicht zwangsläufig zu Emanzipationszwecken, sondern im Gegensatz dazu zum Aufzeigen des eigenen, den Schüler*innen zugeschriebenen Wohlstands. In dieser Absicht wird womöglich eine Normalvorstellung von nordeuropäischem Wohlstand transportiert, an dem auch materiell deprivierte Schüler*innen teilhaben können. Die Vorstellung wird durch die Kontrastierung mit dem globalen Süden stabilisiert. Diese Form der Normalisierung mit ihrer Teilhabeintention verhält sich dichotom zu einer auf Empowerment ausgerichteten Inklusionsstrategie, nach der Relativierungen dieser Art abgelehnt werden.[43] Das dialektische Verhältnis von Empowerment und Normalisierung in den Inklusionsmotivationen wird hierdurch in der Armutsthematisierung teilweise verlassen.

Ein auf Dekonstruktion ausgerichtetes Inklusionsbestreben ist bei der Stärkung immaterieller Werte im Religionsunterricht erkennbar, die als antikapitalistischer Gegenentwurf interpretierbar ist. Gleichermaßen findet durch diese didaktische Ausrichtung ein bewusstes Abweichen vom meritokratischen Bewertungsschema im Bildungsbereich statt, wodurch den Schüler*innen eine alternative Form der Selbstwertbildung angeboten wird.[44]

41 Vgl. Boger: Theorien der Inklusion – eine Übersicht, 5.
42 Vgl. Prengel: Pädagogik der Vielfalt, 60ff.
43 Vgl. Boger: Theorien der Inklusion – eine Übersicht, 2.
44 Vgl. ebd., 4.

8. Armutssensibler Religionsunterricht: Konzeptionelle Überlegungen

In diesem Kapitel erfolgen erste konzeptionelle Überlegungen zu einem armutssensiblen Religionsunterricht. Als reflektierende Vorarbeit werden zunächst die zentralen Ergebnisse aus der sozialwissenschaftlichen Perspektive für den Religionsunterricht diskutiert. Die Theorie Pierre Bourdieus dient dabei als Schablone für eine kritische Überprüfung des eigenen professionellen Handelns von Lehrkräften im Kontext des schulischen Religionsunterrichts. Eine Definition von Armutssensibilität im religionspädagogischen Bereich erfolgt mit der Schwerpunktsetzung auf inklusiven Religionsunterricht in Kapitel 8.2. Anschließend werden Rahmenbedingungen für armutssensiblen Religionsunterricht ermittelt und verschiedene Bausteine für diesen entwickelt, die im Anschluss an die Thematisierung von Bildungsgerechtigkeit als Ertrag armutssensiblen Handelns in einem inklusionstheoretischen Modell zusammengestellt werden.

8.1 *Habitusreflexion und Distinktionsbewusstsein im Kontext religiöser Bildung*

Der Habitus und mit diesem zusammenhängende Distinktionsmechanismen stellen nach Bourdieu zentrale Ansatzpunkte für Weichenstellungen innerhalb pädagogischer Kontexte dar. Daher erfolgt in diesem Teilkapitel eine kritische Analyse zum Verhältnis von Religionsunterricht und Bildungsbenachteiligung, die von der Fähigkeit zur Reflexion des eigenen Habitus und der Möglichkeit der Ausbildung eines Distinktionsbewusstseins ausgeht. Dazu werden unterschiedliche Aspekte und Erscheinungsformen von Distinktion im Religionsunterricht als Ausgangspunkt für Überlegungen genutzt, die zu distinktionspräventiven Maßnahmen für die Ausbildung von Lehrkräften und die Gestaltung von Unterricht beitragen.

8.1.1 Religionsunterricht als Raum zur Destabilisierung gesellschaftlicher Ordnungen

Wie in den Ausführungen zu Bourdieus Theorien zum religiösen Kapital, zum religiösen Habitus und symbolischer Macht im Feld der Religion deutlich wird, kann Religion zur Aufrechterhaltung gesellschaftlicher Ordnungen beitragen.

Findet Religion im Feld der Bildung einen Ausdrucks- und Geltungsort, erhöht sich die symbolische Macht, wenn Religion dadurch zu einem Bildungsgegenstand wird. Die Anerkennungsmechanismen aus dem Feld der Bildung und die innerhalb dieses Feldes anerkannten Akteur*innen, besonders die Lehrkräfte, legitimieren durch ihr Agieren innerhalb des Religionsunterrichts die gültigen Ausdrucks- und Deutungsformen in Bezug auf Religion. Diese Aktualisierungen und Verstärkungen bestehender Spielregeln geschehen nach Bourdieu nicht bewusst und eher habituell intendiert. Schüler*innen übernehmen innerhalb der schulischen Lernprozesse diese Spielregeln, wodurch im Religionsunterricht bestehende gesellschaftliche Ordnungen stabilisiert werden können. Brisant ist, dass Bildung und Religion in diesen Prozessen reziprok aufeinander wirken und innerhalb dieses Wechselspiels unter Nutzung der Spielregeln beider Felder (Religion und Bildung) diese jeweils an der gegenseitigen Bestätigung beteiligt sind und die Dynamik dieser Stabilisierung dadurch starke doxische Züge aufweist. Das Zusammenspiel der beiden Felder, die sich gegenseitig stützen, wirkt dadurch umso natürlicher. Besonders der evangelische Religionsunterricht in seiner akademisch-theologischen Tradition bietet diesem reziproken Legitimationsmechanismus Raum.[1]

Dieser Mechanismus sei an dieser Stelle an einem Beispiel verdeutlicht: Eine Deutungsaussage zu einer vorgelesenen biblischen Geschichte kann nach verschiedenen Kriterien als gute Aussage anerkannt werden. Die Kriterien stehen dabei miteinander in Verbindung und sind den beiden Feldern Religion und Bildung entnommen. Eine solche Aussage kann z. B. am sprachlichen Ausdruck gemessen werden. Werden Begriffe genutzt, die als ästhetisch wertvoll wahrgenommen werden, weil sie zu einem bildungsgeprägten Habitus passen, kann die Aussage als gut bewertet werden. Diese Bewertung erfolgt nach Kriterien aus dem Feld der Bildung. Sprache und Ästhetik sind aber auch Bestandteile akademisch-theologischer Anforderungen innerhalb des religiösen Feldes. Ein anerkannter religiöser Habitus bedient sich eines kulturell anerkannten Vokabulars. Irritationen fallen dann in beiden Feldern auf. Zum Beispiel entspricht die Deutung von *Jesus als Zombie* aus einem jugendtheologischen Gespräch über Ostern mit bildungs- und religionsfernen Jugendlichen weder den Vorstellungen einer angemessenen religiösen Rede, noch gilt diese Formulierung als sprachlich ästhetisch, was zur Folge haben kann, dass der Gehalt dieser Deutung weder erkannt noch anerkannt wird.[2] Das anerkannte kulturelle Kapital ist auch gespeist von symbolisch machtvollen religiösen Bildern. Die Metapher des Hirten taugt hier als geeignetes Beispiel. Die mögliche theologische Tiefe anderer Formulierungen wie z. B. der Vergleich von Jesus mit einem Zombie oder aber die beschützende Funktion von Superheld*innen oder Feuerwehrleuten kann durch

---

1 Vgl. Lütze: Redet die Religion, 97f.

2 Vgl. Schimming: Der ist ausgebrochen.

eine solche reziproke Anerkennungsverengung übersehen oder auch übergangen werden. Dadurch können innovative Ausdrücke, die nicht kulturkonform sind, und von Schüler*innen formuliert werden, die sich weder im Feld der Bildung noch im religiösen Feld sicher bewegen, nicht die angebrachte Geltung und Wertschätzung erhalten.

Eine Sensibilisierung für die Vielfalt theologischer Ausdrucksformen jenseits des Anerkannten kann an dieser Stelle dazu beitragen, symbolische Machtausübung in einer sich gegenseitig stärkenden Vermischung der Felder der Religion und der Bildung zu verringern oder gar zu vermeiden. Die Basis für einen kulturell und theologisch vielfältigen Religionsunterricht liegt in der Habitus- und Positionsreflexion der beteiligten Lehrkräfte,[3] die sich damit für Kritik an distinktiven Gesellschaftsordnungen entscheiden. Im Moment dieser Entscheidung wird auch das Bildungsverständnis auf eine Probe gestellt. Wenn eine partizipations- und gestaltungsorientierte Vorstellung von Bildung gewählt wird, heißt dies, dass Bildung nicht dazu befähigen soll, in bestehenden Strukturen erfolgreich zu agieren, sondern dazu, bestehende Strukturen zu hinterfragen, zu verändern und neue zu entwickeln.

8.1.2 Vermeidung von Mittelschichtsorientierung im Religionsunterricht

Die von Bourdieu als klassenspezifisch herausgestellten Unterschiede in der religiösen Nachfrage, die Distinktion und Machtausübung im Feld der Religion ermöglichen, stellen sich für die heutige Gesellschaft als Unterschiede heraus, die in verschiedenen Milieus unterschiedlich stark ausgeprägt sind. Statt klarer Trennlinien sind vielmehr Tendenzen und Trends erkennbar. Die Sinus-Studien zu religiösen und kirchlichen Fragestellungen in Kapitel 5.1 zeigen auf, dass es Differenzen in den Bedarfen und auch Erwartungen an kirchliche Institutionen zwischen den Milieus gibt. Diese Vielfalt gilt es auch für das religiöse Angebot im Rahmen des schulischen Religionsunterrichts wahrzunehmen und zu berücksichtigen, um die Einseitigkeit und Begrenzung der Adressat*innen durch ein an der Nachfrage der Mittelschicht orientiertes Angebot zu vermeiden. Durch diese Maßnahme kann Distinktionsverhalten seitens der Lehrkraft in Bezug auf die inhaltliche Gestaltung des Religionsunterrichts vermieden werden. Solange aber die Nachfrage der Durchschnittsbevölkerung maßgeblich ist, findet eine inhaltliche Engführung statt, wie Lütze am Beispiel der Gottesvorstellungen aufzeigt.[4]

---

[3] Je nach Position können unterschiedliche Erfahrungen mit Distinktion oder auch Ungerechtigkeiten gemacht werden oder worden sein. Daher empfiehlt sich der Einbezug biografischer Erfahrungen, z. B. aus der eigenen Kindheit (vgl. Schlag: Gerechtigkeit als höchstpersönliche Bildungsthematik, 262ff.).

[4] Vgl. Lütze: Redet die Religion, 105f.

Ein an der Mittelschicht orientiertes religiöses Angebot im Religionsunterricht bewirkt auch die Legitimation bestimmter Deutungen im Horizont bildungsbürgerlicher Erfahrungswelten.

8.1.2.1 *Vielfältige religiöse Bildungsangebote entwickeln*

In Verbindung mit den Theorien Bourdieus lässt sich mit Lütze fragen, „ob Struktur und Inhalte religiöser Angebote [...] ausreichend anschlussfähig waren und sind an Erfahrungen jenseits bildungsbürgerlicher Welten“[5]. Was Bourdieu als religiöse Nachfrage und religiöses Angebot insbesondere im Zusammenhang mit gesellschaftlichen Machtfragen herausstellt, wird von Lütze mit der Konzentration auf evangelische Bildungsangebote für die heutige Situation aktualisiert. In diesen werde von bildungsbürgerlichen Normalvorstellungen ausgegangen, woraus sich nach Lütze die Gefahr der Marginalisierung der davon abweichenden Personen ausmache, die aus dem Blickfeld der religiösen Bildungsangebote fallen.[6]

Um anschlussfähig an Lebenswelten außerhalb eines bestimmten Milieus zu sein, bedarf es distinktionsbewusster Selbstkritik, um konstruktiv an einer *milieusensiblen Kulturhermeneutik in Kirche und Religionspädagogik*[7] zu arbeiten und zielgerichtete Angebote im Rahmen einer auf Milieupluralität ausgerichteten Gemeindeentwicklung zu schaffen. So verfolgt z. B. die von den Landeskirchen in Auftrag gegebene Sinus-Studie *Evangelisch in Baden und Württemberg* das „Ziel einer besseren, d. h. angemessenen Glaubenskommunikation“[8]. Als weiteres Beispiel lässt sich die Lydia-Gemeinde in der Dortmunder Nordstadt anführen, die auf die soziokulturelle Pluralität ihres Stadtteils mit verschiedenen Projekten reagiert: Neben dem interkulturellen Projekt „Lydia international“ gibt es die Kulturkirche mit einem weiten Kulturverständnis, nach dem Erotik- und Haustiergottesdienste sowie Rockmusik-Konzerte angeboten werden.[9]

Im schulischen Religionsunterricht ist nach Lütze darauf zu achten, dass Schüler*innen aller Schulformen ein ausgeglichenes Angebot religiöser Bildung erhalten, das sich nicht auf einen Aspekt wie den des Wissens über die Ausübung von Religion beschränkt. Reflexionskompetenzen sollen kein Privileg von Schüler*innen am Gymnasium darstellen, sondern sind allen Schüler*innen auf unterschiedlichen Niveaus zugänglich zu machen.[10]

Die aufgezeigten Beispiele liefern Hinweise für die Gestaltung von Religionsunterricht. Der Besuch außerschulischer Lernorte abseits des kulturellen

---

5 Ebd., 99.

6 Vgl. ebd., 100ff.

7 Vgl. Morawski: Bildung im Kontext von Distinktionsgeschehen, 28.

8 Hinrichs/Heckel: Vorwort, 15.

9 Vgl. die Homepage der Lydia-Gemeinde Dortmund (https://lydia-dortmund.ekvw.de/, zuletzt geprüft am 13.04.2021).

10 Vgl. Lütze: Redet die Religion, 101ff.

Mainstreams sowie die Aufnahme popkultureller Elemente in den Unterricht und niedrigschwelliger Reflexionsangebote durch performative Ansätze können zu einer pluralitätsfähigen religiösen Bildung beitragen.

8.1.2.2 *Glaube und Bildung – Reflexion eines schwierigen Verhältnisses im Kontext sozioökonomischer Vielfalt*

Nach Lütze ist die Tradition des Protestantismus bezüglich ihres Risikos für Bildungsbenachteiligung kritisch anzufragen, das in der Historie des modernen Allgemeinbildungsverständnisses mit seinen reformatorischen Wurzeln erkennbar wird. Auch wenn durch die Reformation in guter Absicht die Stärkung der Allgemeinbildung erfolgte, da vor allem Luther sich mit seiner deutschen Übersetzung dafür eingesetzt hatte, die Bibel für alle lesbar zu machen, ist die Reformationsbewegung eine akademische gewesen, die von den Universitäten aus eine neue Ordnung geschaffen habe, in der durch ein verändertes Laienverständnis Glaube und Bildung sehr nah beieinander stehen: „Gegangen ist die klerikale Hierarchie, gekommen ist die studierte Expertokratie“[11].

Der Religionsunterricht steht nicht nur vor der Herausforderung des kritischen Umgangs mit dieser Expertokratie in protestantischer Tradition. Er muss auch hinsichtlich der Einbettung in das Schulsystem und der Verantwortung der Kirche in Bezug auf Reproduktionsmechanismen sozialer Ordnungen innerhalb des Feldes der Bildung reflektiert werden. Mit Lütze ist der kritiklosen Übernahme der durch Helmut Fends Schultheorie bekannten vier Aufgaben von Schule im Religionsunterricht entgegenzuwirken, da *Enkulturation*, *Qualifikation*, *Allokation* und *Integration*[12] „eher der Gesellschaft als dem Individuum verpflichtet sind und letztlich alle dem Erhalt des Status quo dienen“[13]. Orientiert sich der Religionsunterricht an diesen vier Zielen schulischer Ausbildung, wird Bildung als Werkzeug zur Aufrechterhaltung gesellschaftlicher und benachteiligender Ordnungen genutzt. Kirchen sind dabei machtausübende Institutionen, die sich in die Reproduktionsmechanismen schulischer Bildung einfügen und zur Aufrechterhaltung sozialer Ungleichheit aktiv beitragen. Außerdem, so Lütze, würden besonders die Schüler*innen mit schlechten Startbedingungen unter dieser Ausrichtung Benachteiligungen erfahren.[14] Begründen lässt sich das durch das Auslassen individueller Förderung, den höheren Enkulturationsaufwand von Kindern mit geringer Ausstattung an kulturellem Kapital und die Qualifikations- und Allokationsfunktion, die Selektionsprozesse in der Schule erfordern. Für religiöse Bildung fordert Lütze daher einen Perspektivwechsel, der auf Bildungs-

---

11 Ebd., 97.
12 Vgl. Fend: Neue Theorie der Schule, 49ff.
13 Lütze: Redet die Religion, 102.
14 Vgl. ebd.

gerechtigkeit zielende Veränderungen mit sich bringt: „Bildungsgerechte religiöse Bildung ist ohne eine Überschreitung bestimmter bildungsbürgerlicher Leitvorstellungen nicht zu haben."[15]

Nach Lütze lassen sich die kritisierten bildungsbürgerlichen Leitvorstellungen, die zu einer Milieuverengung im Religionsunterricht beitragen, am Beispiel eines milieuverengten Gottesbildes veranschaulichen. In vielen Religionsbüchern für die Grundschule wird ein freundliches, dem Menschen zugewandtes Gottesbild verwendet, aus dem heraus sich eine an Freiheit orientierte, christliche Lebensgestaltung als Ideal ableiten lässt.[16] Nach Lütze handelt es sich dabei um ein Gottesbild von Menschen, „die materiell und kulturell in gesicherten Verhältnissen leben"[17] und „tatsächlich die Freiheit haben, ihr Leben eigenständig zu gestalten"[18]. Demgegenüber steht ein Gottesbild, das eher von Erfahrungen der Handlungs- und Freiheitsbeschränkungen aus prekären Lebenssituationen geprägt ist. Auch wenn das Bild eines mächtigen Gottes in der Bibel vorkommt, ist es in Lehrwerken und Lehrplänen[19] besonders für den Grundschulreligionsunterricht unterrepräsentiert. Vorhandene Ressourcen werden somit zugunsten einer adressatenbezogenen Engführung nicht genutzt.[20] Daher ist für einen Religionsunterricht, der sich der sozioökonomischen Vielfalt der

---

15 Ebd.

16 In dem Religionsbuch Spuren lesen für das 1. und 2. Schuljahr wird in einem Kapitel der Frage „Gott, wer bist du?" nachgegangen. Dafür werden auf mehreren Seiten ausschließlich positive Bilder und Beschreibungen von Gott dargestellt (Altrock et al.: Spuren lesen 1./2. Schuljahr, 22–31). In dem Schulbuch dieser Reihe für die 3. und 4. Klasse wird im Kontext von Luthers Rechtfertigungslehre bei Klagepsalmen angesetzt. Auf der darauffolgenden Seite werden Bibelstellen mit einem positiven, auf Freiheit ausgelegten Gottesbild angeführt, um Luthers Entdeckung der Rechtfertigung allein aus Glauben zu verdeutlichen (Altrock et al.: Spuren lesen 3./4. Schuljahr, 22f.). Hier ist es nicht nur so, dass das positive Gottesbild dominiert, es steht auch im Zusammenhang mit Erkenntnis. Ein mächtiger, direktiver Gott bildet die defizitäre Ausgangslage. An dieser Stelle ist zu fragen, ob dadurch ein Lernangebot an Schüler*innen gemacht werden kann, die sich Gott als mächtig und unfreundlich vorstellen, oder ob durch diese Anordnung diejenigen mit der eher bildungsbürgerlichen Vorstellung eines freundlichen Gottes ihre Gottesbilder bestätigt sehen und die anderen gespiegelt bekommen, dass ihre Gottesbilder nicht den Erwartungen entsprechen.

17 Lütze: Redet die Religion, 105.

18 Ebd.

19 Zum Beispiel wird zu dem Inhaltsbereich „Gott begleitet auf dem Lebensweg" im Fach Evangelische Religionslehre des Lehrplans für Grundschulen in Nordrhein-Westfalen formuliert: „Den Schülerinnen und Schülern eröffnen sich Lernchancen, aus dem überlieferten Bild des Gottes, der leitet, begleitet, zum Guten wendet und seine Versprechen hält, Vertrauen und damit auch Zuversicht für eigene Lebenssituationen zu gewinnen." (Ministerium für Schule und Weiterbildung des Landes Nordrhein-Westfalen (Hg.): Richtlinien und Lehrpläne für die Grundschule, 154) Machtaspekte werden hier nicht genannt und die Vorstellung eines Gottes, der auf dem Weg zur freiheitlichen Lebensgestaltung unterstützend begleitet, wird hervorgehoben.

20 Vgl. Lütze: Redet die Religion, 105f.

Schüler*innen und ihrer diversen kulturellen Ausprägungen z. B. in Gottesvorstellungen bewusst ist, ein vielfältiges Angebot nötig.

8.1.3 Distinktionsprävention im Kontext von Bildung im Religionsunterricht

Distinktion im Sinne Bourdieus inklusive der im Feld der Religion spezifischen Wirkmechanismen und Machtverhältnisse betrifft religiöse Bildung im Religionsunterricht. Interventionen mit kompensatorischer Absicht stehen vor dem Kernproblem, dass habituelle Differenzen zu distinktiven Praktiken zugunsten der gesellschaftlich Bevorteilten führen (*Matthäuseffekt*). Die angesprochene Zielgruppe solcher Interventionen, Personen mit geringem kulturellen und ökonomischen Kapital, fühlt sich nicht angesprochen und ebenso wenig willkommen in einem oft als fremde Welt wahrgenommenen Feld der Bildung.[21] Hiermit ist ein Problem skizziert, das sich auch im Religionsunterricht wiederfindet und durch spezifische Formen der Distinktion im Feld der Religion verstärkt werden kann. Die Behauptung Morawskis, „Distinktion gehört implizit zu den großen Themen des Christentums“[22], lässt sich durch die Beschäftigung mit Bourdieus Religions- und Kirchenkritik nachvollziehen.[23] Welche Konsequenzen Distinktionsprozesse im Kontext des Religionsunterrichts haben können, wird im Folgenden aufgezeigt.

8.1.3.1 Bildungsverantwortung in kultureller Vielfalt

Nach Morawski stellt sich die Frage, ob kulturelle Bildung der passende Beitrag zu Bildungsgerechtigkeit sein kann, wenn die Bildungsbenachteiligten habitusbedingt nur ein geringes Interesse an dem zeigen, was als Kultur anerkannt wird. Zur Verdeutlichung zieht er den Vergleich mit dem Überstülpen eines unpassenden Kleidungsstücks. Diese Kritik an bestehenden Praktiken führt zu der Frage, welche Ausdrucks- und Kulturformen dadurch unterdrückt werden.[24] Daraus ergibt sich zum einen die Frage danach, welche Qualifikationen und somit auch Ausdrucks- und Kulturformen als elementar gelten, und zum anderen die Notwendigkeit zur Selbstkritik und Bereitschaft zur Hinterfragung und ggf. Überwindung von Zielen, die diese Unterdrückungsmaßnahmen unreflektiert anwenden. Um die milieueigenen Ausdrucksformen nicht zu missachten und der Gefahr zu entgehen, bildungsbürgerliche Vorstellungen von Kultur auf schulische Lernkontexte zu legen, kann aus der Kritik die Offenheit für die inklusive

---

21 Vgl. Morawski: Bildung im Kontext von Distinktionsgeschehen, 28f.

22 Ebd., 28.

23 Siehe dazu Kapitel 4.

24 Vgl. Morawski: Bildung im Kontext von Distinktionsgeschehen, 29.

Chance einer milieusensiblen Religionsdidaktik erwachsen, die sich z. B. in der Würdigung vielfältiger Interpretationen und ebenso vielfältiger sprachlicher Ausdrucksformen zeigt.

Die unterschiedlichen Interessen an der Bibel und Umgangsweisen mit dieser, die z. B. im MDG-Milieuhandbuch[25] milieuspezifisch verdeutlicht werden, weisen darauf hin, dass unterschiedliche Zugangsweisen zu und Lesarten von biblischen Geschichten dieses Überstülpen von enggefasster „Hochkultur" vermeiden können und dadurch ein wirksamer Schritt in Richtung Bildungsgerechtigkeit unternommen werden kann.[26] Durch eine moderne Optik, die lesefreundliche Struktur und das multimediale Konzept, durch das neben gedruckten Ausgaben auch die Nutzung einer App sowie einer Internetseite mit Hyperlinks zu Begriffserklärungen und Zusatzinformationen zum Bibeltext angeboten wird, kann mit der Verwendung der BasisBibel[27] im Religionsunterricht Distinktionsprävention stattfinden. In der Grundschule kann sie aufgrund des sprachlichen Niveaus der Übersetzung eher mit älteren Schüler*innen im dritten und vierten Schuljahr genutzt werden. Die erklärten Begriffe neben dem Text in der Printversion und in einem zusätzlichen Fenster in der digitalen Variante entstammen überwiegend der religiösen Sprache und der antiken Kultur. Das Prinzip der Klärung von Unbekannten oder unklaren Wörtern trägt aber auch darüber hinaus zu einer Kultur bei, in der es akzeptiert ist, nicht alle Begriff und Zusammenhänge zu kennen. Dadurch kann eine distinktionsbasierte Zugangsbarriere abgebaut werden. Eine andere Variante eines Zugangs zu biblischen Geschichten, die sich durch ihre auf Verständlichkeit ausgerichtete kommunikative Übersetzung[28] durch mehrere Menschen mit offenem Zugang zum Text sowie ihre sprachliche Gestalt als bewusster Gegenentwurf zur bildungsbürgerlichen Kultur versteht, ist die Volxbibel[29] zu erwähnen.

Die aufgeführten Beispiele deuten auf ein Spannungsverhältnis hin, das durch eine kulturelle Öffnung der Angebote im Religionsunterricht im Zusammenhang mit der Frage danach, welche Ausdrucks- und Kulturformen als Bestandteile elementarer schulischer Qualifikation gelten, entsteht. Soll der Religionsunterricht an der Ermöglichung von sozialem Aufstieg und Teilhabe an bildungsbürgerlicher Kultur beitragen, stellt sich die milieusensible Erweiterung

---

25 Wippermann/Magalhaes: MDG-Milieuhandbuch. Siehe dazu Kapitel 5.1.3 zu religiösen und kirchlichen Orientierungen in den Sinus-Milieus.

26 Vgl. Morawski: Bildung im Kontext von Distinktionsgeschehen, 30.

27 Konzept der BasisBibel auf der Internetseite der Deutschen Bibelgesellschaft: https://www.die-bibel.de/bibeln/unsere-uebersetzungen/basisbibel/, zuletzt geprüft am 13.04.2021. Als Printversion sind das Neue Testament und die Psalmen verfügbar: Deutsche Bibelgesellschaft: Basisbibel.

28 Vgl. Salzmann/Schäfer: Art. Bibelübersetzungen, christliche deutsche, in: WiBiLex, 3.4.3. Bertram Salzmann und Rolf Schäfer ordnen die Volxbibel wegen ihrer starken Abweichungen vom Ursprungstext eher den Übertragungen als den Übersetzungen zu.

29 Dreyer: Die Volxbibel.

der Kulturformen als Hindernis dar. Der skizzierte distinktionspräventive Ansatz steht somit einer normalisierenden Teilhabeabsicht mit dem Bezugspunkt Bildungsbürgertum im Wege. Das Streben nach einer bildungsbürgerlichen Kultur ist damit jedoch nicht ausgeschlossen oder bewusst verhindert. Vielmehr verliert diese ihren Hoheitsanspruch zugunsten weiterer Formen von Kultur.

8.1.3.2 Distinktionsbewusste Exklusionsvermeidung

Um exkludierende Verhaltensweisen aktiv zu vermeiden, muss nach Morawski das Bewusstsein um Distinktionen innerhalb des Religionsunterrichts geweckt werden, bei denen Habitus und Feldzugang eng miteinander verknüpft sind. Das Feld der Bildung, hier konkret der religiösen Bildung, beinhaltet durch Distinktionsgeschehen Zugangsbarrieren für Schüler*innen mit von den bürgerlichen Erwartungen abweichendem Habitus.[30] Distinktionsverhalten bewirkt den Ausschluss nicht passender Gruppen dadurch, dass ihnen deutlich signalisiert wird, dass sie nicht in den abgesteckten Rahmen passen. Die exklusive Kultur unterrichtlicher Settings benötigt daher nach Morawski inklusive Gegenentwürfe, die bereits in der Lehramtsausbildung angebahnt werden können, wenn „ein Bewusstsein für die Mechanismen der Distinktion"[31] geschaffen wird.

Mit Morawski lassen sich zwei Postulate für den Religionsunterricht formulieren. Zum einen muss zum Erreichen von Bildungsgerechtigkeit der gesamte kulturelle Bereich auf seine exklusiven Kulturen und Praktiken hin in den Blick genommen werden. Konkret kann das z. B. im Bereich der Bibelinterpretationen und Zugänge zur Bibel stattfinden. Zum anderen ist der unterrichtliche Alltag mit seinen exklusiven Kommunikations- und Bewertungspraktiken kritisch zu reflektieren, um distinktionsvermeidende Alternativen in der Leistungsbeurteilung und Unterrichtskommunikation zu entwickeln.[32] Dazu gehört auch eine kritische Auseinandersetzung mit Gemeinsamkeiten und Unterschieden in ihren sozialen Konstruktionszusammenhängen, die von Lehrkräften die Bereitschaft zur kritischen Selbstreflexivität sowie zum Verlernen der eigenen Bildungstradition erfordert, um einen dominanzkritischen und distinktionspräventiven Umgang mit Verschiedenheit einzuüben.[33] Im Religionsunterricht besteht dabei die spannungsvolle Herausforderung in der reflektierten Kommunikation über Gemeinsames und Verschiedenes vor dem Hintergrund einer theologisch bedeutsamen Gemeinschaft.[34] Zur Vermeidung einer einseitigen Auflösung der

30 Vgl. Morawski: Bildung im Kontext von Distinktionsgeschehen, 30f.
31 Ebd., 39.
32 Vgl. Morawski: Bildung im Kontext von Distinktionsgeschehen, 38.
33 Vgl. Messerschmidt: Über Verschiedenheit verfügen, 58f.
34 Vgl. Kammeyer: Differenz.

Spannung gilt es daher einer mit dem Motiv der Gottebenbildlichkeit begründeten „glorifizierenden Egalisierung von Differenzen“[35] vorzubeugen.

Die Idee Morawskis, ein Distinktionsbewusstsein bereits in der Lehramtsausbildung zu fördern, ist für die Entwicklung von armutssensiblem Religionsunterricht ein wichtiger Aspekt, insbesondere um die Anerkennung von und den respektvollen sowie konstruktiven Umgang mit der habituellen Vielfalt der Schüler*innen zu gewährleisten. Religionsunterricht kann dabei auch ein *Raum für kulturelle Vielfalt* sein, sodass unterschiedliche Formen von Kultur und Zugänge zu dieser gleichberechtigt nebeneinanderstehen können. Dadurch erhält Religionsunterricht eine enkulturationskritische Ausrichtung und ein gesellschaftskritisches Profil.

8.1.3.3 Anerkennung von Vielfalt durch das Angebot vielfältiger Zugänge

Auch wenn Morawski in Bezug auf vielfältige Zugänge zu kulturellen Gütern den Zuwachs an ästhetischen Zugängen anerkennend bemerkt, zweifelt er an der Wirksamkeit dieser Ansätze in Bezug auf ihren Beitrag zur Bildungsgerechtigkeit, den sie als alternative Zugänge für sozial benachteiligte Schüler*innen leisten können.[36] Durch die Hervorhebung des Begriffs „*An-Eignung*“[37] lässt sich vermuten, dass sich diese Skepsis auf die Distanz zwischen den Schüler*innen und legitimen Kulturgütern bezieht. Außerdem lässt sich dadurch die Kritik an einem auf Enkulturation enggeführten Bildungsverständnis erahnen. Allerdings befürwortet Morawski einen Vorschlag, der bei genauer Betrachtung eben diesen Prozess befördert: Sein Impuls, Bildungsgerechtigkeit zu erhöhen, indem das Autonomiepotenzial von Schüler*innen gestärkt werden soll, mit dem Ziel die eigenen habituellen Grenzen zu erweitern, ist gerade im Hinblick auf inklusive Alternativen zu Distinktionen kritisch zu betrachten. Die Wertschätzung verschiedener habitueller Ausdrucksformen erfährt in dem Punkt eine Grenze, an dem in erster Linie die benachteiligten Schüler*innen in ihrer Grenzerweiterung gefördert werden sollen. Dieses Bestreben beinhaltet bereits eine Bewertung, da zur Zielformulierung dieser Maßnahme der bürgerliche Habitus als zu erreichendes Ziel Modell gestanden haben könnte. Außerdem dient Autonomie als übergeordneter Zweck von Bildung, was ebenfalls den privilegierten Schüler*innen zuspielt, die bereits in ihrer Primärsozialisation mit den Idealen von (Zweck-)Freiheit und Autonomie in Kontakt kommen. Morawskis Aufnahme der

35 Schweiker: Prinzip Inklusion, 211.
36 Vgl. Morawski: Bildung im Kontext von Distinktionsgeschehen, 39.
37 Ebd.

anerkennungstheoretisch fokussierten Berücksichtigung des Autonomiepotenzials der Schüler*innen nach Stojanov[38] geschieht hier missverständlich und auf die Verringerung von habitueller Vielfalt ausgelegt, wie seine anschließenden Vorschläge zur Anpassung an anerkannte Kulturnutzung verdeutlichen.[39] Lütze bezieht sich ebenfalls auf Krassimir Stojanov, deutet seine Anerkennungstheorie allerdings anders. Bei ihm ist die Anerkennung menschlicher Vielfalt Ausgangspunkt für die Gestaltung unterschiedlicher Zugänge zu religiöser Bildung, die in der Konsequenz dieses Verständnisses auch inhaltlich vielfältig gestaltet sein muss.[40]

8.1.3.4 *Hermeneutische Offenheit für vielfältige Lesarten*

Zur vielfältigen inhaltlichen Ausgestaltung des Religionsunterrichts kann eine Offenheit für verschiedene Interpretationen biblischer Geschichten beitragen, die sich aus unterschiedlichen Perspektiven ergeben. Interpretationen werden je nach Kontext unterschiedlich gewichtet und anerkannt, was nach Bourdieu an dem symbolischen Wert liegt, der ihnen zugeschrieben wird. Dieser kann sich je nach Milieu bzw. Feld unterscheiden, wodurch diverse Ausrichtungen anerkannter Lesarten möglich sind. Im Religionsunterricht kann daher eine bestimmte Interpretationsrichtung dominieren und als legitim gelten, die sich aus einer bildungsbürgerlichen Perspektive ergibt. Eine an dieser Lesart orientierte, hermeneutische Engführung des Religionsunterrichts begünstigt die im Feld der Bildung bereits Begünstigten mit umfangreicher und in der Schule anerkannter Bildung. Um diese Form der Mittelschichtsorientierung und ihrer impliziten Distinktionsstrategien zu vermeiden, ist eine hermeneutische Öffnung nötig, die auf Basis verschiedener Perspektiven unterschiedliche Lesarten befördert. Als Beispiel dafür kann die kritische, kontextuelle Lektüre der Rede von der Gastmahlpraxis (Lk 14,12–14) nach der Übersetzung Luthers sein, wie sie Hermann-Josef Venetz vornimmt.[41] In der Rede geht es darum, als gastgebende Person statt der Menschen aus dem engeren Umfeld diejenigen einzuladen, von denen keine Gegeneinladung erwartet wird. Der Wert eines solchen Verhaltens wird durch die Aussicht auf Vergeltung bei der Auferstehung bestimmt. Erst die Über-

---

38 Vgl. Stojanov: Bildungsgerechtigkeit. Morawski bezieht sich in seinem Vorschlag auf Seite 25.

39 Vgl. Morawski: Bildung im Kontext von Distinktionsgeschehen, 39. Fragen, die sich aus einer solchen Akzentuierung des Freiheitsbegriffs ergeben, an dieser Stelle aber nicht geklärt werden können: Handelt es sich um eine Romantisierung von Freiheit? Wird durch einen Freiheitsfokus Angewiesensein als Lerndefizit privilegierter Schüler*innen konstruiert? Was bedeutet diese Idealvorstellung von Bildung für inklusiven Religionsunterricht?

40 Vgl. Lütze: Redet die Religion, 107f.

41 Vgl. Venetz: Und du wirst selig sein. Siehe dazu Kapitel 6.3.3.

nahme der Perspektive derer, die in Vers 13 zu den einzuladenden Gästen gezählt werden, darunter auch Arme, eröffnet die Interpretation, dass diese in dieser Rede als Objekte zugunsten der Wohlhabenden dienen.[42] Diese Offenheit sollte nicht nur auf Lesarten biblischer Geschichten beschränkt sein, sondern auch z. B. distinktionspräventiv für die Vielfalt kindertheologischer Aussagen gelten, wie im Folgenden ausgeführt wird.

8.1.4 Religionspädagogische Orientierung an sozioökonomischer Heterogenität

Als Gegenentwurf zur im Zusammenhang mit Bildungsgerechtigkeit kritisierten Mittelschichtsorientierung religionspädagogischer Handlungsfelder werden im Folgenden alternative Entwürfe für den Religionsunterricht unter den Bedingungen sozioökonomischer Heterogenität herausgestellt. Religionspädagogische Arbeiten in diesem Sinne sind bisher erfolgt z. B. in der Diskussion von Bernhard Grümme zu Bildungsgerechtigkeit und Heterogenität, in den Arbeiten von Katharina Kammeyer zur inklusiven Kindertheologie und in der Diskussion um schulformbezogene religionspädagogische Herausforderungen bei Frank M. Lütze, auf die sich in den folgenden Ausführungen bezogen wird.

8.1.4.1 Inklusive Theologie der Anerkennung von Vielfalt

Mit Lütze, der dem Religionsunterricht eine Mittelschichtsorientierung auf inhaltlicher Ebene vorwirft, lässt sich das Postulat einer *Theologie der Anerkennung* formulieren. Rechtfertigungslehren stellen laut Lütze eine bildungsbürgerliche Akzentuierung im Religionsunterricht dar, weil Rechtfertigungsbotschaften vor allem diejenigen adressieren, die innerhalb einer leistungsorientierten Gesellschaft erfolgreich agieren und einen Gegenentwurf zu ihren eigenen, leistungsbezogenen Erwartungen benötigen. Die Zusage von Gottes unbedingter Liebe erreiche aber andere Personen in der Form nicht:

> „Wer aber von sich selbst gar nichts mehr erwartet, weil auch andere nichts oder nichts mehr von ihm erwarten, wer schon in der Grundschule erfahren hat, dass er bzw. sie ein Versager ist und nichts (jedenfalls nichts schulrelevantes) kann, kurz: wer ein hochgradig geschädigtes leistungsbezogenes Selbstvertrauen hat – und das ist bei Kindern und Jugendlichen, die in der Schule scheitern, häufig der Fall –, der wird von der Rechtfertigungsbotschaft nur schwer erreicht.“[43]

Lütze sieht hierbei auch die Gefahr, dass das geschwächte Selbstbild in einer fatalistischen Interpretation der Rechtfertigungsbotschaft vielmehr bestätigt

---

42 Vgl. Venetz: Und du wirst selig sein, 404.
43 Lütze: Redet die Religion, 106.

wird und schlägt als Gegenentwurf eine *Theologie der Anerkennung* vor, die zur Neugier anregen und Kinder erkennen lassen soll, dass sie wertvolle Geschöpfe Gottes sind. Wichtig sei in einer solchen Theologie, Raum für Stärken sowie für Erfahrungen des Scheiterns zu geben und vielfältige Gottesbilder und Gottesreden zuzulassen.[44]

Die Forderung nach Anerkennung von Vielfalt hat Katharina Kammeyer bereits 2012 zur Etablierung inklusiver Kulturen und einer Pädagogik der Vielfalt im religionspädagogischen Kontext gestellt, anhand der Anerkennungsformen Liebe, Recht und Solidarität von Axel Honneth[45] ausgeführt und um theologische Aspekte ergänzt. Auf der Ebene der Liebe ist es, pädagogisch formuliert, der „Umgang mit verschiedenen Lebensbedingungen“[46], der den von Lütze geforderten Raum für Erfahrungen des Scheiterns gibt und ermöglicht, „auch für die eigene Person *Stärken und Schwächen anzuerkennen*“[47]. Theologisch gedeutet ermöglicht dieser Raum, „dass nicht eigene Autonomie, sondern vertrauensvolle Verbundenheit zu Gott und Menschen eine Freiheitserfahrung darstellt.“[48] Die rechtliche Anerkennung kann im schulischen Bereich durch strukturelle Inklusion in Form des gemeinsamen Lernens ermöglicht werden, um Beschämungen durch Separation zu vermeiden und die Selbstachtung von Schüler*innen zu fördern.[49] Für sozial benachteiligte Schüler*innen ist es besonders der Übergang auf die Hauptschule bzw. Sekundarschule, der mitsamt der damit verbundenen, als begrenzt kommunizierten Zukunftsperspektiven und Zuschreibungen beschämend ist. Die Anerkennungsform der Solidarität äußert sich in einer „gleichberechtigten Vielfalt“[50], in der gemeinsam, kooperativ und heterogenitätsbewusst Leben und Lernen gestaltet wird. Wesentlich ist der anerkennende Umgang mit der Vielfalt innerhalb der Lerngruppe, die sich z. B. in unterschiedlichen Interessen, Lern- und Ausdrucksformen äußert.[51] In einer solchen gleichberechtigten Vielfalt werden unterschiedliche Gottesbilder und Möglichkeiten von Gott zu reden wertgeschätzt und ermöglichen diverse religiöse Lernprozesse auf der Basis von Verschiedenheit.[52]

Diese Ansätze machen deutlich, dass im religionspädagogischen Kontext Theologie zwingend als *inklusive Theologie der Anerkennung von Vielfalt* gedacht werden muss, die eine hermeneutische Offenheit als Grundprinzip hat, und die

---

44 Vgl. ebd., 106ff.

45 Siehe dazu Honneth: Kampf um Anerkennung, 148–211. Eine tabellarische Zusammenfassung ist auf Seite 211 zu finden.

46 Kammeyer: Anerkennung erfahren und geben lernen, 177.

47 Ebd.

48 Ebd., 177f.

49 Vgl. ebd., 178.

50 Ebd., 179.

51 Vgl. ebd.

52 Vgl. ebd., 171.

entsprechende Religionspädagogik dazu eine *inklusive Religionspädagogik der Vielfalt*[53] ist, die sich besonders durch die Anerkennung der Einzigartigkeit der Schüler*innen sowie ihrer vielfältigen Zugänge, Deutungen und Lebenssituationen auszeichnet, diese Anerkennung im „Willkommenheißen vieler verschiedener Perspektiven"[54] ausdrückt und dabei die (Re-)Produktionsmechanismen von Differenzen im Blick hat, wenn Verschiedenheit anhand von Merkmalen und strukturellen Benachteiligungen benannt wird.[55]

Armutssensibler Religionsunterricht verlangt die Überwindung einer inhaltlichen und habituellen Engführung. Neben der Etablierung von diversen Zugängen und Reflexionsmöglichkeiten im Religionsunterricht, die sowohl sprachlich als auch nichtsprachlich gestaltet werden sollten, ist auch vielfältigen Auslegungsmöglichkeiten biblischer Geschichten Raum zu geben. Außerdem können die Pluralität theologischer Diskurse und unterschiedliche Gottesbilder sozioökonomisch bedingte Barrieren abbauen.[56]

8.1.4.2 *Kritisch-kontextuelle Kindertheologie im Religionsunterricht*

Bernhard Grümme formuliert in seinem umfangreichen Werk zu Bildungsgerechtigkeit in der Religionspädagogik Desiderate im Zusammenhang mit der von ihm ausgemachten Mittelschichtsorientierung und fehlenden Reflexion des gesellschaftlichen Standorts der Lehrkraft in der Kindertheologie.[57] Unter Rückgriff auf bereits existierende Ansätze entwickelt er erste Kriterien und Ideen für eine *kritische marginalitätssensible Kindertheologie*, die im Folgenden skizziert und in weiterführende Überlegungen aufgenommen werden.

Dem Vorwurf der fehlenden Reflexion der „theologischen Konstruktionen eines theologischen Kinderbildes"[58], das sich z. B. in der Vorstellung von Kindern als Geschenke Gottes zeigt, setzt er den Ansatz von Katharina Kammeyer entgegen, Kindertheologie als situationsanerkennende, kontextuelle Theologie zu

---

[53] Vgl. Knauth: Inklusive Religionspädagogik.

[54] Ebd., 65.

[55] Vgl. Kammeyer: Anerkennung erfahren und geben lernen, 179.

[56] Vgl. Lütze: Redet die Religion, 108.

[57] Grümme: Bildungsgerechtigkeit, 208. Als weiteres Beispiel eignet sich ein Unterrichtsentwurf der Lehrerin Nicola Kottner (Kottner: Die Rechte von Kindern und Jugendlichen), der aufzeigen soll, wie Kinderarmut anhand von Kinderrechten im Religionsunterricht in der Grundschule thematisiert werden könne. Die Intention der Sensibilisierung und Bewusstseinsstärkung der Kinder für ihre eigenen Rechte wird deutlich, allerdings wird ebenso erkennbar, dass die Möglichkeit der Teilnahme armer Schüler*innen an der Unterrichtssequenz lediglich in den Vorüberlegungen, nicht aber in den konkreten Stundenplanungen mitgedacht wird. Die Planungen orientieren sich an Kindheiten im Wohlergehen, wie an den Überlegungen zur Freizeitgestaltung erkennbar ist: „Es wird davon ausgegangen, dass das Spiel neben der Schule einen hohen Anteil einnehmen wird." (Kottner: Die Rechte von Kindern und Jugendlichen, 73)

[58] Grümme: Bildungsgerechtigkeit, 211.

entfalten, die vielfältige Kindheiten in ihren jeweiligen konkreten Situationen einbezieht, soziologische Erkenntnisse aufnimmt und theologisch berücksichtigt.[59] Besonders mit Blick auf arme Schüler*innen kann die Kindertheologie ebenso wie Befreiungstheologien eine bedeutende kontextuelle Theologie sein, die sich als anschlussfähig an die Erfahrungen und Zugänge der Kinder erweist.[60] Aus diesem Impuls ergibt sich die Frage, ob es einer *Kindertheologie der Befreiung* bedarf, um präzise auf die Lernbedingungen und Lebenswelten sozial benachteiligter Grundschüler*innen eingehen zu können. Die norwegische Kindertheologie ist von Befreiungs- und Feministischer Theologie geprägt und setzt an dem Kritikpunkt der Marginalisierung von Kindern im Allgemeinen sowie Speziellen an.[61] Als kritisch-kontextuelle Theologie tritt sie als hermeneutischer Standort vor allem als Theologie für Kinder in Erscheinung, soll aber auch als Theologie von Kindern etabliert werden. Dabei seien besonders die Kinder mit Armuts- und Marginalisierungserfahrungen als Theolog*innen im Blick.[62] Daher kann der norwegische Ansatz für eine Kindertheologie der Befreiung, wie sie hier vorgeschlagen wird, als Vorbild dienen. Von diesem Vorbild lässt sich für eine kritisch-kontextuelle Kindertheologie der Anspruch eines subjektbezogenen und kontextuellen didaktischen Selbstverständnisses entnehmen.

Nach Grümme kann das Bewusstsein für habituelle und sprachliche Vielfalt bei Schüler*innen durch die Zuhilfenahme empirischer Kindheitsforschung geschärft werden, indem z. B. anhand des Lebenslagenansatzes die kulturelle Versorgung in der Kindheit differenziert dargestellt wird.[63] Handlungsorientierte Zugänge in der Kindertheologie können der Vielfalt kindlicher Ausdrucksmöglichkeiten in sozioökonomischer Vielfalt gerecht werden und einer zusätzlichen Marginalisierung armer Kinder durch eine kognitive Engführung und sprachliche Fokussierung entgegen wirken.[64] Dieser Vorschlag verweist auf Spannungen, die sich hinsichtlich der schulischen Anforderungen und angestrebten allgemeinen Abschlüsse ergeben. Den Differenzen zwischen den kulturellen Angeboten im Elternhaus, die sich mitunter in der Ausbildung der sprachlichen Ausdrucksfähigkeit von Kindern zeigen, und den kulturellen Angeboten sowie Anforderungen im schulischen Unterricht kann auf verschiedene Weise begegnet werden. Entweder kann individuelle Förderung erfolgen, die das Ziel einer Anpassung an die Erwartungen verfolgt, damit Schüler*innen gleiche Erfolge bei ungleicher Ausgangslage erreichen können, oder es wird zugunsten eines vielfältigen Angebots von Lernzielen und -wegen auf inhaltliche Fülle verzichtet, um einen Lerngegenstand mit viel Zeitaufwand auf unterschiedlichen Wegen zu erschließen.

---

59 Vgl. ebd., 215.
60 Vgl. Kammeyer: Kindheitsforschung und Kindertheologie, 53.
61 Vgl. Johnsen/Schweitzer: Was ist kritische Kindertheologie, 25f.
62 Vgl. ebd., 28.
63 Vgl. Grümme: Bildungsgerechtigkeit, 217.
64 Vgl. ebd., 218.

Die habituelle Vielfalt zeige sich Grümme zufolge auch in der Vielfalt an Gotteskonstruktionen, die in einer kritischen marginalitätssensiblen Kindertheologie auf der reflexiven Ebene zu beachten ist und Heterogenitätsfähigkeit bei der Lehrkraft voraussetzt.[65] Die Relevanz der Reflexionsnotwendigkeit verdeutlicht er unter Bezugnahme auf die Forschung von Frank M. Lütze, nach der sich insbesondere das Verhältnis von Macht und Beziehung in den Gotteskonstruktionen je nach sozialer Herkunft unterscheide.[66] Die in der Kindertheologie liegende Heterogenitätsfähigkeit stellt Kammeyer heraus und erarbeitet für inklusive Kontexte Impulse für Lehrkräfte zur Gestaltung und Begleitung kindertheologischer Gespräche. Für Kindertheologie im armutssensiblen Religionsunterricht ist die beobachtende Rolle der Lehrkraft wichtig, in der sie dazu angehalten ist, „den Blick in der konkreten Situation offen zu behalten und lieber genauer nachzufragen als vorschnell zu verstehen."[67] Ebenso relevant sind nonverbaler Formen des Theologisierens in heterogenen Lerngruppen, wodurch vielfältige Zugänge zum Theologisieren ermöglicht werden, um Schüler*innen mit geringen verbalsprachlichen Kompetenzen einzubeziehen.[68] Im Religionsunterricht mit armen Schüler*innen ist weiterhin darauf zu achten, Kindern durch theologische Gespräche Emanzipation zu ermöglichen, „die in ihren Lebenswelten von Ausschluss bedroht werden und gerade die Erfahrung machen, oft nicht gehört zu werden."[69] In Anknüpfung an die theologischen Gespräche an Förderschulen, die Inger Hermann schildert, sowie an die befreiungstheologische Tradition des norwegischen Ansatzes von Kindertheologie betont sie die Chance einer inklusiv ausgerichteten Kindertheologie für Kinder mit Marginalisierungserfahrungen.[70] Drei der von Kammeyer formulierten Reflexionsfragen tragen in besonderer Weise zu einer kritisch-kontextuellen Kindertheologie im Kontext von sozioökonomischer Heterogenität bei, da durch sie die verschiedenen Lebensbedingungen und Deutungen auf der Reflexionsebene berücksichtigt werden:

- „Können die Kinder bzw. Jugendlichen mit ihren jeweiligen Anliegen, Fragen, Interessen, Ausdrucksformen, Lebenswelten sowohl selbstbewusst als auch vorsichtig erprobend wirklich zum Zuge kommen?
- Wie machen sich unterschiedliche Interessen oder Herkunft von Kindern und Jugendlichen in Fragen und vertiefenden Deutungen bemerkbar? Welche Schwerpunkte setzen verschiedene Kinder und Jugendliche von ihren Lebenswelten her?

65 Vgl. ebd., 219.
66 Vgl. Lütze: Religionsunterricht im Hauptschulbildungsgang, 160.
67 Kammeyer: Kinder- und Jugendtheologie auf dem Weg zur Inklusion, 17.
68 Vgl. ebd., 22.
69 Ebd., 24.
70 Ebd., 24f.

- Kennen die Kinder und Jugendlichen nach dem Theologisieren mehr als eine Sicht auf die Dinge und halten sie Spannungen in den ‚großen Fragen' aus?"[71]

Um innerhalb der Kindertheologie ein Bewusstsein für die oben skizzierte habituelle Verengung zu schaffen, bedarf es einer ideologiekritischen Perspektive, aus der heraus echte Subjektorientierung überhaupt erst möglich erscheint. Ein selbstkritischer Blick auf Exklusionsmechanismen, die den eigenen Bildungsvorstellungen und -zielen implizit sind, ermögliche die Anerkennung kontextueller, sprachlich vielseitiger, inhaltlich unterschiedlicher kindertheologischer Produkte.[72] Hieraus ergibt sich nach Grümme der advokatorisch-ermutigende Anspruch an eine möglichst bildungsgerechte Kindertheologie.[73] Der Ansatz des inklusiven Theologisierens berücksichtigt die Anforderungen und stellt sich als geeignet für armutssensiblen Religionsunterricht heraus.

8.2 *Armutssensibler Religionsunterricht ist inklusiver Religionsunterricht*

Der Ansatz einer *kritischen marginalitätssensiblen Kindertheologie* von Grümme und die daran anknüpfenden Überlegungen zu einer *kritisch-kontextuellen Kindertheologie* liefern erste Vorschläge zum Umgang mit sozioökonomischer Vielfalt, welche besonders unter Intersektionalitätsaspekten noch ausbaufähig sind. Dazu besteht Bedarf in der Verknüpfung mit weiteren marginalitätssensiblen Ansätzen wie z. B. der Forschung zu genderbewusster Religionspädagogik[74] und dis/ability-sensiblen religionspädagogischen Ansätzen[75], um eine inklusive Religionspädagogik zu entwickeln, die kritisch marginalitätssensibel, intersektional und emanzipatorisch ausgelegt ist. Armutssensibler Religionsunterricht muss, um der Vielfalt und Intersektionalität gerecht zu werden, inklusiver Religionsunterricht sein.

---

[71] Ebd., 26.

[72] Vgl. Grümme: Bildungsgerechtigkeit, 213f.

[73] Vgl. ebd., 218.

[74] Siehe dazu Qualbrink et al. (Hg.): Geschlechter bilden sowie Pithan et al. (Hg.): Gender, Religion, Bildung.

[75] Siehe dazu Bahr: Störende Ansprache sowie Kammeyer/Jesuthasan: Wie gehen Kinder mit Behinderung mit Heilungsgeschichten um.

8.2.1 Bedarf an intersektional-kontextuellen Theologien und religionsdidaktischen Ansätzen

Die Idee einer *kritisch-kontextuellen Kindertheologie* in Anknüpfung an die Überlegungen von Grümme und Kammeyer als theologisch-religionspädagogische Antwort auf die Frage nach der Adressierung marginalisierter Gruppen im Religionsunterricht der Grundschule eröffnet weitere Perspektiven für inklusive Religionspädagogik. Wenn der Einbezug kontextueller Theologien und darauf aufbauender didaktisch-methodischer Ansätze als Reaktion auf die Vielfalt der Schüler*innen konsequent gedacht wird, dann bedarf es intersektionaler Perspektiven, da Schüler*innen oftmals nicht nur aufgrund eines Merkmals Marginalisierung erfahren und Distinktionen ausgesetzt sind. *Intersektional-kontextuelle Theologien und religionsdidaktische Ansätze* können diese Vielfalt angemessen berücksichtigen, indem sie die diskriminierungsrelevanten Differenzmerkmale in ihren Verknüpfungen und Wechselwirkungen sowie die Schüler*innen in ihren je aktuellen und konkreten Situationen bzw. dynamischen Lebenswelten als Basis nutzen. Diese Theologien und Ansätze gilt es jedoch noch zu entwickeln.[76] Mit solchen fachwissenschaftlichen und fachdidaktischen Entwicklungen würde auch den in der Kinderarmuts- und Bildungsforschung ausgemachten Einflussfaktoren und Wechselwirkungen Rechnung getragen. Zum Beispiel kann dadurch ein männlicher Schüler mit Migrationshintergrund, der unter den Bedingungen von Armut aufwächst, nicht nur als armer Schüler in einem differenzierten Religionsunterricht berücksichtigt werden, sondern aus intersektionaler Perspektive als ein mehrfach und reziprok marginalisierter Schüler in einem differenzbewussten inklusiven Religionsunterricht.[77]

Bernhard Grümme nimmt in seiner Zusammenstellung von Bausteinen einer heterogenitätsfähigen Religionspädagogik auf der Basis einer „Hermeneutik ‚Aufgeklärter Heterogenität'"[78] die intersektionale Perspektive auf, merkt aber kritisch die Reifizierungstendenzen an und unterstellt dem aktuellen Intersektionalitätsdiskurs, dass er durch den machtkritischen Fokus religionspädagogisch relevante „Phänomene von kultureller, ethnischer oder religiöser Vielfalt unberücksichtigt"[79] lässt. Stattdessen spricht er sich für den Begriff der *Aufge-*

---

[76] Ein Anfang für diesen Prozess lässt sich auf dem intersektional konzipierten Portal zur Inklusiven Religionspädagogik der Vielfalt (www.inrev.de) erkennen.

[77] Zu den Differenzmerkmalen im Kontext von Kinderarmut und Bildung siehe die Kapitel 2.3 zu Kinderarmut in Deutschland und das Kapitel 2.4 zur Bildungsbenachteiligung durch die soziale Herkunft.

[78] Grümme: Heterogenität in der Religionspädagogik, 22.

[79] Ebd., 88.

klärten Heterogenität aus, den er unter Rückgriff auf eine „unter den gegenwärtigen Bedingungen reformulierten Kritischen Theorie"[80] entwickelt. Diese Aufgeklärte Heterogenität kann nach Grümme dadurch hegemoniale Strukturen analytisch fassbar machen und erweist sich als anknüpfungsfähig an den Intersektionalitätsansatz, der für eine heterogenitätsfähige Religionspädagogik allerdings mit weiteren Differenzdiskursen verknüpft wird, um die Vernachlässigung in den Bereichen Religion und Kultur zu kompensieren, die er daran ausmacht, dass „im Intersektionalitätsbegriff religiöse und kulturelle Phänomene als begrifflich und (religions-)pädagogisch bedeutsame Wirklichkeiten kategorial ausgeblendet werden"[81].[82]

Als die drei zentralen Merkmale aufgeklärter Heterogenität benennt Grümme „1. die Interdependenz von Differenz und Gleichheit, 2. die Dialektik der Vernunft von Partikularität und Universalität sowie 3. eine kontextsensible kritische Selbstreflexivität."[83] Grümme versteht den von ihm genutzten Heterogenitätsbegriff nicht als paradigmatisch, sondern als dimensionalen Diskursbegriff.[84] Als eben solche Diskursbeiträge im Kontext inklusiver Religionspädagogik werden sein Ansatz einer *Aufgeklärten Heterogenität* und seine Bausteine für eine alteritätstheoretisch fundierte *heterogenitätsfähige Religionspädagogik* in die folgenden Ausführungen zu einem inklusiven armutssensiblen Religionsunterricht aufgenommen.

8.2.2 Armutssensibilität als Bestandteil inklusiver Religionspädagogik

Um dem Begriff *Armutssensibilität* im religionspädagogischen Kontext Inhalt zu verleihen, lässt sich an eine bestehende Definition aus dem pädagogischen Bereich anknüpfen. Was Armutssensibilität auf institutioneller Ebene bedeutet, haben Beate Hock, Gerda Holz und Marlies Koppolow in ihren Empfehlungen für armutssensibles Handeln im Bereich frühpädagogischer Praxis[85] gebündelt. Einzelne Aspekte dieser institutionellen Armutssensibilität lassen sich auf den schulischen Bereich übertragen und für den Religionsunterricht konkretisieren.

---

80 Ebd., 92.

81 Ebd., 88.

82 Vgl. ebd., 91ff. Zur Kompensation der dem Intersektionalitätsansatz vorgeworfenen Vernachlässigung der religiösen und kulturellen Heterogenität bezieht Grümme die religionspädagogischen Differenzdiskurse zu Kultur und Religion in sein Konzept heterogenitätsfähiger Religionspädagogik ein (vgl. ebd., 174–205).

83 Ebd., 108.

84 Vgl. ebd., 101.

85 Hock et al.: Kinder in Armutslagen.

Institutionelle Armutssensibilität nach Hock et al. zeigt sich anhand folgender Punkte[86]:

- Grundlagenwissen über Armut, die Wahrnehmung von Armut als gesellschaftlichem Problem, Vermeidung von Schuldzuschreibung gegenüber Eltern
- Enttabuisierung im Alltag
- Verantwortungsübernahme für individuelle Förderung und soziale Einbindung armutsbetroffener Kinder
- Angebote „mit dem Ziel, armutsbelasteten Kindern zusätzliche Lern- und Erfahrungsräume sowie neue Ressourcen zu eröffnen“[87]
- entlastende, unterstützende und wertschätzende Elternarbeit, um auch einen Zugang zu schwer erreichbaren Eltern zu erreichen
- bestimmte Zielgruppen in der konzeptionellen Arbeit berücksichtigen
- Armutsprävention durch Vernetzung

Lehrkräfte in einem nach diesen Kriterien institutioneller Armutssensibilität gestalteten Religionsunterricht benötigen demnach ein Grundlagenwissen über die Entstehungen und Wirkungen von (Kinder-)Armut. Als Fachspezifika kommen theologische und religionsdidaktische Aspekte von Armut und die Frage nach der Armutsthematisierung im Unterricht hinzu. Die Thematisierung im Religionsunterricht kann einen Beitrag zur Enttabuisierung von Kinderarmut im Schulalltag leisten, kann aber auch zu Spannungen führen. Die Verantwortung zur individuellen Förderung und sozialen Einbindung von Kindern mit Armutserfahrungen erhält aus theologischer und religionspädagogischer Perspektive eine normative ethische Begründung, die sich in konkreten binnendifferenzierten Lern- und Erfahrungsangeboten sowie der Förderung von Gemeinschaftserfahrungen im Unterricht ausdrücken kann. Dieser Aspekt von Armutssensibilität erweist sich als zentraler didaktischer Grundsatz aus der Perspektive der im Rahmen des vorliegenden Forschungsprojekts interviewten Lehrkräfte.[88] Auch wenn die Elternarbeit in der Grundschule häufig primär Aufgabe der Klassenleitung ist, können Religionslehrkräfte ihren Zugang zu den Eltern der Schüler*innen reflektieren und entwickeln, insbesondere in Hinblick auf die Kooperation mit Kirchengemeinden, wodurch der Aspekt der Vernetzung sowohl armutspräventiv als auch unterstützend berücksichtigt wird. Ein milieusensibler Zugang zu Eltern kann sich als zielführend erweisen, um der Heterogenität an Haltungen und Bedarfen in Bezug auf Elternarbeit gerecht zu werden.[89]

Die skizzierten Konkretisierungen für einen armutssensiblen Religionsunterricht werden in den folgenden Kapiteln ausgeführt und um fachspezifische

86 Vgl. ebd., 62f.

87 Ebd., 62.

88 Vgl. Kapitel 7.2.3.

89 Siehe dazu Kapitel 8.4.2.

Punkte auf theologischer, religionspädagogischer und fachdidaktischer Ebene ergänzt. Zuvor erfolgt eine inklusionstheoretische Einordnung, die eine Positionierung im Rahmen der vorliegenden Arbeit ermöglicht.

Die Ausbildung professioneller Armutssensibilität erfolgt nach den Kriterien von Hock et al. auf allen drei Ebenen schulischer Inklusion nach dem Index für Inklusion.[90] Der Index für Inklusion dient der Schulentwicklung und beinhaltet Reflexionsfragen auf den drei Ebenen *Kulturen, Strukturen* und *Praktiken.* In der Bereitschaft, sich Wissen über Armut anzueignen und Schuldzuschreibungen zu vermeiden, in der Enttabuisierung sowie in der Verantwortungsübernahme zeigt sich Armutssensibilität als Bestandteil inklusiver *Kulturen.* Einen Beitrag zu inklusiven *Strukturen* leisten Maßnahmen zur Förderung von Armutssensibilität im schulischen Kontext anhand der Vernetzung, Elternarbeit und konzeptionellen Implementierung. Inklusive *Praktiken* armutssensiblen professionellen Handelns zeigen sich in den konkreten Lern-, Erfahrungs- und Unterstützungsangeboten für die Schüler*innen. Dadurch erweist sich der Ansatz von professioneller Armutssensibilität für pädagogische Institutionen als inklusiv auf mehreren Ebenen. Zur Ermittlung der normativen Ausrichtung eines solchen Verständnisses von Armutssensibilität wird dieses in das inklusionstheoretische Modell von Mai-Anh Boger eingeordnet.

8.2.2.1 *Inklusionstheoretische Einordnung von Armutssensibilität in das trilemmatische Modell nach Boger*

Das trilemmatische Inklusionsmodell von Mai-Anh Boger ist eine deskriptive Kartographie von Anti-Diskriminierungs- und Inklusionsmotiven sowie -strategien. Das Modell ist aus einer differenztheoretischen Analyse der sozialen und symbolischen Bedeutungen von Andersheit und Normalität in diversen Inklusionsdiskursen entstanden und besteht aus drei miteinander verbundenen Knotenpunkten, die jeweils einzeln oder in Kombination mit einem weiteren Knotenpunkt ein Inklusionsmotiv bzw. eine Strategie darstellen.[91] Durch die Kombination zweier Punkte wird der dritte gemäß der Logik eines Trilemmas ausgeschlossen. Die Knotenpunkte, anhand derer Inklusion beschrieben werden kann, lauten *Normalisierung* (N), *Empowerment* (E) und *Dekonstruktion* (D).[92]

Innerhalb der Knotenpunkte und auf den Linien finden sich diverse Begehren und individuelle wie pädagogische Strategien, die Dissonanzen aufweisen. Anhand der Verbindungslinien der drei Knotenpunkte lassen sich Paradigmen pädagogischer Theorienbildung formulieren:

---

90 Vgl. Boban/Hinz: Index für Inklusion, 14ff.
91 Vgl. Boger: Theorien der Inklusion, 413ff.
92 Vgl. ebd., 7ff.

Empowerment und Normalisierung (EN à non-D)

> „Es gibt Theorien der Teilhabe und Befähigung, die eine Anderen*-Gruppe als solche adressieren und erforschen mit dem Ziel, diese besonders* vulnerable Gruppe in eine Normalität* zu integrieren und ihr die gleichberechtigte Partizipation an dieser zu ermöglichen (EN).“[93]

Die Dekonstruktion der Bezugsgröße der Anderen sowie der Vorstellung von Normalität ist bei dieser Strategie ausgeschlossen, daher lässt sie sich zur Verdeutlichung als EN à non-D bezeichnen.

Normalisierung und Dekonstruktion (ND à non-E)

> „Es gibt Theorien darüber, wie in den pädagogischen Praktiken selbst Differenz hervorgebracht und bearbeitet wird, und die darauf zielen Normalismen dergestalt zu dezentrieren, dass eine wahrhaft allgemeine* Pädagogik, die allen* gerecht wird, denkbar wird (ND).“[94]

Die für Empowerment adressierbaren Anderen entfallen durch die Dekonstruktion, daher ist ND nur als ND à non-E denkbar.

Dekonstruktion und Empowerment (DE à non-N)

> „Es gibt Theorien, die in Anerkennung der besonderen* Vulnerabilität einer Anderen*-Gruppe spezialisierte Konzepte der Förderung für diese ausarbeiten und dabei auf eine Emanzipation dieser Anderen*Gruppe zielen, sodass es diesen möglich wird, in ihrer fundamentalen Andersheit* nicht von Normalismen und Assimilationsnötigungen ausradiert zu werden (DE).“[95]

Dadurch wird eine Inklusion als Integration in eine Normalität abgelehnt, wodurch Normalisierung als Strategie ausgeschlossen wird.

---

93 Ebd., 9.
94 Ebd.
95 Ebd.

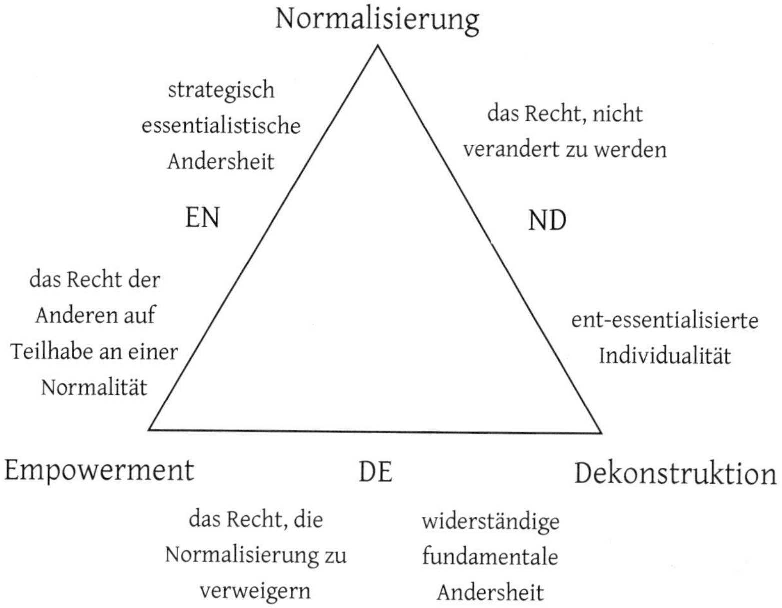

Abbildung 8: Trilemmatisches Inklusionsmodell nach Mai-Anh Boger[96]

An dem Modell wird die Vielfalt pädagogischer Inklusionsbestrebungen erkennbar, weswegen Boger Inklusionspädagogik als „gegenwärtige strategische *Allianz*"[97] bezeichnet. Daher ist es auch nicht verwunderlich, dass sich in den einzelnen in der vorliegenden Arbeit eingenommenen Perspektiven unterschiedliche Vorstellungen von Inklusion bzw. Ausrichtungen zum inklusiven Umgang mit sozioökonomischer Heterogenität finden lassen.

Die normative Ausrichtung der Praxisempfehlungen von Hock et al. ist an der Einbettung in Strategien zur sozialen Inklusion erkennbar, die auf Teilhabe und Kompensation ausgerichtet sind.[98] An dieser Ausrichtung lassen sich die Inklusionsstrategien Empowerment und Normalisierung in Kombination (EN à non-D) nach Boger erkennen, da es primär um das „Recht der Anderen auf Teilhabe an einer Normalität"[99] geht. Das bedeutet, armutssensibles pädagogisches Handeln nach diesen Punkten ermöglicht kompensatorische Maßnahmen, um Kinder in Armutslagen so zu fördern, dass sie keine Nachteile in ihren Lernchancen gegenüber anderen Kindern haben. Damit verbunden ist die Annahme eines

96 Boger: Theorien der Inklusion – eine Übersicht, 1 (leichte Anpassungen d. d. V.).
97 Boger: Theorien der Inklusion, 419.
98 Vgl. Hock et al.: Kinder in Armutslagen, 62f.
99 Boger: Theorien der Inklusion – eine Übersicht, 1.

förderbedürftigen Defizits armer Kinder in Bezug auf die Möglichkeiten, erfolgreich in dem bestehenden Bildungssystem zu agieren.[100] Die von Hock et al. formulierten Punkte implizieren keine Strategien zur Infragestellung gesellschaftlicher Machtverhältnisse und auch keine weiteren Impulse zur Gesellschaftskritik oder Reflexion der eigenen Position und des eigenen professionellen Handelns, was jedoch in Kapitel 8.1 als Basis für das hier zu entwickelnde Verständnis von Armutssensibilität im Religionsunterricht herausgestellt wurde. Dementsprechend ist es erforderlich, diese Perspektive inklusionstheoretisch und religionspädagogisch einzuspielen.

Konzeptionelle Überlegungen zu armutssensiblem inklusiven Religionsunterricht, die auf der Grundlage der Inklusionsstrategien Dekonstruktion und Empowerment (DE à non-N) entwickelt werden, müssen diese Perspektiven einbeziehen und können sich nicht mit Normalisierungsstrategien zufrieden stellen. Um diese Perspektive zu ermöglichen, braucht es weitere fachspezifische Kriterien, um im Religionsunterricht Kinderarmut auch vor dem Hintergrund gesellschaftlicher Strukturen wahrzunehmen und einen armutssensiblen Religionsunterricht mit dekonstruierend-empowernder Ausrichtung inklusiv zu gestalten. Neben der inklusiven Dekonstruktion von Diakonie, die in Kapitel 8.2.4 auf den Religionsunterricht bezogen wird, und den befreiungstheologischen Impulsen für religionspädagogisches Handeln, die in Kapitel 8.5 und 8.6 ausgeführt werden, erweist sich der Ansatz einer aufgeklärten Heterogenität von Grümme als anschlussfähig, nicht nur religionspädagogisch, sondern auch inklusionstheoretisch.

Die Vorstellung einer *Dekonstruktion von Religionsunterricht* entspricht in der vorliegenden Arbeit nicht einer Idee von Separation, wie durch das Postulat der widerständigen Andersheit sowie der Forderung nach einem Recht auf Normalisierungsverweigerung auf der Linie von Empowerment und Dekonstruktion vermutet werden könnte.[101] Es geht nicht um einen gesonderten Unterricht, der sich an sozioökonomischer Differenz als Trennlinie konstituiert, sondern um die Möglichkeit der Dekonstruktion des Raumes, in dem Religionsunterricht stattfindet. Zu diesem Raum werden die Theologien gezählt, die Ausdruck und Gehör finden, die Art der Didaktik in ihren Facetten, die Methoden und ihr Einsatz, die Inhalte und Fragestellungen sowie die Akteur*innen und ihr Handeln.

8.2.2.2 *Aufgeklärte Heterogenität als religionspädagogischer Schlüssel zu Armutssensibilität*

Als dekonstruierende Elemente lassen sich in Grümmes aufgeklärter Heterogenität besonders die kontextsensible kritische Selbstreflexivität und die Interdependenz von Differenz und Gleichheit herausstellen, um Kinderarmut möglichst

100 Vgl. Boger: Politiken der Inklusion, 102.
101 Vgl. Boger: Theorien der Inklusion, 40f.

nicht zu reifizieren, sondern in den kontextabhängigen Relevanzen zu sehen. Als Kernanliegen aufgeklärter Heterogenität zum Umgang mit Differenz nennt Grümme die Würdigung der Interdependenz von Differenz und Gleichheit:

> „Zentral sind die Würdigung der grundlegenden kritisch-konstruktiven Wechselwirkung von vertikaler und horizontaler Perspektive, von Gerechtigkeits- und Differenzaspekten, von Unterschiedlichkeiten und Ungleichheiten, von Ungleichheits- und Freiheitsaspekten.“[102]

Er stellt den Ertrag der Aufnahme einer solchen reziproken Differenz- und Gleichheitswahrnehmung in seinen Ansatz heterogenitätsfähiger Religionspädagogik für die Reflexion religiöser Lernprozesse heraus und sieht darin einen Nutzen für Gerechtigkeitsfragen und die Verwirklichung von Subjektorientierung.[103] Dadurch kann der Differenzbegriff geschärft werden und der in den Erziehungswissenschaften nach Mecheril und Plößer erkennbaren Tendenz, „gesellschaftliche Macht- und Ungleichheitsverhältnisse, die in die Differenzverhältnisse systematisch und kontingent eingelagert sind, zu übersehen“[104], ein Differenzkonzept entgegenstellen, das Differenzen in ihren Verhältnissen und Kontexten fasst, was sowohl dem Anspruch Grümmes an seine Vorstellung heterogenitätsfähiger Religionspädagogik als auch dem Anliegen des vorliegenden Forschungsprojekts entspricht.

Eine kontextsensible kritische Selbstreflexivität ermöglicht einen reflektierten Umgang mit Differenzen und Gleichheiten in konkreten Kontexten. Heterogenität wahrzunehmen und mit ihr professionell umzugehen bedeutet für eine aufgeklärte Heterogenität zunächst eine Klärung der Umstände:

> „Wann spielen soziale Ausgangslagen, wann Medienkonsum, wann Geschlechtskategorien, wann spielen kulturelle Hintergründe eine Rolle, wann eher weniger, wann nicht? Es geht darum, den Heterogenitätsbegriff durch Kriterien zu präzisieren, die jeweils situativ und kontextuell durchzubuchstabieren wären.“[105]

Für den Religionsunterricht lässt sich dieser Anspruch an einigen Stellen konkretisieren:

> „Religionspädagogische Heterogenitätsfähigkeit müsste also beispielsweise klären, inwiefern kulturelle Hintergründe oder soziale Lebenslagen sich in religiösen Konstruktionsprozessen oder Identitätsformationen niederschlagen, inwiefern es dort zumindest Parallelen, Korrelationen oder Divergenzen gibt.“[106]

Die bereits vorhandenen Befunde zu sozialer Ungleichheit im Religionsunterricht können diese Anforderung an heterogenitätsfähigen Religionsunterricht

---

102 Grümme: Heterogenität in der Religionspädagogik, 93.
103 Vgl. ebd., 94.
104 Mecheril/Plößer: Differenz, 195.
105 Grümme: Heterogenität in der Religionspädagogik, 96.
106 Ebd., 96f.

unterstützen. Wie am Beispiel der Untersuchung von Viera Pirker zur Identitätsbildung bei Kindern deutlich wird, spielt die Lebenslage eines Kindes aufgrund unterschiedlicher Ressourcenverteilung eine gewichtige Rolle in der Identitätsbildung und bringt somit die pädagogische Herausforderung mit sich, auf diese Divergenzen einzugehen.[107]

Die Fragen zum Umgang mit Heterogenität und nach Gerechtigkeit nimmt Grümme in Bezug auf soziale Differenzen als Frage nach Bildungsgerechtigkeit und die Möglichkeiten heterogenitätssensibler Religionspädagogik auf.[108] Er bringt in seiner Kritik am Bildungssystem, das Bildungsbenachteiligungen in der Schule verstärkt, überwiegend Argumente an, die auf Normalisierung sozial benachteiligter Schüler*innen ausgerichtet sind. Es gehe um Bildung als Ausweg aus der Armut, um Teilhabechancen und kompensatorisches politisches Engagement, das Kinder aus sozial benachteiligten Familien durch Bildung zu sozialem Aufstieg befähige.[109] Auch wenn er sich im Anschluss kritisch zu der Vorstellung äußert, Bildungsgerechtigkeit könne durch Bildung ermöglicht werden, stellt er auf gesellschaftlicher Ebene sowie der Ebene des Bildungssystems die exkludierenden Konsequenzen armutsbezogener Diskriminierungen auf, ohne dabei die Logik der Bezugsgrößen anzufragen.[110] Diese Anfrage wird mit Bezug auf Bourdieu und Boudon angebahnt. Grümme stellt unter Aufnahme der Kapitaltheorien sowie den Befunden zu primären und sekundären Herkunftseffekten das legitimatorische Potenzial zur Festigung gesellschaftlicher Ungleichheiten im und durch das Bildungssystem heraus.[111]

Auf der Mikroebene des konkreten Unterrichts scheinen dann dekonstruierende Tendenzen durch, indem die Konstruktion von Differenz kritisch beleuchtet wird: „Differenzen werden in Wechselwirkung mit außerschulischen Faktoren schulisch wie unterrichtlich konstruiert."[112] Die sich anschließende Kritik an Reproduktionsmechanismen sozialer Ungleichheit im Unterricht läuft vor allem auf die in Kapitel 8.1 herausgearbeiteten Aspekte der Habitusreflexion und Distinktionsprävention zur Verringerung von Bildungsungerechtigkeit hinaus.[113]

Diese Richtung wird von Grümme weiterverfolgt, indem er anschließend seine Vorstellung von alteritätstheoretischer Gerechtigkeit zur Dekonstruktion des Bildungsbegriffs verwendet:

---

107 Vgl. Pirker: Wer hat, dem wird gegeben. Siehe dazu auch Kapitel3.
108 Vgl. Grümme: Heterogenität in der Religionspädagogik, 245ff.
109 Ebd., 259ff.
110 Ebd., 261ff.
111 Vgl. ebd., 267ff.
112 Ebd., 270.
113 Vgl. ebd., 270ff.

„Sie [Bildung, V.U.] muss kritisch wie transformatorisch sein, die Kontexte und Strukturen kritisieren und darin die Autonomie der Subjekte anbahnen helfen. Bildungsprozesse sind verwickelt in soziale, kulturelle, politische Zusammenhänge, die selber Gegenstand kritischer Bildungsprozesse sind."[114]

Das Konzept aufgeklärter Heterogenität ist nach Grümme in der Lage, Differenzen kritisch intersektional wahrzunehmen, um an diesem Bildungsverständnis anknüpfend Bildungsgerechtigkeit vor dem Hintergrund reziproker Ungleichheitsfaktoren zu ermöglichen. Dieses Potenzial seines Ansatzes fasst er als „ideologiekritische Pointe [...] auf diesem multidimensionalen Feld der Bildungsgerechtigkeit"[115] zusammen: „Denn die Mechanismen der Konstruktion von Differenz werden freigelegt, die auch dann noch wirksam sein können, wenn man meint, sich von ihnen frei zu machen."[116] Diese Freilegung erfolgt durch die kritische Selbstreflexivität, die der aufgeklärten Heterogenität inhärent ist und die es ermöglicht, „die gesellschaftlich-strukturellen wie die individuellen Dimensionen aufeinander reflexiv zu beziehen."[117] In diesem Ertrag wird das Potenzial des Ansatzes für ideologiekritische Dekonstruktionen von Differenzen im Bildungsbereich erkennbar.

Zu dem oben genannten Anliegen, das Bild von Kinderarmut innerhalb inklusiver Religionspädagogik möglichst nicht zu reifizieren, fasst Grümme als Ertrag der ideologiekritischen Pointe seines Ansatzes zusammen: „Die dem Heterogenitätsdiskurs inhärenten Reifizierungstendenzen können damit nicht beseitigt, wohl aber kritisch aufgeklärt werden."[118] Dieser Nutzen erweist sich im Hinblick auf die Gestaltung von armutssensiblem Religionsunterricht als deutlicher Mehrwert und betont die Notwendigkeit, Inklusionsstrategien hinsichtlich ihres Reifizierungspotenzials kritisch anzufragen.

Für die Praxis des Religionsunterrichts erscheint die kontextsensible, kritische Selbstreflexivität als zentrales Instrument zur Professionalisierung von Lehrkräften. Grümme schlägt zu diesem Zwecke vier Kompetenzen zum heterogenitätsfähigen Handeln unter dem Anspruch von Gerechtigkeit und Anerkennung vor: (1) *gerechtigkeitssensible diagnostische Wahrnehmungskompetenz*, die darin besteht, „Ungerechtigkeit wahrzunehmen, sensibel zu sein für Armut und für verdeckte Exklusionen, auch im eigenen Handeln"[119], (2) *gerechtigkeitssensible Heterogenitätskompetenz*, die sich vor allem in der anerkennenden und wertschätzenden Wahrnehmung aller Schüler*innen zeigt, (3) *gerechtigkeitssensible theologisch-religionspädagogische Kompetenz*, die dazu befähigt, Religionspädagogik öffentlich und kontextuell zu betreiben und religiöse Bildung als „kritisch-transformative Praxis universaler Solidarität im antizipierenden, befreiten Vorgriff

114 Ebd., 278.
115 Ebd., 279.
116 Ebd.
117 Ebd.
118 Ebd.
119 Ebd., 282.

auf eine unbedingte Freiheit"[120] zu verstehen, und (4) *gerechtigkeitssensible Selbstreflexionskompetenz*, um die eigene Praxis hinsichtlich Exklusionsmechanismen und Beschämungen kritisch zu überprüfen.[121]

Diese Kompetenzen, die den Aspekt der Gerechtigkeitssensibilität gemeinsam haben, ermöglichen einen intersektionalen Umgang mit Heterogenität in einem auf Gerechtigkeit zielenden Religionsunterricht auf der normativen christlichen Basis der Solidarität. Durch diese Ausrichtung wird der empowernde Grundgedanke von Grümmes Entwurf heterogenitätsfähiger Religionspädagogik erkennbar, der durch den Aspekt der kritisch-kontextuellen Selbstreflexivität eine dekonstruierende Richtung bekommt.[122] Diese Richtung gilt es allerdings noch auszubauen, was anhand der Dekonstruktion der Diakonie innerhalb religiöser Bildung durch ein inklusives Diakonieverständnis in diesem Teilkapitel (8.2.3) einen Anfang findet, der sich sowohl in eine normalisierende als auch in eine empowernde Richtung weiterdenken lässt.

8.2.2.3 Definition von Armutssensibilität im inklusiven Religionsunterricht

Zur Frage nach einer Definition von Armutssensibilität im inklusiven Religionsunterricht erscheint es sowohl hilfreich als auch notwendig, angesichts vielfältiger Inklusionsstrategien und der Vorstellung eines gerechtigkeitssensiblen Umgangs mit Heterogenität einen Blick auf die dahinterliegenden Differenzvorstellungen zu werfen, um anhand dieser den Umgang mit Differenz auf sozioökonomischer Ebene zu skizzieren.

Zum einen zeigt sich in dem Ansatz aufgeklärter Heterogenität bei Grümme ein zu Gleichheit interdependentes Differenzverständnis, welches Differenz kontextuell, situativ und dynamisch in den Blick nimmt und gleichermaßen die Differenzkonstruktionen und Wirkungen von Differenzierungen kritisch reflektiert. Zum anderen zeigt sich in den auf Normalisierung ausgerichteten Strategien zur institutionellen Armutssensibilität von Hock et al. ein Verständnis von Differenz, das ohne wirkliches Interesse an der Frage nach der Konstruktion oder Genese von Differenzen diese zwar anerkennt, aber an der Auflösung dieser zugunsten benachteiligter Personen, konkret armer Kinder interessiert ist, wodurch Unterschiede als defizitär wahrgenommen werden.[123]

Die Auflösung der Differenz, wie sie von Hock et al. durch bestmögliche kompensatorische Förderung intendiert wird, spiegelt die Inklusionsstrategie in der Logik von Empowerment und Normalisierung wider, wie Boger sie für die Konstruktion des Arbeiterkindes auf den Punkt bringt:

---

[120] Ebd.

[121] Vgl. ebd., 282f.

[122] Vgl. ebd., 283.

[123] Vgl. Mecheril/Plößer: Differenz, 199.

> „In der Logik von Empowerment und Normalisierung wird die soziale Position des Arbeiterkind-* [sic!] konstruiert als eine, die man verlassen will. Hier ist Arbeiterkind*-Sein etwas, das man hinter sich lassen möchte; ein sehr unbequemer Stuhl, auf dem man sich unsicher fühlt. Der Kampf, der dadurch im Feld entsteht, ist einer um eine als ‚besser' konstruierte soziale Position."[124]

Die Verteidigung der als knapp angesehenen „besseren" Plätze würde Distinktionsmechanismen verstärken, sodass Inklusion nach diesem Prinzip mit Risiken für sozial benachteiligte Schüler*innen verbunden ist. Dadurch wird nicht nur die sozioökonomische Differenz anerkannt, die zu ungleichen Bildungschancen beiträgt. Vielmehr wird durch eine empowernd-normalisierende Inklusionsstrategie im Kontext von Kinderarmut auch die Normalität eines meritokratischen Bildungssystems anerkannt, die kompensatorische pädagogische Interventionen nötig macht und ermöglicht, da die Spielregeln des bestehenden Systems beibehalten werden.[125]

Weniger risikoreich und für das Anliegen empowernder inklusiver Armutssensibilität ergiebiger erscheint das Anknüpfen an das sozialkonstruktivistische, kontextuelle Differenzverständnis von Grümme, welches durch kritische Reflexionen weniger standortgebunden ist: Soziale Konstruktionen und auch Differenzkonstruktionen können in Anlehnung an dieses Verständnis aus verschiedenen Kontexten heraus erfolgen und ermöglichen die Dekonstruktion einer Vorstellung von armen Kindern als bildungsbenachteiligten Kindern unter der Voraussetzung vielfältiger Armutsformen und eines pluralitätsfähigen Bildungsverständnisses, das sich von den als gegeben geltenden Vorstellungen von Bildung innerhalb des bestehenden Bildungssystems emanzipiert. Das Denken von Bildung im Plural[126] erscheint als notwendige Konsequenz dekonstruierend-empowernder Inklusion im Zusammenhang mit Kinderarmut und als Schlüssel zur pädagogischen Akzeptanz verschiedener subjektiver Zielsetzungen und Umgangsweisen mit Armut.[127] Bezogen auf den Religionsunterricht bringt die Inklusionsstrategie von Dekonstruktion und Empowerment direkte Anschlussfragen mit sich: Kann ein Denken von Bildung im Plural ein Neu-Denken religiöser Bildung mit gänzlich anderen Bezugspunkten als bisher ermöglichen bzw. hat es dieses zur Folge? Und gestaltet sich inklusive Religionspädagogik dadurch als etwas, das sich von bisherigen Vorstellungen ablösen muss? Ergibt sich durch die Aufnahme von Armutssensibilität die Notwendigkeit, die normative Orien-

---

124 Boger: Zur (De-)Thematisierung des Arbeiterkinds, 117.

125 Vgl. Mecheril/Plößer: Differenz, 205.

126 Dieser Aspekt wird in Kapitel 8.8.2 aufgegriffen.

127 Vgl. Boger: Zur (De-)Thematisierung des Arbeiterkinds, 118f.

tierung an egalitärer Differenz innerhalb inklusiver Religionspädagogik zu hinterfragen?[128] Diese Fragen können im Rahmen des vorliegenden Forschungsprojekts nicht bearbeitet werden, können aber als differenztheoretische Impulse zu einer dekonstruktiv-differenzsensiblen Weiterarbeit an Ansätzen inklusiver Religionspädagogik verstanden werden.

Anhand der aufgeführten Argumente zum Umgang mit Kinderarmut lässt sich eine differenztheoretische Definition formulieren: Armutssensibilität im Kontext inklusiver Bildung ist ein kritisch-reflektierter Umgang mit sozioökonomischer sowie sozial konstruierter Differenz in einem inklusionspädagogischen Spannungsfeld von Normalisierung und Dekonstruktion auf der gemeinsamen Basis von Empowerment.

Innerhalb dieses Spannungsfeldes lassen sich unterschiedliche Wirkungen von Differenzkonstruktion und Anerkennung von Differenz ausmachen:

> „Bildungsprozesse in einem von Differenzen präformierten Kontext (re-)produzieren Ungleichheiten, wenn diese Differenzen nicht erkannt und anerkannt werden. Auf der anderen Seite reproduziert die Anerkennung von Unterschieden in einer doppelten Weise Machtverhältnisse: Die Anerkennung der anderen [...] anerkennt sie als andere, die sie nur in einer hierarchischen Ordnung [...] werden konnten, wodurch paradoxerweise diese hegemoniale Ordnung bekräftigt und bestätigt wird."[129]

Dieses Dilemma zeigt sich an den oben genannten Ausführungen zu sozioökonomischer Differenz in Form von Kinderarmut im Bildungsbereich, wodurch zwei Risiken von Armutssensibilität im Kontext inklusiver (Religions-)Pädagogik ausgemacht werden können: Das Verfolgen der Inklusionsstrategie der Normalisierung birgt das (1) *Risiko der Reproduktion von Differenz und Benachteiligung* durch die Akzeptanz der Spielregeln, die Differenz konstruieren. Das Verfolgen der Inklusionsstrategie der Dekonstruktion hingegen beinhaltet das (2) *Risiko der fehlenden Identifizierungsmöglichkeit und Selbstdefinition* entlang einer Differenzlinie, welches sich besonders auf religionspädagogische Anknüpfungsmöglichkeiten an befreiungstheologische Perspektiven auswirkt.

Mit diesen Spannungen und Risiken umzugehen erweist sich als Herausforderung im Religionsunterricht. Für das Abwägen der genannten Risiken erscheint die kontextsensible kritische Selbstreflexion als Baustein einer heterogenitätsfähigen Religionspädagogik nach Grümme als inklusionsfähige Strategie. Die aufgezeigten Spannungen gilt es hinsichtlich der Vielfalt an Motivationen zur inklusiven Religionspädagogik auszuhalten, um den an Lehr- und Lernprozessen beteiligten Personen ihre subjektiven Wahrnehmungen und Ziele

---

128 Wird Armutssensibilität als Bestandteil einer DE à non-N Inklusionsstrategie verstanden, steht sie der EN à non-D Ausrichtung der Pädagogik der Vielfalt nach Prengel gegenüber (vgl. Boger: Theorien der Inklusion, 46).

129 Mecheril/Plößer: Differenz, 206.

nicht abzusprechen. Daher werden in den folgenden Ausführungen zu armutssensiblem Religionsunterricht auch miteinander in Spannung stehende Bausteine aufgeführt, die sich aus den unterschiedlichen Perspektiven auf Armut aus den Kapiteln 4 bis 7 ergeben.

8.2.3 Dekonstruktion diakonischer Perspektiven im Bereich religiöser Bildung

Um Diakonie inklusionsfähig zu gestalten, fordert Ulf Liedke die Entdiakonisierung des diakonischen Blicks. Damit bezeichnet er einen Perspektivwechsel, durch den die Dichotomie von Bedürftigen und Helfenden anhand bestimmter Differenzmerkmale aufgehoben werden kann. Dadurch wird die Etablierung situationsbezogener und auf individuelle Bedürfnisse und Fähigkeiten zugeschnittener diakonischer Angebote in sich dadurch neu gestaltenden Handlungsfeldern möglich.[130]

Überträgt man das Prinzip der Entdiakonisierung des diakonischen Blicks auf den Bereich religiöser Bildung wird deutlich, dass dieses Anliegen keine exklusiv diakonische Aufgabe darstellt. Die Vorstellung davon, dass unterschiedliche Schüler*innen mit ihren individuellen Fähigkeiten und Ressourcen in Lernprozessen interagieren, hat sich im unterrichtlichen Kontext als Prinzip des individualisierten und kooperativen Lernens bereits vielseitig etabliert, u. a. im Religionsunterricht.[131]

Bezogen auf das Phänomen Kinderarmut zeigt sich der Ansatz der Entdiakonisierung im Spannungsfeld von nachgewiesener Bildungsbenachteiligung von Schüler*innen mit Armutserfahrungen und der Vorstellung von anerkannter Vielfalt. Diese Vielfalt als Bereicherung zu sehen, ist angesichts der Benachteiligungserfahrungen und dem möglichen Leidensdruck der Kinder eine mitunter beschämende Reaktion.[132] Die *Gemeinschaft der Verschiedenen als solidarisches Netzwerk* weist als Zielbeschreibung und Aufgabe für die Entwicklung eines armutssensiblen Religionsunterrichts im Anschluss an Liedkes Überlegungen zu einer inklusiven Diakonie eine bessere Passung zu den Lebens- und Lernsituationen von Schüler*innen mit Armutserfahrungen auf.

Eine Herausforderung der Entdiakonisierung im schulischen Kontext kann im Spannungsfeld von nachgewiesener Bildungsbenachteiligung und der inklusiven Idee kooperativer Lernformen bestehen. In diesem Spannungsfeld ist es wichtig, zwischen den individuellen Fähigkeiten und Lernformen der Schüler*innen einerseits und den strukturellen Benachteiligungen, die diese teil-

---

130 Vgl. Liedke: Anerkannte Vielfalt. Siehe dazu Kapitel 6.1.1.

131 Vgl. Schweiker: Basisband. Einführung, Grundlagen und Methoden, 35ff.

132 Vgl. Möller: Armutssensible Inklusionspädagogik, 111.

weise erfahren andererseits zu unterscheiden und bezüglich letzterem die politische Dimension inklusiver religiöser Bildung bewusst einzuspielen. Rainer Möller formuliert in Bezug auf den Aspekt der inklusiven Bildung:

> „Inklusive Pädagogik müsste demgegenüber mit Blick auf die Armutsproblematik die *gesellschaftlichen Verursachungsmechanismen* von Differenzen zwischen Schülerinnen und Schülern betonen und sich verpflichtet fühlen, die armutsbedingten Benachteiligungen und Beeinträchtigungen abzubauen.“[133]

Politische religiöse Bildung, die ebenso zum Einsatz gegen benachteiligende Strukturen verpflichtet, geht wie inklusive Pädagogik von normativen Prämissen aus, die z. T. die gleichen auf gleicher Basis sind. Religiöse Bildung verpflichtet sich zum Einsatz für Bildungsgerechtigkeit allerdings zusätzlich auf einer theologischen Ebene.[134]

Auf inhaltlicher und kommunikativer Ebene kann Entdiakonisierung zu einer Perspektivenerweiterung beitragen. Werden Schüler*innen mit Marginalisierungserfahrungen nicht ausschließlich als hilfebedürftig wahrgenommen und behandelt, können sie mehr als Mitleid und den Zuspruch von Hoffnung erfahren. Sie können als Subjekte mit vielseitigen Bedürfnissen und Fähigkeiten im Unterricht agieren und sich mit ihren Fähigkeiten z. B. in kooperativen Lernsituationen einbringen. Entdiakonisierung auf religionspädagogischer Ebene kann somit als erster Schritt zur Kompetenzorientierung im Religionsunterricht mit Schüler*innen mit diversen Marginalisierungserfahrungen verstanden werden.

Beate Hofmann formuliert als Leitfrage für den entdiakonisierenden Perspektivwechsel:

> „Sehen wir den oder die ‚andere/n‘ vor allem als Mensch, als von Gott geschaffenes Ebenbild, als jemand mit Gaben, Willen und eigenem Blickwinkel oder als hilfsbedürftig, schutzbedürftig und nicht in der Lage, selbst für sich zu sorgen?“[135]

In der diakonischen Arbeit folgt darauf die Frage, ob im diakonischen Handeln die Würde und das Recht auf Selbstbestimmung der Menschen geachtet werden und handlungsleitend sind. Im pädagogischen Kontext gilt es zu beachten, dass sich Schüler*innen in einem Lernprozess befinden, in dem sie Kompetenzen für die selbstbestimmte Lebensgestaltung erwerben und dabei zu unterstützen sind. In beiden Bereichen können allerdings Situationen auftreten, in denen es um das „Abwägen zwischen der Achtung der Selbstbestimmung und Entscheidungsfrei-

---

133 Ebd.

134 Die politische Dimension von Theologie und auch religiöser Bildung werden im Kapitel zur befreiungstheologischen Perspektive auf Armut (Kapitel 6.2) und auch im Kapitel zur Bildungsgerechtigkeit (Kapitel 8.9) ausgeführt.

135 Hofmann: Vom entdiakonisierten diakonischen Blick, 247f.

heit und dem Wissen um mögliche Gefährdungen und Risiken, die diese Entscheidung beinhaltet"[136] gehe. In der diakonischen Arbeit können das beispielsweise Gesundheitsrisiken sein, die entstehen, wenn jemand alleine lebt. Im Bildungsbereich geht es z. B. um Bildungslaufbahnentscheidungen wie die Wahl einer weiterführenden Schule oder die Frage, ob Hausaufgaben gemacht werden. Im Grundschulalter sind es nicht die Schüler*innen, die alleine die Verantwortung für diese Entscheidungen tragen, sondern auch die Eltern. Hier zeigt sich ein weiteres Spannungsfeld im Zusammenhang mit entdiakonisierter pädagogischer Arbeit und der Frage nach Bildungsgerechtigkeit: Wie lässt sich mit dem Anspruch auf die Achtung der Selbstbestimmung und Entscheidungsfreiheit von Eltern umgehen, wenn diese nach anderen Lebensweltlogiken handeln als die Lehrkraft ihres Kindes? Würde die Missachtung der Entscheidungsfreiheit der Eltern zu einer Verbesserung der Selbstbestimmungsfähigkeit des Kindes beitragen? Hofmann liefert einen Antwortversuch, der sich in ihren Ausführungen auf die Professionalisierung entdiakonisierter diakonischer Arbeit bezieht, aber auch einen Hinweis für den pädagogischen Bereich gibt: Sie spricht sich für eine Haltung aus, in der die eigenen Grenzen bewusst gemacht werden und nennt diese *professionelle Demut*. Den Begriff „Demut" übernimmt sie von Herbert Haslinger, der ihn als Anerkennungsbegriff im Anschluss an die Philosophie von Emmanuel Lévinas versteht: „Demut heißt: damit rechnen, dass andere etwas besser wissen oder beherrschen, und darauf verzichten, sich zum Maßstab für alles und alle zu machen."[137] Haslinger bezieht sich mit der Definition auf Paulus: „Tut nichts aus Eigennutz oder um eitler Ehre willen, sondern in Demut achte einer den andern höher als sich selbst" (Phil 2,3).

Im Alteritätsbegriff von Lévinas finde sich der für diakonisches Handeln wesentliche theologische Bezug in der Begegnung mit dem Anderen im Leiden als Begegnung mit Gott. In Anknüpfung an Mt 25,31–40 formuliert Lévinas ein Diakonieverständnis, das sich radikal am Anderen orientiere:

> „Diakonie im Sinne von Lévinas beschreibt demnach gerade nicht einen Blick auf den anderen, der nur die Defizite und Hilfsbedarfe sieht, sondern sie beschreibt eine Haltung, die das Anders-Sein des anderen so radikal wie möglich wahrnimmt und achtet."[138]

Somit lässt sich mit dem Diakoniebegriff nach Lévinas die von Liedke geforderte Entdiakonisierung des diakonischen Blicks auf einem biblisch-theologischen Fundament begründen und stellt sich vielmehr als eine Rückbesinnung auf das ursprünglich biblische Diakonieverständnis dar. In der religionspädagogischen Diskussion um Bildungsgerechtigkeit sei nach Grümme das Alteritätsverständnis von Lévinas als Basis für ein alteritätstheoretisches Gerechtigkeitsverständnis geeignet, welches sich durch die „gerechtigkeitsrelevante Würdigung des

136 Ebd., 248.
137 Haslinger: Diakonie. Grundlagen, 316.
138 Hofmann: Vom entdiakonisierten diakonischen Blick, 250.

Anderen"[139] als theologisch anknüpfungsfähig erweise. Alterität nach Lévinas als anerkennendes und angewiesenes Verhältnis zum anderen hat demnach nicht nur auf diakonischer Ebene, sondern auch auf religionspädagogischer Ebene eine theologische Relevanz.

Das von Haslinger ausformulierte, alteritätsbasierte Diakonieverständnis könne nach Hofmann Inklusion im professionellen diakonischen Handeln ermöglichen, wenn eine Haltung der Selbstdistanz und die Reflexion der eigenen Bedürfnisse Teil des professionellen Selbstkonzepts würde, um die Bedürfnisse des Gegenübers achten zu können. Die von ihr formulierten Fragen zur Selbstüberprüfung betreffen entsprechend die Aspekte Macht, Ressourcen, Aufmerksamkeit, Vertrauen und Selbstreflexion.[140]

Diese Aspekte können im Bereich schulischer Bildung ebenfalls zur Professionalisierung des Handelns in Bezug auf inklusive Diakonie beitragen, z. B. wenn die Lehrkraft ihre Macht gegenüber den Schüler*innen und auch gegenüber Eltern reflektiert, besonders wenn sie Eltern aus anderen Milieus als dem eigenen begegnet und in Elterngesprächen unterschiedliche Lebensweltlogiken aufeinandertreffen, die zu verschiedenen Vorstellungen darüber führen, welche Entscheidungen für ein Kind die besten sind. Gelingt es einer Lehrkraft aufrichtig darauf zu vertrauen, dass Eltern zum Wohle des Kindes handeln? Und wo hat dieses Vertrauen berechtigte Grenzen? Die Ziele, die sich eine Lehrkraft steckt, können sich von den Zielen der Kinder und Eltern unterscheiden. Ist es der Wunsch aller Beteiligten, wenn ein Kind zusätzliche Förderung erhält, oder wird in dem Fall lediglich das Interesse der Lehrkraft bedient? Wie ist mit unterschiedlichen Vorstellungen in einem solchen Fall umzugehen? Auch diesen Aspekt des Anders-Seins gilt es im professionellen Handeln zu bedenken.

8.2.4 Inklusive Diakonie im Religionsunterricht

Soll diakonisches Handeln, wie es von Liedke gefordert und von Hofmann skizziert wird, auf inklusiver Basis und durch die Entdiakonisierung des diakonischen Blickes stattfinden, könne sich diakonische Arbeit an einem Dreischritt orientieren, der starke Ähnlichkeit zum befreiungstheologischen Dreischritt[141] aufweist, nicht nur in Bezug auf die drei Handlungsschritte, sondern auch aufgrund der gesellschaftlichen, politischen Dimension dieses Handelns, das die Situationen von Einzelpersonen in einem gesellschaftlichen Zusammenhang

139 Grümme: Bildungsgerechtigkeit, 87.

140 Vgl. Hofmann: Vom entdiakonisierten diakonischen Blick, 250f.

141 Siehe dazu die Grundlagen der Befreiungstheologie in Kapitel 6.2.1.

sieht. Hofmann schlägt folgenden Dreischritt vor: 1. „Wahrnehmen: Behinderndes, Exkludierendes identifizieren“[142], 2. „Urteilen: Differenz konstruieren“[143] und 3. „Handeln: Netzwerken, Teilhabe ermöglichen“[144]. Durch diese Vorgehensweise lässt sich auch vermeiden, dass die Entdiakonisierung durch die Wahrnehmung und Anerkennung des konkreten Anderen zur Individualisierung von Marginalisierungserfahrungen führt, wodurch beispielsweise Armut als individuelles Phänomen betrachtet und strukturelle Benachteiligungen sowie soziale Ungleichheiten ausgeblendet werden könnten.

Wird Diakonie nicht nur als Anerkennungsbegriff, sondern auch als Kommunikationsbegriff verstanden und der inhaltliche Schwerpunkt in der Vermittlung des Evangeliums gesehen, hat Diakonie auch einen missionarischen Aspekt, der im Religionsunterricht reflektiert werden kann. Die inklusive Ausrichtung dieser Vermittlungsfunktion zeige sich z. B. in der Deutung von Mt 11,5, nach der diakonisches Handeln so ausgerichtet wird, „dass Behinderndes, Lähmendes, Ausgrenzendes abgebaut und Gemeinschaft ermöglicht wird.“[145] Somit stünde nicht die Zuschreibung von Behinderung in Bezug auf Personen im Blick, sondern das Identifizieren von Kommunikationsbarrieren. Die strukturelle statt individuelle Deutung des Verses ist ein Beispiel für inklusiv-diakonische Deutungen biblischer Texte. Diese können auch Einzug in den Religionsunterricht halten und Schüler*innen eine Perspektiverweiterung ermöglichen. Die Bibel kommt dann als Buch mit gesellschaftlicher Relevanz ins Spiel. Anhand des oben vorgestellten Dreischritts lassen sich solche Deutungen anbahnen und inklusiv-diakonische Perspektiven in den Religionsunterricht einbinden. Eine Konsequenz ist die Auswirkung dieser Perspektive auf den Bereich des diakonischen Lernens. Findet alteritätsbasiertes diakonisches Lernen statt, können Schüler*innen diakonischen Einrichtungen und diakonischer Arbeit im Allgemeinen aus einer inklusiven Blickrichtung begegnen und selbst lernen, auf Basis der Anerkennung des anderen im diakonischen Kontext nicht gönnerhaft helfend zu agieren, sondern an der Selbstverwirklichung von Menschen unter dem Primat der Achtung des Gegenübers zu partizipieren.

142 Hofmann: Vom entdiakonisierten diakonischen Blick, 252.
143 Ebd.
144 Ebd.
145 Ebd., 253.

8.3 *Aufnahme der Pluralität von biblischen Motiven zum Umgang mit Armut in die Unterrichtsplanung*

Die verschiedenen biblischen Bezüge zur Armutsthematik, die für diakonisches Handelns von Claudia Schulz herausgestellt werden,[146] können in der Unterrichtsplanung berücksichtigt werden, um eine mehrperspektivische Arbeit an dem Thema zu ermöglichen. Dabei ist zu berücksichtigen, dass nicht alle Schüler*innen mit allen Perspektiven und den sich daraus ergebenden Motiven zum Umgang mit Armut und Menschen in Armutslagen gleichermaßen vertraut sind. Dadurch kann einer Aufgabe der Religionspädagogik auf inhaltlicher Ebene nachgekommen werden, die Norbert Mette in Bezug auf Heterogenitätssensibilität als Beitrag zur Bildungsgerechtigkeit formuliert: Religionspädagogik habe „gerade im Bereich der religiösen Bildung sensibel zu werden dafür, wie durch sozial, aber auch kulturell [...] bedingte Heterogenität auch religiöse Inhalte höchst unterschiedlich rezipiert und angeeignet werden“[147].

Die Motive der Nächstenliebe und der Ebenbildlichkeit

Die Motive der Nächstenliebe und der Ebenbildlichkeit setzen an einer christlichen Anthropologie des gleichwertigen Miteinanders an. Auf Basis dieser Sicht auf den Menschen lassen sich neben dem Umgang mit Armut weitere Themen anknüpfen, die sich auf das Miteinander der verschiedenen und dabei gleich von Gott angenommenen Menschen beziehen. Durch die Einbindung der Armutsthematik in diesen inhaltlichen Zusammenhang lässt sich eine exponierte Stellung von Menschen mit Armutserfahrungen im Sinne einer Verbesonderung vermeiden. Wird mit diesen beiden Motiven im Unterricht gearbeitet, ohne dass das Phänomen der Armut explizit beleuchtet wird, lassen sich aus den zentralen Inhalten auch implizit Bezüge zum Umgang mit Armut entnehmen, z. B. in der Betonung der Ebenbürtigkeit unabhängig von materiellen Werten sowie der Begegnung von Menschen auf Augenhöhe. Für den Religionsunterricht in der Grundschule scheint der Zugang zur Armutsthematik über diese beiden Motive geeignet, da Kinder im Grundschulalter in der Regel während der Grundschulzeit das Prinzip des Teilens in Verbindung mit Gerechtigkeitsvorstellungen und der Fähigkeit zum Perspektivwechsel lernen und dadurch die Sinnhaftigkeit des Prinzips des Teilens auch aus der Perspektive des Gegenübers verstehen können.[148] Der Umgang mit unterschiedlich verteilten Gütern im Kontext Armut und Reichtum kann daher eine passende Anforderungssituation darstellen.[149]

---

146 Vgl. Schulz: Was soll ich reden mit dem armen Lazarus, 255ff. Siehe dazu Kapitel 6.1.2.

147 Mette: Bildung und Gerechtigkeit, 24.

148 Vgl. Pitschmann: Gerechtigkeit.

149 Vgl. Pitschmann: Armut / Reichtum.

Gerechtigkeit und Rechte der Armen

Herausfordernder für Grundschulkinder erscheint die abstrakte Orientierung an Gerechtigkeitsprinzipien und besonderen Rechten von Armen, die z. B. vor Ausbeutung schützen sollen. Die biblischen Bezüge schaffen nur eine vage Konkretisierung. Zwar wird am Zinsverbot deutlich formuliert, was nicht in Ordnung ist, allerdings ist das Prinzip der Verzinsung Kindern im Grundschulalter häufig nicht bekannt oder für diese nicht nachvollziehbar.
Der Einbezug der Rechte von Armen ermöglicht etwas, das für armutssensiblen Religionsunterricht wesentlich ist: Während die meisten biblischen Motive so formuliert sind, dass sie diejenigen adressieren, die sich gegenüber Armen helfend verhalten sollen, werden in den Schutzrechten Rechtsansprüche von armen Menschen hervorgehoben. Arme Menschen kommen dadurch nicht ausschließlich als Objekte vor, denen gegenüber sich verhalten wird, sondern es wird angedeutet, dass diese auch als Subjekte innerhalb der Gesellschaft agieren. Ein Perspektivwechsel ist dadurch noch nicht vollzogen, sondern lediglich angedeutet, bietet aber einen Anknüpfungspunkt, der z. B. in befreiungstheologischen Ansätzen aufgenommen wird.

Dieser angedeutete Perspektivwechsel kann auch zu einer emanzipatorischen Sensibilisierung im Religionsunterricht beitragen, indem herausgestellt wird, dass Arme nicht immer die Anderen sein müssen, die Hilfe empfangen, sondern dass es arme Subjekte mit Rechten innerhalb jeder denkbaren gesellschaftlichen Gruppe geben kann. Außerdem wird durch die Rechte hervorgehoben, dass ein respektvoller Umgang miteinander kein Akt der Gnade und Fürsorge der in bestimmten Kontexten Machtvollen gegenüber den Unterdrückten ist, sondern dass dieser Umgang auf der Basis von Recht und Nächstenliebe stattzufinden hat. Dadurch wird der Weg zur Machtkritik an einem anschaulichen Beispiel bereits früh in der Grundschule geebnet.

Das Motiv der Mahlgemeinschaft

In der ebenbürtigen Gemeinschaft so miteinander teilen, dass alle teilhaben können, kann als das Motiv der Mahlgemeinschaft verstanden werden, welches sich aus der Verknüpfung des Gleichnisses vom großen Gastmahl, nach dem alle gemeinsam am Reich Gottes teilhaben, und der Botschaft aus den Speisungswundern, dass für alle genug da ist, wenn geteilt wird, ergibt. Dieses Motiv ist für Grundschulkinder aufgrund des sehr konkreten und anschaulichen Bildes des gemeinsamen Essens gut nachvollziehbar. Wie es ist, gemeinsam an einem Tisch zu essen, werden viele Kinder kennen. Allerdings wird es auch Kinder geben, die diese Erfahrung bisher noch nicht oder nur selten gemacht haben. Das sind häufig Kinder mit Armutserfahrungen, die Armut nicht nur in Bezug auf die materielle Versorgung erfahren, sondern denen es auch an Alltagsstrukturen wie gemeinsamen Mahlzeiten innerhalb der Familie oder Versorgungsgemeinschaft mangelt.[150] Mit diesem Motiv werden daher am stärksten Kinder ohne Armutserfahrungen angesprochen, die ihre Erfahrungen aus dem Alltag mit einbringen können, um z. B. das Gleichnis vom Gastmahl zu deuten. Kinder, die die Erfahrung des gemeinsamen Essens nicht oder kaum kennen, haben diesen Zugang zu den biblischen Geschichten nicht in vergleichbarer Weise. Daher muss das gemeinsame Speisen und Teilen als neue Erfahrung im Religionsunterricht ermöglicht werden. Der Vorteil des gemeinsamen Essens, bei dem alle miteinander teilen, ist der, dass diese Form des Miteinanders auch ohne die Zuschreibung von Armut oder Bedürftigkeit funktioniert. Zum einen kann auch geteilt werden, wenn von allem im Überfluss da ist und jede*r mehr mitbringt, als er*sie essen kann. Zum anderen braucht eine Person, die an dem Prinzip des Teilens überwiegend als Empfangende teilhat, weder die Selbstverortung in der Bedürftigkeit noch die Zuschreibung einer bedürftigen Lage durch andere.

Pluralität von Motiven im diakonischen Lernen

Im diakonischen Lernen kann das Bewusstsein dafür, dass Schüler*innen unterschiedliche Motive für helfendes Handeln kennen und mitbringen, dazu beitragen, dass nicht ein Motiv in der religionspädagogischen Rahmung dominiert, z. B. das quantitativ mächtigste oder das der Lehrkraft. Das scheint insbesondere dann wichtig, wenn es sich um ein Motiv mit recht hohem Zugangsniveau handelt, wie z. B. das Motiv der Ebenbildlichkeit. Die Chance der Motivationsvielfalt besteht in der Vielfalt der Zugänge zu diakonischem Lernen, die über diese Motive angeboten und erarbeitet werden können. Eine Herausforderung besteht sicherlich in der konkreten religionsdidaktischen Umsetzung der Repräsentation diverser Motive diakonischen Handelns.

8.4 Milieusensibilität als Merkmal von Armutssensibilität

Wie in der milieudifferenzierten Perspektive auf Kinderarmut in Kapitel 5 anhand von allgemeinen Ergebnissen und Befunden zum religiösen Bereich verschiedener Sinus-Milieu-Studien sowie durch ausgewählte Befunde der empirischen Dogmatik des Jugendalters von Carsten Gennerich[151] herausgestellt wurde, leben Schüler*innen, Eltern und Lehrkräfte in verschiedenen Milieus, die unterschiedliche Weltzugänge, Präferenzen, Einstellungen und Bedürfnisse aufweisen. Auch die milieubezogenen Beiträge aus der soziologischen Forschung in

150 Vgl. Forschungsstand zu Kinderarmut (Kapitel 2.3).

151 Gennerich: Empirische Dogmatik des Jugendalters.

den Diakoniewissenschaften liefern Hinweise zur Gestaltung von Religionsunterricht unter Beachtung milieubezogener Differenzen. Eine trennscharfe Differenzierung ist für pädagogische Kontexte weder möglich noch intendiert, die Pluralität kann als Aspekt von Armutssensibilität jedoch differenziert und sensibel wahrgenommen sowie religionspädagogisch berücksichtigt werden. Im Folgenden wird der Ertrag von Milieusensibilität für den Religionsunterricht auf verschiedenen Ebenen zusammengetragen.

8.4.1 Milieusensibilität gegenüber Schüler*innen

Aus den Differenzierungen zu Hilfebedarfen und Unterstützungsformen im milieusensiblen, diakonischen Kontext nach Claudia Schulz[152] lassen sich unterschiedliche Bedarfe für religionspädagogisches Handeln ableiten. Die Kontrastierungen ermöglichen das Aufzeigen der Spannbreite von Bedarfen und können für den Religionsunterricht auf ähnliche Weise skizziert werden.

Der Zugang zu Bildung, Diskursen und Sachverhalten: einfach bis komplex

Die unterschiedlichen Zugänge zu Bildung und der Komplexität von Sachverhalten in den Herkunftsmilieus der Schüler*innen bringen neben verschiedenem Vorwissen auch unterschiedliches Interesse an Komplexität und Abstraktion mit. Dementsprechend bringen Schüler*innen unterschiedliche Möglichkeiten und Präferenzen zur Aneignung von Lerngegenständen mit, die es zu berücksichtigen gilt. Neben abstrakten Zugängen sollten daher auch konkrete und handlungsorientierte Zugänge zu Lerngegenständen im Religionsunterricht angeboten werden, um der Fähigkeits- und Interessenvielfalt der Schüler*innen milieusensibel gerecht zu werden.[153] Weiterhin können durch niveaudifferenzierte Aufgabenstellungen und Lernangebote die Komplexitätsdifferenzen zwischen den Schüler*innen didaktisch berücksichtigt werden.[154]

Das Bedürfnis nach Geselligkeit und Gemeinschaft: gering bis hoch

Geselligkeit und Gemeinschaft haben in einigen Milieus einen hohen Stellenwert und in anderen einen geringen. Das Verhältnis zur Geselligkeit erleben Kinder innerhalb ihrer Familien, z. B. daran, ob Stadt- und Gemeindefeste gerne und häufig besucht werden, ob und wieviel Besuch die Familie bekommt, aber auch daran, ob Elternteile in Vereinen oder ähnlichen Gruppenstrukturen ihre Freizeit gestalten. Wird das Miteinander wertgeschätzt, kann es sein, dass Kinder

---

[152] Vgl. Schulz: Jedes Milieu hat sein Problem. Siehe dazu Kapitel 6.1.3.
[153] Vgl. Schweiker: Basisband. Einführung, Grundlagen und Methoden, 41ff.
[154] Vgl. Obst: Kompetenzorientiertes Lehren und Lernen im Religionsunterricht, 165ff.

diesen Aspekt des milieubezogenen Lebensstils bereits früh auf die Entwicklung ihres eigenen Verhältnisses zu Mitmenschen beziehen. Ebenso kann es sein, dass die Erfahrung von Geselligkeit in der Schule eine neue Erfahrung darstellt, insbesondere dann, wenn kein Kindertagesstätten- oder Kindergartenbesuch der Einschulung vorausgegangen ist.

Im Religionsunterricht wird der Gemeinschaft durch Rituale wie das gemeinsame Singen zu Beginn und Ende der Stunde ein hoher Stellenwert eingeräumt.[155] Kinder, denen Gemeinschaftserfahrungen bekannt sind, werden diesem Element des Unterrichts vertraut begegnen, für andere Kinder stellen gruppenbezogene Rituale eine neue Erfahrung dar. Durch verschiedene Sozialformen und eine Mischung von Formen individualisierten und kooperativen Lernens können die unterschiedlichen Bezüge zur Geselligkeit berücksichtigt werden. Milieusensibilität in Bezug auf das Motiv der Geselligkeit ist dann vorhanden, wenn der Lehrkraft bewusst ist, dass nicht alle Schüler*innen gleichermaßen vertraut mit kooperativen bzw. individuellen Lernformen sind und diese unterschiedlich gerne nutzen.

Die Einstellung zu Veränderungen: offen bis gebunden

In dem Motiv der Traditionsbindung besteht ein im kompetenzorientierten Religionsunterricht relevantes milieuspezifisches Merkmal. Kompetenzorientierter Unterricht basiert auf Anforderungssituationen, die nach dem Prinzip der kritisch-konstruktiven Didaktik Wolfgang Klafkis an Lerngegenständen mit exemplarischer Bedeutung und unter Rückgriff auf bereits erworbene Kompetenzen sowie durch die Anwendung von sich in diesen Anforderungssituationen neu bildenden Fähigkeiten zur Problemlösung bearbeitet werden.[156] Lernen ist demnach Verhaltensänderung mit dem Ziel der Problemlösung. Fachdidaktische Ansätze wie der Ansatz der Elementarisierung nach Karl Ernst Nipkow und Friedrich Schweitzer beziehen sich auf die kritisch-konstruktive Didaktik und das entsprechende Verständnis von kategorialer Bildung.[157] Diese Vorstellungen von Bildung und Lernen setzen bei einem positiven Bezug zu Veränderungen an, die hilfreich erscheinen und neue Möglichkeiten eröffnen. Es wird kaum ein anderes Bildungs- und Lernverständnis geben, daher ist das Folgende auch nicht als Kritik an der kritisch-konstruktiven Didaktik oder fachdidaktischen Ansätzen auf Basis dieses Modells zu verstehen.

Für milieusensiblen Unterricht ist das vorausgesetzte Verhältnis zu Veränderungen relevant, da diese in zukunftsorientierten Milieus grundsätzlich positiv gedeutet werden und in traditionellen Milieus eher skeptisch und zurückhaltend auf Veränderungen reagiert wird. Diese Haltungen zu Neuem berühren

---

155 Vgl. Hilger: Leben gestalten, 237.

156 Vgl. Klafki: Neue Studien zur Bildungstheorie und Didaktik, 143ff.

157 Vgl. Schweitzer: Elementarisierung – ein religionsdidaktischer Ansatz.

maßgeblich jegliche Bildungskontexte. Bildung erscheint durch das Bewusstsein dieser Differenzen für einige Schüler*innen aufgrund der in den Herkunftsfamilien tradierten Einstellungen zu Veränderungen als leichter zugänglich als für andere Kinder. Routinen, die z. B. durch feste Rituale im Religionsunterricht geschaffen werden können, sind eine Option, um neben den lerntheoretisch wichtigen Veränderungen eine ebenso bedeutsame Beständigkeit zu ermöglichen.

Auch inhaltlich wird Veränderung thematisiert, z. B. in Inhaltsfeldern wie „Gott begleitet auf dem Lebensweg" des Lehrplans für Evangelische Religionslehre des Landes Nordrhein-Westfalen. Es wird davon ausgegangen, dass Grundschulkinder fragen: „Wie wird das Neue sein, das mich erwartet?"[158] In den Kompetenzerwartungsformulierungen wird diese Annahme eingebettet in die Erwartung, dass Schüler*innen in der Schuleingangsphase lernen, ihr Leben „aus der Perspektive des Wegmotivs"[159] zu deuten. Von Schüler*innen, die aus ihren Herkunftsmilieus stärker die Gebundenheit an Bestehendes oder Vergangenes kennen und weniger den zukunftsgerichteten Blick, könnten andere Frage als die nach dem Neuen im Leben kommen. Für die Schüler*innen mit Erfahrungen von Neugierde und Offenheit aus ihren Herkunftsmilieus bietet die Wegmetapher gute Anknüpfungsmöglichkeiten an die eigene Lebenswelt.

Orientierung an Autoritäten: stark bis gering

Die Kontrastierung von starker und geringer Autoritätsorientierung impliziert das Verhältnis des Individuums zur eigenen Persönlichkeit. Das betrifft auch die Einschätzung der eigenen Handlungsfähigkeit und der Handlungsspielräume. Auf didaktische Kontexte bezogen zeigt sich dieses Verhältnis in den jeweiligen Selbstkonzepten von Schüler*innen, die sich nicht nur auf den akademischen Bereich begrenzen, sondern auch nicht-akademische Aspekte beinhalten.[160] Besonders im Religionsunterricht werden neben den akademischen auch nicht-akademische Aspekte des kindlichen Selbstkonzepts, speziell das emotionale und das soziale Selbstkonzept angesprochen, deren unterschiedliche Ausbildung zwischen den Schüler*innen in ihren jeweiligen Zugängen zu persönlichkeitsbezogenen Inhalten des Religionsunterrichts relevant sein kann.[161] Wenn es um Fragen geht, die z. B. „Wer bin ich? Warum bin ich so, wie ich bin? Wer werde

158 Ministerium für Schule und Weiterbildung des Landes Nordrhein-Westfalen (Hg.): Richtlinien und Lehrpläne für die Grundschule, 154.

159 Ebd., 158.

160 Vgl. Langenkamp: Stärkung des kindlichen Selbstkonzepts, 20ff.

161 Diese sind z. B. durch Inhaltsfelder wie „Miteinander leben" in Lehrplänen des Fachs Ev. Religion für die Grundschule verankert (vgl. Ministerium für Schule und Weiterbildung des Landes Nordrhein-Westfalen (Hg.): Richtlinien und Lehrpläne für die Grundschule, 154).

ich sein?"[162] lauten, wird die bewusste Wahrnehmung der eigenen Person und Persönlichkeit thematisiert. Das Nachdenken und Reden über die eigene Person können sich unterschiedlich vertraut anfühlen. Ebenso divers gestalten sich die Handlungsspielräume der Kinder bzw. die Erfahrungen der eigenen Handlungsfähigkeit und den damit verbundenen Grenzen.

Auf inhaltlicher Ebene können sich an den beiden Polen von Autoritäts- und Individuumsorientierung unterschiedliche Deutungsoptionen[163] für biblische Geschichten herausbilden. Während für einige Kinder Geschichten von Jesus, der sich auf die Seite der gesellschaftlich Ausgegrenzten stellt, Trost spenden, verstehen andere Kinder sie als Motivation, selbstbewusst mit der Ausgrenzungserfahrung und dem Anders-Sein umzugehen. Trost und Empowerment können als Zuwendungen aus derselben Geschichte gezogen werden und bedeuten einerseits Beistand in der belastenden Situation und andererseits Zuspruch zur Veränderung dieser.

8.4.2 Milieusensibilität in der Elternarbeit

In der Elternarbeit können die unterschiedlichen Dimensionen ebenfalls Berücksichtigung finden, indem z. B. Elterngespräche milieusensibel geführt werden. Die in Kapitel 6.1.3 skizzierten milieuspezifischen Unterschiede zwischen Hilfesuchenden können in der Planung und Durchführung von Elterngesprächen berücksichtigt werden. Die Möglichkeiten werden an dieser Stelle lediglich skizziert. Sie können in der Abwägung bestehen, wie abstrakt oder konkret die Situation des Kindes beschrieben wird, wie ausführlich Unterstützungsmöglichkeiten benannt werden und welche Hinweise zur Umsetzung für Eltern hilfreich sind. Ebenso kann z. B. bei der Kontaktaufnahme mit den Eltern darauf geachtet werden, dass sie sich angesprochen und verstanden fühlen.[164] Insbesondere konsum-materialistisch orientierte Eltern reagieren eher ablehnend bis abweisend auf pädagogische Informations- und Unterstützungsangebote, wodurch ein entsprechender Zugang nötig wird, durch den nicht vermittelt wird, man wolle ihnen „bezüglich ihrer Erziehungsarbeit in die Karten schauen"[165]. Die Unterschiede zwischen der Erziehungsaufgabe in der Familie und dem schulischen Erziehungs- und Bildungsauftrag können zur Verdeutlichung einer Gesprächsabsicht, die nicht auf Bevormundung der Eltern ausge-

---

[162] Ministerium für Schule und Weiterbildung des Landes Nordrhein-Westfalen (Hg.): Richtlinien und Lehrpläne für die Grundschule, 154.

[163] Daraus können sich auch verschiedene elementare Wahrheiten im Sinne des Tübinger Elementarisierungsansatzes ableiten.

[164] Vgl. Merkle/Wippermann: Eltern unter Druck, 224ff.

[165] Ebd., 236.

richtet ist, herausgestellt werden. Gleichermaßen kann das Angebot zur Kooperation gemacht werden, wodurch den Eltern Expertise in ihrer Erziehung zugesprochen und ein Gespräch auf Augenhöhe aus verschiedenen Positionen in Bezug auf das Kind ermöglicht wird. Die Religionslehrkraft kann auch vermittelnd zwischen Kirchengemeinde und Eltern agieren und auch hier auf milieusensible Ansprache und adressatengerechte Angebote achten.

8.4.3 Milieusensibilität als inhaltliche Erweiterung von Theologie

Die Anerkennung der Pluralität an Haltungen und Bezügen aus den verschiedenen Milieus kann im Religionsunterricht zu einer inhaltlichen Erweiterung in Bezug auf die Gottesrede führen. So wie Matthias Sellmann einen seelsorgerlichen Vorteil dieser Vielfalt durch eine milieusensible Pastoral sieht, können die unterschiedlichen Erfahrungen mit Gott und Bezüge zu christlichen Botschaften im Religionsunterricht zur Geltung kommen und die Rede von Gott vielschichtig gestaltet werden.[166] Das setzt allerdings voraus, die Schüler*innen als Interpret*innen anzuerkennen, wie es z. B. in der Kindertheologie praktiziert wird. Sellmann unterstellt im kirchlichen Kontext der Milieuverengung eine kontemplative Dimension:

> „Die Milieuverengung führt zur Verengung der Gotteserfahrung. Was Gott anderswo kann und tut – wie er ist, wenn er anderswo ist – was er sagt, wenn er es anderswo sagt – all das kann nur im vitalen Gegenüber zu den Menschen gesagt werden, die anderswo sind als an den Orten, die die Kirche bereits sondiert und als ‚ihre' entdeckt hat."[167]

Der Appell zur Milieuöffnung lässt sich auf den Religionsunterricht übertragen. Neben der rollenbedingt dominanten Gotteserfahrung der konfessionellen Lehrkraft wird auch bei einem Blick auf den Lehrplan eine Engführung erkennbar: In der Grundschule soll die Tradition eines zugewandten und harmonischen Gottesbildes fortgeführt werden und die Kommunikation über entsprechende Gotteserfahrung gelernt werden. Die Artikulation der ausgewählten Erfahrungen beinhaltet Elemente des Dankes, des Lobs, der Bewahrung und des Vertrauens.[168]

---

166 Vgl. Sellmann: Milieuverengung als Gottesverengung, 286.
167 Ebd., 288.
168 So z. B. im Lehrplan NRW, in dem im Inhaltsfeld „Gott begleitet auf dem Lebensweg" die positive Gotteserfahrung schon festgelegt ist. Im Inhaltsfeld „Wir leben in Gottes Schöpfung" steht der Dank für die Schönheit der Schöpfung im Fokus, Alternative Deutungen werden nicht genannt (Ministerium für Schule und Weiterbildung des Landes Nordrhein-Westfalen (Hg.): Richtlinien und Lehrpläne für die Grundschule, 157f.).

Wer als Grundschulkind die Erfahrung nicht mitbringt, dankbar für Gottes Schöpfung sein zu können und diese als schön zu empfinden, wird mit dieser Art von Gottesrede nicht sehr vertraut sein. Die Kompetenzerwartungen im Religionsunterricht bedienen bezogen auf den Aspekt der Gottesrede diejenigen stärker, die mit ihren Erfahrungen an diese Deutungen anschließen können.[169] Um diese Milieuverengung aufzubrechen, schlägt Sellmann vor, die Klischees, die sich in Bezug auf Gott aus den kirchendominanten Milieus ergeben, aufzubrechen und um weitere Vorstellungen von Gott und Erfahrungen mit Gott zu erweitern. Dann wäre eine vielfältigere Gottesrede möglich, in der Gott auch andere Qualitäten als Ordnung und Harmonie zugesprochen würden, z. B. pragmatische, konfliktfreudige und lustvolle Aspekte.[170]

Die vielfältige Gottesrede kann für Schüler*innen mit wenigen Anknüpfungspunkten an positive Glaubenserfahrungen einen Lernzuwachs darstellen, wenn diese ermöglicht werden. Kontraste zu eigenen Erfahrungen können durch Dankesworte, poetische Sprache oder genussvolle Erfahrungen mit der Natur für Kinder aus vielen Milieus positive Erfahrungen und entsprechende Ausdrucksmöglichkeiten mit sich bringen, die sie auch als Glaubenserfahrungen wahrnehmen bzw. theologisch deuten können.

8.4.4 Reflexion der eigenen Milieuperspektive

Lehrkräfte können ihren Beitrag zu einem milieusensiblen Religionsunterricht leisten, indem sie die eigene Milieuperspektive in Bezug auf das Geben und Erfahren von Unterstützungen reflektieren. Die eigene Sichtweise auf Hilfesuchende und helfendes Handeln ist aufgrund der etablierten Handlungs- und Denkschemata innerhalb eines Milieus spezifisch gefärbt. Zum Beispiel kann das eigene helfende Handeln in Bezug zur gesamtgesellschaftlichen Situation gesetzt werden oder sich an konkreten Notlagen ausrichten. Ebenso kann das Hilfeverständnis partnerschaftlich oder paternalistisch ausgerichtet sein. Auch Hilfeformen unterscheiden sich von individueller Hilfe im nicht-öffentlichen Raum bis zu gemeinschaftsorientierten Angeboten mit starker Außenwirkung.[171] Mit dem Wissen, dass diese Färbung vorhanden ist, können alternative Sichtweisen von der Lehrkraft gedacht und im Unterricht berücksichtigt werden. Außerdem kann das eigene Handeln gegenüber Schüler*innen und Eltern unter diesem Aspekt reflektiert werden.[172]

---

169 Vgl. die Ausführungen zu Distinktionsmechanismen im Religionsunterricht in Kapitel 8.1.

170 Vgl. Sellmann: Milieuverengung als Gottesverengung, 289.

171 Vgl. Schulz: Jedes Milieu hat sein Problem, 54ff. Siehe dazu Kapitel 6.1.3.

172 Hierzu erweist sich die gerechtigkeitssensible Selbstreflexionskompetenz in Grümmes Entwurf einer heterogenitätsfähigen Religionspädagogik als anschlussfähig (vgl. Grümme: Heterogenität in der Religionspädagogik, 283). Siehe dazu Kapitel 8.2.2.

Für die Lehrkraft besteht eine Herausforderung darin, die möglicherweise vorhandene Dichotomie zu überwinden, nach der sie Schüler*innen in zwei Gruppen einteilt, wonach die einen etwas mit anderen teilen können, das sie besitzen und die anderen etwas empfangen, das mit ihnen geteilt wird. Das kann z. B. bei gemeinsamen Aktionen oder einem gemeinsamen Frühstück der Fall sein. Hierbei geht es nicht um faktische Ungleichbehandlung, sondern um die Wahrnehmung der Lehrkraft, die sich dann auf andere Bereiche auswirken kann, in denen es zu Ungleichbehandlungen kommen kann. Wenn durch die Lehrkraft unbewusst Konstruktionen armer Kinder in ihrer Lerngruppe vorgenommen werden, die sich aus der eigenen Wahrnehmung ergeben, z. B. daran, welches Kind welche Lebensmittel zu einem gemeinschaftlichen Frühstück mitbringt, können sich diese, auch wenn sie nicht nach außen kommuniziert werden, z. B. in Kompetenzzuschreibung oder der Leistungsbeurteilung widerspiegeln.

Die Reflexion der eigenen Milieufärbung auf fachlicher Seite kann sich in der Auseinandersetzung mit den eigenen ästhetischen Grenzen zeigen, wenn z. B. Gottesvorstellungen von Schüler*innen oder deren Art von Gott zu reden milieuspezifische Charakteristika aufweisen, die der eigenen Ästhetik widersprechen. Am Beispiel der ästhetischen Grenzen zeigt sich, dass die Frage danach gestellt werden kann, welche Herausforderungen in der umfassenden Akzeptanz milieuspezifischer Zugänge und Ausdrucksweisen bestehen können. Nimmt sich eine Lehrkraft diese Akzeptanz als Ziel vor, wird sie womöglich an weitere Grenzen stoßen und sieht sich mit der Frage konfrontiert, welche Abweichungen sie unter Berücksichtigung einer Vorstellung von religiöser Bildung als zulässig empfindet und wo sie sich in der Verantwortung zu einer religionspädagogischen Intervention sieht. Diese Grenzen auszumachen stellt vor eine große Herausforderung, da dieser Prozess ein stetiges Differenzieren von eigenem Milieu, Habitus und Geschmack gegenüber inhaltlichen Zielen und Grenzen erfordert, bei welchem die Vermischung dieser beiden Ebenen nicht immer transparent ist und daher analytisch und selbstreflektierend ermittelt werden muss.[173]

8.5 *Die Notwendigkeit politisch-theologischer Deutungen von Pluralität*

Durch den Einbezug der befreiungstheologischen Perspektive wird deutlich, dass armutssensibler Religionsunterricht eine politische Dimension haben

[173] Zur Vermischung von Habitus und Unterrichtsinhalten siehe das Kapitel zu den Theorien Bourdieus (Kapitel 4), besonders die Ausführungen zur Distinktion im Bereich Bildung und Religion (Kapitel 4.2.4).

muss, die sich auch in politisch-theologischen Deutungen von Pluralität, insbesondere von sozioökonomischer Heterogenität auf den Unterricht auswirkt. Dabei erweist sich dieser Umgang mit Vielfalt als anschlussfähig für weitere Heterogenitätsdimensionen. Im Folgenden werden die Beiträge der befreiungstheologischen Praxis für die Gestaltung von armutssensiblem Religionsunterricht aufgeführt und auf diesen bezogen.

8.5.1 Das Politische der Theologie

In der Auseinandersetzung mit befreiungstheologischen Ansätzen tritt hervor, dass Theologie immer auch positionell agiert. Das betrifft nicht nur die Theologien, die von sich behaupten, kontextuell, parteiisch oder politisch zu sein, sondern besonders auch diejenigen, die das von sich nicht behaupten oder diese Bezeichnung ablehnen. Die unausgesprochene Positionalität lässt sich als machtvolle universale Positionierung mit universalen Geltungsansprüchen interpretieren. Für die Überlegungen zur Rolle der Lehrkraft weist dies auf die Notwendigkeit der Positionierung deutlich wird. Positioniert sie sich nicht, unterstützt sie die Geltungsansprüche dominanter Theologien, indem sie diese stillschweigend akzeptiert. Erst die Abweichung, die bewusste Positionierung zu einem Gegenmodell wird wahrgenommen. Das Politische der Theologie ist demnach grundsätzlich vorhanden, wird nur durch die Sichtbarmachung marginalisierter Theologien erst explizit.

Viel stärker noch als durch die Aufforderung zur Positionierung, die aus dem Einbezug kontextuell-theologischer Perspektiven resultiert, ist die Lehrkraft herausgefordert, wenn Befreiungstheologien inhaltlich in den Religionsunterricht einbezogen werden. Wer Befreiungstheologie einbezieht, akzeptiert eine Sichtweise, nach der der Mensch in die Verantwortung genommen wird für sein weltliches Handeln und dass dieses auch vor einem eschatologischen Hintergrund reflektiert wird. Die politische Dimension von Theologie zeigt sich besonders in dem Verständnis, dass Sünde und Heilsgeschehen nicht nur individuell gedacht werden, sondern auch kollektiv als gesellschaftliche Verantwortung des Menschen. Diese Verantwortung gilt es auf der einen Seite für die Religionslehrkraft individuell zu reflektieren und auf der anderen Seite als Inhalt des Religionsunterrichts zu transportieren.

Der Auftrag zur Wahrnehmung und Vermittlung gesellschaftlicher Verantwortung kann zu einer Herausforderung werden, wenn die verborgenen Mechanismen des Unterrichts auf die Sicherung gesellschaftlicher Strukturen abzielen, da diese durch befreiungstheologische Impulse destabilisiert werden sollen und in der Praxis auch destabilisiert werden können.[174] Befreiungstheologische

[174] Vgl. Kapitel 4.2.4.

Perspektiven stehen dabei mit ihrem Postulat an die Lehrkräfte, in ihrem eigenen unterrichtlichen Handeln ihre gesellschaftliche Position zu reflektieren und Theologie auch religionsdidaktisch politisch zu betreiben, in einer Spannung zu der aus der sozialwissenschaftlichen Perspektive hervorgehobenen Stabilität von gesellschaftlichen Strukturen.

8.5.2 Die Erweiterung der Perspektiven

Das Hinzuziehen der Armutsperspektive ermöglicht im Religionsunterricht mindestens zwei Chancen. Zum einen können sich Lehrkräfte durch diese Perspektive dazu aufgefordert fühlen, ihre eigene Perspektive im Zusammenhang mit ihrem eigenen gesellschaftlichen Standort zu reflektieren. Besonders die Lehrkräfte, die in ihrer Schullaufbahn und im Studium die geringsten Passungsschwierigkeiten hatten, weil sie beispielsweise bildungsbürgerlich sozialisiert wurden, können sich durch die Armutsperspektive auf biblische Geschichten, die wahrscheinlich von ihrer eigenen Lesart abweicht, mit ihrer Hermeneutik reflektierend beschäftigen und die eigene Lesart um weitere ergänzen. Dabei kann die Armutsperspektive auch als Türöffner für weitere, z. B. feministische, queere oder dis/ability-Perspektiven sowie Formen und Inhalte christlicher Tradition dienen. Diese Multiperspektivität kann dadurch auch Einzug in die Arbeit mit biblischen Geschichten im Religionsunterricht halten. Zum anderen können Lehrkräfte mit dem Wissen darum, dass aus der Perspektive von Armut biblische Geschichten anders verstanden werden können als aus anderen Perspektiven, unterschiedliche Interpretationen biblischer Geschichten durch Schüler*innen möglicherweise besser verstehen und ggf. einordnen. Die Identifikation mit Figuren aus Geschichten entspricht dabei nicht immer der von der Lehrkraft intendierten und auch nicht der, von der die Lehrkraft ausgeht. Die Armutsperspektive sollte nicht zwangsläufig bei den Kindern vermutet werden, die von einer Lehrkraft als „arm" wahrgenommen oder bezeichnet werden, da diese sich selbst nicht unbedingt dieser Bezeichnung zuordnen, auch wenn sie aus soziologischer Perspektive Merkmale relativer Armut aufweisen.[175]

8.5.3 Das Kontextbewusstsein

Befreiungstheologien haben sich aus bestimmten historischen, lokalen und sozialen Situationen herausgebildet. Auch neuere Entwürfe wie z. B. queere Theologien[176] funktionieren nach diesem Grundsatz. Das Bewusstsein für das Betreiben von Theologie in spezifischen Zusammenhängen ist ein Spezifikum dieser

175 Vgl. Zimmermann/Kok: Arm und reich sind immer die Anderen, 129.
176 Vgl. Althaus-Reid: The Queer God.

Theologien. Der religionspädagogische Nutzen der Kontextverankerung liegt im Kontextbewusstsein. Es ist relevant, wer aus welcher Situation an welchem Ort Theologie betreibt, denn die Art und Weise, wie Theologie betrieben wird und auch die Inhalte von Theologien unterscheiden sich. Diese Erkenntnis ist z. B. auch in der Kinder- und Jugendtheologie zu finden.[177]

Sich der eigenen Kontexte bewusst sein, bedeutet allerdings auch die Verpflichtung zu einem kritischen Umgang mit der historischen Entwicklung der Befreiungstheologien und erfordert mitunter neue kontextuelle Verortungen, um zu vermeiden, dass die lateinamerikanische Unterdrückungssituation der 1960er Jahre mit heutigen Unterdrückungssituationen in Deutschland gleichgesetzt wird.

8.5.4 Die Interpretationsöffnung

Eine befreiungstheologische Herangehensweise an Inhalte des Religionsunterrichts kann zu Spannungen führen, wenn, wie in Kapitel 6.2.2 gezeigt, unterschiedliche Verständnisse von Sünde und Erlösung aufeinandertreffen.

Das klassisch protestantische Sündenverständnis wird auf die Probe gestellt. Es kann den verschiedenen Erfahrungen von Menschen und unterschiedlichen Vorstellungen davon, wie der Mensch als Sünder*in ist, insbesondere in einer kontextuellen Herangehensweise nicht standhalten. Wird Theologie politisch betrieben, kommt der Mensch als Bestandteil und Mitwirkende*r innerhalb einer Gesellschaft ins Spiel, sowohl als machtausübende als auch als unterdrückte Person. Der machtausübenden Person mag das protestantische Sündenverständnis gar zur Legitimation der eigenen Position und Privilegien dienen, wenn Immanentes und Transzendentes voneinander getrennt betrachtet werden. An der Stelle ist die Kontextreziprozität befreiungstheologischer Praxis mit ihrem kollektiven Sündenverständnis eine Provokation gegenüber den Machtausübenden, die in diesem Verständnis mit ihrem konkreten weltlichen Handeln in die Verantwortung genommen werden.

Aus der Perspektive gesellschaftlich unterdrückter und marginalisierter Menschen mag das passive Rechtfertigungsverständnis zum verstärkten Ohnmachtserleben beitragen. Statt Empowerment ergibt sich daraus der Impuls zur Resignation. Die Möglichkeit der Befreiung hingegen kann ermutigend wirken auf diejenigen Menschen, die bereits Erfahrungen von Fremdbestimmung, Unterdrückung und Ohnmacht gemacht haben. Daher kann sich aus dem Einbezug befreiungstheologischer Perspektiven im Religionsunterricht die Chance ergeben, Schüler*innen ihre Handlungsmöglichkeiten aufzuzeigen und sie zu ermutigen, aktiv an der Gestaltung des eigenen Lebens mitzuwirken. Dabei ist darauf

177 Vgl. Kammeyer: Kindheitsforschung und Kindertheologie, 41f. sowie Loose: Wenn man sich da an den anderen orientiert.

zu achten, die jeweils individuellen Verhältnisbestimmungen von Immanentem und Transzendentem sowie die unterschiedlichen Vorstellungen zur Erlösung zu respektieren, um Schüler*innen keine einseitige Interpretation aufzudrängen. Verschiedene Verständnisse sollten dabei gleichwertig nebeneinanderstehen dürfen. In einem Religionsunterricht, der auf diese Pluralität und Akzeptanz dieser ausgelegt ist, können befreiungstheologische Perspektiven gewinnbringend neben anderen einbezogen werden.

Im Grundschulreligionsunterricht besteht die Herausforderung darin, den Schüler*innen, die sich in ihrer Entwicklung überwiegend auf dem Stand befinden, dass sie sich und ihre nahe Umgebung wahrnehmen[178], eine Begegnung mit dem weiteren gesellschaftlichen Umfeld und ein Bewusstsein dafür zu ermöglichen bzw. die sozialanalytische Vermittlung, also die Bestimmung des eigenen gesellschaftlichen Standorts im Nahkontext anzusiedeln. Anstelle einer Thematisierung theologischer oder ethischer Fragen auf Basis globaler Verhältnisse, die von Grundschulkindern schwer zu erfassen sind, kann z. B. die Gerechtigkeitsfrage befreiungstheologisch elementarisiert werden, indem auf möglichst konkreter Ebene Disparitäten und Ungerechtigkeiten identifiziert werden. Das kann über die Ungleichbehandlung von Mädchen und Jungen geschehen oder durch Armuts- und Reichtumswahrnehmungen vor Ort, z. B. über diakonische Einrichtungen und Projekte[179]. Eine Chance der befreiungstheologischen Perspektive kann darin liegen, dass die Schüler*innen leichter an den Tun-Ergehen-Zusammenhang der Befreiung anknüpfen können als an die Vorstellung davon, dass sich ihr weltliches Handeln nicht auf ihr Heilsgeschehen auswirkt. Kinder im Grundschulalter urteilen nach Kohlberg sowie Oser und Gmünder moralisch und religiös häufig nach dem Prinzip *do ut des*, also in der Annahme, dass ihr Verhalten konkrete Folgen hat und sie durch ihr Handeln Konsequenzen beeinflussen können.[180] Das Verhältnis von Befreiung und Erlösung erweist sich somit für viele Grundschulkinder als gut nachvollziehbar bzw. entspricht ihrer Entwicklungslogik.

8.6 Renaissance der Problemorientierung im Kontext inklusiver Religionspädagogik

Aktuell kommt es zu einer steigenden Aufmerksamkeit für gesellschaftspolitische Problemstellungen im Religionsunterricht, nachdem diese längere Zeit un-

178 Vgl. Büttner/Dieterich: Entwicklungspsychologie in der Religionspädagogik, 15f.
179 Vgl. Pitschmann: Gerechtigkeit, 206.
180 Vgl. Büttner/Dieterich: Entwicklungspsychologie in der Religionspädagogik, 19.58f.

terrepräsentiert waren. Inklusive Religionspädagogik rückt den Umgang mit gesellschaftlichen Marginalisierungs- und Diskriminierungsmechanismen wieder in den Fokus. Zuvor waren befreiungstheologische Ansätze in der Religionspädagogik besonders in der Form des problemorientierten Religionsunterrichts zu finden, der sich in den 1970er Jahren im religionspädagogischen Diskurs etablieren konnte und dem Unterrichtsfach Religion durch die politische Komponente eine relevante Position im allgemeinen Diskurs um schulische Reformen vermittelte.[181] Für armutssensiblen Religionsunterricht im Rahmen inklusiver Religionspädagogik, der Elemente befreiungstheologischer Ansätze konzeptionell aufgreift, ist der Einbezug aktueller problemorientierter Religionspädagogik daher sinnvoll. Das Konzept kann hinsichtlich der Entwicklungen innerhalb inklusiver Religionspädagogik nach Leitmotiven befragt werden, die sich für inklusiven armutssensiblen Religionsunterricht als anschlussfähig erweisen.

Nach Thorsten Knauth kann vom problemorientierten Religionsunterricht in der aktuellen Situation profitiert werden, wenn dieser wieder an Bedeutung gewinnt und es gelingt, das diesem Ansatz eigene „gesellschaftsbezogene Anliegen einer kritischen religiösen Bildung in den Kernbereich gegenwärtiger Religionspädagogik"[182] zu implementieren. Knauth sieht darin eine Möglichkeit, dem schulischen Religionsunterricht eine gesellschaftliche, politische und bildungsbezogene Relevanz zukommen zu lassen. Die Relevanz ergibt sich aus der theologisch-ethischen Dimension befreiungstheologischer Profilierung, durch welche die christliche Botschaft mit der aktuellen Situation in Verbindung gebracht werden kann. Diese ist in der Auseinandersetzung mit Herausforderungen innerhalb aktueller gesellschaftlicher Strukturen nachweisbar.[183] Der Hermeneutik des problemorientierten Religionsunterrichts nach soll sowohl für die Auslegung biblischer Texte als auch für die Analyse gesellschaftlicher Verhältnisse die gesellschaftspolitische Ebene mit entsprechenden didaktischen Überlegungen einbezogen werden.[184]

In der Auseinandersetzung mit der Frage nach aktuellen Formen des problemorientierten Religionsunterrichts knüpft Knauth an den Ansatz zu einer *politischen Theologie des Religionsunterrichts* von Peter Biehl an, der in den Menschenrechten das Bindeglied zwischen theologischen und säkularen Perspektiven auf gesellschaftliche Fragestellungen sah.[185] Durch diese gemeinsame Begründung politischen und theologischen Handelns sei dem problemorientierten Religionsunterricht die Funktion des Türöffners für politische Theologie im Religionsunterricht zugekommen:

---

181 Vgl. Knauth: Religionsunterricht, Befreiungspädagogik und Befreiungstheologie, 204.
182 Ebd., 205.
183 Vgl. ebd., 206.
184 Vgl. ebd., 207. Siehe dazu Kapitel 6.2.3.
185 Vgl. Knauth: Problemorientierter Religionsunterricht, 243ff.

„Hier wurde eine Tür aufgestoßen, denn nun konnten Phänomene im Überschneidungsbereich von Theologie und Politik in das didaktische Zentrum des Religionsunterrichts rücken. Sozialethische Fragen übernahmen eine Schlüsselfunktion für Theologie und religiöse Lernprozesse."[186]

Theologisch betrachtet dienen in diesem Verständnis die Menschenrechte zur Verhältnisklärung von Glaube und menschlicher Freiheit:

„Systematisch betrachtet war mit dem Bezug auf die Menschenrechte als gemeinsamem ethischen Standard die Frage nach dem Verhältnis von Glaube, Überlieferung und der menschlichen Freiheitsgeschichte gestellt, als deren zivilisatorische Manifestation die Menschenrechte gelten konnten."[187]

Hier wird deutlich an das lateinamerikanische Befreiungsverständnis angeknüpft, nach welchem sich die Heilsgeschichte in der weltlichen Wirklichkeit als Befreiungsgeschichte zeigt, in der Begründung des problemorientierten Religionsunterrichts also konkret in der Frage nach der Bedeutung des Standards der Menschenrechte. Theologie zu betreiben bedeutet auch in diesem Ansatz von Gott in Verbindung mit dem Menschen zu sprechen, der sich befreit erlebt angesichts von Unfreiheiten in Form von neoliberalen kapitalistischen Zwängen und Unterdrückungsformen. Biehls Begriff von menschlicher Freiheit folgt dabei der Vorstellung von einer „unverlierbaren geschenkten Freiheit"[188], die von Gott geschenkt ist und durch den Menschen bedroht wird. Dieser Ansatz bietet auch die Möglichkeit an, über die Bedeutung von *Anerkennung* und *gesellschaftliche Anerkennungsprozesse* das reformatorische Rechtfertigungsverständnis in die Grundidee der Befreiung einzubetten:

„Christlich-reformatorische Theologie betone den Gedanken einer vorgängigen liebenden Annahme, die zur Selbstannahme und zur Annahme von anderen befähige. Damit sei klar: Selbstbestimmung ist auf *Anerkennung als anthropologische Struktur* angewiesen, die das Selbst nicht aus sich heraus schöpfen kann."[189]

Die gesellschaftlichen Anerkennungsprozesse sind in diesem Zusammenhang sowohl als Zugang zu Anerkennungserfahrungen als auch als Mittel zur Anerkennung des Anderen zu verstehen und finden in konkreten gesellschaftlichen Kontexten statt. Fehlende Anerkennung könne demnach als Unterdrückung zum Ausdruck kommen. Befreiung als selbstbestimmte Überwindung der Unterdrückung ist dadurch nie gänzlich selbstbestimmt, dass sie sich innerhalb der theologisch-anthropologischen und der gesellschaftlichen Anerkennungsstrukturen vollzieht und ontologisch gedeutet auf der Anerkennung des Menschen durch Gott basiere, die sich in weiteren Anerkennungsverhältnissen Ausdruck verleihe.

---

186 Knauth: Religionsunterricht, Befreiungspädagogik und Befreiungstheologie, 209f.
187 Ebd., 209.
188 Ebd., 210.
189 Ebd.

Knauth identifiziert mit Biehl Teildimensionen von Religion und Religionsunterricht, die in einem befreiungstheologisch-politisch fundierten problemorientierten Religionsunterricht berücksichtigt werden können. Er sieht den Beitrag der politischen Theologie in der theologischen Interpretation des Emanzipationsbegriffs und in dem Einbezug von Ideologie- und Religionskritik in theologisches Denken. Durch Biehls Ansatz eines problemorientierten Religionsunterrichts wurden religiösen Begriffen gesellschaftliche Ausdrucksformen sowie die Einbettung in gesellschaftliche Verhältnisse ermöglicht. Außerdem erfolgte durch das Konzept die didaktische Vermittlung der parteilichen Perspektive, die aus den befreiungstheologischen Ansätzen erwachsen ist und Gerechtigkeit und Solidarität als Leitmotive theologischen Denkens und christlichen Handelns erkennen lässt.[190] Der befreiungstheologischen Praxis wurde somit durch die Problemorientierung ein fachdidaktischer Rahmen für den Religionsunterricht gegeben.

Knauth bewertet Biehls problemorientierten Ansatz als umfassende Ausarbeitung einer politischen und theologischen Religionspädagogik, die sich in einer Zeit bewährt hat, in der Säkularisierung als Phänomen des gesellschaftlichen Wandels wahrgenommen wurde.[191] Für heutige befreiungstheologisch inspirierte Formate politisch-theologischer Religionspädagogik sieht er das Phänomen religiöser und kultureller Pluralisierung als Herausforderung, woraus die Notwendigkeit einer interreligiösen und dialogischen Ausgestaltung folgt. Er stellt vor dem Hintergrund der vorangegangenen theologischen Auseinandersetzung mit Anerkennungserfahrungen sowie vielfältiger Lebens- und Erfahrungswelten von Schüler*innen folgende These auf: „Eine moderne problemorientierte Religionspädagogik kommt nicht umhin, Gerechtigkeit und Anerkennung als konzeptionelle Leitbegriffe zu betrachten."[192]

8.6.1 Gerechtigkeit und Anerkennung als Leitmotive moderner Problemorientierung

Die Aufnahme der Leitbegriffe *Gerechtigkeit* und *Anerkennung* führt Knauth am Beispiel religiöser und kultureller Vielfalt aus und stellt dabei drei Anforderungen an eine problemformulierende interreligiöse Religionspädagogik aus evangelischer Perspektive: Erstens fordert er eine *Praktische Theologie der Einmischung*, bei der Kirche und Theologie ihre einmischende Funktion wahrnehmen, um Themen zu behandeln, die medial und in der Öffentlichkeit vernachlässigt

190 Vgl. ebd., 211f.
191 Vgl. ebd., 212.
192 Ebd., 213.

werden. Darin sieht er besonders die Chance zur Fokussierung von Schlüsselproblemen, „für deren Behandlung es gesellschaftlich keine Lobby gibt“[193]. Einer so gestalteten praktischen Theologie traut er eine Vorbildfunktion zu, „wo es um die Gestaltung eines an Solidarität, Gerechtigkeit und Anerkennung orientierten Zusammenlebens geht“[194] und bei der Frage „wie man sich einmischt in die vorhandene soziale Ungleichheit, in Hierarchie- und Ausgrenzungskonstellationen“[195] sowie „konkrete Beiträge zur Umverteilung von Macht, Geld, Zeit und Zukunftschancen“[196] zu leisten. Diese politische Dimension praktischer Theologie entspricht sehr stark den Ursprüngen befreiungstheologischer Ansätze sowie politischer Theologie.

Die zweite Forderung besteht in dem öffentlichen Selbstverständnis von *Kirche als intermediärer Organisation*, die ihrer eigenen Botschaft entsprechend öffentlich handelt. Knauth betrachtet die Chance einer religionspädagogischen Anknüpfung an dieses öffentliche Selbstverständnis in Behandlung von „ungelösten Fragen sozialer Gerechtigkeit und der Anerkennung kultureller Pluralität“[197] im Bildungsbereich, wodurch die Kirche „bewusst Verantwortung für eine Erziehung der *Anerkennung von Differenz* und der *solidarischen Verantwortung für die Anderen*“[198] übernehme.

Zur Praxis einer interreligiösen Religionspädagogik gehöre drittens ein *dialogisches Lehren und Lernen*, das sich durch die multireligiöse personale Repräsentanz von Lehrkräften und Schüler*innen verwirklichen ließe. Dazu gehöre auch, „das im Feld des Religionsunterricht überwiegend christliche Ausbildungsmonopol“[199] aufzulösen, indem z. B. Lehrstühle in islamischer Religionspädagogik eingerichtet werden. Diese Forderung ist anknüpfungsfähig an Strategien zur Aufdeckung latenter Machtstrukturen innerhalb des religiösen Feldes und zur Entwicklung inklusiver Gegenentwürfe.[200]

Die drei genannten Forderungen Knauths, die sich primär auf den Aspekt religiöser Pluralität beziehen, lassen sich auf den Umgang mit sozioökonomischer Heterogenität übertragen. Die Praktische Theologie als *Theologie der Einmischung* zu verstehen, bietet die Chance, dem religionspädagogischen Anliegen der *Bildungsgerechtigkeit vor dem Hintergrund sozialer Ungleichheit* ein inhaltliches Profil und die nötige Lobby zu verleihen. Der Einsatz für Bildungsgerechtigkeit steht somit nicht in der alleinigen Verantwortung derjenigen, die armutsbedingte Bildungsbenachteiligungen erfahren. Das *intermediäre Selbstverständnis von Kirche* kann im Religionsunterricht zum Ausdruck kommen, wenn *Solidarität*

193 Ebd., 216.
194 Ebd.
195 Ebd.
196 Ebd.
197 Ebd., 217.
198 Ebd., 217.
199 Ebd., 218.
200 Vgl. Kapitel 4.2.4.

als Schlüsselthema behandelt wird, die Positionalität von Theologie in Form von kirchlichen Positionierungen einbezogen wird und die Anderen nicht nur im globalen Süden, sondern *im direkten Umfeld*, auch innerhalb der Lerngruppe gesehen werden und solidarische Anerkennung erfahren.[201] Das *dialogische Lernen* kann, wenn es nicht nur als Lernen in religiöser Vielfalt gedacht wird, auch als *Lernen in der Vielfalt von Milieus* stattfinden. Unterschiedliche Lebensweltlogiken, Weltdeutungen und Haltungen zu Religion(en) sowie Erfahrungen mit religiösen Institutionen können im Religionsunterricht Anerkennung erfahren. Ebenso wie das christliche Ausbildungsmonopol in der gegenwärtigen schulischen Religionspädagogik kritisiert werden kann, fordert das Prinzip des dialogischen Lernens auch die *Kritik am bildungsbürgerlichen Deutungsmonopol* religiöser und somit auch christlicher Texte. Gegenentwürfe zu bildungsbürgerlichen Deutungen können im Religionsunterricht zu Armutssensibilität beitragen, wenn z. B. Deutungen von Jesus als „Zombie"[202] im Rahmen kritisch-kontextueller Kindertheologie Gehör finden und weiterentwickelt werden. Ebenso kann am Beispiel von Inger Hermann[203] Gott in der Tiefe gesucht werden, wozu Ausdrucksformen und Deutungen von Kindern, aber auch das gezielte Einspielen dieser Deutungsoption durch die Lehrkraft beitragen können.

8.6.2 Gerechtigkeit und Anerkennung als Leitmotive für armutssensiblen Religionsunterricht

Mit den beiden Leitbegriffen *Gerechtigkeit* und *Anerkennung* benennt Knauth zwei Aspekte, die für einen armutssensiblen Religionsunterricht zentrale Bedeutung haben. Die Aufnahme der befreiungstheologisch-politischen Grundausrichtung des problemorientierten Religionsunterricht in Ansätze modernen religionspädagogischen Handelns, die er am Beispiel religiös-kultureller Vielfalt ausführt, bieten weitere Chancen zur konzeptionellen Ausgestaltung eines armutssensiblen sowie politischen und somit armutsbewussten Religionsunterrichts, die im Folgenden an den beiden Leitbegriffen ausgeführt werden.

Die Fähigkeit zur Anerkennung von Menschen als gottgewollte Geschöpfe, die auf der eigenen von Gott bewirkten Anerkennungserfahrung beruht, kann auf unterschiedliche, aber miteinander verwobene Weisen im Religionsunterricht wirksam werden. Zum einen ergibt sich für alle Beteiligten die Aufforderung zur Anerkennung des Menschen unabhängig von der materiellen, kultu-

201 Die Aufnahme der Situationsanalyse auf lokaler Ebene ist auch bei Knauth eine Anforderung an modernen problemorientierten Religionsunterricht (vgl. Knauth: Religionsunterricht, Befreiungspädagogik und Befreiungstheologie, 220).

202 Vgl. Schimming: Der ist ausgebrochen.

203 Vgl. Hermann: Halt's Maul, jetzt kommt der Segen.

rellen und sozialen Situation. Dieser normative Grundsatz kann im Rahmen einer politischen Religionspädagogik als Basis verankert werden, an die sich sämtliche fachdidaktische Überlegungen anknüpfen lassen. Zum anderen gilt es besonders für die Lehrkraft, unterschiedlich ausgestaltete Handlungsspielräume anzuerkennen, wodurch binnendifferenzierte, individuelle Diagnostik und Förderung unter Berücksichtigung der jeweiligen Lebenslagen möglich ist. Außerdem werden Schüler*innen auch aufgrund ihrer sozialen Lage verschiedene Erfahrungen mit Gerechtigkeit und Anerkennung machen und bereits gemacht haben. Diese unterschiedlichen Erfahrungen bieten Anknüpfungspunkte für befreiungstheologische Lesarten und Deutungen religiöser Texte. Schüler*innen, die viel Anerkennung erfahren und sich gerecht behandelt fühlen, werden anders mit Gerechtigkeitsfragen umgehen als Schüler*innen, die wenig Anerkennungserfahrungen gemacht haben und sich häufig ungerecht behandelt fühlen.[204] Der Frage nach Gerechtigkeit kommt im Religionsunterricht neben der inhaltlichen Dimension eine christlich-normative zu. Wird Gerechtigkeit als christlicher Imperativ in religionspädagogische Überlegungen einbezogen, ergibt sich daraus die Forderung nach einem gesellschaftskritischen Umgang mit Armut und Reichtum auf der inhaltlichen Ebene. Diese Forderung ist nicht auf materielle Umverteilung begrenzt, sondern impliziert die Anerkennung von Menschen und ihrer Rechte unabhängig vom Materiellen. Dazu zählen eine gerechte Behandlung, das Recht auf Bildung und das Recht auf die Ausgestaltung von Handlungsspielräumen. Diese Rechte sind in Bezug auf Kinderarmut und intersektionale Diskriminierungen hervorzuheben. Im Religionsunterricht sind Ursachen für die Verletzung der Rechte und die Zusammenhänge, in denen Ungerechtigkeiten entstehen und mitunter legitimiert werden, zu beleuchten.

An diesen Beispielen wird deutlich, dass das, was Knauth in seinem Fazit zur Aktualität problemorientierten Religionsunterrichts zusammenfasst, nicht auf interreligiöse Adaptionen reduziert werden kann:

> „Die These des problemorientierten RUs, dass um der Befreiungsbotschaft des Evangeliums Willen vom Alltag die Rede sein müsse, hat nichts von ihrer Gültigkeit verloren. Umgekehrt gilt aber auch, dass unser von Multikulturalität und Marginalisierung geprägter Alltag auf Perspektiven angewiesen ist, die aus den Grundaussagen des Evangeliums über Gerechtigkeit und die Anerkennung des Anderen zu entwickeln sind."[205]

Armutssensibler Religionsunterricht geht vielmehr auf die Wurzeln des problemorientierten Religionsunterrichts in den lateinamerikanischen Befreiungstheologien zurück und zeigt deren Aktualität auch aus fachdidaktischer Perspektive auf. Das Kontextbewusstsein zeigt sich in der Subjektorientierung

---

[204] Laut der Shell Jugendstudie 2019 wird Gerechtigkeit in Deutschland herkunftsabhängig unterschiedlich wahrgenommen: Das Ungerechtigkeitsempfinden ist bei Jugendlichen aus einer niedrigen „Herkunftsschicht" größer (vgl. Albert et al.: Jugend 2019, 15).

[205] Knauth: Religionsunterricht, Befreiungspädagogik und Befreiungstheologie, 219.

aktueller religionspädagogischer Ansätze, wobei die inklusiven Ansätze auch aufgrund ihres durchaus politischen Selbstverständnisses hervorzuheben sind.

8.6.3 Problembewältigung unter den gegenwärtigen gesellschaftlichen Bedingungen – Emanzipation und Kritik in vielfältigen Lebensformen

Armutssensibler Religionsunterricht muss sich in dem Rekurs auf Befreiungstheologien und unter dem Anspruch der Aktualitätsbezogenheit mit der aktuellen gesellschaftspolitischen Situation und ihrer Bedeutung für eine politische Religionspädagogik auseinandersetzen, insbesondere dann, wenn an die moderne Variante des problemorientierten Religionsunterrichts, wie Thorsten Knauth ihn vertritt, angeknüpft wird.

Angesichts veränderter gesellschaftlicher Rahmenbedingungen sieht Knauth für die Frage nach der Aktualität des problemorientierten Religionsunterrichts die Aufgabe „die seinerzeit leitenden Begriffe und den kategorialen Rahmen problemorientierten Religionsunterrichts unter neuen gesellschaftlichen Bedingungen und unter Einbezug kritischer Einwände zu reflektieren“[206]. Er reagiert damit nicht nur auf die gesellschaftlichen Veränderungen, sondern auch auf einen bekannten Kritikpunkt: Die Kritik an der für Instrumentalisierungen anfälligen normativen Ausrichtung am Emanzipationsgedanken, die Grümme auch gegenüber Knauths Weiterentwicklung des problemorientierten Ansatzes äußert: „Unvermittelt wird hier religiöses Lernen und religiöse Bildung in den Horizont von Emanzipation, Autonomie und Befreiung gesetzt und aus diesem Horizont heraus entworfen.“[207] Aus dieser Kritik erwachse nach Grümme der Anspruch einer kritischen Selbstreflexivität, wie er sie in seinem Konzept aufgeklärter Heterogenität verankert hat.[208] Auf die gesellschaftlichen Veränderungen und die Kritik fehlender Selbstreflexivität wird im Folgenden eingegangen. Außerdem wird der Frage nachgegangen, welchen Beitrag der aktualisierte Ansatz von Knauth zum armutssensiblen Religionsunterricht liefern kann.

Knauth zufolge erweisen sich problemorientierte Ansätze als gegenwärtig relevant, was er an zwei gesellschaftlichen Veränderungen verdeutlicht. Zum einen haben sich die in der Befreiungstheologie ausgedrückten und im problemorientierten Religionsunterricht religionspädagogisch reflektierten Kämpfe um Anerkennung intersektional ausdifferenziert. Dadurch erhält auch ein an Ge-

---

206 Knauth: Grundbegriffe, unabgegoltene Potenziale und Perspektiven, 58.

207 Grümme: Problemorientierter Religionsunterricht, 45.

208 Vgl. ebd., 44f. Zum Verständnis einer kritischen Selbstreflexivität siehe Grümme: Heterogenität in der Religionspädagogik, 96f. sowie Kapitel 8.2.2.

rechtigkeit und Anerkennung ausgerichteter Religionsunterricht einen intersektional differenzierenden Gegenwartsbezug.[209] Zum anderen zeigt sich eine auf diese beiden Leitmotive auswirkende wirtschaftliche Veränderung mit gesellschaftspolitischen Auswirkungen:

> „Armuts- und Gerechtigkeitsprobleme sowie Fragen der Anerkennung kultureller Identitäten müssen zudem als Folgen einer tiefgreifenden Veränderung im Gesellschaftsgefüge verstanden werden, die sich einer Umstellung von einem wohlfahrtsstaatlich organisierten auf einen neoliberal verfassten Kapitalismus verdankt."[210]

Diverse Bereiche des Privaten werden ökonomistisch neoliberal vereinnahmt, wodurch sich eine starke gegenwärtige Relevanz für den Aspekt der Armutssensibilität ergibt. Armut gestaltet sich in neoliberal-kapitalistischen Gesellschaftsstrukturen mehrdimensional und politisch, da die „neoliberale Revolution"[211] eine „entsolidarisierte Subjektivierungsform"[212] mit Zwang zur nutzen- und profitorientierten Ressourcenverwendung geschaffen hat.[213] Der Mangel an Ressourcen zeigt sich in modernen Armutsverständnissen in mehreren Dimensionen und drückt sich ebenso in mehrdimensionaler armutsbezogener Bildungsbenachteiligung aus.

Für politische Religionspädagogik wird in Anbetracht dieser Entwicklung ein Politikverständnis erforderlich, nach dem Politik „in den kleinsten sozialen Verhältnissen"[214] beginnt und sich in Lebensformen und Fragen der Lebensgestaltung zeige.[215] Dazu gehört u. a. das Einkaufsverhalten, das nachhaltig und fair ausgerichtet sein kann, ehrenamtliches Engagement für Mitmenschen oder das Verhalten gegenüber Menschen ohne festen Wohnsitz auf Praxis- und Reflexionsebene.[216] Durch ein Verständnis von Politik, das auf der Ebene des „Mikrosozialen"[217] ansetzt, kann die in den 1960er Jahren entwickelte „*Idee der sozialen Freiheit*"[218] von einer undifferenzierten Forderung nach sozialer Gerechtigkeit für die Gegenwart aktualisiert werden und intersektionale Emanzipationsanliegen berücksichtigen.[219] Dieser Anspruch muss auch angesichts intersektionaler Armutsdifferenzierungen gestellt werden. Die Benachteiligungserfahrungen von armen Schüler*innen können sich hinsichtlich intersektionaler Verknüpfungen z. B. mit dem Aspekt Migration unterscheiden, was armutssensibler Religionsunterricht zu beachten hat. Außerdem liefert der Bezug des

209 Vgl. Knauth: Grundbegriffe, unabgegoltene Potenziale und Perspektiven, 63f.
210 Ebd., 64.
211 Ebd., 65.
212 Ebd.
213 Vgl. ebd., 64ff.
214 Ebd., 69.
215 Vgl. ebd., 68f.
216 Vgl. Knauth: Bleibend notwendig, 139f.
217 Vgl. ebd., 139.
218 Knauth: Grundbegriffe, unabgegoltene Potenziale und Perspektiven, 69.
219 Vgl. ebd., 69f.

Politischen auf die Mikroebene des Sozialen einen selbstreflexiven Ansatzpunkt für Armutssensibilität.

Um *Emanzipation* im Kontext des problemorientierten Religionsunterrichts nicht normativ zu einer „idealistische[n] Zielgröße“[220] mit entsprechendem Instrumentalisierungspotenzial zu setzen, nimmt Knauth eine Begriffsbestimmung *als Bewegungs- und Anreicherungsbegriff* vor:

> „Der Emanzipationsbegriff ist ein an entsprechende soziale Praktiken gebundener Bewegungsbegriff, der sich auch im Prozess der Entfaltung, Herausarbeitung und Verwirklichung von sozialer Freiheit (in verschiedenen Dimensionen und sozialen Sphären) mit Erfahrungen anreichert. Emanzipation ist daher als ein Anreicherungsbegriff zu verstehen und nimmt durch seine Bezogenheit auf unterschiedliche soziale und kulturelle Kontexte verschiedene Verwirklichungsformen bzw. soziale Gestalten an.“[221]

Ein so verstandener Emanzipationsbegriff kann der Kritik der fehlenden kritischen Selbstreflexivität begegnen, denn er bietet ein kontextbewusstes, dynamisches und differenziertes Verständnis von Emanzipation an. Damit fungiert der Begriff als Schutz vor einer ideologischen Vereinnahmung des religionspädagogischen Ansatzes der Problemorientierung durch eigene Intentionen, ohne dabei die politische Dimension zu verlieren. Die durch Emanzipation zu verwirklichende Idee von sozialer Freiheit beruhe nach Knauth auf dem Prinzip der Solidarität und mache sich diese nicht zunutze, wodurch individuelle Freiheit ermöglicht werde, die sich nicht auf Kosten anderer verwirklicht.[222]

Das gesellschaftskritische Selbstverständnis des problemorientierten Religionsunterrichts steht vor der gegenwärtigen Herausforderung pluraler Lebensformen, die in ihrer Vielfalt grundsätzlich Anerkennung erfahren, was „als Realisierung der Norm kultureller Freiheit“[223] als positive Entwicklung der Gesellschaft verstanden werden kann. Die generelle Akzeptanz vielfältiger Formen der Lebensführung und -gestaltung schützt einzelne Formen allerdings nicht vor Diskriminierungen. Die Kritik an Lebensformen als Variante problemorientierter Gesellschaftskritik vor dem Hintergrund zunehmender Pluralität kann im Gegensatz zu dem u. a. bei Bourdieu beschriebenen, hierarchischen System gesellschaftlicher Schichten nicht allein der Logik privilegierter Schichten sowie äußerer Maßstäbe folgen, sondern müsse nach Knauth selbstreflexiv und daher lebensformimmanent erfolgen, indem die „inkorporierten normativen Orientierungen und Ansprüche“[224] mit den sozialen Praktiken abgeglichen werden. In dieser Form der aus der Lebensform heraus stattfindenden Kritik an ihr selbst

---

220 Ebd., 70.
221 Ebd.
222 Vgl. ebd., 71.
223 Ebd.,73.
224 Ebd., 74.

sieht Knauth das Bildungspotenzial, da durch diese „eine Transformation der sozialen Praktiken“[225] angestoßen werden kann, die als Problembewältigung Lern- und Erfahrungsprozesse auslöse.

Für armutssensiblen Religionsunterricht ist diese gegenwartsbezogene kritische Aufarbeitung der Potenziale problemorientierten Religionsunterrichts gewinnbringend, weil das emanzipatorische Profil eines so verstandenen problemorientierten Religionsunterrichts das Potenzial zur kritischen Analyse von Lebensformen beinhaltet und durch Problembewältigung die Möglichkeit zur Förderung von Empowerment auf individueller sowie politischer Ebene bietet.

8.7 *Anerkennung und Subjektorientierung als religionspädagogische Prämissen*

Die Anerkennung von Differenzen im Sinne einer Pädagogik der Anerkennung, die „um eine differenzsensible Ansprache ihrer Klientel“[226] bemüht ist, lässt sich religionspädagogisch reflektieren und erweitern. Neben einer inklusionspädagogischen Anerkennung von Vielfalt als Aspekt inklusiver Kulturen bedeutet die Anerkennung von Differenzen auch die Anerkennung subjektiver theologischer Zugänge und Deutungen. Beide Aspekte werden im Folgenden für armutssensiblen Religionsunterricht konkretisiert.

8.7.1 Anerkennung als Überwindung von Beschämungen

Die Enttabuisierung von Armut in Schule und Religionsunterricht, die von Daniel Arnhold als sinnvoll erachtet wird, setzt vor allem eine inklusive Kultur ohne Beschämungen voraus.[227] Wie arme Kinder in der Schule offen und unbeschämt mit ihrer sozioökonomischen Situation umgehen können, hängt auch von den normativen Orientierungen der Lehrkräfte ab, die sich in der Unterrichtskultur sowie Praxis des Religionsunterrichts zeigen können.[228]

---

225 Ebd.

226 Mecheril/Plößer: Differenz, 198.

227 Vgl. Arnhold: Armut im Religionsunterricht, 95f sowie Möller: Armutssensible Inklusionspädagogik, 112.

228 Vgl. Arnhold: Armut im Religionsunterricht, 95.

Erste Hinweise zu einem unbeschämten und nicht beschämenden Umgang mit Kinderarmut ergeben sich aus den *Kriterien für schamsensible Schul- und Unterrichtskultur*, die Daniela Haas im Zuge ihrer Forschung zum Phänomen Scham im Religionsunterricht entwickelt: Da Selektionserfahrungen Schamgefühle auslösen können, ist nach Haas (1) *größtmögliche Inklusion*, verstanden als gemeinsames Lernen durch Binnendifferenzierung und Individualisierung zu ermöglichen. Für die Lehrkraft bedeutet Schamsensibilität eine Reflexionsfähigkeit, die sich in einem (2) *Gefühl für potenziell schamauslösende Momente* zeigt, das für die Vermeidung solcher Momente oder in der Unterstützung zur Bewältigung dieser konstruktiv genutzt werden kann. Weiterhin gehört zu dieser Reflexionsfähigkeit die *Auseinandersetzung mit der eigenen Schamgeschichte*, um diese nicht unbewusst an die Schüler*innen weiterzugeben. Als drittes Kriterium nennt Haas die (3) *Qualität der Beziehungen zwischen den Schüler*innen*, die u. a. durch gruppendynamische Maßnahmen schamsensibel gestaltet werden kann.[229]

Insbesondere die Reflexion der eigenen Schamgeschichte ist im Hinblick auf Armutssensibilität relevant. Verbindet die Lehrkraft Armut mit Schuld und Scham, was auch ohne eigene Armutserfahrung, z. B. durch eine schuldbezogene Armutsvorstellung, die während der Primärsozialisation vermittelt wurde, möglich ist, kann eine unreflektierte Übertragung dieser eigenen Schamvorstellung auf die Kinder stattfinden, indem beispielsweise Vorstellungen vom Ausweg aus Armut einzig durch persönliche Anstrengung oder vermitteltet wird. Demnach kann ein motivierender Impuls zum fleißigen Arbeiten beschämend wirken, wenn er verbunden wird mit der Aussicht auf ein Leben außerhalb von Armut. Auch der Aspekt der Tabuisierung von Armut kann Ausdruck der eigenen armutsbezogenen Schambiographie sein. Dabei ist für die Wirkung des Tabus unerheblich, ob es um die eigene Armutssituation oder Armut bei anderen geht. Spricht die Lehrkraft nicht offen Armut, besteht das Risiko einer Übertragung des Armutstabus aus der Biographie der Lehrkraft auf die Schüler*innen. Armutssensibler Religionsunterricht muss demnach nicht nur schamsensibel sein, sondern auch durch die Reflexionen der Lehrkräfte Beschämungsprävention beinhalten.

Ein weiterer Aspekt nicht beschämender Unterrichtskultur besteht in dem Umgang mit dem Einfluss öffentlicher Debatten zu Transferleistungen auf die Schüler*innen.[230] Dazu müssen laut Möller „*gesellschaftliche Abwertungsprozesse*“[231] wahrgenommen und im Religionsunterricht sensibel in den Blick genommen werden. Für die Beschäftigung mit diesen Phänomenen, die laut Wahrnehmung der bei Arnhold interviewten Lehrkräfte stärker emotional als intel-

229 Vgl. Haas: Roter Kopf ... gesenkter Blick, 176.
230 Vgl. Arnhold: Armut im Religionsunterricht, 96.
231 Möller: Armutssensible Inklusionspädagogik, 112.

lektuell im Schulkontext auftreten und wirken, würde sich eine an dem emotionalen Zugang orientierte Thematisierung anbieten.[232] Das besonders medial transportierte Motiv des Neides, das sich im Zusammenhang mit staatlichen Transferleitungen in Aussagen darüber wiederfindet, dass einige Menschen im Vergleich zu anderen nicht arbeiten müssen und Geld vom Staat geschenkt bekommen, andere hingegen für wenig Geld viel arbeiten, lässt sich z. B. bibeldidaktisch durch Rollenspiele aufgreifen oder anhand von anderen Geschichten über Neid veranschaulichen.

8.7.2 Theologische und religionspädagogische Stärkung des Subjektbewusstseins

Dem Subjekt, das Theologie betreibt, wird in befreiungstheologischen Ansätzen eine große Bedeutung für die Theologie zugeschrieben. Die subjektiven Zugänge verschiedener Menschen zu theologischen Fragestellungen können dadurch in religionspädagogischen Zusammenhängen sowohl die entsprechende Aufmerksamkeit als auch die Anerkennung erhalten, die dazu führen können, dass im Religionsunterricht die Subjektbildung unterstützt wird und spezifische Akzentuierungen anerkannt werden. Dadurch werden individuelle theologische Denkweisen unterstützt und die religiöse Identität anerkannt und gefördert, statt nach einer bestimmten Vorstellung geformt. Religionsdidaktisches Handeln nach dem Prinzip zielt nicht auf die Anpassung an einen theologischen Mainstream und die Unterstützung in der Ausbildung erwartungsgemäßer theologischer Deutungsmuster von Kindern ab, sondern bemüht sich um eine Begleitung im Prozess der individuellen religiösen Identitätsbildung im subjektiven Erfahrungs-, Handlungs- und Deutungshorizont eines jeden Kindes. Eine Normalvorstellung theologischer Denkweisen wird entsprechend im armutssensiblen Religionsunterricht abgelehnt.

Zum befreiungstheologisch inspirierten Subjektbewusstsein in religionspädagogischen Handlungsfeldern gehört ebenso, „arm“ als Selbstbezeichnung von „arm“ als Zuschreibung zu unterscheiden, um die Machtstrukturen aufzudecken, die in der Zuschreibung von Eigenschaften und in der Bildung von Gruppen nach bestimmten Merkmalen liegen. Die Wahrnehmung der eigenen Unterdrückungssituation und die Reflexion der eigenen Unterdrückungserfahrungen kann in der Selbstbezeichnung als „arm“ das emanzipatorische Potenzial der sozialanalytischen und hermeneutischen Vermittlung entfalten und Stigmatisierungen durch die Zuschreibung entkräften, indem die Dynamiken aufgedeckt

232 Vgl. Arnhold: Armut im Religionsunterricht, 96.

werden, die Machtausübungen durch Unterdrückung ermöglichen und teilweise zu legitimieren versuchen.

Die Stärkung des Subjektbewusstseins resultiert aus der Orientierung an den Erfahrungen, die Schüler*innen als Subjekte in ihren konkreten Kontexten machen. Werden die Kinder in ihren konkreten Erfahrungskontexten wahr- und ernstgenommen, folgt daraus die Subjektorientierung, die im Folgenden in ihrem Zusammenhang mit der Erfahrungsorientierung für armutssensiblen Religionsunterricht entfaltet wird.

8.7.3 Armutssensible Erfahrungs- und Subjektorientierung

Im inklusiven armutssensiblen Religionsunterricht kann auf „*Subjektorientierung* und *Erfahrungsorientierung* als relevante Prinzipien einer integrativen Religionsdidaktik“[233] zurückgegriffen werden. Die Subjektgebundenheit von Erfahrungen lasse aus der Orientierung an den Erfahrungen und Erfahrungsmöglichkeiten der Schüler*innen die Subjektorientierung im Religionsunterricht ableiten.[234] Diese Verknüpfung und die Notwendigkeit der Schaffung von Räumen für das Erleben von Erfahrungen sowie den Austausch über diese für gelingenden Unterricht zeigen sich auch in den didaktischen Orientierungen der interviewten Lehrkräfte. Im Umgang mit unterschiedlichen Lebens- und Lernbedingungen insbesondere auf der materiellen und sozialen Versorgungsebene erweisen sich diese beiden religionsdidaktischen Prinzipien als Ressourcen für gelingenden Unterricht.[235]

In Bezug auf den Einbezug biografischer Elemente in einer integrativen Religionspädagogik betonen Müller-Friese und Leimgruber die Funktion des Religionsunterrichts als Raum für Hoffnungsbilder und Perspektiven zur Lebensgestaltung:

> „Wer seine Lebenserfahrungen mit anderen teilt, der wird von Grenz-Erfahrungen erzählen: von Freude und Glück, von neuen Anfängen und vom Staunen. Erzählt wird ebenso von Scheitern, Verlust, Schuld und Versagen, von versagten Wünschen, von Krankheit und Tod.“[236]

Von diesen Erfahrungen berichten auch die Lehrkräfte, die besonders die Grenzerfahrungen intensiv wahrnehmen und anhand dieser die Bedeutung des Unterrichtsfachs Religion hervorheben, da sie in diesem den einzigen unterrichtlichen Ort sehen, an dem Kinder ihre Lebenserfahrungen in der Schule einbringen

233 Flake/Schröder: Inklusive Pädagogik, 50.
234 Vgl. Müller-Friese/Leimgruber: Religionspädagogische Aspekte, 363.
235 Vgl. Kapitel 7.3.1.
236 Müller-Friese/Leimgruber: Religionspädagogische Aspekte, 367.

und überhaupt äußern können. In Begrüßungsritualen zu Beginn der Religionsstunden werde den Kindern dezidiert ein Raum für ihre Alltagserfahrungen gegeben, an welche im Unterricht z. B. Erfahrungen aus der christlichen Tradition und entsprechende Deutungsangebote angeknüpft werden können.

Erfahrungs- und Subjektorientierung erweisen sich schon deshalb als armutssensible Kriterien für den Religionsunterricht, weil Schüler*innen mit Armutserfahrungen im Alltag spezifische und vielseitige Grenzerfahrungen zu ihren Lernbedingungen zählen, z. B. das Erleben geringer Alltagsstrukturen und Fürsorge oder die Erfahrung instabiler sozialer Beziehungen sowie häufigen Verzichts, und diese mit in die Schule bringen.[237] Diese unterschiedlichen Lernbedingungen können durch die Orientierung an den konkreten lernenden Subjekten und ihren individuellen Erfahrungen didaktisch berücksichtigt werden. Eine Aufgabe und zugleich Herausforderung besteht in der Anerkennung der Erfahrungen und ihrer spezifischen, konkreten Bedeutungen für die Kinder, da sich Erleben und Deuten von Erfahrungen zwischen den Kindern aber vor allem zwischen Kindern und Erwachsenen stark unterscheiden können.

Die anerkennende Aufnahme unterschiedlicher Erfahrungen von Kindern ist z. B. bibeldidaktisch möglich, indem Methoden mit rezeptionsästhetischem Schwerpunkt genutzt werden, die Schüler*innen mit ihren lebensweltlichen Erfahrungen, Interessen und Zugängen in Begegnung mit biblischen Geschichten treten lassen, was beispielsweise durch die Methode des reziproken Lehrens im Rahmen der bibeltheologischen Didaktik erfolgen kann.[238]

8.7.4 Identitätsbildung im armutssensiblen Religionsunterricht

In Bezug auf die Anerkennung der lernenden Subjekte stellen die in der empirischen Untersuchung interviewten Lehrkräfte heraus, dass sie den Religionsunterricht wegen der Möglichkeiten zur Identitätsstärkung der Schüler*innen wertschätzen und ihn im Zusammenhang mit Erfahrungen armer Kinder gerade deshalb als wichtigen Bestandteil des schulischen Umgangs mit Kinderarmut betrachten. Als Kriterium für Armutssensibilität nennen sie die Stärkung von Kindern und beziehen sich auf ihre positiven Erfahrungen mit der Förderung von Selbstbewusstsein, der Stärkung der Selbstbilder und dem Anbieten von Entfaltungsmöglichkeiten der Schüler*innen zur Förderung des Selbstkonzepts in ihrem Religionsunterricht. Anerkennungserfahrungen stehen dabei im Zentrum ihrer didaktischen Reflexionen.[239] Die Identität der Kinder wird somit von den

---

237 Vgl. Forschungsstand zu Kinderarmut (Kapitel 2.3) sowie die Armutswahrnehmungen der interviewten Lehrkräfte (Kapitel 7.2.1).

238 Vgl. Uppenkamp/Weßler: Gemeinsam biblischen Geschichten begegnen.

239 Vgl. Kapitel 7.2.2 sowie 7.3.1.

Lehrkräften als intersubjektiver psychosozialer Prozess verstanden, den sie im Religionsunterricht begleiten und unterstützen können.[240] Innerhalb einer politisch bewussten, inklusiven Religionspädagogik, die Identitätsförderung in ihr Konzept gesellschaftlich verantworteter Bildung und Erziehung aufnimmt, steht die Förderung von Persönlichkeitsressourcen benachteiligter Kinder im Fokus der Selbstkonzeptförderung. Viera Pirker und Bernhard Grümme sind sich einig, dass eine wesentliche Aufgabe der Lehrkräfte darin besteht, kontextsensibel und kritisch ihre eigene Position und Funktion innerhalb dieser Bildungsprozesse zu reflektieren, um die Prozesse der Identitätskonstruktion und Selbstkonzeptentwicklung der Schüler*innen fördernd zu begleiten.[241] Die Aufgabe der Lehrkräfte besteht u. a. in der Bereitstellung von alternativen Weltdeutungen, die auch religiöse Elemente beinhalten können. Die politische Dimension dieses Verständnisses knüpft nach Pirker an befreiungstheologischen sowie befreiungspädagogischen Grundsätzen an und hat die Aufgabe, den Schüler*innen angesichts gesellschaftlicher Machtverhältnisse und Exklusionsprozesse Möglichkeiten zur Entwicklung von Handlungsalternativen zu eröffnen.[242]

Mit Pirker, die sich auf das postmoderne Identitätsverständnis von Patchwork-Identitäten nach Heiner Keupp[243] bezieht, steht der ressourcenorientierte Ansatz an den individuellen Bedingungen für armutssensiblen Religionsunterricht im Fokus der Identitätsbegleitung im pädagogischen Kontext. In der Orientierung an „einer subjektiv gelingend empfundenen Identität“[244] kann eine fördernde Begleitung stattfinden, bei der die Kinder in ihrem Identitätsprozess anerkannt werden. Das Ansetzen an den Voraussetzungen und Bedingungen ist auch für die interviewten Lehrkräfte die Ausgangslage ihres Verständnisses von Unterstützung und Begleitung in der Identitätsbildung der Kinder.[245] Soziale und emotionale Aspekte der kindlichen Selbstkonzepte werden dabei unter Berücksichtigung der eingeschränkten Ressourcen bzw. Möglichkeiten der Kinder, auf diese zurückzugreifen, besonders in den Blick genommen.[246] Das Aufzeigen christlich begründeter Weltdeutungsalternativen setze laut den Lehrkräften an den Erfahrungen der Schüler*innen und den Bedingungen, unter denen sie ihre Weltdeutungsmöglichkeiten entwickeln können, an.[247]

240 Das von den Lehrkräften verwendete Identitätsverständnis entspricht damit der Grundidee des symbolischen Interaktionismus, nach der sich Identität in sozialen Sphären durch Identifikation und Unterscheidung in Interaktionen herausbildet (vgl. Mette: Art. Identität, in: LexRP, 849).

241 Vgl. Pirker: Wer hat, dem wird gegeben, 81f. sowie Grümme: Heterogenität in der Religionspädagogik, 96f.

242 Vgl. Pirker: Wer hat, dem wird gegeben, 82.

243 Keupp: Identitätskonstruktionen.

244 Pirker: Wer hat, dem wird gegeben, 79.

245 Siehe dazu Kapitel 7.2.2.

246 Siehe dazu Kapitel 7.3.1. Vgl. Langenkamp: Stärkung des kindlichen Selbstkonzepts, 20ff.

247 Vgl. Kapitel 7.2.3. Auch die von Daniel Arnhold interviewten Lehrkräfte legen in ihrer Unterrichtsgestaltung Wert auf Identitätsstärkung und Selbstwertbildung. In Verbindung

Die politische Dimension religionspädagogischen Handelns wird von den interviewten Lehrkräften angedeutet, indem Exklusionserfahrungen den Kindern an biblischen Figuren veranschaulicht und in den Fragekomplex eingebettet werden, warum Menschen ausgegrenzt werden.[248] In der Form findet eine exemplarische Reflexion gesellschaftlicher Machtverhältnisse statt, die Kindern ermöglichen kann, ihre Identität vor dem Hintergrund gesellschaftlicher Strukturen zu bilden und ihre eigenen Handlungsmöglichkeiten zu verstehen. Der Bibeldidaktik kommt im armutssensiblen Religionsunterricht durch biblische Figuren als erfahrungsbezogene Identifikationsangebote eine Funktion in der Begleitung der Identitätsbildung zu. Nach einem postmodernen Verständnis von narrativer Identität, wie es auch bei Keupp in dem Aspekt der stimmigen Narrationen als Kriterium subjektiv gelingender Identität aufgenommen ist[249], können besonders die „Lebensgeschichten der biblischen Personen in ihrem oft wenig geradlinigen Verlauf zwischen Anspruch, Berufung, Versagen und Neuanfang“[250] die Lebensweltdeutungen von Kindern erweitern.[251]

Vor dem Hintergrund divergierender Selbstdefinitionen und Zuschreibungen[252] gestaltet sich der Anspruch, an die Ressourcen und Bedingungen von Identitätsbildungsprozessen der Kinder anzuknüpfen und entsprechende Angebote im Religionsunterricht zu gestalten als Herausforderung, da sie eine hohe *gerechtigkeitssensible diagnostische Wahrnehmungskompetenz* sowie *Heterogenitätskompetenz* bei Lehrkräften erfordert.[253] Gelingt eine solch differenzierte Wahrnehmung der Heterogenität auch auf theologischer Ebene, können unterschiedliche Deutungen der Schüler*innen entsprechend im Religionsunterricht zur Geltung kommen und als eigenständige, wertvolle theologische Denkformen in ihrem identitätsbildenden und -fördernden Potenzial anerkannt werden.[254]

Armutssensibel Identitätsprozesse begleiten bedeutet demnach, die Kontexte, innerhalb derer diese Prozesse stattfinden, auch hinsichtlich der Ressourcenverteilung und möglicher Anknüpfungspunkte an Erfahrungen und Vorstellungen subjektiv gelingender Identität der Kinder als Ausgangspunkt für pädagogisches und insbesondere religionspädagogisches Handeln zu nehmen. Selbstreflexiv ist zu beachten, dass sich die Vorstellungen von gelingender Identität zwischen Lehrkräften und Kindern unterscheiden können. Subjektive Zugänge

---

mit der Armutsthematisierung stellt Arnhold zur Diskussion, inwiefern dem Religionsunterricht die Aufgabe zukommt, Schüler*innen durch einen gestärkten Selbstwert Optionen zu Auswegen aus der erlebten Armut aufzuzeigen (vgl. Arnhold: Armut im Religionsunterricht, 95).

248 Vgl. Kapitel 7.2.3.

249 Vgl. Pirker: Wer hat, dem wird gegeben, 78.

250 Mendl: Lernen an biblischen Personen, 285.

251 Vgl. ebd.

252 Vgl. Kapitel 3 sowie Kapitel 7.3.2.

253 Vgl. Grümme: Heterogenität in der Religionspädagogik, 282.

254 Vgl. Kapitel 8.7.2.

verschiedener Schüler*innen zu theologischen Fragestellungen und auch deren Umgang mit christlichen Deutungen müssen vor dem Hintergrund unterschiedlicher Zugangsmöglichkeiten in ihrer Vielfalt erkannt und anerkannt werden, um diese im Religionsunterricht förderlich in den Prozess der Identitätsbildung von Kindern einbinden zu können, der als subjektiv gelingend wahrgenommen werden kann, wenn sich das Subjekt als handlungsfähig erlebt, soziale Anerkennung erfährt, den eigenen Identitätsprozess als sinnstiftend wahrnimmt und in der Lage ist, stimmige Narrationen zu formulieren.[255] Die Vielfalt möglicher Narrationen zeigt sich z. B. in den verschiedenen Lebensweltlogiken aus der Milieuforschung, die in unterschiedlichen Milieus dominieren, in denen Kinder aufwachsen.[256]

Mit der konstruktiven Begleitung von Identitätsprozessen ist Identität als ein Aspekt von Bildung innerhalb einer Religionspädagogik für armutssensiblen Religionsunterricht klar markiert. Die Verschränkung von Identität und Bildung knüpft an die bildungstheoretischen Entwicklungen im religionspädagogischen Diskurs an, in dem Identitätsstärkung als ein Ziel religiöser Bildung z. B. in konstruktivistischen, kinder- und jugendtheologischen sowie ästhetischen Ansätzen auf verschiedenen Wegen verfolgt wird[257], und wird daher an dieser Stelle nicht ausgeführt.[258] Auch die Bedeutung von Erfahrungen für subjektive Bildungsprozesse ist an vielen Stellen religionspädagogisch reflektiert worden.[259] Allerdings erscheinen bildungstheoretische Überlegungen zu Armutssensibilität im Religionsunterricht angesichts der vorangegangenen Ausführungen und hinsichtlich der herausgestellten Herausforderungen zum religionsdidaktischen Umgang mit sozioökonomischer Heterogenität erforderlich, um das Feld, in dem gehandelt wird, nicht nur zu markieren, sondern auch Optionen zur Neu- und Umgestaltung von Religionsunterricht bildungstheoretisch sowie theologisch zu erarbeiten. Im folgenden Teilkapitel werden daher diese Überlegungen angestellt.

---

255 Vgl. Pirker: Wer hat, dem wird gegeben, 78.

256 Vgl. Hempelmann et al.: Auf dem Weg zu einer milieusensiblen Kirche. Siehe dazu Kapitel 5.1.2.

257 Eine Übersicht ist bei Bernd Schröder zu finden: Schröder: Religionspädagogik, 596–603.

258 Vgl. Biehl: Die Gottebenbildlichkeit des Menschen, 10. Im Diskurs um Bildungsgerechtigkeit als religionspädagogischer Herausforderung wird die Begleitung und Förderung von Identitätsprozessen im religiösen Lernen unter dem Aspekt ungleich verteilter Ressourcen und normativer christlicher Orientierungen aufgenommen (vgl. Könemann/Mette (Hg.): Bildung und Gerechtigkeit, besonders die Beiträge von Judith Könemann und Viera Pirker).

259 Vgl. Biehl: Die Gottebenbildlichkeit des Menschen, 86ff.

8.8 *Bildungstheoretische Überlegungen zum armutssensiblen Religionsunterricht*

Als Grundlage für die Ausgestaltung der vorangegangenen religionspädagogischen Überlegungen sind bildungstheoretische Überlegungen erforderlich, die Bildung im Möglichkeitsspektrum der Überwindung von ökonomistischen Vorstellungen von Bildung als Akkumulation inkorporierten Kulturkapitals einordnen und eine inklusive, theologisch reflektierte Anthropologie als normative Basis dafür nutzen.

Diese Überlegungen sollten ebenso kritisch gegenüber bildungsbürgerlichen Idealen sein, die der Reproduktion gesellschaftlicher Strukturen dienen. Ein solches Nachdenken über Bildung ermöglicht es erst, von einer Bildungsgerechtigkeit zu sprechen, die nicht auf die gleichen Chancen für Schüler*innen abzielt, sich an einem gesellschaftlichen Kapitalmarkt erfolgreich durchzusetzen, der sich durch diese Art des Wettkampfes aufrechterhält. Die argumentative Ausgangslage der meritokratischen Gesellschaft ist auch bei Wolfhard Schweiker zu finden, der unter Rückgriff auf Theolog*innen, die sich mit der Frage nach inklusiven Menschenbildern aus theologischen Deutungen insbesondere im Zusammenhang mit dem Thema Behinderung beschäftigen, „theologische Impulse zur Formulierung eines *inklusiven Menschenbildes*"[260] erarbeitet.

> „In der modernen meritokratischen Leistungsgesellschaft gibt es einen Markt für menschliche Fähigkeiten. [...] Im bedarfsorientierten Teilsystem der Wirtschaft werden in einer marktabhängigen Rangordnung unterschiedliche Wertigkeiten zugeschrieben. Damit ist die Verschiedenartigkeit von Menschen unmittelbar mit verschiedenen Wertigkeiten verknüpft. Die Verschiedenheit des Menschen besitzt verschiedene Marktwerte. Das wirft die Frage auf, wie sich auf diesem sozio-ökonomischen Hintergrund der Ungleichheit die Gleichwertigkeit des Menschen trotz seiner Verschiedenartigkeit begründen lässt?"[261]

Dieser im Zusammenhang mit der im vorliegenden Forschungsprojekt zentralen Frage liefert Schweiker eine theologisch-anthropologische Antwort: Das Werk eines Menschen bestimme nicht seinen Wert.[262] Die Begründung erfolgt anhand der Gottebenbildlichkeit, die auch in den folgenden Ausführungen den normativen anthropologischen Ausgangspunkt darstellt. Diese schöpfungstheologisch verankerte Konstitution des Menschen betrifft ausnahmslos jeden Menschen und stellt somit „eine hohe Versicherung gegen anthropologische Exklusion jeder Art"[263] dar. Wird anhand der Gottebenbildlichkeit der Bildungsanspruch ei-

---

260 Schweiker: Prinzip Inklusion, 305.
261 Ebd., 306.
262 Vgl. ebd., 306f.
263 Ebd., 312.

nes jeden Menschen bestimmt, so schließt sich angesichts bestehender Bildungsungerechtigkeiten die Notwendigkeit des Einbezugs von Gerechtigkeitsfragen in jegliche bildungstheoretische Überlegungen an.

8.8.1 Bildung in der Tradition Humboldts

Bis heute prägt das Bildungsverständnis von Wilhelm von Humboldt die deutsche Bildungslandschaft und bietet die Grundlage für diverse Theorien transformatorischer Bildung. Bildung wird von Humboldt als transformatorischer Prozess des Individuums in Auseinandersetzung mit der Welt verstanden, wobei auf beiden Seiten eine Selbstständigkeit, verstanden als dem Individuum beziehungsweise der Welt inhärente Bereitschaft zur verändernden Begegnung, vorausgesetzt wird:

> „Denn nur die Welt umfasst alle nur denkbare Mannigfaltigkeit und nur sie besitzt eine so unabhängige Selbständigkeit, dass sie dem Eigensinn unsres Willens die Gesetze der Natur und die Beschlüsse des Schicksals entgegenstellt. Was also der Mensch nothwendig braucht, ist bloss ein Gegenstand, der die Wechselwirkung seiner Empfänglichkeit mit seiner Selbstthätigkeit möglich mache. Allein wenn dieser Gegenstand genügen soll, sein ganzes Wesen in seiner vollen Stärke und seiner Einheit zu beschäftigen; so muss er der Gegenstand schlechthin, die Welt seyn, oder doch (denn diess ist eigentlich allein richtig) als solcher betrachtet werden."[264]

Kuhlmann bezeichnet als Ziel von Bildung nach Humboldt die „zweckfreie Vervollkommnung des Individuums durch die Aneignung eines spezifischen Besitzes an geistigen Kulturgütern"[265] und kritisiert dabei, dass die postulierte Zweckfreiheit letztlich dem Zweck der Reproduktion bürgerlicher Schichten diene:

> „Die Humboldtsche Idee von Bildung war jedoch in der Realität der Universitäten und Gymnasien nie wirklich zweckfrei gewesen. Denn in den Institutionen der höheren Bildung erwarben die Männer des Bürgertums vor allem den notwendigen Habitus und Titel, der ihre privilegierte Position im späteren Berufsleben legitimierte."[266]

Gering gebildet zu sein, wird zu Humboldts Zeit verstanden als „sich geistig nicht entfalten, d.h. nicht zu sich selbst und zu einer ‚höheren' Daseinsform kommen zu können"[267].

Bereits Humboldt schien Bildung vor allem als Verwirklichung zu sehen. Inwiefern dabei Bildungschancen als Verwirklichungschancen betrachtet wurden und fehlende Zugangsmöglichkeiten als Verwehrung gesehen wurden, ist fraglich. Wenn Bildung nach Humboldt als „Entfaltung aller Kräfte des Menschen zu

---

264 Humboldt: Theorie der Bildung des Menschen, 35f.

265 Kuhlmann: Bildungsarmut, 303.

266 Ebd.

267 Ebd.

einem Ganzen in Auseinandersetzung mit allen Bildungsgütern der Welt"[268] verstanden wird, drängt sich aber zumindest heutzutage die Frage nach Zugangsmöglichkeiten auf, was nicht nur bei Humboldt, sondern laut Klafki auch bei anderen Vertretern klassischer Bildungstheorien trotz ihres insgesamt utopischen Gehalts und Potenzials nicht ausreichend reflektiert wurde.[269]

Die Parallelen der heutigen Situation, in der sozialer Status und Bildungschancen eng gekoppelt sind, zur damaligen ständischen Situation machen diese Frage umso brisanter. Die Vorstellung der Gleichheit von Gebildetsein und Menschsein pointiert diese Fragestellung in anthropologischer Richtung. Die Verwehrung von Bildungsmöglichkeiten verhindert hiernach eine Menschwerdung bzw. die Subjektwerdung nach dem Verständnis Peter Biehls.[270] Die Vorstellung von Bildung in der Tradition Humboldts stammt von denjenigen, die als Gebildete durch dieses Verständnis die Deutungsmacht über das Menschsein innehatten bzw. innehaben. Unklar bleibt hier, ob es um das generelle Menschsein geht, oder um eine Art höhere Daseinsform des gebildeten Menschen in Abgrenzung zu einem ungebildeten.[271]

Zwar differenzierte Humboldt zwischen allgemeiner und spezieller Bildung, jedoch blieben nach Christoph Markschies der Inhalt der allgemeinen Menschenbildung und die diesem zugrunde liegende Idee vom Gesamtkonzept, „das *integrierte Ganze*, auf das die Bildung nach den klassischen einzelnen Disziplinen führen soll"[272], trotz eines in seiner Denkschrift zur Reform des Bildungssystems von 1809 umrissenen stofflichen Umfangs recht unklar. Die Inhalte entsprachen eher einem Zeitgeist und Humboldts subjektiver Idee von Allgemeinbildung als allgemeingültigen Inhalten auf einem intersubjektiven und zeitlosen universalen Fundament. Markschies nennt Humboldt in seiner Arbitraritätskritik daher

> „ein Paradebeispiel dafür, dass in der klassischen deutschen Tradition die Auffüllung des Bildungsbegriffs sowohl mit Bildungsinhalten als auch mit anthropologischen Rahmentheorien, um es etwas pointiert zu formulieren, je nach individuellen Vorlieben herrschender intellektueller Mode und philosophischen wie politischen Rahmendaten vorgenommen wurde."[273]

Das Verständnis von Allgemeinbildung bei Humboldt ist in seiner Entstehung und Ausgestaltung verschiedenen, vor allem historischen und politischen Ein-

268 Ebd.

269 Vgl. Klafki: Neue Studien zur Bildungstheorie und Didaktik, 22. Die Vertreter sind hier ausschließlich in der männlichen Form genannt, weil es die männlichen waren, deren Theorien Gehör fanden, und weil auch die Konkretisierungen allgemeiner Bildung ausschließlich männlich gedacht wurden.

270 Nach Biehl findet durch Bildung Subjektwerdung auf Basis des in der Gottebenbildlichkeit begründeten Personseins statt (Biehl: Die Gottebenbildlichkeit des Menschen, 41f.).

271 Vgl. Kuhlmann: Bildungsarmut, 303.

272 Markschies: Zur Freiheit befreit, 46.

273 Ebd., 48.

flüssen ausgesetzt gewesen. Markschies zufolge lassen sich diese erkennen, blieben aber in Humboldts Darstellungen teilweise implizit.[274] Das Beispiel Humboldts zeigt die Relevanz der Berücksichtigung der Rahmenbedingungen und Gesellschaftstheorien, in denen sich Konzepte von Bildung und Bildungsgerechtigkeit entwickeln. Ebenso wie die Umwelt eines Bildungskonzeptes auf dieses einwirken kann, so ist das auch dem Bildungsbegriff und seinen Implikationen auf seine Umwelt möglich. Eine gesellschaftliche Ordnung kann sich von einer ständischen unter Aufnahme einer passenden Idee von Bildung zu einer meritokratischen hin verändern. Die Ordnungsfunktion bleibt dabei erhalten. Nur ist es nicht mehr die Zugehörigkeit zum Adel, nach der Gesellschaft differenziert wird, sondern die Zugehörigkeit zur Bildungselite.[275] Daher ist mit Markschies ein Verständnis von Bildung erforderlich, das neben Kulturbejahung auch Kulturkritik beinhaltet, um der Einflussnahme durch gesellschaftliche Ordnungen nicht ausgeliefert zu sein.[276]

8.8.2 Pluralität von Bildung als Reaktion auf vielfältige Weltverhältnisse

Im Folgenden werden auf Grundlage eines transformatorischen Bildungsverständnisses Überlegungen zu Ausgestaltungen von Bildung angesichts sozioökonomischer Heterogenität angestellt, die in einen armutssensiblen Religionsunterricht einfließen können, um ihm ein bildungstheoretisches Profil zu verleihen, das einem dekonstruierend-empowernden Inklusionsverständnis entspricht.

Inklusive Bildung im Religionsunterricht nach einem dekonstruierend-empowernden Inklusionsverständnis[277] ermöglicht und erfordert das Denken von Bildung in Verbindung mit Pluralität. Das bezieht sich auf das, was mit dem Begriff Bildung gemeint ist, auf die Pluralität von Vorstellungen, wie sich Bildungsprozesse vollziehen und auf die Vielfalt von Bildungsinhalten. Dem ersten Punkt wird an dieser Stelle mit Biehl begegnet, nach dem Bildung „den lebenslangen Prozess der Subjektwerdung des Menschen im Kontext menschlicher Lebensverhältnisse“[278] meint. Der Kontext menschlicher Lebensverhältnisse hat dabei eine konstituierende Funktion: „Das Subjekt gewinnt die Freiheit des Denkens und Handelns nur in Auseinandersetzung mit einer Inhaltlichkeit, die nicht von ihm selbst stammt.“[279] Damit ist die Basis zur Behandlung einer der Vorstellungen

274 Vgl. ebd., 54.
275 Vgl. ebd., 58.
276 Vgl. ebd., 68ff.
277 Siehe dazu Kapitel 1.2.
278 Biehl: Die Wiederentdeckung der Bildung, 128.
279 Ebd.

davon, wie sich Bildungsprozesse vollziehen, in einer transformatorischen Vorstellung gegeben, nach der sich „beide Seiten, das Subjekt und die Wirklichkeit, an der sich das Subjekt bildet"[280] im Bildungsprozess verändern. Die Frage nach den Inhalten gestaltet sich daher aufgrund dieser Verhältnisbestimmung herausfordernd und zugleich dynamisch, da es sich durch diese Wechselwirkung von Subjekt und Welt nicht um statische Inhalte handeln kann. Für den schulischen Bereich, in dem Bildungsprozesse intendiert sind und sich vollziehen, schließen sich in Bezug auf Armutssensibilität zwei Fragerichtungen an: (1) Angesichts der vorfindbaren Vielfalt an Handlungsspielräumen und Lebensweltlogiken stellt sich die Frage nach dem Zweck von Bildung. Gibt es einen gemeinsamen Zweck oder bedarf es der Pluralität von Zwecken in Anbetracht diverser Weltzugänge und -deutungen? Ein Vorschlag ist bei Dietrich Korsch zu finden, der die beiden Bestandteile transformatorischer Bildung in seiner Zweckbestimmung berücksichtigt, nach der Bildung „zum Zwecke selbstbewusster, sozial verantworteter und erfolgreicher Weltgestaltung"[281] stattfindet. Diese Zweckformulierung ermöglicht eine pluralitätsfähige Auslegung, da die Vorstellung von erfolgreicher Weltgestaltung nicht im Begriff festgelegt ist. Der Zweck der sozialen Verantwortung im Weltgestaltungsprozess der Bildung schützt vor ideologischen und machtvollen Varianten, die die Bildungsprozesse anderer Menschen oder die Welt an sich unterdrücken. (2) Dynamische, transformatorische Bildungsprozesse bedürfen im schulischen Kontext der Anerkennung, um als Bildung Geltung zu erhalten. Daher stellt sich die Frage nach Kriterien zur Anerkennung von Ausdrucksweisen und Zugangsformen. Zunächst kann dafür der Blick geweitet werden und die Frage nach einem Konzept von Allgemeinbildung gestellt werden, um für den Religionsunterricht relevante Bildungsaspekte zu ermitteln. Dazu kann auf Bernhard Dresslers Übernahme der für den aktuellen gesellschaftlichen Kontext aus der empirischen Bildungsforschung von Jürgen Baumert ermittelten „Modi der Weltbegegnung"[282] zurückgegriffen werden. Diese sind sicherlich hinsichtlich ihrer Entstehungsgeschichten im Zusammenhang mit Schulleistungsstudien unter dem Aspekt der Ökonomisierung von Bildung kritisch zu betrachten. Dennoch bieten sie Hinweise auf die Gestalt von Transformationsprozessen im Kontext religiöser Bildung. Die vier Modi „‘kognitiv-instrumentelle Modellierung der Welt‘, ‚ästhetisch-expressive Begegnung und Gestaltung‘, ‚normativ-evaluative Auseinandersetzung mit Wirtschaft und Gesellschaft‘ und ‚Probleme konstitutiver Rationalität‘"[283] nach Baumert unterscheiden sich in der „Wirklichkeitswahrnehmung, -deutung und -gestaltung beziehungsweise der Kommunikationsformen"[284]. Für den Bereich der religiösen

280 Ebd.

281 Korsch: Religion mit Stil. Protestantismus in der Kulturwende, 135. Zit. n. Rothgangel/Schelander: Art. Bildung, in: WiReLex, 2.

282 Kumlehn: Art. Bildung, religiöse, in: WiReLex, 2.1.

283 Ebd.

284 Ebd.

Bildung ist der Weltzugang über Probleme konstitutiver Rationalität wesentlich, in dem es um die Fragen der menschlichen Existenz geht. Nach Dressler sind in diesem Modus „Verstehens- und Verständigungsvorgänge bei der Erschließung der Welt“[285] und Fragen zur Lebensgestaltung von Schüler*innen zentral. Die Konzentration auf die Prozesse des Verstehens und Verständigens verdeutlicht das Profil religiöser Bildung: Es geht um „die Ausbildung einer religiösen Sprach- und Ausdruckskompetenz, die selbst immer wieder reflexiv eingeholt wird“[286]. Hierzu gehört auch die Fähigkeit, Unterscheidungen zu treffen zwischen den Domänen, um religiöse und naturwissenschaftliche Sprache voneinander zu unterscheiden und in den jeweiligen Domänen zu verwenden.[287] Ausgehend davon, dass sich Bildungsprozesse in Fähigkeiten und Fertigkeiten, somit in Kompetenzen äußern[288], lassen sich Dimensionen religiöser Bildung in vier Kompetenzbereichen voneinander unterscheiden:

> „die ästhetische Dimension religiöser Wahrnehmungskompetenz [...], die den spezifischen Formen kreativ und imaginativ nachgeht, in denen sich Religion lebensweltlich, in den Traditionen, in der Kunst und am Orte des Subjektes zeigt [...], eine möglichst vielfältige Deutungskompetenz im Sinne einer eigenen Sprach- und Ausdruckskompetenz, die traditionelle und individuelle, unter Umständen auch experimentelle Formen religiöser Sprache erprobt, hermeneutisch durchdringt und in existenzieller Weise erfahrungsbezogen auslegt, eine theologisch-ethische Urteilskompetenz, die die Lebensbedeutsamkeit der Tradition gegenwartsadäquat systematisch und handlungsorientierend erschließt und eine Gestaltungs- und Partizipationskompetenz, die sich begründend zu religiöser Praxis verhalten kann beziehungsweise die an ihr teilnehmen oder bewusst nicht teilnehmen lässt.“[289]

Die Wahrnehmungsfähigkeit, die die ästhetische Dimension religiösen Lernens beinhaltet, verlangt neben der Berücksichtigung diverser ästhetischer Zugänge zu religiösen Phänomenen im Zusammenhang mit Armutssensibilität ein differenziertes Verständnis von Ästhetik, das umfassender ausgestaltet ist als anerkannte Formen bildender Kunst. Am Beispiel der soziologischen Milieuforschung lassen sich verschiedene Geschmäcker und Zugänge zu ästhetischer Bildung aufzeigen, die dazu dienen können, im Religionsunterricht das Kunstverständnis weit zu fassen und das Repertoire an kreativen sowie rezeptiven Zugängen zu religiösen Phänomenen z. B. um popkulturelle Elemente zu erweitern.[290]

Hinsichtlich vielfältiger Ausdrucksmöglichkeiten erscheint es notwendig, die religiöse Sprach- und Ausdruckskompetenz mit vielseitigen Erscheinungsformen wahrzunehmen und anzuerkennen. Die Betonung liegt hierbei auf der

285 Dressler: Hat der Religionsunterricht Zukunft, 104.
286 Kumlehn: Art. Bildung, religiöse, in: WiReLex, 2.1.
287 Vgl. Dressler: Hat der Religionsunterricht eine Zukunft, 103.
288 Das Ausgehen von sich so vollziehenden Bildungsprozessen impliziert nicht unmittelbar die Kompetenzorientierung als Leitmotiv des Religionsunterrichts.
289 Kumlehn: Art. Bildung, religiöse, in: WiReLex, 2.3.
290 Vgl. Wippermann/Magalhaes: MDG-Milieuhandbuch, 246. Siehe dazu Kapitel 5.1.

eigenen Sprach- und Ausdrucksfähigkeit, die in Bezug auf religiöse Sprache an den individuellen Sprachvoraussetzungen und Ausdrucksformen anzusetzen hat. Was Boger für das soziale Konstrukt des „Arbeiterkinds" im universitären Kontext ausgearbeitet hat, lässt sich aufgrund vergleichbarer Herausforderungen auf das Konstrukt des „armen Kindes" im Religionsunterricht übertragen. Die Möglichkeit der „Akzeptanz eines anderen sprachlichen Habitus"[291] ist z. B. auch vor dem Hintergrund der Zielformulierung vielfältiger religiöser Sprachfähigkeit ein Aspekt von Armutssensibilität.[292] Ein Bestandteil der Sprach- und Ausdruckskompetenz liegt neben der Unterscheidung von Domänen in der Unterscheidung von Orten, an denen sich ausgedrückt wird. So kann zur religiösen Bildung auch die Reflexion und bewusste Auswahl der verwendeten Sprach- und Ausdrucksformen gehören, die sich von anderen Formen unterscheiden. Für Schüler*innen, bei denen sich Ausdrucksformen in der Herkunftsfamilie stark von denen am Bildungsort unterscheiden, ist dieser Aspekt von besonderer Bedeutung.

In der Urteilskompetenz, in der die Lebensbedeutsamkeit religiöser Tradition für aktuelle subjektive Anforderungssituationen erschlossen wird, werden Unterschiede besonders deutlich in den ausgewählten Aspekten der Tradition und in den Situationen, in denen sich Schüler*innen „gegenwartsadäquat"[293] verhalten, da sich die Gegenwart aufgrund von sozioökonomischer Heterogenität nicht nur komplex, sondern in den Erfahrungen der Kinder als ausgesprochen unterschiedlich darstellt. Sowohl in den Schilderungen von Inger Hermann[294] aus den 1990er Jahren als auch in den Berichten der im Rahmen des vorliegenden Forschungsprojekts interviewten Lehrkräfte[295] aus der aktuellen Praxis wird deutlich, dass Schüler*innen mit Armutserfahrungen ihre Gegenwart mitunter ganz anders wahrnehmen als Schüler*innen ohne Armutserfahrungen. Daher ist Urteilskompetenz vor dem Hintergrund diverser Erfahrungen und Gegenwartsbezügen zu verstehen und gestaltet sich daher ebenso vielseitig in den Traditionsbezügen, die zum Kompetenzerwerb der Schüler*innen von den Lehrkräften angebahnt werden müssen. Die Pluralität von Traditionsbezügen kann die unterschiedlichen Lebensbedingungen der Kinder berücksichtigen und z. B. durch das Zusammenspiel von Klagen und Loben, Hoffen und Zweifeln in Psalmen Ausdruck gewinnen.

Sollen Schüler*innen sich begründend zu religiöser Praxis verhalten und über ihre Teilnahme entscheiden können, muss den Kindern im armutssensiblen Religionsunterricht eine möglichst breite Facette an religiöser Praxis gezeigt werden. Hierbei gilt es im Sinne der Vermeidung einer mittelschichtsorientier-

291 Boger: Zur (De-)Thematisierung des Arbeiterkinds, 119f.
292 Siehe dazu Kapitel 8.1.3.
293 Kumlehn: Art. Bildung, religiöse, in: WiReLex, 2.3.
294 Hermann: Halt's Maul, jetzt kommt der Segen.
295 Siehe dazu Kapitel 7.

ten Begrenzung auf Aspekte anerkannter religiöser Praxis darum, den Schüler*innen ein vielseitiges Bild von religiösem Leben auf individueller sowie gemeinschaftlicher Ebene zu ermöglichen.[296]

Anhand der vier genannten Dimensionen religiöser Bildung sind Aneignungs- und Verhaltensaspekte armutssensibel differenzierbar. Die Forderung nach Kulturbejahung im Sinne von Aneignung bestehender kultureller Güter wird durch diese Form der Binnendifferenzierung heterogenitätssensibel möglich. Kulturkritik seitens der Pädagog*innen wird angedeutet, indem die Vorstellung einer bestimmten Form von Kultur verlassen wird. Religiöse Bildung als mehrdimensionaler transformatorischer Prozess beinhaltet in der Transformation notwendigerweise die Auseinandersetzung mit der Welt und somit auch mit den gesellschaftlichen Strukturen, in denen sich das sich bildende Subjekt befindet. Der Weltbezug impliziert die Veränderbarkeit der Gesellschaft und somit die Möglichkeit zum Wandel von Strukturen. Dieser Wandel ist gemäß einer dekonstruierend-empowernden Inklusionsstrategie als kritisches, dekonstruierendes Element intendiert. Daher ist Bildung insgesamt mit ihrem kritischen Potenzial in den Blick zu nehmen, d. h. es ist auch danach zu fragen, wie sich Kulturkritik als Aspekt von Bildung in religiösen Bildungsprozessen etablieren lässt. Diese Dimension kann z. B. in einem bildungstheoretisch interpretierten Verständnis von Befreiungsgeschehen im Sinne befreiungstheologischer Ansätze[297] sowie im problemorientierten Religionsunterricht[298] berücksichtigt werden. Beide Ansätze verankern konzeptionell die gesellschaftlichen Bedingungen auf kritisch-reflexiver Ebene. Wie am Ansatz heterogenitätsfähiger Religionspädagogik von Bernhard Grümme veranschaulicht wurde, ist die kontextsensible kritische Selbstreflexivität ein Merkmal für die Gestaltung religiöser Bildungsprozesse, das kritische Bildung fördert.[299] Diverse Konzepte religiöser Bildung in der Tradition der Aufklärung verstehen sich als kritisch nach diesem Prinzip.

8.8.3 Inklusive Bildung des Menschen als Ebenbild Gottes

Die wesentliche Forderung, die sich aus dem eingenommenen Inklusionsverständnis ergibt, ist eine Offenheit für einen Wandel des Systems, in dem gehandelt wird.[300] Der Wandel kann bei der Frage ansetzen, wie unterschiedliche Formen von Bildung gestaltet sein und sich ausdrücken können. Er beinhaltet

296 Vgl. Kapitel 8.1.2.
297 Siehe dazu Kapitel 6.2.4 sowie 8.8.4.
298 Vgl. Knauth: Problemorientierter Religionsunterricht. Siehe dazu Kapitel 8.6.
299 Vgl. Grümme: Heterogenität in der Religionspädagogik, 96f. Siehe dazu Kapitel 8.2.
300 Vgl. Boger: Zur (De-)Thematisierung des Arbeiterkinds, 120.

gleichermaßen die Frage nach dem Ausgangspunkt von Bildung sowie nach gerechten Verhältnissen, in denen Menschen sich bilden. Für den Religionsunterricht ist es naheliegend, den Ausgang von Bildung beim Menschen als Geschöpf Gottes zu suchen. Dieser Ausgangspunkt impliziert zudem den Anspruch auf inklusive religiöse Bildung:

> „Religiöse Bildung muss von ihrem Selbstverständnis her inklusiv an der Verschiedenheit der an Lernprozessen beteiligten Subjekte orientiert sein, weil sie in jedem Menschen das Ebenbild Gottes wahrnimmt und wertschätzt."[301]

In der Gottebenbildlichkeit des Menschen ist in theologischer Perspektive seine Bildsamkeit angelegt, durch die jedem Menschen in seiner Einzigartigkeit Würde und das Recht auf Bildung zugesprochen sind. Durch Bildung kann das verwirklicht werden,

> „was in der Gottebenbildlichkeit schon gegeben und angelegt ist: ein Leben in Würde, in Freiheit, in Selbstbestimmung, in Beziehung zu Anderen, in Verantwortung für sich selbst und für Andere, in theologischer Hinsicht auch ein Leben in Beziehung zu Gott."[302]

Inklusive Bildung, wie sie für armutssensiblen Religionsunterricht erforderlich ist, setzt an einem *relationalen Gottebenbildlichkeitsverständnis* an, wie es bei Ulf Liedke als Begründung für Inklusion aus theologischer Perspektive dient.[303] Mit Liedke lässt sich die Ebenbildlichkeit des Menschen trinitätstheologisch entfalten und kann somit schöpfungstheologisch, christologisch und pneumatologisch unter dem Inklusionsaspekt präzisiert werden. Die pneumatologische Pointe liegt in der „sozialen Anerkennung des Andersseins Anderer"[304], wodurch „eingespielte Diskriminierungsroutinen inklusiv dekonstruiert"[305] werden: „Inklusion ist jetzt die *Anerkennung der Anerkennung Gottes* im Glauben durch den Heiligen Geist."[306]

Der Ansatzpunkt für Bildung kann in der Anknüpfung an eine inklusive theologische Ethik aus der „Doppelperspektive des Handelns Gottes in Gesetz und Evangelium"[307] in der inkludierenden Kommunikation zur Veränderung bestehender Anerkennungsverhältnisse gesehen werden:

> „Theologische Ethik erkennt deshalb in *schöpfungstheologischer* Perspektive an, dass alle sozialen Ordnungsgestalten als solche unvermeidlich selektiv operieren. Sie sieht die sozialen Strukturen allerdings ebenso als veränderlich an. Deshalb zielt sie

---

301 Brieden: Inklusion und Bildungsgerechtigkeit, 55.
302 Könemann: Bildungsgerechtigkeit (k)ein Thema religiöser Bildung, 46.
303 Vgl. Liedke: Gott ist die bunte Vielfalt für mich, 74ff.
304 Ebd., 79.
305 Ebd.
306 Vgl. ebd., 78.
307 Ebd., 81.

in *versöhnungstheologischer* Perspektive auf die Veränderung bestehender Anerkennungsverhältnisse."[308]

Ein sich auf der Beziehung von Gott zum Menschen gründender Bildungsbegriff zeigt sich durch diese Konstitution als *relationaler Bildungsbegriff.* Diese Beziehung stellt sich aus mindestens zwei Gründen als Herausforderung für die Ermittlung von Bildungshalten dar: Zum einen ist die Beziehung von Gott zum Menschen *für jeden Menschen einzigartig*. Zum anderen ist das Beziehungsgeschehen ein von Gott ausgehendes Geschehen und daher *für den Menschen unverfügbar.*[309] Was bedeuten diese Verhältnisse für einen solchen Bildungsbegriff? Norbert Mette sieht in der Unverfügbarkeit den Vorteil, dass sie „vor einer pädagogischen Überschätzung"[310] bewahre. Aber was bedeutet dieser Vorteil für Bildungsinhalte? Lassen diese sich überhaupt ausmachen? Gilt für die Bildungsinhalte in Bezug auf konkrete Menschen ebenso wie für die Gottebenbildlichkeit das Prinzip der Einzigartigkeit und Unverfügbarkeit? Im Folgenden wird dieser Frage am Beispiel der theologisch-bildungstheoretischen Ausführungen von Christoph Markschies nachgegangen, an die sich die Leitfrage für diesen Abschnitt anschließt: Wie konkret sind die Bildungsinhalte eines christlichen Verständnisses von Bildung ermittelbar, das in der Einzigartigkeit eines jeden Menschen als Ebenbild Gottes Bildung im Plural versteht?

In seinem Essay zu Bildung und Bildungsgerechtigkeit in evangelischer Perspektive stellt sich Markschies der Aufgabe, einen auf der Gottebenbildlichkeit des Menschen basierenden Bildungsbegriff zu entwickeln, der die Forderung nach Bildungsgerechtigkeit bereits beinhaltet.[311] Aus seiner Argumentation lässt sich der Ausgangspunkt der Bildungsinhalte im jeweiligen Subjekt aus seiner Beziehung zu Gott herleiten. Im Gegensatz zur Vision der Neuschaffung des Menschen durch Bildung nach den Bildungsvorstellungen von Pädagog*innen ermögliche nach Markschies die Orientierung an dem Prinzip der Begleitung und Unterstützung im Bildungsprozess ein Ansetzen an den Ressourcen der Subjekte.[312] Die konkreten Inhalte generieren sich aus den konkreten Subjekten in ihrer je individuellen Gottesbeziehung und nicht aus den Vorstellungen der Pädagog*innen. In der Beziehung zu Gott, die durch die Ebenbildlichkeit begründet ist, ist eine Potenzialität verankert, die in pädagogischen Prozessen herausgebildet werden kann.[313] Was sich aus diesem Verhältnis als Bildungsinhalt ableiten lässt, ist die Kritik gegenüber gesellschaftlichen Machtstrukturen und somit auch Kritikfähigkeit als Bildungsziel.[314]

308 Ebd.
309 Vgl. Joest/Lüpke: Dogmatik II: Der Weg Gottes mit dem Menschen, 36f.
310 Mette: Bildung und Gerechtigkeit, 17.
311 Vgl. Markschies. Zur Freiheit befreit.
312 Vgl. ebd., 90.
313 Vgl. ebd., 114.
314 Hier wird eine deutliche Parallele zu der Interpretation von Befreiung als Bildungsgeschehen im befreiungstheologischen Gesamtzusammenhang (vgl. Kapitel 6.2.4) sichtbar:

Nach Markschies gilt Jesu Handeln als vorbildlich und Orientierungspunkt für menschliche Bildung. Bedeutet dieses Verhältnis nun, dass das dem Menschen mögliche Nachahmen des Handelns Jesu als Bildungsinhalt verstanden werden kann? In dem Fall schließen sich kritische Anfragen an: Wie ist dann mit Erzählungen über Jesu Wirken umzugehen wie z. B. in Lk 14,12–14, in denen Personengruppen instrumentalisiert werden?[315] Könnte Jesu Handeln dadurch exkludierendes und instrumentalisierendes Verhalten legitimieren oder sogar als vorbildliches Handeln deklarieren? Hier zeigt sich eine Schwachstelle des Bildungsbegriffs, wie Markschies ihn erarbeitet. Die Deutung des Handelns Jesu als vorbildlich gerät an ihre Grenzen, da dieses Ambivalenzen aufweist. Für didaktisches Handeln auf Basis dieses Bildungsverständnisses ist eine sachanalytische Klärung im Voraus aus dem Grunde essentiell. Die hermeneutische Mehrperspektivität erweist sich hier als hilfreich zur Identifikation von Schwachstellen der mit dem Bildungsbegriff verbundenen Bildungsinhalte, die sich auch auf andere Aspekte als dem Vorbildhandeln Jesu ausweiten ließe.

Aus dem Bildungsbegriff, wie Markschies ihn darstellt, lassen sich kaum konkrete Inhalte herausbilden. Lediglich die Kritik an gesellschaftlich auferlegten Bildungsinhalten als reines Mittel zur Stabilisierung von Machtstrukturen lässt sich festhalten. Als Inhalte sind Gesellschaftskritik mit dem Ziel der Kritikfähigkeit und ein kritischer Umgang mit dem Handeln Jesu, das teilweise als vorbildlich verstanden werden kann, auszumachen. Diese Basisinhalte sowie die radikale Orientierung am Subjekt, von dem Bildung ausgeht, lassen sich als Fundament des gerechtigkeitsfähigen Bildungsverständnisses bei Markschies identifizieren.

Es bleiben aber noch Anfragen an dieses Konzept, die sich auch in der Unklarheit der Bestimmung von Bildungsinhalten widerspiegeln: Ungeklärt bleibt, was genau als gerecht verstanden wird. Lediglich die Basis der Gerechtigkeit ist bestimmt, die konkreten Gerechtigkeitsvorstellungen werden nicht erläutert. Bildungsgerechtigkeit erscheint vielmehr als die alle Menschen in ihrer Verschiedenheit betreffende Gleichberechtigung zur Bildung auf Basis der Gottebenbildlichkeit. Außerdem bleibt trotzt einiger ausformulierter Konsequenzen,

---

Beide Bildungsverständnisse implizierten Kritikfähigkeit und setzen bei der Verurteilung gesellschaftlicher Strukturen an, in denen sich Ungerechtigkeiten manifestieren und legitimieren lassen. Gemeinsam ist beiden Ansätzen ebenfalls die Deutung ungerechter Strukturen als Zeichen der Sünde. Der wesentliche Unterschied zwischen den Bildungsbegriffen von Markschies und der befreiungstheologischen Interpretation des Kollerschen transformatorischen Bildungsverständnisses besteht im Umgang mit der Sünde des Menschen, die sich in den Strukturen zeigt und auf die Bestimmung von Bildungsinhalten auswirkt.

315 Siehe dazu Kapitel 6.3.3.

die unterschiedliche Motivationen verfolgen[316], unklar, wie ein Bildungsgerechtigkeitsverständnis ausgebildet sein muss, das dem Prädikat „christlich" entspricht, und wie sich ein solches Verständnis auf Bildungshandeln z. B. im Religionsunterricht auswirken würde.

Das Konzept Markschies' erweist sich aufgrund der radikalen Verankerung von Bildung im Subjekt als schwer anknüpfungsfähig für andere Bildungskonzepte. Am Beispiel des Allgemeinbildungskonzepts von Wolfgang Klafki wird die Anknüpfungsproblematik deutlich: Klafki verankert das Prinzip des exemplarischen Lernens anhand allgemeiner Schlüsselprobleme in seiner Bildungstheorie. Diese Schlüsselprobleme beziehen sich allerdings auf die Historizität der Gesellschaft und mögliche zukünftige Herausforderungen, wodurch das Subjekt in seinem Bildungsprozess als Bestandteil konstruktivistischer Weltdeutungen verstanden wird.[317] Diese Verortung von Subjekt und Bildung steht in Spannung zu dem Subjekt- und Bildungsverhältnis bei Markschies, auch wenn das kritische Moment beider Ansätze übereinstimmen mag. Die Idee von der Neuschaffung des Menschen in seiner jeweils individuellen Gottesbeziehung deutet allerdings darauf hin, dass auch diese Vorstellung von Bildung ein inklusives Denken im Plural ermöglicht, um Bildungsgerechtigkeit zu schaffen.

Die Frage, ob die Einzigartigkeit und Unverfügbarkeit, die für Gottebenbildlichkeit als Basis des Bildungsbegriffs bei Markschies gelten, ebenso auf die Bildungsinhalte zutreffen, kann an dieser Stelle nicht geklärt werden. Bei der befreiungstheologisch adaptierten Variante transformatorischer Bildung erscheinen die Bildungsinhalte zugänglicher, da sie in der politischen, gesellschaftlichen und soteriologischen Befreiung als Bildungsprozess recht konkret, aber immer noch individuell und im Kontext der Umwelt des sich bildenden Subjekts ausgemacht werden. Daher wird im Folgenden erarbeitet, inwiefern dieser Ansatz für armutssensiblen Religionsunterricht auf Grundlage eines dekonstruierend-empowernden Inklusionsverständnisses eine der vielen Möglichkeiten von Bildung darstellen kann.

316 Neben kompensatorisch motivierten Vorschlägen zur Befähigung z. B. in Form von Patenschaften finden sich auch dekonstruktivistische Ansätze in Bezug auf das Bildungssystem in Anknüpfung an die Kritik der Institutionalisierung von Kulturkapital nach Bourdieu (vgl. Markschies: Zur Freiheit befreit, 112).

317 Vgl. Biehl: Die Gottebenbildlichkeit des Menschen, 18f.

8.8.4 Befreiung als Bildung – Die bildungstheoretische und religionspädagogische Realisierung von Empowerment

Die bildungstheoretische Interpretation des Befreiungsgeschehens ermöglicht ein Weiterdenken von Bildung aus theologischer Perspektive auf Basis der Gottebenbildlichkeit. Die Verwobenheit von Befreiungsgeschehen und Heilsgeschehen bringt einen Transzendenzbezug mit ein und die weltliche Ebene von Befreiung bietet die empirische Wahrnehmbarkeit von Bildungsprozessen nach diesem Verständnis an. Dabei bleiben Bildungsprozesse sehr konkret an die Situationen gebunden, in denen sie sich ereignen.[318] Die gesellschaftlichen Bedingungen, unter denen Bildung stattfindet, werden durch ein befreiungstheologisches Fundament besonders berücksichtigt.

Insbesondere der Einbezug der gesellschaftlichen Bedingungen lässt sich als ein Faktor für Armutssensibilität im Bildungskontext herausstellen. Wird wahrgenommen, wie unterschiedlich diese Bedingungen ausgestaltet sind, ist es möglich, Bildungsprozesse differenziert wahrzunehmen und Bildungsangebote zu gestalten. Die Frage nach Bildungsgerechtigkeit wird innerhalb eines solchen Bildungsverständnisses, nach dem Bildung auf Gerechtigkeit ausgelegt ist, von Grund auf berücksichtigt. Die Interpretation der Befreiungspraxis als Bildung in Kapitel 6.2.4 anhand des transformatorischen Bildungsbegriffs nach Hans-Christoph Koller erweist sich somit als fruchtbar für die Frage nach Bildung in einem armutssensiblen inklusiven Religionsunterricht.

Der Aspekt der Transformation von Selbst- und Weltverhältnis unter Berücksichtigung der gesellschaftlichen Kontexte beinhaltet eine kritische Dimension. Darin besteht eine Stärke, die auch Bernhard Grümme in der Bildungstheorie Kollers für seinen Ansatz von Bildungsgerechtigkeit in einer heterogenitätsfähigen Religionspädagogik sieht:

> „Überzeugend ist diese transformatorische Bildungstheorie nicht zuletzt deshalb, weil sie die für die Bildungsgerechtigkeit brisante, geradezu habituelle Ungleichheit der Verteilung von kulturellem und symbolischem Kapital bildungstheoretisch verwurzelt, aber in gleichem Maße die bei Bourdieu zu konstatierende Abblendung intentionaler und freier Akte des Subjekts durch Konstellation mit einem Identitäts- und Subjektbegriff unterläuft, der seinerseits durch eine Konstellation von Subjekt und Macht vor idealistischen Verengungen geschützt wird.“[319]

Allerdings ist es trotz seiner Stärke besonders der Subjektbegriff, der nach Grümme den Ansatzpunkt für Kritik in der Diskussion um einen religionspädagogisch verwendbaren Begriff von Bildung liefert. In der dekonstruktivistisch-

318 Das entspricht auch dem Bildungsverständnis der Pädagogik der Befreiung nach Paulo Freire. Vgl. Freire: Bildung als Erkenntnissituation.

319 Grümme: Heterogenität in der Religionspädagogik, 152.

poststrukturalistischen Tradition der Kollerschen Bildungstheorie sei „das eigene Subjektdenken konterkariert"[320]. Das Anliegen theologisch fundierter Bildung lässt sich aus dem Konzept transformatorischer Bildung nach Koller alleine nicht verwirklichen, da der Subjektbegriff bei Koller kein theologisch anschlussfähiges Fundament aufweist. Das wird besonders an Kollers Bezugnahme auf die Subjektkonstitution durch Macht nach Judith Butler deutlich, die in einem Spannungsverhältnis zur theologischen Anthropologie auf Basis der Gottebenbildlichkeit steht.[321] Daher bedarf es einer Adaption des Bildungsverständnisses nach Koller, in der mit einem theologisch erweiterten Subjektbegriff gearbeitet wird, die im Folgenden vorgenommen wird.

Nach Biehl lässt sich aus theologischer Perspektive zwischen dem Personsein in der Gottebenbildlichkeit des Menschen und dem Subjektwerden durch Bildung unterscheiden.[322] Im Werden des Subjekts durch transformatorische Bildungsprozesse lässt sich die konstituierende Funktion der Macht im ambivalenten Verhältnis zum Subjekt beschreiben, sodass an dieser Stelle an Butlers Subjektivationstheorie angeknüpft werden kann. Bildung ist demnach auf Basis der Bildsamkeit durch relationale Gottebenbildlichkeit in subjektkonstituierenden Machtzusammenhängen denkbar. Was sich von Butler übernehmen lässt, ist die Annahme der Subjektwerdung in Anerkennungsstrukturen auf Basis normativer gesellschaftlicher Machtverhältnisse. Mit Könemann ist Bildung auf Basis der Gottebenbildlichkeit für Subjekte der Ort der Verwirklichung von Bildsamkeit in intersubjektiven Anerkennungsbeziehungen.[323] Die gesellschaftlichen Normen, die nach Butler Anerkennungsprozesse innerhalb von Machtstrukturen regulieren, gilt es daher hinsichtlich ihrer exklusiven Reglementierungsfunktion in den Blick zu nehmen.

Die befreiungstheologische Interpretation des Kollerschen transformatorischen Bildungsbegriffs kann dem Kritikpunkt Grümmes des konterkarierten Subjektdenkens insofern begegnen, als dass durch das Fundament in der befreiungstheologischen Praxis das Subjekt seine Bildsamkeit in der Gottebenbildlichkeit verankert hat und somit jedes Subjekt in diesem Bildungsbegriff gedacht wird. Das in der Adaption erweiterte Subjektverständnis entledigt sich dadurch der Kritik Grümmes und eröffnet eine religionspädagogische Aufnahme der Vorzüge aus der Theorie transformatorischer Bildung, die durch das neue Fundament in der Gottebenbildlichkeit an sich schon inklusiv ist.[324]

Aus den Einflüssen Butlers auf den Kollerschen Ansatz lässt sich die Subjektkonstitution durch Macht in Ergänzung einer theologischen Interpretation des Subjekts übernehmen und eröffnet die bildungstheoretische Aufnahme dekonstruktivistischer Perspektiven auf Macht und Anerkennung hinsichtlich der

320 Ebd.
321 Vgl. Koller: Bildung anders denken, 59ff.
322 Vgl. Biehl: Die Gottebenbildlichkeit des Menschen, 41f.
323 Könemann: Bildungsgerechtigkeit (k)ein Thema religiöser Bildung, 46.
324 Vgl. Kapitel 8.8.3 sowie Liedke: Gott ist die bunte Vielfalt für mich, 74ff.

Bildung von Subjekten im armutssensiblen Religionsunterricht. Wird das Subjekt in einem ambivalenten Verhältnis zur Macht als handlungsfähig in Bildungsprozessen, die sich innerhalb von Machtstrukturen gesellschaftlicher Normen vollziehen, und zugleich als angewiesen auf soziale Anerkennung verstanden[325], lässt sich ein in Bezug auf Armutssensibilität relevantes Merkmal dekonstruktivistisch profilierter Bildungstheorien ausmachen: Butlers Beispiel der Anerkennungsverweigerung von Homosexualität durch Heteronormativität als gesellschaftlicher Norm, „welche die soziale Anerkennung als Subjekt an die ‚normale', d. h. heterosexuelle Ausrichtung des Begehrens bindet und jede Abweichung davon mit der Verweigerung jener Anerkennung bestraft"[326], lässt sich auf weitere Formen verweigerter Anerkennung verallgemeinern, woraus sich nach Koller eine Anforderung zur Gesellschaftskritik in einer transformatorischen Bildungstheorie ableiten lässt:

> „Für eine Theorie transformatorischer Bildungsprozesse folgt daraus, dass sie ihre Aufmerksamkeit über die Struktur von Welt- und Selbstverhältnissen hinaus auf die Analyse der gesellschaftlichen Normen zu richten hätte, die die Frage betreffen, wer innerhalb einer Gesellschaft als vollgültiges Subjekt anerkannt wird oder nicht. Davon ausgehend hätte eine solche Theorie danach zu fragen, ob und in welcher Weise Subjekte die Erfahrung machen, dass ihnen selbst oder anderen, zu denen sie in Beziehung stehen, die soziale Anerkennung als Subjekt verweigert wird. Sie hätte weiter zu fragen, wie Subjekte auf diese Erfahrung reagieren und welche Bedingungen dazu beitragen, dass daraus Widerstandspotential bzw. Handlungsfähigkeit erwächst."[327]

Im Bildungskontext erfolgt Anerkennungsverweigerung z. B. aufgrund habitusbedingt nicht anerkannter sprachlicher Ausdrücke oder Wissensbestände.[328] Aus den bildungstheoretischen Konsequenzen, wie Koller sie formuliert, wird die gute Passung von transformatorischer Bildung und Befreiungstheologie mit Betonung der Dekonstruktion deutlich, wodurch Befreiung als Bildung auch inklusionstheoretisch durch ein starkes Profil in der Kombination von Dekonstruktion und Empowerment als armutssensibel gelten kann. Allerdings ist Kollers Theorie transformatorischer Bildungsprozesse nur unter der Bedingung eines theologisch fundierten Subjektbegriffs für die befreiungstheologische Adaption nutzbar, wodurch nur bedingt an die Subjektivationstheorie Butlers angeknüpft werden kann. Zentral an Butlers Theorie sind für armutssensiblen Religionsunterricht die anerkennungstheoretischen Impulse zur bildenden Entwicklung des Subjekts.

Eine weitere Möglichkeit, Befreiung als transformatorische Bildung religionspädagogisch entfaltbar zu gestalten, besteht in der Änderung der Bezugstheorie.

---

325 Koller: Bildung anders denken, 62ff.

326 Ebd.

327 Ebd., 67f.

328 Vgl. Kapitel 8.1.3.

Statt auf die Theorie von Hans-Christoph Koller kann sich auf den „handlungstheoretisch wie sprachtheoretisch begründeten Bildungsbegriff"[329] von Helmut Peukert bezogen werden, der „die Transformation der Subjekte und die Transformation von Gesellschaft strikt dialektisch konstelliert"[330]. Diese Variante wählt auch Bernhard Grümme für seinen Ansatz einer heterogenitätsfähigen Theorie religiöser Bildung, indem er von der Kritik an Koller ausgehend seine bildungstheoretischen Überlegungen an den Bildungsbegriff von Peukert anknüpft.[331] Im Folgenden wird diese Idee für die bildungstheoretische Interpretation des Befreiungsgeschehens auf befreiungstheologischer Grundlage aufgegriffen.

Peukert sieht angesichts der objektivierenden Tendenzen innerhalb der Entwicklungen der modernen Gesellschaft eine Herausforderung für Bildung, die er dem utopischen Pathos des klassischen Bildungsbegriffs entnimmt:

> „Bildung kann aber nur dann funktional sein, wenn sie nicht *nur* funktional ist, sondern wenn sie über die bestehende hinaus auf eine Gesellschaft von Freien und Gleichen zielt, in der die Menschlichkeit des Menschen im Horizont der einen Menschheit sich erst noch herausstellen und realisieren kann."[332]

Nach Mette kommt dem Bildungsverständnis nach Peukert auch eine Gerechtigkeitsdimension zu, da der Mensch als reflexionsfähiges, sich bildendes Subjekt verstanden wird. Geht es „um den Menschen als Zweck und nicht als Mittel"[333] und wird „dies als Maßstab für das Zusammenleben genommen"[334], kann eine ökonomistische Sicht auf Bildung vermieden und gerechte Bildung ermöglicht werden. Durch die von Grümme betonte Dialektik von Subjekt und Welt, eine nicht nur funktionale Ausrichtung und die skizzierte Sicht auf den Menschen erhält Bildung kritisches Inklusionspotenzial:

> „In Bildung geht es um eine reflektierende Urteilskraft, die den unmittelbaren Bezug auf Verwendungszusammenhänge bricht, um eine Reflexion, die in der solidarischen Wahrnehmung der Ambivalenz menschlicher Existenz gegen Exklusion und Vernichtung von Menschen aufsteht und beizutragen versucht zur Transformation destruktiver Mechanismen, um dadurch zu einer Verfaßtheit der Gesellschaft zu kommen, die allen Lebensmöglichkeiten eröffnet."[335]

Diese Bildungsvorstellung weist inhaltlich wie strategisch eine große Schnittmenge mit der befreiungstheologischen Praxis auf und zeigt sich außerdem inklusionsfähig mit empowernder Ausrichtung.

---

329 Grümme: Heterogenität in der Religionspädagogik, 152.
330 Ebd., 153.
331 Vgl. ebd., 152ff.
332 Peukert: Zur Neubestimmung des Bildungsbegriffs, 34f.
333 Mette: Bildung und Gerechtigkeit, 19f.
334 Ebd., 20.
335 Peukert: Reflexionen über die Zukunft von Bildung, 522.

Im Anschluss an die Kritische Theorie hebt Peukert den Solidaritätsaspekt seiner Bildungstheorie hervor, indem seine Ethik pädagogischen Handelns als „*Ethik intersubjektiver Kreativität im Horizont universaler Solidarität*"[336] auf der gegenseitigen Anerkennung von Freiheit basiert. Diese Ethik „möchte *möglicher* Freiheit zu ihrer Verwirklichung als *realer* Freiheit verhelfen und weigert sich, vernichtete vergangene Freiheit und mögliche zukünftige Freiheit auszuschließen."[337] Peukerts pädagogische Ethik erweist somit ihr bildungstheoretisches Potenzial für befreiungstheologische Praxis in der Gegenwart.

Im Unterricht ist zu beachten, dass die Freiheit, die es anzuerkennen gilt, von den Kindern erst durch Bildung realisierbar wird. Dadurch kommt der Lehrkraft eine ethische Verantwortung angesichts ungleicher Freiheitsverhältnisse zu:

> „In der Erziehungssituation handelt es sich um die Interaktion von Ungleichen, in der das Grundprinzip wechselseitiger Anerkennung von Freiheit prinzipiell gilt, aber erst ansatzweise realisiert werden kann. Diese Situation erfordert eine *Vorgabe von Freiheit* seitens der Erziehenden, die die Heranwachsenden dazu ermutigt, die Fähigkeit zur Selbstbestimmung und Handlungsfähigkeit allmählich auszubilden."[338]

An dieser pädagogischen Verantwortung wird erkennbar, wie voraussetzungsreich Befreiung als Bildung sein kann. Die sozialanalytische Vermittlung z. B. erfordert von Kindern die Fähigkeit zum Perspektivwechsel und die Kompetenz, die gesellschaftliche Situation reflektiert zu beurteilen. Die Vorgabe von Freiheit durch Lehrkräfte ermöglicht, dass es parallele und wechselseitige Abläufe in der Bildung zur Freiheit und der Bildung durch Befreiung geben kann. In Bezug auf die Bildung zu zukunftsfähiger Freiheit verdeutlicht Biehl das Potenzial des Religiösen in Peukerts Bildungstheorie:

> „Soll Bildung der Herausforderung der Zukunft gewachsen sein, dann ist sie Wissen um Fakten und Einsicht in Funktionszusammenhänge, jedoch zugleich *Widerstand* dagegen, das Leben darauf zu reduzieren. Bildung ist nicht nur auf Wissen und Können, sondern ebenso auf eine *Erneuerung der Einbildungskraft* angewiesen, wie sie durch ästhetische und religiöse Erfahrung ermöglicht wird [...]"[339]

Die religiöse Erfahrung als zentrales kontemplatives Moment in der Befreiung kann in einer bildungstheoretischen Interpretation befreiungstheologischer Praxis zum konstruktiven Widerstand gegen eine gesellschaftsstabilisierende Engführung von Bildung beitragen und erweist sich dadurch als Schlüssel zu widerständigem Empowerment. Somit erweist sich Peukerts Ansatz transformatorischer Bildung als anknüpfungsfähig an die Praxis der Befreiung aus theolo-

336 Biehl: Die Gottebenbildlichkeit des Menschen, 22.
337 Ebd., 23.
338 Ebd.
339 Ebd., 24f.

gischer Perspektive und ermöglicht eine theologische Akzentuierung von „Bildung als Hilfe zur Realisierung *möglicher* Freiheit“[340] auf Basis intersubjektiver Anerkennung. Freiheit wird dabei als bewusste Inanspruchnahme der dem Menschen gegebenen, christlichen Freiheit verstanden.[341]

8.9 Armutssensibler Religionsunterricht als Beitrag zur Bildungsgerechtigkeit

Zu Beginn dieses Teilkapitels wird herausgestellt, warum Bildungsgerechtigkeit ein genuin christliches Anliegen ist, welches daher nicht nur aus bildungstheoretischer und philosophisch-anthropologischer Perspektive, sondern für den Religionsunterricht besonders aus christlich-anthropologischer Perspektive beleuchtet werden muss. Bevor sich mit Fragen nach der konkreten Gestalt von Bildungsgerechtigkeit befasst wird, zeigen unterschiedliche Begründungen für diese die Vielfalt an Motivationen und diesen zugrundeliegenden Sichtweisen auf den Menschen.

Christoph Markschies fasst in seiner Auseinandersetzung mit Bildungsgerechtigkeit, die er auf Basis eines christlich grundierten Bildungsbegriffs entwickelt, unterschiedliche Motive und ihre Hintergründe zusammen. Neben der Berufung auf Bildung als allgemeinem Menschenrecht auf Basis der UN-Menschenrechte von 1948 zählt er auch den ökonomisch begründeten Einsatz für Bildungsgerechtigkeit auf, der mit dem wirtschaftlichen Bedarf an Fachkräften argumentiert. Er merkt an, dass in beiden Ansätzen die Argumentation für Bildungsgerechtigkeit nicht auf einem Bildungsbegriff basiert.[342] Diesen Ansätzen stellt Markschies die Möglichkeit einer Motivation entgegen, die „durch einen theologisch grundierten Bildungsbegriff wenigstens mit geprägt ist.“[343] Dadurch würde Bildungsgerechtigkeit nicht nur als erstrebenswert gelten, sondern hätte eine Verankerung im Bildungsverständnis selbst. Markschies formuliert dazu folgende These: „Wenn ein theologisch gehaltvoller Bildungsbegriff entwickelt wird, impliziert er automatisch zugleich ein Konzept von Bildungsgerechtigkeit.“[344]

Um herauszustellen, wie ein christlich-theologisches Fundament für einen Bildungsbegriff gestaltet sein kann, bringt Markschies die Gottebenbildlichkeit des Menschen ein, anhand derer begründet werden kann, dass der universale Heilswille Gottes für alle Menschen gilt und sich nicht auf bestimmte soziale

340 Ebd., 43.
341 Vgl. ebd., 43f.
342 Vgl. Markschies: Zur Freiheit befreit, 25ff.
343 Ebd., 28.
344 Ebd.

Gruppen beschränkt. Diese Universalität lässt sich auch auf den Aspekt der Bildung übertragen, wonach es einen universalen Bildungsanspruch gibt und damit das Recht auf Bildung unabhängig vom sozialen Status begründet werden kann.[345]

Durch das Recht auf Bildung, das besonders im Religionsunterricht der Grundschule nicht nur durch das UN-Menschenrecht auf Bildung und das Kinderrecht auf Bildung begründet ist, sondern sich auch aus der Gottebenbildlichkeit des Menschen ergibt, ist eine Auseinandersetzung mit der Frage erforderlich, was unter gerechter Bildung im Kontext von ungleichen Start- und Lernbedingungen verstanden und wie diese ermöglicht werden kann, da aus der Forderung selbst kein Konzept von Bildungsgerechtigkeit hervorgeht.[346]

Die Vorstellung von einem gerechten Religionsunterricht, in dem ein Bewusstsein für strukturelle Benachteiligungen aufgrund der sozialen Herkunft im Bildungsbereich vorhanden ist, und in dem gerechtigkeitsfördernde Strukturen entgegengesetzt werden können, liefert die gedankliche Ausgangslage. Aufgrund der unterschiedlichen eingenommenen Perspektiven und den daraus jeweils verschiedenen Gerechtigkeitsbezügen ist die Formulierung einer einheitlichen Vorstellung von Bildungsgerechtigkeit im vorliegenden Forschungsprojekt nicht zu realisieren.

Daher werden im Folgenden aus den verschiedenen Perspektiven und Inklusionsmotiven heraus Impulse sowie Fragen formuliert, die Bildungsgerechtigkeit im Zusammenhang mit Kinderarmut und Religionsunterricht betreffen. Eine ausführliche Darstellung der Gerechtigkeitsansätze, die im Kontext von Bildungsgerechtigkeit in der Religionspädagogik diskutiert werden und auf die sich im Folgenden zum Teil bezogen wird, ist im Rahmen der vorliegenden Arbeit nicht möglich.[347]

8.9.1 Bildungsgerechtigkeit durch ausgleichende Verteilung oder Distinktionsvermeidung?

Aus der sozialwissenschaftlichen Perspektive ergeben sich durch die Bezugnahme auf die Theorien Pierre Bourdieus mehrere Richtungen, in die in Bezug auf Bildungsgerechtigkeit gedacht werden kann.

(1) Bildungsungerechtigkeit ergibt sich nach der Logik Bourdieus zum einen aus ungleich verteiltem Kapital, welches in der Schule akkumuliert und getauscht werden kann. Eine Sonderstellung kommt dabei dem kulturellen Kapital zu, das es zum einen in institutioneller Form zu erwerben gilt und das zum an-

345 Vgl. ebd., 29f.
346 Vgl. Mette: Bildung und Gerechtigkeit, 21.
347 Eine kritische Übersicht ist zu finden in: Grümme. Bildungsgerechtigkeit, 133–158.

deren in objektivierter und inkorporierter Form eingesetzt werden kann, um erfolgreich in der Schule zu sein. Bildung wird in diesem Zusammenhang als akkumuliertes inkorporiertes Kulturkapital definiert. Bildungsgerechtigkeit hat sich demnach an dieser Kapitalform zu orientieren. Ökonomisches und soziales Kapital treten überwiegend als Tauschgüter auf. Bildungsgerechtigkeit kann daher durch Kapitalausgleich bzw. die Umverteilung von Kapital gefördert werden.

Fragen, die sich an ein Gerechtigkeitskonzept aus diesem Ansatz ergeben, betreffen die gerechtigkeitstheoretische und die organisatorische Ebene: Ist Kapitalausgleich ausreichend oder besteht Bildungsungerechtigkeit trotzdem weiterhin? Kann die Umverteilung von Kapital in einer kapitalistischen Gesellschaft gerecht sein? Durch wen würden diese Eingriffe in das Kapital von Schüler*innen und Eltern organisiert werden können? Ist Bildungsgerechtigkeit erreicht, wenn alle Kinder die gleiche Menge an inkorporiertem Kulturkapital haben oder dadurch, dass sie die gleichen Möglichkeiten erhalten, dieses zu erwerben? Kann das Konzept der Chancengleichheit an dieser Stelle weiterhelfen oder zementiert es vielmehr kapitalistische und meritokratische Strukturen und trägt damit zur Bildungsungerechtigkeit bei?[348]

(2) Zum anderen ergeben sich aus den symbolischen Machtverhältnissen, die sich u. a. in Distinktionen zeigen, ungerechte Bildungschancen, da die schulischen Strukturen von bildungsprivilegierten Menschen zum Zwecke der Reproduktion gesellschaftlicher Ordnungen geschaffen sind sowie aufrecht erhalten werden und durch habitusbezogene Unterschiede in der Anerkennung von kulturellem Kapital zu ungerechten Bewertungen führen. Außerdem tragen soziale Kriterien unbewusst zu ungerechten Bewertungen bei, die ebenso von symbolischer Macht beeinflusst sind.[349] Diesen Benachteiligungsstrukturen kann eine Vorstellung von Gerechtigkeit entgegengesetzt werden, die sich auf die Anerkennung vielfältiger Kapitalausstattungen sowie Erscheinungs- und Ausdrucksformen konzentriert. Bildungsprozesse werden dann entsprechend differenziert betrachtet, sodass die Kapitalmenge eines Kindes sowie die Beschaffenheit des Kapitals nicht zu Benachteiligungen führen. Die Menge an kulturellem Kapital sowie die Möglichkeiten eines Kindes zur Kapitalakkumulation werden nach dem Ansatz in der Bewertung schulischer Leistungen berücksichtigt. Am Beispiel von Mehrsprachigkeit lässt sich der Aspekt der Beschaffenheit verdeutlichen: Dänisch als Erstsprache erfährt in vielen Fällen mehr Anerkennung als Türkisch. Bildungsgerechtigkeit entsteht demnach durch Anerkennung und Distinktionsvermeidung.[350] Die Vermeidung distinktiver Praktiken folgt nach Morawski aus dem anerkennungstheoretischen Gerechtigkeitsansatz, „da die

---

[348] Vgl. Grümme: School matters, 132.
[349] Vgl. ebd., 133.
[350] Vgl. Kapitel 8.1.

Anerkennung des anderen dessen Abwertung ausschließt."[351] Aus dieser Gerechtigkeitsvorstellung ergibt sich die Frage, ob zur Durchsetzung der Anerkennung vielfältiger Kapitalkonstellationen und inhaltlichen Gestalten des kulturellen Kapitals eine Neuordnung der Vorstellung von Bildung erforderlich ist.[352] Alternativ ist auch die Stärkung der individuellen Bezugsnorm denkbar, wodurch die Vergleichbarkeit schulischer Leistung erschwert wird. Weiterhin lässt sich fragen, ob diese Form von Gerechtigkeit zu prozessbezogen gedacht ist und dadurch ungleiche Ausgangslagen zu wenig berücksichtigt werden. Auch in Bezug auf die Lehrkräfte, die in diesem Ansatz maßgeblich an der Umsetzung von Bildungsgerechtigkeit beteiligt sind, ergeben sich Fragen: Was wird benötigt, um Distinktionsverhalten zu erkennen und zu vermeiden? Ist eine Vermeidung überhaupt möglich? Wie kann Anerkennung transparent und für Kinder nachvollziehbar stattfinden? Wo sind Grenzen der Anerkennung?

8.9.2 Bildungsgerechtigkeit durch Differenzierung und Anerkennung von Vielfalt?

Aus der milieudifferenzierten Perspektive lässt sich Bildung im Religionsunterricht hinsichtlich einer gerechtigkeitsrelevanten Wahrnehmung milieuspezifischer Werte und Lebensweltlogiken anfragen.[353] Im Diskurs um Bildungsgerechtigkeit in der Religionspädagogik liegt ein Schwerpunkt auf der Reflexion der eigenen Milieuzugehörigkeit und ihrer normativen Orientierungen. Entsprechend fragt Grümme:

> „Kann es nicht sein, dass auch Religionslehrer bereits im Ansatz durch die unbeabsichtigte normative Universalisierung ihres eigenen Denkens Kinder und Jugendliche aus anderen Milieus benachteiligen?"[354]

Aus der geschilderten Benachteiligungsform, die Grümme stärker schulischen Sprachcodes als den Herkunftsmilieus der Lehrkräfte zuschreibt, allerdings anmerkt, dass die Codes von den Lehrkräften im Schulkontext übernommen werden, entspringt ein Gerechtigkeitsbedürfnis, das Bildungsgerechtigkeit in differenzierter Diagnostik, Förderung und Leistungsbeurteilung verwirklicht sieht. Indem die unterschiedlichen Zugänge, Bedeutungszuschreibungen und Wertvorstellungen, die sich anhand von Milieu- und Wertemodellen beschreiben lassen, zum Ausgangspunkt für Differenzierung im Unterricht werden, kann unter Anerkennung dieser Unterschiede gerecht individuell gefördert und bewertet

351 Morawski: Bildung im Kontext von Distinktionsgeschehen, 37.
352 Vgl. Kapitel 8.8.2.
353 Vgl. Kapitel 5.2 sowie Kapitel 8.4.
354 Grümme: School matters, 133.

werden.[355] Dazu müssten Milieudominanzen in dem schulischen Bereich aufgehoben werden. In Anbetracht bestehender Ungerechtigkeit kann beispielsweise angesetzt werden an dem Angebot von alternativen, im Vergleich zu akademischen Formen weniger voraussetzungsreichen, sprachlichen oder nicht-sprachlichen Reflexionsmöglichkeiten zum christlichen Glauben und der Anerkennung entsprechender Reflexionsleistungen.[356] Hierzu können z. B. performative Ansätze der Religionspädagogik beitragen, die in ihrem Verständnis von religiösem Lernen reflexive Elemente beinhalten.[357]

Durch die Erweiterung der Anerkennungstheorie Axel Honneths[358] auf den Weltbezug, wie Stojanov sie bildungstheoretisch vornimmt,[359] erweist sich dieser Gerechtigkeitsansatz durch die Berücksichtigung der Selbst- und Weltverhältnisse von Subjekten als tragfähig innerhalb transformatorischer Bildungstheorien, wie sie in Kapitel 8.8 auf armutssensiblen Religionsunterricht bezogen wurden. Hierdurch erhalten Anerkennungserfahrungen im Religionsunterricht eine gerechtigkeitstheoretische Zuspitzung auf pädagogischer und theologischer Ebene. Für die pädagogische Ebene hat Annedore Prengel das Potenzial der anerkennungstheoretischen Vorstellung von Bildungsgerechtigkeit im Zusammenhang mit materieller Deprivation herausgestellt:

> „Pädagogische Institutionen haben beschränkte gesellschaftliche Einflußmöglichkeiten, so können sie ökonomisches Elend nicht beseitigen. Die Möglichkeit, eine eigene ‚Sphäre der Gerechtigkeit' zu schaffen aber liegt in ihrer Verantwortung. *Das* gesellschaftlich wertvolle Gut, das Schulen und andere pädagogische Einrichtungen aus eigener Machtbefugnis und eigenen Ressourcen zu verteilen haben, heißt ‚intersubjektive Anerkennung' jeder einzelnen Person in ihrer je einmaligen Lebenslage."[360]

Lütze fordert in Anknüpfung an Stojanovs bildungstheoretisches Konzept von Anerkennungsgerechtigkeit für den Bereich der Religionspädagogik:

> „Bildungsgerechtigkeit, so lässt es sich bei Krassimir Stojanov lernen, hat wesentlich damit zu tun, Menschen in ihrer Unterschiedlichkeit *anzuerkennen* und ihnen unterschiedliche Zugänge zur Sache – in unserem Fall: zu religiöser Bildung – offenzuhalten"[361].

Auf theologischer Ebene und aus theologisch-religionspädagogischer Perspektive lässt sich die Anerkennungsforderung um einen wesentlichen Aspekt für den Religionsunterricht erweitern: Die Forderung nach einer *inklusiven Theologie der Anerkennung von Vielfalt*[362] impliziert die Vorstellung vielfältiger Theologien

355 Vgl. Stojanov: Bildungsgerechtigkeit, 79.
356 Vgl. Lütze: Redet die Religion, 108.
357 Vgl. Leonhard/Klie: Performatives Lernen und Lehren von Religion.
358 Vgl. Honneth: Kampf um Anerkennung, 148–211.
359 Vgl. Stojanov: Bildungsgerechtigkeit, 78f.
360 Prengel: Pädagogik der Vielfalt, 61.
361 Lütze: Redet die Religion, 107.
362 Vgl. Kapitel 8.1.4.

bei Kindern und Erwachsenen und die Erfahrung, dass diese unterschiedlich beachtet und anerkannt werden. Diverse Argumentationsmuster, die sich aus unterschiedlichen Lebensweltlogiken und Bezügen zu theologischen Topoi ergeben, können im Religionsunterricht anerkannt werden. Dementsprechend ist Lütze zufolge nach theologischen Deutungsmustern für eine solche Theologie zu suchen „die menschlichem Können und Tun eine Dignität zustehen können“[363]. Theologisch verortet er dieses Zugeständnis in der Gottebenbildlichkeit.[364] Auf religionspädagogisches Handeln bezogen kann sich dieses Deutungsmuster z. B. in didaktisch-methodischen Konsequenzen wie der intersektional-kontextbewussten Ausrichtung kindertheologischer Ansätze[365] etablieren und einen anerkennungstheoretischen Beitrag zu Bildungsgerechtigkeit leisten.

Welche Konsequenzen hätte eine so formulierte Vorstellung von Bildungsgerechtigkeit? Wo sind Grenzen dieser Vorstellung? Auf welchen Ebenen müssten Geltungsdominanzen von Milieus aufgehoben werden? Wie lassen sich Deutungshoheiten identifizieren und pädagogisch verantwortlich verringern, sodass plurale Deutungen anerkannt und didaktisch aufgegriffen werden? Wie stark sind die Zuschreibungen, die mit pädagogischer Diagnostik und Differenzierung nach milieuspezifischen Denk-, Ausdrucks-, und Werteformen verbunden sind? Welche Ungerechtigkeiten können dadurch entstehen oder verstärkt werden?[366] Welche theologischen, bildungs- und gerechtigkeitstheoretischen Fragestellungen können sich als ergiebig hinsichtlich der konkreten Ausgestaltung einer *inklusiven Theologie der Anerkennung von Vielfalt* erweisen, die zur Förderung und Ermöglichung von Bildungsgerechtigkeit beiträgt? Einen Ansatz, der die drei aufgeführten Fragerichtungen berücksichtigt, bietet Judith Könemann, die die inklusive Grundlage für die Anerkennungsform der Solidarität[367] sowohl in christlicher als auch philosophischer Anthropologie verortet und in Helmut Peukerts Bildungstheorie[368] in der Anerkennung von Freiheit und Gleichheit aufgenommen sieht.[369] Wie lässt sich symmetrische intersubjektive Wertschätzung als Basis für Anerkennungsgerechtigkeit in einem asymmetrischen pädagogischen Kontext etablieren? Wie lässt sich Machtmissbrauch durch asymmetrische Anerkennung vermeiden?[370]

---

363 Lütze: Redet die Religion, 108.

364 Vgl. ebd.

365 Vgl. Kapitel 8.2.1.

366 Dieses Risiko wird am Beispiel von sprachlich-kultureller Differenz und institutioneller Diskriminierung von Krassimir Stojanov ausgeführt. Vgl. Stojanov: Bildungsgerechtigkeit, 151–163.

367 Vgl. Honneth: Kampf um Anerkennung, 209f.

368 Siehe dazu Kapitel 8.8.4.

369 Vgl. Könemann: Bildungsgerechtigkeit (k)ein Thema religiöser Bildung, 49f.

370 In Bezug auf diese Frage kann der Einbezug der politischen Macht weiterführen, indem danach gefragt wird, „wer eigentlich die Prinzipien von Gerechtigkeit bestimmt“ (Grümme: Heterogenität in der Religionspädagogik, 256).

8.9.3 Bildungsgerechtigkeit durch Empowerment in inklusiver Solidarität?

Anerkennungstheoretische Gerechtigkeit ist ebenfalls aus befreiungstheologischer sowie diakonischer Perspektive relevant, da sich aus diesen Perspektiven Ungerechtigkeit in Form von verweigerter Anerkennung zeigt.

Die Erarbeitung inklusiver und milieudifferenzierter diakonischer Ansätze verdeutlicht die im Rahmen diakonischer Handlungsfelder kritisierte, fehlende Anerkennung der Handlungsfähigkeit von Menschen, denen aufgrund bestimmter Merkmale Bedürftigkeit zugeschrieben wird. Diese Form der Ermächtigung von Privilegierten über marginalisierte Gruppen zeigt sich als Ungerechtigkeit fördernde Struktur in einem System, das auf Unterstützung angelegt ist. Gerechtigkeit kann demnach durch Anerkennung innerhalb eines inklusiven Diakonieverständnisses gefördert werden, indem die dichotome Vorstellung von Helfenden und Hilfebedürftigen aufgehoben wird. Eine so verstandene Anerkennung der grundsätzlichen Handlungsfähigkeit eines jeden Subjekts kann sich auch im inklusiven Religionsunterricht als gerechtigkeitsfördernd erweisen. Auf Armutssensibilität bezogen bedeutet dieser Aspekt von Anerkennungsgerechtigkeit die soziale Wertschätzung aller am Unterricht Beteiligten und das Vertrauen in ihre Fähigkeiten, wodurch individuelle Selbstschätzung nach Honneth überhaupt erst ermöglicht werde.[371] Binnendifferenzierte Angebote im inklusiven Religionsunterricht, mit denen auf verschiedenen Lernwegen[372], mit unterschiedlichen Aneignungsformen[373] und auf verschiedenen Niveaus[374] gearbeitet werden kann, ermöglichen Schüler*innen mit unterschiedlichen Lernausgangslagen und Zugängen zu Lerngegenständen, sich selbst als handlungsfähig zu erleben und Lernerfolge zu erreichen.

Aus der befreiungstheologischen Perspektive wird Ungerechtigkeit situationsbezogen und in ihrer Konstitution auf gesellschaftlicher Ebene als Unterdrückung nicht nur erkannt, sondern zum theologischen Ausgangspunkt für die Praxis gemacht. Ungerechtigkeit zeigt sich in der Aberkennung theologischer Zugänge, Inhalte und Praktiken der Unterdrückten, die sich aus einem normativen Anspruch universaler Theologie und entsprechend fehlendem Kontextbewusstsein ergibt. Gerechtigkeit lässt sich nach befreiungstheologischer Logik nur in mehrdimensionaler, reziproker Gestalt der Befreiung ermöglichen. Als Bausteine für eine solche Gerechtigkeit lassen sich die Anerkennung kontextueller Theologien, die Befreiung aus der weltlichen Unterdrückungssituation und

---

371 Vgl. Honneth: Kampf um Anerkennung, 209.

372 Z. B. anhand der religionsdidaktischen Adaption inklusionsdidaktischer Netze bei Katharina Kammeyer (vgl. Kammeyer: Inklusive Wege des Umgangs mit Heterogenität, 216ff.).

373 Vgl. Schweiker: Basisband. Einführung, Grundlagen und Methoden, 41ff.

374 Vgl. Obst: Kompetenzorientiertes Lehren und Lernen im Religionsunterricht, 165ff.

die Erlösung von der kollektiv verstandenen Sünde identifizieren.[375] Der Frage nach Bildungsgerechtigkeit kann nachgekommen werden, indem Befreiung als transformatorisches Bildungsgeschehen interpretiert und somit Kontextsensibilität bildungstheoretisch verankert wird.[376] Bildungsgerechtigkeit bezogen auf Befreiungstheologie bedeutet zudem, kontextuelle Theologien anzuerkennen und kritisch-selbstreflexiv auf akademische Formen von Theologie zu blicken.[377] Das theologische Fundament in der Gottebenbildlichkeit und der vorrangigen Option für die Armen kann als normativer Ausgangspunkt für den anerkennungstheoretischen Rahmen emanzipatorischer Solidarität dienen.

Sowohl aus diakonischer als auch aus befreiungstheologischer Perspektive wird Bildungsgerechtigkeit durch Anerkennung denkbar, die durch Dekonstruktion und Empowerment erreicht werden kann. Die Dekonstruktion des Diakonieverständnisses im Rahmen einer inklusiven Diakonie und die Dekonstruktion des Theologieverständnisses im Rahmen eines politischen Kontextbewusstseins befreiungstheologischer Ansätze erweisen sich als förderlich für Anerkennungsgerechtigkeit, ebenso das theologisch-anthropologische Fundament von Empowerment, das in Form der Gottebenbildlichkeit und der Option für die Armen in den beiden Perspektiven hervortritt.

Die Fragen lauten hier: Wie lässt sich die kollektive Verantwortung im Bildungssystem etablieren, um durch Befreiung für bildungsgerechte Strukturen sorgen? Braucht es eine gerechte Gesellschaft für die Verwirklichung von Bildungsgerechtigkeit? Ist Gerechtigkeit prä-dekonstruktiv möglich bzw. in ihrer Form denkbar, bevor sie erreicht ist?[378] Ist inklusive Anerkennungsgerechtigkeit durch Empowerment erreichbar und welche Bedingungen müssen dafür geschaffen werden? Welche weiteren Vorstellungen von Gerechtigkeit lassen sich neben der Anerkennungsgerechtigkeit aus der Gottebenbildlichkeit formulieren, wenn sie als Bildungsgrundlage verstanden wird?

375 Vgl. Kapitel 6.2.2.

376 Vgl. Kapitel 8.8.4.

377 Vgl. Grümme: Heterogenität in der Religionspädagogik, 283. In der Beschreibung der gerechtigkeitssensiblen Selbstreflexionskompetenz deutet Grümme die theologische Dimension an, eine Ausführung im Sinne einer gerechtigkeitssensiblen theologischen Selbstreflexionskompetenz ließe sich aber noch ergänzen.

378 Als Arbeitsbegriff kann in Anlehnung an Boger von ~~Gerechtigkeit~~ gesprochen werden. Boger nutzt zur Beschreibung der Dekonstruktion der Anderen den Begriff der ~~Anderen~~*. Die Dekonstruktion wird durch das Durchstreichen des Begriffs hervorgehoben (vgl. Boger: Theorien der Inklusion, 9).

8.9.4 Bildungsgerechtigkeit als Teilhabe- und Befähigungsgerechtigkeit?

Die Ergebnisse der empirischen Untersuchung im Rahmen des vorliegenden Forschungsprojekts zeigen, dass die Lehrkräfte als Expert*innen im alltäglichen pädagogischen Umgang mit sozial benachteiligten Schüler*innen ihr didaktisches Handeln auf die Förderung von Teilhabechancen und die Befähigung der Schüler*innen ausrichten.[379] Neben der Ermöglichung von Teilhabe durch materielle Ausgleichshandlungen wie das Bereitstellen von Arbeitsmaterial sind im Religionsunterricht Interventionen zur Förderung und Stärkung der Identität bei Schüler*innen als markante Strategien erkennbar. Dass alle Kinder gleichberechtigt am Unterricht teilnehmen und ihre Bildungschancen wahrnehmen können, erweist sich als zentrales Gerechtigkeitsmotiv. Dieses Motiv ist auch im EKD-Tagungsband „Niemand darf verloren gehen"[380] zu finden:

> „Aus dem Glauben an Gottes Gerechtigkeit und Barmherzigkeit begründet sich das engagierte Eintreten von Christinnen und Christen für Bildungsgerechtigkeit und die sich daraus ergebende Teilhabegerechtigkeit für jede und jeden. Niemand darf verloren gehen, weil Gott niemanden verloren gibt!"[381]

Um konkret gerechte Teilhabe zu ermöglichen, kann an die Liste menschlicher Fähigkeiten angeknüpft werden, die Martha C. Nussbaum in ihrem non-egalitaristischen Ansatz, dem *capability approach*[382], in Anknüpfung an den aristotelischen Essentialismus erarbeitet hat.[383] Bei diesen Fähigkeiten handelt es sich um *elementare Funktionsfähigkeiten*, „welche die Gesellschaften für ihre Bürger anstreben sollten"[384]. Gerechtigkeit ist demnach gegeben, wenn Bedingungen geschaffen werden, unter denen alle Menschen die Möglichkeit haben, diese Grundfähigkeiten zu nutzen, und dadurch ein gutes Leben führen können.[385]

Laut Grümme ist der capability approach ein „mehrdimensionaler, die eigenen Motivationen, Fertigkeiten, Chancen und Fähigkeiten der Menschen grundlegend würdigender Ansatz"[386]. Diese Stärke ist auch positiv zu bewerten. In der Frage nach Bildungsgerechtigkeit finden sich viele direkte Anknüpfungspunkte,

---

379 Vgl. Kapitel 7.2.1 sowie 8.7.4.

380 EKD/Comenius-Institut (Hg.): Niemand darf verloren gehen.

381 Bade/Elsenbast: Einleitung in das Lesebuch, 8.

382 Die begriffliche Verwendung und Übersetzungen sind nicht eindeutig. So wird Nussbaums Ansatz als Ansatz bei den Fähigkeiten übersetzt und der gleichnamige Ansatz von Amartya Sen als Ansatz bei den Verwirklichungschancen (vgl. Meireis: Befähigungsgerechtigkeit und Bildung, 11).

383 Vgl. Nussbaum: Menschliches Tun und soziale Gerechtigkeit, 332ff.

384 Ebd., 339.

385 Vgl. ebd., 338ff.

386 Grümme: Bildungsgerechtigkeit, 61.

die umso zahlreicher werden, je weiter ein Bildungsverständnis gefasst wird. Neben sozialen und emotionalen Fähigkeiten werden die Fähigkeit „zu phantasieren, denken und zu schlußfolgern"[387] sowie Urteilsfähigkeit und Autonomie aufgeführt.[388] In Bezug auf das Phänomen Kinderarmut erweist sich dieser Ansatz außerdem als relevant, da er Parallelen zu den kindlichen Handlungsspielräumen aufweist, mit denen Armut bei Kindern beschrieben werden kann.[389] Zum Beispiel wird die Fähigkeit genannt, „zu lachen, zu spielen und erholsame Tätigkeiten zu genießen"[390], was dem kindlichen Muße- und Regenerationsspielraum entspricht. Außerdem werden viele der genannten Fähigkeiten im Zusammenhang mit zwischenmenschlichen Erfahrungen formuliert, wodurch der intersubjektive Aspekt von Gerechtigkeit betont wird.

An der auf gesellschaftliche Teilhabe ausgerichteten Gerechtigkeitstheorie Nussbaums zeigt sich nach Grümme jedoch eine Schwachstelle in Bezug auf Bildungsgerechtigkeit: „Anstatt Strukturen von Ungerechtigkeiten zu beseitigen und gerechte Bedingungen zu schaffen, tendiert Nussbaums Konzept letztlich zum Kompensatorischen."[391] Diesem Kritikpunkt kann durch die inklusionstheoretische Differenzierung anhand des Modells von Mai-Anh Boger begegnet werden. Die in inklusiven Kontexten etablierte und geschätzte Gerechtigkeitstheorie Nussbaums folgt in ihrer essentialistischen Ausrichtung einer empowernd-normalisierenden Inklusionsstrategie, mit der allen Menschen Teilhabe ermöglicht werden soll.[392] Durch diese Form der Inklusion kann durchaus Bildungsgerechtigkeit verfolgt werden, nur nicht im Sinne einer Dekonstruktion gesellschaftlicher Strukturen, wie sie in dem trilemmatischen Modell Bogers der Kombination von Inklusion durch Empowerment und Normalisierung dichotom gegenübersteht.

Allerdings zeigt sich in Bezug auf die strukturellen Bedingungen eine Grenze, die an dieser Stelle zumindest erwähnt sei. „Diese Gerechtigkeitskonzeption visiert einen Gerechtigkeitssockel an. Sobald diese Grundgüter gegeben sind, wird über diesem Grundniveau sehr wohl Ungleichheit akzeptiert."[393] Auf Bildungsgerechtigkeit bezogen lässt sich folgende These unter Rückgriff auf die Theorien Bourdieus formulieren: Wenn Sockelgerechtigkeit hergestellt ist, können sich darüber hinaus Ungerechtigkeiten bildungschancenrelevant ausbilden, beispielsweise aufgrund von Passungsunterschieden in Bildungsprozessen im schulischen Religionsunterricht, wenn benachteiligende Adressierungen stattfinden, also z. B. generell privilegierte Schüler*innen aufgrund ihres ästhetischen Empfindens als Ausprägung des Habitus einen besseren Zugang zu Bildern

387 Nussbaum: Menschliches Tun und soziale Gerechtigkeit, 339.
388 Vgl. ebd., 339f.
389 Siehe dazu Kapitel 2.3.2.
390 Nussbaum: Menschliches Tun und soziale Gerechtigkeit, 340.
391 Grümme: Bildungsgerechtigkeit, 64.
392 Vgl. Boger: Theorien der Inklusion – eine Übersicht, 5.
393 Grümme: Bildungsgerechtigkeit, 59.

haben, die im Zusammenhang mit biblischen Erzählungen didaktisch eingesetzt werden.

8.9.5 Bildungsgerechtigkeit als Forderung im armutssensiblen Religionsunterricht

Da sich die im vorliegenden Forschungsprojekt entwickelten, konzeptuellen Bausteine von Armutssensibilität als inklusiv, politisch und parteiisch erweisen, muss die Forderung nach Bildungsgerechtigkeit einen weiteren Baustein für armutssensiblen Religionsunterricht darstellen. Die Notwendigkeit des Strebens nach gerechten Verhältnissen spiegelt sich auch in den gerechtigkeitstheoretischen Anknüpfungspunkten aus den einzelnen Perspektiven wider. In Bezug auf die Frage nach Bildungsgerechtigkeit in der Religionspädagogik formuliert Norbert Mette:

> „Das Recht auf Bildung besagt, dass niemand aufgrund bestimmter Merkmale – soziale Herkunft und sozialer Status, Geschlecht, ethnische Zugehörigkeit, körperliche und geistige Behinderung, Religion etc. – benachteiligt werden darf. Jeder und jede soll befähigt werden, entsprechend seinem bzw. ihrem Vermögen und soweit wie möglich selbständig sein eigenes Leben gestalten und an der Gestaltung des Gemeinwesens partizipieren zu können.“[394]

Dieser normativen Ausrichtung entsprechen die vorangegangenen gerechtigkeitstheoretischen Überlegungen. Die konkreten Richtungen, die im armutssensiblen Religionsunterricht eingenommen werden können, um gerechte Bildung zu fördern, gestalten sich dabei vielseitig, können durchaus gegensätzlich sein oder auch kombiniert werden als hybride Gerechtigkeitskonzepte, die z. B. Elemente aus Anerkennungs- und Befähigungsgerechtigkeit enthalten. Deutlich wird, dass Bildungsgerechtigkeit durch verschiedene Formen von Anerkennung im inklusiven Religionsunterricht gefördert werden kann. Zu klären ist noch, inwiefern diese Formen miteinander kompatibel sind, da sie teilweise unterschiedlichen normativen Gerechtigkeitsansprüchen entspringen. In Bezug auf Kinderarmut und Religionsunterricht kann der Aspekt der Befähigung zur gesellschaftlichen sowie schulischen Teilhabe als gerechtigkeitsrelevant festgehalten werden, da Schüler*innen als Kinder darauf angewiesen sind, dass ihnen Möglichkeiten zur Entwicklung und Nutzung ihrer Fähigkeiten gegeben werden. Gerechtigkeit im armutssensiblen Religionsunterricht bedeutet demnach die Verwirklichung von den als grundlegend definierten Handlungsspielräumen für alle Kinder, unabhängig von der eigenen sozioökonomischen Situation. Wie die Handlungsspielräume im religionspädagogischen Kontext definiert und ausgestaltet werden können, ist eine Frage, die sich anschließt.

---

394 Mette: Der aktuelle Diskurs über Bildungsgerechtigkeit, 33.

8.10 *Armutssensibler Religionsunterricht - Bausteine im Rahmen inklusiver Religionspädagogik*

Armutssensibler Religionsunterricht ist, wie gezeigt wurde, inklusiver Religionsunterricht, wodurch die Definition von Armutssensibilität inklusionstheoretisch erfolgt:

Armutssensibilität im inklusiven Religionsunterricht ist ein kritisch-reflektierter Umgang mit sozioökonomischer sowie sozial konstruierter Differenz in einem inklusionspädagogischen Spannungsfeld von Normalisierung und Dekonstruktion auf der gemeinsamen Basis von Empowerment.

8.10.1 Inklusive Religionspädagogik als Rahmen für Armutssensibilität

Der Rahmen, in dem armutssensibler Religionsunterricht stattfinden kann, ist durch inklusive Religionspädagogik gesetzt und lässt sich anhand von vier Aspekten konkretisieren. Der Ausgangspunkt von Armutssensibilität ist eine *mehrdimensionale Armutswahrnehmung*, die es ermöglicht, Kinderarmut als vielseitiges und vielschichtiges Phänomen zu betrachten. Nicht nur materielle Armut spielt in Bezug auf Bildungschancen im Religionsunterricht eine Rolle, sondern besonders die emotionale und soziale Versorgungslage von Kindern, wie anhand der empirischen Untersuchung verdeutlicht werden konnte. Zu dieser mehrdimensionalen Wahrnehmung von Kinderarmut gehört auch das Begreifen von gesellschaftlichen Strukturen, insbesondere von Abgrenzungen und Diskriminierungen, die zu Barrieren und Benachteiligungen im Unterricht führen können. Die aus dem Konzept eines heterogenitätsfähigen Religionsunterrichts von Grümme übernommene *kontextsensible kritische Selbstreflexivität*[395] ist ergänzend zu der mehrdimensionalen Armutswahrnehmung als professionelle Haltung von Lehrkräften erforderlich, um das Phänomen Kinderarmut intersektional und situationsbezogen in seiner Relevanz für Lernprozesse im Religionsunterricht in den Blick zu nehmen. Außerdem liefert diese Haltung die Basis zur Ausbildung von gerechtigkeitssensiblen Kompetenzen, die den dritten Aspekt betreffen: *Gerechtigkeit und Anerkennung* als anthropologische Prinzipien rahmen das Handeln im armutssensiblen Religionsunterricht. Aufgrund der emanzipatorischen Ausrichtung am Knotenpunkt Empowerment ist zunächst das Anerkennen von Differenz erforderlich, um differenzbewusst Bildungsgerechtigkeit anzustreben. Dekonstruktion und Normalisierung ergeben in Verbindung mit

[395] Vgl. Grümme: Heterogenität in der Religionspädagogik, 96f.

Empowerment jeweils unterschiedliche Vorstellungen von Gerechtigkeit und entsprechend verschiedene Richtungen dieser Bestrebungen, die sich als Inklusionsstrategien didaktisch auf den Religionsunterricht auswirken. Die möglichen Variationen von armutssensiblem Religionsunterricht beruhen dabei auf dem sich aus der Verankerung im Empowerment ergebenden didaktischen Grundsatz der *Erfahrungs- und Subjektorientierung*. Unabhängig von der Inklusionsmotivation und -ausrichtung wird in dem kritisch-reflektierten Umgang mit Differenz der Ansatzpunkt religionsdidaktischen Handelns bei den lernenden Subjekten und ihren gemachten sowie zu ermöglichenden Erfahrungen gesetzt.

8.10.2 Bausteine für Varianten armutssensiblen Religionsunterrichts

Im Folgenden werden die Bausteine für einen armutssensiblen Religionsunterricht im Rahmen inklusiver Religionspädagogik gebündelt, die aus den verschiedenen im vorliegenden Forschungsprojekt eingenommenen Perspektiven entwickelt wurden. Neben der Rolle der Lehrkraft bezieht sich der Umgang mit Differenz auch auf die Inhalte und Theologien sowie die Didaktik des Religionsunterrichts. Die erarbeiteten Bausteine ergeben zusammengesetzt kein Konzept für *den* armutssensiblen Religionsunterricht. Durch die inklusionsbezogenen Spannungen können die Bausteine nicht komplett miteinander kombiniert werden. Daher sind sie als Bausteine zur Gestaltung *von unterschiedlichen Varianten* armutssensiblen Religionsunterrichts gedacht.

Die sozialwissenschaftliche Perspektive auf Kinderarmut identifiziert die Habitusreflexion und das Distinktionsbewusstsein der Lehrkraft als wesentliche Elemente armutssensiblen Religionsunterrichts, die in Maßnahmen zur *Distinktionsprävention* wie der Anerkennung verschiedener Zugänge zu Lerngegenständen und Ausdrucksformen von Schüler*innen eine konkrete Gestalt annehmen. Theologisch sowie fachdidaktisch ist das Potenzial einer *inklusiven Theologie der Anerkennung von Vielfalt* für die armutssensible Gestaltung von Religionsunterricht nutzbar. Diese kann sowohl zur fachdidaktischen Dekonstruktion von Gottesvorstellungen oder der Förderung vielfältiger Ausdrucksmöglichkeiten individueller Glaubenserfahrungen im Unterricht sowie zu einer stärker auf Normalisierung ausgerichteten anerkennenden Wahrnehmung von Kindern in ihrer Vielfalt aus theologischer Perspektive zu Armutssensibilität beitragen.

Inklusiver Religionsunterricht mit dekonstruierend-empowernder Ausrichtung ermutigt zur Dekonstruktion bestehender, diskriminierender Elemente, um inklusive Gegenentwürfe zu entwickeln, was am Beispiel *inklusiver Diakonie* in ihrer Bedeutung für Armutssensibilität verdeutlicht werden kann. Die Wahrnehmung und Anerkennung von Vielfalt zeigt sich in der *Aufnahme vielfältiger* *biblischer Motive zum Umgang mit Armut* und in einer *milieusensiblen Gestaltung von Religionsunterricht*, die sich in der Berücksichtigung der Milieupluralität von Schüler*innen und Eltern sowie der Reflexion der Milieuperspektive der Lehrkraft zeigt.

Aus befreiungstheologischer Perspektive wird die Relevanz politisch-theologischer Deutungen von Heterogenität im armutssensiblen Religionsunterricht sichtbar, die anhand der *Öffnung für vielfältige Interpretationen* und die *Perspektiverweiterung* in einer *kontextbewussten politischen Theologie* im Religionsunterricht Ausdruck erhält. Der Einbezug eines zeitgemäßen Ansatzes *problemorientierter Religionspädagogik* greift diese Aspekte auf und ermöglicht eine Implementierung in den inklusiven Religionsunterricht. Für die Inhalte des Religionsunterrichts, besonders für biblische Geschichten erweist sich eine *hermeneutische Offenheit* als armutssensibles fachdidaktisches Prinzip, um marginalisierten Deutungen einen Raum zu geben und vielfältige Interpretationen zu ermöglichen.

Die Anerkennung von Verschiedenheit nach inklusivem Grundsatz beinhaltet die didaktische Ausrichtung von armutssensiblem Religionsunterricht anhand der Prinzipien Erfahrungsorientierung und Subjektorientierung. Diese befähigt zur *heterogenitätssensiblen Begleitung in der Identitätsbildung* sowie zu einem dekonstruierenden Umgang mit Bildung, der in der Gottebenbildlichkeit verankerten Bildsamkeit von Menschen die Möglichkeit der *Pluralität von Bildung* hervorhebt, die in der theologisch-bildungstheoretischen Interpretation von *Befreiung als Bildung* die religionspädagogische Realisierung von Empowerment erfährt.

Die Forderung nach Bildungsgerechtigkeit ist dem erarbeiteten Verständnis von Armutssensibilität inhärent und konkretisiert sich in empowernd-normalisierender Ausrichtung in der Vorstellung von Bildungsgerechtigkeit als *Erweiterung von Handlungsspielräumen* nach einem hybriden Gerechtigkeitsverständnis auf der Basis von *Anerkennung und Befähigung zur Teilhabe.*

8.10.3 Armutssensibler Religionsunterricht – ein inklusionstheoretisches Modell

Die Grafik veranschaulicht das entwickelte Modell für armutssensiblen inklusiven Religionsunterricht auf der Basis des trilemmatischen Inklusionsmodells nach Boger[396]. Die Bausteine sind innerhalb des Spannungsfeldes von Normalisierung und Dekonstruktion verortet, das sich aus der Verankerung im Empowerment und den verschiedenen Strategien zum Umgang mit Differenz ergibt.

---

[396] Boger: Theorien der Inklusion.

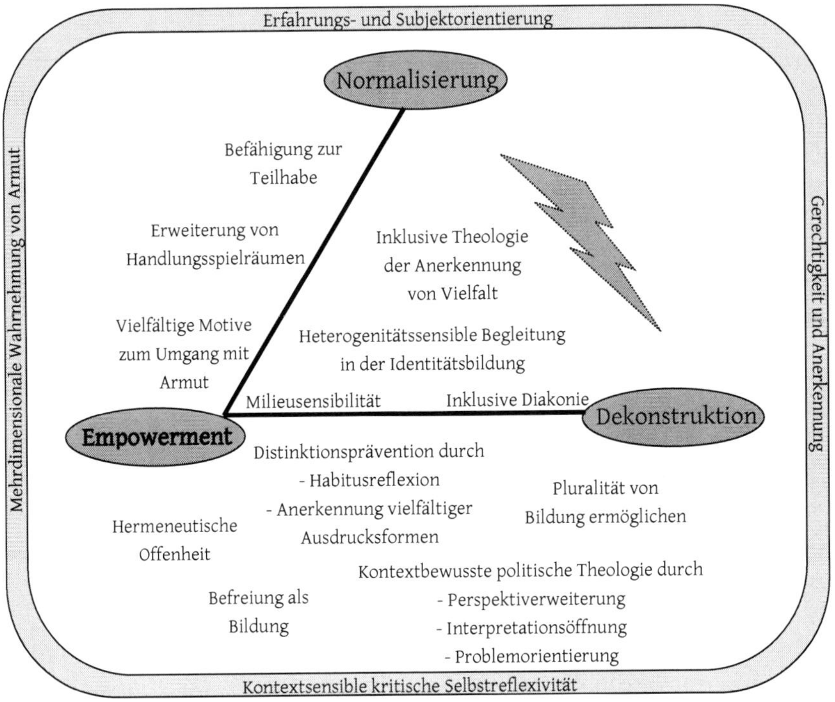

Abbildung 9: Bausteine für armutssensiblen inklusiven Religionsunterricht

Mit einigen der Bausteine lässt sich Religionsunterricht unterschiedlich akzentuieren, je nachdem, ob eher eine normalisierende oder eine dekonstruierende Inklusionsstrategie verfolgt wird. Dadurch gestalten sich mitunter auch konkrete Maßnahmen unterschiedlich. Bei anderen Bausteinen ist die Strategie durch ihre Ausrichtung recht klar vorgegeben. Die Positionierung der Bausteine in der Grafik erfolgt anhand des strategischen Spielraums.

Am Beispiel des Bausteins Milieusensibilität lässt sich die inklusionsstrategische Flexibilität veranschaulichen, da dieser im Empowerment angesiedelt ist, aber sowohl in dekonstruierender als auch normalisierender Motivation strategisch ausgerichtet werden kann: Wird eine empowernd-normalisierende Inklusionsstrategie (EN à non-D) verfolgt, kann eine milieusensible Wahrnehmung der Schüler*innen zur Präzisierung von pädagogischer Diagnostik genutzt werden, um Lernausgangslagen und Zugänge zu Lerngegenständen bei den Schüler*innen differenziert wahrzunehmen und entsprechend differenzierte individuelle Förderung vor dem Hintergrund gleicher Lernziele zu ermöglichen. Milieusensibilität kann bei der Strategie somit durch die Anerkennung unterschiedlicher Lebensweltlogiken für kompensatorische Zwecke genutzt werden. Bei einem dekonstruierend-empowernden Inklusionsmotiv (DE à non-N) hat Milieusensibilität hingegen eine ganz andere Funktion. In der Wahrnehmung und Anerkennung verschiedener milieubezogener Lebensweltlogiken, Zugänge und Ausdrucksformen von Schüler*innen kann die Vorstellung einer einheitlichen Form von Bildung aufgelöst werden, wodurch Kindern in ihrer Verschiedenheit binnendifferenzierte Lernangebote gemacht werden können, die diverse Kommunikations- und Präsentationsformen beinhalten. Dabei können die Lernziele zwar ähnlich oder sogar gleich sein, die Orientierung an einer Vorstellung von Normalität beispielsweise in Ausdrucksformen findet dabei aber nicht statt.

9. Armutssensibilität im Religionsunterricht – Spannungsverhältnisse

Die in den konzeptionellen Überlegungen entwickelten Bausteine für armutssensiblen Religionsunterricht entstammen Impulsen zum Umgang mit Kinderarmut und Bildungsbenachteiligung aus verschiedenen Perspektiven, die mit unterschiedlichen Motivationen auf ambivalente Strategien abzielen. Aber auch aus den Perspektiven selbst lassen sich divergente Konsequenzen für armutssensiblen Religionsunterricht ermitteln, sodass dieser in inklusionstheoretischen, soziologisch beschreibbaren, theologischen und religionspädagogischen Spannungsverhältnissen gestaltet wird. In diesem Kapitel werden Spannungsverhältnisse aufgezeigt, die sich aus der befreiungstheologischen Perspektive hinsichtlich der armutssensiblen Gestaltung von Religionsunterricht unter den aktuellen und lokalen Bedingungen ergeben. Außerdem werden hermeneutische Spannungen aufgezeigt, die durch eine mehrperspektivische Deutung von biblischen Armutstexten entstehen, woraus bibeldidaktische Herausforderungen folgen. Vor dem Hintergrund, dass der in der vorliegenden Arbeit entwickelte Ansatz von Armutssensibilität im Rahmen von inklusivem Religionsunterricht zu verwirklichen ist, werden didaktische Spannungsverhältnisse herausgestellt, die inklusions- und bildungstheoretische Herausforderungen aufzeigen.

9.1 *Befreiungstheologische Spannungsverhältnisse*

Eine Theologie unter dem Primat der Praxis und mit der vorrangigen Option für die Armen hat ab Ende der 1960er Jahre Menschen in Armut und Unterdrückung eine theologische sowie gesellschaftspolitische Bedeutung und Stimme gegeben. Welche Relevanz diese Form der Theologie für einen aktuellen Entwurf von armutssensiblem Religionsunterricht in Deutschland hat, konnte in Kapitel 8 an einigen Bausteinen aufgezeigt werden. Der Einbezug befreiungstheologischer Perspektiven und Inhalte erweist sich jedoch als herausfordernd und spannungsvoll, wie im Folgenden exemplarisch ausgeführt wird.

9.1.1 Divergenzen zwischen Identifizierung und Zuschreibung

Die Divergenz in Zuschreibungen der Lehrkräfte und Selbstverortungen bei Schüler*innen muss in einem armutssensiblen Religionsunterricht wahrgenommen und berücksichtigt werden. Das fällt auch den interviewten Lehrkräften auf. Sie schildern ganz unterschiedliche Erfahrungen mit ihren Schüler*innen, darunter auch, dass die Kinder durchaus Mangelerfahrungen machen und sich zu diesen äußern. Allerdings erfolgt keine Selbstdefinition als arm oder benachteiligt. Armut wird stattdessen mit Erscheinungsformen absoluter Armut verbunden. Das Mitdenken der Selbstverortungen der Kinder im sozialen Raum ermöglicht einen differenzierten und mehrperspektivischen Umgang mit Kinderarmut und kann unpassende Adressierungen vermeiden. Ein unreflektierter Gebrauch befreiungstheologischer Ansätze im Religionsunterricht mit Schüler*innen, die sich nicht als arm, benachteiligt oder marginalisiert betrachten, nach gängiger Klassifikation aber als relativ arm bezeichnet werden können, kann eine solche Fehladressierung darstellen. In diesem Zusammenhang lässt sich mit Dörthe Vieregge Kontextsensibilität fordern, die die notwendige Aufmerksamkeit für Distinktionsbestrebungen mitbringt, die sich auch Argumentationen mit religiösen bzw. theologischen Deutungen bedienen.[1]

9.1.2 Die Problematik von Kollektivität und Reifizierung

Die Bedeutung kollektiver theologischer Ausgangslagen und Deutungen in befreiungstheologischen Ansätzen begegnet der Reifizierungsproblematik: Zum einen werden soziale Kategorien benötigt, um diese Art von Theologie zu betreiben, zum anderen werden diese dadurch reifiziert und das Risiko von Vorurteilen und Stigmatisierungen erhöht, was Bestrebungen inklusiver Religionspädagogik entgegenwirkt. Im Umgang mit diesem Spannungsfeld können Überlegungen angestellt werden, um Reifizierungen zu vermeiden, z. B., indem nicht von einer *Theologie der Armen* gesprochen wird, die als scheinbar homogene Gruppe eine soziale Konstruktion besonders durch materiell privilegierte Personen ergeben. Stattdessen könnte die ebenfalls aus befreiungstheologischen Zusammenhängen bekannte Formulierung *Theologie der Unterdrückten* genutzt werden, da das Motiv der Unterdrückung das theologisch zentrale Motiv darstellt. Armut

[1] Vgl. Vieregge: Wenn der Typ korrekt ist, 91f.

als Phänomen geht jedoch nicht zwangsläufig mit Unterdrückung einher, sondern hat viele verschiedene Erscheinungsformen, die durch die Formulierungsänderung nicht unter dem Aspekt der Unterdrückung subsumiert würden.

Die Reifizierung oder auch „Ontologisierung sozialer Akteure“[2] im Zuge einer befreiungstheologisch ausgerichteten Religionspädagogik erscheint in einem spannungsvollen Verhältnis zur didaktischen Intention politischer Religionspädagogik „auf die Notwendigkeit einer soziologischen Vermittlung theologischen Denkens“[3] aufmerksam zu machen, mit der eine machtkritische Reflexion der Genese theologischer Denkmuster im Vermittlungsprozess ermöglicht wird. Diese Spannung hat Heinrich Schäfer theologietheoretisch in seinen Ausführungen zu einer Theorie von Religion und Theologie im Anschluss an den praxeologischen Denkstil Pierre Bourdieus ausgemacht.[4] Die Problematik von Kollektivierung und Reifizierung bzw. Ontologisierung verlangt daher im religionspädagogischen Kontext nicht nur eine pädagogische, sondern auch eine theologische Reflexion.

9.1.3 Pädagogische Herausforderungen zwischen Befähigung und Machtausübung

Befreiungstheologische Bemühungen im Religionsunterricht erhalten durch die Reflexion des sozialen Standorts der Lehrkräfte in Verbindung mit der Ausgangslage, aus der heraus Veränderungen angestrebt werden, eine machttheoretische Brisanz, die Fragen aufwirft. Wird aus einer Situation heraus, die von Ungleichheiten und Benachteiligungen geprägt ist, von Seiten der in der Regel privilegierten Lehrkräfte die Implementierung befreiungstheologischer Strukturen und Fragestellungen angestrebt, findet ein Top-Down-Prozess statt, der im Folgenden auf seine problematische Verortung im Gefüge des Religionsunterrichts angefragt wird.

(1) Arme als Subjekte – Wer ermächtigt hier eigentlich wen? Wenn man aus einer beherrschenden Position heraus die bisher Ausgegrenzten anerkennt und zu Wort kommen lässt, ist das eine Form der Machtausübung.[5] Befreiungstheologie *von oben* ist daher zu vermeiden. Allerdings steht diesem Anspruch innerhalb des Religionsunterrichts mit Grundschulkindern der Bildungsauftrag gegenüber, der auch bei einem auf Selbstbildung ausgerichteten, konstruktivistischen Bildungsverständnis Elemente von Machtausübung und Asymmetrien enthält.[6] Von Kindern im Grundschulalter ist die nötige Abstraktionsleistung zur

2 Schäfer: Praxis – Theologie – Religion, 28.
3 Ebd.
4 Vgl. ebd.
5 Vgl. Boger: Theorien der Inklusion, 316f.
6 Vgl. Helsper: Pädagogisches Handeln, 19f.

Verortung der eigenen Position in der Gesamtgesellschaft nicht zu erwarten. Ebenso kann nicht davon ausgegangen werden, dass Kinder von sich aus Schritte befreiungstheologischer Praxis vornehmen. Daher liegt es in der pädagogischen und theologischen Verantwortung der Lehrkräfte, bewusst innerhalb dieses Spannungsfeldes zu agieren und die eigenen Anerkennungs-, Befähigungs- und Bildungspraktiken machtkritisch zu reflektieren. Weiterhin ist das Hinzuziehen kindertheologischer Methoden möglich, um eine Befreiungstheologie *von unten*, also eine Kindertheologie der Befreiung anzubahnen. Dabei bleibt die Frage offen, ob eine Kinderperspektive im Machtkontext des Religionsunterrichts wirklich eröffnet werden kann.[7]

(2) Findet in der religionspädagogischen Förderung von Befreiungstheologie eine Verantwortungsübertragung auf die Schwachen statt? Wird den Marginalisierten und Unterdrückten dadurch vermittelt, dass sie sich aus ihrer Unterdrückungssituation selbst zu befreien haben? Werden dadurch die Unterdrücker*innen unter dem Deckmantel pädagogischer Motive aus ihrer Verantwortung entlassen und verstärken durch die Abgabe von Verantwortung sogar die Unterdrückung durch Hinzunahme einer weiteren Form der Machtausübung? Um diesen Fragen nachzugehen, kann an die Überlegungen Haslingers zum Leitmotiv der vorrangigen Option für die Armen angeknüpft werden. Will man den emanzipatorischen Mehrwert befreiungstheologischer Ansätze semantisch würdigen und paternalistische Deutungen vermeiden, kann über die alternative Formulierung der Option *der* Armen diskutiert werden. Dadurch kann das Prinzip des Engagements „in wechselseitiger Anerkennung der solidarischen Nicht-Armen und der Armen als Subjekte"[8] betont werden. Dieses Prinzip findet sich ebenso in den erarbeiteten Bausteinen für armutssensiblen Religionsunterricht (Kapitel 8.7). Allerdings dürfen die Nicht-Armen bei einer emanzipatorischen Grundrichtung nicht aus ihrer Verantwortung genommen werden. Daher erinnert Haslinger an die Bedeutung der Ursprungsformulierung der Option *für die* Armen, um zu vermeiden, dass die Option lediglich aus der Perspektive der Armen gedacht wird.[9]

9.1.4 Positionsbezogene Spannungsverhältnisse

In der Beschäftigung mit befreiungstheologischen Grundsätzen konnten die Bedeutung der Position, aus der heraus Theologie betrieben wird, sowie das Bewusstsein über die gesellschaftlichen Kontexte, die mit dieser Position verbunden sind, herausgestellt werden. Im Folgenden werden damit verbundene Spannungen skizziert.

---

7 Vgl. Johnsen/Schweitzer: Was ist kritische Kindertheologie.
8 Haslinger: Diakonie zwischen Mensch, Kirche und Gesellschaft, 802.
9 Vgl. ebd., 802f.

9.1.4.1 *Theologische Herausforderungen zwischen Allgemeingültigkeit und Kontextualität*

Angesichts der theologisch-religionspädagogischen Verantwortung von Religionslehrkräften lässt sich fragen: Ist nicht jede Theologie kontextuell? Mit Blick auf die etablierten Ansätze, die mitunter einen Universalitätsanspruch erheben, ist in Anknüpfung an die lateinamerikanische Befreiungstheologie zu fragen, aus welcher Perspektive diese gedacht und formuliert sind und wen sie adressieren. Wie privilegiert sind die Vertreter*innen etablierter Theologien und wie bewusst sind ihnen ihre Privilegien? Wie allgemeingültig können Theologien sein und woher nehmen sie den Anspruch auf Allgemeingültigkeit?

Im Zusammenhang mit der Frage nach der Legitimation sozialwissenschaftlicher Perspektiven auf Theologie fasst Heinzpeter Hempelmann eine gängige Argumentation gegen den Einbezug dieser Perspektive in zwei Thesen zusammen: „Die Offenbarung *an sich* muss zur Geltung kommen. Der Glaube *an sich* muss im Mittelpunkt stehen, nicht bloß eine Milieuprägung."[10] Damit weist er auf ein Problem hin, das für die kirchliche Milieuforschung ebenso gilt wie für befreiungstheologische Ansätze: Die Annahme einer universalen Theologie. Diesem Problem begegnet er aus verschiedenen Perspektiven und verdeutlicht die theologischen Schwachstellen der Annahme. Aus systematisch-theologischer Perspektive ist mit Hempelmann die Berücksichtigung der „historisch gewordenen, kulturell geprägten Gestalten"[11] der Glaubenserfahrungen unerlässlich. Ebenso ist jeglicher Universalitätsanspruch dahingehend anzufragen, ob dadurch ein universaler Standpunkt beansprucht wird, der sich damit als „Gottesstandpunkt"[12] bzw. „frei von allen Perspektiven, frei von allen Bedingtheiten"[13] zu erweisen hat. Somit ist auch zu fragen: „Bedeuten nicht die streng theologischen Bestimmungen mit Anspruch auf abstrakte und absolute Gültigkeit eine Hypostasierung von ebenfalls nur menschlichen Einsichten und Begriffen?"[14] Aus ideologiekritischer und dekonstruktivistischer Perspektive gibt Hempelmann zu bedenken, dass durch einen theologischen Universalitätsanspruch ein Erkenntnismonopol etabliert und durch die Beanspruchung der Deutungshoheit Macht ausgeübt werden kann.[15] Darin zeigt sich die religionspädagogische Relevanz des kritischen Umgangs mit Ansprüchen auf Allgemeingültigkeit, der sich in der Betonung der Kontextbezogenheit von Theologien ausdrückt.

---

10 Hempelmann: Gott im Milieu, 237.

11 Ebd.

12 Ebd.

13 Ebd.

14 Ebd.

15 Vgl. ebd., 238.

Die Kontextualität stellt Lehrkräfte aber auch vor Herausforderungen: Wie lässt sich eine kontextbezogene und kontextbewusste Theologie didaktisch kommunizieren? Dazu macht Heinrich Schäfer den Vorschlag, sich an dem Ansatz von Robert Schreiter[16] zu orientieren, der Kriterien für die Analyse von „Theologien in ihren kulturellen Umfeldern"[17] entwickelt hat. Es geht darum, „eine fremde Kultur mit deren eigenen Augen zu sehen"[18]. Das soll nicht intuitiv, sondern nach den Kriterien *Ganzheitlichkeit*, *Identität* und *Wandel* methodisch angeleitet und semiotisch reflektiert stattfinden. Ganzheitlichkeit, hier verstanden als wissenschaftlicher Zugang über möglichst viele Disziplinen, ermöglicht nach Schäfer die Analyse der Diskurse, die Kontexte von Theologien gesellschaftlich dominieren, das Kriterium der Identität bietet analytischen Zugriff auf Konstruktionen und Abgrenzungen von Identitäten und deren Relevanz für Gruppenbildungen sowie Weltanschauungen und das Kriterium Wandel bezieht die gesellschaftlichen Veränderungen der Kontexte mitsamt ihren Auswirkungen auf die Theologien ein.[19]

Eine solche Analysestrategie erscheint hinsichtlich der Spannung zwischen Universalität und Kontextualität von Theologien religionspädagogisch anschlussfähig und für den Aspekt der Armutssensibilität weiterführend. Den skizzierten Ansatz religionsdidaktisch zu entfalten, kann sich als nützlich für den reflektierten Einbezug befreiungstheologischer Perspektiven im Religionsunterricht erweisen.

9.1.4.2 *Das Spannungsverhältnis zwischen lokaler und globaler Verantwortung*

Befreiungstheologien haben ihre Ursprünge in Marginalisierungs-, Diskriminierungs- sowie Unterdrückungssituationen. Um den theologischen Ansätzen religionsdidaktisch gerecht zu werden, erscheint es angemessen, die eigene Position in Bezug zur Gesellschaft und zu den jeweiligen Theologien zu reflektieren, nicht nur aus fachdidaktischen Gründen, sondern auch aus Respekt vor den Theologien und deren Theolog*innen. Fragen, die sich in Bezug auf den Respekt stellen, können folgende sein: Wie befreiungstheologisch kann man in Deutschland im Bewusstsein der privilegierten und ausbeutenden globalen Position denken und handeln? Ist es nicht sogar unverschämt, das eigene Bildungssystem zu reformieren und dabei zu wissen, dass die lokalen Konsumgewohnheiten innerhalb der kapitalistischen Gesellschafts- und Wirtschaftsstruktur anderen Kindern, vor allem im globalen Süden, wesentliche Chancen auf Bildung nehmen?

---

16 Vgl. Schreiter: Abschied vom Gott der Europäer, 68–121.

17 Schäfer: Praxis – Theologie – Religion, 82.

18 Ebd., 85.

19 Vgl. ebd., 82ff.

Allerdings kann durch ein auf Gerechtigkeit und Demokratielernen ausgerichteter Unterricht für globale Ungerechtigkeiten sensibilisieren und Schüler*innen dazu befähigen, auf globaler und lokaler Ebene verantwortungsvoll zu handeln. Gleichermaßen gilt es, nach den lokalen Benachteiligungsstrukturen zu fragen und diese in ihren Machtzusammenhängen zu verstehen und theologisch daran anzuknüpfen. Inklusiv-diakonische und befreiungstheologische Ansätze können dazu beitragen, wobei dem zweiten Ansatz die politische Dimension stärker innewohnt. Wird kontextbewusst Theologie betrieben, sind globale und lokale Kontexte gleichermaßen einzubeziehen. Wichtig ist dabei, dass Kontexte sowie Armutsformen nicht gegeneinander ausgespielt werden.[20]

9.1.4.3 *Die Stärke des Subjekts und die Bedeutung des Kollektivs*

Die Bedeutung des Subjekts innerhalb einer Gruppe ist bezogen auf die Befreiungstheologie hervorzuheben. Zwar ist das Subjekt für sich handlungsfähig, es bezieht aber den theologischen Ausgangspunkt und seine Praxis aus einer kollektiven Erfahrung der Unterdrückung. Die Bedeutung des Subjekts als Mensch unter Menschen wird in dem Sündenverständnis und der Befreiungspraxis theologisch akzentuiert. Dem Individuum kommt eine Verantwortung zu, die es nur in der Reflexion der eigenen sozialen Position erfassen kann, z. B. durch die relationale Selbstverortung in der Gesellschaft als arm oder nicht arm, unterdrückt oder unterdrückend, marginalisiert oder privilegiert usw. Mit Blick auf den Religionsunterricht ergibt sich daraus die Frage, wie Kinder ihre eigene soziale Position reflektieren können bzw. wie sie die Fähigkeit erlernen können. Daran schließt sich die individuelle sowie pädagogische Aufgabe an, gemeinsame Unterdrückungserfahrungen sowie persönliche Bedürfnisse wahrzunehmen und teilen zu lernen, um Veränderungen denkbar und möglich zu machen.

Der theologische Ausgangspunkt in einer Gruppe, die eine gemeinsame Unterdrückungserfahrung teilt, wird als schützend, stärkend sowie empowernd erfahren. Eine politische Theologie erhält aus genau solch einer Gemeinschaft ihre Durchsetzungskraft und gestärkte Vertreter*innen, die vor dem Hintergrund der kollektiven Sünde eine kollektive Verantwortung kommunizieren. Wie anfällig ist aber ein kollektives Sünden- und Verantwortungsverständnis, wie es die Befreiungstheologie mitbringt, angesichts aktueller politischer Entwicklungen? Kann dieses als Begründung für weitere Bündnisse wie beispielsweise nationalistische Gruppierungen instrumentalisiert werden, die sich selbst als durch andere unterdrückt erleben und Nationalstolz als Resultat gemeinsam getragener Verantwortung wahrnehmen? Auf struktureller Ebene scheint das möglich, eine solche Interpretation von kollektiver Verantwortung gerät aber inhaltlich schnell an ihre Grenzen.

---

[20] Vgl. Butterwegge: Kinderarmut und Bildung, 538ff.

9.1.4.4 *Interpretationen im Spannungsfeld von Solidarität und Instrumentalisierung*

Es lassen sich Fragen an die Aufnahme befreiungstheologischer Ansätze in den Religionsunterricht stellen, die sich aus unterschiedlichen Interpretationen der Bedeutung der Armen für die Nicht-Armen ergeben: Kann in der Aufnahme befreiungstheologischer Ansätze eine soteriologische Instrumentalisierung armer Menschen stattfinden, indem sie zwar als Subjekte ihrer Theologie zur Geltung kommen, in der Option für die Armen aber ein solidarisches Engagement Nicht-Armer gefordert wird, das von diesen verschieden interpretiert und in seiner theologischen Bedeutung egoistisch gedeutet werden kann? Wie lässt sich im Religionsunterricht mit paternalistischen Deutungen der Option für die Armen umgehen? Inwiefern befördern befreiungstheologische Grundsätze die Möglichkeit einer Idealisierung von Armut, ähnlich wie in den Deutungen biblischer Stellen zum Armutsideal (vgl. Kapitel 6.3.2)? Ist ebenso eine Heroisierung möglich, indem man Unterdrückte zu Vorbildern erklärt und somit einen Raum öffnet, in welchem diese weiterhin unterdrückt werden können, damit sie ihrer Vorbildfunktion nachkommen?

9.1.4.5 *Politische Positionierung und Offenheit für Weltdeutungen*

Für den Religionsunterricht ergibt sich eine Herausforderung aus der politischen Dimension von Theologie, wie sie an befreiungstheologischen Ansätzen sehr deutlich wird, und dem anerkennenden Umgang mit Vielfalt, der in der Gottebenbildlichkeit theologisch verankert ist. Soll ein anerkennender Umgang mit Vielfalt auch eine Offenheit gegenüber vielfältigen Weltdeutungen mit sich bringen, so wie es für einen inklusiven armutssensiblen Religionsunterricht erarbeitet wurde, kann es im Unterricht zu inhaltlichen Spannungen kommen. Eine politische Positionierung erschwert einen deutungsoffenen Zugang zu Inhalten sowie die Akzeptanz von Weltdeutungen, die der eingenommenen Position entgegen gesetzt sind. Gleichermaßen kann eine konsequente Deutungsoffenheit die politische Positionierung erschweren bzw. sogar verunmöglichen. Ein Impuls zum Umgang mit dieser Spannung kann aus dem Ansatz für problemorientierten Religionsunterricht nach Knauth entnommen werden: Dieser setzt das Politische auf der Mikroebene des Sozialen an, wodurch die politische Positionierung der emanzipatorischen Selbstkritik in der jeweiligen Lebensform entspringt, somit keinen Universalitätsanspruch äußert und sich dadurch als besonders kontextbewusst und dynamisch erweist.[21] Eine politische Positionierung nach diesem Prinzip ist somit pluralitätsfähig.

21 Vgl. Knauth: Grundbegriffe, unabgegoltene Potenziale und Perspektiven, 70f.

9.2 *Hermeneutische Spannungsverhältnisse*

Was die Bibel zu Armut sagt, ist ebenso vielfältig wie die Auslegungsmöglichkeiten der Bibelstellen, die sich dazu äußern. Entsprechend spannungsreich gestaltet sich der Versuch, die Thematisierung von Armut im Religionsunterricht bibeldidaktisch zu konkretisieren, wie im Folgenden aufgezeigt wird.

9.2.1 Inklusive Reziprozität und soteriologische Instrumentalisierung

Am Beispiel von Lk 14,12–14 lässt sich unter Hinzunahme der Adaption der Deutungsstrategien von Behinderung nach Markus Schiefer Ferrari ein hermeneutisches Spannungsfeld aufzeigen, das sich aufgrund der theologischen und inklusionstheoretischen Brisanz als religionspädagogisch relevant erweist. Ein Teil der von Schiefer Ferrari identifizierten Deutungsstrategien von Behinderung lässt sich auch auf die Wahrnehmung bzw. den Umgang mit Armut übertragen, gerade weil in Lk 14 eine *Subsumierung* stattfindet und Armut unter dem Motiv der sozialen Exklusion mit Behinderung und Krankheit gleichgesetzt wird. Dadurch werden bereits Deutungsstrategien in den Ausführungen von Helga Kramer erkennbar, in denen sie die Verse 12 bis 14 vor dem Hintergrund der Vorstellung einer *inklusiven Reziprozität*[22] deutet. Neben der Subsumierung kommt der *Kontrastierung* eine Bedeutung zu, da das von Kramer genannte Prinzip auf der Dichotomie von Gebenden und Empfangenden aufbaut. Die *Funktionalisierung* liegt alleine in der Reziprozitätsvorstellung offen vor. Das Vergeltungsprinzip wird von Kramer nicht infrage gestellt, sondern durch die Betonung der eschatologischen Dimension sogar noch gestärkt, wodurch die Interpretation des Einladens derer, von denen keine Gegeneinladung erwartet wird, als Element inklusiver Reziprozität eine soteriologische Instrumentalisierung darstellt.[23]

In emanzipatorischer Absicht gilt es eine solche Funktionalisierung marginalisierter Personen zu vermeiden. Diese Vermeidung nimmt einen höheren Stellenwert ein als die Möglichkeit einer auf inklusiver Reziprozität basierenden Teilhabeoption für Marginalisierte. Hier treffen die Inklusionsmotive der Emanzipation und der Normalisierung aufeinander und lassen sich in diesem konkreten Fall nicht zusammenführen, da die Vorstellung von einer so ermöglichten Teilhabe nicht auf dem Grundsatz gegenseitiger Anerkennung basiert, sondern auf dem Motiv des eigenen Vorteils für Privilegierte.

---

[22] Vgl. Kramer: Lukas als Ordner, 118f.

[23] Vgl. Schiefer Ferrari: (Un)Gestörte Lektüre, 18ff.

Eine religionspädagogische Herausforderung ergibt sich aus der Widersprüchlichkeit der unterschiedlichen Deutungsoptionen und mit diesen einhergehenden Motiven im Umgang mit Armut, die sich nicht verknüpfen lassen, sondern mit je ihrem eigenen Anspruch nebeneinanderstehend zu betrachten sind. Insbesondere dann, wenn Armutssensibilität auf der Ebene der Unterrichtsinhalte stattfinden und entsprechend inklusiv fachdidaktisch gehandelt werden soll, ist eine Richtungsentscheidung zu treffen, die eine Deutungsoption wie die der Normalisierung für Schüler*innen ausblendet. Diese inklusionstheoretisch relevante didaktische Spannung wird in Kapitel 9.3.2 aufgegriffen.

9.2.2 Barmherzigkeit und Ermächtigung

Barmherzigkeit als Gabe Gottes an den Menschen kann sich in der Armenfürsorge zeigen, wie sie im Alten Testament als ethisch verantwortliches Handeln sowie Ausdruck der Nächstenliebe[24] in jüdischer Tradition und im Neuen Testament in der Aufnahme des Motivs der Nächstenliebe und als christliche Aufgabe dargestellt wird.[25] Die Aufgabe und die Fähigkeit, diese Aufgabe zu leisten, Menschen barmherzig zu begegnen, sind dem Menschen als Geschöpf Gottes und somit aus der Beziehung Gottes zum Menschen auferlegt und ermöglicht. Ein christliches Verständnis von Bildung, die auf der Gottebenbildlichkeit beruht, muss demnach ein diakonisches Lernen unter dem Primat der Barmherzigkeit ermöglichen. Aus der Analyse der befreiungstheologischen Perspektive auf Armut geht hervor, dass arme Menschen als Subjekte ihrer Theologien ernst zu nehmen sind und nicht paternalistisch als Objekte gut gemeinter Taten von Privilegierten durch diese Zuwendung unterdrückt werden sollen. Armut soll nicht mit Hilflosigkeit und allgemein mit Bedürftigkeit verbunden werden. Bildung, die befreiende Elemente beinhaltet, verlangt eine kritische Auseinandersetzung mit gesellschaftlichen Machtstrukturen und gesellschaftliche Veränderungen auf Grundlage von Solidarität, die aus der sozialanalytischen Vermittlung (im befreiungstheologischen Sinne) hervorgehen. Barmherzigkeit und Solidarität erscheinen in einem Spannungsverhältnis, aber lassen sie sich in einem Verständnis von inklusiver Diakonie[26] miteinander verbinden? Der Versuch wird im Folgenden skizziert.

---

[24] Die Aussage „Du sollst deinen Nächsten lieben wie dich selbst“ (Lev 19,18) ist in Bezug auf die Übersetzung und auch den Geltungsbereich, also die Frage, ob mit dem Nächsten alle Menschen gemeint sind, umstritten. In Kombination mit Lev 19,34 lässt sie sich aber als umfassend gültig verstehen (vgl. Mathys: Art. Nächstenliebe. II Altes Testament, in: RGG^4, 15).

[25] Vgl. Scoralick: Art. Barmherzigkeit. I. Altes Testament, in: RGG^4 sowie Weder: Art. Barmherzigkeit. III. Neues Testament, in: RGG^4.

[26] Siehe dazu Kapitel 6.1.1.

Ein solidarisches Diakonieverständnis, das keine Festlegung der Armut an bestimmten Kriterien erfordert, sondern voraussetzt, dass sich Barmherzigkeit auch in dem Aspekt des Miteinanders zeige, indem man die Selbstdefinition und tatsächliche Bedürftigkeit des Gegenübers unabhängig von Zuschreibungen erkennt und anerkennt, kann eine gleichermaßen solidarische wie auch emanzipatorische Art der zwischenmenschlichen Begegnung fördern, die affektiv und zugleich selbstreflexiv stattfindet. Eine derartig gestaltete Zuwendung zum Mitmenschen kann die Erniedrigung im Helfen, die durch ein dichotomes Diakonieverständnis befördert werden kann, vermeiden. Stattdessen kann sich Barmherzigkeit als wechselseitiger, solidarischer Akt zur Ermächtigung des Gegenübers in Verbundenheit mit dem Gegenüber auf Augenhöhe ausdrücken. Damit wird das deszendierende Moment von Barmherzigkeit, nach dem gilt, „Blick und Wille richten sich nach unten“[27], bewusst ausgespart und das solidarische Moment hervorgehoben. Theologisch lässt sich daher eine solche Ausrichtung der Barmherzigkeit daraufhin anfragen, inwiefern sie noch Ausdruck der Barmherzigkeit Gottes im Menschen ist oder ob sie es dadurch auf besonders emphatische Weise ist.

9.2.3 Die Verhältnisumkehr im Eschaton – Motivation zu Veränderungen im Diesseits oder Vertröstung auf das Jenseits?

Das Gleichnis vom reichen Mann und armen Lazarus (Lk 16,19–31) soll Hoffnung stiften auf eine Veränderung der Umstände im Jenseits und gleichermaßen diejenigen ermahnen, die zu Lebzeiten im Überfluss leben und andere Menschen ausbeuten. Dieses Gleichnis ist das wohl bekannteste zur Verhältnisumkehr im Eschaton, die mit der Zuwendung Gottes zu den Armen und Ausgegrenzten erklärt wird. Die Mahnung an die Wohlhabenden ist deutlich und fordert zu einer Verhaltensänderung im Diesseits auf, die verwirklicht werden kann. Wie aber soll die Botschaft an diejenigen verstanden werden, die sich mit Lazarus identifizieren (können)? Die Handlungsspielräume in Bezug auf die Möglichkeit, die gegenwärtigen Lebensbedingungen zu verändern, sind oftmals vergleichsweise kleiner. Ähnlich wie beim Prinzip der *inklusiven Reziprozität* (s.o.) hängt in diesem Fall ebenso viel davon ab, wie sich das privilegierte Gegenüber, ob als Individuum oder Gesellschaft, verhält. Es stellt sich die Frage, ob dem Gleichnis aus Lazarus-Perspektive irgendein Motivationsaspekt für das irdische Leben zu entnehmen ist, oder ob lediglich die Hoffnung auf eine Veränderung nach dem Tod bleibt.

---

27 Bayer: Art. Barmherzigkeit. IV. Dogmatisch-ethisch, in: RGG^4, 1119.

Welche Konsequenzen ergeben sich durch Armutssensibilität für Deutungen von Gleichnissen, die sich auf eine eschatologische Verhältnisumkehr beziehen? Kann ein solches Gleichnis im Religionsunterricht eingesetzt werden, wenn Schüler*innen mit Armuts- und/oder Ausgrenzungserfahrungen an diesem teilnehmen? Da Kinder sich selbst eher nicht als arm bezeichnen, auch wenn sie in relativer Armut aufwachsen, wird eine Identifikation mit Lazarus aufgrund des Merkmals Armut vermutlich selten stattfinden. Wahrscheinlicher, so nehmen es auch die interviewten Lehrkräfte wahr, gelingt die Identifikation mit dem reichen Mann oder mit Lazarus, wenn es ein anderes gemeinsames Merkmal, wie z. B. Exklusionserfahrungen gibt. Steht der reiche Mann im Fokus der Interpretation, kann im Sinne befreiungstheologischer Ansätze auf eine solidarische Veränderung der gesellschaftlichen Strukturen abgezielt werden, indem z. B. eigenes Konsumverhalten, eigenes Exklusionsverhalten oder der Umgang mit anderen Menschen thematisiert werden. Die Option für die Armen wird in den letzten Versen der Perikope (V. 29–31) hervorgehoben. Geht es in Vers 28 noch aus Sicht des Reichen um das Wohl seiner noch lebenden Angehörigen, lassen sich die darauffolgenden Verse auch in ihrer allgemeinen Aussage lesen. Damit bieten sie ein Hoffnungsbild für irdische Gerechtigkeitsverhältnisse an, das in der durch Mose und die Propheten vermittelten Botschaft Gottes an die Menschen zum gerechten Umgang miteinander liegt.

9.2.4 Bibeldidaktische Spannungen

Aus den aufgeführten hermeneutischen Spannungen ergeben sich in den Konkretisierungen für armutssensiblen Religionsunterricht bibeldidaktische Herausforderungen. Lehrkräfte stehen im Religionsunterricht sowohl für die Schüler*innen als lernende Subjekte als auch für die biblischen Texte und Traditionen ein. Welche Spannungen sich aus dieser didaktischen Position ergeben, wird im Folgenden an zwei Beispielen aufgezeigt.

*9.2.4.1 Didaktische Spannungen zwischen Bibeltexten und Schüler*innen*

Der Anspruch der Subjektorientierung im inklusiven armutssensiblen Religionsunterricht wird herausgefordert, wenn bibeldidaktisch gearbeitet wird. Wie kann subjektorientiert mit biblischen Texten Religionsunterricht betrieben werden, wenn biblische Botschaften in ihrem Eigenwert zu Wort kommen sollen? Zur Bearbeitung der Frage wird die Lehrkraft mit ihrer theologisch-religionspädagogischen Kompetenz in den Blick genommen. Die Expertise von Religionslehrkräften zeigt sich nach Rita Burrichter nicht nur in ihren Kenntnissen über Schüler*innen und deren Entwicklung in ihren spezifischen Lebenswelten, sondern auch in ihrer theologischen Kompetenz:[28]

> „Religionslehrkräfte sind als theologische Expertinnen und Experten zum anderen aber auch zuständig für die Sachangemessenheit von Deutungen und damit für die theologische Grundlegung und Begründung der gewählten Zugänge. Sie sind also nicht zuletzt auch Anwältinnen und Anwälte der biblischen Texte, der Glaubenstraditionen, der vernunftgemäßen Einsichtigkeit und der intersubjektiven Vermittelbarkeit philosophisch-theologischer Denkbewegungen."[29]

Durch die existenzielle Dimension biblischer Texte und theologischer Botschaften zielt die biblisch-theologische Seite aber immer auch auf die Subjekte des Religionsunterrichts.[30] Beide Seiten, die der Bibeltexte und die der Schüler*innen, sind in ihrer didaktischen Ausrichtung auf das lernende Subjekt in den Blick zu nehmen. In bibeldidaktischen Settings wird demnach die Lehrkraft mit ihren verschiedenen Anteilen theologisch-religionspädagogischer Kompetenz „in ihrer wechselseitigen Bezogenheit und ihrer strikten Verwiesenheit aufeinander"[31] in Anspruch genommen. Religionslehrkräften kommt durch ihre Kompetenzen eine Verantwortung zu, die im evangelischen Religionsunterricht auf eine starke Autonomie der Lehrkraft in ihrem professionellen Handeln ausgerichtet ist.[32] Umso wichtiger ist eine Professionalisierung, die selbstreflexive Elemente enthält. Burrichter sieht in dem Habitusbegriff nach Bourdieu ein Konzept, das als analytisches Instrument für das unterrichtliche Handeln von Lehrkräften geeignet ist:[33]

> „Mit Blick auf die Handlungs*strukturen* werden im Rahmen des Habituskonzepts allgemeine professionelle Routinen des Lehrerhandelns sichtbar, also berufsfeldspezifische Wissensstrukturen und internalisierte pädagogisch-didaktische Handlungsmuster, darüber hinaus aber auch konzeptionell bestimmte spezifisch religionspädagogische Handlungsformen und Überzeugungen im Bereich des Lernens *an*, *über* und *von* Religion. Hierher gehört auch der religionspädagogische Umgang mit weltanschaulicher Heterogenität und differenten Religionsstilen auf Seiten der Schülerinnen und Schüler. Auch in diesem Bereich sind implizite wie explizite, bewusste und unbewusste, eben *habituelle* Strukturmuster auszumachen und als wirksam und das Handeln bestimmend zu untersuchen."[34]

Das Habituskonzept als *Reflexionskonzept* wurde mit Betonung auf die Analyse und Reflexion der internalisierten Wissensstrukturen und Handlungsmuster in

---

[28] Eine ausführliche und differenzierte bibeldidaktische Erarbeitung zu der doppelten Anforderung und der didaktischen Herausforderung, beide Seiten miteinander zu verbinden, ist das Modell der bibeltheologischen Didaktik von Mirjam Schambeck (vgl. Schambeck: Bibeltheologische Didaktik).

[29] Burrichter: In komplexen Unterrichtssituationen handeln, 74.

[30] Vgl. ebd.

[31] Ebd., 77.

[32] Vgl. ebd., 77f.

[33] Vgl. ebd., 81ff.

[34] Ebd., 82.

den konzeptionellen Überlegungen als Baustein eines armutssensiblen Religionsunterrichts aufgenommen.[35] Im Hinblick auf armutssensibel gestaltete Bibeldidaktik sind der Umgang mit verschiedenen Religionsstilen und die habituellen Einflüsse auf diesen als bedeutende Aspekte theologisch-religionspädagogischer Kompetenz auszumachen. Biblische Botschaften von Hoffnung, Fürsorge und Barmherzigkeit treffen auf Schüler*innen mit unterschiedlichen sozioökonomischen Hintergründen, Lebensweltlogiken, Denkschemata und Zugängen zu diesen Motiven.[36] Ebenso tritt die Lehrkraft mit ihrem eigenen Hintergrund als Vermittlerin zwischen diesen Welten in Erscheinung und ist in ihrer professionellen Rolle in der Verantwortung, die Begegnung zu koordinieren und Schwerpunkte zu setzen:[37]

> „Die Stärkung der ‚Sachseite' kann durch Bestätigung oder Irritation existenziell wichtige Lernprozesse auslösen. Die Stärkung der ‚Personseite' kann die Vieldimensionalität der Sache und gerade dadurch ihre Bedeutung herausstellen. Wirksam sind bei einer Entscheidung für einen unterrichtlichen Zugang jeweils unterschiedlich begründete theologisch-religionspädagogische Positionierungen. Das Habituskonzept als *Differenzkonzept* macht deutlich, dass handlungsleitende Deutungs- und Praxiskonzepte vielfältige Bedingungsgefüge und Handlungsmöglichkeiten zu berücksichtigen haben."[38]

Soll die Multidimensionalität der Sache durch eine Betonung der Subjekte konkret werden, stellt sich die Frage nach einer bibeldidaktischen Grenze. Die für armutssensiblen Religionsunterricht als wesentlich erarbeiteten Aspekte der Deutungsoffenheit und Anerkennung diverser Interpretationen[39] fordern die Lehrkraft in ihrer Funktion als Anwältin der Sache, somit der biblischen Texte und Botschaften heraus. Gleichermaßen entsteht durch den Anspruch der Deutungsoffenheit die Verantwortung für die Schaffung eines offenen Begegnungsraums mit biblischen Texten für Schüler*innen, der diverse Narrative anzubieten hat.[40] Die Aufnahme verschiedener Motive zum Umgang mit Armut kann im bibeldidaktischen Umgang mit dieser Spannung unterstützen.[41]

9.2.4.2 Narrative der Befreiung und der Bedürftigkeit

Die vor allem von den interviewten Lehrkräften hervorgehobene Bedeutung des Erzählens für armutssensiblen Religionsunterricht zeigt sich methodisch in zweierlei Hinsicht: Zum einen wird betont, dass Schüler*innen im Religionsunterricht einen Raum bekommen, in dem sie ihre Erfahrungen und Gefühle

35 Vgl. ebd., 83. Siehe dazu Kapitel 8.1.
36 Vgl. Schambeck: Bibeltheologische Didaktik, 122–131.
37 Vgl. ebd., 140ff.
38 Burrichter: In komplexen Unterrichtssituationen handeln, 83.
39 Siehe dazu z. B. Kapitel 8.1.4 und 8.5.4.
40 Vgl. Hermann: Halt's Maul, jetzt kommt der Segen.
41 Siehe dazu Kapitel 8.3.

mitteilen können. Zum anderen kommt der Methode des Erzählens biblischer Geschichten eine wichtige Rolle zu, um Anknüpfungspunkte für die Erfahrungen der Kinder zu schaffen. Beide Aspekte des Erzählens sind somit verbunden. Im inklusiven armutssensiblen Religionsunterricht sind demnach *inklusive Erzählräume* eine Voraussetzung für gelingende Bibeldidaktik:

> „Inklusive Erzählräume weiten sich dort, wo sich Menschen wechselseitig an ihren Lebens- und Glaubenserfahrungen teilhaben lassen, die sich für sie in ganz unterschiedlichen Lebenssituationen erschlossen und bewährt haben."[42]

Im Wesen der christlichen Gemeinde in ihrer Tradition als Erzählgemeinschaft kann für armutssensible Bibeldidaktik eine Chance erwachsen, da sich in der Narrativität der Gemeinschaft „die Erzählungen von der göttlichen Befreiung mit den individuellen biographischen Erzählungen verschränken und daraus lebensgeschichtliche Befreiungs- und Gemeinschaftserfahrungen erwachsen"[43] können. Voraussetzung zur Aufnahme dieser Chance ist eine pluralitätsbewusste Hermeneutik in der Lerngruppe, die durch die Lehrkraft vorbereitet, angeleitet und moderiert wird, wodurch verschiedene Perspektiven und Narrative, somit auch Narrative der Befreiung möglich werden.

Aus den verschiedenen Perspektiven, die in das vorliegende Projekt einbezogen wurden, sind zwei Narrative im Zusammenhang mit Kinderarmut hervorzuheben, die bibeldidaktisch für die Gestaltung inklusiver Erzählräume bewusst aufgenommen werden können: Narrative der Hoffnung, die von den Lehrkräften betont werden, und Narrative der Befreiung, die sich vor allem aus befreiungstheologischer Perspektive ergeben. Beide Narrative sind auch im Forschungsstand zum Umgang mit Kinderarmut im Religionsunterricht zu finden.

Beide Perspektiven, die auf Hoffnung sowie die auf Befreiung, haben ihre Berechtigung, daher sollten auch beide ermöglicht werden. Das kann z. B. durch den bibeldidaktischen Bezug auf kindertheologische Methoden geschehen, um die Erzählräume mit Erfahrungen und theologischen Fragen zu füllen. Die Chance eines solchen Vorgehens liegt darin, dass Kindern mit Armutserfahrungen ein Raum für ihre individuellen Theologien in ihren jeweiligen Kontexten gegeben wird. Von den theologischen Fragen und Deutungen der Kinder profitieren aber auch andere, z. B. Lehrkräfte, da Kindertheologie, so Burrichter, „für die gegenwärtige Verständigung über den Glauben impulsgebend und weiterführend sein"[44] kann. So kann sich anhand der theologischen Beiträge von Kindern der Ansatz von Armutssensibilität im Religionsunterricht theologisch weiterentwickeln.

Zu den beiden Narrativen von Befreiung und Bedürftigkeit gehören entsprechende Identifikationsfiguren, die handlungsfähig bzw. bedürftig auftreten, wobei diese Adjektive in keinem dichotomen Verhältnis stehen, sondern auch

---

42 Liedke: Anerkannte Vielfalt, 34.
43 Ebd.
44 Burrichter: In komplexen Unterrichtssituationen handeln, 76.

gleichzeitig von einer Figur vertreten bzw. dieser zugeschrieben werden können. Für die Auswahl biblischer Geschichten bedeutet das, starke Figuren, die sich als handlungsfähig präsentieren, zur Identifikation für Kinder als Kriterium ebenso aufzunehmen wie Figuren, die in den Geschichten Hilfe und Unterstützung erfahren, indem z. B. geteilt wird. Die Bedürftigkeit der Figuren kann dabei sowohl als nicht sanktionierte Schwäche als auch als Resultat ungerechter Verhältnisse transportiert werden.

Am Beispiel des Gleichnisses vom reichen Mann und armen Lazarus (Lk 16,19–31) wird die bibeldidaktische Herausforderung des mehrperspektivischen Zugangs erkennbar: Wie kann das Narrativ der Bedürftigkeit so angeboten werden, dass es von den Schüler*innen angenommen und verarbeitet wird, wenn keine Identifizierung mit der bedürftigen Figur stattfindet? Carina Pitschmann schlägt dafür die Methode des Standbildes vor, um in der jeweiligen Rolle Szenen der Geschichte empathisch nachzuempfinden.[45] Die Identifikation mit Lazarus kann Bedürftigkeit auf weltlicher Ebene nachempfindbar machen, der reiche Mann kann die Heilsbedürftigkeit veranschaulichen. Eine akzeptierende Haltung der Bedürftigkeit ist dadurch aber noch nicht gegeben, diese ist von der Lehrkraft einzubringen. Das kann beispielsweise über die theologisch-anthropologische Perspektive vorbereitend erfolgen, in der *Gleichheit als Angleichung von Differenz „nach unten"* nach Karl Ernst Nipkow gedacht und den Schüler*innen ein Menschenbild kommuniziert wird, nach dem alle Menschen als Geschöpfe Gottes in einer existenziellen Bedürftigkeit leben.[46] An der Bedürftigkeit aus theologischer Perspektive kann religionspädagogisch angeknüpft werden, indem die Unvollkommenheit des Menschen im Angewiesensein auf andere als anerkennendes Prinzip inklusiver Religionspädagogik zum Ausdruck gebracht wird.[47]

Anhand der Exoduserzählung lässt sich ein mehrperspektivischer Zugang in dem Spannungsfeld von Befreiung und Bedürftigkeit veranschaulichen. In der Hinführung zu der Geschichte von der Teilung des Schilfmeeres werden die Ängste und Zweifel einiger Menschen des Volks Israel erkennbar und sie äußern ihr Bedürfnis nach Sicherheit, auch wenn diese mit Unfreiheit verbunden ist (Ex 14,11f.). Eingebettet in ein Narrativ der Befreiung[48] können die ambivalenten Emotionen der Figuren im Religionsunterricht zur Geltung gebracht werden, wenn in der bibeldidaktischen Umsetzung darauf geachtet wird, dass beiden Narrativen ein Raum gegeben wird. Das kann z. B. durch die Vorbereitung der

---

45 Vgl. Pitschmann: Armut /Reichtum, 118.

46 Vgl. Nipkow: Menschen mit Behinderung nicht ausgrenzen, 90ff.

47 Vgl. Knauth: Inklusive Religionspädagogik, 65ff.

48 Vgl. Breitmaier: Mose und Mirjam, 317. Der Lehrplan Ev. Religionslehre für Grundschulen in NRW bietet z. B. auf den Aspekt der Befreiung ausgelegte Kompetenzerwartungen in Verbindung mit der Rettung am Schilfmeer an, zu denen befreiungstheologische Akzente gesetzt werden können (vgl. Ministerium für Schule und Weiterbildung des Landes Nordrhein-Westfalen: Richtlinien und Lehrpläne für die Grundschule, 158).

Erzählung gelingen, bei der darauf geachtet wird, dass zu beiden Narrativen handelnde Personen vorkommen.[49] Anschauliche und handlungsorientierte Methoden, die zur Identifikation mit den Figuren auf emotionaler Ebene oder anhand von Erfahrungen anleiten, eignen sich für diesen Zweck.[50] Um dem Narrativ der Befreiung eine angemessene Ausdrucksweise zu verleihen, die in Verbindung mit der Exoduserzählung eine kommunikative emotionale Rezeptionsebene zwischen den Schüler*innen und der biblischen Tradition herstellt, können im Religionsunterricht der Grundschule Spirituals in deutscher Übersetzung verwendet werden.[51]

9.3 *Didaktische Spannungsverhältnisse*

Im Folgenden wird aufgezeigt, welche Spannungen sich im religionsdidaktischen Kontext ergeben, wenn Religionsunterricht unter den gegebenen Bedingungen armutssensibel und inklusiv stattfinden soll.

9.3.1 Religionslehrkräfte zwischen Handlungsfähigkeit und Überforderung

In der Praxis erleben sich die befragten Lehrkräfte als handlungsfähig, wenn es darum geht, materielle Versorgungsunterschiede in Bezug auf den Unterricht auszugleichen. Auch können Hoffnungsmotive angeboten und didaktisch so umgesetzt werden, dass die Schüler*innen eigene Hoffnungsperspektiven entwickeln.

Die Thematisierung von Armut erscheint hingegen angesichts sozioökonomischer Heterogenität herausfordernd, auch wenn die Notwendigkeit und Bedeutung der Thematisierung betont wird. Es fehlt an passenden Unterrichtsmaterialien und an Erfahrungen mit biblischen Geschichten von Armut und zum Umgang mit Armut. Zwar kennen die interviewten Lehrkräfte Geschichten, in denen Armut thematisiert wird, wie z. B. das Gleichnis vom verlorenen Sohn, aber sie äußern Unsicherheiten in Bezug auf die didaktische Umsetzung. Außerdem scheint dieses Thema zwar für die Lehrkräfte wichtig zu sein, aber keine besondere Relevanz bei den Schüler*innen zu haben. Die Frage, die sich ange-

---

49 Vgl. Zimmermann: Erzählen, 528.

50 Als Beispiele können der Bibliolog (vgl. Pohl-Patalong: Bibliolog) und die Methode Godly Play (vgl. Steinhäuser: Godly Play / Gott im Spiel) genannt werden.

51 Vgl. Lindner: Bibel und Musik, 623f.

sichts dieser Diskrepanz stellt, ist die, wie den Kindern armutssensibel die Bedeutung der Thematik in ihrer theologischen und ethischen Relevanz verdeutlicht werden kann. An der didaktischen Ausrichtung, die bei den Lehrkräften erkennbar wird, zeigt sich, dass die ethische Dimension an vielen anderen Themen verdeutlicht wird, wie z. B. am wertschätzenden Umgang miteinander.

Die Erfahrungen der Kinder finden in dem Fach Religion einen Raum, der im Vergleich mit anderen Unterrichtsfächern einzigartig ist. Teilweise gestaltet sich der Umgang mit den Erfahrungen von Kindern aus Armutslagen für die Lehrkräfte als überfordernd, da diese Erfahrungen zum einen weit von denen der Lehrkräfte entfernt sind und zum anderen deren emotionale Belastungsgrenzen überschreiten können.

Der von den Lehrkräften geschilderte positive Effekt von Religionsunterricht auf die persönliche Entwicklung der Kinder durch die Erfahrung wahr- und ernstgenommen zu werden, verdeutlicht die Bedeutung des Unterrichtsfachs besonders an Schulen mit Schüler*innen, die in armen Familien aufwachsen. Durch die teilweise als schlecht eingeschätzten Rahmenbedingungen des Fachs, die sich in einer geringen Wochenstundenzahl und häufigem Unterrichtsausfall zeigen, werden die strukturellen Grenzen der Handlungsfähigkeit von Religionslehrkräften markiert.

9.3.2 Inklusives Spannungsfeld zwischen Dekonstruktion und Normalisierung

Gemeinsam ist den verschiedenen Perspektiven, die in dem vorliegenden Forschungsprojekt einbezogen wurden, ein emanzipatorischer Grundgedanke zum Umgang mit sozioökonomischer Heterogenität, der sich der Inklusionsstrategie Empowerment nach Boger zuordnen lässt.[52] Die didaktischen Schlussfolgerungen, die aus diesen Perspektiven abgeleitet wurden, beinhalten allerdings unterschiedliche, in Kombination mit dem Empowerment-Gedanken nicht vereinbare Ausrichtungen: Der inklusive Anspruch der Normalisierung steht dem ebenso inklusiven Anspruch der Dekonstruktion unversöhnlich gegenüber. Dadurch ergibt sich in Verbindung mit dem gemeinsamen Element des Empowerments ein Spannungsfeld zwischen Dekonstruktion und Normalisierung, innerhalb dessen sich Armutssensibilität im Religionsunterricht gestalten lässt.[53]

Die vorliegende Untersuchung zeigt die Bedeutung dekonstruierender Aspekte im Zusammenhang mit Kinderarmut und Religionsunterricht auf. Die

---

52 Vgl. Boger: Theorien der Inklusion – eine Übersicht, 2.

53 Wolfhard Schweiker identifiziert auf ähnliche Weise Spannungen zwischen den Inklusionsgrundsätzen der Anerkennung von Differenzen und der Veränderung in Richtung Normalisierung (vgl. Schweiker: Prinzip Inklusion, 435ff.).

Kombination von Dekonstruktion und Empowerment (DE à non-N), die als inklusionstheoretisches Fundament der vorliegenden Arbeit gilt, wird angefragt von den Normalisierungsmotiven, die sich im Zuge der Auseinandersetzung mit Kinderarmut im Bildungsbereich als durchaus legitim und nachvollziehbar erweisen. Die Perspektiven, Vorstellungen und Ziele der Kinder, um die es geht, und auch deren Eltern dürfen in der Diskussion um Armutssensibilität im Religionsunterricht nicht unberücksichtigt bleiben, was an zwei Fragen verdeutlicht werden kann: Wie lässt sich umgehen mit Schüler*innen, die an einer Normalität teilhaben wollen, die hegemoniale Strukturen aufweist und soziale Ungleichheiten aufrecht erhält oder fördert? Was bedeuten die Spannungen für die Elternarbeit, in der Wünsche und Vorstellungen der Eltern und somit auch der Wunsch nach sozialem Aufstieg für die Kinder ernstgenommen werden?

Auch die Lehrkräfte handeln in inklusiver Absicht: Sie wollen den Kindern eine bestmögliche Teilhabe an der Gesellschaft durch die Förderung in der Schule ermöglichen. Den Kindern ein möglichst normales Leben zu wünschen, sie zu stärken und zu unterstützen, erweist sich als handlungsleitendes Inklusionsmotiv in der Dialektik von Empowerment und Normalisierung. Wie kann mit dem Normalisierungsrisiko der Distinktion, die durch Aufstiegsbemühungen unter Affirmation bestehender Gesellschaftsstrukturen entweder als Barriere sichtbar wird oder durch Aufstiegserfolg als Stabilisierungsstrategie Inklusion beeinträchtigt, umgegangen werden?[54] Distinktionsprävention ist ein für armutssensiblen inklusiven Religionsunterricht ausgemachter Baustein, der sich vornehmlich auf Lehrkräfte bezieht. In Bezug auf das geschilderte Risiko lassen sich Überlegungen anschließen, ob und inwiefern die Präventionsstrategie auf weitere Akteur*innen auszuweiten ist. Diese Fragen und Anschlussmöglichkeiten können als Impulse für die weitere Forschung zu Armutssensibilität und auch zu inklusiver Religionspädagogik dienen.

9.3.3 Bildung und Pluralität – Anerkennungstheoretische Spannung

Wird Bildung, wie es für ein in der vorliegenden Arbeit entwickeltes Verständnis von inklusiver Armutssensibilität notwendig erscheint, konsequent im Plural gedacht, sind verschiedene Möglichkeiten von Bildung auf bildungstheoretischer und inhaltlicher Ebene anzuerkennen. Da jedes Kind ein Recht auf Bildung hat, müssen demnach vielseitige Formen von Bildung ermöglicht werden. Aber was nützt ein pluralitätsfähiges Bildungsdenken im Religionsunterricht wirklich? Inwiefern verlangt ein theologisches Fundament eine normative bildungstheoretische sowie inhaltliche Ausrichtung inklusiver religiöser Bildung? Gibt es

[54] Vgl. Boger: Zur (De-)Thematisierung des Arbeiterkinds, 117f.

Inhalte religiöser Bildung, die intersubjektiv relevant sind? Für inklusive religiöse Bildung hat Wolfhard Schweiker konkrete Bildungsschwerpunkte erarbeitet: „Fähigkeit zur ‚Kondiskenz', Kommunikation, Teilhabe, Teilgabe, Pluralismus, Wahrnehmung, Gleichheitsbegründung, Anerkennung, Solidarität und Veränderung"[55]. Wie lässt sich mit diesen Schwerpunkten und daraus ableitbaren kompetenz- und inhaltsbezogenen Bildungszielen umgehen, wenn einzelne Bestandteile nicht von den Schüler*innen angefragt werden, da sie nicht ihren subjektiven Bildungskonzepten entsprechen? Auch wenn Bildungsprozesse transformatorisch verstanden werden und daher am Subjekt orientiert von außen in pädagogischer Verantwortung Impulse gesetzt werden, stellt sich die Frage nach Begrenzungen. Wieviel Einfluss darf nach dem Prinzip der Anerkennung diverser Bildungszugänge und Gestalten von Bildung durch didaktische Intervention genommen werden, ohne dass dadurch Anerkennung verweigert wird? Welche Chancen und Risiken entstehen diesbezüglich durch eine dekonstruktivistische Ausrichtung bildungstheoretischer Ansätze? Diese Fragen verweisen auf ein Desiderat religionspädagogischer Forschung zu Theorien inklusiver religiöser Bildung.

Als Impuls zum Weiterdenken werden an dieser Stelle zwei Ankerbeispiele des Begehrens aus der Studie von Mai-Anh Boger zu Bildungsfragen aus den sich gegenüberstehenden Inklusionsmotivationen N (Normalisierung) und DE (Dekonstruktion und Empowerment) genannt:

Normalisierung: „Ich will an den Ort, an dem die Handlungsspielräume am größten sind: ins Zentrum der Macht. Ich will zu den Privilegierten gehören, normal* sein, eine normale* Schule besuchen."[56]

Dekonstruktion und Empowerment: „Ich will mich der Schule als Normalisierungsmaschine entziehen, an Orten lernen, an denen ‚Bildung' und ‚Normalisierung' nicht Synonym sind."[57]

9.3.4 Spannungen zwischen binnendifferenzierter Subjektorientierung und Reproduktion sozialer Ungleichheit

Die in inklusiver Religionspädagogik zentralen Grundsätze der Subjektorientierung und Binnendifferenzierung erweisen sich für einen armutssensiblen Reli-

[55] Schweiker: Prinzip Inklusion, 440. Mit Kondiskenz bezeichnet Schweiker „das ‚gemeinsame Lernen' trotz unterschiedlichster Differenzlinien" (Ebd., 405).

[56] Boger: Theorien der Inklusion, 171.

[57] Ebd., 370.

gionsunterricht, der inklusiv ausgerichtet ist, als wesentliche Merkmale. Subjektorientierung wird von den befragten Lehrkräften als didaktisches Prinzip für den religionspädagogischen Ansatz zum Umgang mit Armut genannt. Die fachdidaktischen Rahmenbedingungen und Umsetzungsmöglichkeiten des Prinzips werden entsprechend insbesondere mit Blick auf sozial benachteiligte Kinder hervorgehoben. Differenzierte Diagnostik und individuelle Förderung sind als weitere auf die lernenden Subjekte bezogene Kriterien für armutssensiblen Religionsunterricht auszumachen, was am Beispiel der Milieudifferenzierung deutlich wird. In der methodischen Ausrichtung des Unterrichts wird dieses Prinzip zwar durch den Einbezug individueller Erfahrungen von Schüler*innen berücksichtigt, allerdings nicht durch Formen offenen Unterrichts verfolgt. Stattdessen finden häufig Gespräche mit der gesamten Lerngruppe statt. Als Erklärungsansatz kann die von Grümme im Diskurs zu Bildungsgerechtigkeit angebrachte Kritik an individualisierten Lernformen dienen:

> „So ist eine offene, individualisierte oder auch eine konstruktivistische Didaktik mit den favorisierten Formen des entdeckenden, eigenverantwortlichen, selbstorganisierten Lernens unter Förderungs- und Benachteiligungsaspekten hoch relevant. [...] Schwächere SchülerInnen brauchen eine engere methodische Rahmung. Vorrangig Lernende mit entsprechend hohem kulturellem und ökonomischem Kapital können vom geöffneten Unterricht profitieren."[58]

Diese Spannung zwischen Formen offenen Unterrichts als einem Aspekt von Subjektorientierung und individuellen Fähigkeiten der Kinder scheint auch den Lehrkräften bewusst zu sein. So werden Erfahrungen mit offenen Lernformen als anstrengend geschildert, da selbstorganisiertes Lernen, z. B. an Stationen den Schüler*innen schwerfalle. Einen großen Nutzen haben hingegen Rituale als Elemente der Unterrichtsgestaltung, die zu Beginn und Ende des Religionsunterrichts durchgeführt werden und diesem dadurch einen Rahmen verleihen.[59] Diese sind nicht nur aufgrund der in ihnen geöffneten Gesprächsräume wichtig, sondern auch, weil sie den Schüler*innen feste Strukturen bieten, die besonders Kinder, die in instabilen familiären Strukturen aufwachsen, nicht kennen. Daher kann in der Gestaltung von armutssensiblem Religionsunterricht auf die Verwendung strukturierter Formen von Binnendifferenzierung geachtet werden.

---

58 Grümme: Heterogenität in der Religionspädagogik, 274.

59 Vgl. Husmann: Art. Rituale, in: WiReLex, 2.1.

9.3.5 Befreiungstheologische Religionspädagogik – ein Angebot ohne Nachfrage?

Die befreiende Botschaft biblischer Geschichten lässt sich an zahlreichen Beispielen im Religionsunterricht kommunizieren. Den Kern einer befreiungstheologischen Ausrichtung bildet die Befreiung aus ungerechten Strukturen, die sich in Armut, Benachteiligung und Unterdrückung zeigen. Eine zeitgemäße Umsetzung problemorientierten Religionsunterrichts bietet Anknüpfungspunkte an die befreiungstheologische Praxis, wie anhand des Modells von Knauth gezeigt werden konnte.[60] In der befreiungstheologischen Ausrichtung von Religionsunterricht kann die Stärkung einer Out-Group der Armen im Gegensatz zur In-Group der Nicht-Armen stattfinden. Dies kann als Gegenentwurf zur Inklusion wahrgenommen werden, wenn die Stärkung nicht im Rahmen inklusiver Religionspädagogik stattfindet. Durch die inklusionstheoretische Einbettung ist jedoch eine empowernd-normalisierende Umsetzung möglich, in der die Out-Group als strategische Andersheit zur Einforderung des Rechts auf Teilhabe eingesetzt wird, oder eine empowernd-dekonstruierende Umsetzung mit der Motivation, aus einer Position der Andersheit gesellschaftliche Verhältnisse anzufragen und zu dekonstruieren, um Gesellschaft neu zu gestalten.

In der vorliegenden Arbeit konnte herausgestellt werden, dass eine befreiungstheologische religionsdidaktische Ausrichtung vor drei Herausforderungen im Zusammenhang mit Kinderarmut steht: (1) Die auf Inklusion von armen Kindern ausgerichteten pädagogischen Bemühungen von Lehrkräften und einigen Vertreter*innen der Kinderarmutsforschung zielen auf eine Normalisierung ab. Diese Zielsetzung beinhaltet eine Akzeptanz bestehender Strukturen, aber nicht individueller eingeschränkter Lebens- und Lernbedingungen von Kindern. Dementsprechend wird sich für die Veränderung der konkreten Bedingungen einzelner von Armut betroffener Schüler*innen eingesetzt. Anstelle eines Aufbrechens der Strukturen, die zu sozialen Ungleichheiten führen, finden Interventionen zur Förderung der Kinder statt, damit diese so normal wie möglich am Unterricht teilnehmen können. Die Bezugsgröße für die Normalität stellen Kinder ohne Armutserfahrungen dar. Hier liegt die Spannung in der Kommunikation der gewählten Perspektiven und Motivationen. Sind Inklusionsstrategien von Lehrkräften mit empowernd-normalisierender Ausrichtung theologisch motiviert, erweist sich das Anknüpfen an Befreiungstheologien, die auf gesamtgesellschaftliche Veränderungen abzielen, als herausfordernd. Die subjektiven Motivationen der Lehrkräfte orientieren sich in dem Fall vermutlich weniger an dem Gedanken der Befreiung einer gesamten Gesellschaft von unterdrückenden und benachteiligenden Strukturen, sondern stärker an der religionspädagogischen Begleitung individueller Befreiungen aus persönlichen Notlagen. (2) Eine

60 Vgl. Knauth: Bleibend notwendig.

weitere Herausforderung besteht in dem Fehlen von Adressat*innen im Religionsunterricht, das sich aus einer unpassenden Selbstdefinition ergibt. Eine Theologie der Armen verlangt nach Armen, die sich als solche identifizieren. Kinder in Armutslagen bezeichnen sich aber überwiegend nicht als arm, wodurch sie sich nicht als Arme angesprochen fühlen.[61] Daher ist im Religionsunterricht mit anderen Identifikationsangeboten zu arbeiten, z. B. über Exklusionserfahrungen und damit verbundenen Bedürfnissen und Wünschen. (3) Die Lehrkräfte stellen die Erfahrungen vieler armer Schüler*innen von Verzicht, fehlender Fürsorge und Unterstützung sowie Schwierigkeiten in der Ausbildung eines positiven Selbstkonzepts heraus. Ein Einsatz für die eigenen Rechte und für Veränderungen der eigenen Situation, wie er in der befreiungstheologischen Praxis aus der unterdrückten Position erfolgen soll, erfordert u. a. den Einsatz von persönlichen Ressourcen, da Befreiung nicht ausschließlich durch Solidarität der Privilegierten erfolgen kann. Für den Eigenanteil des Empowerments wird somit Aktivität verlangt, die neben der, wie herausgestellt wurde, schwierigen Identifikation mit der Unterdrückungssituation, das Aufbringen von Kräften erfordert, die insbesondere bei Schüler*innen in mehrfach deprivierten Lebenslagen in geringem Maße vorhanden sein können. Auch die individuellen Ausgestaltungen von Handlungsspielräumen spielen für die Befähigung zur Befreiung eine Rolle, womit eine wesentliche didaktische Herausforderung markiert ist.

61 Dieser Befund konnte eindrücklich von Mirjam Zimmermann und Jakobus Kok (Zimmermann/Kok: Arm und reich sind immer die anderen) sowie von Dörthe Vieregge (Vieregge: Religiosität in der Lebenswelt, 236ff.) herausgestellt werden.

10. Fazit und Ausblick

Im vorliegenden Forschungsprojekt wurde den Fragen nachgegangen, was Kinderarmut im Kontext des Religionsunterrichts in der Grundschule bedeutet und wie das Phänomen fachdidaktisch unter dem Aspekt von Armutssensibilität berücksichtigt werden kann.

Zur Konkretisierung der Dynamiken von Benachteiligungen und Diskriminierung im Kontext Schule wurde zu Beginn geklärt, wie sich das mehrdimensionale und in sich vielfältige Phänomen der Kinderarmut in Deutschland auf mehreren Ebenen benachteiligend auf Bildungschancen auswirkt (Kapitel 2). Nicht nur materielle Mangelerfahrungen, sondern ebenso soziale und emotionale Deprivation sowie herkunftsbedingte Unterschiede in den Haltungen gegenüber Bildung und Bildungsinstitutionen können zu Bildungsbenachteiligungen beitragen. Der religionspädagogische Diskurs zum Umgang mit Kinderarmut und benachbarten Bereichen wurde rekonstruiert, um Hinweise auf einen armutssensiblen fachspezifischen Umgang zu identifizieren (Kapitel 3). Die Herausforderung eines sensiblen Umgangs mit sozioökonomischer Heterogenität konnte dadurch in mehreren Bereichen aufgezeigt werden. Neben fachspezifischen Auswirkungen sozialer Ungleichheiten führen auch unterschiedliche Wahrnehmungen von Armut sowie Selbstverortungen und Zuschreibungen zu inhaltlichen didaktischen Herausforderungen, die sich in der Frage nach der Thematisierung von Armut im Religionsunterricht zeigen. Die lebensweltlichen Unterschiede zwischen Schüler*innen mit und ohne Armutserfahrungen sowie innerhalb der Gruppe der Kinder mit Armutserfahrungen und die Einbettung der Differenzlinie des sozialen Status in die religionspädagogischen Intersektionalitäts- und Inklusionsdiskurse stellen theologisch und religionspädagogisch anspruchsvolle Aufgaben dar.

Die Analyse der Ursachen für armutsbedingte Bildungsbenachteiligungen im Religionsunterricht erfolgte durch den Einbezug sozialwissenschaftlicher Perspektiven. Zur Erläuterung des Zusammenhangs von Kinderarmut und Bildungsbenachteiligung im Religionsunterricht wurden anhand der Sozialraumtheorie Pierre Bourdieus unterschiedliche Kapitalverteilungen, sozialraumbedingte Zugangsbarrieren zu Kapital unterschiedlicher Arten sowie der Habitus und mit diesem zusammenhängende Distinktionsprozesse als Ausdrucksformen symbolischer Gewalt identifiziert (Kapitel 4). Durch die Hinzunahme von Milieustudien konnte eine differenzierte Übersicht über die aktuelle Situation auf Grundlage der Theorien Bourdieus ermittelt werden, die Distinktionen und Zugangsbarrieren unter den Bedingungen zunehmender gesellschaftlicher Pluralität in vielfältiger Ausprägung aufzeigt (Kapitel 5). Die Befunde zu milieuspezifischen Haltungen und Wertvorstellungen im Zusammenhang mit Religion und Kirche ermöglichten die Analyse unterschiedlicher individueller und struktureller Bedingungen, unter denen Religionsunterricht stattfindet. Besonders in Bezug auf sog. untere Milieus konnten bei Jugendlichen distanzierte bis ablehnende und abgrenzende Haltungen gegenüber Religion und abstrakten, theologischen Herangehensweisen an biblische Geschichten ausgemacht werden, die die Notwendigkeit milieusensibler Unterrichtsgestaltung aufzeigen. Für den Religionsunterricht in der Grundschule kann aus diesem Befund das Postulat anschaulicher und konkreter Zugänge zu Religion und biblischen Geschichten formuliert werden, um distanzierenden Tendenzen vorzubeugen und um Schüler*innen für sie passende Lernangebote zu gestalten.

Die Potenziale theologischer Ansätze zur Überwindung benachteiligender Strukturen bzw. zur Neugestaltung von Religionsunterricht konnten anhand moderner diakonischer Ansätze und der Erarbeitung befreiungstheologischer Perspektiven auf Armut herausgestellt werden (Kapitel 6). Die aus dieser Perspektive erfolgte gesellschaftspolitische Thematisierung von Armut unter Berücksichtigung ausgewählter biblischer Texte ermöglichte das Aufzeigen spannungsvoller Verhältnisse, die sich aus der mehrperspektivischen Auseinandersetzung mit theologischen Deutungen von Armut auf individueller sowie gesellschaftlicher Ebene ergeben. Der Einbezug des theologischen Standpunktes in Unterdrückungssituationen verdeutlicht die Relevanz hermeneutischer Mehrperspektivität und eines politischen theologischen Selbstverständnisses für Armutssensibilität im Religionsunterricht.

Der Einbezug der Perspektiven von Religionslehrkräften an Grundschulen und ihren Erfahrungen im Religionsunterricht mit sozial benachteiligten Schüler*innen ermöglichte das Herausarbeiten von Ressourcen für Kinder mit Armutserfahrungen, die das Unterrichtsfach Religion in seiner Bedeutung für sozial benachteiligte Kinder hervorhebt (Kapitel 7). Der Raum im Religionsunterricht, der zum Teilen von Erfahrungen und als Möglichkeitsraum für neue Erfahrungen besonders in Bezug auf Identitätsprozesse unter den Bedingungen sozialer und emotionaler Deprivation einen Mehrwert für Kinder aufweist, den kein anderes Schulfach in vergleichbarer Weise zur Verfügung stellt, steht dabei in einem Spannungsverhältnis zur Außenwahrnehmung, die sich in geringer Wertschätzung und Beachtung des Fachs auch strukturell zeigt, z. B. im häufigen Ausfall von Religionsstunden. Die Thematisierung von Armut im Religionsunterricht wird als herausfordernd geschildert und verdeutlicht den Bedarf an fachdidaktischer Weiterentwicklung von Armutssensibilität auf didaktisch-methodischer Ebene.

Die Bündelung der Ergebnisse aus den verschiedenen Perspektiven und die inklusionstheoretische-religionspädagogische Einbindung ermöglichten die Entwicklung von konkreten konzeptionellen Überlegungen und Bausteinen für armutssensiblen Religionsunterricht im Rahmen inklusiver Religionspädagogik (Kapitel 8). Die unterschiedlichen Zugänge zu Armut und Ansätze zum Umgang mit Kinderarmut, die aus den verschiedenen Perspektiven erarbeitet wurden, stehen aufgrund ihrer inklusionsstrategischen Ausrichtungen in einen spannungsvollen Verhältnis zueinander. Die Spannungen im fachdidaktischen Umgang mit Kinderarmut, die auf befreiungstheologischer, hermeneutischer und didaktischer Ebene ermittelt wurden, konnten abschließend aufgezeigt werden (Kapitel 9).

Das Verhältnis von Kinderarmut und Religionsunterricht ist aus verschiedenen Perspektiven beleuchtet weder eindeutig noch einheitlich zu klären. In den aus den Perspektiven entwickelten Bausteinen für armutssensiblen Religionsunterricht werden Ambivalenzen als Resultat der Mehrperspektivität deutlich. Einheitlichkeit herrscht lediglich darin, dass Bildungsbenachteiligung durch Kinderarmut nicht hinnehmbar ist und unterschiedliche Lernbedingungen und Lernwege wahrgenommen und anerkannt werden sollen. Empowerment kann als zentrale armutssensible Inklusionsstrategie ausgemacht werden, die durch Dekonstruktion oder Normalisierung akzentuiert werden und dadurch eine bestimmte Richtung einschlagen kann. Der erarbeitete Ansatz impliziert daher die Möglichkeit von unterschiedlichen Motivationen zum inklusiven Umgang von Lehrkräften mit Kinderarmut. Neben der Förderung zur Überwindung von Armut und bestmöglicher Teilhabe am Bildungssystem ist daher auch ein kritischer Zugang zu gesellschaftlichen Machtstrukturen möglich, der sich in theologischen sowie pädagogischen Formen von Empowerment zeigen kann und in dekonstruierender Akzentuierung zur Anerkennung und Förderung vielfältiger Bildung beiträgt.

Armutssensibler Religionsunterricht basiert auf einer mehrdimensionalen Armutswahrnehmung, kritisch-kontextueller Selbstreflexivität sowie Subjekt- und Erfahrungsorientierung unter dem Prinzip von Anerkennung und Gerechtigkeit. Religionsunterricht, der armutssensibel gestaltet wird, braucht Unterscheidungen und Differenzierungen, verknüpft Erkenntnisse aus verschiedenen religionspädagogischen Ansätzen miteinander und ist im Rahmen inklusiver Religionspädagogik zu verwirklichen. Daher stellt armutssensibler Religionsunterricht keine Form von Sonderpädagogik dar, sondern einen kontextbewussten und reflexiven fachdidaktischen Bestandteil inklusiver Religionspädagogik. Aufgrund der mehrdimensionalen Armutswahrnehmungen wird von unterschiedlichen Armutserfahrungen ausgegangen, die jeweils in ihrer Gestalt anerkannt werden. Armutssensibler inklusiver Religionsunterricht ist daher zugleich intersektional differenzierend, marginalitätssensibel, milieusensibel, schamsensibel und beschämungspräventiv. Je nach inklusiver Ausrichtung ist er auf unterschiedliche Weise theologisch-politisch, kritisch, parteiisch und befähigend.

Die im vorliegenden Forschungsprojekt erarbeiteten Rahmenbedingungen und Bausteine für armutssensiblen inklusiven Religionsunterricht stellen einen Anfang für weitere Forschung zu Armutssensibilität im Religionsunterricht und auch das grundsätzliche Verhältnis von Kinderarmut und Religionsunterricht dar. Wie an den inklusionstheoretisch nicht eindeutigen Verortungen einzelner

Bausteine und den Herausforderungen auf mehreren Ebenen aufgezeigt werden konnte, gestaltet sich dieses Verhältnis als spannungsvoll. Das entwickelte Modell ist als Theorie zu verstehen, die in der Praxis erprobt sowie reflektiert werden soll, um eine Weiterentwicklung auf theoretischer sowie didaktisch-methodischer Ebene durch Praxisforschung zu ermöglichen. Die eingenommenen Perspektiven, aus denen die Fragestellung nach einem sensiblen Umgang mit Kinderarmut im Religionsunterricht bearbeitet wurde, erfassen das Phänomen nicht vollumfänglich. Die psychologische Perspektive wurde z. B. kaum berücksichtigt, was aber aufgrund der psychosozialen Dimension von Kinderarmut lohnenswert erscheint. Die mit Blick auf kindliche Ressourcen zum Umgang mit Armut relevante Forschung zu Resilienz und Resilienzförderung im Unterricht kann im Zusammenhang mit religiöser Bildung in den Blick genommen werden.[1]

Insgesamt erweist sich der behandelte Themenkomplex als ergiebig und verlangt nach einer Stärkung von empirischer Forschung zu sozioökonomischer Heterogenität im religionspädagogischen und fachdidaktischen Kontext, um das Phänomen Kinderarmut in seiner Vielschichtigkeit und auch in seinen intersektionalen Zusammenhängen im Religionsunterricht sowie an anderen Orten religiöser Bildung differenziert zu erfassen. Soziologische Kindheitsforschung kann ebenso wie die Bezugnahme auf den breiten Forschungsstand im Bereich der Gemeindepädagogik sowie die Forschung zu Inklusion in den Diakoniewissenschaften dazu beitragen.

Das trilemmatische Modell zur Inklusion nach Mai-Anh Boger[2] erweist seine analytische Stärke in der deskriptiven Lokalisierung normativer Orientierungen und Inklusionsstrategien in Bezug auf den inklusiven Umgang mit Kinderarmut im religionspädagogischen Kontext. Die weitere Aufnahme des Modells in theologisch-religionspädagogische Inklusionsdiskurse, auch mit anderen Schwerpunktsetzungen, erscheint daher als gewinnbringend. Anhand des Modells lässt sich verschiedenen theologisch-ethischen Begründungen und Motivationen für Inklusion ein inklusionstheoretisch fundiertes praktisch-theologisches Profil verleihen.

---

1 Vgl. Arnhold: Resiliente Religiosität.
2 Vgl. Boger: Theorien der Inklusion.

Literaturverzeichnis

Ahrbeck, Bernd (2016): Inklusion. Eine Kritik. 3. aktualisierte Auflage. Stuttgart: Kohlhammer (Brennpunkt Schule).

Adam, Gottfried (2018): Lernen mit Kinderbibeln. In: Mirjam Zimmermann und Ruben Zimmermann (Hg.): Handbuch Bibeldidaktik. 2. Auflage. Tübingen: Mohr Siebeck, 544–550.

Albert, Mathias / Hurrelmann, Klaus / Quenzel, Gudrun (2019): Jugend 2019 – 18. Shell Jugendstudie. Eine Generation meldet sich zu Wort (Shell Jugendstudie, 18).

Althaus-Reid, Marcella (2003): The queer God. London, New York: Routledge.

Altrock, Ulrike von / Freudenberger-Lötz, Petra / Itze, Ulrike / Moers, Edelgard / Müller-Friese, Anita / Zeeh-Silva, Brigitte (2010): Spuren lesen. Religionsbuch für das 1./2. Schuljahr. Stuttgart, Braunschweig: Calwer, Diesterweg.

Altrock, Ulrike von / Freudenberger-Lötz, Petra / Itze, Ulrike / Moers, Edelgard / Müller-Friese, Anita / Zeeh-Silva, Brigitte (2011): Spuren lesen. Religionsbuch für das 3./4. Schuljahr. Stuttgart, Braunschweig: Calwer, Diesterweg.

Andresen, Sabine / Wilmes, Johanna / Möller, Renate (2019): Children's Worlds+. Eine Studie zu Bedarfen von Kindern und Jugendlichen in Deutschland. Unter Mitarbeit von Pia Nolting und Dilan Cinar. Hg. v. Bertelsmann-Stiftung. Gütersloh. Online verfügbar unter https://www.bertelsmann-stiftung.de/fileadmin/files/BSt/Publikationen/Graue Publikationen/Studie_WB_Children_s_Worlds_2019.pdf, zuletzt geprüft am 13.04.2021.

Arnhold, Daniel (2014): Resiliente Religiosität. Resilienzförderung im Religionsunterricht durch religiöse Konzeptentwicklung im Grundschulalter. Examensarbeit für das Erste Staatsexamen, Lehramt für Grund- und Mittelschulen (Theo-Web. Online-Reihe für religionspädagogische Dissertationen und Examensarbeiten, 9).

Arnhold, Daniel (2017): Armut im Religionsunterricht. Rekonstruktive Untersuchung zu Erfahrungen von ReligionslehrerInnen mit Kinder- und Jugendarmut an ihren Schulen und der Thematisierung von Armut im Religionsunterricht. In: Maria Hallitzky und Christopher Hempel (Hg.): Unterrichten als Gegenstand und Aufgabe in Forschung und Lehrerbildung. Beispiele aus der (fach)didaktischen Forschungspraxis. Leipzig: Leipziger Universitätsverlag (Schriftenreihe des Zentrums für Lehrerbildung und Schulforschung an der Universität Leipzig, 8), 87–97.

Asmus, Antje / Pabst, Franziska (2017): Armut Alleinerziehender. In: Der Paritätische Gesamtverband (Hg.): Menschenwürde ist Menschenrecht. Bericht zur Armutsentwicklung in Deutschland 2017. Berlin, 22–29. Online verfügbar unter https://www.der-paritaetische.de/fileadmin/user_upload/Publikationen/doc/armutsbericht-2017.pdf, zuletzt geprüft am 13.04.2021.

Aust, Andreas / Linckh, Carolin / Rock, Joachim / Schabram, Greta (2019): Verschlossene Türen. Eine Untersuchung zu Einkommensungleichheit und Teilhabe von Kindern und Jugendlichen. Expertise. Hg. v. Deutscher Paritätischer Wohlfahrtsverband – Gesamtverband. Berlin.

Bach, Ulrich (1984): Der behinderte Mensch als Thema der Theologie. In: Jürgen Moltmann: Diakonie im Horizont des Reiches Gottes. Neukirchen-Vluyn: Neukirchener Verlag, 92–105.

Bach, Ulrich (1986): Boden unter den Füßen hat keiner. Plädoyer für eine solidarische Diakonie. 2., durchgesehene Auflage. Göttingen: Vandenhoeck und Ruprecht.

Bach, Ulrich (2002): Theologie nach Hadamar als Aufgabe der heutigen Theologie. In: Annebelle Pithan, Gottfried Adam und Roland Kollmann (Hg.): Handbuch integrative Religionspädagogik. Reflexionen und Impulse für Gesellschaft, Schule und Gemeinde. Gütersloh: Gütersloher Verlagshaus, 112–118.

Bade, Rolf / Elsenbast, Volker (2010): Einleitung in das Lesebuch. In: EKD und Comenius-Institut (Hg.): „Niemand darf verloren gehen!". Evangelisches Plädoyer für mehr Bildungsgerechtigkeit. Lesebuch zum Schwerpunktthema der 3. Tagung der 11. Synode der Evangelischen Kirche in Deutschland (EKD) vom 7. bis 10. November 2010 in Hannover. Münster, 8–10.

Bahr, Matthias (2012): Störende Ansprache. Disability, das Evangelium und der Religionsunterricht. In: Wolfgang Grünstäudl und Markus Schiefer Ferrari (Hg.): Gestörte Lektüre. Disability als hermeneutische Leitkategorie biblischer Exegese. Stuttgart: Kohlhammer (Behinderung – Theologie – Kirche, 4), 236–253.

Balz, Hans-Jürgen (2008): Prekäre Lebenslagen und Krisen. Strategien zur individuellen Bewältigung. In: Ernst-Ulrich Huster, Jürgen Boeckh und Hildegard Mogge-Grotjahn (Hg.): Handbuch Armut und soziale Ausgrenzung. Wiesbaden: VS Verlag für Sozialwissenschaften, 419–437.

Bauer, Ullrich / Bittlingmayer, Uwe H. (2000): Pierre Bourdieu und die Frankfurter Schule. Eine Fortsetzung der Kritischen Theorie mit anderen Mitteln? In: Claudia Rademacher und Peter Wiechens (Hg.): Verstehen und Kritik. Soziologische Suchbewegungen nach dem Ende der Gewissheiten. Festschrift für Rolf Eickelpasch. Wiesbaden: VS Verlag für Sozialwissenschaften, 241–298.

Baumert, Jürgen / Maaz, Kai (2006): Das theoretische und methodische Konzept von PISA zur Erfassung sozialer und kultureller Ressourcen der Herkunftsfamilie: Internationale und nationale Rahmenkonzeption. In: Jürgen Baumert, Petra Stanat und Rainer Watermann (Hg.): Herkunftsbedingte Disparitäten im Bildungswesen. Differenzielle Bildungsprozesse und Probleme der Verteilungsgerechtigkeit. Vertiefende Analysen im Rahmen von PISA 2000. Wiesbaden: VS Verlag für Sozialwissenschaften, 11–29.

Bayer, Oswald (2008): Art. Barmherzigkeit. IV. Dogmatisch-ethisch. In: RGG[4] 1. Tübingen: Mohr Siebeck, 1119–1120.

Bedford-Strohm, Heinrich (2010): Bildung und Gerechtigkeit. In: EKD und Comenius-Institut (Hg.): „Niemand darf verloren gehen!". Evangelisches Plädoyer für mehr Bildungsgerechtigkeit. Lesebuch zum Schwerpunktthema der 3. Tagung der 11. Synode der Evangelischen Kirche in Deutschland (EKD) vom 7. bis 10. November 2010 in Hannover. Münster, 14–23.

Bernstein, Basil B. (1972): Studien zur sprachlichen Sozialisation. Düsseldorf: Pädagogischer Verlag Schwann (Sprache und Lernen, 7).

Bettscheider, Heribert (1976): Vom europäischen Monolog zum Dialog der Teilkirchen. In: Christian Modehn (Hg.): Christen entdecken die Freiheit. Notwendige Anstöße aus Lateinamerika. Stuttgart: Verlag Katholisches Bibelwerk, 11–27.

Bidder, Benjamin: „Arme Familien wurden reicher gerechnet, als sie sind". In: *Spiegel Online*, 07.02.2018, Online verfügbar unter http://www.spiegel.de/wirtschaft/soziales/deutschland-familien-sind-laut-bertelsmann-studie-aermer-als-gedacht-a-1191987.html, zuletzt geprüft am 13.04.2021.

Biehl, Peter (2003): Die Gottebenbildlichkeit des Menschen und das Problem der Bildung. Zur Neufassung des Bildungsbegriffs in religionspädagogischer Perspektive. In: Peter Biehl und Karl Ernst Nipkow (Hg.): Bildung und Bildungspolitik in theologischer Perspektive. Münster: Lit, 9–102.

Biehl, Peter (2003): Die Wiederentdeckung der Bildung in der gegenwärtigen Religionspädagogik. Ein Literaturbericht. In: Peter Biehl und Karl Ernst Nipkow (Hg.): Bildung und Bildungspolitik in theologischer Perspektive. Münster: Lit, 111–152.

Boban, Ines / Hinz, Andreas (2003): Index für Inklusion. Lernen und Teilhabe in der Schule der Vielfalt entwickeln. Entwickelt von Tony Booth und Mel Ainscow. Übersetzt, für deutschsprachige Verhältnisse bearbeitet und herausgegeben von Ines Boban und Andreas Hinz. Martin-Luther-Universität Halle-Wittenberg. Online verfügbar unter https://www.eenet.org.uk/resources/docs/Index%20German.pdf, zuletzt geprüft am 13.04.2021.

Boger, Mai-Anh (2015): Zur (De-)Thematisierung des Arbeiterkinds. In: Kathrin Rheinländer (Hg.): Ungleichheitssensible Hochschullehre. Positionen, Voraussetzungen, Perspektiven. Wiesbaden: Springer VS, 103–121.

Boger, Mai-Anh (2017): Theorien der Inklusion - eine Übersicht. In: *Zeitschrift für Inklusion* (1). Online verfügbar unter https://www.inklusion-online.net/index.php/inklusion-online/article/view/413/317, zuletzt geprüft am 13.04.2021.

Boger, Mai-Anh (2019): Politiken der Inklusion. Die Theorie der trilemmatischen Inklusion zum Mitdiskutieren. Münster: edition assemblage (Theorie der trilemmatischen Inklusion, 3).

Boger, Mai-Anh (2019): Theorien der Inklusion. Die Theorie der trilemmatischen Inklusion zum Mitdenken. Münster: edition assemblage (Theorie der trilemmatischen Inklusion, 4).

Bogner, Alexander; Menz, Wolfgang (2005): Das theoriegenerierende Experteninterview. Erkenntnisinteresse, Wissensformen, Interaktion. In: Alexander Bogner, Beate Littig und Wolfgang Menz (Hg.): Das Experteninterview. Theorie, Methode, Anwendung. 2. Auflage. Wiesbaden: VS Verlag für Sozialwissenschaften, 33–70.

Bolz-Weber, Nadia (2018): „Ich finde Gott in den Dingen, die mich wütend machen". Pastorin der Ausgestoßenen. 1. Paperbackauflage. Moers: Brendow.

Bonsen, Martin / Frey, Kristina A. / Bos, Wilfried (2008): Soziale Herkunft. In: Wilfried Bos, Martin Bonsen, Jürgen Baumert, Manfred Prenzel, Christoph Selter und Gerd Walther (Hg.): TIMSS 2007. Mathematische und naturwissenschaftliche Kompetenzen von Grundschulkindern in Deutschland im internationalen Vergleich. Münster u. a.: Waxmann, 141–156.

Bos, Wilfried / Schwippert, Knut / Stubbe, Tobias C. (2007): Die Koppelung von sozialer Herkunft und Schülerleistung im internationalen Vergleich. In: Wilfried Bos, Sabine Hornberg, Karl-Heinz Arnold, Gabriele Faust, Lilian Fried, Eva-Maria Lankes, Knut Schwippert und Renate Valtin (Hg.): IGLU 2006. Lesekompetenzen von Grundschulkindern in Deutschland im internationalen Vergleich. Münster u. a.: Waxmann, 225–247.

Bos, Wilfried / Stubbe, Tobias C. / Buddeberg, Magdalena (2010): Gibt es eine armutsbedingte Bildungsbenachteiligung? Die Operationalisierung verschiedener Indikatoren der sozialen Herkunft in der empirischen Bildungsforschung. In: Detlef H. Rost (Hg.): Intelligenz, Hochbegabung, Vorschulerziehung, Bildungsbenachteiligung. Münster u. a.: Waxmann, 165–208.

Bourdieu, Pierre (1982): Die feinen Unterschiede. Kritik der gesellschaftlichen Urteilskraft. Frankfurt am Main: Suhrkamp (Suhrkamp-Taschenbuch Wissenschaft, 658).

Bourdieu, Pierre (1983): Ökonomisches Kapital, kulturelles Kapital, soziales Kapital. In: Reinhard Kreckel (Hg.): Soziale Ungleichheiten. Göttingen: Schwartz (Soziale Welt, Sonderband 2), 183–198.

Bourdieu, Pierre (1998): Praktische Vernunft. Zur Theorie des Handelns. Frankfurt am Main: Suhrkamp.

Bourdieu, Pierre (1998): Vom Gebrauch der Wissenschaft. Für eine klinische Soziologie des wissenschaftlichen Feldes. Konstanz: UVK (Édition discours, 12).

Bourdieu, Pierre (2001): Unterrichtssysteme und Denksysteme. In: Pierre Bourdieu: Wie die Kultur zum Bauern kommt. Über Bildung, Schule und Politik. Hg. v. Margareta Steinrücke. Hamburg: VSA-Verlag (Schriften zu Politik & Kultur / Pierre Bourdieu, 4), 84–110.

Bourdieu, Pierre (2009): Eine Interpretation der Religion nach Max Weber. In: Pierre Bourdieu: Religion. Hg. v. Franz Schultheis und Stephan Egger. Berlin: Suhrkamp (Schriften zur Kultursoziologie, 5), 7–29.

Bourdieu, Pierre (2009): Genese und Struktur des religiösen Feldes. In: Pierre Bourdieu: Religion. Hg. v. Franz Schultheis und Stephan Egger. Berlin: Suhrkamp (Schriften zur Kultursoziologie, 5), 30–90.

Bourdieu, Pierre (2018): Abhängigkeit in der Unabhängigkeit. Die relative gesellschaftliche Autonomie des Bildungswesens. In: Pierre Bourdieu: Bildung. Hg. v. Franz Schultheis und Stephan Egger. Berlin: Suhrkamp (Schriften zur Kultursoziologie, 2), 301–343.

Bourdieu, Pierre / Passeron, Jean-Claude (1971): Die Illusion der Chancengleichheit. Stuttgart: Klett.

Bourdieu, Pierre / Passeron, Jean-Claude (1973): Grundlagen einer Theorie der symbolischen Gewalt. Frankfurt am Main: Suhrkamp.

Breidenstein, Georg / Meier, Michael / Zaborowski, Katrin Ulrike (2011): Das Projekt Leistungsbewertung in der Schulklasse. In: Katrin Ulrike Zaborowski, Michael Meier und Georg Breidenstein (Hg.): Leistungsbewertung und Unterricht. Ethnographische Studien zur Bewertungspraxis in Gymnasium und Sekundarschule. Unter Mitarbeit von Stefanie Laux. Wiesbaden, Wiesbaden: VS Verlag für Sozialwissenschaften (Studien zur Schul- und Bildungsforschung, 32), 15–37.

Breitmaier, Isa (2018): Mose und Mirjam. In: Mirjam Zimmermann und Ruben Zimmermann (Hg.): Handbuch Bibeldidaktik. 2. Auflage. Tübingen: Mohr Siebeck, 315–319.

Brieden, Norbert (2016): Inklusion und Bildungsgerechtigkeit. Interdisziplinäre Sondierungen. In: Bernhard Grümme und Thomas Schlag (Hg.): Gerechter Religionsunterricht. Religionspädagogische, pädagogische und sozialethische Orientierungen. Stuttgart: Kohlhammer (Religionspädagogik innovativ, 11), 42–62.

Bucher, Anton A. (2009): Ein zu lieber Gott? Oder: Ist die Tilgung des ‚Bösen' aus der Bibeldidaktik nur ‚gut'? In: Gottfried Adam, Rudolf Englert, Rainer Lachmann und Norbert Mette (Hg.): Bibeldidaktik. Ein Lese- und Studienbuch. 3. Auflage. Berlin: Lit (Schriften aus dem Comenius-Institut, Studienbücher, 2), 99–105.

Bundesministerium für Arbeit und Soziales (Hg.) (2013): Lebenslagen in Deutschland. Der Vierte Armuts- und Reichtumsbericht der Bundesregierung. Online verfügbar https://www.armuts-und-reichtumsbericht.de/SharedDocs/Downloads/Berichte/vierter-armuts-und-reichtumsbericht.pdf?__blob=publicationFile&v=3, zuletzt geprüft am 13.04.2021.

Bundesministerium für Arbeit und Soziales (Hg.) (2017): Lebenslagen in Deutschland. Der Fünfte Armuts- und Reichtumsbericht der Bundesregierung. Online verfügbar unter http://www.armuts-und-reichtumsbericht.de/SharedDocs/Downloads/Berichte/5-arb-langfassung.pdf?__blob=publicationFile&v=4, zuletzt geprüft am 13.04.2021.

Burrichter, Rita (2012): In komplexen Unterrichtssituationen handeln – zur theologisch-religionspädagogischen Kompetenz. In: Rita Burrichter, Bernhard Grümme, Hans Mendl, Manfred L. Pirner, Martin Rothgangel und Thomas Schlag (Hg.): Professionell Religion unterrichten. Ein Arbeitsbuch. Stuttgart: Kohlhammer (Religionspädagogik innovativ, 2), 72–89.

Butterwegge, Christoph (2010): Kinderarmut und Bildung. In: Gudrun Quenzel und Klaus Hurrelmann (Hg.): Bildungsverlierer. Neue Ungleichheiten. Wiesbaden: VS Verlag für Sozialwissenschaften, 537–555.

Büttner, Gerhard (2014): Theologisieren mit Kindern - zwischen Empathie und Strukturierung. In: Gerhard Büttner, Petra Freudenberger-Lötz, Christina Kalloch und Martin Schreiner (Hg.): Handbuch Theologisieren mit Kindern. Einführung – Schlüsselthemen – Methoden. München, Stuttgart: Kösel, Calwer, 19–25.

Büttner, Gerhard / Dieterich, Veit-Jakobus (2013): Entwicklungspsychologie in der Religionspädagogik. Göttingen: Vandenhoeck & Ruprecht.

Büttner, Gerhard / Kraft, Friedhelm (Hg.) (2014): „He! Ich habe viel Stress! Ich hasse alles". Theologisieren mit Kindern aus bildungs- und religionsfernen Milieus. Stuttgart: Calwer (Jahrbuch für Kindertheologie, 13).

Calmbach, Marc / Borgstedt, Silke / Borchard, Inga / Thomas, Peter Martin / Flaig, Berthold Bodo (2016): Wie ticken Jugendliche 2016? Lebenswelten von Jugendlichen im Alter von 14 bis 17 Jahren in Deutschland. Wiesbaden: Springer. Online verfügbar unter https://link.springer.com/content/pdf/10.1007%2F978-3-658-12533-2.pdf, zuletzt geprüft am 13.04.2021. Creative Commons Namensnennung - Nicht kommerziell 2.5 International Lizenz (http://creativecommons.org/licenses/by-nc/2.5/deed.de).

Calmbach, Marc / Flaig, Berthold Bodo / Eilers, Ingrid (2013): MDG-Milieuhandbuch 2013. Religiöse und kirchliche Orientierungen in den Sinus-Milieus. Im Auftrag der MDG Medien-Dienstleistung GmbH. Hg. v. MDG Medien-Dienstleistung GmbH. Sinus Markt- und Sozialforschung GmbH. Heidelberg, München.

Chassé, Karl August / Zander, Margherita / Rasch, Konstanze (2010): Meine Familie ist arm. Wie Kinder im Grundschulalter Armut erleben und bewältigen. 4. Auflage. Wiesbaden: VS Verlag für Sozialwissenschaften.

Deutsche Bibelgesellschaft (Hg.) (1999): Die Bibel. Nach der Übersetzung Martin Luthers. Bibeltext in der revidierten Fassung von 1984. Lutherbibel Standardausgabe. Stuttgart: Deutsche Bibelgesellschaft.

Deutsche Bibelgesellschaft (Hg.) (2012): BasisBibel. Das Neue Testament und die Psalmen. Stuttgart: Deutsche Bibelgesellschaft.

Diakonisches Werk der Evangelischen Kirche in Deutschland e.V. (Hg.) (2012): Freiwilliges Engagement in Einrichtungen und Diensten der Diakonie. Eine repräsentative Studie. Leinfelden-Echterdingen (Diakonie-Texte). Online verfügbar unter https://www.diakonie.de/fileadmin/user_upload/Diakonie/PDFs/Statistiken_PDF/Texte-04-2012-Freiwilliges_Engagement.pdf, zuletzt geprüft am 13.04.2021.

Diözesan-Caritasverband für das Erzbistum Köln e.V. (2015): Schluss mit der Ausgrenzung. Armutssensibles Handeln - Wie denken und handeln wir in der Caritas? Eine Handreichung zur Orientierung. Unter Mitarbeit von Armutskreis Allgemeine Sozialberatung. Köln.

Dressler, Bernhard (2013): Hat der Religionsunterricht Zukunft? In: *Loccumer Pelikan* (3), 103–109.

Dreyer, Martin (2014): Die Volxbibel - Altes und Neues Testament. München, Witten: Pattloch Verlag, Volxbibel Verlag.

Dussel, Enrique (1985): Befreiungsethik. Grundlegende Hypothesen. In: Enrique Dussel: Herrschaft und Befreiung. Ansatz, Stationen und Themen einer lateinamerikanischen Theologie der Befreiung. Freiburg/Schweiz: Edition Exodus, 137–152.

Dussel, Enrique (1985): Herrschaft - Befreiung. Ein veränderter theologischer Diskurs. In: Enrique Dussel: Herrschaft und Befreiung. Ansatz, Stationen und Themen einer lateinamerikanischen Theologie der Befreiung. Freiburg/Schweiz: Edition Exodus, 19–43.

Ebach, Jürgen (2008): Art. Armut. II. Altes Testament. In: RGG^4 1. Tübingen: Mohr Siebeck, 779–780.

Ehmke, Timo / Jude, Nina (2010): Soziale Herkunft und Kompetenzerwerb. In: Eckhard Klieme, Cordula Artelt, Johannes Hartig, Nina Jude, Olaf Köller, Manfred Prenzel, Wolfgang Schneider und Petra Stanat (Hg.): PISA 2009. Bilanz nach einem Jahrzehnt. Münster u. a.: Waxmann, 231–254.

Eiesland, Nancy L. (2018): Der behinderte Gott. Anstöße zu einer Befreiungstheologie der Behinderung. Würzburg: Echter.

EKD (2006): Gerechte Teilhabe. Befähigung zu Eigenverantwortung und Solidarität. Mit einer Kundgebung der Synode der EKD. Eine Denkschrift des Rates der Evangelischen Kirche in Deutschland zur Armut in Deutschland. Gütersloh: Gütersloher Verlagshaus.

EKD / Comenius-Institut (Hg.) (2010): „Niemand darf verloren gehen!". Evangelisches Plädoyer für mehr Bildungsgerechtigkeit. Lesebuch zum Schwerpunktthema der 3. Tagung der 11. Synode der Evangelischen Kirche in Deutschland (EKD) vom 7. bis 10. November 2010 in Hannover. Münster.

Emlein, Rudolf (1911): Religionsunterricht bei Proletarierkindern. In: *Monatsblätter für den Evangelischen Religionsunterricht* 4, 311–317.

Engels, Dietrich (2006): Lebenslagen und soziale Exklusion – Thesen zur Reformulierung des Lebenslagenkonzepts für die Sozialberichterstattung. In: *Sozialer Fortschritt* (5), 109–117.

Fend, Helmut (2009): Neue Theorie der Schule. Einführung in das Verstehen von Bildungssystemen. 2. durchgesehene Auflage. Wiesbaden: VS Verlag für Sozialwissenschaften.

Flaig, Berthold Bodo / Barth, Bertram (2018): Hoher Nutzwert und vielfältige Anwendung: Entstehung und Entfaltung des Informationssystems Sinus-Milieus®. In: Bertram Barth, Berthold Bodo Flaig, Norbert Schäuble und Manfred Tautscher (Hg.): Praxis der Sinus-Milieus®. Gegenwart und Zukunft eines modernen Gesellschafts- und Zielgruppenmodells. Wiesbaden: Springer VS, 3–21.

Flake, Saskia / Schröder, Ina (2014): Inklusive Pädagogik – Eine Herausforderung für die Religionspädagogik?! In: Katharina Kammeyer, Erna Zonne und Annebelle Pithan (Hg.): Inklusion und Kindertheologie. Münster: Comenius-Institut (Inklusion – Religion – Bildung, 1), 30–64.

Freire, Paulo (1973): Pädagogik der Unterdrückten. 3. Auflage. Stuttgart: Kreuz.

Freire, Paulo (2007): Bildung als Erkenntnissituation (1970). In: Paulo Freire: Unterdrückung und Befreiung. Hg. v. Norbert Mette, Peter Schreiner, Dirk Oesselmann und Dieter Kinkelbur. Münster u. a.: Waxmann (Paulo Freire, 1), 67–88.

Fricke, Michael (2015): Art. Kinder- und Jugendbibeln. In: Mirjam Zimmermann und Heike Lindner (Hg.): Das wissenschaftlich-religionspädagogische Lexikon im Internet (www.wirelex.de). Online verfügbar unter https://www.bibelwissenschaft.de/stichwort/100039/, zuletzt geprüft am 13.04.2021.

Froschauer, Ulrike / Lueger, Manfred (2009): Interpretative Sozialforschung. Der Prozess. Wien: Facultas.wuv.

Fuchs-Heinritz, Werner / König, Alexandra (2011): Pierre Bourdieu. Eine Einführung. 2. überarbeitete Auflage. Konstanz: UVK.

Gennerich, Carsten (2010): Empirische Dogmatik des Jugendalters. Werte und Einstellungen Heranwachsender als Bezugsgrößen für religionsdidaktische Reflexionen. Stuttgart: Kohlhammer (Praktische Theologie heute, 108).

Gennerich, Carsten (2016): Art. Milieu und Religion. In: Mirjam Zimmermann und Heike Lindner (Hg.): Das wissenschaftlich-religionspädagogische Lexikon im Internet. Online verfügbar unter https://www.bibelwissenschaft.de/stichwort/100112/, zuletzt geprüft am 13.04.2021.

Gerhardt, Heinz-Peter (2004): Befreiende Pädagogik. Ein multiparadigmatischer Ansatz. In: *Zeitschrift für internationale Bildungsforschung und Entwicklungspädagogik* 27 (4), 18–22. Online verfügbar unter https://www.pedocs.de/volltexte/2013/6151/pdf/ZEP_4_2004_Gerhardt_Befreiende_Paedagogik.pdf, zuletzt geprüft am 13.04.2021.

Groos, Thomas / Jehles, Nora (2015): Der Einfluss von Armut auf die Entwicklung von Kindern. Ergebnisse der Schuleingangsuntersuchung. Werkstattbericht. 3. korrigierte Auflage. Hg. v. Bertelsmann-Stiftung und Zentrum für interdisziplinäre Regionalforschung (ZEFIR). Gütersloh (Arbeitspapiere wissenschaftliche Begleitforschung „Kein Kind zurücklassen!", 3). Online verfügbar unter https://www.bertelsmann-stiftung.de/fileadmin/files/BSt/

Publikationen/GrauePublikationen/03_Werkstattbericht_Einfluss_von_Armut_final_Auflage3_mU.pdf, zuletzt geprüft am 13.04.2021.
Grümme, Bernhard (2014): Bildungsgerechtigkeit. Eine religionspädagogische Herausforderung. Stuttgart: Kohlhammer (Religionspädagogik innovativ, 7).
Grümme, Bernhard (2015): Öffentliche Religionspädagogik. Religiöse Bildung in pluralen Lebenswelten. Stuttgart: Kohlhammer (Religionspädagogik innovativ, 9).
Grümme, Bernhard (2016): School matters. Zur Relevanz von Schule und unterrichtlichem Handeln für einen bildungsgerechten Religionsunterricht. In: Bernhard Grümme und Thomas Schlag (Hg.): Gerechter Religionsunterricht. Religionspädagogische, pädagogische und sozialethische Orientierungen. Stuttgart: Kohlhammer (Religionspädagogik innovativ, 11), 125–138.
Grümme, Bernhard (2017): Heterogenität in der Religionspädagogik. Grundlagen und konkrete Bausteine. Freiburg: Herder.
Grümme, Bernhard (2020): Problemorientierter Religionsunterricht: Vernachlässigtes Potential für eine politisch sensible Religionspädagogik in postdemokratischen Zeiten? In: Claudia Gärtner und Jan-Hendrik Herbst (Hg.): Kritisch-Emanzipatorische Religionspädagogik. Diskurse zwischen Theologie, Pädagogik und Politischer Bildung. Wiesbaden: Springer VS, 33–53.
Grümme, Bernhard / Schlag, Thomas (Hg.) (2016): Gerechter Religionsunterricht. Religionspädagogische, pädagogische und sozialethische Orientierungen. Stuttgart: Kohlhammer (Religionspädagogik innovativ, 11).
Gundlach, Thies (2014): Handlungsherausforderungen. Erste Überlegungen zu den Ergebnissen der V. KMU. In: Evangelische Kirche in Deutschland (Hg.): Engagement und Indifferenz. Kirchenmitgliedschaft als soziale Praxis. V. EKD-Erhebung über Kirchenmitgliedschaft. Hannover: Evangelische Kirche in Deutschland, 128–132.
Gutiérrez, Gustavo (1992): Theologie der Befreiung. 10. erweiterte und neubearbeitete Auflage. Mainz: Matthias-Grünewald-Verlag (Welt der Theologie).
Haas, Daniela (2013): „Roter Kopf ... gesenkter Blick“. Impulse für eine schamsensible Schul- und Unterrichtskultur. In: Annebelle Pithan, Agnes Wuckelt und Christoph Beuers (Hg.): „... dass alle eins seien“ – Im Spannungsfeld von Exklusion und Inklusion. Münster: Comenius-Institut (Forum für Heil- und Religionspädagogik, 7), 168–182.
Haslinger, Herbert (1996): Diakonie zwischen Mensch, Kirche und Gesellschaft. Eine praktisch-theologische Untersuchung der diakonischen Praxis unter dem Kriterium des Subjektseins des Menschen. Würzburg: Seelsorge / Echter (Studien zur Theologie und Praxis der Seelsorge, 18).
Haslinger, Herbert (2008): Diakonie. Grundlagen für die soziale Arbeit der Kirche. Paderborn: Schöningh.
Helsper, Werner (2004): Pädagogisches Handeln in den Antinomien der Moderne. In: Heinz-Hermann Krüger und Werner Helsper (Hg.): Einführung in Grundbegriffe und Grundfragen der Erziehungswissenschaft. 6., überarbeitete und aktualisierte Auflage. Wiesbaden: VS Verlag für Sozialwissenschaften, 15–34.
Hempelmann, Heinzpeter (2013): Gott im Milieu. Wie die Sinus-Studien der Kirche helfen können, Menschen zu erreichen. 2. erweiterte Auflage. Gießen: Brunnen Verlag (Kirche lebt – Glaube wächst).
Hempelmann, Heinzpeter (2014): Kirche ist anders. Eine Analyse der SINUS-Studie und Konsequenzen. In: *echt. Neues bewegen* (1), 4–10.
Hempelmann, Heinzpeter / Heckel, Ulrich / Hinrichs, Karen / Peter, Dan (Hg.) (2019): Auf dem Weg zu einer milieusensiblen Kirche. Die SINUS-Studie „Evangelisch in Baden und Württemberg“ und ihre Konsequenzen für kirchliche Handlungsfelder. 2., durchgesehene Auflage. Göttingen: Vandenhoeck & Ruprecht (Kirche und Milieu, 2).

Hermann, Inger (2011): Halt's Maul, jetzt kommt der Segen. Kinder auf der Schattenseite des Lebens fragen nach Gott. 10. Auflage. Stuttgart: Calwer.
Hilger, Georg (2014): Leben gestalten – Mit Kindern Rituale, Feste und Schulgottesdienste feiern. In: Georg Hilger, Werner H. Ritter, Konstantin Lindner, Henrik Simojoki und Eva Stögbauer (Hg.): Religionsdidaktik Grundschule. Handbuch für die Praxis des evangelischen und katholischen Religionsunterrichts. Überarbeitete Neuausgabe, München, Stuttgart: Kösel; Calwer, 235–246.
Hinrichs, Karen / Heckel, Ulrich (2019): Vorwort. In: Heinzpeter Hempelmann, Ulrich Heckel, Karen Hinrichs und Dan Peter (Hg.): Auf dem Weg zu einer milieusensiblen Kirche. Die SINUS-Studie „Evangelisch in Baden und Württemberg" und ihre Konsequenzen für kirchliche Handlungsfelder. 2., durchgesehene Auflage. Göttingen: Vandenhoeck & Ruprecht (Kirche und Milieu, 2), 15–18.
Hock, Beate / Holz, Gerda / Kopplow, Marlies (2014): Kinder in Armutslagen. Grundlagen für armutssensibles Handeln in der Kindertagesbetreuung. Eine Expertise der Weiterbildungsinitiative Frühpädagogische Fachkräfte. München (WiFF Expertisen, 38). Online verfügbar unter https://www.weiterbildungsinitiative.de/fileadmin/Redaktion/Publikationen/Expertise_38_Kinder_in_Armut.pdf, zuletzt geprüft am 13.04.2021.
Hofmann, Beate (2018): Vom „entdiakonisierten diakonischen Blick" und seinen Konsequenzen im Inklusionsgeschehen. In: Michaela Geiger und Matthias Stracke-Bartholmai (Hg.): Inklusion denken. Theologisch, biblisch, ökumenisch, praktisch. Stuttgart: Kohlhammer (Behinderung – Theologie – Kirche, 10), 243–255.
Holz, Gerda (2008): Armut verhindert Bildung – Lebenslagen und Zukunftschancen von Kindern. In: Karin Sanders und Hans-Ulrich Weth (Hg.): Armut und Teilhabe. Analysen und Impulse zum Diskurs um Armut und Gerechtigkeit. Wiesbaden: VS Verlag für Sozialwissenschaften, 69–95.
Holz, Gerda / Hock, Beate (2006): Infantilisierung von Armut begreifbar machen – Die AWO-ISS-Studien zu familiärer Armut. In: *Vierteljahrshefte zur Wirtschaftsforschung* (1), 77–88.
Holz, Gerda / Laubstein, Claudia / Sthamer, Evelyn (2012): Lebenslagen und Zukunftschancen von (armen) Kindern und Jugendlichen in Deutschland. 15 Jahre AWO-ISS-Studie. Hg. v. Institut für Sozialarbeit und Sozialpädagogik e.V. Frankfurt am Main (ISS-Aktuell, 23).
Honneth, Axel (1994): Kampf um Anerkennung. Zur moralischen Grammatik sozialer Konflikte. Frankfurt am Main: Suhrkamp (Suhrkamp Taschenbuch Wissenschaft, 1129).
Hübenthal, Maksim: Kinderarmut in Deutschland. Empirische Befunde, kinderpolitische Akteure und gesellschaftspolitische Handlungsstrategien. Expertise im Auftrag des Deutschen Jugendinstituts. Deutsches Jugendinstitut e. V. München (Wissenschaftliche Texte).
Huber, Wolfgang / Friedrich, Johannes / Steinacker, Peter (Hg.) (2006): Kirche in der Vielfalt der Lebensbezüge. Die vierte EKD-Erhebung über Kirchenmitgliedschaft. Evangelische Kirche in Deutschland. Gütersloh: Gütersloher Verlagshaus (Kirche in der Vielfalt der Lebensbezüge, 1).
Humboldt, Wilhelm von (1986): Theorie der Bildung des Menschen. Bruchstück. In: Heinz-Elmar Tenorth (Hg.): Allgemeine Bildung: Analysen zu ihrer Wirklichkeit. Versuche über ihre Zukunft. Text aus: W. v. H.: Werke 1, 1785 - 1795. Hrsg. v. A. Leitzmann. Berlin 1903, 282 - 287. Weinheim, München: Juventa-Verlag, 32–38.
Husmann, Bärbel (2017): Art. Rituale. In: Mirjam Zimmermann und Heike Lindner (Hg.): Das wissenschaftlich-religionspädagogische Lexikon im Internet. Online verfügbar unter https://www.bibelwissenschaft.de/stichwort/100245/, zuletzt geprüft am 13.04.2021.
Hußmann, Anke / Stubbe, Tobias C. / Kasper, Daniel (2017): Soziale Herkunft und Lesekompetenzen von Schülerinnen und Schülern. In: Anke Hußmann, Heike Wendt, Wilfried Bos, Albert Bremerich-Vos, Daniel Kasper, Eva-Maria Lankes, Nele McElvany, Tobias C. Stubbe

und Renate Valtin. (Hg.): IGLU 2016. Lesekompetenzen von Grundschulkindern in Deutschland im internationalen Vergleich. Münster: Waxmann, 195–217.
Joest, Wilfried / Lüpke, Johannes von (2012): Dogmatik II: Der Weg Gottes mit dem Menschen. 5. völlig neu überarbeitete Auflage. Göttingen: Vandenhoeck & Ruprecht.
Johnsen, Elisabeth Tveito / Schweitzer, Friedrich (2011): Was ist kritische Kindertheologie? Vergleichende Perspektiven aus Norwegen und Deutschland. In: Anton A. Bucher, Gerhard Büttner, Petra Freudenberger-Lötz und Martin Schreiner (Hg.): „Gott gehört so ein bisschen zur Familie". Mit Kindern über Glück und Heil nachdenken. Stuttgart: Calwer (Jahrbuch für Kindertheologie, 10), 25–36.
Käbisch, David (2015): Die Deutungsmacht der eigenen Erfahrung. Inklusives Lernen in der Wahrnehmung von Religionslehrkräften. In: *Zeitschrift für Pädagogik und Theologie* 67 (3), 248–256.
Kaiser, Jochen-Christoph (2008): Art. Diakonie. I. Kirchengeschichtlich. In: RGG[4] 2. Tübingen: Mohr Siebeck, 792–794.
Kammeyer, Katharina (2012): Anerkennung erfahren und geben lernen. Sonderpädagogische Überlegungen zu einer Pädagogik der Vielfalt. In: *Glaube und Lernen* 27 (2), 164–180.
Kammeyer, Katharina (2012): Kindheitsforschung und Kindertheologie. Ein kindertheologischer Blick auf Beiträge soziologischer Kindheitsforschung. In: *Theo-Web. Zeitschrift für Religionspädagogik* 11 (2), 38–63. Online verfügbar unter http://theo-web.de/zeitschrift/ausgabe-2012-01/05.pdf, zuletzt geprüft am 13.04.2021.
Kammeyer, Katharina (2014): Inklusives Theologisieren in Gesprächen und darüber hinaus. Anregungen zur Klärung von Teilhabemöglichkeiten durch fachdidaktische Niveaudifferenzierung. In: Gerhard Büttner und Friedhelm Kraft (Hg.): „He! Ich habe viel Stress! Ich hasse alles". Theologisieren mit Kindern aus bildungs- und religionsfernen Milieus. Stuttgart: Calwer (Jahrbuch für Kindertheologie, 13), 25–43.
Kammeyer, Katharina (2014): Kinder- und Jugendtheologie auf dem Weg zur Inklusion – Kontextuelle und emanzipatorische Beispiele. In: Katharina Kammeyer, Erna Zonne und Annebelle Pithan (Hg.): Inklusion und Kindertheologie. Münster: Comenius-Institut (Inklusion – Religion – Bildung, 1), 9–29.
Kammeyer, Katharina (2015): Inklusive Wege des Umgangs mit Heterogenität im Religionsunterricht. Wahrnehmungen von Religionslehrerinnen und -lehrern, bildungstheoretische Reflexionen und Herausforderungen für das Studium. In: Ilona Nord (Hg.): Inklusion im Studium Evangelische Theologie. Grundlagen und Perspektiven mit einem Schwerpunkt im Bereich von Sinnesbehinderungen. Leipzig: Evangelische Verlagsanstalt, 197–225.
Kammeyer, Katharina (2020): Differenz. In: Thorsten Knauth, Rainer Möller und Annebelle Pithan (Hg.): Inklusive Religionspädagogik der Vielfalt. Konzeptionelle Grundlagen und didaktische Konkretionen. Münster: Waxmann (Religious Diversity and Education in Europe, 42), 76–86.
Kammeyer, Katharina / Jesuthasan, Janieta (2013): Wie gehen Kinder mit Behinderung mit Heilungsgeschichten um? Dis/ability als hermeneutische Leitkategorie für Unterrichtsplanung und -analyse am Beispiel der Bartimäus-Geschichte. In: Mirjam Zimmermann, Constantin Klein und Gerhard Büttner (Hg.): Kind – Krankheit – Religion. Medizinische, psychologische, theologische und religionspädagogische Perspektiven. Neukirchen-Vluyn: Neukirchener Verlag (Theologische Anstöße, 6), 211–230.
Kammeyer, Katharina / Zonne, Erna / Pithan Annebelle (Hg.) (2014): Inklusion und Kindertheologie. Münster: Comenius-Institut (Inklusion – Religion – Bildung, 1).
Kern, Bruno (2013): Theologie der Befreiung. Tübingen: Francke.
Keupp, Heiner (2008): Identitätskonstruktionen. Das Patchwork der Identitäten in der Spätmoderne. 4. Auflage. Reinbek bei Hamburg: Rowohlt-Taschenbuch-Verlag (Rororo, 55634).

Kirchenamt der EKD (Hg.) (1998): Herz und Mund und Tat und Leben. Grundlagen, Aufgaben und Zukunftsperspektiven der Diakonie. Eine evangelische Denkschrift. Evangelische Kirche in Deutschland. 3. Auflage. Gütersloh: Gütersloher Verlagshaus (EKD-Denkschrift, 143). Online verfügbar unter https://www.ekd.de/50386.htm, zuletzt geprüft am 13.04.2021.

Klafki, Wolfgang (2007): Neue Studien zur Bildungstheorie und Didaktik. Zeitgemäße Allgemeinbildung und kritisch-konstruktive Didaktik. 6., neu ausgestattete Auflage. Weinheim, Basel: Beltz (Beltz Bibliothek).

Klinger, Elmar (2008): Art. Armut. I. Begriffsbestimmung. In: RGG^4 1. Tübingen: Mohr Siebeck, 779.

Klinger, Elmar (2008): Art. Armut. V. Ethisch. In: RGG^4 1. Tübingen: Mohr Siebeck, 783–784.

Knauth, Thorsten (2003): Problemorientierter Religionsunterricht. Eine kritische Rekonstruktion. Göttingen: Vandenhoeck & Ruprecht (Arbeiten zur Religionspädagogik, 23).

Knauth, Thorsten (2012): Religionsunterricht, Befreiungspädagogik und Befreiungstheologie. Ein Blick zurück nach vorn. In: Klaus von Stosch und Muna Tatari (Hg.): Gott und Befreiung. Befreiungstheologische Konzepte in Islam und Christentum. Paderborn: Ferdinand Schöningh (Beiträge zur Komparativen Theologie, 5), 203–220.

Knauth, Thorsten (2015): Inklusive Religionspädagogik. Grundlagen und Perspektiven. In: Ilona Nord (Hg.): Inklusion im Studium Evangelische Theologie. Grundlagen und Perspektiven mit einem Schwerpunkt im Bereich von Sinnesbehinderungen. Leipzig: Evangelische Verlagsanstalt, 49–68.

Knauth, Thorsten (2017): Einschließungen und Ausgrenzungen. Überlegungen zu Bedeutung und Zusammenhang von Geschlecht, Religion und sozialem Status für Religionspädagogik und Theologie. In: Thorsten Knauth und Maren A. Jochimsen (Hg.): Einschließungen und Ausgrenzungen. Zur Intersektionalität von Religion, Geschlecht und sozialem Status für religiöse Bildung. Münster: Waxmann, 13–31.

Knauth, Thorsten (2018): Bleibend notwendig! Der Problemorientierte Religionsunterricht und seine Bedeutung für eine kritische Religionspädagogik – Geschichte und Aktualität. In: *Zeitschrift für Pädagogik und Theologie* 70 (2), 128–141.

Knauth, Thorsten (2020): Grundbegriffe, unabgegoltene Potenziale und Perspektiven des problemorientierten Ansatzes für gegenwärtige kritische politische Religionspädagogik. In: Claudia Gärtner und Jan-Hendrik Herbst (Hg.): Kritisch-Emanzipatorische Religionspädagogik. Diskurse zwischen Theologie, Pädagogik und Politischer Bildung. Wiesbaden: Springer VS, 55–82.

Knauth, Thorsten / Jochimsen, Maren A. (Hg.) (2017): Einschließungen und Ausgrenzungen. Zur Intersektionalität von Religion, Geschlecht und sozialem Status für religiöse Bildung. Münster: Waxmann.

Knauth, Thorsten / Jochimsen, Maren A. (2017): Vorwort. In: Thorsten Knauth und Maren A. Jochimsen (Hg.): Einschließungen und Ausgrenzungen. Zur Intersektionalität von Religion, Geschlecht und sozialem Status für religiöse Bildung. Münster: Waxmann, 7–11.

Knauth, Thorsten / Möller, Rainer / Pithan, Annebelle (Hg.) (2020): Inklusive Religionspädagogik der Vielfalt. Konzeptionelle Grundlagen und didaktische Konkretionen. Münster: Waxmann (Religious Diversity and Education in Europe, 42).

Koller, Hans-Christoph (2010): Grundzüge einer Theorie transformatorischer Bildungsprozesse. In: Andrea Liesner und Ingrid Lohmann (Hg.): Gesellschaftliche Bedingungen von Bildung und Erziehung. Eine Einführung. Stuttgart: Kohlhammer, 288–300.

Koller, Hans-Christoph (2018): Bildung anders denken. Einführung in die Theorie transformatorischer Bildungsprozesse. 2. Auflage. Stuttgart: Kohlhammer.

Kollmann, Bernd (2011): Neutestamentliche Wundergeschichten. Biblisch-theologische Zugänge und Impulse für die Praxis. 3., durchgesehene und ergänzte Auflage. Stuttgart: Kohlhammer (Urban-Taschenbücher, 477).

Könemann, Judith (2013): Bildungsgerechtigkeit (k)ein Thema religiöser Bildung? Normative Orientierungen in der Religionspädagogik. In: Judith Könemann und Norbert Mette (Hg.): Bildung und Gerechtigkeit. Warum religiöse Bildung politisch sein muss. Ostfildern: Grünewald (Bildung und Pastoral, 2), 37–51.

Könemann, Judith (2015): Art. Religion. In: Mirjam Zimmermann und Heike Lindner (Hg.): Das wissenschaftlich-religionspädagogische Lexikon im Internet. Online verfügbar unter https://www.bibelwissenschaft.de/stichwort/100075/, zuletzt geprüft am 13.04.2021.

Könemann, Judith / Mette, Norbert (Hg.) (2013): Bildung und Gerechtigkeit. Warum religiöse Bildung politisch sein muss. Ostfildern: Grünewald (Bildung und Pastoral, 2).

Korsch, Dietrich (1997): Religion mit Stil. Protestantismus in der Kulturwende. Tübingen: Mohr Siebeck.

Kottner, Nicola (2009): Die Rechte von Kindern und Jugendlichen. Eine Unterrichtssequenz für eine dritte oder vierte Grundschulklasse im Rahmen einer Einheit zum Thema Kinderarmut. In: *Loccumer Pelikan* (2), 72–76.

Kramer, Helga (2015): Lukas als Ordner des frühchristlichen Diskurses um „Armut und Reichtum“ und den „Umgang mit materiellen Gütern“. Eine überlieferungsgeschichtliche und diskurskritische Untersuchung zur Besitzethik des Lukasevangeliums unter besonderer Berücksichtigung des lukanischen Sonderguts. Tübingen: Francke (Neutestamentliche Entwürfe zur Theologie, 21).

Kuhlmann, Carola (2008): Bildungsarmut und die soziale „Vererbung“ von Ungleichheiten. In: Ernst-Ulrich Huster, Jürgen Boeckh und Hildegard Mogge-Grotjahn (Hg.): Handbuch Armut und soziale Ausgrenzung. Wiesbaden: VS Verlag für Sozialwissenschaften, 301–319.

Kumlehn, Martina (2015): Art. Bildung, religiöse. In: Mirjam Zimmermann und Heike Lindner (Hg.): Das wissenschaftlich-religionspädagogische Lexikon im Internet. Online verfügbar unter https://www.bibelwissenschaft.de/stichwort/100082/, zuletzt geprüft am 13.04.2021.

Lämmermann, Godwin (2005): Religionsdidaktik. Bildungstheologische Grundlegung und konstruktiv-kritische Elementarisierung. Stuttgart: Kohlhammer.

Langenkamp, Ina (2018): Stärkung des kindlichen Selbstkonzepts. Vom Patenschaftsprojekt bis zur (Grund-) Schule. Wiesbaden: Springer Fachmedien Wiesbaden (Psychologie in Bildung und Erziehung: Vom Wissen zum Handeln).

Laubstein, Claudia / Holz, Gerda / Seddig, Nadine (2016): Armutsfolgen für Kinder und Jugendliche. Erkenntnisse aus empirischen Studien in Deutschland. Hg. v. Bertelsmann-Stiftung. Gütersloh. Online verfügbar unter http://www.iss-ffm.de/m_662_dl, zuletzt geprüft am 13.04.2021.

Leisering, Lutz (2008): Dynamik von Armut. In: Ernst-Ulrich Huster, Jürgen Boeckh und Hildegard Mogge-Grotjahn (Hg.): Handbuch Armut und soziale Ausgrenzung. Wiesbaden: VS Verlag für Sozialwissenschaften, 118–132.

Leitlein, Hannes (2015): „Kirche muss seltsam sein“. In: *Zeit Online*, 08.06.2015. Online verfügbar unter https://www.zeit.de/gesellschaft/zeitgeschehen/2015-06/evangelische-kirche-pastorin-nadia-bolz-weber, zuletzt geprüft am 13.04.2021.

Leonhard, Silke / Klie, Thomas (2012): Performatives Lehren und Lernen von Religion. In: Bernhard Grümme, Hartmut Lenhard und Manfred L. Pirner (Hg.): Religionsunterricht neu denken. Innovative Ansätze und Perspektiven der Religionsdidaktik. Stuttgart: Kohlhammer (Religionspädagogik innovativ, 1), 90–104.

Leutzsch, Martin (1996): Liebe und Gerechtigkeit im Neuen Testament. In: Herausforderung „neue Armut". Motive und Konzepte sozialer Arbeit. Leipzig: Evangelische Verlagsanstalt (Akzente der Entwicklung sozialer Arbeit in Gesellschaft und Kirche, 1), 23–48.

Leutzsch, Martin (2016): Biblisch-theologische Perspektiven auf Heterogenität, Inklusion und Exklusion. In: Ulf Liedke und Harald Wagner (Hg.): Inklusion. Lehr- und Arbeitsbuch für professionelles Handeln in Kirche und Gesellschaft: Stuttgart: Kohlhammer, 54–70.

Liedke, Ulf (2013): Anerkannte Vielfalt. Inklusion als Thema der Theologie und der kirchlichen Praxis. Dresden (Studientexte aus der Evangelischen Hochschule für Soziale Arbeit, 3). Online verfügbar unter https://www.ev-akademie-baden.de/html/media/dl.html?i=165504, zuletzt geprüft am 13.04.2021.

Liedke, Ulf (2016): „Gott ist die bunte Vielfalt für mich". Inklusion in systematisch-theologischer Perspektive. In: Ulf Liedke und Harald Wagner (Hg.): Inklusion. Lehr- und Arbeitsbuch für professionelles Handeln in Kirche und Gesellschaft. Stuttgart: Kohlhammer, 71–88.

Liedke, Ulf / Wagner, Harald (2016): Inklusionen: Sozialwissenschaftliche Grundlagen für eine Praxistheorie der Teilhabe und Vielfalt. In: Ulf Liedke und Harald Wagner (Hg.): Inklusion. Lehr- und Arbeitsbuch für professionelles Handeln in Kirche und Gesellschaft. Stuttgart: Kohlhammer, 9–37.

Lienhard, Fritz (2019): Zur Sinus-Studie „Evangelisch in Baden und Württemberg" (2012). Ihre Bedeutung für Theologie und Kirche. In: Heinzpeter Hempelmann, Ulrich Heckel, Karen Hinrichs und Dan Peter (Hg.): Auf dem Weg zu einer milieusensiblen Kirche. Die SINUS-Studie „Evangelisch in Baden und Württemberg" und ihre Konsequenzen für kirchliche Handlungsfelder. 2., durchgesehene Auflage. Göttingen: Vandenhoeck & Ruprecht (Kirche und Milieu, 2), 328–331.

Lindner, Heike (2018): Bibel und Musik. In: Mirjam Zimmermann und Ruben Zimmermann (Hg.): Handbuch Bibeldidaktik. 2. Auflage. Tübingen: Mohr Siebeck, 622–627.

Lohfink, Norbert (1990): Lobgesänge der Armen. Studien zum Magnifikat, den Hodajot von Qumran und einigen späten Psalmen. Stuttgart: Katholisches Bibelwerk (Stuttgarter Bibelstudien, 143).

Loose, Anika (2018): „(...) wenn man sich da an den anderen orientiert, dann findet man immer jemanden, der sich schlechter als man selbst benimmt und der es wahrscheinlich eher verdient hätte, in die Hölle zu kommen (...)" – Theologisieren als Einübung in einen nicht-fundamentalistischen Umgang mit der Bibel. In: Gerhard Büttner, Hanna Roose und Thomas Schlag (Hg.): „Es ist schwer einzuschätzen, wo man steht". Jugend und Bibel. Stuttgart: Calwer (Jahrbuch für Kinder- und Jugendtheologie, 2), 70–79.

Lütze, Frank M. (2011): Religionsunterricht im Hauptschulbildungsgang. Konzeptionelle Grundlagen einer Religionsdidaktik für den Pflichtschulbereich der Sekundarstufe I. Leipzig: Evangelische Verlagsanstalt (Arbeiten zur praktischen Theologie, 47).

Lütze, Frank M. (2016): Redet die Religion auch mit den Ungebildeten unter ihren Verächtern? Protestantische Überlegungen zur Bildungsgerechtigkeit. In: Bernhard Grümme und Thomas Schlag (Hg.): Gerechter Religionsunterricht. Religionspädagogische, pädagogische und sozialethische Orientierungen. Stuttgart: Kohlhammer (Religionspädagogik innovativ, 11), 96–109.

Maaz, Kai / Kreuter, Frauke / Watermann, Rainer (2006): Schüler als Informanten? Die Qualität von Schülerangaben zum sozialen Hintergrund. In: Jürgen Baumert, Petra Stanat und Rainer Watermann (Hg.): Herkunftsbedingte Disparitäten im Bildungswesen. Differenzielle Bildungsprozesse und Probleme der Verteilungsgerechtigkeit. Vertiefende Analysen im Rahmen von PISA 2000. Wiesbaden: VS Verlag für Sozialwissenschaften, 31–59.

Markschies, Christoph (2011): Zur Freiheit befreit. Bildung und Bildungsgerechtigkeit in evangelischer Perspektive. Frankfurt am Main: Hansisches Druck- und Verlagshaus (edition chrismon).
Mathys, Hanspeter (2008): Art. Nächstenliebe. II. Altes Testament. In: RGG[4] 6. Tübingen: Mohr Siebeck, 14–15.
Mayring, Philipp (2010): Qualitative Inhaltsanalyse. Grundlagen und Techniken. 11., aktualisierte und überarbeitete Auflage. Weinheim, Basel: Beltz.
Mecheril, Paul / Plößer, Melanie (2009): Differenz. In: Sabine Andresen, Rita Casale, Thomas Gabriel, Rebekka Horlacher, Sabina Larcher Klee und Jürgen Oelkers (Hg.): Handwörterbuch Erziehungswissenschaft. Weinheim, Basel: Beltz, 194–208.
Meireis, Torsten (2009): Befähigungsgerechtigkeit und Bildung. In: *Ethik und Gesellschaft* (1), 1–34. Online verfügbar unter http://www.ethik-und-gesellschaft.de/ojs/index.php/eug/article/view/1-2009-art-1/151, zuletzt geprüft am 13.04.2021.
Mendl, Hans (2018): Lernen an biblischen Personen. In: Mirjam Zimmermann und Ruben Zimmermann (Hg.): Handbuch Bibeldidaktik. 2. Auflage. Tübingen: Mohr Siebeck, 283–287.
Merkle, Tanja / Wippermann, Carsten (2008): Eltern Unter Druck. Selbstverständnisse, Befindlichkeiten und Bedürfnisse Von Eltern in Verschiedenen Lebenswelten. Stuttgart: Lucius & Lucius.
Messerschmidt, Astrid (2013): Über Verschiedenheit verfügen? Heterogenität und Diversity zwischen Effizienz und Kritik. In: Elke Kleinau und Barbara Rendtorff (Hg.): Differenz, Diversität und Heterogenität in erziehungswissenschaftlichen Diskursen. Opladen: Verlag Barbara Budrich (Schriftenreihe der Sektion Frauen- und Geschlechterforschung in der Deutschen Gesellschaft für Erziehungswissenschaft (DGfE), 3), 47–61.
Mette, Norbert (2001): Art. Identität. In: LexRP 1. Neukirchen-Vluyn: Neukirchener Verlag, 847–854.
Mette, Norbert (2013): Der aktuelle Diskurs über Bildungsgerechtigkeit in den beiden (Groß-)Kirchen in Deutschland. In: Judith Könemann und Norbert Mette (Hg.): Bildung und Gerechtigkeit. Warum religiöse Bildung politisch sein muss. Ostfildern: Grünewald (Bildung und Pastoral, 2), 21–36.
Mette, Norbert (2016): Bildung und Gerechtigkeit – religionspädagogische Annäherungen. Eine Zwischenbilanz. In: Bernhard Grümme und Thomas Schlag (Hg.): Gerechter Religionsunterricht. Religionspädagogische, pädagogische und sozialethische Orientierungen. Stuttgart: Kohlhammer (Religionspädagogik innovativ, 11), 13–27.
Meuser, Michael / Nagel, Ulrike (2009): Das Experteninterview – konzeptionelle Grundlagen und methodische Anlage. In: Susanne Pickel, Gert Pickel, Hans-Joachim Lauth und Detlef Jahn (Hg.): Methoden der vergleichenden Politik- und Sozialwissenschaft. Neue Entwicklungen und Anwendungen. Wiesbaden: VS Verlag für Sozialwissenschaften, 465–479.
Meuser, Michael / Nagel, Ulrike (2010): ExpertInneninterview: Zur Rekonstruktion spezialisierten Sonderwissens. In: Ruth Becker und Beate Kortendiek (Hg.): Handbuch Frauen- und Geschlechterforschung. Wiesbaden: Springer Fachmedien, 376–379.
Ministerium für Schule und Weiterbildung des Landes Nordrhein-Westfalen (Hg.) (2008): Richtlinien und Lehrpläne für die Grundschule in Nordrhein-Westfalen. Deutsch, Sachunterricht, Mathematik, Englisch, Musik, Kunst, Sport, Evangelische Religionslehre, Katholische Religionslehre. Frechen: Ritterbach.
Modehn, Christian (1976): Die kontemplative Erfahrung und der politische Kampf. In: Christian Modehn (Hg.): Christen entdecken die Freiheit. Notwendige Anstöße aus Lateinamerika. Stuttgart: Verlag Katholisches Bibelwerk, 28–44.
Möller, Rainer (2015): Armutssensible Inklusionspädagogik – Auf dem Weg zu einem erweiterten Verständnis von Inklusion. In: Annebelle Pithan und Agnes Wuckelt (Hg.): Krise und

Kreativität. Eine Suchbewegung zwischen Behinderung, Bildung und Theologie. Münster: Comenius-Institut (Forum für Heil- und Religionspädagogik, 8), 104–116.
Möller, Rainer / Pithan, Annebelle / Schöll, Albrecht / Bücker, Nicola (2018): Religion in inklusiven Schulen. Soziale Deutungsmuster von Religionslehrkräften. Münster: Waxmann.
Morawski, Marcin (2016): Bildung im Kontext von Distinktionsgeschehen. Religionspädagogische Impulse. In: Bernhard Grümme und Thomas Schlag (Hg.): Gerechter Religionsunterricht. Religionspädagogische, pädagogische und sozialethische Orientierungen. Stuttgart: Kohlhammer (Religionspädagogik innovativ, 11), 28–41.
Mostafa, Tarek / Schwabe, Markus (2019): Ländernotiz. Ergebnisse PISA 2018. Deutschland. Online verfügbar unter https://www.oecd.org/berlin/themen/pisa-studie/PISA2018_CN_DEU_German.pdf, zuletzt geprüft am 13.04.2021.
Müller-Friese, Anita (2007): Kirche für Kellerkinder. Theologische Perspektiven zwischen Anspruch und Wirklichkeit. Vortrag bei den Birkacher Tagen 6.–7.2.2006. Online verfügbar unter https://www.ekiba.de/html/media/dl.html?i=15423, zuletzt geprüft am 13.04.2021.
Müller-Friese, Anita (2001): Vom Rand in die Mitte. Erfahrungsorientierter Religionsunterricht an der Schule für Lernbehinderte. Stuttgart: Calwer.
Müller-Friese, Anita (2012): „Verstehst du auch, was du liest?“. Sonderpädagogische Impulse für eine adressatenorientierte Bibeldidaktik. In: Wolfgang Grünstäudl und Markus Schiefer Ferrari (Hg.): Gestörte Lektüre. Disability als hermeneutische Leitkategorie biblischer Exegese. Stuttgart: Kohlhammer (Behinderung – Theologie – Kirche, 4), 219–235.
Müller-Friese, Anita / Leimgruber, Stephan (2002): Religionspädagogische Aspekte eines integrativen Religionsunterrichts. In: Annebelle Pithan, Gottfried Adam und Roland Kollmann (Hg.): Handbuch integrative Religionspädagogik. Reflexionen und Impulse für Gesellschaft, Schule und Gemeinde. Gütersloh: Gütersloher Verlagshaus, 356–374.
Neumann, Nils (2018): Die Überwindung sozialer Grenzen im Lukasevangelium. In: Michaela Geiger und Matthias Stracke-Bartholmai (Hg.): Inklusion denken. Theologisch, biblisch, ökumenisch, praktisch. Stuttgart: Kohlhammer (Behinderung – Theologie – Kirche, 10), 141–156.
Nipkow, Karl Ernst (2011): Menschen mit Behinderung nicht ausgrenzen! Zur theologischen Begründung und pädagogischen Verwirklichung einer „Inklusiven Pädagogik“. In: Annebelle Pithan (Hg.): Evangelische Bildungsverantwortung: Inklusion. Ein Lesebuch. Münster: Comenius-Institut, 89–98.
Nussbaum, Martha C. (1995): Menschliches Tun und soziale Gerechtigkeit. Zur Verteidigung des aristotelischen Essentialismus. In: Micha Brumlik und Hauke Brunkhorst (Hg.): Gemeinschaft und Gerechtigkeit. Frankfurt am Main: Fischer Taschenbuch Verlag, 323–361.
Obst, Gabriele (2008): Kompetenzorientiertes Lehren und Lernen im Religionsunterricht. Göttingen: Vandenhoeck & Ruprecht.
OECD (Hg.) (2018): Ist der Soziale Aufzug kaputt? Wege zur Förderung der sozialen Mobilität. Deutschland im Vergleich. Online verfügbar unter https://www.oecd.org/berlin/publikationen/SocMob%20country%20note_DEU_de.pdf, zuletzt geprüft am 13.04.2021.
Peukert, Helmut (2000): Reflexionen über die Zukunft von Bildung. In: *Zeitschrift für Pädagogik* 46 (4), 507–524.
Peukert, Helmut (2015): Zur Neubestimmung des Bildungsbegriffs. In: Helmut Peukert: Bildung in gesellschaftlicher Transformation. Hg. v. Ottmar John und Norbert Mette. Paderborn: Ferdinand Schöningh, 33–43.
Pickel, Gert (2014): Jugendliche und junge Erwachsene. Stabil im Bindungsverlust zur Kirche. In: Evangelische Kirche in Deutschland (Hg.): Engagement und Indifferenz. Kirchenmitgliedschaft als soziale Praxis. V. EKD-Erhebung über Kirchenmitgliedschaft. Hannover: Evangelische Kirche in Deutschland, 60–72.

Pirker, Viera (2013): Wer hat, dem wird gegeben? Zur bildungspolitischen Problematik der Ressourcen(un)gerechtigkeit in einer identitätsbildenden Religionspädagogik. In: Judith Könemann und Norbert Mette (Hg.): Bildung und Gerechtigkeit. Warum religiöse Bildung politisch sein muss. Ostfildern: Grünewald (Bildung und Pastoral, 2), 67–83.

Pithan, Annebelle / Arzt, Silvia / Jakobs, Monika / Knauth, Thorsten (Hg.) (2009): Gender, Religion, Bildung. Beiträge zu einer Religionspädagogik der Vielfalt. Gütersloh: Gütersloher Verlagshaus.

Pitschmann, Carina (2014): Armut / Reichtum. In: Gerhard Büttner, Petra Freudenberger-Lötz, Christina Kalloch und Martin Schreiner (Hg.): Handbuch Theologisieren mit Kindern. Einführung – Schlüsselthemen – Methoden. München, Stuttgart: Kösel, Calwer, 114–119.

Pitschmann, Carina (2014): Gerechtigkeit. In: Gerhard Büttner, Petra Freudenberger-Lötz, Christina Kalloch und Martin Schreiner (Hg.): Handbuch Theologisieren mit Kindern. Einführung – Schlüsselthemen – Methoden. München, Stuttgart: Kösel, Calwer, 203–207.

Pohl-Patalong, Uta (2018): Bibliolog. In: Mirjam Zimmermann und Ruben Zimmermann (Hg.): Handbuch Bibeldidaktik. 2. Auflage. Tübingen: Mohr Siebeck, 567–573.

Prengel, Annedore (2006): Pädagogik der Vielfalt. Verschiedenheit und Gleichberechtigung in Interkultureller, Feministischer und Integrativer Pädagogik. 3. Auflage. Wiesbaden: VS Verlag für Sozialwissenschaften (Schule und Gesellschaft, 2).

Projektgruppe Inklusive Religionslehrerbildung (inreb) (2014): Zehn Grundsätze für inklusiven Religionsunterricht. Hg. v. Comenius-Institut. Online verfügbar unter https://inrev.de/zehn-grundsaetze-fuer-inklusiven-religionsunterricht/, zuletzt geprüft am 13.04.2021.

Qualbrink, Andrea / Pithan, Annebelle / Wischer, Mariele (Hg.) (2011): Geschlechter bilden. Perspektiven für einen genderbewussten Religionsunterricht. Gütersloh: Gütersloher Verlagshaus.

Reich, Kersten (2013): Chancengerechtigkeit und Kapitalformen. Gesellschaftliche und individuelle Chancen in Zeiten zunehmender Kapitalisierung. Wiesbaden: Springer VS.

Ricken, Norbert / Reh, Sabine (2014): Relative und radikale Differenz. Herausforderung für die ethnographische Forschung in pädagogischen Feldern. In: Anja Tervooren, Nicolas Engel, Michael Göhlich, Ingrid Miethe und Sabine Reh (Hg.): Ethnographie und Differenz in pädagogischen Feldern. Internationale Entwicklungen erziehungswissenschaftlicher Forschung. Bielefeld: transcript, 25–45.

Riegel, Ulrich (2018): Bibelverständnis und soziales Milieu. In: Mirjam Zimmermann und Ruben Zimmermann (Hg.): Handbuch Bibeldidaktik. 2. Auflage. Tübingen: Mohr Siebeck, 674–677.

Ritter, Werner H. / Simojoki, Henrik (2014): Religion und das Recht des Kindes auf religiöse Bildung. In: In: Georg Hilger, Werner H. Ritter, Konstantin Lindner, Henrik Simojoki und Eva Stögbauer (Hg.): Religionsdidaktik Grundschule. Handbuch für die Praxis des evangelischen und katholischen Religionsunterrichts. Überarbeitete Neuausgabe, München, Stuttgart: Kösel; Calwer, 10–24.

Rothgangel, Martin / Schelander, Robert (2015): Art. Bildung. In: Mirjam Zimmermann und Heike Lindner (Hg.): Das wissenschaftlich-religionspädagogische Lexikon im Internet. Online verfügbar unter https://www.bibelwissenschaft.de/stichwort/100081/, zuletzt geprüft am 13.04.2021.

Rzepkowski, Horst (1976): Der Gott, der befreit. Zum Gottesbild der Theologie der Befreiung. In: Christian Modehn (Hg.): Christen entdecken die Freiheit. Notwendige Anstöße aus Lateinamerika. Stuttgart: Verlag Katholisches Bibelwerk, 58–70.

Rzepkowski, Horst (1976): Jesus Christus, der Befreier. Zur Theologie bei Leonardo Boff (Brasilien). In: Christian Modehn (Hg.): Christen entdecken die Freiheit. Notwendige Anstöße aus Lateinamerika. Stuttgart: Verlag Katholisches Bibelwerk, 45–53.

Salzmann, Bertram / Schäfer, Rolf (2009): Art. Bibelübersetzungen, christliche deutsche. In: Stefan Alkier, Michaela Bauks und Klaus Koenen (Hg.): Das wissenschaftliche Bibellexikon im Internet. Online verfügbar unter https://www.bibelwissenschaft.de/stichwort/15285/, zuletzt geprüft am 13.04.2021.

Särkelä, Arvi (2018): Kritische Theorie. In: Michael G. Festl (Hg.): Handbuch Pragmatismus. Stuttgart: J.B. Metzler, 281–288.

Scannone, Juan Carlos (1973): Theologie der Befreiung in Lateinamerika. In: *Orientierung* 37 (1), 2–5.

Schäfer, Heinrich (2004): Praxis – Theologie – Religion. Grundlinien einer Theologie- und Religionstheorie im Anschluss an Pierre Bourdieu. Frankfurt am Main: Lembeck.

Schäfer, Gerhard K. (2010): „Arme habt ihr immer bei euch." Armut als Herausforderung für die soziale Arbeit der Kirchen. In: Benjamin Benz, Jürgen Boeckh und Hildegard Mogge-Grotjahn (Hg.): Soziale Politik – Soziale Lage – Soziale Arbeit. Wiesbaden: VS Verlag für Sozialwissenschaften, 352–367.

Schäfer, Andreas (2018): Erfolgsfaktor Resilienz. Warum manche Jugendliche trotz schwieriger Startbedingungen in der Schule erfolgreich sind – und wie Schulerfolg auch bei allen anderen Schülerinnen und Schülern gefördert werden kann. Eine PISA-Sonderauswertung der Organisation für wirtschaftliche Zusammenarbeit und Entwicklung (OECD) in Kooperation mit der Vodafone Stiftung Deutschland. Hg. v. Vodafone Stiftung Deutschland gGmbH. OECD; Vodafone Stiftung Deutschland gGmbH. Düsseldorf. Online verfügbar unter http://www.oecd.org/berlin/publikationen/VSD_OECD_Erfolgsfaktor%20Resilienz.pdf, zuletzt geprüft am 13.04.2021.

Schäfers, Michael (2017): Kinderarmut – „Mama, sind wir eigentlich arm?". In: *Lebendige Seelsorge* 68 (5), 360–365.

Schalla, Thomas (2019): Die Bedeutung der Milieuforschung für die Arbeit mit Kindern und Jugendlichen. Erfahrungen als Landesjugendpfarrer der Evangelischen Landeskirche in Baden. In: Heinzpeter Hempelmann, Ulrich Heckel, Karen Hinrichs und Dan Peter (Hg.): Auf dem Weg zu einer milieusensiblen Kirche. Die SINUS-Studie „Evangelisch in Baden und Württemberg" und ihre Konsequenzen für kirchliche Handlungsfelder. 2., durchgesehene Auflage. Göttingen: Vandenhoeck & Ruprecht (Kirche und Milieu, 2), 289–293.

Schambeck, Mirjam (2009): Bibeltheologische Didaktik. Biblisches Lernen im Religionsunterricht. Göttingen: Vandenhoeck & Ruprecht.

Schiefer Ferrari, Markus (2012): (Un)gestörte Lektüre von Lk 14,12–14. Deutung, Differenz und Disability. In: Wolfgang Grünstäudl und Markus Schiefer Ferrari (Hg.): Gestörte Lektüre. Disability als hermeneutische Leitkategorie biblischer Exegese. Stuttgart: Kohlhammer (Behinderung – Theologie – Kirche, 4), 13–47.

Schiefer Ferrari, Markus (2017): Exklusive Angebote. Biblische Heilungsgeschichten inklusiv gelesen. Ostfildern: Grünewald.

Schimming, Johannes (2014): „Der ist ausgebrochen!" – als Halbgott oder Zombie? Ein Gespräch über Ostern mit bildungs- und religionsfernen Kindern in der Offenen Kinder- und Jugendarbeit. In: Gerhard Büttner und Friedhelm Kraft (Hg.): „He! Ich habe viel Stress! Ich hasse alles". Theologisieren mit Kindern aus bildungs- und religionsfernen Milieus. Stuttgart: Calwer (Jahrbuch für Kindertheologie, 13), 83–94.

Schlag, Thomas (2016): Gerechtigkeit als höchstpersönliche Bildungsthematik – Einblicke in die religionspädagogische Denk-Werkstatt. In: Bernhard Grümme und Thomas Schlag (Hg.): Gerechter Religionsunterricht. Religionspädagogische, pädagogische und sozialethische Orientierungen. Stuttgart: Kohlhammer (Religionspädagogik innovativ, 11), 260–272.

Schleiermacher, Friedrich (1969): Über die Religion. Reden an die Gebildeten unter ihren Verächtern. Nachdruck 2010. Stuttgart: Reclam (Universal-Bibliothek, 8313).

Schneider, Ulrich / Stilling, Gwendolyn / Woltering, Christian (2017): Zur regionalen Entwicklung der Armut – Ergebnisse nach dem Mikrozensus 2015. In: Der Paritätische Gesamtverband (Hg.): Menschenwürde ist Menschenrecht. Bericht zur Armutsentwicklung in Deutschland 2017. Berlin, 5–21. Online verfügbar unter https://www.der-paritaetische.de/fileadmin/user_upload/Publikationen/doc/armutsbericht-2017.pdf, zuletzt geprüft am 13.04.2021.
Schreiter, Robert J. (1992): Abschied vom Gott der Europäer. Zur Entwicklung regionaler Theorien. Salzburg: Pustet.
Schröder, Bernd (2012): Religionspädagogik. Tübingen: Mohr Siebeck.
Schulz, Claudia (2010): Jedes Milieu hat sein Problem. Perspektiven auf Hilfsbedürftigkeit, christliches helfendes Handeln und das Helfen als Beruf. In: Claudia Schulz, Eberhard Hauschildt und Eike Kohler (Hg.): Milieus praktisch II. Konkretionen für helfendes Handeln in Kirche und Diakonie. Göttingen: Vandenhoeck & Ruprecht, 33–64.
Schulz, Claudia (2010): Was soll ich reden mit dem armen Lazarus? Der Umgang mit Armut und der Traum von der Inklusion inmitten der Milieus. In: Claudia Schulz, Eberhard Hauschildt und Eike Kohler (Hg.): Milieus praktisch II. Konkretionen für helfendes Handeln in Kirche und Diakonie. Göttingen: Vandenhoeck & Ruprecht, 241–260.
Schulz, Claudia / Hauschildt, Eberhard / Kohler, Eike (Hg.) (2010): Milieus praktisch II. Konkretionen für helfendes Handeln in Kirche und Diakonie. Göttingen: Vandenhoeck & Ruprecht.
Schulz, Claudia / Hauschildt, Eberhard / Kohler, Eike (2008): Milieus praktisch. Göttingen: Vandenhoeck & Ruprecht.
Schulz, Claudia / Hauschildt, Eberhard / Kohler, Eike (2010): Milieuperspektive auf das helfende Handeln der Kirche. In: Claudia Schulz, Eberhard Hauschildt und Eike Kohler (Hg.): Milieus praktisch II. Konkretionen für helfendes Handeln in Kirche und Diakonie. Göttingen: Vandenhoeck & Ruprecht, 11–30.
Schulz, Claudia / Spieß, Tabea / Hauschildt, Eberhard (2014): Dimensionen des Lebensstils. In: Evangelische Kirche in Deutschland (Hg.): Engagement und Indifferenz. Kirchenmitgliedschaft als soziale Praxis. V. EKD-Erhebung über Kirchenmitgliedschaft. Hannover: Evangelische Kirche in Deutschland, 77–79.
Schwantes, Milton (1977): Das Recht der Armen. Frankfurt am Main: Lang (Beiträge zur biblischen Exegese und Theologie, 4).
Schweiker, Wolfhard (2012): Basisband. Einführung, Grundlagen und Methoden. Stuttgart: Calwer (Arbeitshilfe Religion inklusiv Grundstufe und Sekundarstufe I, Basisband).
Schweiker, Wolfhard (2017): Prinzip Inklusion. Grundlagen einer interdisziplinären Metatheorie in religionspädagogischer Perspektive. Göttingen, Bristol: Vandenhoeck & Ruprecht.
Schweitzer, Friedrich (2000): Das Recht des Kindes auf Religion. Ermutigungen für Eltern und Erzieher. Gütersloh: Gütersloher Verlagshaus.
Schweitzer, Friedrich (2011): Elementarisierung – ein religionsdidaktischer Ansatz. Einführende Darstellung. In: Friedrich Schweitzer (Hg.): Elementarisierung im Religionsunterricht. Erfahrungen, Perspektiven, Beispiele. 3. Auflage. Neukirchen-Vluyn: Neukirchener Verlag, 9–30.
Scoralick, Ruth (2008): Art. Barmherzigkeit. I. Altes Testament. In: RGG[4] 1. Tübingen: Mohr Siebeck, 1116–1117.
Seitz, Manfred (2006): Art. Armut. In: Otto Betz, Beate Ego und Werner Grimm (Hg.): Calwer Bibellexikon, Band 1. 2., verbesserte Auflage. Stuttgart: Calwer, 117–118.
Sellmann, Matthias (2006): Milieuverengung als Gottesverengung. In: *Lebendige Seelsorge* 57 (4), 284–289.
Serrano Zamora, Justo (2018): Wahrheit. In: Michael G. Festl (Hg.): Handbuch Pragmatismus. Stuttgart: J.B. Metzler, 59–64.

Silber, Stefan (2012): Christus im Antlitz der Armen. Entwicklung und Aktualität der lateinamerikanischen Theologie der Befreiung. In: Klaus von Stosch und Muna Tatari (Hg.): Gott und Befreiung. Befreiungstheologische Konzepte in Islam und Christentum. Paderborn: Ferdinand Schöningh (Beiträge zur Komparativen Theologie, 5), 117–126.

Sinnemann, Maria (2017): Engagement mit Potenzial. Sonderauswertung des vierten Freiwilligensurveys für die evangelische Kirche. Hg. v. Sozialwissenschaftliches Institut der Evangelischen Kirche in Deutschland. Hannover: creo-media. Online verfügbar unter https://www.siekd.de/wp-content/uploads/2018/06/2017_Freiwilligensurvey_Web.pdf, zuletzt geprüft am 13.04.2021.

Sinus Markt- und Sozialforschung GmbH (2019): SINUS-Studie Evangelisch in Baden und Württemberg. Abschlussbericht. In: Heinzpeter Hempelmann, Ulrich Heckel, Karen Hinrichs und Dan Peter (Hg.): Auf dem Weg zu einer milieusensiblen Kirche. Die SINUS-Studie „Evangelisch in Baden und Württemberg" und ihre Konsequenzen für kirchliche Handlungsfelder. 2., durchgesehene Auflage. Göttingen: Vandenhoeck & Ruprecht (Kirche und Milieu, 2), Zusatzmaterial, Folie 1–355.

Sölle, Dorothee (1982): Politische Theologie. Auseinandersetzung mit Rudolf Bultmann. Erweiterte Neuauflage. Stuttgart: Kreuz-Verlag.

Sölle, Dorothee (2002): Gott denken. Einführung in die Theologie. Ungekürzte Taschenbuchausgabe. München: Piper (Serie Piper, 3416).

Statistisches Bundesamt (Destatis) (Hg.) (2018): Schulen auf einen Blick. Ausgabe 2018. Online verfügbar unter https://www.destatis.de/GPStatistik/servlets/MCRFileNodeServlet/DEHeft_derivate_00035140/Schulen_auf_einen_Blick_2018_Web_bf.pdf, zuletzt geprüft am 13.04.2021.

Stegemann, Wolfgang (1981): Das Evangelium und die Armen. Über den Ursprung der Theologie der Armen im Neuen Testament. München: Kaiser (Kaiser-Traktate, 62).

Steinhäuser, Martin (2018): Godly Play / Gott im Spiel. In: Mirjam Zimmermann und Ruben Zimmermann (Hg.): Handbuch Bibeldidaktik. 2. Auflage. Tübingen: Mohr Siebeck, 597–603.

Stojanov, Krassimir (2011): Bildungsgerechtigkeit. Wiesbaden: VS Verlag für Sozialwissenschaften.

Strumann, Barbara (2014): „He! Ich habe viel Stress! Ich hasse alles." Schülerinnen und Schüler mit Unterstützungsbedarf in der emotionalen und sozialen Entwicklung klagen zu Gott. In: Gerhard Büttner und Friedhelm Kraft (Hg.): „He! Ich habe viel Stress! Ich hasse alles". Theologisieren mit Kindern aus bildungs- und religionsfernen Milieus. Stuttgart: Calwer (Jahrbuch für Kindertheologie, 13), 95–101.

Stubbe, Tobias C. / Schwippert, Knut / Wendt, Heike (2016): Soziale Disparitäten der Schülerleistungen in Mathematik und Naturwissenschaften. In: Heike Wendt, Wilfried Bos, Christoph Selter, Olaf Köller, Knut Schwippert und Daniel Kasper (Hg.): TIMSS 2015. Mathematische und naturwissenschaftliche Kompetenzen von Grundschulkindern in Deutschland im internationalen Vergleich. Münster u. a.: Waxmann, 299–316.

Stubbe, Tobias C. / Tarelli, Irmela / Wendt, Heike (2012): Soziale Disparitäten der Schülerleistungen in Mathematik und Naturwissenschaften. In: Wilfried Bos, Heike Wendt, Olaf Köller und Christoph Selter (Hg.): TIMSS 2011. Mathematische und naturwissenschaftliche Kompetenzen von Grundschulkindern in Deutschland im internationalen Vergleich. Münster u. a.: Waxmann, 231–246.

Szagun, Anna-Katharina (2006): Dem Sprachlosen Sprache verleihen. Rostocker Langzeitstudie zu Gottesverständnis und Gottesbeziehung von Kindern, die in mehrheitlich konfessionslosem Kontext aufwachsen. Jena: Edition Paideia (Kinder erleben Theologie, 1).

Tamayo, Juan José (2012): Herausforderungen der lateinamerikanischen Theologie der Befreiung für die erste Welt. In: Klaus von Stosch und Muna Tatari (Hg.): Gott und Befreiung.

Befreiungstheologische Konzepte in Islam und Christentum. Paderborn: Ferdinand Schöningh (Beiträge zur Komparativen Theologie, 5), 127–145.
Tillich, Paul (1958): Systematische Theologie II. 3. Auflage. Stuttgart: Evangelisches Verlagswerk (Systematische Theologie, 2).
Tophoven, Silke / Lietzmann, Torsten / Reiter, Sabrina / Wenzig, Claudia (2017): Armutsmuster in Kindheit und Jugend. Längsschnittbetrachtungen von Kinderarmut. Hg. v. Bertelsmann-Stiftung. Gütersloh. Online verfügbar unter http://www.bertelsmann-stiftung.de/fileadmin/files/Projekte/Familie_und_Bildung/Studie_WB_Armutsmuster_in_Kindheit_und_Jugend_2017.pdf, zuletzt geprüft am 13.04.2021.
UNICEF (1989): Konvention über die Rechte des Kindes. Online verfügbar unter https://www.unicef.de/informieren/ueber-uns/fuer-kinderrechte/un-kinderrechtskonvention, zuletzt geprüft am 13.04.2021.
Unser, Alexander (2016): Soziale Ungleichheiten im Religionsunterricht. Eine quantitativ-empirische Untersuchung mit Blick auf die religionspädagogische Debatte um Bildungsgerechtigkeit. In: Bernhard Grümme und Thomas Schlag (Hg.): Gerechter Religionsunterricht. Religionspädagogische, pädagogische und sozialethische Orientierungen. Stuttgart: Kohlhammer (Religionspädagogik innovativ, 11), 80–95.
Uppenkamp, Vera / Weßler, Sarah-Luise (2019): Gemeinsam biblischen Geschichten begegnen – reziprokes Lehren als bibeldidaktische Methode. In: Annebelle Pithan und Agnes Wuckelt (Hg.): Miteinander am Tisch. Tische als Ort sozialer Utopien. Münster: Comenius-Institut (Forum für Heil- und Religionspädagogik, 10), 151–169.
Venetz, Hermann-Josef (2005): „Und du wirst selig sein...". Kritische Beobachtungen zu Lk 14,14. In: Dieter Böhler, Innocent Himbaza und Philippe Hugo (Hg.): L'écrit et l'Esprit. Etudes d'histoire du texte et de théologie biblique en hommage à Adrian Schenker. Fribourg: Academic Press (Orbis biblicus et orientalis, 214), 394–409.
Vieregge, Dörthe (2013): Religiosität in der Lebenswelt sozial benachteiligter Jugendlicher. Eine empirische Studie. Münster: Waxmann (Religious Diversity and Education in Europe, 26).
Vieregge, Dörthe (2014): „Wenn der Typ korrekt ist, dann gucke ich nicht drauf, welche Religion er hat.". Deutungen sozial benachteiligter Jugendlicher zum Umgang mit religiöser Differenz in der Lebenswelt. In: Katharina Kammeyer, Erna Zonne und Annebelle Pithan (Hg.): Inklusion und Kindertheologie. Münster: Comenius-Institut (Inklusion – Religion – Bildung, 1), 82–93.
Vieregge, Dörthe (2018): Wer bleibt außen vor? Exklusionen im Kontext einer lebenslaufbezogenen Religionspädagogik. In: *Theo-Web. Zeitschrift für Religionspädagogik* 17 (2), 142–155. Online verfügbar unter https://www.theo-web.de/fileadmin/user_upload/TW_pdfs2_2018/14_Vieregge.pdf, zuletzt geprüft am 13.04.2021.
Volkmann, Ute (2000): Das schwierige Leben in der „Zweiten Moderne" – Ulrich Becks „Risikogesellschaft". In: Uwe Schimank und Ute Volkmann (Hg.): Soziologische Gegenwartsdiagnosen I. Eine Bestandsaufnahme. Opladen: Leske + Budrich, 23–40.
Wagner, Harald (2016): Reale und symbolische Exklusion. In: Ulf Liedke und Harald Wagner (Hg.): Inklusion. Lehr- und Arbeitsbuch für professionelles Handeln in Kirche und Gesellschaft. Stuttgart: Kohlhammer, 38–53.
Watermann, Rainer / Baumert, Jürgen (2006): Entwicklung eines Strukturmodells zum Zusammenhang zwischen sozialer Herkunft und fachlichen und überfachlichen Kompetenzen: Befunde national und international vergleichender Analysen. In: Jürgen Baumert, Petra Stanat und Rainer Watermann (Hg.): Herkunftsbedingte Disparitäten im Bildungswesen. Differenzielle Bildungsprozesse und Probleme der Verteilungsgerechtigkeit. Vertiefende Analysen im Rahmen von PISA 2000. Wiesbaden: VS Verlag für Sozialwissenschaften, 61–94.

Weder, Hans (2008): Art. Barmherzigkeit. III. Neues Testament. In: RGG[4] 1. Tübingen: Mohr Siebeck, 1118–1119.
Wendt, Heike / Stubbe, Tobias C. / Schwippert, Knut (2012): Soziale Herkunft und Lesekompetenzen von Schülerinnen und Schülern. In: Wilfried Bos, Irmela Tarelli, Albrecht Bremerich-Vos und Knut Schwippert (Hg.): IGLU 2011. Lesekompetenzen von Grundschulkindern in Deutschland im internationalen Vergleich. Münster: Waxmann, 175–190.
Wertgen, Alexander (2009): Religionsunterricht an Förderschulen mit dem Förderschwerpunkt Lernen. Religionspädagogische und -didaktische Impulse. Berlin: Lit (Workshop Religionspädagogik, 11).
Wiedenroth-Gabler, Ingrid (2001): Armut als Thema des Religionsunterrichts? In: *Grundschule* 33 (1), 30–31.
Wilhelm, Dorothée (1998): Wer heilt hier wen? Und vor allem: wovon? Über biblische Heilungsgeschichten und andere Ärgernisse. In: *Schlangenbrut* 16 (62), 10–12.
Winker, Gabriele / Degele, Nina (2009): Intersektionalität. Zur Analyse sozialer Ungleichheiten. Bielefeld: transcript.
Wippermann, Carsten / Magalhaes, Isabel de (2005): MDG-Milieuhandbuch. Religiöse und kirchliche Orientierungen in den Sinus-Milieus® 2005. Hg. v. MDG Medien-Dienstleistung GmbH und Sinus Sociovision GmbH. München, Heidelberg.
World Vision (2018): Zusammenfassung der 4. World Vision Kinderstudie. Online verfügbar unter https://www.worldvision.de/sites/worldvision.de/files/pdf/World-Vision-Zusammenfassung-vierte-Kinderstudie.pdf, zuletzt geprüft am 13.04.2021.
Zander, Margherita (2010): Kindliche Bewältigungsstrategien von Armut im Grundschulalter – Ein Forschungsbericht. In: Margherita Zander (Hg.): Kinderarmut. Einführendes Handbuch für Forschung und soziale Praxis. 2. Auflage. Wiesbaden: VS Verlag für Sozialwissenschaften, 110–141.
Zimmerling, Peter (2018): Charismatische Bewegungen. 2., aktualisierte und erweiterte Auflage. Göttingen: Vandenhoeck & Ruprecht.
Zimmermann, Mirjam (2017): Die Gnade der Kindertheologie. Zur Erklärung eines religionspädagogischen Zugangs am Beispiel der Auslegung von Lk 16, 19–31. In: *Lebendige Seelsorge* 68 (5), 355–359.
Zimmermann, Mirjam (2018): Erzählen. In: Mirjam Zimmermann und Ruben Zimmermann (Hg.): Handbuch Bibeldidaktik. 2. Auflage. Tübingen: Mohr Siebeck, 524–531.
Zimmermann, Mirjam / Kok, Jakobus (2009): „Arm“ und „reich“ sind immer die anderen. Kontextuelle Kindertheologie am Beispiel des Gleichnisses „Vom reichen Mann und armen Lazarus“ (Lk 16,19–31). In: Anton A. Bucher (Hg.): „In den Himmel kommen nur die, die sich auch verstehen.“ Wie Kinder über religiöse Differenz denken und sprechen. Stuttgart: Calwer (Jahrbuch für Kindertheologie, 8), 119–131.
Zimmermann, Mirjam / Lenhard, Hartmut (2015): Praxissemester Religion. Handwerkszeug für Berufsanfängerinnen und Berufsanfänger. Göttingen: Vandenhoeck & Ruprecht.
Zitt, Renate (2008): Art. Stadtmission. I. Praktisch-theologisch. In: RGG[4] 7. Tübingen: Mohr Siebeck, 1668–1669.
Zur Gathen, Marion von / Liebert, Jana (2016): Auswirkungen von Armut auf die Lebenswirklichkeit und Entwicklung von Kindern und Jugendlichen. In: Der Paritätische Gesamtverband (Hg.): Zeit zu Handeln. Bericht zur Armutsentwicklung in Deutschland 2016. Berlin, 35–41.

Internetquellen

Homepage des Befreiungstheologischen Netzwerks: http://www.befreiungstheologisches-netzwerk.de/, zuletzt geprüft am 13.04.2021.

Homepage der Lydia-Gemeinde Dortmund: https://lydia-dortmund.ekvw.de/, zuletzt geprüft am 13.04.2021.

Homepage des Vereins Lukas 14 e.V.: https://www.lukas14.de/verein/warum-lukas14, zuletzt geprüft am 13.04.2021.

Internetportal Inklusive Religionspädagogik der Vielfalt: www.inrev.de, zuletzt geprüft am 13.04.2021.

Konzept der BasisBibel auf der Internetseite der Deutschen Bibelgesellschaft: https://www.die-bibel.de/bibeln/unsere-uebersetzungen/basisbibel/, zuletzt geprüft am 13.04.2021.

Anhang

Interviewleitfaden

Fragen zum Einstieg und zur Person

- Abholen, z. B. durch „Wie war Ihr Tag in der Schule?“, dabei nicht zu persönlich werden.
- Können Sie sich kurz vorstellen?
  - Warum sind Sie an genau dieser Schule?
  - Was schätzen Sie an dieser Schule besonders?
  - Gibt es etwas, was Sie an der Schule schwierig oder problematisch finden?
  - In welchem Rahmen findet der Religionsunterricht an Ihrer Schule statt? (Konfessionell? Gemeinsam? Regelmäßig?
  - Wie sind Sie zu Ihrem Beruf gekommen?
  - Was schätzen Sie an dem Beruf?
  - Was finden Sie eher problematisch?
  - Wenn Sie kein*e Lehrer*in wären, was wären Sie dann?
  - Wie verlief Ihr Weg zu diesem Beruf?
  - Wer hat Sie unterstützt? Welche Bedingungen waren förderlich, welche schwierig?
- Mir sind vor allem Ihr Wissen und Ihre Erfahrung aus der Schulpraxis wichtig. Ich freue mich über ausführliche Schilderungen und Beispiele aus dem Schulalltag und bin ebenso an Ihrer Meinung interessiert.

Themenfeld Kinderarmut

- Was fällt Ihnen zu Kinderarmut ein?
  - Können Sie sagen, bei welcher Gelegenheit Sie mit dem Thema konfrontiert sind oder waren?
  - Welches Phänomen, Ereignis in Bezug auf Armut ist für Sie am eindrücklichsten gewesen?
  - Welche Rolle spielt diese im (Schul-)Alltag der Grundschüler*innen?
  - Wie nehmen Sie diese in Ihrer Schule wahr?
    - Können Sie konkrete Beispiele nennen?
    - Inwiefern spielt Armut in Ihrem Unterrichtsalltag eine Rolle?
    - Werden Leistungen aus dem BuT-Paket genutzt?
    - Können Sie konkrete Beispiele nennen, bei denen das BuT genutzt oder eben nicht genutzt wurde? Was hat die Nutzung gebracht bzw. was waren die Gründe für die Nicht-Nutzung?

        - Werden schulische Ausflüge (Klassenfahrten, Theaterbesuche) genutzt oder gibt es Kinder, die regelmäßig nicht dabei sind?
    - Inwiefern hat das Thema Armut in Ihrem Studium eine Rolle gespielt?
        - Sind Ihnen Armutsverständnisse/Studien aus dem Studium oder aus anderen beruflichen Zusammenhängen bekannt?
        - War das Thema Armut ein inhaltliches Thema in Ihrem Studium? Kam das Thema im Theologiestudium auf?
    - Sehen Sie Unterschiede zwischen Kindern, die für kurze Zeit Armut erleben, und zwischen Kindern, die langfristig unter den Bedingungen von Armut aufwachsen? Wenn ja, wie äußern sich diese?
    - In welchen Lebensbereichen nehmen Sie starke Einschränkungen und Begrenzungen durch Armut wahr?
    - Inwiefern spielt das Thema Kinderarmut in Ihrer Schule eine Rolle?
        - Gibt es einen Förderkreis, Fortbildungen oder Fachzeitschriften?
- Wie ist Ihr Eindruck zum Verhältnis von Armut und Bildungschancen an Ihrer Grundschule?
    - Was bekommen Sie in der Schule, in Ihrem Unterricht mit?
    - Was fällt Ihnen besonders auf?
- Wie schätzen Sie die generelle schulische Lage von Kindern ein, die unter den Bedingungen von Armut aufwachsen?

Themenfeld Bildungspolitik

Ggf. Hinweis auf aktuelle bildungspolitische Themen: Inklusion, Ausbau Ganztag, BuT

- Was bekommen Sie von bildungspolitischen Entscheidungen an Ihrer Schule mit?
    - Welche Entscheidungen zum schulischen Umgang mit Kinderarmut haben Konsequenzen an Ihrer Schule?
    - Welche Erfahrungen gibt es an Ihrer Schule mit dem Thema Inklusion?
    - Was meinen Sie, wir wirkt sich „Inklusion" auf die Schüler*innen aus?
    - Welche Erfahrungen haben Sie an Ihrer Schule mit dem „gemeinsamen Lernen" aller Kinder?
- Wo sehen Sie in Ihrer täglichen Arbeit die größte Bildungsungerechtigkeit?
    - Ist Bildungsgerechtigkeit eine Frage der Schule?
    - Kommt das Thema im Schulalltag vor?

Themenfeld Theologie

- Wie stellen Sie sich einen guten Umgang mit Armut vor?
    - Können Sie Beispiele nennen?

    - Ist das Thema im Religionsunterricht?
- Begegnet Ihnen im Religionsunterricht Armut in der Bibel?
    - Fallen Ihnen Bibelstellen ein, in denen Armut thematisiert wird? Wenn ja, welche?
- Ist Religion etwas, durch das Sie sich in Bezug auf das Thema Armut unterstützt fühlen? Ggf. zur Erläuterung: Das können Handlungslinien, Menschenbilder, Verständnisse vom Miteinander verschiedener Menschen und Gruppen oder Ähnliches sein.
    - Es gibt theologische Ansätze/Theolog*innen, die sich mit dem Thema Armut beschäftigen. Sind Ihnen diese eventuell bekannt oder begegnet?
    - Wenn ja, woher kennen Sie diese? (Studium, Fortbildungen, privates Interesse)
    - Was sind Aussagen, die Sie angesprochen oder beschäftigt haben?
    - Kennen Sie die Befreiungstheologie/Theologie der Befreiung?
        - Wenn ja: Kann die Befreiungstheologie für den armutssensiblen Religionsunterricht in der Schule hilfreich sein? Wenn ja, was davon? Was passt vielleicht nicht?
        - Wenn nein, warum vielleicht nicht? Können Sie sich diese als hilfreich für Ihre Arbeit vorstellen?

Themenfeld Religionsunterricht

- Welche Erfahrungen haben Sie persönlich mit dem Thema Armut im Religionsunterricht?
    - Thematisieren Sie Armut im Religionsunterricht?
        - Wenn ja, wie haben die Kinder das aufgenommen?
    - Gibt es biblische Geschichten, die Sie zur Thematisierung nutzen?
        - Wie wird Armut in biblischen Geschichten von den Schüler*innen verstanden? Wie ist Ihr Eindruck?
- Welche Möglichkeiten und Grenzen sehen Sie persönlich, im Religionsunterricht einen Beitrag zur Bildungsgerechtigkeit zu leisten?
    - Welche Bedingungen müssen dafür Ihrer Meinung nach erfüllt sein?
    - Sehen Sie den Religionsunterricht als ein besonderes Fach an, wenn es um die Frage nach Bildungsgerechtigkeit geht? Wenn ja, warum? Was ist das Besondere?
- Was für einen Religionsunterricht brauchen Schüler*innen, die unter den Lebens- und Lernbedingungen von Armut aufwachsen?
    - Was wissen Sie dazu aus Ihrer Erfahrung?
    - Was bieten Sie bereits den Schüler*innen an?
    - Was funktioniert gut, was nicht so gut?

- Wie stellen Sie sich einen armutssensiblen Religionsunterricht vor? Ggf. zur Erläuterung: Armutssensibilität meint hier das Mitdenken von Schüler*innen, die unter den Lebens- und Lernbedingungen von Armut aufwachsen. Dieses Mitdenken betrifft alle Bereiche des Unterrichts (Organisation, Planung, Inhalte, Kompetenzen, Förderung etc.)
    - Was würden Sie dazu benötigen?
    - Was gibt es bereits schon? Was bieten Lehrpläne und Unterrichtsmaterialien an?
    - Welche (biblischen) Personen, Geschichten, Themen würden in einem armutssensiblen Religionsunterricht bewusst ausgewählt und/oder anders dargestellt/behandelt werden als in einem nicht armutssensiblen?

Gespräch über Bibelstellen (optional)

Lk 14,12–14 (LUT 84)
12 Er sprach aber auch zu dem, der ihn eingeladen hatte: Wenn du ein Mittags- oder Abendmahl machst, so lade weder deine Freunde noch deine Brüder noch deine Verwandten noch reiche Nachbarn ein, damit sie dich nicht etwa wieder einladen und dir vergolten wird.
13 Sondern wenn du ein Mahl machst, so lade Arme, Verkrüppelte, Lahme und Blinde ein,
14 dann wirst du selig sein, denn sie haben nichts, um es dir zu vergelten; es wird dir aber vergolten werden bei der Auferstehung der Gerechten.

- Wenn Sie das lesen, was für Fragen haben Sie an den Text?
- Was ziehen Sie aus dem Text?
- Was meinen Sie, wie lesen Schüler*innen den Text? Ggf.: Was meinen Sie, wie lesen arme Schüler*innen den Text?

Dazu gegebenenfalls zwei Texte:

> In dieser Stelle wird gezeigt, dass Gott die Armen stellvertritt, indem statt einer Gegeneinladung die Gastgebenden ihren Lohn bei der Auferstehung bekommen. Begründet wird das mit dem selbstlosen Handeln der Gastgeber*innen. An dieser Geschichte wird gezeigt, dass sich Gott den Armen zuwendet. Wichtig ist hierbei auch, dass dadurch die Beziehung zwischen Armen und Reichen verbessert werden soll. Diejenigen, die aus wirtschaftlichen Gründen nicht in der Lage sind, an einem Gesellschaftssystem teilzuhaben, das auf Wechselseitigkeit beruht, werden, so zeigt es diese Textstelle, von Gott vertreten.[1]

1 Vgl. Kramer, Helga (2015): Lukas als Ordner des frühchristlichen Diskurses um „Armut und Reichtum" und den „Umgang mit materiellen Gütern". Eine überlieferungsgeschicht-

„Im Blick auf Lk 14,14 muss man sich [...] die Frage stellen, ob Lukas bei all seiner Sorge um das ‚Seelenheil' der Wohlhabenden die Armen nicht aus den Augen verliert. Als Subjekt kommen diese kaum vor; es sind Objekte, denen die Reichen durch ihren Besitzverzicht ihre Hilfe zukommen lassen; ihnen wird dafür bei der Auferstehung der Gerechten *vergolten werden.*"[2]

- Wenn Sie diese beiden Stimmen zum Text lesen, was fällt Ihnen spontan auf und ein?
- Was gefällt Ihnen daran und was nicht?
- Wo kommen bei Ihnen Fragen auf?
- Welche der beiden Stimmen sagt Ihnen eher zu?

Am Ende

- Erkundigen, ob die Lehrkraft bereit wäre, Kolleg*innen für weitere Interviews anzusprechen.
- Für die Zeit und das Engagement für mein Forschungsprojekt bedanken.
- Erkundigen, ob ggf. ein weiteres Gespräch oder Nachfragen möglich sind.

---

liche und diskurskritische Untersuchung zur Besitzethik des Lukasevangeliums unter besonderer Berücksichtigung des lukanischen Sonderguts. Tübingen: Francke (Neutestamentliche Entwürfe zur Theologie, 21), 119.

2 Venetz, Hermann-Josef (2005): „Und du wirst selig sein...". Kritische Beobachtungen zu Lk 14,14. In: Dieter Böhler, Innocent Himbaza und Philippe Hugo (Hg.): L'écrit et l'Esprit. Etudes d'histoire du texte et de théologie biblique en hommage à Adrian Schenker. Fribourg: Academic Press (Orbis biblicus et orientalis, 214), 394–409, 404.